詳解 遺産分割の理論と実務

北野俊光
北新居良雄 編
小磯 治

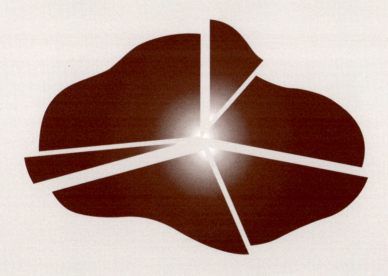

発行 民事法研究会

は し が き

　遺産に関する紛争は家族親族間で円満に解決されることが望ましいが、この種の紛争の背景には長い年月をかけて形成された家族親族間の根深い対立や複雑微妙なあつれきによる感情的な対立があり、残念ながら家族親族間では解決できない事例もみられる。そのような紛争は、家庭裁判所において家事調停で話合いが行われ、さらには家事審判で最終的な解決に向かうことになり、遺産分割が実現するまでには長期間を要するものも珍しくない。また、遺産分割の実現までには、親族相続関係を規律する民法をはじめ、不動産の相続登記、相続税の取扱いなど、不動産関係法規や税法などの諸法の基本的な理解も必要となる場合もあり、円満・円滑な実現までには、弁護士、税理士、司法書士などの各分野の専門家の適切な援助が不可欠である。

　本書では、家庭裁判所における手続を中心に法的論点や実務の運用を解説するとともに、遺産にかかわる紛争を回避し、あるいは円満・円滑な解決に向けて、これらの専門家による幅広い専門的知見を基にして、遺産分割に欠かせない基本的な事項から実践的な事例まで紹介したものである。特に、事例では、調停委員の考え方など実際の調停の場面を想定して解説したほか、理解が難しい寄与分や相続税についても、具体的な事例を基に説明するなどして、理解の助けとなるように努めた。本書が、遺産分割にかかわる諸問題に携わる方々に少しでもお役に立てば幸いである。

　なお、本書の構成および家庭裁判所の手続に関する部分の執筆では東京家庭裁判所家事第5部（遺産分割専門部）裁判官の全面的なご協力を受けた。本書の企画は、家事事件手続法の施行前に遡り、できるだけ早期に本書を世に送りたいとの思いが強くあったが、手続の透明化や当事者の手続保障などの同法の基本理念によって家事調停や家事審判の手続が大きく変化することが見込まれたことから、その実務への定着をまって本書を刊行することが適切であるとのご助言もあり、今日になって刊行の運びとなったものである。東京家庭裁判所家事第5部のご協力・ご助言に厚く御礼を申し上げる。

はしがき

　最後に、本書の刊行にあたって、企画段階からお世話いただいた民事法研究会代表取締役田口信義氏、田中敦司氏をはじめ懇切な編集をしていただいたみなさんに厚く御礼を申し上げる。

　平成28年6月

編者　北野　俊光
編者　北新居　良雄
編者　小磯　治

『詳解　遺産分割の理論と実務』
目　次

第1章　遺産分割総論

1　相続の開始 ··· 2
 (1)　相続開始の原因 ··· 2
 (2)　自然的死亡 ·· 3
　　(A)　原　則　3　／　(B)　例　外　3　／　(C)　戸　籍　4
 (3)　失踪宣告 ·· 5
　　(A)　意義、要件　5　／　(B)　効　果　6
 (4)　認定死亡 ·· 7
　　(A)　意　義　7　／　(B)　適用範囲　7　／　(C)　効　果　8
　　／　(D)　失踪宣告との関係　8
 (5)　職権による高齢者死亡記載 ································· 9
 (6)　同時死亡の推定 ··· 9
　　(A)　意　義　9　／　(B)　適用範囲　10　／　(C)　効　果　10
2　遺産分割とは ··· 11
 (1)　相続開始の効力 ··· 11
　　(A)　原　則　11　／　(B)　例　外　11
 (2)　祭祀財産の承継 ··· 12
　　(A)　沿　革　12　／　(B)　祭祀財産　13　／　(C)　承継者　13
　　／　(D)　被相続人による祭祀承継者の指定　15　／　(E)　慣　習
　　15　／　(F)　家庭裁判所による指定　16　／　(G)　関係者の協議
　　17　／　(H)　祭祀承継者の地位　17
 (3)　相続財産の共有 ··· 18
 (4)　遺産分割と遺言の取扱い ······································· 19
　　(A)　遺言の存否の確認　19　／　(B)　遺言書の発見　19　／　(C)

目 次

　　　　　遺言書の検認　20　／　(D)　遺言執行者の選任　20　／　(E)　遺産分割手続における遺言の取扱い　20

　(5)　遺産分割の効果……………………………………………………………23

　　　　　(A)　遡及的効力　23　／　(B)　第三者の権利保護　24　／　(C)　死後認知者の価額請求　25

3　遺産分割と弁護士・司法書士・税理士の役割……………………………27

　(1)　弁護士の役割……………………………………………………………27

　　　　　(A)　弁護士にはどのような依頼ができるのか　27　／　(B)　弁護士に依頼するタイミング　37　／　(C)　依頼を受けた弁護士の役割　38

　(2)　司法書士の役割…………………………………………………………41

　　　　　(A)　司法書士にはどのような依頼ができるのか　41　／　(B)　司法書士に依頼するタイミング　45　／　(C)　依頼を受けた司法書士の役割　46

　(3)　税理士の役割……………………………………………………………48

　　　　　(A)　相続開始後の役割　48　／　(B)　相続開始前における相続設計　48　／　(C)　相続設計の手順　49

第2章　遺言と遺産分割

1　遺言一般……………………………………………………………………60

　(1)　遺言の作成………………………………………………………………60

　　　　　(A)　遺言事項と付言　60　／　(B)　遺言能力　62　／　(C)　遺留分との関係　62　／　(D)　様式行為　63　／　(E)　証人および立会人　64　／　(F)　共同遺言の禁止　65

　(2)　遺言の訂正・変更………………………………………………………65

　(3)　遺言の撤回………………………………………………………………66

　　　　　(A)　遺言の方式による撤回　66　／　(B)　抵触行為による撤回

　　　　　　67　／　(C)　破棄による撤回　67
2　遺言の種類………………………………………………………68
　(1)　普通方式の遺言……………………………………………68
　　　　(A)　自筆証書遺言　68　／　(B)　公正証書遺言　72　／　(C)　秘
　　　　密証書遺言　79
　(2)　特別方式の遺言……………………………………………80
　　　　(A)　一般危急時遺言　80　／　(B)　難船危急時遺言　82　／　(C)
　　　　伝染病隔離者遺言　83　／　(D)　在船者遺言　84
3　遺言事項…………………………………………………………86
　(1)　遺言事項の一般的要件……………………………………86
　(2)　遺言事項……………………………………………………86
　　　　(A)　遺産分割に関係するもの　86　／　(B)　遺産分割に直接関係
　　　　しないもの　91
4　各種遺言事項と遺言執行の要否………………………………92
　(1)　執行が必要なもの…………………………………………92
　(2)　執行が不必要なもの………………………………………92
　(3)　執行が必要か否か検討を要するもの……………………93
5　遺言に関する問題点……………………………………………94
　(1)　遺言の解釈…………………………………………………94
　　　　(A)　遺言解釈の基準　94　／　(B)　遺言の解釈をめぐる裁判例
　　　　95
　(2)　遺　贈………………………………………………………97
　　　　(A)　包括遺贈と特定遺贈　97　／　(B)　包括遺贈の効果　98　／
　　　　(C)　特定遺贈の効果　98　／　(D)　負担付き遺贈　99　／　(E)
　　　　遺贈と公序良俗　100　／　(F)　遺贈と登記　101
　(3)　相続させる遺言……………………………………………102
　　　　(A)　相続させる遺言の効力　102　／　(B)　遺贈との区別　104
　　　　／　(C)　遺贈との差異　104　／　(D)　相続分の指定との関係

　　　　　105　／　(E) 特別受益との関係　105　／　(F) 寄与分との関係　106　／　(G) 遺留分減殺請求権行使の可否　106　／　(H) 代襲相続規定の適用の有無　107　／　(I) 相続させる遺言による利益の放棄　107　／　(J) 相続させる遺言と遺言執行者の職務権限　108

6　死因贈与 ·· 113
　(1)　死因贈与の意義・種類と問題の所在 ······················· 113
　(2)　民法994条（受遺者死亡による遺贈の失効）の準用 ······ 114
　(3)　死因贈与の撤回（取消し）への準用 ························ 115
　(4)　死因贈与と執行者指定 ··· 117
　(5)　遺贈の死因贈与への転換 ····································· 119
　(6)　死因贈与に基づく仮登記 ······································ 119

7　遺留分 ·· 121
　(1)　総　論 ·· 121
　(2)　遺留分権利者と慰留分割合 ···································· 122
　(3)　遺留分および遺留分侵害額の算定 ·························· 123
　(4)　遺留分減殺請求権の行使 ······································ 125
　(5)　遺留分減殺の順序 ··· 126
　(6)　遺留分減殺請求訴訟 ·· 127
　(7)　遺留分減殺の効力 ··· 129
　(8)　価額弁償 ·· 129
　(9)　遺留分の消滅時効 ··· 131
　(10)　遺留分の放棄 ·· 132
　(11)　特例中小企業者の遺留分特例 ······························ 133

8　遺言に関する裁判所の手続 ··· 134
　(1)　遺言にかかわる手続 ··· 134
　　　　(A) 遺言確認審判事件　134　／　(B) 遺言書検認審判事件　138　／　(C) 遺言執行者選任審判事件　140　／　(D) 遺言執行者に

対する報酬付与審判事件 145 ／ (E) 遺言執行者の解任審判事件 147 ／ (F) 遺言による推定相続人廃除審判事件 150

(2) **遺言の効力に関連する手続**……………………………………… 157

(A) 遺言無効確認の訴え 157 ／ (B) 遺留分減殺請求調停事件 159 ／ (C) 遺留分の放棄についての許可審判事件 162 ／ (D) 遺留分の算定に係る合意についての許可審判事件 164

9 **遺言の実現（遺言の執行）** …………………………………… 167

(1) **認　知**……………………………………………………………… 167

(A) 認知と遺言 167 ／ (B) 具体的な手続 167 ／ (C) 遺言による認知の効果 168

(2) **未成年後見人および後見監督人の指定**………………………… 168

(A) 未成年後見人の指定 168 ／ (B) 未成年後見監督人の指定 169 ／ (C) 遺言の効果（執行は不要）169

(3) **推定相続人廃除・取消し**………………………………………… 170

(A) 推定相続人の廃除 170 ／ (B) 廃除の取消し 171 ／ (C) 家事事件手続法による改正 171 ／ (D) 推定相続人の廃除の審判等の確定の通知 172

(4) **遺　贈**……………………………………………………………… 173

(A) 不動産 173 ／ (B) 動産 175 ／ (C) 債権 177 ／ (D) 株式 179 ／ (E) 借地権・借家権 181 ／ (F) 知的財産権 182

(5) **一般財団法人の設立**……………………………………………… 183

(A) 遺言により設立される財団法人 183 ／ (B) 具体的な手法 184 ／ (C) 効果発生時期 189

(6) **信託の設定**………………………………………………………… 185

(A) 信託の定義 185 ／ (B) 遺言執行者がなすべき行為 185

(7) **祭祀主宰者の指定**………………………………………………… 186

(8) **遺言による保険金受取人の変更**………………………………… 187

(A) 保険法の成立と保険金受取人の変更の遺言　187　／　(B) 保険法による明文化　187　／　(C) 対抗要件　187　／　(D) 被保険者の同意　188

第3章　遺産分割

1　総　論 ……………………………………………………………… 190
　(1)　遺産分割事件の性質 ……………………………………………… 190
　　　(A) 総　論　190　／　(B) 非訟事件性　190　／　(C) 顕著な私的紛争性　193
　(2)　事件処理の手続原理 ……………………………………………… 193
　　　(A) 当事者主義的運用　193　／　(B) 段階的手続進行　195
　(3)　遺産分割の禁止 …………………………………………………… 197
　　　(A) 分割禁止の手続　197　／　(B) 分割禁止の期間　197　／　(C) 特別の事由　197　／　(D) 分割禁止の効果　198
2　相続人の確定 …………………………………………………… 199
　(1)　相続人の範囲（法定相続人） …………………………………… 199
　　　(A) 法定相続制　199　／　(B) 相続人の範囲　199　／　(C) 血族相続人の順位　199　／　(D) 代襲相続　200　／　(E) 法定相続人以外に相続権を有する者　202
　(2)　相続の欠格 ………………………………………………………… 203
　　　(A) 意　義　203　／　(B) 相続欠格事由　203　／　(C) 効　果　205　／　(D) 相続欠格者からの遺産取得者　205
　(3)　遺言による認知 …………………………………………………… 206
　　　(A) 認知の概要　206　／　(B) 価額支払請求　206　／　(C) 価額支払請求の要件　207　／　(D) 価額支払請求をめぐる問題点　208
　(4)　推定相続人の廃除 ………………………………………………… 208

　　　　(A) 意　義 208　／　(B) 廃除の対象となる相続人 209　／
　　　　(C) 廃除事由 209　／　(D) 廃除の方法 209　／　(E) 廃除の
　　　　効果 210　／　(F) 廃除の取消し 210　／　(G) 相続財産管理
　　　　人の選任 211　／　(H) 推定相続人廃除の審判手続 211　／
　　　　(I) 遺産分割手続における推定相続人廃除の主張の取扱い 213
　(5) 相続放棄、限定承認 ……………………………………………… 214
　　　　(A) 単純承認の原則 214　／　(B) 相続放棄 215　／　(C) 限
　　　　定承認 219
　(6) 相続人にかかわる問題点 ………………………………………… 220
　　　　(A) 意思能力なき相続人（成年後見等） 220　／　(B) 未成年の
　　　　相続人 221　／　(C) 不在者である相続人 221　／　(D) 同時
　　　　死亡における相続人 222　／　(E) 養子の相続権 222　／　(F)
　　　　内縁配偶者の相続権 223　／　(G) 人工授精児の相続権 224
　　　　／　(H) 無権代理人と相続 228
3　相続分 ……………………………………………………………………… 230
　(1) 指定相続分、法定相続分 ………………………………………… 230
　　　　(A) 相続分の意義 230　／　(B) 指定相続分 230　／　(C) 法
　　　　定相続分 231
　(2) 相続分の修正 ……………………………………………………… 233
　　　　(A) 特別受益 234　／　(B) 寄与分 236
　(3) 相続分の譲渡、放棄 ……………………………………………… 237
　　　　(A) 相続分譲渡 237　／　(B) 相続分放棄 239　／　(C) 遺産
　　　　分割調停・審判手続での取扱い 240
　(4) 相続分にかかわる問題点 ………………………………………… 243
　　　　(A) 嫡出でない子の相続分と法の下の平等 243　／　(B) 相続
　　　　資格の重複 248
4　相続回復請求 …………………………………………………………… 250
　(1) 相続回復請求の趣旨 ……………………………………………… 250
　(2) 要　件 ……………………………………………………………… 250

(3)　効　果 ……………………………………………………………… 252

　(4)　第三者による消滅時効の援用の可否 …………………………… 252

　(5)　取得時効との関係 …………………………………………………… 253

5　遺産の範囲 ………………………………………………………………… 255

　(1)　総　論 ……………………………………………………………… 255

　(2)　現　金 ……………………………………………………………… 256

　(3)　金銭債権・預貯金 …………………………………………………… 256

　　　　(A)　遺産分割の対象財産性　256　／　(B)　金融機関の運用　258
　　　　／　(C)　旧郵便局の定額郵便貯金　260

　(4)　交通事故等の不法行為に基づく損害賠償請求権 ……………… 261

　(5)　扶養請求権 …………………………………………………………… 261

　(6)　財産分与請求権 ……………………………………………………… 262

　(7)　所有権 ………………………………………………………………… 263

　　　　(A)　不動産　263　／　(B)　動　産　263

　(8)　不動産賃借権（借家権、借地権） ……………………………… 264

　　　　(A)　借家権　264　／　(B)　同居する内縁配偶者等の居住権の援
　　　　用等　264

　(9)　占有権 ………………………………………………………………… 266

　(10)　死亡退職金 …………………………………………………………… 266

　　　　(A)　国家公務員の死亡退職手当　267　／　(B)　地方公務員の死
　　　　亡退職手当　267　／　(C)　その他の者の死亡退職金　268

　(11)　遺族給付 ……………………………………………………………… 270

　(12)　生命保険金 …………………………………………………………… 271

　　　　(A)　保険契約者が自己を被保険者とし、受取人を相続人と指定し
　　　　ている場合　271　／　(B)　保険金受取人は指定されていないが、
　　　　保険約款の条項に、「保険金受取人の指定のないときは、保険金
　　　　を被保険者の相続人に支払う」とある場合　273　／　(C)　保険
　　　　契約者が自己を被保険者とし、第三者を受取人と指定したが、受

取人が保険事故発生前（被保険者の死亡前）に死亡し、保険契約者が受取人の再指定をしない場合　274　／　(D)　保険契約者が第三者または自己を被保険者であるとともに受取人としている場合　275　／　(E)　まとめ　275

(13) 社員権・株式 ……………………………………………………… 275
　　　(A)　株式会社　276　／　(B)　持分会社　276
(14) 投資信託 …………………………………………………………… 277
(15) 国　　債 …………………………………………………………… 279
(16) 社　　債 …………………………………………………………… 280
(17) ゴルフ会員権 ……………………………………………………… 280
　　　(A)　社団会員制　280　／　(B)　株主会員制　280　／　(C)　預託金会員制　280
(18) 代償財産 …………………………………………………………… 282
(19) 遺産から生じた果実および収益 ………………………………… 283
(20) 営業権 ……………………………………………………………… 284
(21) 祭祀財産 …………………………………………………………… 285
(22) 遺体・遺骨 ………………………………………………………… 286
(23) 葬儀費用 …………………………………………………………… 286
(24) 遺産管理費用 ……………………………………………………… 289
(25) 使途不明金 ………………………………………………………… 289
(26) 債　　務 …………………………………………………………… 290
　　　(A)　金銭債務（可分債務）　290　／　(B)　保証債務　290　／　(C)　連帯債務　291　／　(D)　不可分債務　291

6　相続人、相続財産の範囲に争いがある場合の手続 ……………… 293
　(1)　遺産分割における前提問題 …………………………………… 293
　(2)　相続人について争いがある場合の手続 ……………………… 294
　　　(A)　身分関係に争いがある場合　294　／　(B)　相続権に争いがある場合　296　／　(C)　相続人が不分明の場合　298

目次

　　(3) 相続財産の範囲について争いがある場合の手続 ……………………… 299

　　　　(A) 財産の帰属について争いがある場合　299　／　(B) 未分割の遺産かどうかについて争いがある場合　301　／　(C) 相続財産の存否に争いがある場合　301

 7　遺産の評価 ……………………………………………………………………… 302

　　(1) 遺産の評価の必要性 …………………………………………………… 302

　　　　(A) 遺産の評価の意義　302　／　(B) 遺産の評価における当事者の合意の尊重　302

　　(2) 遺産の評価の基準時 …………………………………………………… 303

　　　　(A) 基準時の考え方　303　／　(B) 確認が必要な時点　304　／　(C) 「分割時」の意義　305

　　(3) 不動産の評価 …………………………………………………………… 306

　　　　(A) 評価資料　306　／　(B) 不動産の評価手法　309　／　(C) 不動産の評価にあたっての留意点　310

　　(4) 株式の評価 ……………………………………………………………… 312

　　(5) その他の財産の評価 …………………………………………………… 312

 8　特別受益者 ……………………………………………………………………… 314

　　(1) 特別受益の意義 ………………………………………………………… 314

　　　　(A) 特別受益の制度　314　／　(B) 「持戻し」の意義　315

　　(2) 特別受益の主張方法 …………………………………………………… 315

　　　　(A) 従前の議論　315　／　(B) 最高裁判所の判断　316　／　(C) 特別受益の主張方法　317

　　(3) 特別受益に関する問題点その1──受益者の範囲 ………………… 317

　　　　(A) 原則　317　／　(B) 包括受遺者　318　／　(C) 共同相続人の親族が受益していた場合　318　／　(D) 再転相続の場合　319　／　(E) 代襲相続の場合　320　／　(F) 贈与を受けた後に推定相続人の地位を新たに取得した場合　321

　　(4) 特別受益に関する問題点その2──対象 …………………………… 321

(A)　持参金、挙式費用、結納金　322　／　(B)　教育費　322　／
　　　(C)　現金、有価証券等の贈与　322　／　(D)　生命保険金　323
　　　／　(E)　死亡退職金・遺族扶助料　324　／　(F)　遺産である不
　　　動産の無償使用　324　／　(G)　「相続させる」旨の遺言　325
　(5) 特別受益に関する問題点その3——持戻し免除の意思表示 …………326
　　　(A)　持戻し免除の意思表示　326　／　(B)　持戻し免除の意思表
　　　示の方法　327
　(6) 特別受益に関する問題点その4——特別受益の評価と相続分の算定 …327
　　　(A)　特別受益の評価の基準時と評価の方法　327　／　(B)　相続
　　　分の算定　328
　(7) 家庭裁判所における手続 ……………………………………………329
9　寄与分 ………………………………………………………………………330
　(1) 総　論 …………………………………………………………………330
　　　(A)　寄与分の意義　330　／　(B)　寄与分を主張できる者　330
　(2) 寄与分の要件 …………………………………………………………332
　　　(A)　寄与分の要件と類型　332　／　(B)　家業従事型　334　／
　　　(C)　金銭等出資型　335　／　(D)　療養看護型　336　／　(E)　扶
　　　養型　337　／　(F)　財産管理型　337
　(3) 寄与分の算定方法（類型別の具体的算定例） ………………………338
　　　(A)　家業従事型　338　／　(B)　財産給付（金銭等出資）型　340
　　　／　(C)　療養看護型　340　／　(D)　扶養型　342　／　(E)　財産
　　　管理型　343
　(4) 寄与分と特別受益、遺留分との関係 ………………………………344
　　　(A)　寄与分と特別受益　344　／　(B)　遺留分と寄与分　345
　(5) 家庭裁判所における手続 ……………………………………………346
　　　(A)　寄与分を定める手続　346　／　(B)　具体的相続分の算定方
　　　法　348
10　遺産分割の方法 ……………………………………………………………349

- (1) 総　説 ……………………………………………………………… 349
- (2) 現物分割 …………………………………………………………… 349
  - (A) 意　義　349　／　(B) 一筆の土地の現物分割　350　／　(C) 一棟の建物の現物分割　350　／　(D) 借地権の分割　350　／　(E) 用益権の設定　351
- (3) 代償分割 …………………………………………………………… 352
  - (A) 意　義　352　／　(B) 要件（「特別の事情」）　352　／　(C) 代償金額の算定　353　／　(D) 代償金の支払方法　354　／　(E) 具体的相続分がない相続人の遺産取得　355
- (4) 換価分割 …………………………………………………………… 356
  - (A) 意　義　356　／　(B) 調停手続における遺産の換価（任意売却）　356　／　(C) 終局審判における競売による換価　356　／　(D) 中間処分としての換価を命ずる裁判（審判以外の裁判）　357
- (5) 共有分割 …………………………………………………………… 359
  - (A) 意　義　359　／　(B) 共有分割が認められる場合　359
- (6) 一部分割 …………………………………………………………… 360
  - (A) 意　義　360　／　(B) 要　件　360　／　(C) 一部分割の結果が残部分割に及ぼす影響　360

第4章　遺産分割の手続

- 1　協議による分割 ……………………………………………………… 364
  - (1) 意　義 ………………………………………………………………… 364
  - (2) 当事者（協議の主体） …………………………………………… 364
  - (3) 協議の時期 ………………………………………………………… 365
  - (4) 協議の方式と内容 ………………………………………………… 365
    - (A) 協議の方式　365　／　(B) 協議の内容　366

(5) 協議の成立と登記手続 ……………………………………………… 366
　　　(A) 被相続人名義の登記がされている場合　366　／　(B) 共同相続登記がされている場合　367
　(6) 相続分がないことの証明書（特別受益証明書）……………………… 367
2　家庭裁判所における調停………………………………………………… 369
　(1) 概　要…………………………………………………………………… 369
　　　(A) 運用上の調停前置　369　／　(B) 遺産分割調停の対象　370
　(2) 手続の基本構造………………………………………………………… 371
　　　(A) 当事者主義的運用　371　／　(B) 段階的手続進行　374
　(3) 調停の申立て…………………………………………………………… 375
　　　(A) 当事者等　375　／　(B) 管　轄　376　／　(C) 申立書の提出　376　／　(D) 添付資料　378　／　(E) 申立手数料および郵便切手　380　／　(F) 申立書等の受付　380　／　(G) その他の遺産分割に関する事件の申立て　381
　(4) 調停前の仮の措置……………………………………………………… 383
　　　(A) 意義および要件　383　／　(B) 遺産分割調停事件における仮の措置の例　384　／　(C) 審判前の保全処分との関係　385
　(5) 第1回期日までの準備………………………………………………… 385
　　　(A) 手続選別　385　／　(B) 第1回期日および調停委員の指定　386　／　(C) 答弁書等の提出　387
　(6) 第1回期日の実施……………………………………………………… 388
　　　(A) 担当裁判官と調停委員の事前評議　388　／　(B) 当事者に対する手続説明　388　／　(C) 事情および意見の聴取　389　／　(D) 当事者との信頼関係の構築　389　／　(E) 当事者に対する課題の提示　389　／　(F) 欠席当事者に関する情報収集　390
　(7) 調停事件の終了（成立・不成立）……………………………………… 390
　　　(A) 調停の成立　390　／　(B) 一部成立　397　／　(C) 調停の効力　398　／　(D) 調停の不成立　398

(8) 調停事件の終了（調停に代わる審判）……………………………400
　　(A) 概　説　400　／　(B) 対象事件　400　／　(C) 調停に代わる審判をするのを相当と認めること（相当性）　403　／　(D) 調停に代わる審判の手続　405
(9) 調停事件の終了（その他）……………………………………………407
　　(A) 調停をしない措置による終了　407　／　(B) 申立ての取下げ　408

3　家庭裁判所における審判………………………………………………410
(1) 概　要……………………………………………………………………410
　　(A) 審判事項　410　／　(B) 審判申立てが先行する場合　410　／　(C) 調停申立てが先行する場合　411　／　(D) 審判手続　412
(2) 手続の基本原理…………………………………………………………413
　　(A) 遺産分割事件の特徴　413　／　(B) 当事者権の実質的保障　414　／　(C) 当事者の手続協力義務ないし事案解明義務　415　／　(D) 当事者の合意を尊重した審理運営　416
(3) 審判手続の開始…………………………………………………………417
　　(A) 審判の申立て　417　／　(B) 調停手続からの移行　420
(4) 審判前の保全処分………………………………………………………422
　　(A) 意　義　422　／　(B) 要　件　422　／　(C) 審理手続　425　／　(D) 裁　判　426
(5) 審判手続の運営…………………………………………………………426
　　(A) 審理方式（後日審問型と陳述聴取型）　426　／　(B) 参与員の関与　427　／　(C) 主張書面および証拠資料の提出　427　／　(D) 事実の調査とその通知　428　／　(E) 審　問　429　／　(F) 電話会議システム等の利用　430　／　(G) 審理の終結　430　／　(H) 審判日の指定　431
(6) 審判手続の終了…………………………………………………………432
　　(A) 審　判　432　／　(B) 審判申立ての取下げ　436　／　(C)

調停手続に付した後の調停成立　438

第5章　分割後の紛争

1　はじめに……………………………………………………………………440
2　遺産分割協議の無効……………………………………………………442
　(1)　無効原因の分類………………………………………………………442
　　　(A)　前提事項に問題があり、遺産分割協議が無効となる場合
　　　442　／　(B)　民法906条の基準に沿った遺産分割協議をすること
　　　ができないため、無効となる場合　443　／　(C)　共同相続人の
　　　意思表示に瑕疵等がある場合　444
　(2)　遺産分割協議の時期………………………………………………445
　(3)　遺産分割協議の当事者……………………………………………446
　　　(A)　一部の相続人を除外してなされた遺産分割協議　446　／
　　　(B)　非相続人が加わった遺産分割協議　447　／　(C)　相続回復
　　　請求権の時効　449
　(4)　遺産分割協議の対象………………………………………………450
　　　(A)　非遺産が唯一の遺産として遺産分割協議がなされた場合
　　　450　／　(B)　非遺産を含めて遺産分割協議がなされた場合　450
　(5)　意思表示の瑕疵等…………………………………………………453
　(6)　遺産分割協議の無効の主張方法…………………………………454
　　　(A)　再協議、調停や審判の申立て　454　／　(B)　遺産分割協議
　　　無効確認の訴え　454
　(7)　遺産分割調停もしくは審判の無効………………………………455
　　　(A)　被相続人死亡前の調停、審判　455　／　(B)　共同相続人の
　　　一部を除外してなされた調停、審判および非遺産を含めてなされ
　　　た調停、審判並びに意思表示の瑕疵　455
3　分割後に遺言書が発見された場合……………………………………459

17

目　次

　　(1)　発見された遺言書の内容 ································· 459
　　　　(A)　共同相続人以外の者に特定遺贈がなされている遺言　459
　　　　／　(B)　共同相続人以外の者に包括遺贈がなされている遺言
　　　　459　／　(C)　共同相続人の1人に特定遺贈がなされている遺言
　　　　460　／　(D)　相続分を指定する遺言　461　／　(E)　遺産分割協
　　　　議の無効を主張できる者　461　／　(F)　調停、審判　461
　　(2)　遺産分割協議後に特定の土地の分割方法を定めた遺言が発見された場合 ··· 462
　　(3)　遺言の存在を知りながらなされた遺産分割協議 ······················ 462
　4　分割後に新たに遺産が発見された場合 ··························· 465
　　(1)　遺産が新たに発見された場合の処置方法が示されているとき ·········· 465
　　(2)　遺産が新たに発見された場合の処置方法が示されていないとき ········ 465
　　(3)　遺産分割協議、調停、審判の無効を争う方法 ························ 466
　5　分割後に認知された相続人が現れた場合 ························· 467
　　(1)　民法784条ただし書と同法910条の関係 ······························ 467
　　(2)　民法910条の適用範囲 ·· 468
　　　　(A)　認知により共同相続人としての地位を失う者　469　／　(B)
　　　　遺言による被認知者　469
　　(3)　遺産分割その他の処分 ·· 471
　　(4)　価額請求の相手方となる者 ·· 472
　　(5)　価額請求 ·· 472
　　　　(A)　価額請求の性格　472　／　(B)　価額請求の金額　473　／
　　　　(C)　時　効　474
　　(6)　民法910条の類推適用 ·· 475
　　　　(A)　分割当時胎児であった者　476　／　(B)　遺産分割協議後、
　　　　離婚または離縁無効の確認の訴えで勝訴した者　476　／　(C)
　　　　遺産分割協議後、父を定める訴えで被相続人の子と定まった者
　　　　476　／　(D)　遺産分割協議後に母子関係が明らかとなった者
　　　　477　／　(E)　戸籍上相続人たる身分が表れていない者　477　／
　　　　(F)　遺産分割協議後に廃除の取消審判、協議離婚、協議離縁の各

　　　　取消審判もしくは判決が確定した場合　478
　(7)　調停および審判 ………………………………………………… 478
 6　遺産分割の解除 ……………………………………………………… 479
　(1)　はじめに ………………………………………………………… 479
　(2)　遺産分割協議の債務不履行解除 ……………………………… 479
　　　　(A)　両説の根拠　480　／　(B)　両説の検討　481　／　(C)　解除
　　　　が認められるべき場合　483
　(3)　約定解除、解除条件 …………………………………………… 485
　(4)　遺産分割協議の合意解除 ……………………………………… 487
　　　　(A)　遺産分割協議の合意解除　487　／　(B)　調停でなされた遺
　　　　産分割の解除　487
　(5)　担保責任に基づく解除 ………………………………………… 488
 7　共有取得後の分割 …………………………………………………… 490
　(1)　遺産分割の方法 ………………………………………………… 490
　(2)　共有分割後の分割方法 ………………………………………… 491
　　　　(A)　判例の流れ　491　／　(B)　両分割の類似性　492
　(3)　遺留分減殺請求後の分割 ……………………………………… 492
　　　　(A)　遺留分減殺請求後の分割方法　493　／　(B)　遺留分減殺と
　　　　遺産分割の関係　493

第6章　事例にみる遺産分割

 1　遺産分割の調停が成立した事例 …………………………………… 496
　(1)　はじめに ………………………………………………………… 496
　(2)　ケース１ ………………………………………………………… 497
　　　　(A)　基本情報　497　／　(B)　調停期日の経過　500
　(3)　ケース２ ………………………………………………………… 508
　　　　(A)　基本情報　508　／　(B)　書記官による事前の事情聴取　511

　　　　／　(C)　手続選別意見　512　／　(D)　調停期日の経過　513
2　審判事例……………………………………………………………………524
　(1)　審判により申立てが却下された事例………………………………524
　　　　(A)　【事例1】東京家審平成11・8・2家月52巻3号50頁　524　／
　　　　(B)　【事例2】熊本家審平成10・3・11家月50巻9号134頁　528
　　　　／　(C)　【事例3】神戸家審平成4・9・10家月45巻11号50頁　531
　(2)　審判により遺産分割が行われた事例………………………………536
　　　　(A)　【事例1】札幌家審平成10・1・8家月50巻10号142頁　536
　　　　／　(B)　【事例2】千葉家一宮支審平成5・5・25家月46巻11号42頁　541　／　(C)　【事例3】甲府家審平成4・11・24家月46巻4号45頁　545　／　(D)　【事例4】横浜家審昭和63・9・26家月41巻2号152頁　547　／　(E)　【事例5】名古屋家判平成2・7・20家月43巻1号136頁　551

第7章　遺言・遺産分割と税務—相続税の概要

1　相続開始後のスケジュール……………………………………………554
2　小規模宅地の減額特例、配偶者の税額軽減の適用…………………557
3　相続税の仕組み…………………………………………………………559
　(1)　相続税の計算の概要……………………………………………………559
　(2)　ステップ①：課税価格の計算…………………………………………560
　(3)　ステップ②：相続税の総額の計算……………………………………560
　(4)　ステップ③：各人ごとの納付税額の計算……………………………563
4　相続税の計算の具体例…………………………………………………565
　(1)　設　例……………………………………………………………………565
　(2)　各人の課税価格の計算…………………………………………………565
　(3)　各人の算出税額の計算…………………………………………………566
　　　　(A)　基礎控除額　566　／　(B)　相続税の総額　566

5	相続税の加算と税額控除	569
(1)	相続税額の加算（2割加算）	569
(2)	贈与税額控除（暦年課税）	571
(3)	配偶者の税額軽減	573

(A) 制度の概要　573　／　(B) 制度の内容　573　／　(C) 配偶者税額軽減の留意点　575

(4)	未成年者控除	575
(5)	障害者控除	576
(6)	相次相続控除	576
(7)	外国税額控除	577
(8)	相続時精算課税制度を選択した場合の贈与税額の精算	577
6	相続財産の評価	579
(1)	相続財産評価	579
(2)	小規模宅地の評価減の特例	582

(A) 特例の概要　582　／　(B) 適用対象宅地と減額割合等　582　／　(C) 特定事業用宅地等　583　／　(D) 特定同族会社事業用宅地等　584　／　(E) 貸付事業用宅地等　584　／　(F) 特定居住用宅地等　584

7	相続設計	587
(1)	相続設計と相続税対策	587
(2)	遺産分割設計	588
(3)	納税資金設計	588
(4)	相続税対策（節税設計）	589

- 事項索引　591
- 判例索引　595

編者・執筆者一覧　604

【凡　例】

〈法令〉

民	民法
家事手続	家事事件手続法（平成23年法律52号）
家事規	家事事件手続規則
家審	家事審判法（平成23年法律53号により廃止）
戸籍	戸籍法
人訴	人事訴訟法
一般法人法	一般社団法人及び一般財団法人に関する法律
保険	保険法
信託	信託法
遺言方式準拠法	遺言の方式の準拠法に関する法律
通則	法の適用に関する通則法
公証	公証人法
不登	不動産登記法
不登令	不動産登記令
不登規	不動産登記規則
民訴	民事訴訟法
民訴費用	民事訴訟費用等に関する法律
民訴規	民事訴訟規則
民執	民事執行法
会社	会社法
借地借家	借地借家法
建物区分	建物の区分所有等に関する法律
刑	刑法

〈判例集・文献〉

民集	最高裁判所民事判例集
	大審院民事判例集
民録	大審院民事判決録

集民	最高裁判所裁判集民事
高民集	高等裁判所民事判例集
高刑集	高等裁判所刑事判例集
下民集	下級裁判所民事裁判例集
家月	家庭裁判月報
平成〇年度最判解民	最高裁判所判例解説〔民事篇〕〔平成〇年度〕
新聞	法律新聞
評論	最高裁判所民事判例集
判時	判例時報
判タ	判例タイムズ
金法	金融法務事情
金判	金融・商事判例
曹時	法曹時報
法論	法律論叢

第1章

遺産分割総論

1 相続の開始

(1) 相続開始の原因

　相続は、自然人の死亡によってのみ開始する（民882条）。明治民法においては、戸主の地位を承継する家督相続と財産を承継する遺産相続の2種類の相続制度があり、遺産相続については死亡のみが相続開始の原因とされていたが、家督相続については、戸主の隠居、去家、国籍喪失、女戸主の入夫婚姻など生前における相続開始原因があった。現在の相続法では、家督相続が廃止されたので、相続開始の原因としては、死亡のみということになった。

　死亡とは、自然的死亡のほか、失踪宣告を受けた者は死亡したものとみなされる（民31条）から、失踪宣告による擬制的死亡も含まれる。

　そして、このような死亡という相続開始の原因があれば、相続人がその相続の開始を知ったかどうかにかかわりなく相続は開始することになる。また、被相続人に帰属していた財産には積極財産が全くなく、消極財産（債務）だけであったとしても、相続は開始する。

　相続が開始するのは、被相続人死亡の時（民882条）であり、死亡の瞬間である。相続人は、被相続人死亡の瞬間に被相続人の財産を当然かつ包括的に承継することになるので、相続財産に無主の状態が生ずるということはない。

　しかし、前記のように、相続は、相続人が相続の開始を知ったかどうかにかかわりなく、当然に開始するものであるから、相続人が相続の開始を知ら

ない間に、相続権や遺留分減殺請求権を喪失したり、相続債務を承継するという不利益を受けるおそれがある。そこで、そのようなことの生じないよう、一定の場合には、相続上の法律関係を決定する基準を、相続開始時ではなく、自己のために相続の開始を知った時とされている。相続回復請求権の短期消滅時効の起算点（民884条）、相続の承認・放棄の熟慮期間の起算点（民915条〜917条・921条2号）、遺留分減殺請求権の短期消滅時効の起算点（民1042条）などである。

死亡の証明については、権利の存在を主張する者が挙証責任を負うことになる。戸籍の記載は、その最も重要な証明手段ではあるが、反証によって覆すことができないわけではない。

(2) 自然的死亡

(A) 原　則

自然的死亡の場合の相続開始の時期は、現実に死亡したときである。死亡というのは通常は心臓の停止による全身的死亡である心臓死であり、心臓の不可逆的停止および呼吸の不可逆的停止並びに瞳孔拡散（対光反射の消失）の3つの兆候により確認することになる。

(B) 例　外

ところが、医学の発展により生命維持装置などによって人工的に心臓を活動させることができるようになり、脳機能の全部または一部の不可逆的停止である「脳死」をもって人の死亡と認定することができるのではないかということがいわれるようになった。

「臓器の移植に関する法律」（平成9年法律104号）では脳死した者の身体から臓器を摘出することを認めている。同法では脳死が死であるという定義規定を設けているわけではないが、死体（脳死した者の身体を含む）から臓器を取り出すことを認める以上、例外的に「脳死」が死であるということを前提としているものである。同法6条2項は、「脳死した者の身体」とは、「脳幹

を含む全脳の機能が不可逆的に停止するに至ったと判定された者の身体」であると定めている。同条4項では、「脳死」の判定は必要な知識および経験のある2人以上の医師（臓器を摘出し、または当該臓器を使用した移植手術を行うこととなる医師を除く）の一般的に認められている医学的所見に基づき厚生労働省令で定めたところにより行う判断の一致によって、行われるものとされている。

「脳死」は、①深昏睡、②自発呼吸の喪失、③瞳孔が固定し、瞳孔径が左右とも4ミリメートル以上であること、④脳幹反射（対光反射、角膜反射、毛様脊髄反射、眼球頭反射、前庭反射、咽頭反射および咳反射をいう）の消失、⑤30分以上の平坦脳波が確認され、かつ当該確認から少なくとも6時間を経過した後に、その状態が再び確認されることが必要とされている。

また、脳死した者の死亡時刻については、「臓器の移植に関する法律の運用に関する指針（ガイドライン）」によれば、「脳死」判定の観察時間経過後の不可逆性の確認時（第2回目の検査終了時）とすることとされている（平成9・10・8健医発1329号厚生省保健医療局長通知）。

(C) 戸　籍

死亡は、医師等によって判断され、その作成する死亡診断書または死体検案書もしくはこれらに代わる死亡の事実を証すべき書面に死亡の年月日時分および場所が記載される（戸籍86条2項・3項）ので、これらの書面の記載に基づいて戸籍に記載されることになる。

死亡診断書とは死亡者を診察した医師が作成する書面、死体検案書は死亡者を診察しなかった医師が死亡後に死体を検案して作成する書面であり、これらに代わる死亡の事実を証すべき書面とは、診断書または検案書を得ることができないなどやむを得ない事由のある場合に限って作成が認められるものである。官公署の調査に基づく証明書、状況目撃者の事実陳述書、水難死亡者についての船長の証明書、無医村での警察官の死亡証明書、在外邦人についての日本人会長の証明書、被殺害者についての判決書謄本などが戸籍実務で認められている。

東日本大震災により死亡した死体未発見者を事件本人とする死亡届に添付すべき「死亡の事実を証すべき書面」について、次に掲げるものが考えられるとする法務省民事局第一課長通知が発せられた。①届出人の申述書、②事件本人の被災の状況を現認した者、事件本人の被災直前の状況を目撃した者等の申述書、③事件本人が東日本大震災の発生時に被災地域にいたことを強く推測させる客観的資料（在勤を証明する資料、在学を証明する資料等）、④事件本人の行方が判明していない旨の公的機関の証明書または報告書、⑤その他参考となる書面（新聞等の報道資料、僧侶等の葬儀執行証明書等であり、①は最低限必要であり、それに加えて②および③が添付されていることが望ましく、さらに④および⑤も添付されていれば、さらに望ましいとされている（平成23・6・7法務省民一1364号法務省民事局民事第一課長通達））。

死亡の記載については年月日だけでなく、時分も記載される。死亡は出生と異なり、相続能力に関する同時存在の原則との関係で、死亡の先後が権利関係に大きく影響するからである。

自然的死亡については、戸籍の記載に一般的推定的証明力があるけれども、戸籍記載に創設的効力や公信力があるわけではないから、反証によって覆すことはできる。

(3) 失踪宣告

(A) 意義、要件

住居を去って帰来する見込みのない者がある場合には、残された財産の処理や残存配偶者・相続人のためにも、何らかの処理をする必要が生ずる。

そこで、本人が生存していることを前提として、本人のために選任された管理人が残存財産の管理をして本人の帰来を待つという不在者財産管理人の制度（民25条）と、一定の手続の下に本人が死亡したものとみなして法律関係を確定するという失踪宣告の制度（民30条）を民法は定めている。

失踪宣告というのは、不在者の生死が明らかでない状態が一定期間継続し

た場合（普通失踪の場合は7年間であり、戦地に臨んだ者、沈没した船舶の中にあった者その他死亡の原因となるべき危難に遭遇した者についての特別失踪の場合は1年間である）に、利害関係人が不在者の従来の住所地または居所地を管轄する家庭裁判所に対して失踪宣告の申立てをするというものである。家庭裁判所は、一定の事項（失踪の宣告の申立てがあったこと、不在者は一定の期間までにその生存の届出をすべきこと、その届出がないときは、失踪の宣告がされること、不在者の生死を知る者は一定の期間までにその届出をすべきこと）の公告をしたうえで、要件が完備した場合には、失踪宣告の審判をすることとされている（家事手続148条・39条・別表第1―56項）。

(B) 効　果

失踪宣告を受けた者は、普通失踪の場合には7年間の期間が満了した時（期間満了日の最後である満了日の午後12時が死亡時期）に、特別（危難）失踪の場合には、危難が去った時に、死亡したものとみなされる（民31条）。

したがって、普通失踪においては失踪期間満了日、特別失踪においては危難が去った時にさかのぼってそれぞれ相続が開始することになる。相続開始時については、先例は、昭和37年改正法前は、普通失踪および特別失踪ともに失踪期間満了の時としてきた（明治34・12・17民刑1258号民刑局長回答）が、改正後は、その改正に合わせて、特別失踪については、危難の去った時と改められた（昭和37・6・15民甲1606号民事局長通達）。

失踪宣告は死亡の推定とは違い、死亡を擬制するというものであるから、死亡の事実自体や死亡の時点が実際と異なるということを反証することによって、これを覆すことはできない。覆すことが必要であれば、失踪宣告を取り消すことが必要である（民32条1項）。

失踪者が、他所で生活していた場合には、そこでは失踪宣告の効果は生じないし、失踪宣告後従前の住所に帰来した場合、宣告を取り消さない以上、法律関係が復活することはないが、帰来後の新たな法律関係については、宣告を取り消さなくとも、有効に成立する。

(4) 認定死亡

(A) 意 義

　死亡したことが確実であっても、死体が発見されなければ、戸籍に死亡の記載をすることができず、そのためには必ず失踪宣告手続をしなければならないとすると、不都合であるということで、大正3年の戸籍法（122条・20条）によって認定死亡の制度が創設され、現在の戸籍法（昭和22年法律224号）にこの制度は継承された。

　水難、火災その他の事変によって死亡したことが確実と思われる場合には、その取調べをした官庁または公署が、死体によって死亡を確認できない場合でも、死亡地の市町村長に対して死亡の認定をして死亡の報告をしなければならないとされている（戸籍89条）。

　認定死亡は、通常の死亡の届出を期待することが困難であるばかりでなく、届出によるよりも官公署（海上保安庁、警察署長）の調査資料に基づいた死亡の報告によるほうが正確であるということで設けられた制度であり、広く運用されている。わが国では、失踪宣告制度があまり利用されていないことから、この認定死亡の制度は大きな役割を果たしているといわれている。しかし、認定死亡は、本来、死亡が疑う余地がないほど確実な場合に限定すべきであるにもかかわらず、それ以外の場合にも用いられているとの批判もなされている。

(B) 適用範囲

　死亡報告は、本来、水難、火災その他の事変による死亡の場合に限って認められるのであるが、実際には「事変」の意義は相当広く解釈され、運用されている。これまでにも、炭坑爆発（大正4・6・22民事784号法務局長回答）、海難（大正5・6・29民事1024号法務局長回答）、震災（大正12・9・14民事3212号民事局長回答）、戦時の船舶事故（昭和17・7・15民甲515号民事局長回答）、空襲その他敵の攻撃による死亡（昭和19・5・26民甲385号民事局長回答）、復員

前の軍人軍属の死亡（昭和22・2・13民甲104号民事局長回答）、山津波（昭和22・12・4民甲1717号民事局長回答）、一家全員殺害または自殺（昭和24・4・6民甲3189号民事局長回答）、南極越冬中の事故（昭和35・10・25民甲2660号民事局長代理回答）などが認められている。

(C) 効　果

通常の死亡が届出義務者の届出によるのに対して、認定死亡は官公署の死亡報告によって戸籍に記載されるという手続上の違いがあるだけであって、戸籍記載の証明力については、通常の死亡届による場合と何ら異なるところはない。したがって、反証をすることによって戸籍に記載した死亡認定を覆すことができる（最判昭和28・4・23民集7巻4号396頁は、戸籍法89条の報告により戸籍簿に死亡の記載がなされている場合は、反証のない限り記載のとおり死亡したものと認められるとしている）。

(D) 失踪宣告との関係

失踪宣告は生死不明の者に対してなされるものであるが、その後、死亡が確実であることが明らかになった場合には、認定死亡がなされることはあり得る。そのような場合には、先になされた失踪宣告を取り消すことが必要になる。

逆に、認定死亡がなされた者に対して、あらためて失踪宣告手続をすることができるかどうかが問題となる。本来、認定死亡というのは、死体は確認できないけれども死亡は疑う余地がないほど確実である場合にだけなされるものだとすると、このような場合には、生死不明が前提である失踪宣告をするというのはおかしいということになる。しかし、認定死亡の制度が、実際には拡大されて運用され、簡易の失踪宣告制度のような機能を果たしていることを考えると、このように、死亡が確実ではないときになされた認定死亡については、失踪宣告がなされることも認めてよいのではないかと思われる。海難による行方不明者につき、海上保安本部の死亡報告に基づき戸籍に記載した後、同一人につき失踪宣告の届出（死亡とみなされる日が死亡報告と異なる）があった場合は、「〇年〇月〇日失踪宣告の裁判確定〇年〇月〇日死亡

とみなされる。何某届出により○月○日受付除籍死亡事項消去」と失踪宣告に基づく戸籍の記載をし、認定死亡に基づく戸籍記載を削除するとした先例がある（昭和39・7・9民甲2480号民事局長電報回答）。

(5) 職権による高齢者死亡記載

戸籍実務の取扱いでは、100歳以上の高齢者の所在が不明で、その生死および所在について調査の資料を得ることができないときは、市町村長から監督法務局または地方法務局の長に職権消除の許可申請をしたうえ、死亡記載をすることができるとされている（昭和32・1・31民甲163号民事局長回答）。

しかし、この取扱いは、戸籍法24条2項に基づいて戸籍整理を目的とする行政上の措置であり、死亡の日時場所等まで確認しているものではない。したがって、この死亡記載によって相続が開始することはなく、相続登記をすることもできない。相続登記をするためには、その前提となる死亡の日時の確定を要することになり、失踪宣告を求めることが必要であるとされている（昭和46・2・10法曹会決議（法曹時報23巻4号265頁））。

(6) 同時死亡の推定

(A) 意　義

被相続人と相続人は、相続開始の瞬間にはともに存在していなければならないという同時存在の原則が相続の基本原理とされている。被相続人と相続人が同一の危難で死亡したような場合には、どちらが先に死亡したかを確定することが困難なこともあり、そのような場合には、相続が開始するのかどうかについて困難な問題が生ずることになる。どちらが先に死亡したか不明の場合について、民法は当初何らの規定をおいていなかったため、実務上の解決が必要となり、死亡の日が同日でその時刻が不明と記載のある場合には、死亡の時刻が立証されない限り、同時に死亡したものと推定し、かつ、被相

続人と相続人が同時に死亡した場合、他に相続人がいなければ相続人不存在になるとし（昭和29・11・18法曹会決議（新要録149頁））、被相続人甲とその長男丙が同時に死亡したと推定され、甲の妻乙および丙の妻丁がある場合の相続人は乙のみである（昭和33・10・27民事（二）発510号民事局第二課長回答）などの先例が出されていた。そこで、これらの問題を立法的に解決するために、民法の一部を改正する法律（昭和37年法律40号）により、同時死亡の推定に関する規定が設けられた（民32条の2）。この規定によって、数人の者が死亡した場合において死亡時期の先後の確定が困難な場合には、同時に死亡したと推定されることになった。

(B)　適用範囲

民法32条の2が適用されるのは、数人の死亡者の間で死亡時期の先後の確定が困難であるという場合であればよく、必ずしも同一の危難による死亡の場合に限るわけではない。そして、死亡時期の先後が証明できる場合には、この推定を覆すことができる。この証明は、明確な反証であることを要し、単に疑わせる事実の主張をするだけでは足りない。

(C)　効　果

同時に死亡したとされる結果、死亡者相互の間には相続関係は生じない。また、この改正と同時に、民法887条2項が、代襲相続の原因である被代襲者の死亡を「相続開始前」としていたのを、被相続人の死亡時である相続開始時と同時であってもよいことを明確にするために、「被相続人の死亡開始以前」と改めた。同時死亡の推定を受ける場合には、同時死亡者相互間に相続は開始しないが、代襲相続は生ずるということを明確にした。先例も、同時に死亡した親子の間では相続は行われないが、孫以下の直系卑属は代襲相続人として相続することを明らかにした（昭和37・6・15民甲1606号民事局長通達）。

（雨宮　則夫）

2 遺産分割とは

(1) 相続開始の効力

(A) 原 則

　相続が開始すると、死者である被相続人に属していた一切の権利義務が一定の範囲の相続人に承継されることになる（民896条）。すなわち、被相続人の死亡によって、被相続人に属していた権利義務が、当然かつ包括的に相続人に承継される。この相続の効果は、相続人が相続開始の事実を知ると否とにかかわらず、法律上当然に発生するものである。
　承継される相続財産は、物権や債権のような具体的な権利義務だけではなく、申込みを受けた契約上の地位や売主として担保責任を負うべき地位など、権利義務として具体的に発生していないものも含まれる。したがって、相続というのは被相続人の財産的地位の承継であるといわれている。

(B) 例 外

(a) 一身専属権

　ただし、被相続人に属していた一切の権利義務が承継されることについての例外として、被相続人の一身に専属したもの（民896条ただし書）は、相続によって承継されない。このいわゆる一身専属権は、被相続人のみに帰属し、相続人には帰属しない性質を有するものであり、帰属上の一身専属権といわれる。
　たとえば、扶養請求権および扶養義務については、協議、調停、審判など

によってその具体的内容が確定している場合であっても、相続されることはない。扶養請求権者が死亡すると、要扶養状態が消滅するので、具体的に確定された扶養請求権も消滅する。扶養義務者が死亡した場合も、その相続人が扶養義務を相続することはなく、扶養権利者とその相続人との間において要扶養状態にあるかどうかによって新たに決められることになる。

　財産分与請求権については、夫婦財産関係の清算的要素と離婚後の扶養的要素のほか慰謝料的要素も含まれるとするのが最高裁の立場である（最判昭和46・7・23民集25巻5号805頁）。したがって、清算的要素および慰謝料的要素に関する財産分与については、相続されることになる。

　離縁請求権、認知無効確認請求権、特別縁故者の相続財産分与請求権なども、一身専属権として相続の対象とはならない。

(b) 祭祀財産

　もう一つの例外は、祭祀財産の承継である。民法897条1項は、「系譜、祭具及び墳墓の所有権は、前条の規定にかかわらず、慣習に従って祖先の祭祀を主宰すべきものが承継する」として、祭祀財産については相続財産から除外して相続財産とは異なる特別の承継によることとした。

(2) 祭祀財産の承継

(A) 沿　革

　明治民法987条は「系譜、祭具及ヒ墳墓ノ所有権ハ家督相続ノ特権ニ属ス」として、家督相続人以外の者が承継することは許されないとされていた。

　昭和22年民法改正によって新設された民法897条1項は、「家」制度および家督相続を廃止した新民法の下での規定であるから、当然、従前の規定とは異なった理解がされなければならない。共同相続を原則とする相続法理の下では祭祀財産も分割の対象とされてしまうことになるけれども、祭祀財産というのは他の相続財産と異なり分割相続には適しないこと、祭祀財産を普通の財産と同じく扱うことは国民感情や習俗からみてそぐわないこと、したが

って、家制度は廃止したけれども、祖先の祭祀、祭具の承継についての伝統的行事を尊重して、それらと妥協する必要があったことなどが、この規定が設けられた理由であるとされる。しかし、他方、この規定に対しては、新民法で「家」制度や家督制度を廃止しながらそれらの制度と不可分の関係にあった祖先祭祀の承継を認めるような条文を設置したことは大きな矛盾であり、その結果、新民法で廃止したはずの「家」の思想を温存し、家族共同生活の民主化を阻害することになるなどという批判が強い。また、祭祀財産のうちの墳墓などのように財産的価値の大きいものがあり、財産の相続という面からも再考の余地があるという指摘もなされている。

(B) 祭祀財産

祭祀財産とは系譜、祭具および墳墓をいう。系譜というのは、祖先以来の家系を表示したもの、祭具というのは、位牌や仏壇等祖先の祭祀、礼拝の用に供されるもの、墳墓というのは、遺体や遺骨を葬っている設備である墓石・墓碑などの墓標あるいは土葬の場合の埋棺をいう。通説は、祭祀財産には、祭具等の所有権のほか、墓地の所有権あるいはその使用権なども含まれるとしている。裁判例でも、被相続人所有の墓地は、民法897条の墳墓に準じて、祭祀財産として扱われるべきである（大阪家審昭和52・1・19家月30巻9号108頁）とし、墳墓が墳墓として遺骨などを葬る本来の機能を発揮することができるのは、墳墓の敷地である墓地が存在することによるのであって、墳墓と社会通年上一体の物ととらえてよい程度に密接不可分の関係にある範囲の墳墓の敷地である墓地は、民法897条1項に規定する墳墓として祭祀財産に属するとしている（広島高判平成12・8・25家月53巻10号106頁）。

(C) 承継者

祭祀財産は祖先の祭祀を主宰すべき者が承継するが、これは第1に被相続人の指定、第2に慣習、第3に家庭裁判所の指定によって定めるということになる（民897条1項・2項）。

祭祀の承継者は、原則として1名に限られるとするのが通説であり、同旨の判例もある（大阪高決昭和59・10・15判タ541号235頁）。しかし、特別の事情

がある場合には、分割承継、共同承継を認めても差し支えないといわれている。永年被相続人の家の墳墓地および系譜、仏壇や位牌等の祭具を管理してきたことを考慮して、管理者である親族に、系譜・祭具を承継させ、他方、唯一の相続人である養女には、墳墓と墳墓地を分割承継させたという東京家審昭和42・10・12家月20巻6号55頁や、婚姻生活40年に及ぶ後妻を被相続人の祭祀承継者としながら、他方、先妻の子を墓地・位牌など一部の祭祀承継者とした東京高決平成6・8・19判タ888号225頁、相続人間での対立状況が激しいことを考慮して、三男を主たる祭祀承継者としての墳墓を承継させ、仏壇等を管理している長男に祭具を承継させた奈良家審平成13・6・14家月53巻12号82頁、2つの家の祖先が同一で、墓地も共同の墓として埋葬・管理されてきたという事情を考慮して、共同承継を認めた仙台家審昭和54・12・25家月32巻8号98頁などの事案で「特別事情」があるとされている。

　祭祀承継者になるには、被相続人の親族関係者特に相続人であることが必要であるか、また、氏を同じくする必要があるかがしばしば問題とされるが、通説は、いずれもその必要はないとしている。

　民法769条では、祭祀財産を承継した夫または妻が離婚によって復氏した場合には権利の承継者を定める必要があるとされており、この規定は、婚姻の取消し（民749条）、生存配偶者の復氏・姻族関係の終了（民751条2項）、裁判離婚（民771条）、養子縁組の取消し（民808条2項）および離縁（民817条）の場合にそれぞれ準用されており、これらの規定は、氏に実質的な法律効果を与えるものとしているので、祭祀主宰者が被相続人と親族関係があり、氏を同じくすることを必要とするように解されるかのようである。しかし、必ずしもそうである必要はなく、これらの規定は多くの場合祭祀の主宰者が被相続人の相続人や親族で氏を同じくすることを想定しているにすぎないものであって、通説と同様、被相続人の相続人であるとか、親族でありかつ氏を同じくする必要はないとしている（大阪高決昭和24・10・29家月2巻2号15頁）。実際、相続人でない者を祭祀承継者とした審判例として、共同墓地の共有持分権を有する者が相続人のいない事案につき、当該共同墓地の管理者

を墳墓の承継者として指定した事例（福岡家柳川支審昭和48・10・11家月26巻5号97頁）や、被相続人所有の祭具、墳墓および墓地を事実上管理している被相続人の内縁の夫の孫を祭祀承継者と指定した事例（高松家審平成4・7・15家月45巻8号51頁）などがあるが、いずれも相続人のいない事例である。

(D) **被相続人による祭祀承継者の指定**

被相続人による祭祀承継者の指定の方法には特別の制限はなく、生前行為でも遺言でもよく、書面、口頭、明示、黙示を問わず、指定の意思が外部から推認できるものであればよいとされている。

被相続人が墓碑に建立者として二女の氏名を刻印させていた場合には、被相続人は同女に祭祀を承継させる意思を明らかにしていたものと認められるとした事例（長崎家諫早出審昭和62・8・31家月40巻5号161頁）、被相続人が家産のすべてを長女に贈与した事実は同女を祭祀の承継者たらしめる被相続人の意向を客観的に具現したものであるとした事例（名古屋高判昭和59・4・19家月37巻7号41頁）、被相続人およびその亡夫は、亡夫が創業した会社の経営の任にあたる息子に墓地が承継されることを望んでいたと推認されるとした事例（東京家審平成12・1・24家月52巻6号59頁）などがある。

また、被相続人の指定による祭祀の承継者がいる場合であっても、被相続人の指定の有無や慣習の存否について争われている場合には、家庭裁判所としては、祭祀の承継者指定の審判をなすべきである（福岡家小倉支審平成6・9・14家月47巻5号62頁）とされている。

(E) **慣　習**

民法897条1項にいう慣習というのは、被相続人の住所地における地方的慣習を指すのであるが、被相続人の出身地や職業などによって一般の慣習とは異なるものがあれば、それによることとなる。この慣習は、旧法時代の慣習ではなく、現行民法施行後新たに形成されたものでなければならないとした裁判例（大阪高決昭和24・10・29家月2巻2号15頁）もあるけれども、昭和22年の民法改正から65年以上も経過した今日では、現在も行われている慣習であれば、その慣習の内容が長子承継であろうと、慣習と認めても問題はな

いとするのが多数説である。

　(F)　**家庭裁判所による指定**

　被相続人による指定がなく、また慣習によっても祭祀の承継者が決まらないときは、家庭裁判所の審判事項として、調停または審判により定められることになる（家事手続別表第2―11項・190条）。

　家庭裁判所が祭祀財産の承継者を指定するにあたっては、承継者と被相続人との身分関係のほか、過去の生活関係および生活感情の緊密度、承継者の祭祀主宰についての意思や能力、利害関係人の意見等諸般の事情を総合的に判断するのが相当である（大阪高決昭和59・10・15判タ541号235頁）。祖先の祭祀は、義務としてではなく死者に対する愛情、感謝の気持ちによってなされるものであるから、遠い祖先より近くの祖先ともいうべき被相続人と緊密な生活関係にあって、被相続人に対してこのような心情を有するかどうかを重視すべきであるとする学説もある。

　審判例をみると、結婚して夫の氏を称している被相続人の妹ではなく、20年以上も被相続人と生活し、その孫を養子にしている内縁の妻を祭祀承継者とした事例（前掲大阪高決昭和24・10・29）や、被相続人と生計を異にしていた長男および二男ではなく、被相続人と同居して農業に従事し、事実上の後継ぎである二女を祭祀承継者とした事例（名古屋高決昭和37・4・10家月14巻11号111頁）、喪主を務めたが、被相続人と生前別居し、ほとんど行き来のなかった長男ではなく、被相続人の生前から同居し、その療養看護にあたり、祖先の位牌や被相続人の遺骨を保管していた二男を祭祀承継者とした事例（大阪家審昭和52・8・29家月30巻6号102頁）などがある。

　申立てがあれば家庭裁判所は指定をしなければならないけれども、適任者がいないというときには、申立てを却下することになる（多数説）。その場合には、祭祀財産は相続財産となることとなり、相続人が存在しない場合には国庫に帰属することになる。

　この家庭裁判所の祭祀承継者指定の審判調停手続に関与すべき当事者としては、共同相続人のほか、祭祀財産の権利承継につき法律上の利害関係を有

する親族またはこれに準ずる者が当事者となる（前掲東京家審昭和42・10・12）。

(G) 関係者の協議

民法897条では、関係者の合意によって定めることを明確にしていない。

前掲広島高判平成12・8・25は、被相続人が相続人らの協議によって祭祀承継者を定めることと指定しない限り、相続人らが協議して定めた者を祭祀承継者であると認めることはできないとする。これに対して、東京地判昭和62・4・22判タ654号187頁は、民法897条の規定は、祖先の祭祀財産の承継については、共同相続の原則とは異なった伝統的な習俗が存在していることを尊重し、祭祀財産を一般の相続財産から除外するとともに、その承継をめぐって生起する紛争解決方法の最終的な保証として定められたものであって、関係当事者の合意によってその承継者を定めることを排除した趣旨とは解されないとして、積極説に立っている。実際にも、関係者の協議で祭祀の承継者を決めている場合が多く、また、調停による指定を認めていることを考慮すると、協議で決めることを認めて何ら差し支えないと思われる。

(H) 祭祀承継者の地位

祭祀承継者は、被相続人が死亡時において法律上当然に祭祀財産を承継することとなるものであって、承継の意思表示や登記等の対抗要件を具備することが必要となるものではない。また、祭祀承継には、承認や放棄の制度がないので、承継を辞退するということもできない。しかし、承継者は、祭祀義務を負わされるわけではないので、承継後に祭祀財産を自由に処分することができる。

祭祀財産を相続財産とは区別した上別個に承継させることとしたものであるから、祭祀承継者となることを理由に祭祀承継者の相続分を増加させたり、遺産の中から祭祀料として特別に財産を分け与えることは許されない（東京高決昭和28・9・4高民集6巻10号603頁）。

また、祭祀財産は相続財産ではないから、相続を放棄した相続人も祭祀財産を承継することはできる。

(3) 相続財産の共有

　相続人が承継した後の法律関係は民法249条以下の共有なのか、それとも合有なのかについては学説は分かれているが、判例は民法上の共有と解するとしている。大審院は、相続財産中に金銭債権が存在する場合には、民法427条の適用により、債権は法律上当然に分割され、各遺産相続人が平等の割合に応じて権利を有するとし、最高裁もこの立場を踏襲している。最判昭和30・5・31民集9巻6号793頁は、次のように判示している。

　「相続財産の共有は、民法改正の前後を通じ、民法249条以下に規定する『共有』とその性質を異にするものではないと解すべきである。相続財産中に金銭その他の可分債権があるときは、その債権は法律上当然分割され、その各共同相続人がその相続分に応じて権利を承継するとした新法についての当裁判所の判断（昭和27年(オ)1119号同29年4月8日第一小法廷判決、集8巻819頁）及び旧法についての大審院の同趣旨の判例（大正9年12月22日判決、録26輯2062頁）は、いずれもこの解釈を前提とするものというべきである。それ故に、遺産の共有及び分割に関しては、共有に関する民法256条以下の規定が第一次的に適用せられ、遺産の分割は現物分割を原則とし、分割によって著しくその価格を損する虞があるときは、その競売を命じて価格分割を行うことになるのであって、民法906条は、その場合にとるべき方針を明らかにしたものに外ならない」。

　したがって、判例の立場では、民法249条以下に規定する共有とその性質を異にするものではないので、各相続人は遺産分割前に個々の相続財産の持分権を自由に処分できることを認め、相続人の一人が相続財産の持分権を第三者に譲渡した場合には、その持分権は遺産分割の対象から逸出することになる（最判昭和50・11・7民集29巻10号1525頁）としている。下級審判例の中には、合有説をとるものもある（大阪高判昭和32・7・12下民集8巻7号1256頁）が、極めて異例というべきであり、判例の立場としては共有説で一貫し

ている。

　このような遺産共有状態を解消して各相続人に分配取得させる手続が遺産分割手続である。

(4)　遺産分割と遺言の取扱い

(A)　遺言の存否の確認

　遺言で遺産の処分や相続分の割合が定められている場合には遺言に従うことになるから、遺産分割をする前に、遺言の存否をまず確認する必要がある。

　遺言能力を有する者であれば定められた方式に従って遺言をすることができるが、遺言の中には、遺贈や相続分の指定、遺産分割方法の指定、推定相続人の廃除など、遺産の処分や相続人の範囲に関連する遺言があり、それらは、いずれも遺産分割の前提問題となる事項であるので、遺産分割手続も影響を受けることになる。また、遺言が相続人の遺留分を侵害しているという場合には、遺留分減殺請求の問題が生じることになる。

(B)　遺言書の発見

　遺言があるのにこれを知らずに遺産分割を終了させてしまい、後日遺言書が出てくると、その内容によっては成立した遺産分割が無効になることもある。

　したがって、遺産分割をする場合には、遺言書があるかどうかをまず調査しなければならない。

　公正証書遺言の場合には、昭和64年1月1日以降作成された遺言証書について、コンピューターによる遺言検索システムが実施されているので、まずはそれを利用することになる。この遺言検索システムには、全国の公証役場の遺言が登録されており、すべての公正証書遺言および秘密証書遺言（これらの全部または一部の取消しを含む）が登録されている。このシステムは、日本公証人連合会事務局に全国の公証人から毎月送付される遺言者一覧表また

は電子版遺言者一覧表並びに外国人についての人物証明資料に基づき、コンピューターへ入力して管理しているものであり、全国どこの公証役場からも検索できることになっている。これを利用した照会については、原則として、遺言者の生存中は利害関係人に対する教示は行わないことになっている。したがって、遺言者の死亡後、公文書等により遺言者が死亡した事実および法律上利害関係を有することの証明があった場合には、公正証書遺言の有無およびどこの公証役場で作成したものであるかを教示することになっている。そうすれば、その遺言を作成して保存している公証役場に行って、照会のときと同様の証明をして遺言書の謄本の交付を受けることができることになる。

(C) **遺言書の検認**

公正証書遺言を除く遺言については、遺言書の保管者は相続の開始後遅滞なく家庭裁判所の検認手続を受けなければならない（民1004条1項・2項）。

検認手続というのは遺言書の記載内容その他一切の外形的な状態を調査してその現状を保全する一種の証拠保全手続で、遺言内容の真否、有効かどうかの判定をする手続ではないと考えられている（大決大正4・1・16民録21輯8頁）。

(D) **遺言執行者の選任**

遺言の中には執行が必要なものと、相続分の指定のように執行の余地のないものもある。執行が必要な遺言については遺言で遺言執行者を指定する（民1006条1項）か、その指定がない場合または指定された者が就職を承諾しない場合には、利害関係人は家庭裁判所に遺言執行者の選任を請求することになる（民1010条）。

(E) **遺産分割手続における遺言の取扱い**

遺産分割の前提問題となる事項について有効な遺言があれば、遺産分割の手続もこれを前提に行わなければならないことになるので、遺言書が存在することを知っている者は速やかにそれを申し出ることが必要である。

(a) **遺言の有効性に争いのない場合**

遺言の有効性およびその解釈に疑問もなく、相続人間で争いもない場合に

は、その遺言の存在することを前提に遺産分割の協議、調停、審判を進めていけばいいのであるが、その遺言の内容とは異なる内容の遺産分割の協議、調停ができるかということがしばしば問題となる。遺言をした当時と事情が変わっていたり、被相続人の意向とは異なる分け方をしたほうが相続人全員にとって合理的で好ましいという場合などは、相続人全員が遺言とは違う内容の遺産分割協議を成立させたいということもある。特定の遺産の遺贈を受けた相続人が、遺言の内容を知りながら他の共同相続人との間においてこれと異なる遺産分割の協議をしたという場合には、遺贈の全部または一部を放棄したものと認め、これによって遺産分割の協議は有効となるとした裁判例もある（東京地判平成6・11・10金法1439号99頁）。しかし、遺言の内容によっては、個々の遺産について相続開始と同時に各共同相続人に物権的に権利が移転してしまい、もはや遺産分割の対象ではなくなってしまうという場合もあるので、厳密にいうと、いったん各共同相続人に帰属した財産を、協議によって、交換・贈与・和解による再分割をするということになる場合もあると考えられる。

　いずれにしても、遺言者の最終意思である遺言は尊重されなければならないのはもちろんではあるけれども、財産の処分に関する問題であって公益に関係するわけではなく、当事者が任意に決定できる分野の問題であると考えられるので、これを認めるのが通説であり、実務でもそのように運用されている。

　(b) **遺言の存在を知らなかった場合**

　　(ア) **錯誤による無効**

　共同相続人全員が遺言の存在を知らないで遺産分割協議をした場合には、遺言が存在するかどうかは通常は重要な事柄なので、その遺言の存在を知っていたらその遺産分割の協議をしなかったと考えられるときには意思表示の要素の錯誤が問題となる。しかし、常に要素の錯誤により無効になるというわけではなく、その遺言の内容とその遺産分割協議の内容の相違の程度、その他個々の遺言や遺産分割の具体的経緯・事情の下で、当該遺言の存在と内

容を知っていたら、当該遺産分割協議における意思表示をしなかったといえるかどうかを個別具体的に判断することになる（最判平成5・12・16家月46巻8号47頁、判時1489号114頁）。この最高裁判決は、遺言の内容を検討したうえで、上告人らが遺言の存在を知っていたら、特段の事情がない限り、遺産分割の意思表示をしなかった蓋然性がきわめて高いものというべきであるから、遺産分割協議が要素の錯誤により無効である可能性があるとして、原審に破棄差戻しをしたものである。

　(イ)　遺言書の隠匿

遺言により不利な相続となる相続人が、遺言書を隠匿してしまい、その結果他の相続人が遺言の存在を知らずに遺産分割をしてしまった場合には、遺言書を隠匿した相続人は相続欠格者となり（民891条5号）、その遺産分割協議は無効となる。そして、相続欠格者を除いた相続人により再度遺産分割協議をすることになる。相続欠格とならない場合でも、遺産分割の協議が詐欺による取消しあるいは錯誤による無効となることもある。

　(ウ)　担保責任

第三者への遺贈の遺言が存在したのに、その遺言の存在を知らずに共同相続人だけで遺産分割協議をしてしまった場合には、遺贈によって遺言者の死亡時点で受遺者に帰属してしまった財産、すなわち他人の財産を遺産分割の対象にしてしまったということになるので、民法911条によって各共同相続人は、その相続分に応じて売主と同様の担保責任を負うということになる。

したがって、受遺者に遺贈されている財産を取得した相続人は、民法561条を準用して他の共同相続人に対して遺産分割協議の解除をし、さらに損害賠償の請求ができる場合もあると思われる。

また、遺贈された財産が遺産分割により取得した財産の一部であるときは、民法563条の準用により残存部分だけでは取得しなかったという場合には、遺産分割協議の解除をし、そうでなかった場合には、損害賠償請求をするということになる。

その遺贈が包括遺贈であったときは、全部包括遺贈でも割合的包括遺贈で

も、包括受遺者である限りは相続人と同一の権利義務を有する（民990条）ので、遺産分割の協議には必ず加わっていなければならない当事者である。したがって、その遺言の存在を知らずに包括受遺者を除外してなされた遺産分割協議は無効であり、当事者に加えて協議をやり直さなければならないということになる。

(5) 遺産分割の効果

(A) 遡及的効力
(a) 宣言主義と移転主義

遺産の分割は相続開始の時にさかのぼってその効力を生ずる（民909条本文）。したがって、各相続人は被相続人から直接、分割によって財産を取得したものと扱われる。いわゆる宣言主義を採用しているものであるが、宣言主義は相続人の保護には資するが、第三者の権利を害し取引の安全を損なうおそれがあるので、昭和22年の法改正によって民法909条ただし書が定められ、さらに、共同相続人間の担保責任も認められているので、宣言主義とはいっても、実質的にみると移転主義とほとんど異ならないといわれている。

(b) 登記手続

相続人が遺産分割により不動産を取得した場合、被相続人から直接に相続人に移転登記できるのか、いったん共同相続登記を経由する必要があるのかということが問題となる。

(ア) 判 例

登記が被相続人名義のままである場合について、判例は、分割により不動産を取得した相続人は、被相続人の所有名義から直接自己への移転登記をすることができる（大阪高決明治44・9・16新聞746号26頁）とするものと、いったん共同相続登記を経由した後、遺産分割登記をすることも妨げない（東京高判昭和33・8・9下民集9巻8号1548頁）とするものもある。どちらも可能ということになる。

(イ)　共同相続登記がなされている場合

　共同相続人の共同相続登記がなされている場合には、遺産分割によって不動産を取得した相続人は共有登記を抹消することなく、共同相続人からの移転登記をすべきである。

　　　(ウ)　遺産分割成立後

　協議、調停、審判などで一旦遺産分割がなされた後は、共同相続人全員の合意があったとしても、協議で動かすことはできず、いったん確定した権利の移転もしくは共有物分割として効力があるにすぎない（昭和29・2・7民甲2759号民事局長回答）。

　　(B)　第三者の権利保護

　民法909条ただし書は、「第三者の権利を害することができない」として、分割の遡及効を制限して第三者の権利を保護している。ここにいう第三者とは、相続開始後遺産分割までの間に生じた第三者であり、分割前に相続人から持分を譲り受け、あるいは担保として提供を受けた者のほか、持分の差押債権者も含まれる。第三者は善意であることを要しないとするのが通説である。

　相続開始後遺産分割までの間に生じた第三者との関係では、相続人は、民法909条ただし書によって遡及効を制限され、第三者に対抗することはできない。この場合に第三者は対抗要件を備えることが必要である。

　分割後に生じた第三者との関係については、最高裁は、遺産の分割は、相続開始の時にさかのぼってその効力を生ずるものではあるが、第三者に対する関係においては、相続人が相続により一旦取得した権利につき分割時に新たな変更を生ずるのと実質上異ならないものであるから、相続人の共有持分の遺産分割による得喪変更については、民法177条の適用があり、分割により相続分と異なる権利を取得した相続人は、登記を経なければ、第三者に対し法定相続分を超える権利を対抗することができないとして、対抗要件必要説に立つことを明確にした（最判昭和46・1・26民集25巻1号90頁）。

　　(C)　死後認知者の価額請求

相続の開始後認知によって相続人となった者が遺産の分割を請求するにあたり、他の共同相続人がすでに遺産分割その他の処分をしている場合には、遺産分割のやり直しをしないで、被認知者の価額による支払いの請求を認めることとなる（民910条）。

「認知は、出生の時にさかのぼってその効力を生ずる」（民784条本文）とされているが、他方、「第三者が既に取得した権利を害することができない」（民784条ただし書）とされているので、遺産分割がすでに終了している場合には、被認知者はすでになされた遺産分割のやり直しをしないで、価額による支払請求のみを認めるということにしたものである。

被相続人の死後認知訴訟を提起してその判決を得た者や被相続人の生前認知訴訟を提起し、その死後に判決を得た者が含まれることは当然であるが、遺言によって認知された者がこれに含まれるかは争いがある。通説は、民法910条の立法趣旨からして肯定すべきであるとしているが、少数説も有力に主張されている。

母子関係が遺産分割その他の処分後に明らかになった場合につき、民法910条を類推適用すべきかについては、説が分かれているが、最高裁は否定説を採用することを明確にした（最判昭和54・3・23民集33巻2号294頁）。母とその非嫡出子との間の関係は母の認知をまたず分娩の事実により当然に発生するものと解すべきであるから、母子関係が存在する場合には認知によって形成される父子関係に関する民法784条ただし書を類推適用すべきではないとし、さらに、民法910条の趣旨につき、同条は取引の安全と被認知者の保護との調整を図る規定ではなく、共同相続人の既得権と被認知者の保護を図る規定であって、遺産分割その他の処分がなされたときに当該相続人の他に共同相続人が存在しなかった場合における当該相続人の保護を図るところに主眼があり、第三取得者は右相続人が保護される場合にその結果として保護されるにすぎないのであるとして、相続人の存在が遺産分割その他の処分後に明らかになった場合における同条の類推適用を否定した。

学説では、遺産分割協議の安定性を重視する立場から、被相続人との間の

離縁または離婚の無効確認の訴えを提起している者や父を定める訴えを提起している者が分割後勝訴判決を得た場合についても本条の適用を認めるのが多数説である。

また、被相続人に直系卑属がいないため、その兄弟姉妹と配偶者が共同相続をして遺産分割をしたところ、非嫡出子が死後認知されたため、相続人の順位に変動があった場合にも、民法910条の類推適用があるかについても説が分かれているが、否定説のほうが多数説となっている。

本条の価額請求は訴訟事項か審判事項かという問題もあるが、通説は、審判事項とする明文の規定がないので訴訟事項であるとしており、裁判例も多くは訴訟事項説を採用している（名古屋高決平成4・4・22家月45巻3号45頁）。

また、価額請求は一種の相続回復請求権の性質を有するから、民法884条の適用があり、5年の消滅時効にかかるとするのが通説である。

昭和55年の民法改正により設けられた民法904条の2の寄与分の請求において、同条4項で910条の価額請求にも適用されることになった。そして、この請求は、2項に基づく遺産分割の際の寄与分請求と同様に、審判事項とされた。したがって、価額請求は訴訟事項として地方裁判所に係属し、寄与分請求は家庭裁判所に係属することになるので、家庭裁判所における寄与分の確定をまって、具体的相続分が確定した時点で、地方裁判所がその具体的相続分に基づいて価額の支払いを命ずるということになる。

（雨宮　則夫）

3 遺産分割と弁護士・司法書士・税理士の役割

(1) 弁護士の役割

(A) 弁護士にはどのような依頼ができるのか

　遺産の分割は、被相続人が遺言で禁じた場合を除き、相続人の協議でこれを分割することができる（民907条）。協議が調わないときは、家庭裁判所における調停または審判によってその分割を行うことになる（同条2項）。したがって、弁護士は、相続人からの依頼に基づき、遺産分割の協議のために必要な調査を行い、相続人や包括受遺者の代理人としてその協議ができるように努めたりするほか、その協議が調わないときは、当事者の手続代理人として遺産分割調停手続や審判手続において当事者を代理する。また、被相続人の生前においても、被相続人自身やその推定相続人からの相談や依頼に基づき、養子縁組の効力等親子関係の紛争処理をしたり、生前贈与や遺言書の作成を行ったりして、相続開始後の紛争の予防に努めるものである。

　それらの弁護士に依頼することができる事項はおおむね次のとおりであるが、これらに尽きるものではない。

(a) 遺産分割の協議または調停の申立てのための調査

　調査を行うべき事項は、①相続人の有無、所在や代襲者の有無のほか遺産分割協議を行う行為能力等、②遺言の有無とその内容、③相続財産の内訳、④その価額（評価）、⑤法定相続を修正する要素としての寄与分（有無と程

度）や遺産の前渡しとしての贈与など特別受益の有無等、などである。調査結果に基づき報告書や一覧表を作成することが望ましい。

(b) 遺産分割協議の代理

後述のとおり、1人の弁護士に対し複数の相続人から依頼があることが多いが、「遺産分割の協議は、相続人相互間に利害の対立を生ずるおそれのある行為」であるから（最判昭和48・4・24家月25巻9号80頁）、できる限りこれを避けるべきである（後述(C)(c)参照）。

(c) 遺産分割調停・審判手続の手続代理（家事手続22条、24条、191条～199条等）

遺産分割に関する調停や審判手続においては弁護士以外の者は、手続代理人となることができないのが原則ではあるが、家庭裁判所においては、その許可を得て弁護士でない者を手続代理人とすることができる（家事手続22条）。

また、相続紛争の当事者が調停や審判に関する手続行為能力を欠く場合やその制限があると思われる場合には、遺産分割の調停や遺留分減殺請求後の調停申立て（家事事件244条）に先立って成年後見や未成年後見または保佐あるいは補助の開始審判の申立てを行い、それぞれ成年後見人や保佐人等によって（ただし保佐人や補助人についいては、本人の同意のうえ代理権の付与が必要。民876条の4第2項・876条の9第2項）、調停手続を遂行させるべきである。これらの成年後見人や保佐人等は、弁護士でなくても成年被後見人や保佐人等に選任され本人に代わって遺産分割に関する調停・審判手続を行うことができるが、選任された成年後見人や保佐人等自身も相続人であるときは、成年被後見人等本人との間で利益相反関係に立つことになるので、この場合には①後見監督人等が選任されているときは、その後見監督人等が本人を代表し（民851条4号・860条・876条の3第2項・876条の8第2項）、②後見人（成年後見人と未成年後見人）については特別代理人の選任を得て本人を代理させるという方法もあるが（民860条・826条）、保佐人や補助人に代理権が付与されているときには、保佐監督人・補助監督人や臨時保佐人・臨時補助人の選任を得てこのような利益相反行為に対処すべきである（民876条の2第3

項・876条の3第2項および876条の7第3項・876条の8第2項)。または、③いわゆる第三者後見人等を選任し、最初から遺産分割協議や調停手続等において、成年後見人等と本人との間で利益相反関係が生じないようにすることが考えられる(この場合、第三者後見人等は弁護士に限られない)。

なお、相続人間で遺産分割協議や調停等を行うために、手続行為能力を欠きまたはその能力に制限があると思われる他の相続人に関し成年後見等の申立を行うことは、その他の相続人のために財産管理者および手続代理人となるべき者の選任を求めるものとして、その申立て自体について利益相反関係(民826条・876条など)が生ずるわけではない。

さらに後見人について後見監督人が選任されているときには、後見人は本人の法定代理人として遺産分割協議や調停手続を自ら遂行する権限を有するが、その権限の行使については後見監督人の同意を要する(民864条・13条6号)ので注意すべきである。

遺産分割調停・審判事件に関する手続代理人は、委任を受けた事件に関し、参加、強制執行および保全に関する行為を行い、かつ弁済の受領権限を有するが(家事手続24条1項)、次の事項については特別の委任を受けることが必要である(同条2項)。

① 家事審判や家事調停の取下げ(家事手続24条2項1号)
② 調停成立の合意(同法268条1項)や合意に相当する審判を受けることについての合意(同法277条1項1号)、調停条項の書面による受諾(同法270条1項)または調停に代わる審判に服する旨の共同の申出(同法24条2項2号。ただし、家事調停の申立てその他家事調停手続追行につき委任を受けているときには、その委任の中に含まれているものとして、特別の委任を要しない)
③ 審判に対する即時抗告、特別抗告(同法94条1項。288条で準用を含む)、許可抗告の申立て(同法97条2項。288条で準用を含む)、または合意に相当する審判(同法279条1項)もしくは調停に代わる審判(同法286条1項)に対する異議(同法24条2項3号)

④　上記⑤および⑥の抗告（即時抗告を含む）や申立てまたは異議の取下げ（同項4号）
⑤　手続復代理人の選任（同項5号）

　これらの手続代理人の代理権は、裁判長が被保佐人や被補助人について手続代理人がいないとき弁護士がこれに選任されたとき（家事手続23条）は、その代理権を制限することはできないが、家庭裁判所が弁護士以外の者を手続代理人として許可したときは、その代理権を制限する場合がある（同法24条3項）。

　(d)　保全処分（家事手続200条・105条〜115条）

　手続代理人（原則として弁護士のみ。家事手続22条1項）は、受任した事件につき、参加、強制執行および保全処分に関する行為並びに弁済を受領する代理権限がある（同法24条1項）。遺産分割の審判または調停の申立てがあったときは、家庭裁判所は、遺産管理者の選任等の保全処分をすることができる（同法200条）。

　(e)　家事事件手続法39条および別表第1に記載された事項に関する審判の申立て

　家事事件手続法39条および別表第1に記載された事項に関する審判の申立てとして、以下のものがあげられる。

①　相続人について未成年後見人、成年後見人または保佐人の選任、後見監督人等の選任、成年被後見人に関する特別代理人の選任等（別表第1―1項〜54項）のほか任意後見監督人の選任や法定後見等への移行の申立て等（別表第1―111項〜121項）。なお、行為能力制限者のために、申立または職権による裁判長の特別代理人選任権（家事手続19条）と申立てによる手続代理人の選任権（同法23条）に関する規定が設けられている。

②　不在者の財産管理人の選任のほか失踪宣告等（別表第1―55項〜57項）

③　婚姻や親子、親権、未成年後見等に関する審判（別表第1―58項〜85項）。

なお、夫婦財産契約上財産を管理している配偶者の一方または子の親権を行う者について破産手続が開始したときにおける、財産管理者の変更または財産管理権の喪失についての審判（破産法61条1項による民758条2項・3項および835条の準用。別表第1―131項～132項）

④ 推定相続人の廃除等（別表第1―86項～88項）

旧法（家事審判法）では、推定相続人の廃除等は乙類審判事項（9条1項乙類9号）であり調停を行うことができたが、現行法（家事事件手続法）の下ではこれを家事調停することができない審判事件としている。廃除または廃除の取消しは被相続人の一身専属権であり、行為能力が制限されていても意思能力をもっていれば成年後見人等法定代理人によらず、自ら有効に手続をすることができる（同法188条2項・118条）。手続代理人が本人を代理することはできるが、特別代理人はこれを行うことができず、したがって家庭裁判所はその選任もできないものと解される。

⑤ 相続の承認および放棄、財産分離並びに相続人の不存在等（別表第1―89項～101項）

ⓐ 相続の放棄や限定承認は、法定の期間内にこれをしなければならないので、相続財産が債務超過のおそれがあるときやその調査に時間を要するときは、その期間の伸長を得ておくべきである（民915条1項・922条・924条）。

ⓑ 第1順位の相続人が相続を放棄しても、相続人が不存在になるわけではなく、次順位の者がいればその者が相続人となり、その全員の相続人が相続放棄をしたとき、相続人が不存在となる。相続人が不存在であるときは、相続放棄をした者は利害関係人として相続財産管理人の選任を請求できる（民951条）。選任された相続財産管理人は、相続財産が債務超過であるときは、相続財産の破産の申立てをすることができるが、その申立ての義務はない（旧破産法136条2項は、この申立義務を課していたが、現破産法はこれを廃止した）。すなわち、相続財産管理人は、相続債権者や受遺者の債権放棄を得ながら、相続財産の管

理や弁済に関する手続に関する民法の規定（民953条〜957条・27条〜29条・103条）に従い相続債権者に対し弁済を行うこともできる。

　また、相続人も、相続財産が債務超過であっても破産の申立てをせず、限定承認を行って、相続財産の限度で債務を弁済することもできる（民922条）。

　ただし、この関係で注意を要するのは、たとえ相続財産につき破産手続が行われても、なお後に相続債権者や受遺者が相続人の固有財産に対して権利行使してくる可能性があることである（大阪高判昭和63・7・29高民集41巻2号86頁、判タ680号206頁（倒産法判例百選（第4版）44事件参照））。また、破産手続によっても租税債権等免責されない債務もあるので（破産法253条）、相続人としては限定承認をして、自らの固有財産への権利行使を阻止しておく必要がある。限定承認や財産分離については期間制限があるので、後に破産手続開始決定が取り消されたり、破産手続が廃止される場合に備えて、限定承認や財産分離をしておく必要もある（同法228条本文）。なお、限定承認や財産分離と破産手続が並行する間は、限定承認や財産分離の手続は中止される（同条ただし書）。

ⓒ　被相続人について、その生前に破産の申立てがあったとき

　破産手続開始決定前に相続が開始したときは、原則として破産手続は終了する。相続人や受遺者、相続債権者、相続財産管理人または遺言執行者らは、相続開始後1か月以内に破産手続の続行を申し立てることができる（破産法226条）。破産手続開始決定後に破産者が死亡したときは、破産手続は続行される（同法227条）。

ⓓ　相続人が破産したとき、破産者である相続人がその破産手続開始後にした相続の単純承認または放棄は、いずれも限定承認の効力を有するが、その破産管財人が、相続放棄があったことを知った時から3か月以内に、その相続放棄の効力を認める申述をしたときは、相続放棄として扱われる（破産法238条1項・2項、別表第1―132項）

⑥　遺言に関する審判（別表第1―102項～108項）

　遺言書の検認のほか遺言執行者の選任や解任等の申立てを行うことができる。遺言執行者の解任の審判事件を本案とする保全処分として、その遺言執行者の職務執行の停止およびその代行者の選任の申立てを行うことができる（家事手続215条）。

⑦　遺留分に関する審判（別表第1―109項・110項）

　ⓐ　被相続人（父）の遺産分割に際し、その生存配偶者（母）と一人の相続人（たとえば長男）だけが遺産を2分して取得し、他の相続人（たとえば長女）は何も相続しなかったような場合、その生存配偶者の将来の相続に関し、遺言ですべての財産を長女に取得させ長男はこれに異議を唱えないことを確認するため、遺留分の放棄につき家庭裁判所の許可を得ることを条件として、被相続人の遺産分割協議書を発効させるような場合がある（民1043条1項）。

　ⓑ　中小企業における経営の承継の円滑化に関する法律に基づき、旧代表者からの贈与等で後継者が取得した当該中小企業の株式等その他の財産について、これを遺留分を算定するための財産に算入しないことを推定相続人全員で合意したときは、経済産業大臣の確認を得たうえ家庭裁判所の許可を得たときに限りその効力が生ずる（同法7条・8条、家事手続243条）。

　ⓒ　遺留分減殺請求権の行使は訴訟外においてその意思表示を行えばその効力が発生するものであるが（民1031条、最判昭和41・7・14民集20巻6号1183頁）、遺留分権利者が相続の開始と減殺すべき贈与や遺贈があったことを知ったときから1年間その権利を行使しないときは時効によって権利は消滅する（民1042条）。ただし、その時効期間の満了前6か月以内の期間に成年後見人等法定代理人がいないときは、法定代理人が就職した時（その審判が確定した時）から6か月以内に遺留分減殺請求権を行使すればよい（民158条1項）。ただし、最判平成26・3・14判時2224号44頁は、「時効の期間の満了前6箇月以内の間に

精神上の障害により事理を弁識する能力を欠く常況にある者に法定代理人がない場合において、少なくとも、時効の期間満了前の申立てに基づき後見開始の審判がなされたときは、民法158条1項の類推適用により、法定代理人が就職した時から6箇月を経過するまでの間は、その者に対して、時効は、完成しない」ものとしている。

(f) **別表第2に掲げられた事項に関する調停および審判の申立て**

遺産分割に関連して、寄与分に関して合意ができないときは、家庭裁判所の調停・審判手続においてこれを定めることとなり、その申立てがあるときは、遺産分割調停手続や審判手続と併合して手続が行われる（家事手続192条・245条3項）。寄与分は法定相続分を修正する要素であり、具体的相続分を合意または審判する前段階で問題になるので、遺産分割調停手続ではその旨の主張が出るはずである。

家庭裁判所は、調停に代わる審判を行うことができるが（家事手続284条）、遺産分割の調停が不成立のため終了したときまたは調停に代わる審判に対し適法に異議が提出されたときは、家事審判の申立てがあったものとみなされ（同法272条4項・1項ただし書・286条7項）、寄与分に関する審判もその申立てがあったものとみなされる（同法286条7項）。したがって、遺産分割調停の段階で寄与分について申立てをしておけば、審判手続に移行した際その申立てに関し期間の指定を受けたり（同法193条1項）、時機に後れた申立てとして却下される（同条3項）心配はない。しかし、現行法の下では、調停手続の充実・活発化と調停に代わる審判の活用が企図されているところから、当事者としては十分な主張と資料提出や反論の機会を確保したうえで、調停手続の終了するまでに、寄与分を含むすべての論点を顕出するようにすべきである。

(g) **いわゆる前提問題に関する事項や遺産分割の対象とならない事項**

(ｱ) 人事訴訟で決すべき事項

人事に関する訴訟事件によって解決されるべき事項とは、婚姻の無効および取消し、離婚、協議離婚の無効および取消し、並びに婚姻関係の存否の確

認、嫡出否認、認知やその無効またはその取消し、民法773条の父を定めることや実親子関係の存否の確認、養子縁組の無効および取消し、離縁、協議上の離縁の無効および取消し、並びに養親子関係の存否の確認（人訴2条）などである。これらの手続は、行為能力の制限を受けた者であっても、自らこれを行うことができるが、裁判長は必要があると認めるときは、弁護士を訴訟代理人に選任することができる（人訴13条）ほか、当事者（成年被後見人）の成年後見人は成年被後見人のために訴えまたは訴えられることができる（人訴14条1項）。

人事訴訟法2条に定める事項に関しては、調停前置主義（家事手続244条）の下で家庭裁判所の調停手続が先行されるのが原則である。そして合意に相当する審判がなされれば（同法277条）、人事訴訟を提起することなく解決が図られる。ただし、身分関係の当事者の一方が死亡した後は、合意に相当する審判を行うことができず（同条1項ただし書）、人事訴訟のみで解決を図ることとなる。

　(イ)　**当事者の合意で決することができる事項**

遺産分割に参加している相続人が、全員の相続人であること（他に相続人がいないこと）は、合意で決せられるべき事項ではない。しかし、調停条項では、その冒頭の確認条項としてその旨規定する。

相続財産の範囲やその評価額に係る事情は、相続人の合意でこれを決することが可能な事項である。しかし、成立した合意が相当でないと認める場合は調停が成立しないものとして調停を終了させ（家事手続272条1項）または当事者の衡平を考慮して調停に代わる審判を行うことになるのであるから（同法284条）、その限りで当事者の合意は制限されているともいうことができる。

　(ウ)　**通常訴訟の対象となる事項と審判事項**

その財産が遺産に属するか否かや遺産を目的とする借地権等遺産に設定された権利の存否の問題は、実体上の権利関係の存否やその範囲を確定するために民事訴訟によって決せられなければならない。しかし、その民事訴訟の

判決が確定するまで遺産分割の審判を行えないものではなく、「審判手続において、遺産分割の前提事項である遺産帰属性等について審理判断をしたうえ分割の審判を行うことができる」旨、最高裁は判決している（最決昭和41・3・2民集20巻3号360頁（家族法百選（5版）92事件参照））。

また最高裁は、共同相続人間で、特定の財産が遺産に属するか否かの確認を求める訴えを適法として認めている（最判昭和61・3・13民集40巻2号389頁（家族法百選（7版）59事件参照））。しかし、特別受益の存否およびその額の確認を求める訴えについては、遺産分割事件の関係では家庭裁判所が具体的な相続分を算定する過程で、または遺留分減殺請求の関係では当該訴訟において遺留分を算定する過程で審理判断すべきであるとして、その点のみについて確認を求める訴えは確認の利益を欠いて不適法であるとしている（最判平成7・3・7民集49巻3号893頁、判タ905号129頁・913号176頁）。

(エ)　遺産分割の対象とならない事項等

相続財産ではあっても、預貯金等は可分債権であるので遺産分割の対象にはならない。当事者の同意があるときはこれを遺産分割の対象に含めてよいというのが実務の取扱いである。

ただし、定額郵便貯金については、最高裁判所は、旧郵便貯金法の規定を理由に、当然の分割債権ではなく遺産分割の対象になるものとしている（最判平成22・10・8民集64巻7号1719頁、判タ1337号114頁）。

相続開始後取得した預金の利子や配当金、家賃や地代等いわゆる法定果実も、遺産分割の対象となる財産ではなく、その分割は共有物（準共有物）の分割手続によることになる（民256条～264条。家事手続244条に基づき家事調停事項ではある）。

祭祀祭具等の承継に関する問題（別表第2―11項、民897条）は、そもそも遺産分割の問題ではない。この問題の決着には時間がかかるおそれも大きいので、遺産分割の問題とは切り離して解決するのが無難である。

遺留分の減殺請求は形成権の行使だから、その請求（裁判外の請求でも可能）によってその効力が生ずる（最判昭和41・7・14民集20巻6号1183頁）。受

贈者や受遺者が取得した権利は遺留分を侵害する限度で当然に減殺請求をした遺留分権利者に帰属するので、遺留分権利者はその自己に帰属した権利に基づき、物品の引渡しを請求することができる。価額弁償は、遺留分減殺請求を受けた受贈者や受遺者のほうからこれを申出すべきものである（民1041条）。

　(h)　**事業用資産と個人資産の相続と連帯保証債務等の相続**

　多くの中小企業経営者の相続問題は、事業経営の後継者問題と事業用財産の相続問題に加え、担保に供された個人資産の相続問題、さらに株式の相続と連帯保証（根保証）の相続問題とが絡んでいる場合が多い。それらの資産も負債も一括して後継者に相続させた場合、他の相続人は、見るべき遺産の分配に与ることができないことも多い。相続人も親族関係がない従業員らもいずれも被相続人の事業を継がないときは、被相続人の死によって、事業そのものの廃業や他への譲渡等を検討しなければならない事態も考えられる。相続人がその居宅として使用している土地建物が事業のために借入金の担保に提供されている場合、相続財産が債務超過であるとはいえ、相続放棄や限定承認を簡単にはできないという事情のときもある。

　(B)　**弁護士に依頼するタイミング**

　弁護士に依頼するタイミングは、相続の開始後ばかりでなく相続の開始前においても、特に税理士が行う相続（税）対策に関連して依頼がなされることが多い。相続の開始前においては、推定相続人からの相談や依頼もさることながら、遺言や生前贈与をしようとする被相続人からの依頼も多い。

　相続開始後は、相続人からの依頼や相談であるが、前述したように、次の相続を考慮に入れた対策の相談や依頼も含まれる。また、遺産分割協議や調停申立ての際ばかりでなく、審判手続に移行してからの依頼や審判が出た後即時抗告を行うときや（家事手続198条）、遺産分割の前提問題に属する事項、特に遺産の範囲に関する権利関係について、審判の前提となった認定を覆したく、所有権の被相続人への帰属（遺産か否か、相続人の1人への生前贈与や遺贈の有効性など）を争う民事訴訟の提起やその控訴審での代理の依頼など

がある。

(C) **依頼を受けた弁護士の役割**

(a) **相続開始前**

相続開始後の紛争の回避やその回避が困難な場合でも紛争の範囲の限定を図ることを目標に相談に与り、対策をとるものとする。

遺言書の作成を勧めることは、時機と内容如何によっては依頼者との間の信頼関係を損なうおそれがあるので、慎重にすべきだが、一般的には、遺言者の気力と体力が充実しており、遺言者が自ら遺言の内容を決することができるときに、これを行うことが望ましい。

言語を発することができず署名もできない者のため、公証人によりその意思確認（養子縁組契約公正証書等）を行い代署による養子縁組等の届出を行ったり（戸籍規62条）、偽造でなされた養子縁組届出の無効確認請求訴訟を追行しつつ宣誓認証付供述書（公証人法58条の2）を作成するなど、証拠の保全に努めることも必要である。また、推定相続人が被相続人の名義を冒用した金銭消費貸借契約と根抵当権設定契約等を行いその旨の登記までしたような事件では、その無効確認請求や債務不存在確認請求に加え抹消登記請求等も行い財産の侵奪を阻止したり、当該推定相続人の廃除を求めることもある。これなども、広い意味では、生前の相続対策といえるであろう。さらに障害をもった子のために親亡き後の財産の使用方法と管理者を定めておくこと（信託契約等）は親にとっては深刻な問題なので、それらの相談に与ることも重要である。

(b) **相続開始後**

(ア) **相続人等に対する説明や他の専門家との連携**

相続開始後、弁護士が依頼に基づき行うことができる事項の概要については上で述べたとおりである。弁護士は、依頼者から事情を聴取するとともに、他の相続人や関係者にも照会、接触して調査を行うほか、依頼者の意向に従い遺産分割の協議ができるように努める。この場合、相続人が一堂に会した席で、調査結果（特に遺産の範囲や遺言の有無、内容についての検討結果や遺産

の評価額）をすべての相続人に対し開示し、説明を行うことができればそれが望ましい。遺産分割協議の手順についても説明を行い、相続税の申告の要否や期限内の申告が要件となっている税法上の特別措置の有無や内容（配偶者の税額軽減、小規模宅地の評価の特例、農地等の納税猶予制度等）については、税理士同席のうえ、税理士から相続人全員に対し同一の説明がなされるように努める。また、相続登記や名義変更ができない内容の遺言（遺産分割が必要）については、司法書士や同席する他の弁護士からも説明をさせるなどして、相続人間の不信感を取り除き、無用な誤解や紛争を回避すべきである。

このように弁護士は、税理士や司法書士、不動産鑑定士など他の専門家との間で連絡や連携を図り、そのとりまとめを行うことも、重要な仕事である。

(ｲ) 遺言執行ができない遺言があるとき

遺言の内容によっては遺言執行ができず、遺産分割をしなければならないものがある。登記すべき不動産の特定を欠く場合や具体的相続分（遺贈）の割合や金額のみを表示した遺言の場合（遺言で取得すべき財産の特定がない場合）などである。

また、相続人全員の同意によって遺言と異なる内容で遺産分割を行うこともできるので、相続人の意向を確認しておく必要がある。

(ｳ) 前提問題の処理

前提問題の処理（訴訟か審判での処理が可能かに関して）は、前述のとおりである。

すなわち、共同相続人間において特定の財産（現に存在する財産）が被相続人の財産に属すること（すなわち、遺産分割の対象財産であること）の確認を求める訴えは適法であるが（前掲・最判昭和61・3・13）、過去に存在した財産が贈与されたとき、これが特別受益財産であるか否かは、遺産分割審判事件や遺留分減殺請求訴訟において、前提問題として審理判断される事項であり、そのような事件を離れてその点のみを別箇独立に判決によって確認する必要性はない（前掲・最判平成7・3・7）とされた。

(ｴ) 協議、調停、審判の選択に関して

相続人間で協議が整わず申し立てられた遺産分割調停が長引く原因の一つは、相続人間において遺産の範囲やその評価、あるいはその分割方法について合意できないことや、あるいは、相続人の一部に経済的な困窮があり、法定相続分による遺産の取得では満足しないことが根本的な原因であるとも感じられる。特に、いわゆる前提問題に関する紛争に決着をつけないことには、遺産分割の協議も調停も進まない。相続の開始前や相続の開始後早期に、弁護士へ相談したり依頼したりして、問題点の整理を迅速に行い、紛争がこじれる前にあるいは紛争の範囲を限定して早期解決が図られることを期待したい。

(c) 複数相続人から受任することの問題点

弁護士は、所属弁護士会および日本弁護士連合会の会則遵守の義務があり（弁護士法22条）、弁護士職務基本規程（同連合会会規）もその遵守すべき会則である。そして、弁護士は、依頼者と他の依頼者の利益が相反する事件について、その職務を行ってはならない（ただし、そのいずれもが同意したときはこれを行うことができる。同規程28条）。また、複数の依頼者があって、その相互に利害の対立が生じるおそれのある事件を受任した後、現実に利害の対立が生じたときは、依頼者それぞれにつきその事情を告げて辞任その他事案に応じた適切な措置をとることを要するものとされている（同規程42条）。

この規律は、遺産分割協議を行うときでも遺産分割調停や審判を行うときでも同様である。前提問題等に関する訴訟手続を行うときも同様に適用される。

したがって、後に相続人間で遺産分割の方法について意見が不一致になる可能性が強いときは、複数の相続人から依頼されても、当初からこれを回避した方が無難である。

（北新居　良雄）

(2) 司法書士の役割

　相続登記に関連して司法書士は、遺産分割協議書の起案等を日々行っており、また、その前提としての戸籍の収集作業や相続人の確定作業についても司法書士は日常的に取り扱っている。さらに、遺産分割協議書に押印しないまたはできない相続人がある場合に、遺産分割調停（審判）の申立てや、これに関する特別な法定代理人（民826条・25条等）の選任の申立てにつき、申立書作成などの形で司法書士が関与することは日常である。その意味では、遺産分割と司法書士のかかわりは密接であり日常的であるといえる。

　また、多くの一般市民にとって、相続登記（相続を原因とする所有権移転登記。一般には、不動産の名義変更とよばれる）は、死亡届や相続税の申告と並んで、相続が発生した場合に最も想定されている事務手続であり、それゆえに、紛争性のない事案から紛争性の高い事案に至るまで、まずは最寄りの司法書士に相談をしてみるというのが一般の感覚ではないだろうか。その意味で、司法書士は、相続に関するあらゆる事案について一次的な相談窓口となっているともいえ、司法書士には、その窓口としての地位を十分に自覚したうえで、自己の業務を誠実に遂行すべきことはもちろん、依頼の内容によっては弁護士、税理士その他のさまざまな専門職への連携を図るべき立場にある。つまり、司法書士には、遺産分割をめぐるさまざまな問題について交通整理をする役割が課されているものと考えられる。

(A) 司法書士にはどのような依頼ができるのか

　遺産分割に関する手続のうち、司法書士が依頼を受けることができる手続としては、次のようなものがあげられる。もちろん、以下に全部を網羅することはできないので、依頼の多い代表的なものを掲げるにとどまる。

(a) 遺産分割協議書の作成とそれに基づく登記

　紛争性のない相続登記に関する相談があった場合に、依頼者からの聴取内容に従って相続登記が可能となるような遺産分割協議書を起案して、これに

相続人全員の押印を求めるということが、司法書士への依頼として最も多いものであろう。これは、共同相続人間で遺産分割の話合いがすでに調っていることを前提とする。遺産分割協議書に全員（不動産登記実務上は、登記権利者（当該所有権移転登記等により登記名義人となる者）以外の全員で足りる）の実印が押印され、それに対応する印鑑証明書が揃ってはじめて遺産分割協議に基づく所有権移転登記の申請が可能となる。

　(b)　相続人の調査、戸籍の取得

　(a)とも関連するが、遺産分割協議に基づく相続登記の前提として、すべての法定相続人を確定しなければならないので、司法書士は、被相続人および相続人の戸籍および戸籍の附票等を取り寄せることにより相続人を確認し、そのうえで相続関係説明図を作成することとなる。

　(c)　相続人のうち未成年者がある場合の特別代理人の選任申立書作成

　相続人のうちに未成年者があり、遺産分割協議が、未成年者の法定代理人である親権者と未成年者との間で利益相反行為に該当する場合には、当該未成年者につき特別代理人の選任を要する（民826条）。そこで、特別代理人の候補者および遺産分割協議の案を調整して特別代理人の選任申立書を作成することにつき、司法書士が依頼を受けることがある。

　(d)　相続人のうち行方不明者等がある場合の不在者財産管理人の選任申立書作成

　法定相続人のうち、行方不明者等がある場合には、遺産分割協議を代わりに行う者が必要となるため、不在者財産管理人（民25条）の選任の申立てを要することとなる。そこで、不在者であることの疎明資料（職権消除された住民票の除票の写し、現況報告書等）を収集して財産管理人の選任申立書を作成することにつき、司法書士が依頼を受けることがある。

　(e)　相続人のうち、相続人不存在となった者がある場合の相続財産管理人選任申立書作成

　被相続人Aの法定相続人の一人であったBが死亡し、Bの相続人全員が相続放棄（民915条）をするなどして相続人の不存在となった場合、Bにつ

いて相続財産管理人（民952条）の選任の申立てを要する。そこで、相続放棄のあったことの証明書（相続放棄申述受理証明書）の収集や相続財産管理人の選任申立書を作成することにつき、司法書士が依頼を受けることがある。

(f) **戸籍の訂正許可申立書の作成**

ごくまれに、戦前の古い戸籍等の記載が明らかに間違っている場合がある。たとえば、子供の続柄が、長男、二男、三男……と続かなければならないところ、なぜか長男に続く者が三男と記載されており、二男の続柄が欠落しているような場合である。さらに、当該戸籍の前後の戸籍が戦禍による焼失等の事情で存在しないため続柄を確定できないという場合、事後の相続登記手続等において相続人の確定に疑義が生じてしまうことから、あらかじめ、戸籍の訂正の許可の申立て（戸籍113条）をする場合がある。司法書士は、このような戸籍の訂正の許可の申立書の作成につき依頼を受けることがある。

(g) **遺産分割調停の申立書作成およびこれに付随する書類の作成**

遺産をめぐる紛争が顕在化している場合には、司法書士は、遺産分割調停の申立書の作成依頼を単独で受ける場合があるほか、遺産分割調停の申立ておよびその後に必要となる手続を包括的に支援するという形で依頼を受ける場合がある。後者は、調停申立書の作成をするばかりでなく、事案の進行に応じて、調停に関連する自己の寄与分の申立て、相手方の特別受益の主張、各種の遺言書の真正・効力についての事情説明書の作成、調査嘱託の申立書など多岐にわたる書類を包括して請け負うものである。

依頼者の気持ちに寄り添い、その意に沿った書類を作成することを指向しながらも、時に感情的になり、時に論点とはならない事項を持ち出す場合のある依頼者の気持ちを上手にコントロールして、主張と証拠を整理しながら一般の方（依頼人および相手方を含む調停当事者全員）にとっても家庭裁判所（特に、調停委員）にとってもわかりやすい、説得的な書類を作成していくことに司法書士の関与の意義があるのであろう。

(h) **調停継続中における追加資料の作成と収集**

(g)と関連するが、遺産分割調停は往々にして1年〜2年間の時間を要する。

その間に、調停委員会からは、当事者に対してさまざまな宿題が出されることとなる。たとえば、不動産の評価について何に基づいて評価するか、遺産分割代償金を支払うことが可能か、払えるとすればいくらか、他に取得を希望する不動産があるか、相手方の主張する特別受益の内容を認めるかいなか、などさまざまな論点に関する判断を求められる。これらについて、期日間で依頼者と司法書士とで打合せをして、次回期日の前までに、依頼者の意に沿った書類を作成する、あるいは、資料（不動産の評価に関する資料等）を収集して提出する、調査嘱託（家事手続258条・62条）の申立書を作成するなどの形で司法書士が関与することがある。

(i) **相続放棄申述書の作成**

相続人のうち、相続放棄をしたい当事者がある場合には、その者のための相続放棄申述書の作成の依頼を受けることがある。もちろん、相続開始後間もない場合で、誰かどのように検討しても熟慮期間内（民915条）におさまっている場合には司法書士の関与または支援はほとんど必要ないこととなるが、相続開始後数年を経過している場合、あるいは、再転相続が発生している場合（民916条）など、熟慮期間の起算点が問題となるような場合には、司法書士が関与して、相続放棄の申述が受理されるよう資料を収集して書類を作成することも必要であろう。

(j) **自筆証書遺言書の検認申立て**

被相続人の自筆証書遺言書が作成されている場合には、遺産分割協議に先立ち、自筆証書遺言書の検認手続（民1004条）を進めることを要する。この検認手続についてもすべての法定相続人の関与が必要となることから、法定相続人全員の戸籍の収集および相続人の調査のため、司法書士が書類作成について依頼を受けることがある。

(k) **家庭裁判所の事件に関する証明書等の取得**

相続放棄申述に関する受理証明書の取得や、すでに終了した遺産分割調停事件に関する調停調書などの記録の閲覧・謄写について、当事者または利害関係人から司法書士に対して取得・請求手続の相談や依頼を受ける場合が多

い。実際には、自らの地位（当事者または利害関係人）を疎明する資料と手数料分の収入印紙等を管轄の家庭裁判所に持参または郵送すればよい（家事手続47条）だけのことであるが、管轄裁判所がわからない、事件番号がわからない、管轄裁判所が遠方であるなどの理由からこのような相談が多くあり、司法書士が各種証明書の取得や記録の閲覧・謄写について、請求書を作成したり、郵送請求事務を行ったりすることが多くある。

(B) **司法書士に依頼するタイミング**

(a) **相続開始後の依頼**

当事者が司法書士に依頼をするタイミングとしては、相続開始後しばらく経過してから、相続登記に関連して依頼をされる場合が圧倒的に多い。「しばらく」というのは、地域差、個人差があるが、葬儀等の一連の儀式を終えてから1年くらいまでを目途に、親族が集合した際に遺産をめぐる話合いを行い、そのうえで、そのうちの代表者が司法書士のもとに相談にくるという印象である。いずれにしても、相続開始後あまり時間が経過していない場合には、相続人間で遺産分割協議を調えるという意欲があるのが通常であり、当事者が身近な家族に限られる場合が多いことから遺産分割協議が調いやすいといえる。

反対に、司法書士を悩ますのは、相続開始後に数十年も経過した後にくる相談である。地方においては、土地の評価が低いために相続登記未了の不動産が多数残されている場合があり、現時点において何かしらの活用（利用や売却処分）をしようと計画しても、遺産分割に関与すべき当事者が膨大な人数にのぼり遺産分割協議を調えることが極めて困難となる事例が頻繁にある。このような場合には、遺産分割調停や審判によって結論を出す方向で進めざるを得ない。

(b) **相続開始前の依頼**

相続開始前に司法書士に依頼がある事案としては、遺言書またはそれにかかわる遺留分に関する相談等で相続開始前に相談がある場合などである。遺言書の作成に関しては、司法書士は、自筆証書遺言の書き方を教示したり、

公正証書遺言書の作成嘱託について教示したり、またはその証人となる場合がある。自筆証書遺言については、相続人が失念しないよう、相続開始後の検認手続についても十分に説明を行っておく必要がある。

なお、遺産となるべき財産に農地（田・畑）が含まれる場合に、これにつき生前贈与による所有権移転登記を経由するためには農地法3条または5条の許可を要することとなるが、遺言または遺産分割によって相続を原因とする所有権移転登記を経由するには前記農地法の許可を要しないとするのが不動産登記実務であるので、その旨の説明や遺言書作成の助言をすることも多い。

(C) **依頼を受けた司法書士の役割**

(a) **個別的な受任と包括的な受任**

司法書士は、上記(A)にかかげた業務について裁判所または法務局に提出する書類の作成（司法書士法3条）という形で遺産分割にかかわることとなる。ただし、その依頼の受けるに際しては、直接に依頼を受けた書類を作成するということだけで足りる場合と、そうではない場合とがあることを理解していなければならないであろう。

たとえば、遺産分割協議について当事者に気力と能力があふれており、司法書士はその法専門的な見地から、当事者の言い分を整除して法的妥当性が保たれるように書類を作成するだけで足りるという場合がある。そのような場合には、個別に依頼を受けた書類の作成をして、これを依頼者に交付するまたは家庭裁判所へ提出するということで依頼事務の完了と理解してよいだろう。

他方、多くの当事者にとって遺産分割協議やその調停または審判というものは、未知の領域のものであり、それゆえに不安や葛藤やその他の精神的なストレスを強く生じさせる場合がある。司法書士がそのような当事者を支援するという場合には、不安や葛藤を和らげていくという見地から、個別的な書類作成より一歩踏み込んで、その事案の進行に応じて必要となる書類の作成について包括的に請け負うという姿勢が必要であると思われる。

(b) 調停期日同行支援

司法書士が遺産分割調停の書類作成にかかわる場合、依頼者が希望する場合には、遺産分割調停期日に同行することも当事者支援のあり方として有効であろう。もちろん、期日に同行するといっても司法書士が調停室内において同席するということはないが、たとえば、調停委員会からの提案がなされ、当事者の判断が迫られることが予想されるような期日においては、当事者のよきアドバイザーとして期日に同行し、その期日の待合時間内においてさまざまな相談や精神的なサポートを行うということも有効であろう。

(c) 弁護士代理へのつなぎ

遺産分割についての交渉の一切を任せたいという依頼者については、速やかに、弁護士代理につなげていく必要がある。遺産分割の手続に関して代理人が就任するという安心感を何よりも欲している依頼者は多く、司法書士が窓口となって相談を受けた場合にも、そのようなつなぎを速やかに行っていく必要がある。

(d) 税理士業務との関係

司法書士に対する依頼は、その職務上、不動産登記が絡む依頼が中心となることから、その不動産の取得に関する税の相談のほか、賃貸用物件である場合の所得税の申告に関する相談なども依頼者から同時に行われるのが通常である。そこで、税理士と連携して相談にあたり、遺産分割の内容を検討するにあたっては、税務面での心配がないように十分に配慮しなければならない。

また、遺産分割協議により具体的相続分が確定した場合に、相続税の申告に関する事務について、税理士との連携を図るべきことはもちろんである。

(e) 遺産分割後の手続への関与

遺産分割協議が成立した場合には、その後に、遺産の内容に応じて、不動産については登記名義の変更（所有権移転登記等）、預貯金については解約・払戻しなどの手続、株式・保険・投資信託等の有価証券については換価手続、遺産分割代償金等がある場合にはその支払事務など、さまざまな事務手続が

残されることになる。司法書士は、不動産の名義変更について代理して手続を行うことは当然であるが、それにとどまらず、当事者の便宜のために、あらためて当事者全員から依頼を受けたうえで、これらの事務作業について引き続き事務手続を代行するなどの支援を行うことも有意義であろう。

(梅垣　晃一)

(3) 税理士の役割

(A) 相続開始後の役割

相続開始後における税理士の主たる業務は、相続財産の評価と相続税の申告である。これは、いわば財産の分割が決定した後の業務である。

ところで、税理士は、財産を所有する高齢者・中年者（高齢者等）と、所得税申告や法人税申告などの業務を通じて接触していることが多い。このような場合には、税理士は、財産状況、家族状況などについて一定の理解をしていることを背景として、高齢者等が、税理士に相続の相談を依頼することがある。その内容は、相続税額の試算や相続税の節税対策といった部分的なものに留まらず、「わが家の相続はどのように行っていたらいいのか」といった、自分の今後の人生設計や残される者の生活設計等、相続設計のプランニングまで、相談内容は広範囲なものになることが多い。

こうした相続開始前に行う相続設計は重要なものであり、これは、税理士のみならず、法律の専門家も相談を受けることであることから、以下に、相続開始前の相続設計のあり方についてもあわせてみていくこととする。

(B) 相続開始前における相続設計

相続設計においては、相続税額の算出や創造税額の圧縮や納税資金の確保といった相続税対策も重要事項であるが、それだけでは不十分である。

まず、高齢者等本人は、現に生活者として暮らしているので、本人が望む生き方と暮らし方を確認、それが実現できるかどうかを考えていく。

次に、相続が開始した場合には、残された家族が、不安なく暮らしていけ

るのか、そのためにはどのようなプランニングが必要か考えていく。

　また、相続の分割が遺産争いに進展することなく円満に行えるような方策を、あらかじめ準備しておく。遺産分割時においては、相続人間で円満に分割ができればいいのだが、実際には難しいことが多い。その理由として、①所有している財産を金額的に公平に分けることは難しいこと（相続財産が主に金融資産であればともかく、相続財産が主に不動産である場合には、金額的に公平な分割は困難）、②各々の相続人の抱える事情による被相続人と相続人との確執などが円満に話し合って財産を分割することの阻害要因となること、③高齢者等が、残された者の生活設計等を考慮した場合には、その分割は必ずしも公平といえるものにはならない場合もあること、があげられる。このようなことから、事前の対策が重要となる。

　さらに、相続税が発生する場合には、納税資金の準備も重要である。多額の財産を所有する資産家の中には、納税資金が準備できない人もいる。所有する資産が主に金融資産である場合には問題は生じないが、その資産が主に不動産である場合には、手許資金不足により納税に支障を来すことがあるので、納税資金対策もあらかじめ行っておくことが求められる。

　このように事前に相続設計を行っていく場合には、税理士の本来業務である税務申告よりも広い範囲をカバーすることになるが、高齢者等にとっては、これらが切実に必要とされるところである。

　以下、相続設計で検討すべき課題をまとめている。

①　高齢者等本人の生活設計
②　残される者（推定相続人）の生活設計
③　遺産分割の準備（遺産争いの防止～遺留分を考慮した遺言の作成など）
④　納税資金の準備

相続設計においては、上記の事項が検討課題となるが、これらは各々が相互に密接に関連しているため、実際には単独に検討を行うのではなく、これらをまとめて総合的な検討を行うことになる。

(C) **相続設計の手順**

相続設計では以上のように総合的な検討して対策を立案していくのであるが、次は相続設計を行う際の手順について説明していくことにする。

以下の事柄について、必要に応じて税理士や法律の専門家の協力を得ながら、本人（被相続人予定者）が作業をしていく。

(a) 現状分析

(ア) 家族状況の把握

(i) 収入と支出の把握

高齢者等本人のみならず、家族の収入・支出も把握する。このことにより、各人の生活状況と暮らしぶりが具体的に把握できていく。

収入の多いと思っていた者が、実は住宅ローンの返済や教育資金支出などにより、暮らしにゆとりがない場合もある。たとえば、大学卒業までに各家庭が負担する平均的な教育費は、公立の幼稚園から高校まで在学し国立大学に進学した場合は約1000万円、すべて私立の場合は約2300万円がかかるとされている。

そこで、実際の収入と支出を把握することで、本当の暮らしぶりがみえてくる。

(ii) 各人の性格、相続などに対する考え方の把握

各人の暮らしぶりを把握したならば、次は、推定相続人の性格、相続やお金に対する考え方を把握する。このことにより、実際に相続が発生した場合に、どのような反応と主張を推定相続人たちが行っていくのかを、高齢者等が推測することが可能になっていく。

(イ) 財産・債務リストの作成

高齢者等本人の財産・債務について、一覧表を作成していく。

財産については、不動産、預貯金、有価証券、生命保険など種類別にリストをつくっていく。また、債務については、現時点では債務ではないが、潜在的な債務である保証債務などは相続発生後に顕在化することもあるので、そのチェックも忘れてはならない。

作成した財産・債務の一覧表は、できれば年に一度ずつ更新していくこと

が望ましい。この更新作業は、預金以外の財産である生命保険金を定期的なチェックを行うことで、その時点での家族構成や経済的状況などから必要保証額の見直しをすることができるし、上場株式や投資信託についても、その時点での時価の確認をすることを通じて、運用の見直しをすることができる。

　また、財産のうち、本人以外の妻や子供名義の預金・株式については注意が必要である。たとえば、妻の預金残高が夫よりも大きい場合で、妻が稼いだ金額や相続により取得した金額以外のものは、相続が発生した場合には、被相続人である夫の相続財産とみなされる場合があるからである。こうした金額があった場合には、これらも財産として一覧表に記載していく。

　㈦　相続税額の試算

　上記の財産・債務の一覧表をもとに、相続税の財産評価を行い相続税の試算をする。この場合の相続税の試算は、実際の相続税の申告ではないことから、相続税額の概算をスピーディに把握することを目的とするものである。これが、相続税の納税資金準備の検討を行う際の基礎資料となる。

　また、あわせて、この現状で推移した場合における二次相続での相続税額の試算も行っていく。

　ところで、相続税が申告期限までに金銭で一時に納付することを原則とする。しかし、資産家の中には、相続税を金銭納付することが困難な者もいる。財産の多くを不動産が占め、所有する不動産の評価額が大きいことから多額の相続税が発生するが、それを一時に納める金銭を所有していない場合などが該当する。このような場合には、納税資金対策が必要になるのである。

　(b)　**高齢者等本人の生活設計**

　相続財産を残す本人にも、まず現在の生活があるので、その生活を度外視した、あるいは本人の価値観を無視した相続設計をすることは本末転倒である。したがって、本人の経済的基盤と生活基盤を整備することが優先されなければならない。

　この設計は、現状分析で把握した保有財産、収入・支出状況をもとに行うが、その際に重要なことは、本人が、「本当はどのように今後の生活をして

いきたいか」、「残される家族にどのような生活をしてもらいたいか」、「そのために誰に何を残したいか」という金銭では表現できない本人の気持ちがどこにあるのかを確認していくことにある。

　また、将来、本人の判断能力が低下していった場合に、「誰に自分の財産管理等をまかせるのが安心か」といったことも決めておく必要がある。このとき、将来の判断能力の低下に備え、任意後見契約をあらかじめ結んでおくことは重要である。本人と残される家族の生活設計を立案しても、本人の判断能力が低下した場合には、それを実行することができない。そこで、判断能力が低下した場合には、財産管理等を任意後見人に委任することで、その実現を図ることができるし、また、本人の財産を保全していくことにつながっていく。

(c) 残される者の生活設計

　現状のままで相続が開始した場合、残される者の生活に支障がないか検討をする。

(ア) 配偶者の生活設計

　まずは、夫の相続が開始し、それから数年から十数年後に妻の相続が開始するケースが多いが、その場合、夫の死後の妻の生活設計が十分に成り立っていくのかを検討する。残される者の中で、一番の弱者は妻であることが多い。そこで、ここでは、妻の経済的側面のみならず、精神的にも楽に生活できる環境を整えることも考慮しなければならない。

(イ) 子の生活設計

　親の相続が開始した場合には、子は独立して親と別居している場合が多い。こうした場合には、子は、持ち家取得のための住宅ローンを抱え、かつ自分の子の教育資金支出があることから、一見すると高収入の子であっても、金銭的には余りゆとりがないことが多い。これは、相続財産分割の場合に、一定の要求が内包される要因となる。その一方で、同居している子、経済的に恵まれない子には、親としては一定の配慮をしたいところでもあろう。

　そこで、まずは、現状で相続が開始した場合に、その子に経済的な不安が

生じないときはそれを提示し、不安が生じる場合には、それを解消させる対策をプランニングしていく。この際には、どのように相続させるかが重要なポイントとなる。

　(d)　遺産分割の準備

　財産の構成により、相続財産を公平に分割することが困難な場合がある。たとえば、金融資産が主であれば、公平に分割できるであろうが、相続財産の多くが自宅の不動産であるような場合には、それが困難である。

　また、高齢者等本人が、配偶者や子供の生活設計を考えた結果としての分割案は、公平なものにならないことが多い。

　このような中で、相続が開始し、相続財産の分割を相続人間の話し合いに委ねた場合には、相続人間において利害関係の対立が生じてしまい、円満な遺産分割が行われることは難しいであろう。

　したがって、本人の相続に対する「思い」を実現するためには、遺言をすることが求められるところである。

　ところで、筆者の所感であるが、相続が開始した後に税理士に税務申告の依頼があった場合で、遺言書が存在するのは、10件中で1〜2件程度といったところである。これは一般社会において、遺言に関する知識、すなわち自分の「思い」を実現させるための法的な知識が不足していることが背景にあるように思われる。

　相続開始前の相談を受けることの多い税理士は、積極的に法律専門家の協力を得ながら、相続に関する民法の知識を啓発していくことが重要なことであり、それを通じて、本人の「思い」を実現することを援助していくことができる。

　遺言は、本人が元気で判断能力がしっかりしている場合にこそ、内容のあるものを作成することができる。ところが、一般的には、元気なうちには遺言書を作成する人は少ない。そしてその後、実際に心身が衰えてきてから、遺言を考え始める人が多いのであるが、その際には、時間的な制約などから、遺言書が作成されずに終わることも少なくない。

元気で判断能力のあるうちにこそ遺言は作成すべきなのである。

(e) **納税資金の準備**

相続において、相続税額が発生するような場合には、あらかじめ相続税額を試算し、高齢者等本人の財産構成からみて、納税資金の準備ができるか検討することが重要である。

そして、相続税を金銭で一時に納付することが困難な場合には、延納や物納をするための準備をしておく。ちなみに、延納や物納は、相続税の申告期限（相続開始後10か月以内）までに、延納や物納の申請を所轄税務署長にすることで、はじめて選択することが可能となる。最近では、この延納や物納の条件が厳しくなってきていることから、相続が開始する前に、これらがスムースに選択できるための準備を進めておくことが求められているところである。

ところで、相続が開始した場合において、実際に相続税の納税が必要となるケースは、平成25年税制改正以前は全国平均で約4％、同税制改正後でも約6％くらいになると予測されている。もちろん、都市部では土地の評価額が高いので、これらの都市部を内包する都道府県の納税率は高くなるが、それでも約10％程度と予測されている。つまり、相続が発生した場合、そのうち90～94％の人には相続税が発生しないのである。

これは、相続税法において、小規模宅地の減額特例（たとえば、自宅であれば一定面積までは、その相続税財産評価の80％を減額することができる）と配偶者の税額軽減（配偶者は一定の相続財産の取得については、税額が免除される）という2つの大きな特例があり、ある程度の相続財産があった場合においても、この2つの特例を適用することにより、相続税額が発生しないことになる。

ところが、この2つの特例の適用を受けるためには、一定の条件がある。その条件の1つには、遺産の分割が相続税の申告期限までにまとまっていることがある。

つまり、遺産分割争いになって、相続税の申告期限までに分割がまとまら

なかった場合には、この2つの特例の適用を受けられなくなる。

　もちろん、これには宥恕規定があり、相続税の申告期限から3年以内に分割がまとまった場合には、この2つの特例の適用を受けることができる。こうした場合には、一旦は、未分割で相続税を申告し（したがって、場合によっては一定の相続税を一旦は納付する）、その後に分割がまとまった場合には、再度、相続税の申告書を提出することによって、2つの特例の適用を受けて、一旦納付した相続税の還付を受けることになる。

　しかし、相続税の申告期限から3年を過ぎても遺産争いをしている場合には、原則としてこの2つの特例の適用を受けることができなくなり、結果として高い相続税を納めることになる。

　したがって、遺産分割を円満かつスムーズにまとまるように遺産分割準備をすることが、結果として相続税の節税につながっていくのである。

　たとえば、相続開始後に遺産分割協議をする場合でも、申告期限内にスムーズに分割内容をまとめることで、税額低減効果の高い小規模宅地の減額特例や配偶者の税額軽減という特例を利用可能なことは前述のとおりである。

　また、納税資金の準備の観点から、相続資産の構成の一部を、流動性の低い資産（不動産等）から、流動性の高い資産、すなわち換金性の高い資産に組み替えて保有するという対策を取ることもある。

　これは遺産分割をスムーズに進める要因になることもある。相続を考える場合、遺産分割争いを防止することは重要なことであり、そのために、相続財産の一部を分けやすい形にしておくことは有効である。

　また、不動産の場合には、相続後の資産運用の観点から共有ではなく単独所有になるように配慮して、資産の組換えを行っておいたり、あるいは代償分割で対処するという対策もある。

　もっとも、自分（本人）の相続に対する「思い」の結果として、公正な分割にならない場合には、遺留分に配慮した遺言書の作成により、遺産分割をスムーズにさせることは、結果として納税資金を抑える方向に作用する。

(f) 相続設計のあり方——あるエピソード

　相続設計を立案し、それを実行していくには、高齢者等本人の思いと心の側面、法的な側面、税法の側面、経済環境などが大きな影響を与える。したがって、しっかりとした相続設計を行うには、数年の期間を要することもある。そこで、相続設計は早い時期から始めることが大切になる。

　また、相続設計は、単なる相続税対策（節税対策）ではない。本人や残される家族の思いや生活設計なども含めた総合的対策であることに留意しなければならない。

　筆者が、まだ大学生のときに、友人の祖母に食事に誘われた。そのとき、彼女は、まだ大学生の私に何を思ったのか、自分の夫が亡くなったときの相続の話を詳しくしてくれた。その内容は大変に興味深いものだった。

　彼女の夫は、大都市の一等地に広大な土地と一定の金銭を残して物故した。相続人は彼女と長女の2人だった（ちなみに私の友人は、長女の息子になる）。夫は特に遺言を残さなかったので、相続については協議分割になった、そのとき、彼女は娘に、

「今回の相続では、自分がすべて相続するけど、それでいいね」
と言って、了承してもらったのだそうだ。そして、それについて私に語った。
「あなたは大学生だから、まだ税法の勉強はしていないと思うから説明するけど、このように私がすべて相続すると、次の2次相続の税額はとても大きいものになるの。でも、私は、夫と経営していた定食屋で魚を焼いていれば、自分の生活費は十分に稼げるし、レジャーは町内会の温泉旅行などが中心だから、あまり支出もないから、不動産の賃料は全部貯金できるの。それで十分に次の納税資金が貯まるから大丈夫なの。だから、相続が発生したら、娘夫婦は私の預金を使って税金を納めたら、すぐに不動産の収益で何不自由ない生活ができるでしょ」。

　ここまで彼女は話してきて、ちょっと一息ついてから私にこう尋ねた。
「ところで、私がどうして、全部相続すると主張したか、その理由はわかるかしら？」

私はわからないと答えると、彼女はうれしそうに言った。
　「だって、私が財産を持っていると、娘夫婦が私にとってもやさしいのよ！　これで私の老後生活は安心なのよ」
　このような相続を容認した心優しい娘夫婦は、彼女の財産の多寡にかかわらず、彼女には尽くしたことであろうが、これは相続に対する心の側面を表す典型的な事例だと思う。高齢者等のもつ相続に対する考え方、価値観は多様であることを理解し、その希望を実行した場合に、本人と残された者の生活設計はどうであるか、納税資金の準備は大丈夫か、ということを確認していくことは相続設計において実は重要なことだと思うところである。

（川邊　洋二）

第2章

遺言と遺産分割

1 遺言一般

(1) 遺言の作成

　遺言は、遺言者が自己の死後における財産関係や身分関係についてする最終の意思表示であり、そこに示された意思表示に一定の法律効果が与えられるものである。遺言は、契約とは異なり、遺言者の一方的な意思により効力を生じる相手方のない単独行為である。遺言は、遺言者が一定の方式に従って意思表示をした時に成立するが、遺言としての効力を生ずるのは、遺言者の死亡の時であり（民985条1項）、生存中、遺言者は、いつでも自由に撤回することができる（民1022条）。判例も、将来遺言者が死亡した場合において発生するか否かが問題となり得る遺贈に基づく法律関係の不存在確認を求める訴えは許されず（最判昭和31・10・4民集10巻10号1229頁）、受遺者とされる者の地位は、確認の訴えの対象となる権利または法律関係に該当しない（最判平成11・6・11判タ1009号95頁）としている。もっとも、遺言ですることができる事項には、遺言者の意思表示のほかに一定の手続を要するものがある。たとえば、相続人の廃除、その取消しを遺言でしたときは、遺言執行者が家庭裁判所に審判申立ての手続をとらなければならない（民893条・894条）。これらの場合は、遺言者の死亡と同時に効力を生ずることはない。また、遺言に停止条件を付した場合において、その条件が遺言者の死亡後に成就したときは、遺言は、条件が成就した時からその効力を生ず（民985条2項）。

　(A)　**遺言事項と付言**

遺言は、人の最終意思として尊重されるべきものであるが、遺言書に記載された事柄がすべて遺言として効力を有するのではなく、遺言として法律上の効果が生じる事項は、原則として、民法その他の法律に限定的に定められている。これを法定遺言事項といい、遺言によってのみなし得る行為と遺言によっても生前行為によってもなし得る行為とがある。

前者には、以下のものがある。

① 未成年後見人の指定および未成年後見監督人の指定（民839条・848条）
② 相続分の指定またはその委託（民902条）
③ 遺産分割方法の指定またはその委託（民908条前段）
④ 遺産分割の禁止（民908条後段）
⑤ 遺産分割における共同相続人間の担保責任の指定（民914条）
⑥ 遺言執行者の指定または指定の委託（民1006条1項）
⑦ 遺贈の減殺方法の指定（民1034条ただし書）

また、後者には、以下のものがある。

ⓐ 認知（民781条2項）
ⓑ 推定相続人の廃除およびその取消し（民893条・894条2項）
ⓒ 財産の処分すなわち遺贈（民964条）
ⓓ 一般財団法人の設立（一般法人法152条2項）
ⓔ 保険金受取人名義の変更（保険44条・73条）
ⓕ 信託の設定（信託3条2号）

なお、祭祀主宰者の指定（民897条1項ただし書）および特別受益者の相続分に関する意思表示（民903条3項）は、法文に「遺言で」とは規定されていないが、遺言で有効にすることができると解されている。また、無償で未成年者に財産を与える者がする、親権者または後見人に当該財産を管理させない旨の意思表示（民830条・869条）も、遺言で財産を与える場合は、当該意思表示を財産譲与行為と同時にしなければならないことから、遺言ですることになる（遺言事項の詳細については、後記3、4参照）。

しかし、このような法定遺言事項以外にも、遺言者が、遺言の動機・心情、

遺産の配分を定めた理由、葬儀や埋葬の方法に関する希望、相続人らに託する想いなどを遺言書に「付言」または「付記」として記載することがある。法律上の効果を伴わないものであるが、相続人らに遺言の趣旨を理解してもらい、遺言内容の円滑な実現を図るうえで有益なことがある。逆に、それが、本来の遺言事項と抵触していたり、客観的な事実に反していたり、いたずらに一部の相続人等を非難攻撃するものであったりすると、かえって遺言の趣旨を不明確にし、紛争を誘発・助長することにもなりかねないので、注意を要する。

(B) 遺言能力

遺言は、相手方のない単独の意思表示であるから、遺言者が遺言をするには、遺言をするときに意思能力、すなわち、遺言事項を具体的に決定し、その法律効果を弁識するに必要な判断能力を有することが必要である（民963条）。意思能力を有する限り、満15歳に達した者は遺言をすることができる（民961条）。遺言は、その性質上、同意や代理には親しまない。すなわち、未成年者であっても、法定代理人の同意を要しないし、成年被後見人、被保佐人および被補助人に係る行為能力制限の規定も適用がない（民962条）。ただし、成年被後見人が事理を弁識する能力を一時回復したときに遺言をする場合は、医師2人以上の立会いおよびその医師において、遺言者が遺言をするときに精神上の障害により事理を弁識する能力を欠く状態になかった旨を遺言書に付記して署名押印することが必要である（民973条）。遺言は、遺言者が高齢になってからすることが多く、病気入院中にすることも少なからずある。成年被後見人のする遺言の場合に限らず、遺言者の意思能力の有無については、後日の紛争を予防するために、状況に応じて担当医師の診断結果を聞いたり、場合によっては診断書を徴したり、承諾が得られるならば医師に立会人になってもらうなどの工夫を要する場合があろう。

(C) 遺留分との関係

遺言者は、遺言により、その有する財産を、法定相続分に拘束されることなく自由な割合で相続人に相続させることができるし、相続人以外の者に遺

贈することもできる。この点に関し、民法902条1項ただし書が相続分の指定について、民法964条ただし書が遺贈について、いずれも、「遺留分に関する規定に違反することができない」と規定している。遺留分とは、兄弟姉妹以外の相続人に法律上留保することが保障された遺産の一定部分である（民1028条）が、これらの条文の意味するところは、遺留分権利者の遺留分を侵害する遺言が当然無効になるというのではなく、遺留分権利者による遺留分減殺の意思表示（民1031条）があると、「相続させる」遺言（後記5(3)参照）および遺贈は、遺留分を侵害する限度で効力を失い、一方、法定の期間内に遺留分減殺の意思表示がなければ、遺留分を侵害する遺言もその記載のとおりの効力を有するということである。もっとも、遺留分を侵害することとなる遺言は、相続人等の間に争いを起こさせる可能性があるから、これをするにあたっては、慎重に考慮する必要があろう（遺留分の詳細については、後記7参照）。

(D) **要式行為**

遺言は、民法に定める方式に従わなければすることができない（民960条）。近代法は一般に、法律行為の方式は、当事者が自由に定め得るものとしている。しかし、遺言は常に遺言者の死亡後に効力を生ずるので、遺言者に真意を確かめる機会がなく、与えられた効力に異議を述べられないのみならず、遺言書の偽造・変造の危険も少なくない。そこで、遺言の作成については、一定の厳格な方式が求められ、そのうちのいずれかの方式に従ってすべきものとされている。遺言に要式性を要求しているのは、諸外国を通じての立法方針であり、このような形式主義は、遺言者にとって不便なようであるが、遺言者の真意を確保し、後日の紛争を防止するためにはやむを得ないところである。しかし、その反面、あまり厳格な方式を要求すると、一般に遺言をすることが困難となるし、せっかく遺言をしても、わずかな方式違背によって遺言が無効になってしまうのでは、遺言制度の趣旨が失われるおそれがある。そこで、判例や学説は、遺言の方式が問題となった場合、方式に関する規定を緩和して解釈することによって、遺言者の真意を生かすように努めて

きた。遺言の方式を全く無視することは許されず、その緩和にもおのずから限度があるが、法定の方式の枠内でできる限り合理的に解釈することが望ましい。なお、この点に関連して遺言の内容についてもその解釈が問題となることがあるが、判例は、文理解釈だけに限るべきでなく、特に遺言者の真意を探求することに留意して合理的に解釈すべきであるとしている（最判昭和58・3・18判時1075号115頁）。ただ、遺言の要式性の要請からすれば、遺言書の文言から全くかけ離れた解釈が許されるわけではなく、遺言書に現れていない事情をもって遺言の意思解釈の根拠とすることには限界があることにも留意する必要がある（最判平成13・3・13判タ1059号64頁）。

　遺言の方式については、行為地法が適用されるので（遺言方式準拠法2条）、外国人が日本で遺言をする場合には、わが国の民法の定める方式により遺言をすることもできる。もっとも、遺言の成立および効力は、遺言当時の遺言者の本国法が適用される（通則37条1項）が、遺言者の本国法が、遺言の成立及び効力の準拠法を行為地（遺言地）と定めているときは、反致の問題となる。なお、韓国国際私法は、相続は死亡当時における被相続人の本国法によるとし（49条1項）、被相続人が遺言に適用される方式によって明示的に指定当時被相続人の常居所地法または不動産の相続に関してその不動産の所在地法のいずれかを指定したときは、その法による旨定めている（49条2項）。したがって、在日韓国人が日本で遺言をする場合には、日本の法律により相続のすべてを決することを望むときは、遺言書の文言の中に「遺言者は、相続準拠法として（常居所地法である）日本法を指定する」旨を明示的に記載する必要がある（第5章4参照）。

⑸　**証人および立会人**

　自筆証書遺言の場合には、証人や立会人を必要としないが、それ以外の方式による遺言においては、その内容を知り、かつ、真実性を実質的に証明する証人、または遺言の成立や方式につき適法性を形式的に証明する立会人を必要とする場合がある。これらの者は、いずれも遺言を公正確実ならしめるために必要とされるのであるから、次の者は一般的能力を欠き、または遺言

に関して利害関係があり得るため、証人・立会人となることができない（民974条・982条）。すなわち、①未成年者、②推定相続人、受遺者およびその配偶者並びに直系血族（最判昭和47・5・25民集26巻4号747頁は、ここにいう配偶者は、推定相続人の配偶者および受遺者の配偶者を指すという）、③公証人の配偶者、四親等内の親族、書記および雇人がそれである。これらの者が立ち会ったときは、原則として方式を欠き遺言は無効となる（後記2(1)(B)参照）。

(F) 　共同遺言の禁止

　2人以上の者が、同一の証書に、共同の意思表示をもってする遺言を共同遺言という。単純に2つの遺言が併存する場合もあるが、相互条件的関連をもってされることもあり得る。民法は、2人以上の者が同一の証書で遺言をすることはできないとした（975条）。遺言は、本来各自が単独でその自由な立場ですべきであるのに、共同遺言ではその趣旨が達せられないおそれがあるばかりでなく、その訂正、撤回、取消しおよび効力をめぐって紛議を生じ、法律関係の安定を害するおそれがあるからである。そのため、多くの立法例が共同遺言を禁止しており、わが民法もこれに倣ったのである。もっとも、1通の証書に2人の遺言が記載されている場合であっても、両者が容易に切り離すことができるときは、本条によって禁止された共同遺言に当たらないという判例がある（最判平成5・10・19判時1477号52頁）。

(2)　遺言の訂正・変更

　遺言書中の文字に加除その他の変更をする場合には、遺言者は、その場所を指示し、これを変更した旨を付記して署名したうえ、変更した場所に印を押さなければならない（民968条2項・970条2項・982条）。これに違反すると、その訂正は効力がないとされる。しかし、これはあまりに厳格すぎ、訂正場所への押印はともかく、訂正ごとに署名までする（ただし、公正証書遺言の場合には、この訂正ごとの署名が不要である。公証38条2項3項参照）というのは、一般の証書作成上の慣行と著しく異なるので、その瑕疵のために遺言全部を

無効にすることがはたして遺言制度の本旨にかなうものであるか疑わしいと批判されている。そのような関係もあって、判例は、付加訂正の方式に違背があったとしても、明らかな誤記の訂正である場合は、その違背は、遺言の効力に影響を及ぼすことはないとした（最判昭和47・3・17民集26巻2号249頁、最判昭和56・12・18民集35巻9号1337頁）。

(3) 遺言の撤回

(A) 遺言の方式による撤回

遺言は、いつでも、遺言の方式に従って、前にした遺言を撤回することができる（民1022条）。ここでいう撤回とは、遺言の効力発生前に、将来に向かってその効力を生じさせないという意味である。ちなみに、平成16年法律147号による民法改正（平成17年4月1日施行）までは、「撤回」ではなく、「取消し」という表現が使用されていた。同条にいう「いつでも」とは、時期を問わないということのほか、撤回の理由を問わないという意味を含み、遺言者は自由に遺言を撤回することができる。

遺言の撤回は、遺言の方式によってされなければならない。遺言の方式に従う以上、前の遺言の方式と同一方式によってもよいし、異なる方式よってもよい。

遺言の撤回ができるのは、遺言者に限る。もっとも、遺言が詐欺または強迫によってされた場合は、遺言者のほか、その死後、相続人においても民法96条によってその遺言を取り消すことができる。この取消しは、本来の意味の取消しであって、撤回ではない。

第1の遺言を撤回した第2の遺言を撤回しても、第1の遺言は復活しない（民1025条本文）。ただし、第2の遺言が他人の詐欺または強迫によってされたとの理由で取り消された場合は、第1の遺言は、その効力を回復する（同条ただし書）。なお、第1の遺言を第2の遺言によって撤回した場合、第3の遺言書の記載に照らし、遺言者の意思が第1の遺言の復活を希望すること

が明らかなときは、第1の遺言の効力の復活を認めるという判例がある（最判平成9・11・13民集51巻10号4144頁）。

前にした遺言と後にした遺言とがその趣旨において全面的に抵触するときは、「前の遺言を撤回する」旨を書かなくても、後の遺言でその全部が変更されたことになる（民1023条1項）。

(B) **抵触行為による撤回**

遺言者が遺言をした後に、これと抵触する処分その他の法律行為を行ったときは、その遺言は撤回されたものとみなされる（民1023条2項）。この条項によって撤回が認められた例として、終生扶養を受けることを前提として養子縁組をしたうえ、大半の不動産を遺贈した者が、後に協議離縁をしたという事案がある（最判昭和56・11・13判タ456号86頁）。

(C) **破棄による撤回**

遺言者が遺言書または遺贈目的物を破棄した場合、破棄した部分について遺言は撤回したものとして扱われる（民1024条）。遺言者が自筆証書である遺言書全体に故意に赤色ボールペンで一本の斜線を引いた行為が故意に遺言書を破棄したときに該当し、遺言を撤回したものとみなされた事例がある（最判平成27・11・20民集69巻7号2021頁）。

（小圷　眞史）

2 遺言の種類

(1) 普通方式の遺言

(A) 自筆証書遺言

　自筆証書遺言は、遺言者が、遺言書の全文、日付および氏名を自書し、これに押印することによって成立する遺言である（民968条1項）。遺言者が、すべての部分を自書するのがこの方式の要点であり、その筆跡と押印から遺言者の真意・遺言の内容を明らかにしようとするものである。これは最も簡便な方式であって、費用も要らず、遺言者が文字さえ書けるならば作成できるし、遺言書作成の事実も内容も一応秘密にできるが、他面、紛失・隠匿・毀損・改変などの危険があり、また方式不備により無効になったり、内容が不完全なためにその効力が問題とされたり解釈が争われたりする例も少なくない。

(a) 自　書

　方式について、問題になる点を概説すると、まず、自書とは、文字どおり、遺言者がその全文を自筆で書くことをいう。記載の意味内容が正確に理解できればよいから、必ずしも日本語である必要はなく、外国語でもよいし、略字や速記文字を用いても差し支えない。しかし、タイプライター、ワープロや点字機を用いたものは、真に本人の作成であるかどうか判定が難しく、加除・変更の危険も多いから無効である。録音テープに吹き込んだ遺言については疑問があるが、加除・変更の危険があるため、一般に無効と解されてい

る。他人が書いた場合はもちろん、他人に口授筆記させたときも無効である。

　自書するには、遺言者が文字を知り、かつ、これを筆記する能力を有することが必要である。これを自書能力という。したがって、目の見えない者でも、自書能力があるならば、他人の補助を得て自筆証書遺言をすることができるが、他方、目の見える者であっても、文字を知らない者は、自筆証書による遺言をすることはできず、他の方式の遺言によらなければならない。

　自筆であるか否かについての判定が困難な例として、たとえば、病気、事故その他の原因により視力を失いまたは手が震えるなどのため、運筆について他人の添え手による補助を受けて遺言書が作成される場合がある。このような場合について、判例は、自筆証書遺言の本質的要件ともいうべき「自書」の要件については厳格な解釈を必要とするとしたうえ、①遺言者が証書作成時に自書能力を有し、②他人の添え手が、単に始筆、改行にあたりもしくは字の間配りや行間を整えるため遺言者の手を用紙の正しい位置に導くにとどまるか、または遺言者の手の動きが遺言者の望みに任されており、遺言者は添え手をした他人から単に筆記を容易にするために支えを借りただけであり、かつ、③添え手が上記のような態様のものにとどまること、すなわち添え手をした他人の意思が介入した形跡のないことが、筆跡のうえで判定できる場合には、自書の要件を充たすものとして、有効と解するのが相当であると判示している（最判昭和62・10・8民集41巻7号1471頁）。

　また、カーボン複写の方法によって記載された自筆証書遺言について、判例は、自書の方法として許されないものではないとして、その要件に欠けるところはないとした（最判平成5・10・19判時1477号52頁）。

　(b)　日　付

　日付は、作成時における遺言者の遺言能力の有無、内容の抵触する複数の遺言の前後を確定するために必要である（民1023条参照）。作成年月日の記載がなかったり、不明確であれば、その遺言は、無効である（大判大正5・6・1民録22輯1127頁、最判昭和52・11・29家月30巻4号100頁）。年月だけで日の記載がないものも無効である（大判大正7・4・18民録24輯722頁）。年月の下に

「吉日」とだけ記載されているものも同じく無効である（最判昭和54・5・31民集33巻4号445頁）。しかし、必ずしも特定の年月日をもって記載する必要はなく、たとえば、「還暦の日」とか「満〇〇歳の誕生日」などのように作成日付が特定できるならば、差し支えない。遺言書自体ではなく、封筒に日付を自書した場合でもよい（福岡高判昭和27・2・27高民集5巻2号70頁）。実際に遺言書を書いた日とその遺言書に記載されている日付が異なる場合は、その効力が問題となろう。たとえば、遺言書の全文を自書し、これに署名押印した後、その数日後に当日の日付を記載して遺言書を完成させた事案について、判例は、特段の事情のない限り、その日付が記載された日に成立した遺言として有効であるとしている（最判昭和52・4・19家月29巻10号132頁）。ただ、両者が甚だしく隔絶しているときは、日付記載の趣旨が失われてしまうので無効と解すべき場合も生じよう。

(c) 署名・押印

氏名の自書は、遺言者が誰であるか、その同一性を明確にするためのものであるから、単に氏または名を自書するだけでも、ペンネームや芸名、屋号などを用いても、遺言書の内容その他から本人の同一性が認識できる程度の表示であれば十分である（大判大正4・7・3民録21輯1176頁）。しかし、全く氏名のないものは、その筆跡から本人の自書であることが立証できても有効と解することはできない。押印が必要であるのも上記と同じ趣旨であるが、印は必ずしも実印であることを要せず、遺言者の認印や指印でもよい（最判平成元・2・16民集43巻2号45頁）。花押も指印に準ずるものとみて妨げないであろう。押印の場所については、署名下になされるのが通常であるが、遺言書自体に押印がなく、遺言書の入った封筒の封としてされた押印をもって、押印の要件に欠けるところはないとした判例がある（最判平成6・6・24家月47巻3号60頁）。

遺言書が数葉にわたる場合には、これを綴ってその間に契印するのが一般的であるが、契印がなくても、その数葉が一通の遺言書として作成されたものであることが確認できれば有効であるとされる（最判昭和36・6・22民集15

巻 6 号1622頁)。

(d) **検　認**

自筆の遺言書の場合、その保管者は、相続の開始を知った後、遅滞なく、これを家庭裁判所に提出して、その検認を請求しなければならない。遺言書の保管者がない場合で、相続人が遺言書を発見した場合も同様である（民1004条1項、家事手続39条・別表第1─103項）。検認とは、遺言書の形式的な状態を調査確認する手続で、遺言書の偽造・変造・隠匿を防ぐとともに確実に保存することを目的とした手続である（後記8(1)(B)参照）。遺言書が封印されている場合は、家庭裁判所において相続人またはその代理人の立会いをもって開封しなければならない（民1004条3項）。これらに違反し、遺言書の提出を怠り、その検認を経ないで遺言を執行し、または家庭裁判所以外においてこれを開封した者は、5万円以下の過料に処せられる（民1005条）。

(書式1)　自筆証書遺言の記載例

遺　言　書

　遺言者○○○○は、この遺言書により次のとおり遺言する。
1　遺言者は、下記の不動産を含め、遺言者の有する預貯金、現金及び動産その他一切の財産を、遺言者の妻である○○○○（昭和○年○月○日生、以下「妻○○」という。）に相続させる。
記

　(1)　土　地
　　　所　在　東京都○○区□□○丁目
　　　地　番　○○番○
　　　地　目　宅　地
　　　地　積　○○○.○○ m^2
　(2)　建　物
　　　所　在　東京都○○区□□○丁目○○番地○
　　　家屋番号　○○番○
　　　種　類　居　宅

　　　　　構　造　　木造スレートぶき2階建
　　　　　床面積　1階　〇〇.〇〇 m²
　　　　　　　　　2階　〇〇.〇〇 m²
　2　遺言者は、この遺言の遺言執行者として、妻〇〇を指定する。
　　遺言執行者は、遺言執行に係る預貯金等の名義書換え、解約及び払戻し並びに貸金庫の開扉、解約及び収容物の引取り等、本遺言の執行に必要な一切の権限を有する。
　　本遺言の趣旨を明確にするため、遺言者は、自分でこの遺言書の全文を筆記し、次に日付及び氏名を自書して捺印する。
　　平成〇〇年〇月〇日
　　　　東京都〇〇区□□〇丁目〇番〇号
　　　　遺言者　〇〇〇〇　印

(B) 公正証書遺言

　公正証書遺言は、公証人の作成する公正証書によってする遺言である。この方式による遺言は、法律の専門家である公証人が、遺言者から遺言の内容を聴取して、これを整理しつつ作成するために、遺言内容が明確で証拠力も高く、その原本は、公証人役場で保管されるため、滅失・毀損・隠匿・改変のおそれもない。遺言者が自書できない場合にも可能であるし、家庭裁判所における検認の手続も不要である（民1004条2項）。

(a) 方　式

　公正証書遺言をするためには、①証人2人以上の立会いがあること、②遺言者が遺言の趣旨を公証人に口授すること、③公証人が遺言者の口述を筆記し、これを遺言者および証人に読み聞かせまたは閲覧させること、④遺言者および証人が筆記の正確なことを承認した後、各自これに署名押印すること、⑤公証人が、その証書が以上の適式な手続に従ってつくったものである旨を付記して、これに署名押印することを要する（民969条）。公正証書遺言は、以上のように厳格な手続を必要とするが、これは遺言者の自由にして明確な遺言意思の表示を確保する目的に出るものであって、その中心は、遺言者の口授と遺言者および証人への読み聞け・承認である。

(b) 証　人

　遺言公正証書は、証人2人以上の立会いを要するところ（民969条1号）、通常は2人の証人の立会いをもって作成されている。

　証人は、遺言者に人違いのないこと、遺言者が正常な精神状態のもとで自己の意思に基づいて遺言の趣旨を公証人に口授等すること、公証人による筆記が正確であることを確認する職責があるとともに、他面、その立会いにより公証人の職権濫用を防止する目的があるといわれている。したがって、これらの目的に鑑み定型的に不適切と考えられる者は、証人となることができない（民974条。前記1(1)(E)参照）。遺言執行者に指定された者は、当該遺言の受益者ではないから、証人となることができる（大判大正7・3・15民録24輯414頁）。

　民法974条に定める欠格者ではないが、事実上民法の方式を履践することが不可能なため、証人になり得ない者がある。すなわち、証人は、手続の開始から終了まで終始立ち会って、遺言者の口授を聞き、公証人の読み聞かせを聞いてその正確なことを確認するなど法律に従った手続を踏んだうえで最後に証書に署名しなければならないから、署名ができない者は証人になることができない。これに対し、目が見えない者であっても、以上の事実を確認する能力があり署名ができるならば証人となり得る（最判昭和55・12・4民集34巻7号835頁）。もっとも、公正証書の内容が複雑な場合などでは、正確性の確認の点で制約になることも懸念されるので、その具体的な適性については、慎重な判断が要求されよう。耳が聞こえない者は、公証人が筆記した内容を閲覧させる方法または公証人の読み聞かせに代えて通訳人の通訳により伝える方法によって確認することができるので（民969条3号・969条の2第2項）、証人となることができる。

　証人は、立会人（公証30条）とは異なるから、立会人の適格に関する規定（公証34条3項）は、証人には適用されない（大判大正11・6・6民集1巻302頁）。

　証人適格を欠く者を証人としてした公正証書遺言は全部無効である。なお、適格な証人2人の立会いがあれば、証人適格を欠く者が同席して作成された

公正証書遺言も、この者により遺言の内容が左右されたり、遺言者が自己の真意に基づいて遺言をすることを妨げられたりするなど特段の事情のない限り無効となるものではない（最判平成13・3・27家月53巻10号98頁）が、民法974条2号に該当するような者が同席するときは、正に上記特段の事情があり得ることは予想されるところであるから、このような者が同席することがないよう配慮しなければならない。

(c) 遺言の趣旨の口授等

遺言者の口授は、遺言者が公証人に対して直接することを要する。言語を発してすることを要するから、公証人の発問に対して、単に身振りや動作で否定、肯定の意思を表示したにすぎないときは口授とは認められない（最判昭和51・1・16集民117号1頁）。遺言者があらかじめ遺言内容を記載したメモを公証人に提出し、このとおりであると述べただけでは口授としては不十分と解される。他方、メモを補充的に利用することは差し支えなく、遺贈物件の詳細な目録を覚書に示すなどして作成した公正証書遺言について、適式の口授があるとしたものがある（大判大正8・7・8民録25輯1287頁）。

口授と筆記、読み聞かせ等が前後しても、必ずしも違法ではない。公証人があらかじめ他人から聴取した遺言の内容を筆記し、公正証書用紙に清書したうえ、その内容を遺言者に読み聞かせたところ、遺言者が上記遺言の内容と同趣旨を口授し、これを承認して上記書面に署名押印した場合について、遺言の方式に違反しない旨判示した判例がある（最判昭和43・12・20民集22巻13号3017頁）。しかし、このように事前準備がされた場合においても、法律の原則に則り、まず遺言者が遺言の概要を口授してから公証人が読み聞かせるのが望ましい。

(d) 筆記および読み聞かせまたは閲覧

平成11年民法改正によって、公正証書の内容の確認方法として遺言者および証人に対する読み聞かせに閲覧が加えられた（民969条3号）ことにより、健常者の場合も閲覧により確認することができるようになった。「読み聞かせ、又は閲覧」は両方行ってもよく、両方行うのが通常の実務である。公正

証書遺言においては、厳正な方式・手続が要求されているのであるから、筆記および読み聞かせまたは閲覧させることは、いずれも公証人が自ら行うのが望ましいが、公証人の面前でその補助者として書記などに行わせても有効である（筆記につき、大判大正11・7・14民集1巻394頁、大正10・5・30民事1894民事局長回答）。また、筆記は、必ずしも遺言者、証人の面前でされる必要はない。むしろ、通常の実務においては、公証人が事前に遺言者等から聴取した内容をあらかじめ公正証書用紙に清書したうえで、遺言書作成日に証人2名立会いのもと、あらためて遺言者に口授を求め、その口述の内容を公正証書の内容と照合・確認し、必要な場合は訂正して、公正証書遺言を完成させている。

　公正証書遺言では、読み聞け・承認が必要であるとされていたため、従前、聴覚・言語機能障害者は、公正証書遺言を利用することができなかった。しかし、それでは社会的要請にそぐわないため、平成11年民法改正により、聴覚・言語機能障害者においても、口授に代えて手話通訳や公証人との筆談の方式により、また、読み聞かせに代えて手話通訳や遺言書の閲覧の方式により、公正証書遺言を利用することが可能となった（民969条の2）。

　(e)　**署名・押印**

　署名は、必ずしも戸籍上の氏名による必要はなく、芸名・ペンネーム等であっても本人の同一性が識別できるものであればよい（通説）。しかし、実務では、遺言者は、印鑑登録証明書等の本人確認書類により本人の同一性を確認するため、戸籍上の氏名によるのが一般である。もっとも、印鑑登録証明書等の字体（旧字体、変体仮名等）にこだわる必要はない。遺言者が署名できない場合には、公証人がその事由を付記して署名に代えることができる。全く署名が不可能である場合のほか、それによって病状が悪化するような場合も同様に公証人が代署することができる（最判昭和37・6・8民集16巻7号1293頁）。押印は、自らするのが望ましいが、本人の意思に基づいて公証人の面前でされるのであれば、本人に依頼された者（公証人を含む）が代わってしても差し支えない。

外国人の場合は、外国人ノ署名捺印及無資力証明ニ関スル法律1条1項により、署名で足り、押印は必要ない。なお、外国人も有効に公正証書遺言をすることができるが、遺言内容における準拠法の確定等特有の問題があるので、注意を要する（第5章4参照）。

(f) 公正証書作成の嘱託と留意事項

(ア) 公証人による面接と聴取

遺言公正証書の作成にあたっては、遺言者の印鑑証明書を提出させるとともに（公証28条2項前段参照）、それに合致する印判（いわゆる実印）を持参させて、本人であることを確認しているのが実務の扱いである。登録した印鑑の陰影を複写した印鑑登録証明書も印鑑証明書と同様に扱われる。これらの証明書は、いずれも作成後3か月以内のものでなければならない（平成17・2・9民総348民事局長通達・民事月報60巻5号467頁）。

遺言者と相続人との身分関係の資料としては、戸籍の謄本もしくは抄本または戸籍事項証明書（戸籍10条1項）を原則としている。何らかの理由で戸籍謄本等の提出が困難な事情があり、かつ、相続人が配偶者や親子など身近な者の場合にはメモによるだけのときもある。相続人以外の者に遺贈する場合は、受遺者となる者の住民票の提出を求めるのが通例である。

また、遺言者の財産の特定のための資料は、不動産については登記事項証明書（登記簿謄本）、借地権については地主との契約書、預貯金等の金融資産については金融機関発行の預貯金通帳もしくは証書、その他の財産についてはその概略を記載したメモ等である。

財産の価額は、不動産については固定資産税納税通知書または固定資産評価証明書記載の価格、借地権については路線価等に借地権割合を乗じた価格、上場株式については最近の取引価格によるのが通例である。預貯金等の金融資産については、通帳または証書等によるほか、メモまたは口頭での申告によっている場合もある。

遺言の実質的内容がほぼ明らかになった段階で、公証人から嘱託人に対し、当該遺言の効力や問題点等について、将来の紛争防止の見地から、説明があ

り助言や指導もなされる。

(イ) 遺言の対象財産

　遺言の対象財産については、全財産を遺言の対象とするのを原則とし、遺言者にはそのような遺言をすることを勧めている。そうでないと、その遺言が遺留分を侵害しないものであるか否かを把握できないだけでなく、残余財産の種類によっては未分割の部分が残り、将来その部分について遺産分割協議を要することとなるばかりでなく、相続人間で紛争が発生する可能性があるからである。もっとも、遺言者によっては、さまざまな理由から（身体に障害があるため生活力の乏しい者の将来を慮った場合や長年遺言者と同居してその世話をしてきた者にその見返りに一定の財産を取得させたい場合など）、とりあえず特定の財産に限って特定の者に相続させたい、あるいは遺贈したいと希望することもあり、やむを得ない事情がある場合も少なくない。このようなときには、遺言者に対して、将来残余の全財産についての遺言もするよう助言をしているのが通例である。さらに、場合によっては、残余財産について遺言を残さないまま相続が開始した場合に備えて、今回遺言の対象とした財産の遺産分割における取扱い（民法903条3項に規定する持戻し免除の対象とするかどうかなど）を定めておくよう助言することもある。

　遺言者が全財産を対象として複数の相続人に財産を取得させる遺言の場合に、遺言者の意思が、遺産を個別的に直接各相続人に帰属させることにあるならば、特定の財産を特定の相続人に取得させるいわゆる「相続させる」旨の遺言によることとなる。「相続させる」旨の遺言においては、特段の事情のない限り、何らの行為を要せずして（遺産分割協議等の手続を経ることなく）、当該遺産の権利は、被相続人の死亡の時に直ちに相続により相続人に承継される（最判平成3・4・19民集45巻4号477頁）。これに対し、共同相続人による分割協議等を念頭におき、その際の基準や指標を被相続人自ら定める意向を有するのであるならば、分割協議等における遺産分割の方法を指定する趣旨の遺言（民908条）となる。共同相続人の遺産に対する取得割合を定める相続分指定の遺言（民902条）についても、共同相続人間において遺産

分割協議等を要することになる。遺贈であっても、遺産を包括して複数の受遺者に割合的に取得させるいわゆる割合的包括遺贈の場合には、やはり共同受遺者間において遺産分割を要することになると解される。遺言の内容いかんによって、遺産分割手続の要否が異なるから、このような点についても留意する必要がある。

　　(ウ)　遺言者の死亡以前に受遺者・受益相続人が死亡した場合

　遺贈については、遺言者の死亡以前に受遺者が死亡したときはその効力を生じない旨の明文の規定がある（民994条1項）。受遺者が遺言者と同時に死亡した場合（民32条の2参照）も、遺贈は効力を生じないことになる。本来、遺贈は特定の人に対して行われるから、受遺者となるべき者の相続人が受遺者を代襲して承継することはない。これに対して、いわゆる「相続させる」旨の遺言により遺産を相続させるものとされた推定相続人（受益相続人）が遺言者の死亡以前に死亡した場合の遺言の効力については、遺贈の場合とは異なり明文の規定がなく、学説上、遺贈の場合と同様に当該「相続させる」旨の遺言は効力を生じないとする考え方（代襲相続否定説）と、当該受益相続人から代襲相続する権利を有する相続人による代襲相続を認める考え方（代襲相続肯定説）とがあり、下級審の裁判例も対立していた。この点について、最高裁は、当該受益相続人が遺言者の死亡以前に死亡した場合には、特段の事情がない限り、「相続させる」旨の遺言はその効力を生じないと解するのが相当であると判示した（最判平成23・2・22民集65巻2号699頁）。この判例は、上記の学説のうち代襲相続否定説の立場をとったものと解される。受遺者または受益相続人が遺言者の死亡以前に死亡することに備える必要がある場合には、予備的に当該受遺者または受益相続人以外の者に遺産を取得させる旨の条項（予備的遺言または補充遺言という）を設けることについても、検討する必要があろう。

　　(g)　**公正証書作成の場所**

　公正証書は、原則として、公証人役場で作成することを要する（公証18条2項）が、遺言公正証書については、別段の定めがあり、役場外で作成して

もよいとされている（公証57条）。したがって、公証人は、遺言者の自宅や病院などに赴いて遺言公正証書を作成することができる。ただし、公証人は、その所属する法務局または地方法務局の管轄区域（職務執行区域）外で作成することはできない（公証17条）。

(C) **秘密証書遺言**

遺言は、その確実性とともに秘密性が要請される。そこで、遺言の存在自体は明らかにしておきながら、遺言の内容は秘密にしておこうとする場合に行われるのが秘密証書遺言である。すなわち、この遺言は、遺言書そのものの方式ではなく、遺言書を秘密に保管するための方式であるから、書面自体には格別な方式はなく、ただ、遺言書に封を施し、遺言書がその中に封入されていることを公正証書手続で公証しておくだけである。この方式は、検認手続を要する点は、自筆証書遺言と同じであり、公証人が関与するという点では、公正証書遺言と類似する。

(a) **方 式**

秘密証書によって遺言をするには、次の方式に従わなければならない（民970条）。

① 遺言者が、遺言者自身または第三者の記載した遺言証書に署名押印する。

② 遺言者が、その証書を封じ、証書に用いた印章でこれに封印する。

③ 遺言者が、公証人1人および証人2人以上の面前に封書を提出して、それが自己の遺言書である旨並びに第三者によって書かれているときはその筆者の氏名および住所を申述する。

④ 公証人がその証書の提出された日付および遺言者の申述を封紙に記載した後、遺言者および証人と共にこれに署名押印する。なお、遺言者が、口がきけない者であるときには、上記の申述に代えて、公証人および証人の前で、その証書が自己の遺言書である旨並びにその筆者の氏名および住所を通訳人の通訳により申述し、または封紙に自書し、公証人が、そのいずれかの方式によった旨を封紙に記載する（民972条）。

秘密証書遺言においては、公証人が封紙に記載した事項を遺言者および証人に読み聞かせまたは閲覧させてその承認を得る必要はなく、また、公証人が方式に従って作成したことを付記する必要もない（大判昭和15・12・20民集19巻2283頁）。

秘密証書遺言の場合は、自筆証書遺言と異なり、遺言の証書を自筆する必要はなく、ワープロ、タイプライター、点字機その他の機械を利用して書いても差し支えないし、日付の記載も必要とされていない。日付は、遺言証書の提出された日付が公証人によって封紙に記載される。しかし、遺言者が遺言書に署名することを要するから、署名不能の場合は秘密証書による遺言はできない。また、遺言者は、封紙に署名押印することが必要であり、公正証書遺言の場合と異なり、公証人の付記によって署名に代えることはできない。

(b) **自筆証書への転換**

秘密証書遺言は、上述の要件全部を満たさないと無効であるが、それが自筆証書遺言としての方式を具備しているならば、後者の方式による遺言としての効力を有する（民971条）。いわゆる無効行為の転換が明文で認められた一事例である。

(c) **検　認**

秘密証書遺言は、封印してあるので、必ず家庭裁判所で相続人またはその代理人の立会いをもって開封しなければならず、また、検認を受けなければならない（民1004条1項3項、家事手続39条・別表第1―103項）。これらに違反した者は5万円以下の過料に処せられる（民1005条）。

(2)　特別方式の遺言

(A)　一般危急時遺言

遺言者に死亡の危急が迫った場合に許される遺言の方式としては、一般危急時遺言と難船危急時遺言の2種類がある。いずれも遺言者自身が署名押印もできない危急に際していることを前提として、口頭による遺言が許され、

それが真意に出たものであることは家庭裁判所の手続において確認される。

　一般危急時遺言は、疾病その他の事由によって死亡の危急に迫った者について認められる遺言である。その方式は、証人3人以上の立会いをもって、その1人に遺言の趣旨を口授し、その口授を受けた者がこれを筆記して、遺言者および他の証人に読み聞かせ、または閲覧させ、各証人がその筆記の正確なことを承認した後、これに署名押印する（民976条1項）というものである。口がきけない者がこの遺言をする場合には、遺言者は、証人の前で、遺言の趣旨を通訳人の通訳により申述して、口授に代えなければならない（民976条2項）。遺言者および証人（遺言者の口授を受けた証人以外の他の証人）が、耳が聞こえない者である場合には、遺言の趣旨を口授または申述を受けた者は、その筆記した内容を通訳人の通訳によりその遺言者または他の証人に伝えて、読み聞かせに代えることができる（民976条3項）。旧民法976条は、遺言者の口授と口授を受けた証人による読み聞かせを要件としていたが、平成11年民法改正により、通訳人の通訳による申述などの方法が可能となり、読み聞かせに代えて、閲覧による筆記の内容の確認も認められることになった。口授または申述、筆記、読み聞け、承認等の方式および言語・聴覚機能障害者に関する特則については、公正証書遺言の場合とほぼ同じであるが、遺言者の承認と署名押印を必要としない点が異なる。立会証人の署名は、代署または記名によることを許さず、自署を要するが、この場合の押印については、判例は、拇印でも足り（大判大正15・11・30民集5巻822頁）、他人に指示して代わりに印を押させても差し支えないとしている（大判昭和6・7・10民集10巻736頁）。また、署名押印は、必ずしも遺言者の面前でされなければならないものではなく、遺言者のいない場所で署名押印した場合でも、遺言の効力を認めることの妨げにはならない（最判昭和47・3・17民集26巻2号249頁）。証人の署名押印は、必ず遺言者の生存中にされなければならないという判例があるが（大決大正14・3・4民集4巻102頁）、学説は、読み聞かせと筆記の正確さの承認がされた後、証人の署名押印前に遺言者が死亡したとしても、そのまま一連の行為として署名押印によって完結されたときは、遺言の成立を

81

認めるべきであると批判している（中川善之助＝加藤永一編『新版注釈民法(28)〔補訂版〕』156頁〔宮井忠夫＝國府剛〕）。一般危急時遺言においては、他の特別方式と異なり、署名押印できない者についての特例が認められていないことを注意すべきである（民981条参照）。なお、この遺言書に遺言をした日付およびその証書の作成日付を記載することは、遺言の有効要件ではない。その作成日として記載された日付が正確性を欠いていても、遺言は無効とはならない（前掲・最判昭和47・3・17）。

　この方式によってした遺言は、遺言の日から20日以内に証人の1人または利害関係人から、家庭裁判所に請求してその確認を得なければ、その効力を生じない（民976条4項、家事手続39条・別表第1―102項）。これは、遺言が遺言者の真意に出たものであるとの心証を得られるかどうかを一応判断しようとするものであるから、家庭裁判所は、それが真意に出たものであるとの心証を得なければ、確認することができない（民976条5項）。確認の対象は真意の有無であって、その遺言の効力の有無ではない。その最終的な判断は、民事訴訟による判決によって確定されることになる。遺言の確認において、家庭裁判所が得るべき心証の程度は、確信の程度に及ぶ必要はなく、当該遺言が一応遺言者の真意にかなうと判断される程度の心証が得られるならば、家庭裁判所は遺言を確認しなければならないものとされている（東京高決平成9・11・27家月50巻5号69頁）。問題となるのは、方式違背の遺言書についても、確認の対象とすべきか否かである。学説の多くは、外形上明白に方式に反し無効とみられるものは却下し、それ以外のものは、確認の対象とすべきであり、特に後日異なる判断のなされ得る可能性があるとみられる場合には、軽々に却下すべきではないと解している（後記8⑴(A)参照）。

　この遺言は、まさに死せんとする者のために特に認められた簡易な方法によるものであるから、その者が緊急事態を脱して、普通の方式によって遺言をすることができるようになった時から6か月間生存するときは、その効力を生じない（民983条）。

(B)　**難船危急時遺言**

難船危急時遺言は、船舶が遭難した場合に、その船舶中に在って死亡の危急に迫った者について認められる遺言である。船舶遭難者の遺言ともいう。船舶遭難とは、船舶自体が、座礁、衝突その他の原因で滅失の危険に現実にさらされていることをいう。

　その方式は一般危急時遺言に類似するが、さらに緩和されている。すなわち、遺言者は、証人2人以上の立会いをもって、遺言の趣旨を口頭で述べ、証人がその趣旨を筆記して署名押印する（民979条）。この場合、口授の筆記はその場でする必要はなく、船舶遭難の状態がやんでからしてもよい。そのため、遺言者の口授筆記を遺言者らに読み聞かせる必要はない。また、証人中に署名押印することができない者があるときは、他の証人がその旨を付記すればよい（民981条）。口のきけない者も、通訳人の通訳によりこの遺言をすることができる（民979条2項）。この方式による遺言については、証人の1人または利害関係人から家庭裁判所に請求して遺言の確認を求めなければならないが、20日以内にという確定の期間制限はなく、遭難が解消した後遅滞なく請求すればよい（民979条3項、家事手続39条・別表第1―102項）。これらの点以外は、一般危急時遺言と同じである。難船危急時遺言も、遺言者が普通の方式によって遺言をすることができるようになった時から6か月間生存するときは、その効力を生じない（民983条）。

(C) **伝染病隔離者遺言**

　伝染病のため行政処分によって交通を断たれた場所に在る者は、警察官1人および証人1人以上の立会いをもって遺言をすることができる（民977条）。遺言者が一般社会との自由な交通が遮断された場所にいるため、普通方式による遺言ができない場合に許される隔絶地遺言の1つである。法文は、「伝染病のため」とだけいっているが、これに限らず一般社会との交通が事実上または法律上自由になし得ない場所にある者すべてが適用対象になると解されている（宮井＝國府・前掲170頁）。刑務所内に収容されている者、地震や洪水などにより交通の遮断された所にいる者などがこれに当たる。死亡の危急に迫っているかどうかは、本条の適用には関係がない。

遺言者は、遺言書をつくらなければならない。自筆に限らず、他人に筆記させてもよいが、口頭での遺言は認められない。日付の記載も必ずしも要件とはされていない。警察官（警察法62条参照）1人および証人1人以上の立会いを必要とし、遺言者・筆者・立会人および証人がそれぞれ遺言書に署名し印を押さなければならない（民980条）。もし署名または印を押すことをできない者があるときは、立会人または証人がその事由を付記しなければならない（民981条）。死亡危急者遺言とは異なり、家庭裁判所の確認を必要としないが、検認（民1004条、家事手続39条・別表第1―103項）の手続は必要である。遺言者が普通の方式によって遺言をすることができるようになった時から6か月間生存するときは、その効力を生じない（民983条）。

(D) **在船者遺言**

船舶中に在る者は、船長または事務員の1人および証人2人以上の立会いをもって、遺言をすることができる（民978条）。これも隔絶地遺言の一種である。ここにいう船舶は、航海に従事するものに限るが、船舶中にあれば、それが航海中であると停泊中であるとを問わない。船員であるか、乗客ないし一時的乗船者であるかも問わない。船舶中にある者と同様に隔離された空間にあって、普通の方式の遺言が困難な状況にある者、たとえば航行中の飛行機内にいる者についても、本条の類推適用を認めることができよう。

遺言者は、遺言書をつくらなければならない。自筆であることは要しないが、口頭での遺言は認められない。船長または事務員は、その職責によって在船者の遺言に立ち会う。事務員とは、船長以外の船舶職員、すなわち航海士、機関長、機関士、通信長、通信士および国土交通省令で定める海員をいう（船員法3条）。遺言者、筆者、立会人および証人らがそれぞれ署名押印すること（民980条）、署名押印することができない者がある場合には、立会人または証人がその事由を付記しなければならないこと（民981条）、家庭裁判所の確認を必要としないが、検認は必要であること（民1004条、家事手続39条・別表第1―103項）、遺言者が普通の方式によって遺言をすることができるようになった時から6か月間生存するときは、その効力を生じないこと

（民983条）などは、伝染病隔離者遺言に関して述べたところと同じである。

（小圷　眞史）

3 遺言事項

(1) 遺言事項の一般的要件

　遺言により効力を生ずる事項は、原則として法定されたものに限られる。
　遺言は遺言者の単独行為であり、遺言者の意思のみにより成立し、遺言者の死後一定の相続人、関係者ないし社会がその法的効果を受ける性質のものであるから、その内容が明確である必要がある。
　法の定めた事項を法定遺言事項といい、それ以外の遺言は、原則として無効と解される。

(2) 遺言事項

　法定遺言事項には、遺産分割に関係するものと、直接関係しないものがある。
　(A)　遺産分割に関係するもの
　　(a)　身分に関するもの
　①　認知　　非嫡出子の認知は、生前の認知（民779条）のほか、遺言によってすることもできる。遺言による認知は、遺言が効力を生ずると同時に発効する。遺言執行者は、その就職の日から10日以内に遺言の謄本を添付して戸籍届出をする（戸籍64条・60条・61条）。認知の遺言をするときは、遺言執行者を指定しておくとよい。

② 未成年後見人および後見監督人の指定　未成年者に対し、最後に親権を行う者は、遺言で後見人、後見監督人を指定することができる。ただし、管理権を有しない者はこの限りでない（民839条・848条）。したがって、後見人等を指定できる者は、①最後に親権を行う者で管理権を有する者、②共同親権を有する父母の一方が管理権を有しないときの他の一方である（民839条2項）。

　最後に親権を行う者とは、その者が死亡した場合に親権を行う者がなくなる者をいう。離婚後、未成年者の親権者となった母がその典型である。

　遺言が効力を生ずると、指定された者は当然に後見人となる。後見人は就職の日から10日以内に、遺言書の謄本を添付して後見開始の届出をしなくてはならない（戸81条）。

(b)　**相続に関するもの**

① 推定相続人の廃除および廃除の取消し　遺留分を有する推定相続人が、被相続人に対し虐待をし、もしくは重大な侮辱を加え、または著しい非行があったときは、被相続人は、生前にその相続人の廃除を家庭裁判所に請求できるが（民892条）、遺言で廃除の意思表示をすることもできる。この場合、遺言執行者は、遺言が効力を生じた後、遅滞なく家庭裁判所に廃除の請求をしなければならない（民893条前段）。廃除取消しの遺言についても同様である（民894条2項）。

　いったん遺言による廃除の審判が確定した後、前遺言と抵触する内容の遺言が発見された場合、前遺言は撤回されたことになるが、廃除の審判は当然には失効しないから、後の遺言により指定された遺言執行者は、廃除の取消しの請求をしなければならない。

② 相続分の指定または指定の委託　被相続人は、遺言で共同相続人の相続分を定め、またはこれを定めることを第三者に委託することができる（民902条1項）。相続分指定の委託は、共同相続人以外の第三者にしなければならない（東京高判昭和57・3・23判タ471号125頁）。

いわゆる相続させる遺言で、受益相続人（名宛人である相続人）の取得財産が法定相続分を超える場合は、相続分の指定があったものと解するのが相当である（中川善之助＝泉久雄『相続法〔第4版〕』253頁、蕪山厳ほか編『遺言法体系』214頁）。受益相続人の取得分が法定相続分を下回るときは、相続分の指定を伴わないものと解される（山口家萩支審平成6・3・28家月47巻4号50頁）。

　相続人のうちの1人に全部の財産を相続させる遺言がなされた場合、その相続人に対し相続分の全部が指定されたものと解するのが相当であり、この指定の効力は相続債務の内部的な承継についても及ぶとされる（最判平成21・3・24民集63巻3号427頁）。

③　特別受益の持戻しの免除　　共同相続人中に、特別受益を受けた者がいる場合、被相続人は、遺産分割に際し、その特別受益を持ち戻さなくてもよい旨の意思表示をすることができる（民903条3項）。民法は、遺言で持戻し免除の意思表示ができる旨明示していないが、持戻しの免除は、遺贈の機会にこれと一体を成してなし得ることが望ましいし、持戻し免除が相続分の指定を伴うことがあることを考慮すると、遺言事項とすることに意味があるからである（谷口知平ほか編『新版注釈民法(27)』（有地亨＝犬伏由子）239頁、蕪山厳ほか編『遺言法体系』79頁）。

④　遺産分割方法の指定または指定の委託　　遺産分割は、通常、共同相続人による協議、調停、審判により行われるが、被相続人は遺言により遺産分割方法の指定をし、これを第三者に委託することができる（民908条）。委託を受ける者は、共同相続人以外の者でなければならない（中川＝泉・前掲334頁）。委託された第三者の分割方法は、民法906条の分割基準に従わなければならない。

　共同相続人は、遺産分割の協議をする際、遺産分割方法の指定に従う義務があり、家庭裁判所も、審判をする際指定に拘束される。遺産分割方法の指定は、共同相続人の遺産分割の協議や家庭裁判所の審判の基準となるのである。

ただし、共同相続人が全員の合意により、指定と異なる分割方法をとることも許されるが、遺言執行者がある場合は、その同意を得ることが望ましいとされている。

いわゆる相続させる遺言も、遺産分割方法の指定をするものであるが、最高裁判所は、この遺言を、遺贈であることが明らかであるか、または遺贈と解すべき特段の事情がない限り、目的財産を何らの行為を要せずして、相続開始と同時に受益相続人をして単独で相続させる効果を生じさせる遺言であると解している（最判平成3・4・19民集45巻4号477頁）。

⑤　遺産分割の禁止　　被相続人は、相続開始時から5年を超えない期間遺産分割を禁じることができる（民908条）。生前行為による禁止は無効である。一部特定財産のみの分割禁止は可能であるが、遺産総額の2分の1の分割を禁止するというような割合的禁止は、分割可能な財産が不特定となるから許されない（谷口・前掲388頁）。

⑥　相続人相互の担保責任の指定　　各共同相続人は、他の共同相続人に対し、売主と同じく、その相続分に応じて担保の責めに任ずる（民911条）。遺産分割により相続人の1人に帰属した不動産に瑕疵があったり、債権が取立て不能となった場合などに、他の共同相続人に売主と同じく担保責任を負わせる旨の規定がある（民912条・913条）。

これらの担保責任につき、被相続人は、遺言で別段の定めをすることができる（民914条）。共同相続人は、相互に担保責任を負わないなどの定めがその一例である。被相続人の別段の定めは、遺留分の規定に反することができない。

⑦　遺言執行者の指定または指定の委託　　被相続人は、遺言で、1人または数人の遺言執行者を指定し、または第三者に指定の委託をすることができる（民1006条）。この指定は必ず遺言によらなければならない。

公正証書遺言の証人となる者や受遺者も遺言執行者に指定できる。指定の委託を受けた者は、自らを遺言執行者に指定することもできる。

遺言執行者に指定された者が、就職を承諾するか否かは被指定者の自

由な判断による。相続人および利害関係人は、遺言執行者として指定された者に対し、相当の期間を定めて就職について諾否の確答をすべき旨催告することができる。その期間内に確答しないときは、就職を承諾したものとみなされる（民1008条）。

遺言執行者に指定された者が、終始その就職を明らかに拒否しているときは、催告や解任の手続を経ることなく、遺言執行者を選任することができる（長崎家審昭和40・9・11家月18巻2号107頁）。

⑧　遺留分減殺方法の指定　　遺言者は、遺贈に対する遺留分減殺の同時按分の原則に対して、これを変更する旨の遺言をすることができる。

遺留分を侵害された相続人は、遺贈、生前贈与などを減殺することができる。減殺の順序は、ⓐ遺贈は生前贈与より前に（民1033条）、ⓑ贈与は最新の贈与から古い贈与に（民1035号）、ⓒ遺贈が複数あるときは、その額に按分してなされることになっている（民法1034条）。なお、相続させる遺言による財産承継は、遺贈と同順位で減殺されるべきであり、死因贈与は遺贈に次いで、生前贈与より先に減殺されるべきである（東京高判平成12・3・8判時1753号57頁）。

前記ⓐに関する民法1033条は強行規定であり、遺言者が別段の意思表示をしてもその効力は認められない（高松高決昭和53・9・6家月31巻4号83頁）。ⓑについても同様である。ⓒについては、遺言により減殺に関する民法の定めを変更することができる（民1034条ただし書）。

(c)　**財産承継に関するもの**

①　遺贈　　被相続人は、民法964条に基づき、遺贈することができる。遺贈には特定名義でする特定遺贈と、包括名義でする包括遺贈がある。包括遺贈は、遺贈の目的物を具体的に定めず、財産の全部または割合的な一部をもってする。

遺贈は、相続人に対しても、相続人以外の者に対してもなし得るが、相続人に対しては、いわゆる相続させる遺言が多く行われている。

②　一般財団法人の設立　　被相続人は、遺言で一般財団法人設立のため

の定款記載事項を定めることができる（一般法人法152条2項）。

　遺言執行者は、遺言の効力が生じた後、遺言で定められた事項を記載した定款を作成し、設立の手続を行う。

③　信託の設定　　被相続人は、遺言により、受託者に一定の財産を移転し、管理させることができる（信託3条2項）。

(B)　**遺産分割に直接関係しないもの**

①　祭祀承継者の指定　　被相続人は、祖先の祭祀を主宰する者を指定することができる（民897条1項ただし書）。民法には、遺言で指定しうるとする明文の規定は存しないが、遺言により指定できるとするのが通説である（谷口・前掲131頁）。

②　生命保険金受取人の変更　　被相続人は、遺言により、生命保険契約および傷害疾病定額保険契約の保険金受取人の変更をすることができる（保険12条・44条・73条）。

③　無償譲与財産を親権者に管理させない意思表示および管理者の指定

　無償で子に財産を与える第三者が、親権を行う父または母にこれを管理させない意思表示をしたときは、その財産は、父または母の管理に属しないものとされる（民830条1項）。この規定は後見の場合にも準用されている（民869条）。親権者・後見人に管理させない意思表示は、財産譲渡行為と同時にする必要があり、遺贈や相続させる遺言の場合には、遺言によることになる。

　親権者・後見人に代わる管理者は、財産を与える第三者が指定することができる。管理者を指定しなかったときは、子、その親族または検察官の請求によって家庭裁判所が選任する（民830条2項）。

　　　　　　　　　　　　　　　　　　　　　　　（北野　俊光）

4 各種遺言事項と遺言執行の要否

(1) 執行が必要なもの

　執行が必要な事項の中には、必ず遺言執行者が執行しなければならないものと、遺言執行者の指定・選任がない場合に、相続人が執行できるものがある。
　① 必ず遺言執行者により執行する必要があるもの　遺言執行者により執行する必要がある事項は、ⓐ推定相続人の廃除およびその取消し、ⓑ認知である。
　② 遺言執行者、相続人のいずれも執行できるもの　遺言執行者によって執行してもよいし、遺言執行者がない場合に相続人が執行してもよい事項として、ⓒ遺贈、ⓓ一般財団法人の設立、ⓔ信託の設定がある。

(2) 執行が不必要なもの

　遺言事項の中には、遺言が効力を生ずると同時にその内容が実現し、執行を要しないものがある。ⓔ後見人または後見監督人の指定、ⓕ相続分の指定またはその委託、ⓖ遺産分割の禁止、ⓗ相続人間の担保責任の指定、ⓘ遺言執行者の指定または指定の委託、ⓙ遺留分減殺方法の指定などがあげられる。

(3) **執行が必要か否か検討を要するもの**

　相続させる遺言に関し、執行の必要があるか否か検討を要する事項がある（後記5(3)(J)を参照）。

（北野　俊光）

5 遺言に関する問題点

(1) 遺言の解釈

(A) 遺言解釈の基準

　遺言は、法律が定める一定の事項について、遺言者が自己の死後の法律関係を自らの意思のみで決定することができる制度である。したがって、遺言がどのような効力を有するかは、遺言者が遺言に際し、どのようなことを欲していたか、どのような意思を有していたか、その真意を解明してはじめて明らかとなる。

　遺言を正しく理解するためには、遺言者の真意を探求しなければならない。

　遺言者の真意を探求する場合、真意とは何かという問題がある。遺言者の真意を探求する作業に、遺言者が遺言作成時に何を欲していたかという本来の意味における真意を探求する作業（解明的解釈）と、遺言者が、仮に遺言作成後の事情変更を作成時に認識していたら、どのようなことを欲したかという仮定的な真意を探求する作業（補充的解釈）があるとされる（浦野由紀子「遺言の解釈」久貴忠彦編『遺言と遺留分』221頁）。

　遺言の解釈の基準を示した最高裁判所の判決がある。最高裁判所は、遺言を解釈するに当たっては、多数ある条項のうちの当該条項のみを切り離して形式的に解釈するだけでは不十分であり、作成当時の事情及び遺言者の置かれていた状況などを考慮して、その真意を探求し、当該状況の趣旨を確定すべきであるとしている（最判昭和58・3・18判時1075号115頁）。

(B) 遺言の解釈をめぐる裁判例

遺言者の真意を表しているはずの遺言書自体が不明確な場合がある。遺言の解釈をめぐる裁判例に次のようなものがある。

(a) 土地の遺贈とその地上建物の帰趨

「本件土地をA（遺言者の孫）に遺贈する」という公正証書遺言がなされたが、その土地上に焼け残りの土蔵があったので、これも遺贈の対象とされたものかが争われた。

裁判所は、遺言者から相談を受けた弁護士が、土蔵も遺贈する趣旨であったけれども、焼け残りであったため表示する必要がないと考えていたこと、遺言者は、先代から受け継いだ土地と土蔵は、将来家を継ぐAに承継させる意思を有していたことが認められるとして、本件遺贈の対象には土蔵も含まれるとした（東京高判昭和31・1・30下民集7巻1号137頁）。土地の遺贈の記載だけで、地上建物の記載がない場合、判示のような事情がないと、建物の遺贈は否定され、建物は共同相続財産として遺産分割の対象となると解される可能性が大きい。

(b) 養子離縁の手続をしてもらいたい旨の遺言と相続人廃除の意思表示

遺言者は、養子が縁組後一度も遺言者を訪ねてこないし、病床に就いたと通知しても見舞いの手紙すらよこさず、仕送りもしないことから、「養子の実がないから離縁の手続きをとってもらいたい」と遺言していた。この遺言が推定相続人の廃除（民892条）の意思表示と解釈できるかが問題となった。

裁判所は、離縁を求めると書いてあるのは、相続をさせたくないという趣旨であること、遺言書に記載があるばかりでなく離縁を求める訴訟を提起していたこと、遺言者は、遺言に離縁のことを書いておけば、養子に何も相続させないよう手続をとってくれると考えていたことなどの事実を認定し、この遺言を相続人廃除の趣旨であるとした（松江家浜田支審昭和38・12・18家月16巻5号168頁）。もっとも、遺言者死亡後、遺言執行者が相続人廃除の請求を家庭裁判所に行ったが、民法892条の要件に該当しないとして、請求は却下されたとのことである。

(c)　財産をすべてまかせる旨の遺言と遺贈の成否

「私が亡くなったら財産については私の世話をしてくれた長女のXに全てまかせます」という自筆証書遺言が、Xに対する包括遺贈の趣旨か、単に遺産分割の手続を中心になって行うよう指示したのかが争われたケースがある。裁判所は、施設に入所していた遺言者をしばしば訪れて世話をしていたのはXであり、遺言者の死後、残された妻の世話を頼めるのはXしかいなかったこと、他の相続人は遺言者とは疎遠な関係にあったことなどを考慮し、この遺言はXに対する包括遺贈の趣旨であるとした（大阪高判平成25・9・5判時2204号39頁）。

一方、「A家の財産は全部Bにまかせます」という自筆証書遺言について、唯一の相続人である娘に財産を相続させず、交際中の女性Bに全財産を遺贈するものと解釈するに足りる事情は存在しないとして、女性Bに対する遺贈を否定した裁判例がある（東京高判昭和61・6・18判タ621号141頁）。

(d)　全部を公共に寄与する旨の遺言と遺贈の成否

遺言者は、遺言執行者をXと定めると同時に「一、発喪不要、二、遺産は一切の相続を排し、三、全部を公共に寄与する」という遺言をした。相続人は遺言者の妹2人で遺言者とは絶縁状態にあった。この遺言の趣旨について、最高裁判所は、全部を公共に寄与するという遺言は、財産を相続人に取得させず、公共の団体（国、地方公共団体、公益法人、学校法人、社会福祉法人等）に包括遺贈する趣旨であり、遺産の利用目的が公益目的に限定されているため、受遺者の選定を遺言執行者に委託することも可能であるとし、遺言執行者が選定する公共の団体に対する包括遺贈を認めた（最判平成5・1・19家月45巻5号50頁）。

(e)　財産を自由に裁量処分することを相続人に委任する旨の遺言の解釈

「遺言者は、その所有に係る次の家屋と借地権を自由に裁量処分することを相続人Y（遺言者の妻）に委任する」との記載の解釈につき、裁判所は、遺言者は、遺言作成の際Yに対し、「自分の妻だから当然の権利者である。Yがいらない時は誰のものにしてもよい」と述べていたことなどから、こ

の遺言の趣旨は、家屋と借地権を相続人の何人かに相続させるという指定をYに委任したのではなく、Yが所有者としてどのように使用、収益、処分してもよいという趣旨であるから、Yに相続させる遺言と解釈すべきであるとした（東京高判平成9・11・12判タ980号246頁）。

(f) 遺産全部を遺贈する旨の遺言を相続させる遺言と解釈できるか

最判平成3・4・19民集45巻4号477頁は、遺贈と相続させる遺言の区別につき、①遺言書の記載から遺贈の趣旨が明らかな場合、②遺贈と解すべき特段の事情がある場合を除き、相続させる遺言と解すべきであるとした。

そこで、「遺言者はその所有に属する遺産全部を長男Bに遺贈する」旨の公正証書遺言の解釈について相続させる遺言と解すべきかが争いとなった。第1審は、遺贈と解すべき特段の事情は認められないとして、この遺言は相続させる遺言と解すべきであるとした。これに対し、控訴審は、遺言という意思表示の解釈である以上、遺言書の文言をまず重視すべきであるとし、この遺言は包括遺贈であることが一義的に明らかであり、遺贈であることに疑問を入れる余地はないとした（仙台高判平成10・1・22判時1666号48頁）。遺言書の記載から遺贈の趣旨が明らかな場合に当たるとするのが相当であろう。

(2) 遺　贈

(A) 包括遺贈と特定遺贈

遺言者は、包括または特定の名義で、その財産の全部または一部を処分することができる（民964条）。これを遺贈という。遺贈は、遺言により財産を無償で譲渡するもので、贈与と似ているが、贈与は契約であるのに対し遺贈は相手方のない単独の行為である点で贈与とは異なっている。

遺贈をするに際し、停止条件・解除条件を付することができる（民985条2項・129条）。また、始期または終期を付することもできる。

遺贈を受ける者を受遺者という。受遺者は遺言の効力発生時に生存していることを要する。遺言者の死亡以前に受遺者が死亡したときは遺贈は効力を

生じない（民994条1項）。遺言者と受遺者が同時に死亡したときも同様である。

遺言者死亡のとき胎児であった者も受遺能力がある（民965条・886条）。法人も受遺者になれる。

包括遺贈とは、財産の全部又はその一定の割合を与える遺贈をいう。この遺贈を受ける者を包括受遺者という。

特定遺贈は、遺言者の特定の財産を目的とする遺贈である。特定物遺贈と不特定物遺贈がある。

(B) **包括遺贈の効果**

包括受遺者は、相続人と同一の権利義務を有する（民990条）。その結果、相続開始の時から、遺言者の一身に専属した権利義務を除き、その財産に帰属した一切の権利義務を承継する（民896条）。一定の割合で包括遺贈する場合、ほかに相続人がいる場合は、他の相続人と一定の割合で共同相続人になったものと同一結果となる。法人に対し包括遺贈することも可能である（東京家審昭和40・5・20家月17巻10号121頁、判タ190号221頁）。包括遺贈が相続人の遺留分を侵害する場合、減殺の対象となる（民1031条）。

包括遺贈の対象財産が農地の場合、その移転について農業委員会（または都道府県知事）の許可は不要である。

遺言執行者がある場合、包括受遺者は、対象財産の処分その他遺言の執行を妨げる行為をすることができない（民1013条）。

包括遺贈の承認・放棄については、相続の承認・放棄の規定が適用される（民920条・938条）。

(C) **特定遺贈の効果**

特定遺贈のうち特定の不動産や動産を目的とする特定物遺贈の場合は、受遺者が遺言の発効と同時に当然に権利を取得する。特定物遺贈は物権的効力を有する。これに対し、不特定物を目的とする不特定物遺贈の場合は、受遺者は、他の相続人に対し、目的物を特定し遺贈を実現するよう請求しうる権利を取得する。不特定物遺贈は債権的効力を有するに過ぎない。

特定遺贈の放棄は、何時でもこれをすることができる（民986条1項）。放棄の意思表示は、遺贈義務者である相続人に対してすればよい。遺贈義務者の中には、遺言執行者も含まれる。

遺贈義務者その他の利害関係人は、受遺者に対し、相当な期間を定めて放棄するか否かの確答を求めることができる。期間内に確答がない場合、遺贈は承認されたものとみなされる（民987条）。

(D) **負担付き遺贈**

(a) **負担付き遺贈**

遺贈には、受遺者に対する負担を付することができる（民1002条）。負担は、遺言者によって課せられた法律上の義務あるいは債務をいう。受遺者に特定の財産を遺贈すると同時に、ある者に定期的に一定額の金銭を交付するよう義務づける場合などがよくみられる。負担は、包括遺贈、特定遺贈のいずれについても付することができる。

受遺者の負担により利益を受ける者を受益者という。受益者は、遺言者自身、相続人、第三者のいずれでもよい。受遺者に特定の不動産を与え、死後の供養を義務づけるなどは、遺言者自身を受益者とする一例である。

(b) **負担付き遺贈の効力**

負担付き遺贈の効力は、遺言者死亡の時に発生する。受遺者が負担を履行すれば効力を生ずるというものではない。

負担の履行請求権者は、相続人、遺言執行者である。受益者に履行請求権があるかについては、これを肯定する見解（中川善之助＝加藤永一編『新版注釈民法㉘補訂版』（上野雅和）282頁、中川善之助＝泉久雄『相続法〔第4版〕』597頁）と否定する見解（我妻榮＝唄孝一『相続法〔判例コンメンタール〕』286頁）の両説がある。通説は、受益者は遺贈の反射的利益を得るにとどまり、債権を取得する立場にないとして否定的に解している。

負担の価額が遺贈の目的の価額を上回る場合には、遺贈の価額の限度において負担を履行すればよい（民1002条1項）。包括遺贈の価額は、積極財産から消極財産を控除したものであるから、債務超過となっている場合には負担

を履行する義務はない。遺贈の目的の価額と負担の価額の比較は負担を履行する時を基準としてなされる。

　(c)　**負担付き遺贈の取消し**

　受遺者が負担を履行しない場合、遺贈を取り消すことができる。取消権者は相続人である。相続人は、受遺者が負担を履行しない場合、相当に期間を定めて履行の催告をし、期間内に履行されないときは、家庭裁判所に対し負担付き遺贈に係る遺言の取消しを請求することができる（民1027条）。取消しの審判がなされた場合、遺贈は相続開始時に遡って効力を失う。遺贈の目的財産は、すべて相続人に帰属する（民995条）。

　(d)　**負担付き遺贈の放棄**

　受遺者が、負担付き遺贈を放棄した場合、負担の利益を受ける者が受遺者となる（民1002条2項）。受益者は、受遺者となることを承認するか、遺贈を放棄するかを選択することができる。受益者が受遺者としての地位を取得すると、負担は混同により消滅する。

　(E)　**遺贈と公序良俗**

　遺贈は財産の処分行為であり、自由にすることができる。相続人以外の第三者に全財産を遺贈しても、それだけで公序良俗に違反するとはいえない。遺言者と不倫な関係にある者に遺贈する場合、公序良俗に違反するかが問題となる。

　判例は、不倫な関係を維持、継続する目的でなされた遺贈は公序良俗に違反し無効であるとする。裁判例として、妻子ある男性が長年情交関係にあった29歳年下の女性に遺産の10分の3を包括遺贈したのは、内容も過大であり、同女の気持をつなぎとめ不倫の関係を維持継続することを目的としたものであるとして無効とした事例（福岡地小倉支判昭和56・4・23判タ465号164頁）、50歳の男性が16歳年下の女性と不倫の関係を結んで間もなく、妻が居住する土地建物を含む全財産をその女性に包括遺贈する旨の遺言をしたのは、女性の歓心を買うためであって、情交関係を維持継続する目的であることが認められるとして遺言を無効とした事例（東京地判昭和58・7・20判時1101号59頁、

判タ509号162頁）がある。

　その一方で、遺言の動機が不倫の関係を維持継続するためでなく、もっぱら相手女性の生活を保全するためになされたもので、相続人の生活基盤が脅かされるものとはいえないなどの事情があるときは、その遺言は公序良俗に違反するとはいえないとされている。裁判所は、妻子ある男性が、約7年間半同棲のような形で不倫な関係を継続した女性に対し、全遺産の3分の1を包括遺贈する遺言をしたケースにつき、妻との関係は、不倫の関係が生じる以前から疎遠となっており夫婦としての実体が失われていたこと、妻や他に嫁いでいる子にも同じ遺言により3分の1ずつの遺贈がなされていること、当時の妻の法定相続分は3分の1であったこと、本件遺言は、男性が死亡する1年2か月前に作成されたが、その前後において女性との親密度が特段増減したという事情はないことなどから、本件遺言は不倫関係の維持継続を目的とするものでなく、もっぱら生計を男性に頼っていた女性の生活を保全する目的でなされたものというべきであり、遺贈により相続人の生活の基盤が脅かされるものでもないとして、遺言は公序良俗に反するとまではいえず有効であるとした（最判昭和61・11・20民集40巻7号1167頁、判時1216号25頁）。

　その後の下級審判例は、上記最高裁判所判決が示す法理に従っている（東京地判昭和63・11・14判時1318号78頁、仙台高判平成4・9・11判タ813号257頁、死因贈与につき東京地判平成18・7・6判時1967号96頁）。

(F)　遺贈と登記

　遺贈に基づく権利の移転を第三者に対抗するためには、登記が必要である。この点で、対抗要件としての登記が不要であるとされる「相続させる遺言」と異なっている（最判平成14・6・10判時1791号59頁、判タ1102号158頁）。

(a)　登記申請手続

　包括遺贈、特定遺贈のいずれについても、受遺者を登記権利者とし、遺言執行者または相続人を登記義務者として、その共同申請によるべきである（昭和33・4・28民事甲779号民事局長心得通達）。

　相続人のない者から包括遺贈を受けた者のためにする不動産所有権取得登

記は、受遺者と遺言執行者の共同申請によるべきである（東京高決昭和44・9・8判時572号38頁、判タ239号163頁）。

　遺言により受遺者を遺言執行者に指定した場合、遺言執行者である受遺者は直接自己のため登記の申請をすることができる（大正9・5・4民事1307号民事局長回答）。

　(b)　**登記原因**

　相続財産の全部について包括名義で贈与する旨の遺言があるときは、その遺言書に他の相続分の指定と解される記載がない限り、その相続財産の処分を受ける者が相続人中の一部の者である場合は、所有権移転の登記原因は遺贈であり、その処分を受ける者が相続人の全員である場合には、その登記原因は相続とすべきである（昭和38・11・20民事甲3119号民事局長電報回答）。

　「相続財産である不動産全部を売却しその代金から債務を支払い、残額を受遺者に分配する」旨の清算型包括遺贈がなされた場合、まず、遺言執行者が単独で被相続人から相続人へ相続登記をし、買主への移転登記については、遺言執行者と買主の共同申請により行われる。この場合、遺言執行者が不動産を売却処分する権限を有することを証する書面の添付が必要である。

　(c)　**登録免許税**

　包括遺贈による所有権移転に係る登録免許税は、不動産の価額の1000分の20である（登録免許税法別表第1―1(2)ハ）。ただし、受遺者が相続人であるときは、所得税法の一部を改正する法律（平成15年法律8号）により、相続による所有権移転の場合の登録免許税1000分の4と同率とされている（登録免許税法別表第1―1(2)イ）。この場合、相続人であることを証する戸籍謄本等を添付する必要がある。

(3)　相続させる遺言

(A)　相続させる遺言の効力

　特定の遺産を特定の相続人に相続させる遺言は、昭和40年代後半ころから、

公証実務において遺言公正証書を作成する際に用いられるようになり、これが自筆証書遺言などにも普及するに及んでその性質および法的効果について種々議論がなされてきた。相続させる遺言の性質、効果については、次のような学説があった。

① 遺産分割方法指定説　相続させる遺言は、民法908条が規定する遺産分割方法の指定であるとする説である（中川＝泉・前掲261頁）。この説によると、遺言の効力が発生しても、直ちに対象となる財産の権利移転の効力が発生せず、遺言のとおりの遺産分割協議、調停、審判がなされた段階で、はじめて名宛人の相続人（受益相続人）に帰属することになる。

② 遺贈説　相続させる遺言は遺贈にほかならないとする説である（橘勝治「遺産分割事件と遺言書の取扱い」谷口知平ほか編『現代家族法大系5』66頁）。遺贈説に対しては、遺贈と異なる相続させる遺言を認める実益がなくなるのではないかという疑問が寄せられていた。

③ 遺産分割処分説　相続させる遺言は、遺産分割方法の指定でも遺贈でもない、民法964条により遺言者に認められた「処分」の一態様であるとする説である（瀬戸正二「『相続させる』という遺言と多田判決」『公証法解釈の諸問題』155頁）。遺贈と同様に対象財産は遺言の効力発生と同時に受益相続人に帰属するとする。

④ 遺産分割効果説　相続させる遺言が遺産分割方法の指定であることを前提としつつ、その指定に遺産分割の効果を認め、対象財産は遺言の効力発生と同時に受益相続人に帰属するとする説である（島津一郎「分割方法指定の遺言の性質と効力」判時1374号3頁）。

裁判例は、遺産分割方法指定説、遺贈説に立つものが多かったが、最判平成3・4・19民集45巻4号477頁、判時1384号24頁（以下、「香川判決」という）は、④の遺産分割効果説を採用することを明らかにした。

香川判決は、ⓐ特定の遺産を特定の相続人に「相続させる遺言」は、遺言書の記載からその趣旨が遺贈であることが明らかであるかまたは遺贈と解す

べき特段の事情のない限り、当該遺産を当該相続人をして単独で相続させる遺産分割の方法が指定されたものと解すべきである、ⓑ特定の遺産を特定の相続人に「相続させる」趣旨の遺言があった場合には、当該遺言において相続による承継を当該相続人の意思表示にかからせたなどの特段の事情のない限り、何らの行為を要せずして、当該遺産は被相続人の死亡の時に直ちに相続により承継されるとした。

　香川判決は、「相続させる遺言」をした遺言者の意思は、当該遺産を受益相続人をして単独で相続させようとする趣旨と解釈するのが当然の合理的解釈というべきであり、民法908条が遺言で遺産の分割方法を定めることができるとしているのも、このような遺言を許容するものにほかならないとした。

　香川判決以後、最判平成3・9・12判タ796号81頁、高松高決平成3・11・27判時1418号93頁など裁判例はいずれも遺産分割効果説によっている。

(B) 遺贈との区別

　香川判決は、相続させる遺言と遺贈の区別について、相続人に財産を承継させる遺言があった場合、原則として相続させる遺言と解すべきであるが、①遺言書の記載から遺贈の趣旨が明らかな場合、②遺贈と解すべき特段の事情がある場合には遺贈とすべきであるとした。「遺言者はその所有に係る家屋と借地権を自由に裁量処分することを相続人に委任する」旨の遺言を、相続させる遺言であるとした裁判例がある（東京高判平成9・11・12判タ980号246頁）。また、戸籍上は相続人となっているが真実は相続人でない者に対してなされた相続させる遺言は遺贈の趣旨と解すべきであるとされた事例がある（東京地判昭和54・10・31判タ404号136頁）。登記実務では、「遺言者は次のとおり遺産分割の方法を指定する。長男A農地、二男B農地」という遺言であっても相続登記を認める扱いである（昭和47・8・21民甲3565号民事局長回答）。

(C) 遺贈との差異

　相続させる遺言の場合は、遺贈に比べ次のような利点があるとされる。

　① 不動産の登記手続　遺贈は意思表示による権利の移転であるから、

受遺者と相続人または遺言執行者の共同申請となるが、相続させる遺言による権利移転については受益相続人の単独申請が可能である。
② 農地法上の許可　遺産が農地の場合、特定遺贈による権利の移転については農地法3条による許可が必要であるが、相続させる遺言による承継は許可不要である。
③ 賃貸人の承諾　遺産が借地権・借家権の場合、遺贈では賃貸人の承諾が必要であるが（民612条）、相続させる遺言では承諾不要である。
④ 登録免許税　以前は、遺贈の登記の登録免許税は課税標準額の1000分の20であるのに対し、相続させる遺言による登記の登録免許税は1000分の6とされていたが、平成15年の登録免許税法の一部改正により両者は同一税率（現在は1000分の4）とされた。
⑤ 対抗要件の要否　相続させる遺言による権利移転について、判例は対抗要件不要説をとるに至ったが（前掲最判平成14・6・10）、遺贈による権利移転には対抗要件が必要である。

相続させる遺言の利点として、以前は遺贈にくらべ登録免許税が低額であったことが注目されていたが、現在は同率となった。しかし、移転登記が単独申請でできることの利点は大きいものと思われる。

(D)　**相続分の指定との関係**

相続させる遺言により、特定の相続人に承継された遺産が、その相続人の法定相続分を超える場合には、相続分の指定があったものとするのが相当である（最判平成21・3・24判時2041号45頁、中川＝泉・前掲253頁）。これに対し、遺産が相続人の法定相続分を下回る場合は、遺言者として法定相続分に充つるまで他の遺産を取得することを禁ずる意思までは有していなかったとみるのが相当であるから、相続分の指定を伴わないものと解するのが相当である（山口家萩支審平成6・3・28家月47巻4号50頁）。

(E)　**特別受益との関係**

相続させる遺言による財産の承継についても、民法903条1項を類推適用し、特別受益に該当するとするのが通説・判例である（松原正明『全訂・判

例先例相続法Ⅴ』83頁、前掲山口家萩支審平成 6・3・28)。

(F) 寄与分との関係

相続させる遺言と寄与分の関係については、受益相続人が寄与者である場合と、受益相続人と寄与者が別人である場合について検討する必要がある。

(a) 受益相続人が寄与者である場合

承継した財産の額と寄与分の額が同一で、寄与の対価として相続させる遺言がなされている場合、受益相続人は残余財産の遺産分割において寄与分を主張することができない。寄与分は清算済みだからである。

寄与分が承継した財産の額より大きい場合、受益相続人は差額を寄与分として主張できる。

(b) 受益相続人と寄与者が別人である場合

この場合、寄与分の認定が相続させる遺言の対象財産に及ぶかという問題がある。①寄与分の上限を、相続開始時の財産の価額から、遺贈のみならず相続させる遺言の対象財産の価額を控除した額とすべきであるとする説、②寄与分の上限は、相続開始時の財産の価額から遺贈の額のみを控除した額とし、相続させる遺言の対象財産の額は控除しないとする説の2説がある。民法904条の2第3項が「寄与分は、被相続人が相続開始の時において有した財産の価額から遺贈の価額を控除した額を超えることができない」としているのは、遺贈を実現させたいとする遺言者の意思を優先させたものであるから、相続させる遺言についても同様の扱いをするのが遺言者の意思に合致する。①説が相当である。残余財産の遺産分割において、①説をとった場合、寄与者が寄与分を十分に回収できない場合もあり得る。寄与者としては、自己に認められた遺留分減殺請求権を行使して権利を守るほか方法がない。

(G) 遺留分減殺請求権行使の可否

香川判決は、相続させる遺言による財産承継について、遺留分減殺請求ができる場合があることを認めている。問題となるのは、減殺の順序と減殺請求後の共有関係解消の手続がどうなるかである。

(a) 減殺の順序

減殺の順序に関し、①遺贈と同順位とする説（島津・前掲148頁）、②生前贈与の次とする説（瀬戸正二「相続させるとの遺言の効力」金法1210号9頁）があるが、遺贈との類似性を考慮すると①説が相当である。①説をとる裁判例がある（東京高判平成12・3・8判時1753号57頁）。

(b) 減殺請求後の共有関係解消の手続

相続させる遺言の対象財産は、相続開始と同時に遺産から逸出していることから、遺留分減殺により取り戻された当該財産上の権利との共有関係は遺産共有ではなく、物権法上の共有である。そこで、その解消方法は、民法256条以下の共有物分割手続によることになる。

(H) 代襲相続規定の適用の有無

相続させる遺言の受益相続人が遺言者より先に死亡した場合、民法887条により受益相続人の子が対象財産を代襲相続できるかという問題がある。民法994条1項が、遺贈は遺言者の死亡以前に受遺者が死亡したときはその効力を生じないとしていることとの対比をどう考えるかである。

代襲相続肯定説に立つ裁判例（東京高判平成18・6・29判時1949号34頁）があったが、最高裁判所は、代襲相続否定説をとることを明らかにした（最判平成23・2・22民集65巻2号699頁、判時2108号52頁）。最高裁判所は、受益相続人が先に死亡した場合、遺言者が受益相続人の代襲者その他の者に遺産を相続させる旨の意思を有していたとみるべき特段の事情のない限り、当該遺言はその効力を生ずることはないとした。否定説が正当である。

(I) 相続させる遺言による利益の放棄

受益相続人は、相続させる遺言による利益の放棄をすることができる。しかし、その方法については、①相続放棄の手続（民915条・938条）に限定されるとする相続放棄限定説（松原・前掲89頁）、②相続放棄に限定されず、放棄により利益を受ける他の相続人に対する意思表示によっても放棄できるとする相続放棄非限定説（青野洋士「『相続させる』趣旨の遺言と遺産分割」梶村太一＝雨宮則夫編『現代裁判法体系(11)』206頁、内田恒久「『相続させる』趣旨の遺言に関する最高裁判例の射程距離等について（下・完）」公証111号21頁）の2

説がある。

相続放棄限定説は、相続人は遺言者の意思に拘束されるから、相続を放棄する以外これを変更できないこと、相続させる遺言の対象財産は相続開始と同時に確定的に受益相続人に帰属することを理由とする。一方、相続放棄非限定説は、一般に権利利益の放棄は他人の利益を害さない限り自由であること、死因贈与の受贈者や受遺者は、贈与者・遺言者の死亡により確定的に権利を取得するにもかかわらず贈与者・遺言者の死後いつでもこれを放棄できるとされていること（民554条・986条）、相続放棄の熟慮期間経過後に遺言の存在が明らかになることがあることなどを理由としている。非限定説が相当であろう。裁判例には相続放棄限定説をとるものがある（東京高判平成21・12・18判タ1330号203頁）が、同判決は、相続放棄をしなくても、他の相続人全員の同意があれば、相続させる遺言の対象不動産を遺産分割の対象になしうることを示唆している。

(J) **相続させる遺言と遺言執行者の職務権限**

相続させる遺言は、対象財産の即時移転効を有するため、遺言執行の余地がないとされることが多いので注意を要する。相続させる遺言と遺言執行者の職務権限に関する次のような裁判例がある。

(a) 原告適格・被告適格

(ア) 賃借権確認請求訴訟の被告適格

相続させる遺言の対象不動産について、第三者が賃借権確認請求訴訟を提起する場合、被告適格を有するのは遺言執行者ではなく受益相続人である（最判平成10・2・27民集52巻1号299頁、判時1635号60頁。以下、「平成10年判決」という）。遺言者は、不動産を相続させる遺言をするに当たり、その占有、管理についても、受益相続人が所有権に基づき自らこれを行うことを期待しているのが通常であり、遺言書に、当該不動産の管理および相続人への引渡しを遺言執行者の職務とする旨の記載があるなど特段の事情のない限り、遺言執行者にこれらの権限や義務は存在しないからである。

(イ) 所有権移転登記請求訴訟の被告適格

遺言者から対象不動産を譲り受けたと主張する者が、所有権移転登記請求をする場合、被告適格は、受益相続人にある（東京地判平成4・4・14判タ803号243頁）。対象不動産は、被相続人の死亡のとき直ちに受益相続人に承継され、遺言執行の余地がないからである。

　(ウ)　遺産分割協議無効確認請求訴訟の原告適格

相続人らが、相続させる遺言を含む遺言の内容とは異なる内容の遺産分割協議を成立させた場合、相続人らに対し、当該遺産分割協議の無効確認を求める遺言執行者の訴えの利益は存在しない。相続人らは、相続させる遺言により確定的に取得した各自の取得分を相互に交換的に譲渡し、遺産分割協議を成立させたもので、こうした場合は、遺言執行の余地なく、相続人による遺言執行を妨げる行為を禁じた民法1013条の規定に抵触するものでなく、有効な合意であるとされた（東京高判平成11・2・17金判1068号42頁）。

　(エ)　遺留分減殺請求訴訟の被告適格

遺留分減殺の相手方は、減殺の対象となる遺贈・贈与の受遺者・受贈者、相続させる遺言による受益相続人およびその包括承継人である（片岡武ほか編著『新版家庭裁判所における遺産分割・遺留分の実務』461頁）。例外的に、受贈者らから目的財産を譲り受けた者（特定承継人）が、譲り受けの時に、遺留分権利者に損害を与えることを知っていたときは、相手方となる（民1040条ただし書）。

相続させる遺言における遺留分減殺について、一定の場合に、遺言執行者の被告適格を認めた事例がある。遺言執行者が、①特定相続人が特定の不動産を遺言により相続したことを理由に、共同相続登記をした他の相続人に対し、土地持分移転登記請求をした訴訟に、②他の遺留分権利者が、独立当事者参加し、遺言執行者に対し遺留分減殺請求により取得した共有持分権の確認を求めた事案において、①と②における合一確定の必要を理由に、②について遺言執行者に被告適格を認めた事例（最判平成11・12・16民集53巻9号1989頁、判時1702号61頁。以下、「平成11年判決」という）がある。

平成11年判決は、相続させる遺言が即時移転効を有するからといって当該

遺言の内容を実現するための執行行為が当然に不要となるものではないとし、他の相続人が対象不動産について、自己への所有権移転登記を経由しているなど、遺言の執行が妨害されている状態が出現しているような場合には、遺言執行者の権限が顕在化し、妨害排除のため所有権移転登記の抹消登記手続を求めることができ、さらには受益相続人への真正な登記名義の回復を原因とする所有権移転登記手続を求めることもできるとしている。

　　(オ)　遺言無効確認請求訴訟の被告適格

　遺言無効確認請求につき遺言執行者の被告適格を肯定した裁判例がある（最判昭和31・9・18判タ65号78頁）。この場合、遺言執行者の訴訟上の地位は法定訴訟担当と解されている。仮に、相続させる遺言について、遺言無効確認請求訴訟が提起される場合、相続人のほかに遺言執行者も被告適格を有するものと解される。平成11年判決の趣旨を考慮すると、遺言無効の主張がなされ、遺言執行が妨害されている状態が出現しており、遺言執行者の権限が顕在化しているといえるからである。

　(b)　**不動産の管理、占有、登記**

　　(ア)　**不動産の管理、占有**

　相続させる遺言の対象財産が不動産であった場合、当該不動産の管理、占有について、遺言書に管理および相続人への引渡しを遺言執行者の職務とする旨の記載があるなど特段の事情がない限り、これらの権限や義務はないとする裁判例がある（平成10年判決）。

　　(イ)　**登　記**

　相続させる遺言による権利移転の登記が遺言執行者の権利義務といえるかにつき、相続させる遺言の対象不動産の名義が被相続人である場合、受益相続人が単独でその旨の所有権移転登記をすることができるから（不登63条2項）、遺言執行の余地がなく、遺言執行者は、遺言の執行として当該登記手続をする義務を負わないとする裁判例がある（最判平成7・1・24判タ874号130頁、東京高判平成3・3・28家月44巻4号29頁、東京地判平成4・4・14家月45巻4号112頁）。ただし、他の相続人が相続開始後に当該不動産につき被相続

人から自己への所有権移転登記を経由しているときには、妨害を排除するため、遺言執行者の権限が顕在化し、その登記の抹消登記手続のほか、受益相続人への真正な登記名義の回復を原因とする所有権移転登記手続を求めることができるとする裁判例がある（平成11年判決）。

　(ウ)　**預貯金の管理、名義変更、払戻し**

　預貯金について相続させる遺言がなされ、遺言書に預貯金の管理、名義変更、払戻しについて特段の指示がない場合、遺言執行者にこれらの権利、義務があるかについて、肯定、否定の裁判例がある。

　肯定説に立つ裁判例は、金融機関が名義変更や払戻請求に際し、相続人全員の承諾書や印鑑証明書の提出を求めており、相続人全員の協力を得られない場合、遺言の実現が妨げられることになるから、遺言執行者が払戻しに関与し、遺言の実現を図ることも遺言執行にあたるとする（東京地判平成24・1・25判時2147号66頁）。

　一方、否定説に立つ裁判例として、預貯金、抵当証券持分にかかる買戻代り金等の遺産を共同相続人の一部に持分2分の1の割合で包括的に相続させるとした遺言について、可分債権である預貯金、買戻代り金は受益相続人に直ちに帰属するので遺言執行の余地はなく、遺言執行者は銀行およびファイナンス会社に対し預金等および買戻代り金の支払いを求める権利義務はないとした事例（東京高判平成15・4・23金法1681号35頁）、土地および預貯金、債権、株式、退職金その他一切の債権を3分の1の割合で3名に相続させるとの遺言について、遺言執行の余地がないので、相続人らが遺言執行者の同意を得ずに遺言と異なる遺産分割協議を成立させても、民法1013条が禁ずる執行妨害行為に該当せず、遺言執行者の権限を侵害することにはならないとした事例（東京高判平成11・2・17金判1068号42頁）がある。

　肯定説は、預貯金の名義変更、払戻しが遺言執行者の権限に属するとするものであるが、相続人は、その反面として、民法1013条により自らの権利として銀行等に名義変更、払戻しをなし得ないことになる。遺言執行者の指定がある場合でも、相続人全員の同意があれば名義変更、払戻しを認めている

銀行実務に反することになる。遺言執行者と受益相続人の権利行使の競合を認めればよいとする見解もあるが、民法1013条の適用がない理由の説明は困難であると思われる。これまで、裁判例で遺言執行者、受益相続人の権利行使の競合を認められたケースはいずれも妨害排除に関するものであり、民法1013条が禁ずる「相続財産の処分その他遺言の執行を妨げるべき行為」に該当しない点に注意すべきである（平成11年判決、大判昭和5・6・16民集9巻550頁、最判昭和30・5・10民集9巻6号657頁）。

　銀行員向けの最近の手引書には「遺言に特定の預金を特定の相続人に『相続させる』旨記載されている場合、最高裁判例の趣旨からすれば、その特定の相続人の請求によって、その特定の預金の支払いまたは名義書換をすればよいことになります。しかし、銀行実務上は、他の相続人や遺言執行者の同意を得た上で手続することに越したことはありません」とされている（木内是壽『相続預金取扱事例集』71頁）。また、弁護士向けの解説書にも「預貯金債権について被相続人名義である限り遺言執行の余地は理論的に生じない（参考判例として東京高判平成11・5・18金判1068号37頁、東京高判平成15・4・23金法1681号35頁）。もっとも、銀行実務上は、遺言執行者が払戻し請求した場合、相続人の署名を取り付けた上で払い戻しに応じるのが現状である」とされている（東京弁護士会相続・遺言研究部編『実務解説相続・遺言の手引き』235頁）。預貯金の管理、名義変更、払戻請求権限は、遺言書に特段の記載がない限り受益相続人にあり、遺言執行者の銀行窓口における行為は、遺言執行行為ではなく、受益相続人の依頼を受けて行う銀行手続への協力行為と評価するのが相当であろう。

（北野　俊光）

6 死因贈与

(1) 死因贈与の意義・種類と問題の所在

　死因贈与とは、贈与者の死亡によって効力が生じる一種の停止条件付贈与契約である（人は必ず死亡する以上、条件ではなく期限であって、死亡が始期であるから、正確には始期付贈与契約といえる）。法形式としては、遺贈（民964条）が遺言による贈与として単独行為であるのに対して、死因贈与は贈与者と受贈者の意思の合致を必要とする契約である点が異なる。効力の発生の点からは、いずれも贈与者または遺言者の死亡によって本来的効力を生ずる点では同じである。死因贈与契約時または遺言時から贈与者または遺贈者の死亡までの間の法的地位に関しては、仮登記の可否など後述するように必ずしも同一ではないが、死因贈与も遺贈も、それによって相続人が本来受け取るべき部分について、相続人のいわば出捐（持出し）によって受贈者に利得を得させるものである点で共通し、死因贈与も実質的には遺贈に近い性質を有する。そのため、民法554条は、死因贈与について「贈与者の死亡によって効力を生ずる贈与については、その性質に反しない限り、遺贈に関する規定を準用する」と規定した。そこで、死因贈与について、遺贈の規定がどの程度準用されるのかが問題とされるのである。

　死因贈与には、負担付死因贈与の類型があり、これには負担付贈与と死因贈与の両側面に絡む特殊の法律問題がある。すなわち、民法553条は、「負担付贈与については、この節に定めるもののほか、その性質に反しない

113

限り、双務契約に関する規定を準用する」と定める。そこで、負担付き死因贈与に関しても、その特殊性に照らして遺贈の規定がどの程度準用されるのかが問題となる。なお、死因贈与にも特定物の死因贈与だけではなく、包括的な死因贈与もあり、後者の場合には、包括受遺者は相続人と同一の権利義務を有すると規定する民法990条との関係が問題となり得るが、この点は準用の余地はないとするのが通説なので、ここで問題とする必要はなさそうである。

そして、契約行為である死因贈与に関しては、単独行為である遺贈の規定中、遺言の方式（民967条以下）、遺言能力（民961条・962条）、遺贈の承認・放棄（民986条〜989条）等に関する規定は、準用の余地がないとするのが判例・通説なので（遺言の方式につき最判昭和32・5・21民集11巻5号732頁）、この点も検討外となる。

そこで、死因贈与については、遺贈の規定がそれ以外にどの範囲まで準用されるのかに関して、これまで判例・学説で問題となって民法994条（受遺者の死亡による遺贈の失効）の準用の問題、死因贈与あるいは負担付き死因贈与の撤回と民法1022条・1023条の準用の問題、裁判上の和解契約による死因贈与の撤回の問題、書面によらない贈与の撤回の可否が判例学説上問題とされているので、これらの点について以下検討を加え、最後に遺贈の死因贈与への転換に関する判例の傾向をみておくことにしよう。

(2) 民法994条（受遺者死亡による遺贈の失効）の準用

民法994条1項は「遺贈は、遺言者の死亡以前に受遺者が死亡したときは、その効力を生じない」と定め、2項は「停止条件付きの遺贈については、受遺者がその条件の成就前に死亡したときも、前項と同様とする。ただし、遺言者がその遺言に別段の意思を表示したときは、その意思に従う」と規定する。

この規定の死因贈与への準用について、当初判例（大判昭和8・2・25新聞

3531号7頁) は否定的に解していたが、戦後これを積極に解する下級審判例が現れた。すなわち、東京高判平成15・5・28家月56巻3号60頁は、亡夫がその母から死因贈与を受けた土地の持分権を妻が相続により取得したと主張し、その持分権に基づき亡夫の兄の有する持分権の一部について所有権移転登記を求めた事案において、死因贈与について民法994条1項が準用されるか否かについて、これを積極に解しその理由を以下のように判示した。すなわち「死因贈与が無償の財産供与行為であり、かつ、供与者の死亡によって本来は相続人に帰属すべき財産を相続人に帰属させないで相手方に供与するという点で遺贈と共通性を有する……。また、死因贈与も、その無償性に照らして何らかの個別的な人間関係に基づいてなされるものであることも、遺贈と共通するといってよいであろう。そうすると、贈与者の意思は、遺贈と同様に、そのような個別的な人間関係にある特定の受贈者に向けられていると解されるから」であるとする。遺贈と死因贈与における共通要素としての無償性を重視したものとして、学説は評価している。これとは逆に、京都地判平成20・2・7判タ1271号181頁はこれを消極に解する。学説は肯定説が通説とされる（松原正明『全訂判例先例相続法Ⅴ』398頁）。

(3) 死因贈与の撤回（取消し）への準用

　民法1022条は、遺言の方式に従っての遺言の自由な撤回を許し、「遺言者は、いつでも、遺言の方式に従って、その遺言の全部又は一部を撤回することができる」と規定する。そして続けて法定撤回として、民法1023条は、前の遺言と後の遺言との抵触等の場合について、民法1023条1項は「前の遺言が後の遺言と抵触するときは、その抵触する部分については、後の遺言で前の遺言を撤回したものとみなす」と定め、2項は「前項の規定は、遺言が遺言後の生前処分その他の法律行為と抵触する場合に準用する」と規定する。
　まず民法1022条が死因贈与に準用されるかどうかに関しては、死因贈与は契約であるから一方当事者からの撤回は許されないとする否定説と、死因贈

与は遺贈と同様に死後処分であるから、贈与者の最終意思は尊重すべきであるとする肯定説とに分かれるが、学説上は肯定説が多数説である。大判昭和16・11・15法学11巻616頁は肯定説に立ち、最判昭和47・5・25民集26巻4号805頁も肯定説に立ち、「死因贈与については、遺言の取消に関する民法1022条がその方式に関する部分を除いて準用されると解すべきである。けだし、死因贈与は贈与者の死亡によって贈与の効力が生ずるものであるが、かかる贈与者の死後の財産に関する処分にいては、遺贈と同様、贈与者の最終意思を尊重し、これによって決するのを相当とするからである」として、死因贈与の撤回を認めた。

このように判例は死因贈与の撤回を認めるのが原則であるが、例外的にこれを認めない類型もあるので注意を要する。まず負担付き死因贈与に関しては、東京地判昭和44・1・25判タ234号201頁はこれを消極に解し、最判昭和57・4・30民集36巻4号763頁は、負担履行済みの負担付き死因贈与について、これを認めるべき「特段の事情」がないとして、民法1022条・1023条の準用を否定した。すなわち、「負担の履行期が贈与者の生前と定められた負担付死因贈与契約に基づいて受贈者が約旨に従い負担の全部又はそれに類する程度の履行をした場合においては、贈与者の最終意思を尊重するの余り受贈者の利益を犠牲にすることは相当でないから、右贈与契約締結の動機、負担の価値と贈与財産の価値との相関関係、右契約上の利害関係者間の身分関係その他の生活関係等に照らし右負担の履行状況にもかかわらず負担付死因贈与契約の全部又は一部の取消をすることがやむをえないと認められる特段の事情がない限り、遺言の取消に関する民法1022条、1023条の各規定を準用するのは相当でないと解すべきである」とした。

以後、下級審判例はこの法理に従い、「特段の事情」の有無について事例に従って処理している。東京地判平成5・5・7判時1490号97頁は、負担の履行期が贈与者の生前と定められた負担付き死因贈与の受贈者が負担の全部に類する程度の履行をした場合について、特段の事情を否定して贈与者からの撤回を認めず、東京地判平成7・10・25判時1576号58頁は、贈与者の生存中、

受贈者がその介護をするという負担付き死因贈与契約の場合について、受贈者は5年間介護をしたが、今後は贈与者の長男夫婦が贈与者を介護する状態が続くことからも、負担の全部またはそれに類する程度の履行をしたとまではいうことはできないとして、特段の事情を肯定し死因贈与契約の取消しを認めた。

　裁判上の和解契約の事案で、最判昭和58・1・24民集37巻1号21頁は、所有権移転登記請求訴訟の控訴審の裁判上の和解によって、受贈者から所有権の承認を受ける代わりに、贈与者が死亡したときには不動産を贈与するという死因贈与契約をした場合において、贈与に至る経過、それが裁判上の和解で締結されたという特殊な態様および和解条項の内容等を総合して、死因贈与契約の取消しを認めなかった。取消しを認めるべき特段の事情はないとしたものであろう。名古屋地判平成4・8・26金判915号37頁は、この判例を引用して、本件事案における死因贈与の目的を考慮して、死因贈与の取消しを認めなかった。

　民法550条は、「書面によらない贈与は、各当事者が撤回することができる。ただし、履行の終わった部分については、この限りでない」と規定する。死因贈与の場合、この規定に従い、相続人が撤回権を行使できるかが問題となるが、判例はこれを肯定する。すなわち、東京高判平成3・6・27判タ773号241頁は、死因贈与も贈与の一種であって、その方式については遺贈のような厳格な要件は必要とされない等の理由により、相続人による死因贈与の取消しを認めた。

(4) 死因贈与と執行者指定

　民法1010条は、「遺言執行者がないとき、又はなくなったときは、家庭裁判所は、利害関係人の請求によって、これを選任することができる」と規定する。

　この規定が死因贈与に準用されるかに関し、判例は当初消極に解していた。

すなわち、東京家審昭和47・7・28家月25巻6号141頁は、「死因贈与の契約当事者である受贈者は、物権の引渡、移転登記の実現等につき、贈与者ないしその相続人を相手として自らその衝にあたるべきであり、相続人がない場合あるいは本件の如く相続人の一部が行方不明である場合等においては、それぞれ相続人不存在あるいは不在者の財産管理ないし失踪手続等を活用すべきであって、遺言執行者の選任を請求することによってそれにかえることはできないと解するのが相当である」とした。

その後判例は積極説に転じた。すなわち、水戸家審昭和53・12・22家月31巻9号50頁は、死因贈与につき、遺言執行者選任の規定を排除する合理的な理由はないとして、遺言執行者選任の申立てを認容した。名古屋高決平成元・11・21家月42巻4号45頁は、申立権の濫用と認められる場合でない限り、民法1010条の規定に基づく執行者の選任は許されるべきであるとし、以下のように判示して選任の申立てを認めた。すなわち、「確かに、一般的には、当該執行者選任を申し立てた者が、右規定の準用により選任された執行者と通謀して不当な利益の確保を図り、ひいては、他の相続人と第三者との取引の安全を害する等の事態を招くおそれが全くないとはいい難い。しかしながら、このような執行者選任による弊害は、本来の遺贈の場合においても、その制度上ある程度避けがたいところというべく、右のような弊害の存在のみをもって、直ちに死因贈与につき民法1010条の準用を否定すべき根拠とすることは、相当でないといわなければならない。むしろ、民法554条が、その文言上死因贈与につき遺言の規定を包括的に準用する体裁を採っていることなどを勘案すれば、当該執行者選任の申立につき、これを必要とすべき事情が全く認められず、不当な目的による申立であることがうかがわれる等、いわば右申立権の濫用と目される場合は格別、そうでない限り、原則として、死因贈与においても、民法1010条に基づく執行者の選任は許されるものと解するのが相当である」とした。

また、広島家審昭和62・3・28家月39巻7号60頁は、自筆遺言証書としては無効な遺言書につき死因贈与契約を証する書面と認め、死因贈与の執行者

を選任した事例である。東京高決平成9・11・14家月50巻7号69頁は、死因贈与執行者選任申立てに対する審判の手続においては、死因贈与が無効であることが一見して明らかである場合に限って、当該申立てを却下することができるのであって、実体的審理を経てはじめてその有効性が決せられるような場合には、家庭裁判所としては、その有効無効を判断することなく死因贈与執行者を選任すべきであるとして、選任申立てを却下した原審判を取り消して事件を原審に差し戻したものである。

現在実務は、積極説で運用されているものと思われる。

(5) 遺贈の死因贈与への転換

いわゆる無効行為の転換の一事例として、遺贈の死因贈与への転換が問題とされる。遺贈と死因贈与は、ともに死後の財産処分であって、その社会的機能が類似しているために、厳格な要件を要求される遺言の一部要件が欠けていて遺言としては無効といわざるを得ないとしても、死因贈与契約としては有効と解し得る場合が出てくる。

判例では、転換を肯定した事例と否定した事例とがある。肯定判例としては、前掲広島家審昭和62・3・28のほか、東京地判昭和56・8・3家月35巻4号104頁がある。後者の東京地判は、詳細な事実を認定したうえ、「これに本件遺言書が作成されるに至った経緯について既に認定した事実を加えて判断すれば、仮に本件遺言書が自筆遺言証書としての様式性を欠くものとして無効であるとしても、甲が、昭和51年3月17日、自分が死亡した場合には自分の財産の2分の1を原告に贈与する意思を表示したものであり、原告はこの申し出を受け入れたものであると認めるのが相当である」と判示した。

(6) 死因贈与に基づく仮登記

不動産登記法105条2号の規定により、所有権の移転に関し始期付きのも

のがあった場合において、これを保全するため、始期付き所有権移転の仮登記をすることができる。これは、実体的要件は具備していないが、始期付きまたは停止条件付きのものなど将来確定することが見込まれるところの物権変動に関する請求権を保全するために仮登記をすることができる。

この場合の、登記申請情報中、登記の目的は「始期付所有権移転仮登記」であり、登記の原因は「平成○年○月○日　始期付贈与（始期乙死亡）」、登記の原因となる事実または法律行為は(1)死因贈与契約（受贈者甲と贈与者乙は、本件不動産を「乙の死亡」を始期と定め、乙が甲に贈与する旨の死因贈与契約を平成○年○月○日締結した）、(2)仮登記の合意（甲と乙は、前記内容の始期付所有権移転仮登記をすることに合意した）などとなる（司法書士登記実務研究会（代表佐藤純通）編『不動産登記の実務と書式〔第3版〕』413頁以下参照）。

死因贈与契約は、契約の締結によって始期付にせよ契約の効力が発生しているので、このような仮登記が可能であるが、遺贈の場合は遺言者の死亡によって初めてその効力が発生するのであって、死亡以前には法的効力が発生する余地がないので、仮登記を行うことはできない。

（梶村　太市）

7 遺 留 分

(1) 総 論

　遺留分とは、遺言の自由を制限して、一定範囲の相続人のために法律上必ず留保（遺）されなければならない相続分（遺産）の一部である。遺留分の実質的意義と機能に関しては、遺言の自由を重視する伝統的理解（遺言相続優位説）と遺留分を重視する最近の新学説（法定相続優位説）とが対立している。前者の遺言相続優位説は、戦後の民法改正によって個人主義的近代的相続法の理念が不完全ながらも実現したという理解から出発して、人が死亡した場合の財産の承継は人の生前の意思、しかも最終意思が最大限尊重されるべきだとし、遺言相続が原則だと考える。後者の法定相続優位説は、戦後の民法は、自然人が死亡した場合に、法律の定めた特定の地位にある者に被相続人の財産上の地位を包括的に承継させるという方法を採用し、個人の意思で相続人を操作することを認めず、そのうえで相続人の包括承継人としての地位をその個人の権利として保障しているという理解を前提として、遺言の自由は法定相続制度を修正するためのあくまでも例外的な規律であり、遺留分は尊重されなければならないと考える（詳細は、梶村太市ほか『家族法実務講義』334頁・520頁以下参照）。

　いずれの立場を採るかによって解釈上微妙な違いが生ずるが、通説・判例は前者の遺言相続優位説に立脚しているといえよう。

(2) 遺留分権利者と遺留分割合

　民法1028条が定める遺留分権利者は、兄弟姉妹を除く相続人すなわち、①子およびその代襲者、②直系尊属、並びに③配偶者である。遺留分権利者は相続人であることを前提とするから、相続欠格・推定相続人の廃除・相続放棄によって相続権を喪失した者は遺留分権を失う。相続欠格・廃除の場合には代襲相続人が、相続放棄の場合は次順位相続人が遺留分権利者となる。

　遺留分権利者である共同相続人全体が有する総体的遺留分の割合は、民法1028条各号に規定がある。①直系尊属のみが相続人である場合は被相続人の財産の3分の1、それ以外の場合は2分の1である。それ以外の場合としては、②子およびその代襲者が相続人である場合、③子およびその代襲者と配偶者が共同相続人である場合、④配偶者のみが相続人である場合、⑤配偶者と直系尊属が共同相続人である場合である。

　総体的相続分の中において、個々の相続人が個別的に有する個別的相続分は、民法1044条が準用する887条2項・3項（子の代襲者等の相続権）、900条（法定相続分）、901条（代襲相続人の相続分）、903条・904条（特別受益者の相続分）等の規定によって算出する。総体的相続分にこれらの各自の個別的遺留分を乗じることによって、各自の遺留分を算出する。

　具体的には、各自の遺留分は、次のように計算する。

総体的遺留分が、

①の場合、3分の1÷人数分

②の場合、2分の1÷人数分（900条4号ただし書注意）

③の場合、配偶者は2分の1×2分の1（900条1号）

　　　　　子は2分の1×2分の1÷人数分（900条1号、ただし4号に注意）

④の場合、配偶者は2分の1

> ⑤の場合、配偶者は2分の1×3分の2、
> 　　　　　直系尊属は2分の1×3分の1÷人数分（900条2号）

ということになる。なお、配偶者と兄弟姉妹が相続人である場合は、兄弟姉妹には遺留分がないので、配偶者のみが単独で2分の1の遺留分を有する。

(3) 遺留分および遺留分侵害額の算定

民法1029条1項は、1028条の遺留分権利者と遺留分割合の規定を承けて、「遺留分は、被相続人が相続開始の時において有した財産の価額にその贈与した財産の価額を加えた額から債務の全額を控除して、これを算定する」と規定する。すなわち、

> 遺留分算定の基礎となる財産（A）＝
> 相続開始時の相続財産（B）＋贈与した財産の価額（C）
> －相続債務総額（D）

となり、各人の遺留分額は

> 各人の遺留分額（E）＝
> 遺留分算定の基礎となる財産（A）×個別的遺留分（F）
> －特別受益額（G）

となる。

この場合、算入される贈与の範囲は、相続開始前の1年間にしたものに限られるのが原則であるが、当事者や双方が遺留分権利者に損害を加えることを知って贈与したときは、1年前の日よりも前にしたものについても算入される（民1030条）。判例によれば、民法903条1項の定める相続人に対する贈

与は、特段の事情がない限り、民法1030条の定める要件を満たさないものであっても、遺留分減殺の対象となる（最判平成10・3・24民集52巻2号433頁）。

遺留分は、被相続人の遺言によっても奪えない民法が定めた相続分の最低限度の保障分であるから、これが侵害された場合には、その侵害を排除するために、民法は遺留分減殺請求権の行使を認めている。すなわち、民法1031条は、遺留分権利者およびその承継人は、遺留分を保全するのに必要な限度で、遺贈および前条に規定する（生前）贈与の減殺を請求することができると規定する。

そうすると、遺留分侵害額の算定が問題となるが、通説・判例はこれまで、以下のような算定方式に従ってきた。すなわち、相続によって最終的に相続人が手にする金額を「純取り分額」というとすると、

> 各人の純取り分額（H）＝
> 具体的相続分率に従った分配額（I）＋特別受益額（G）
> －相続債務分配額（J）

のように算定され、

> 各相続人の遺留分侵害額＝
> 各人の純取り分額－各相続人の遺留分額

でマイナスになった分である。

これを、最もポピュラーな教科書として親しまれている内田貴『民法IV〔補訂版〕親族・相続』505頁以下の設例に従って、算定してみよう。Hの相続人は配偶者Wと子ABであるが、Hは生前贈与で5000万円をMに与え、残った遺産4000万円から2000万円をNに遺贈した。1000万円の相続債務があるとして、遺留分の侵害はあるか。

これを前記算出式に従って算定すれば、各相続人の遺留分額（K）は、

W　　8000×1/2×1/2＝2000
A B　8000×1/2×1/4＝1000　　となり、各相続人の純取り分額は、
W　　2000×1/2−1000×1/2＝500
A B　2000×1/4−1000×1/4＝250　　となり、各相続人の遺留分侵害額は、
W　　2000−500＝1500（万円）
A B　1000−250＝750（万円）

ということになる。

最近の最高裁判決で、相続債務がある場合の遺留分算定方法に関し、二つの新判例が現れたことに注意する必要がある。すなわち、最判平成8・11・26民集50巻10号2747頁は、

遺留分侵害額（K）＝
遺留分額（E）−相続によって得た積極財産額（I）＋相続債務分配額（J）

とすべきであるとした。また、最判平成21・3・24民集63巻3号427頁は、ケースによっては、相続債務分配額をプラスすべきでない場合もあるとした。

(4) 遺留分減殺請求権の行使

遺留分を侵害された遺留分権利者およびその承継人は、遺留分を保全するのに必要な限度で、遺贈および1030条に規定する生前贈与の減殺を請求することができる（民1031条）。これが遺留権利者の遺留分減殺請求権である。この権利の性質については諸説あるが、通説・判例（最判昭和41・7・14民集20巻6号1183頁等）は物権的形成権説をとり、減殺請求により遺留分侵害の効力は物権的に消滅し、目的物上の権利は当然に権利者に復帰し、既履行の贈与・遺贈等については、権利者はその所有権等の権利に基づいて目的物の返還等を請求でき、未履行の贈与・遺贈等については、権利者は履行を拒絶

でき、権利の行使は受遺者・受贈者に対する意思表示によって行うとする。

　遺留分減殺請求権行使の相手方は、遺留分保全のために減殺されるべき処分行為によって直接的に利益を受けた受遺者・受贈者およびその包括承継人、悪意の特定承継人・権利設定者である（民1040条1項ただし書2項）。ただ、減殺請求権行使後は対抗問題となり、優劣は登記の順序による（最判昭和35・7・19民集14巻9号1779頁）。

　遺留分減殺請求権の行使は裁判外・裁判上いずれでも可能である。遺産分割の協議や調停・審判の申立てが減殺請求権の行使に当たるかどうかがしばしば問題となる。両手続は要件と効果を異にするので、前者の申立てが当然には後者の請求とはならない。黙示的に遺留分減殺請求権を行使したと解するためには、少なくとも仮定的であっても当該処分行為を容認することが明らかにされていなければならない（東京高判平成4・7・20家月45巻6号69頁）。もっとも、遺留分権利者が被相続人の全財産を譲り受けた相続人に遺産分割の協議を申し入れた場合には、遺留分減殺の意思表示があったものとみなされる（最判平成10・6・11民集52巻4号1034頁）。

(5) 遺留分減殺の順序

　遺留分減殺請求の対象は生前贈与と遺贈等であるが、遺贈と贈与が併存している場合には、まず遺贈を減殺し、それでも不足するときは贈与を減殺する（民1033条）。遺贈と同視し同順位と解されるものとして、相続分の指定、相続させる遺言、第三者が取得した生命保険金請求権などがある。死因贈与は、遺贈の次、贈与の前に減殺すべきである（東京高判平成12・3・8高民集53巻1号93頁）。遺贈→死因贈与→生前贈与の順序となる。

　複数の遺贈がある場合には、全部が同等に対象となり、その目的の価額の割合に応じて減殺される（民1034条本文）。遺言書作成の順序を問わない。包括遺贈と特定遺贈の区別もない。ただし、遺言者がその遺言に別段の意思表示をしているときは、それに従う（1034条ただし書）。相続人に対する遺贈が

遺留分減殺の対象となる場合においては、当該遺贈の目的の価額のうち受遺者の遺留分を超える部分のみが、同条にいう目的の価額として減殺の対象となる（最判平成10・2・26民集52巻1号274頁）。

遺贈の目的物が複数ある場合、遺留分権利者に選択権はない（徳島地判昭和46・6・29下民集22巻5＝6号716頁）。遺留分権利者は、財産を選択して減殺請求をした後でも、総遺産の割合的な減殺請求に変更できる（千葉地判昭和56・12・24判タ469号229頁）。

複数の生前贈与があるときは、贈与の減殺は後の贈与から順次前の贈与に対して行う（民1035条）。権利の安定度に応じて新しい贈与から順次古い贈与に及ぶ趣旨である。贈与者の意思による変更は許されず、これは強行規定であるとされる。不動産の贈与の判断基準時は、登記前後説もあるが、多数説は契約の前後説を採用する。同一の登記所で同一日付の登記で不動産が贈与されたときは、受理番号の先後によるのではなく、同時にされたものと推定して価額の割合に按分して減殺する（大判昭和9・9・15民集13巻1792頁）。

受贈者は、その返還すべき財産のほか、減殺請求のあった日以後の果実を返還しなければならない（民1036条）。減殺を受けるべき受贈者の無資力によって生じた損失は、遺留分権利者が負担する（民1037条）。負担付贈与は、その目的の価額から負担の価額を控除したものについて、その減殺を請求できる（1038条）。負担付き遺贈の場合は民法1003条による。不当な対価をもってした有償行為は、当事者双方が遺留分権利者に損害を加えることを知ってしたものに限り、これを贈与とみなし、この場合において遺留分権利者がその減殺を請求するときは、その価額を償還しなければならない（民1039条）。

(6) 遺留分減殺請求訴訟

実定法上、「遺留分回復の訴え」（民1003条）あるいは「遺留分に関する訴え」（民訴5条14号）と表現されている遺留分減殺請求訴訟は、その性質に関

する通説・判例の見解である物権的形成権説によれば、遺留分権利者が減殺の意思表示をした結果物権的に復帰した権利に基づき、その返還や登記手続を請求する訴訟である。その訴訟物は、遺留分減殺請求権そのものではなく、行為の結果取得した所有物返還請求権や登記請求権等であるとされる。したがって、事件類型としては、不動産引渡請求・動産引渡請求・移転登記や抹消登記などの登記手続請求・所有権持分権確認請求・金銭支払請求などという形で現れる。

　当事者適格は、贈与等の既履行の場合は通常は受贈者等が原告となり、受贈者・受遺者等が被告となる。遺言執行者がいる場合でも、被告適格は受贈者等にある（最判昭和51・7・19民集30巻7号706頁）。贈与が未履行の場合には、通常は受贈者等が原告となり、遺留分権利者を被告として履行請求訴訟が提起され、遺留分権利者は抗弁として、減殺請求権行使の結果取得した物権的効果を主張することになる。特定遺贈や包括遺贈が未履行の場合には、遺言執行者の引渡請求に対し、遺留分権利者が抗弁として減殺請求をすることになる。

　請求の趣旨（判決主文）と請求の原因（要件事実）は以下のとおりとなる。たとえば、遺産である不動産の遺贈を原因とする所有権移転登記を経由している場合において、遺留分権利者が遺留分減殺請求の意思表示をした場合の請求の趣旨は「被告は原告に対し、別紙物件目録記載の土地につき、何年何月何日遺留分減殺を原因とする所有権移転登記手続をせよ」等となる。判決主文も同様である。

　請求の原因（要件事実）は、①相続開始の事実、②遺言の存在、③原告の個別的遺留分割合、④遺留分侵害の事実と対象財産、⑤遺留分減殺の意思表示等である。共同相続人間の遺留分減殺請求の場合には、民法1044条が903条・904条の規定を準用している結果、特別受益性に関しても審理しなければならない。その審理には遺産分割と同様の非訟的処理が必要となり、遺留分減殺請求を訴訟事項としている点の立法論的当否が問題となる（梶村ほか・前掲542頁参照）。

(7) 遺留分減殺の効力

　前述のとおり、物権的形成権説によれば、そこでいう物権的効力を有する結果、遺贈・贈与が履行済みの場合は、目的物の返還その他の受益者の行為を請求すべきことになる。すなわち、わが民法は原則として現物返還主義を採用しており、その例外が価額弁償制度である。

　遺留分減殺請求によって受贈者等から取り戻した財産（相続分の一部）を最終的に権利者に帰属させる方法は、遺産分割手続審判によるのか（審判説）、共有物分割訴訟によるのか（訴訟説）の争いがある。審判説を採る下級審判例（東京高判昭和60・8・27家月38巻5号59頁）もあったが、最高裁判所は訴訟説を採用した（最判平成8・1・26民集50巻1号132頁）。

(8) 価額弁償

　民法1041条1項は、遺留分減殺請求について現物返還主義を採用しつつ、受贈者・受遺者に価額弁償をすることによって現物返還義務を免れる権利を保障している。受贈者等は、同規定に基づき、減殺された贈与等の各個の目的財産につき、個別的に価額を弁償して目的物返還義務を免れることができる（最判平成12・7・11民集54巻6号1886頁）。これによって、受贈者等の主導で事実上の代償分割ができ、事業や農地の現物承継が可能となった。

　現物返還義務と価額弁償義務との関係について、これまでの下級審判例では意思表示のみ説と現物提供必要説の対立があったが、最高裁は後説を採用し、特定物の遺贈につき履行がされた場合に、民法1041条により受贈者が目的物の返還義務を免れるためには、単に返還の意思表示をしただけでは足りず、価額の弁償を現実に履行するかまたはその履行の提供をしなければならないとした（最判昭和54・7・10民集33巻5号562頁）。

　減殺請求をした遺留分権利者が遺贈の目的物の返還を求める訴訟において、

受贈者が事実審口頭弁論終結時前に、裁判所が定めた価額により民法1041条による価額の弁償をするべき旨の意思表示をした場合には、裁判所は判決主文において、当該訴訟の口頭弁論終結時を算定の基準時として弁償すべき額を定めた上、受遺者がその価額を支払わなかったことを条件として、遺留分権利者の目的物返還請求を認容すべきである（最判平成9・2・25民集51巻2号448頁）。このような内容の判決主文の場合には、価額弁償の事実は受遺者（債務者）に不払いの立証責任があることになるので（民執174条3項）、遺留分権利者は価額弁償または移転登記を確実に実現することができる。

受遺者が口頭弁論終結時まで減殺対象財産を有していた場合における目的物の返還に代わる価額弁償額算定の基準時は、相続開始時ではなく、現実に弁償される時、すなわち事実審口頭弁論終結時とすべきである（最判昭和51・8・30民集30巻7号768頁）。

受遺者が価額弁償について現実に履行するかまたは履行の提供をした場合には、受遺者は現物返還義務を免れるので、その時点で遺留分権利者は受遺者に対し、弁済すべき価額に相当する金銭の支払いを求める権利を確定的に取得するものと解される（前掲最判昭和54・7・10）。受遺者が価額弁償をする旨の意思表示をしたのに対し、遺留分権利者が受遺者に対して価額弁償をする権利を行使する旨の意思表示をした場合には、当該遺留分権利者は遺留分減殺請求によって取得した目的物の所有権および所有権に基づく現物返還請求権をさかのぼって失い、その時点でこれに代わる価額弁償請求権を確定的に取得する（最判平成20・1・24民集62巻1号63頁）。価額弁償における遅延損害金の起算日は、遺留分権利者が受遺者に対して価額弁償を請求する権利を行使する旨の意思表示をして価額弁償請求権を確定的に取得し、かつ受遺者に対して弁償金の支払いを請求した日の翌日からである（前掲最判平成20・1・24）。

価額弁償の効力に関しては、目的物所有権はいったん遺留分権利者に帰属し、さらに受遺者に移転すると解する余地もあるが、判例は、遺留分減殺請求に対して受遺者が価額弁償を行った場合、遺贈の目的物は遺贈により被相

続人から受遺者に譲渡されたという事実は動かなかったことになるとして、目的物の所有権は当初から受遺者に帰属していたと解するのが相当とした（最判平成4・11・16家月45巻10号25頁）。

　贈与・遺贈後まだ相手方名義に登記されているときは、直接減殺請求をした相続人名義に登記することができ、既に相手方名義に登記済みの場合には、既登記を抹消しないで減殺による移転登記をする（昭和30・5・23民事甲973民事局長回答）。

(9) 遺留分の消滅時効

　遺留分減殺請求権は、遺留分権利者が相続開始および減殺すべき贈与・遺贈があったことを知った時から1年間行使しないときは、時効によって消滅し、相続開始の時から10年を経過したときも同様とされる（民1042条）。1年は文字どおり時効であるが、10年は中断等がない除斥期間であるとされる。

　遺留分減殺請求権の性質につき、前述の物権的形成権説に立てば、ここでいう時効にかかる減殺請求権は、形成権である減殺請求権そのものを指し、その権利行使の結果として生じた法律関係（所有権等）に基づく目的物の返還請求等をも含めて時効等に服させる趣旨ではない（最判昭和57・3・4民集36巻3号241頁）。また、減殺請求により取得した不動産の所有権または共有権に基づく登記手続請求権は、時効によって消滅することはない（最判平成7・6・9判時1539号68頁）。時効等の期間内に遺留分減殺請求の意思表示をすれば、それによって権利の行使となるので、もはや目的物返還請求権等が時効にかかることはない。所有権や所有権に基づく返還請求権は時効にかからない。

　なお、判例は受贈者等の取得時効を認めない。すなわち、被相続人死亡の13年余り前に贈与を受けた者がたとえ取得時効を援用しても、遺留分権利者への帰属は妨げられない（最判平成11・6・24民集53巻5号918頁）。

(10) 遺留分の放棄

　遺留分は、一定範囲の相続人のために法律上必ず留保されなければならない遺産相続分の一定割合であり、遺留分の放棄とは、遺留分減殺請求権に対する期待権を放棄することをいう。したがって、遺留分の侵害となる贈与や遺贈等がない限り問題とならない。遺留分を放棄しても相続権がなくなるわけではない。相続の放棄とは異なる。遺留分の放棄は、相続開始前には家庭裁判所の許可が必要であるが（民1043条）、相続開始後は制限がなく自由に遺留分の放棄ができる。

　相続開始前の遺留分の放棄は、単独行為であり、被相続人に対する意思表示である。相続開始後は、相続人全員に対する意思表示と解するほかはない。相続開始後も、遺留分の譲渡は認められない。放棄は、包括的に遺留分の全部についても、割合的一部についても可能であり、また特定の処分行為に対する特定の減殺請求権の放棄も可能と解されている。

　相続開始前の遺留分の放棄は、家庭裁判所の許可を受けたときに限り、その効力を生ずる（民1043条1項）。家庭裁判所の許可は家事事件手続法別表第１―110項事件である。被相続人の住所地の家庭裁判所の管轄である（家事手続216条1項）。家庭裁判所の許可基準としては、①遺留分権利者の自由な意思に基づくこと（自由意思性）、②放棄に合理的理由があり、かつ必要があること（合理性・必要性）、③放棄と引き換えに生前贈与等の代償給付がされていること（代償性）の三要件が必要と解されている。遺留分放棄の制度は、一方では家族主義的な財産承継を遺言利用によって温存しようとする面もあるが、他方では遺留分権利者各自の権利として認めた点で個人主義的な側面もあるとされる（伊藤昌司『相続法』369頁）。

　全部または一部の包括的放棄の場合、許可基準が確定すると、その分の遺留分放棄の効力が生じ、相続開始時において遺留分の侵害があっても、放棄の限度において遺留分減殺請求権は発生しない。相続人の１人がした遺留分

の放棄は、相続放棄がされた場合と異なり、他の共同相続人の遺留分に何らの影響を及ぼさない（民1043条2項）。したがって、その分だけ、被相続人が自由に処分できる相続財産の部分（自由分）が増えることになる。

許可審判の取消しについて民法に直接の規定を欠くが、遺留分の放棄を許可する審判に対しては即時抗告をすることができないので（家事手続216条2項2号）、その審判を不当と認めるに至ったときは、家事事件手続法78条1項によりこれを取り消すことができることになる。

(11) 特例中小企業者の遺留分特例

2009（平成21）年3月から施行された中小企業における経営の円滑化に関する法律（平成20年法律33号）は、中小企業（資本金等の額が業種ごとに3億円以下・5000万円以下等、従業員数は300人以下・50人以下等）の経営安定化のためには、先代経営者が保有する自社株式や事業用資産を後継者が円滑に承継する必要があるとの観点から、行政上の支援策のほか、遺留分の算定に関し、関係者の合意の存在を根拠に、民法の制度の例外を認めた。

すなわち、遺留分に関する民法の特例とは、一定の要件を満たす中小企業の後継者が、先代経営者の遺留分権利者全員と合意を行い、経済産業大臣の確認および家庭裁判所の許可を得ることを前提に、以下の遺留分に関する民法の特例の適用を受けることができる。①後継者が先代経営者からの贈与等により取得した株式等について、遺留分を算定するための財産の価額に算入しないこと。②後継者が先代経営者からの贈与等により取得した株式等について、遺留分を算定するための財産の価額に算入すべき価額を合意の時における価額とすること、とするものである。

この遺留分の算定にかかる合意についての家庭裁判所の許可審判は、旧甲類審判とされ、家事事件手続法では別表第1—134項事件である。

（梶村　太市）

8 遺言に関する裁判所の手続

(1) 遺言にかかわる手続

　遺言にかかわる家庭裁判所の手続としては、①危急時にされた遺言について家庭裁判所が確認する遺言確認審判事件、②公正証書遺言を除く遺言について、家庭裁判所で相続人の立会いのもとで開封し、遺言の偽造、変造を防止する遺言書検認審判事件、③遺言の内容を実現するための遺言執行者の選任審判事件、④遺言者に対する報酬を定める報酬付与審判事件、⑤不誠実、不適任な遺言執行者を解任する遺言執行者解任審判事件、⑥著しい非行等のあった推定相続人の相続権を失わせる遺言による推定相続人の廃除審判事件などがある。

(A) 遺言確認審判事件（家事手続別表第 1 —102 項、民 976 条 4 項・979 条 3 項）

(a) 事件の概要

　死期が迫り署名押印できない遺言者が口頭で遺言をし、証人がそれを書面化する遺言の方式を危急時遺言といい、病気などで死に直面した人に認められる死亡危急者遺言（民 976 条）、船舶の遭難である場合に認められる船舶遭難者遺言（民 979 条）がある。

　この危急時遺言は、死の危険が迫り、普通方式による遺言作成が困難な状況にあっても遺言を可能とするため、特別に簡易な要件で遺言の作成を認めたものであり、その真意を確認する必要性が高いことから家庭裁判所に対す

る確認の制度が設けられ、家庭裁判所の確認を得なければその効力を生じない（民976条4項・979条3項）。[1]

(b) 危急時遺言の要件

(ア) 作成要件

(i) 死亡危急者遺言

死亡危急者遺言の要件は以下のとおりである。[2]

① 証人3人以上の立会いをもって、その1人に遺言の趣旨を口授する。

② 口授（口がきけない人の場合は通訳人の通訳）を受けた証人がそれを筆記する。

③ 口授を受けた証人が、筆記して内容を遺言者および他の証人に読み聞かせ、または閲覧させる。

④ 各証人が筆記の正確なことを承認した後、遺言書に署名し印を押す。

---

1 確認審判の意義は、確認審判を遺言の有効要件と解する説と成立要件と解する説に分かれている。有効要件説は、遺言確認審判は、遺言者が死亡した後でも申立てができることを考えれば、遺言作成により遺言は成立し、真意に基づくことを確認する審判は有効要件であると解している。また、成立要件説は、遺言確認の制度が危急時遺言の特殊性から遺言の根幹である遺言者の意思を早期に確認する必要があって設けられた制度であるから、真意に基づくことを確認する審判は成立要件であると解している。

2 死亡危急者遺言の方式違反について、①大阪高決昭和37・5・11家月14巻11号119頁（証人欠格者の立会）は、遺言作成の際、証人適格者3人以外に証人欠格者である推定相続人が立ち会った場合について「適格者の外に同時に欠格者が証人として立会、遺言書に署名押印しても、遺言の方式遵守に何ら影響を及ぼすものではない」とした。②最判昭和47・3・17民集26巻2号249頁（遺言書の日付の記載）は、日付が正確に記載されていない遺言について「右遺言書を作成した証人においてこれに日附を記載した場合でも、右は遺言のなされた日を証明するための資料としての意義を有するにとどまるから、遺言書作成の日として記載された日附に正確性を欠くことがあつたとしても、直ちに右の方式による遺言を無効ならしめるものではない」とした。③大決大正14・3・4民集4巻102頁（証人の署名・押印の時期）は、遺言者が死亡した後にされた署名・押印については「遺言書ハ立会ヒタル証人ノ一人カ遺言者ノ口授ヲ筆記シ遺言者及他ノ証人ニ之ヲ読聞カセ各証人カ筆記ノ正確ナルコトヲ承認シテ署名押印ヲ爲ニ初メテ完成スルモノナレハ該遺言書ハ遺言者ノ生存中ニ作成スルヲ要スルコト当然ト云フヘク従テ証人カ署名押印ヲ為スヘキ時期モ遺言者ノ生存中タルヘキモノト解セサルヘカラス」として、遺言確認申立てが却下された。④大判大正14・3・27民集4巻126頁（証人の代書による署名）は、代書による死亡危急者遺言について「同条（筆者注：旧民法1076条）ノ立会証人ノ署名ヲ他人ニ於テ代書スルカ如キハ仮令本人ノ捺印アリトモ方式ニ瑕疵アル遺言ニシテ無効ナリト解スルヲ相当トス」とした。

(ⅱ) 船舶遭難者遺言

船舶遭難者遺言の要件は以下のとおりである。

① 証人2人以上の前で、口頭（口がきけない人の場合は通訳人の通訳）で遺言をする。

② 証人が遺言の趣旨を筆記して、署名し印を押す。

証人の署名・押印の時期は、船舶遭難者遺言にあっては、証人による遺言の趣旨の筆記は遺言者の面前で直ちに行う必要はなく、遭難が止んだ後、証人が記憶に従って遺言の趣旨を筆記し、これに署名・押印しても差し支えない。

(イ) 家庭裁判所による確認

死亡危急者遺言は遺言の日から20日以内に、船舶遭難者遺言は遅滞なく、証人の1人または利害関係人から家庭裁判所に請求して、遺言の確認を得なければ、遺言の効力は生じない（民976条4項・979条3項）[3]。

(ウ) 危急時遺言の失効

遺言者が普通方式によって遺言をすることができるようになった時から6か月間生存するときは、無効となる（民983条）。

(エ) 申立手続

(ⅰ) 申立人

申立人は、立会をした証人、利害関係人（民976条4項・979条3項）である。

(ⅱ) 申立期間

死亡危急者の遺言は遺言の日から20日以内（民976条4項）、船舶遭難者の

---

[3] 札幌高決昭和55・3・10家月32巻7号48頁（期間経過後の申立て）は、「期限経過後の申立ては認められないが、期間を遵守することを客観的に期待し得ない特別の事情が存する場合には、申立てが遅滞なくされたものである限り、979条2項の趣旨を類推することができ、確認の審判をすることができると解するべきである」としたが、申立人が老齢で遺言確認制度について不知であったというだけでは「特別の事情」に該当しないとした。また、東京高決平成9・11・27家月50巻5号69頁（遺言者の真意についての家庭裁判所の心証の程度）は、「危急時遺言が遺言者の真意に出たものであるとの心証を得なければ、家庭裁判所は遺言の確認ができない。この心証については、いわゆる確信の程度に及ぶ必要はなく、当該遺言が一応遺言者の真意にかなうと判断される程度の緩和された心証で足りる」とされている。

遺言は、遺言の日から遅滞なく（民979条3項）、申立てを行う必要がある。

　　(iii)　管　轄

　管轄は、遺言者が生存しているときは、遺言者の住所地を管轄する家庭裁判所（家事手続209条2項）、遺言者が死亡しているときは、相続を開始した地（遺言者の最後の住所地）を管轄する家庭裁判所（同条1項）である。

　　(iv)　手数料、予納郵便切手

　手数料は、遺言書1通につき収入印紙800円分（民訴費用別表第1・15項）、そのほか、連絡用の郵便切手（額は家庭裁判所により異なる）が必要となる。

　　(v)　添付書類

　添付書類は、遺言者・立会証人・申立人の戸籍謄本各1通、および遺言書の写し1通、診断書1通（遺言者が生存しているとき）である。

　　(vi)　申立て取下げの制限

　審判がされる前であっても、家庭裁判所の許可を得なければ、取り下げることができない（家事手続212条）。取下げにより他の申立権者の申立期間が徒過するなどの結果が生じる場合には、取下げは許可されないことも考えられる。

　　(vii)　遺言の方式違反が認められる場合の申立て

　遺言の方式違反が認められる場合の申立てについて、裁判例には、「遺言が形式的に明白に無効の場合には、確認審判をしないものとするのが相当である」（東京家審昭和47・12・20家月25巻8号79頁）とするもの、「危急時遺言の確認審判においては、方式不遵守により遺言の無効なことが一見して明白である場合を除き、方式遵守の有無については一応不問に付して真意の確認をすべきである」（東京高決昭和42・4・19家月19巻10号123頁）とするものがある。実務においては、遺言が形式的に明白に無効である場合には、申立てを受理しない、あるいは申立ての取下げを勧告することがある。

　　(オ)　審理手続

　審理手続は、家庭裁判所調査官による事前調査および裁判官の審問・証拠調べが行われることが多い。

(カ) 審判の告知等

(i) 告　知

審判は、申立人に告知される（家事手続74条1項）。

(ii) 即時抗告

確認審判に対しては、利害関係人は、即時抗告をすることができる（家事手続214条1号）。申立てを却下する審判に対しては、遺言に立ち会った証人および利害関係人は、即時抗告をすることができる（同条2号）。

(B) 遺言書検認審判事件（家事手続別表第1―103項、民1004条1項）

(a) 事件の概要

遺言書（自筆証書遺言書および秘密証書遺言書）の保管者またはこれを発見した相続人は、相続の開始を知った（遺言者の死亡を知った）後、遅滞なく遺言書を家庭裁判所に提出して、その「検認」を請求しなければならない（民1004条1項）。

遺言は遺言者の最終の意思表示であるが、本人死亡により遺言書が散逸したり偽造・変造されることがあると、遺言者の最終意思を尊重・実現することができなくなることから、遺言者の死亡後、できるだけ速やかに遺言書の現状を確認し、その保存を確実にする必要がある。これが家庭裁判所における遺言書の検認の手続である。

検認は、遺言書の発見者や保管者が家庭裁判所に遺言書を提出して相続人などの立会いのもとで、遺言書を開封し、遺言書の内容を確認することとし、相続人に対し遺言の存在およびその内容を知らせるとともに、遺言書の形状、加除訂正の状態、日付、署名など検認の日現在における遺言書の内容を明確にして遺言書の偽造・変造を防止する手続である。遺言の有効・無効を判断する手続ではない。

(b) 検認の対象となる遺言

検認の対象となる遺言は、遺言書としての外形を有する、公正証書遺言以外のすべての遺言である。公正証書遺言は公証人により作成され、原本が公

証役場に保管されているため、偽造・変造のおそれがないことから除外される。

　(c) 申立手続

　　(ｱ) 申立人

申立人は、遺言書の保管者、遺言書を発見した相続人（民1004条1項）である。

　　(ｲ) 管　轄

管轄は、相続を開始した地を管轄する家庭裁判所（家事手続209条1項）である。

　　(ｳ) 手数料、予納郵便切手

手数料は、遺言書（封書の場合は封書）1通につき収入印紙800円分（民訴費用別表1・3項）、そのほか、連絡用の郵便切手（額は家庭裁判所により異なる）が必要となる。

　　(ｴ) 添付書類

添付書類は、①申立人・相続人全員の戸籍謄本各1通、②遺言者の除籍（戸籍）謄本、改製原戸籍（出生時から死亡までのすべての戸籍謄本）各1通、③遺言書の写し（遺言書が開封されている場合）1通、である。

　　(ｵ) 申立取下げの制限

審判がされる前であっても、家庭裁判所の許可を得なければ、申立てを取り下げることができない（家事手続212条）[6]。

---

[4] 形式的に無効であることが明白な遺言書等、特別方式の要件を欠いた無効な遺言であっても、一応の形式を備えている限り検認しなければならない。また、遺言書が偽造文書であったり、その内容が単に子孫に対する訓戒にすぎないような場合であっても、遺言の形式や内容にかかわらず、その申立てを却下せず、検認すべきとされている。

[5] 広島高判昭和41・9・30高刑集19巻5号620頁（特別方式の危急時遺言）では、危急時遺言は遺言の確認手続が必要とされているが（民976条4項）、遺言の確認は遺言者の真意に基づく遺言であるかを確認する目的の手続であり、検認手続とは目的が異なるものであるから、遺言の確認を経たとしても検認を得る必要があるとしている。

[6] 取下許可の具体例としては、①申立て後に遺言書が滅失した場合、②申立て後に遺言書でないことが明らかになった場合、③誤って生存者の遺言書につき検認の申立てをした場合など、申立てを維持しても却下されることが想定される場合が考えられる。

(d) **審理手続**
　(ア) **検認期日の通知**

　遺言書の検認の期日は、申立人および相続人全員に対して通知される（家事規115条1項）。すでに開封されている遺言書については、相続人の立会いは法文上要求されていないが（民1004条3項）、実務上相続人全員に検認期日が通知されている。

　(イ) **裁判官による審問**

　裁判官による審問が行われる。審問は、期日を定めて相続人を呼び出し、相続人または代理人立会のうえで、封印されている遺言書については、これを開封し、遺言書の用紙、筆記用具、記載内容、署名や押印の状況を確認し、写しをとるなどして記録する。また、保管者、発見者から、保管、発見に至る事情を聴取し、また、出席した相続人や代理人には遺言書を示して筆跡や印影について意見を聴取し、これらの聴取内容を検認調書に記載する。

　なお、封書開封後に数通の遺言書が発見された場合は、開封した封書に2以上の遺言書があった場合には遺言書を特定して立件手続をすることになる。

　(ウ) **検認済証明書**

　申立人の申請に基づき、検認済証明書を遺言書の末尾につづり、契印して交付する。

　(エ) **検認済通知**

　書記官から、遺言書の検認の期日に立ち会わなかった相続人、受遺者その他の利害関係人（検認期日の通知を受けた者を除く）に対し、検認が終了した旨の通知がされる（家事規115条2項）。

　(オ) **検認調書の作成**

　書記官は、検認期日終了後、速やかに、検認期日調書を作成する（家事手続211条、家事規114条）。

(C) **遺言執行者選任審判事件（家事手続別表第1—104項、民1010条）**

　(a) **事件の概要**

家庭裁判所は、指定による遺言執行者がいないとき、または遺言執行者がなくなったとき（民1006条3項・1008条・1009条・1019条など）は、申立てにより、遺言執行者を選任することができる（民1010条）。

　遺言の効力が生じた後に、その内容を実現するために必要な一切の事務を行うことを遺言の執行といい、遺言を執行すべき者として特に指定・選任された者を遺言執行者という。遺言者は、遺言で、遺言執行者を選任し、またはその指定を第三者に委託することができ（民1006条1項）、遺言執行者は、遺言による指定、遺言者から遺言執行者の選任を委託された者による指定によって決まる。しかし、遺言にこれらの指定がない場合、指定された者が遺言執行者に就職することを拒絶した場合、死亡・解任・辞任・欠格などにより執行者がいなくなった場合には、相続人、受遺者、その他遺言の執行について法律上の利害関係を有する者の申立てによって、家庭裁判所が遺言執行者を選任する。[7・8]

　遺言執行者には、個人だけでなく、信託銀行、特定非営利活動法人（NPO法人）、社会福祉法人等法人であってもなることができるが、未成年者、破産者は遺言執行者になることができない（民1009条）。婚姻により成年を擬制された未成年者については、遺言者の意思を尊重して指定できると解されている。相続人については、「遺言執行者は、相続人の代理人とみなす」（民

7　東京高決平成9・8・6家月50巻1号161頁（遺言が無効な場合における選任）は、遺言執行者は、遺言が有効であることが前提として選任されるものであり、遺言が方式違背、取消しなどの理由で一見して無効であることが明らかである場合に限って、家庭裁判所は例外的に遺言執行者選任の申立てを却下することができるとする。他方、遺言の記載内容は包括的に遺贈する趣旨と解する余地もあるなど解釈によっては有効と考える余地もあり一見明白に無効とはいい難い遺言については、その効力は別途訴訟手続において確定すべきものであるから、遺言の無効を前提に遺言執行者選任申立てを却下するのは相当とはいえない。

8　広島家審昭和62・3・28家月39巻7号60頁（死因贈与と執行者の選任）は、死因贈与については、「その性質に反しない限り、遺贈に関する規定」が準用され（民554条）、「申立人としては、遺言者が遺言書と題する書面によって表示している意思を実現することを希求しているのであるから、遺言執行者選任の申立てに理由がないのであれば、次善の方法として死因贈与の執行者選任の申立意思を当然に有するものと考えられるので、死因贈与の執行者を選任する審判をしても申立ての趣旨をこえることにはならないものと解される」として、執行者の選任に関する民法1010条の準用を肯定した。

1015条）ことから、相続人を遺言執行者に選任すると「本人を本人の代理人とみなす」ことになる。そのため、被選任資格を認めることには積極・消極説がある。執行すべき遺言事項のうち、相続人廃除に関する事項を除いて、積極の立場が通説的見解である。

(b) **遺言執行者の職務権限**

(ｱ) 職務権限の内容

遺言執行者は、相続財産の管理その他の執行に必要な一切の行為をなす権利義務を有する（民1012条）。しかし、何が遺言執行者の権限に属するのかは必ずしも明確ではなく、裁判例は、遺言執行者に独立した地位、権限を保障することなく、当該紛争における法的状況に応じて遺言執行者が何をすべきかを判断しており、必ずしも明確な統一基準を示しているとはいえない。学説においては、遺言執行者の職務権限を広く解する見解も主張され、遺言の内容を実現するために必要な事務である広範な法律行為および事実行為も含むとの見解もある。

遺言執行者の職務は遺言内容の実現にあるから、遺言事項ごとに検討されることになるが、主な職務権限は、次のとおり。

① 遺言書（公正証書遺言を除く）を保管しているときは、家庭裁判所に検認の申立てをする（民1004条1項・2項）。
② 執行の対象となる相続財産目録を遅滞なく作成し、相続人に交付すること（民1011条1項）
③ 執行の対象となる相続財産の管理（民1012条1項）
④ 認知の遺言がある場合の、認知の届出（民781条2項、戸籍64条）
⑤ 相続人廃除、その取消しの遺言がある場合の、家庭裁判所への申立て（民893条、家事手続188条）
⑥ 特定遺贈、寄付行為等がある場合の実行

(ｲ) **遺言執行者の権限に属しない事項**

遺言の発効と同時に遺言の内容が実現し、執行を要しない事項は、権限に属しない。権限に属しない主な事項は、次のとおりである。9

① 未成年者の後見人・後見監督人の指定（民839条1項・848条）
② 相続分の指定・指定の委託（民902条）、遺産分割の方法の指定・指定の委託、遺産分割の禁止（民908条）
③ 共同相続人間の担保責任の減免・加重（民914条）
④ 遺留分による遺贈の減殺順序または割合の指定（民1034条ただし書）
⑤ 遺言執行者の指定・指定の委託（民1006条1項）
⑥ 遺言撤回の遺言（民1022条）

　(c) 申立手続
　　㋐ 申立人
申立人は、利害関係人（相続人、相続債権者、受遺者など）である（民1010条）。

　　㋑ 管　轄
管轄は、相続を開始した地（被相続人の最後の住所地）を管轄する家庭裁判所である（家事手続209条1項）。

　　㋒ 手数料、予納郵便切手
手数料は、執行の対象となる遺言書1通ごとに収入印紙800円分（民訴費用別表1・15項）、そのほか、連絡用の郵便切手（額は家庭裁判所により異なる）が必要となる。

　　㋓ 添付書類
添付書類は以下のとおりである。
① 遺言者の死亡の記載のある戸籍（除籍）謄本（全部事項証明書）1通

9　特定の財産を特定の相続人に「相続させる」旨の遺言は、特段の事情がない限り、相続と同時に特定の相続人に対象財産の権利移転効が生じることから（最判平成3・4・19民集45巻4号477頁）、原則として、遺言執行の余地はない。しかし、「相続させる」旨の遺言の対象となった不動産の登記名義が被相続人から他の相続人へ移転されている場合は、遺言執行者は、登記の抹消登記手続のほか、受益相続人への真正な登記名義の回復を原因とする所有権移転登記手続を求めることができる（最判平成11・12・16民集53巻9号1989頁）。判例は、対象不動産の登記名義が被相続人にあるときは受益相続人が単独で登記手続を行うことができ、妨害された場合にのみ遺言執行者の権限が顕在化するとの制限的な立場であり、遺言執行者の職務権限を広く解する立場からは批判されている。

② 遺言執行者候補者の住民票または戸籍附票1通
③ 利害関係を証する資料（親族の場合、戸籍謄本（全部事項証明書））
④ 遺言書の写しまたは遺言書の検認調書謄本の写し1通（ただし、遺言者の死亡の記載のある戸籍（除籍）謄本（全部事項証明書）、遺言書の写しまたは遺言書の検認調書謄本の写しについては、申立て先の家庭裁判所に遺言書検認事件の事件記録が保存されている場合は添付不要）

(d) **審理手続**

(ア) 事実の調査

(i) 遺言執行者候補者の意見聴取

遺言執行者選任の審判をするためには、遺言執行者候補者から意見を聴かなければならない（家事手続210条2項）。実務においては、照会書を送付して意見を聴取することが多い。

(ii) 事実の調査の通知

候補者の回答の結果が当事者による手続の追行に重要な変更を生じ得るものと認められるときは、記録の閲覧等の機会を与え、反論の機会を保障するために、それを申立人および利害関係参加人に通知する（家事手続63条）。

(イ) 事前準備

書記官による申立書・添付書類および事件関係人に対する照会・調査嘱託の結果に基づいて事前準備が行われる。

(i) 遺言書の審査

遺言書の種類・保管状況、遺言の内容（認知、推定相続人の廃除、遺贈、寄付行為、祭祀主宰者の指定、信託など）、方式違背の有無、異なる遺言書の有無などが審査される。

(ii) 遺言執行の難易

遺言執行の具体的手続、遺言執行に対する障害の有無およびその内容などが審査される。事案によっては弁護士などを遺言執行者とすることが望ましい場合がある。

(iii) 申立人・候補者に対する照会

執行者候補者については、被相続人との身分関係・利害関係・生活関係、破産・後見（保佐）開始の審判の有無、生活歴、資産・収入などについて書面照会がされることが多い。

(e) 審判の告知等

(ｱ) 告　知

選任の審判は、申立人および遺言執行者に告知される（家事手続74条1項）。この際、遺言執行者に対しては、遺言執行者の職務について解説した書面を送付する取扱いが多い。申立人には、審判書謄本を送付して告知する。

申立てを却下する審判は、申立人に告知される。

(ｲ) 即時抗告

申立てを却下する審判に対しては、利害関係人は、即時抗告をすることができる（家事手続214条3号）。

(D) **遺言執行者に対する報酬付与審判事件（家事手続別表第1―105項、民1018条1項）**

(a) 事件の概要

遺言執行者の報酬額は遺言者の定めるところにより決まるが、遺言に定められていない場合は、家庭裁判所が報酬を定めることができる（民1018条1項）。旧民法下では、遺言により報酬が定められていた場合に限り遺言執行者は報酬を受け取ることができるとされていたが、遺言執行者の任務に照らし、遺言に定めがない場合にも、遺言者は報酬の付与を家庭裁判所に請求できることとなった。この報酬は、相続財産から支出される（民1021条）。[10・11]

(b) 申立手続

(ｱ) 申立人

申立人は、遺言執行者である。

10　報酬を請求できる時期については、委任に関する規定（民648条2項・3項）が準用され、執行事務の終了後が原則であるが、期間をもって報酬を定めたときは、その期間経過後は請求できる。また、遺言執行者の責めに帰すべからざる事由によって執行の途中で事務が終了したときは、終了した事務の割合に応じた報酬の請求ができる。なお、遺言執行者の責めに帰すべき事由によって解任され、あるいは辞任したときは、報酬請求権は認められない。

(イ)　管　轄

　管轄は、相続を開始した地（被相続人の最後の住所地）を管轄する家庭裁判所である（家事手続209条1項）。

　(ウ)　手数料、予納郵便切手

　手数料は、収入印紙800円分（民訴費用別表第1・15項）、そのほか、連絡用の郵便切手（額は家庭裁判所により異なる）が必要となる。

　(エ)　添付書類

添付書類は、以下のとおりである。

①　申立人・被相続人の戸籍謄本各1通

②　遺言書の写し

③　財産目録・遺言執行報告書

　(c)　審理手続

　　(ア)　報酬付与にあたって考慮される事項

報酬付与にあたって考慮される事項として、以下のものがある。

①　相続財産の種類・多寡

②　執行事務の期間・難易、事務処理に要する労務の程度

③　遺言執行者の職業、資産収入、遺言者との関係など

　　(イ)　報酬付与の審判

　報酬付与の審判について、認容・却下のいずれに対しても、不服申立てはできない。

11　相続財産額を超える遺言執行費用の請求について、東京地判昭和59・9・7判時1149号124頁は、「遺言執行者が、その執行につき必要な費用を立て替えて支払ったときには、民法1012条による同法650条1項の準用により、相続人に対して右費用の償還を請求することができるが、その場合各相続人に対して請求し得る額は、右費用を全相続財産のうち当該相続人が取得する相続財産の割合に比例按分した額であり、かつ、当該相続人が取得した相続財産の額を超えない部分に限ると解するのが公平の観念にも合致し、かつ、同法1021条の趣旨にも合致するものというべきである」とした。

(E) **遺言執行者の解任審判事件（家事手続別表第１―106項、民1019条）**

(a) **事件の概要**

遺言執行者がその任務を怠ったときその他正当な事由があるときは、申立てにより、家庭裁判所は解任することができる（民1019条１項）。

遺言の内容を実現すべき権利義務を負っている遺言執行者の役割は、一種の後見的任務といえるが、死者である遺言者の意思の公正な実現が図られなければ遺言制度は危うくなる。

そこで、正当な事由があるときには家庭裁判所の一定の手続により、遺言執行者を解任することができるとしたものであり、解任理由は、任務を怠ったことおよび解任すべき正当な事由があることである。

解任が認められた事例として、以下のものがある。

① 任務の懈怠があるとされた事例――大阪高決平成17・11・9家月58巻7号51頁

「相続財産目録の作成・交付及び遺言執行状況等に関する書面による報告を求めたのに対し、現在に至るまで応じないばかりか（口頭による具体的報告さえもしていない。）、今後においてもこれに応じない意向であることが明らかであるから」相続財産目録の作成・交付および遺言執行状況等の報告義務を怠っていると評価せざるを得ず、「遺言執行者として、任務懈怠があり、かつ公平性及び信頼性に疑問がある遺言執行者について、民法1019条により遺言執行者の任務を解任すべき正当な事由がある」。

② 相続人あるいは受遺者の一部の利益を図る行動があり、不公正・不適正な執行とされた事例――福岡家大牟田支審昭和45・6・17家月23巻2号104頁

「相続人の一部の者と意を通じ、その者の利益代表者の如きふるまいをし、受遺者全員の意思を無視し、且つその意思に反して事実上の利益保護の行為をせず、相続人間の紛争を激化させる言動をするなど判示認

定事情のもとにおいては、右遺言執行者の行為は遺言を適正に執行し、主として全受遺者の利益を信護する任務に反するから解任するのが相当である」。

③　その他解任事由があるとされた事例──東京高決平成19・10・23家月60巻10号61頁

　　共同相続人の一部が遺言執行者の解任を求めた事案において、「遺言執行者には、上記共同相続人からの求めがあったにもかかわらず、預貯金等の相続財産の管理方法、管理状況を報告しなかった点で任務の懈怠があり、また、上記共同相続人が遺留分減殺請求を行使したことを認識しながら、無断で受益相続人のために預貯金等の払戻し等を行うなど、遺言執行者としての職務遂行の適正性、公平性を欠くとともに、遺言者に対して背信的と評価すべき事務処理をしており、解任につき正当な事由がある」。

解任が認められなかった事例としては、以下のものがある。

①　任務の懈怠はないとされた事例──広島高松江支決平成3・4・9家月44巻9号51頁

　　「遺言執行者の相続財産目録調整義務は、相続財産の実態を明らかにして遺言執行者の管理処分権の及ぶ財産の範囲を明確にし、遺言執行者の相続財産引渡義務、報告義務等を底礎する重要な職務であるが、一方、右目録を可及的速やかに調整するためには相続人の協力が不可決であることはいうまでもないところ、右認定事実によると、本件相続財産の調整にあたって相続財産に精通していると考えられる遺言者の妻や長男である抗告人らの協力を得られていないこと、その他既に判明している本件遺産の種類、数量等にかんがみると、相続財産目録の調整が遺言執行者に就任してから半年後になり、仮にその一部に欠落があったとしても、これをもって任務懈怠があるとはとうていいえない」。

②　任務違背はないとされた事例──名古屋家審平成7・10・3家月48巻11号78頁

「全遺産を特定の相続人に『相続させる』旨の遺言により、遺産である不動産の移転登記手続および全財産の引渡しが終了していて、遺言の執行をなすべきものがない場合には、遺留分権利者から相続財産の目録の調製や管理状況の報告を求められた遺言執行者がこれをしないからといって任務違背とすることはできない」。

③ その他解任事由がないとされた事例──大阪高決昭和33・6・30家月10巻7号39頁

「遺言執行者はもっぱら相続人の利益をはかるべき者でないから、特段の事由のないかぎり、相続人と遺言執行者との遺言の解釈を異にする一事をもってただちにその解任を請求しうる正当の事由とすることはできない」。

(b) 申立手続

(ア) 申立人

申立人は、利害関係人（相続人、受遺者など）である（民1019条1項）。

(イ) 管　轄

管轄は、相続を開始した地（被相続人の最後の住所地）を管轄する家庭裁判所である（家事手続209条1項）。

(ウ) 手数料、予納郵便切手

手数料は、収入印紙800円分（民訴費用別表第1・15項）、そのほか、連絡用の郵便切手（額は家庭裁判所により異なる）が必要となる。

(エ) 添付書類

添付書類は、以下のとおりである。

① 申立人・遺言執行者・遺言者の戸籍謄本各1通
② 遺言書の写し
③ 利害関係を証する書面

(c) 保全処分

家庭裁判所は、相続人等の利益のため必要があると認めるときは、申立てにより、遺言執行者の職務を停止し、またその職務代行者を選任することが

できる（家事手続215条）。

  (d) **審理手続**

　　(ア) **審問等の実施**

　申立人、遺言執行者、相続人、受遺者等に対して、解任事由の有無等に関する家庭裁判所調査官の事前調査および裁判官の審問・証拠調べが行われることが多い。

　　(イ) **遺言執行者の意見聴取**

　遺言執行者解任の審判をするためには、遺言執行者から意見を聴かなければならない（家事手続210条1項1号）。

  (e) **審判の告知等**

　　(ア) **告　知**

　審判は、申立人および遺言執行者に告知される（家事手続74条1項）。

　申立てを却下する審判は、申立人に告知される。

　　(イ) **即時抗告**

　遺言執行者を解任する審判に対しては、遺言執行者は、即時抗告することができる（家事手続214条4号）。申立てを却下する審判に対しては、利害関係人は、即時抗告をすることができる（同条5号）。

(F) **遺言による推定相続人廃除審判事件（家事手続別表第1―86項、民893条）**

  (a) **事件の概要**

　被相続人が遺言で推定相続人を廃除する意思遺表示をしたときは、遺言執行者は、相続が開始して遺言が効力を生じた後、遅滞なく、その推定相続人の廃除を家庭裁判所に請求しなければならない（民893条）。

　廃除は、被相続人の意思に基づいて、遺留分を有する推定相続人から相続権を剥奪する制度であり、被相続人が請求するものであるが、その方法は、生前に家庭裁判所に申し立てる方法（民892条）と遺言による方法がある。

  (b) **廃除の対象者**

　廃除の対象となるのは、遺留分を有する推定相続人であり、遺留分を有し

ない兄弟姉妹や遺留分放棄の許可を受けた推定相続人は対象者とならない。[12・13]

(c) 「廃除」の明記がない場合の扱い

　自筆証書遺言、秘密証書遺言において、遺言中に「廃除する」ことが明記されていない場合、廃除を認めることができるかが問題となる。一般的な遺言の解釈方法として、不明確な遺言の文言を解釈して、遺言者の真意を探求すべきとされており（最判昭和58・3・18家月36巻3号143頁）、遺言中に「廃除」の文言が用いられていなくても、遺言文言全体や作成経緯などから、推定相続人を廃除する意思が認められ、廃除の意思を裏付ける廃除事由があれば、廃除は認められると解されている。[14]

(d) 他の相続人の手続関与

　遺言による推定相続人廃除の手続は、遺言執行者のみが行うことができ、廃除される推定相続人（被廃除者）以外の相続人は、遺言執行者選任について利害関係人として関与できるにとどまる（民1010条）。[15]

(e) 廃除の効力

---

[12] 東京高決昭和38・9・3家月16巻1号98頁は、「兄弟姉妹のように当初から遺留分を有しない相続人又は遺留分を有していたがその後適法に遺留分を放棄した相続人については、被相続人は遺言でその相続人の相続分を零と指定するか又は遺産の全部を他の相続人に遺贈する等の方法によって、相続人を廃除したと同一の目的を容易に達成することができるのであるから、かかる相続人に対する廃除を認める利益も必要もない」としている。

[13] 大阪高決昭和44・12・25家月22巻6号50頁（配偶者間の廃除）は、「配偶者の一方に著しい非行がある場合、被相続人たる配偶者が相手方の非行を理由として、離婚を請求するか、又は廃除請求をするかは、当該配偶者の自由であり、むしろ、夫婦関係は継続しながら、相手方の相続権のみをはく奪しておこうとするところに、配偶者たる推定相続人に対する廃除請求を認めた法の趣旨があるものというべきである」としている。

[14] 広島高決平成3・9・27家月44巻5号36頁は、「『事実上離婚が成立しているものと考へて私の現在の財産年金の受給権は友美にわ一切取らせないようお願ひします』との記載がある自筆証書遺言について『妻との別居の事情、別居から遺言者死亡までの事情および当該遺言書の記載内容の検討から、推定相続人から廃除する意思を表示したものと解するのが相当である』」とした。

[15] 最決平成14・7・12家月55巻2号162頁は、遺言執行者による推定相続人廃除の申立てを却下する審判に対し他の推定相続人である「参加人が即時抗告をすることの許否」について、「遺言執行者が推定相続人の廃除を求める審判手続において、廃除を求められていない推定相続人が利害関係人として審判手続に参加した場合には、参加人は廃除の申立てを却下する審判に対して即時抗告をすることができない」とした。

151

廃除の審判が確定すると、当該相続人は、被相続人の死亡時に遡ってその相続権を失う（民893条）。

　㋐　廃除後の新身分関係と廃除の効果

一旦廃除された相続人がその後、被相続人と養子関係に入るなど、廃除当時存在したのとは別の親族関係にもとづく相続権を取得した場合における廃除の効果が問題となる。廃除後に被相続人の意思に基づいて新しい親族関係が創り出された場合（養子縁組・任意認知・婚姻）には宥恕に準ずる効果が与えられたものと考えられ、被廃除者は相続権を取得するものと解すべきであろう。しかし、被相続人の意思に基づいたといえない場合、たとえば強制認知や第三者との婚姻・縁組（被相続人の父が被廃除者を養子にすると、被相続人と彼廃除者との間には、兄弟姉妹の関係が生ずる）によって親族関係が成立しても宥恕に準ずる効果が与えられたとはいえず、被廃除者は相続権を取得しないものと解すべきであろう。なお、その後、新たな縁組後さらに離縁した場合には、非嫡出子としての推定相続人たる地位は保有し得ず、相続権を取得しない。

　㋑　廃除者の相続人の代襲相続の可否

親に対する相続権を廃除によって失った子は、その親を代襲して祖父母を相続することが許されるか。被廃除者と廃除者の間にはもはや相続的協同関係がないから、消極に解すべきだとする説、親と子の間の相続的協同関係が破壊されたとしても、祖父と子（孫）間の相続的協同関係には影響がなく、その関係は破壊されずに残っていると考えることも可能であり、子（孫）が親によって廃除されても、その効果は、親の相続だけに限られ、子（孫）は祖父を相続できると解してもよいのではないかとする説がある。

　㋒　廃除にかかわる裁判例

廃除にかかわる裁判例には、以下のものがある。

　（ⅰ）　虐待事例

肯定例として、釧路家北見支審平成17・1・26家月58巻1号105頁は、「夫は、末期がんを宣告された妻が手術後自宅療養中であったにもかかわらず、

療養に極めて不適切な環境を作出し、妻にこの環境の中での生活を強いたり、その人格を否定する発言をするなどしており、このような行為は虐待と評価するほかなく、その程度も甚だしいところ、妻は死亡するまで夫との離婚につき強い意思を有し続けていたといえるから廃除を回避すべき特段の事情も見当たらない」とした。

否定例として、水戸家審昭和46・9・17家月24巻10号96頁、判タ283号343頁は、「相手方両名の申立人に対する暴行傷害は、一時的な所為というべきものであって、その原因は申立人が作出し、しかもその性格等に負うところが大であり、また相手方等のその後の暴行傷害等の所為も、申立人が相手方に贈与した登記を抹消し、更に種籾を搬出して自らその営む農業の後継者と定めた相手方の農業を妨害したこと等に原因すると認めるのが相当であるばかりでなく、相手方は、申立人の反省を期待し老後の扶養を期しているというのであるから、申立人の現在の状態そのものには同情すべきものがあるけれども、相手方両名の右所為は、民法892条にいうところの『被相続人に対して虐待をし、若しくはこれに重大な侮辱を加えたとき』に当たらない」とした。

(ii) **重大な侮辱事例**

肯定例として、新潟家高田支審昭和43・6・29家月20巻11号173頁、判タ237号336頁は、「アルコール中毒のため病気療養中の被相続人夫及び子らをおいて店員と駈落ちした妻の行為が、被相続人である夫に対し重大な侮辱を加えたことになる」とした。

否定例として、名古屋高決昭和46・5・25家月24巻3号68頁、判タ278号399頁は、「被相続人に対する侮辱が、廃除事由に該当するというためには、『重大な』もの、すなわち相続的協同関係を危殆ならしめるものと認められるものでなければならない。そして、右重大なものであるかどうかの評価は、相続人の行為によってきたる原因にまで遡り、その原因について被相続人に責任があるか、またそれが一時的なものにすぎないかなどの事情を考究し、これを斟酌考量した上でなさるべきものである」として、「相手方の右のよ

うな狼籍（筆者注・推定相続人である子が飲酒酩酊のうえ、申立人（抗告人）である父親方に上り込み、器物毀損行為を働いた）は永年強固な自我の持主である申立人に抑えられてきた相手方において、自己主張をするようになって、申立人と訴訟で争わなければならない立場におかれ、そのような葛藤の中で解雇されてうっ積した感情が爆発したものであることを認めるに足り、必ずしも相手方を一方的に非難し得べき限りではなく、また、それは一時的なものと認められるから、これをもって廃除事由があるとはいえない」とした。

　(iii)　著しい非行事例・非行の相手方

　東京家審昭和42・8・18家月20巻3号78頁、判タ229号239頁（被相続人に対する非行に限るとするもの）は、「推定相続人廃除制度は、当該推定相続人の相続権を剥奪し、相続人たるべき者の利害に及ぼす影響が深刻であるのみならず、軽々にこれを是認すると、遺留分制度を認めた現行相続法秩序を混乱せしめるおそれが大であるから、法定廃除原因に該当するか否かの判断は、慎重に行うべく、特にそれが、かつての勘当ないし久離あるいは嫡子退身に類似した民事的制裁（親族関係の断絶）たる機能を演ずるような運用は、慎むべきであるなどの事情を考慮すると、民法892条の『推定相続人にその他の著しい非行があったとき』とは、直接被相続人に対する非行がなされた場合のみを指称する」とした。

　東京家審昭和46・11・19家月25巻1号87頁、判タ289号402頁（被相続人に対する非行に限らないとするもの）は、「推定相続人の廃除原因たる非行とは、相続的協同関係と目される家族的生活関係を破壊するような非行という意味と解されるから、相続人の非行が被相続人に対するものであることを要し、他人に対するものである場合は、それが被相続人に何らかの財産的、精神的損害を与え、ひいては相続的協同関係を壊わすおそれのあるようなものであることを要すると解する」とした。

　(iv)　著しい非行事例・相続的協同関係の破壊

　肯定例として、和歌山家審平成16・11・30家月58巻6号57頁は、「相手方は、過去に申立人に対し継続的に暴力を加え、現在に至るまで申立人に精神

障害ないし人格異常があるとの主張や行動を繰り返すほか、申立人に無断で同人の3500万円を超える多額の貯金を払い戻し、これを取得しているのにもかかわらず返済する意思もないことなどからすると、これらの行為により相続的協同関係は破壊されるに至ったことは明らかであり、上記行為は、申立人に対する虐待、重大な侮辱及び著しい非行に該当する」とした。

(v) 著しい非行・犯罪事例

肯定例として、東京家審昭和50・3・13家月28巻2号99頁は、養親たる被相続人の虚偽の住民異動届出をするなどして、同人に無断でその所有不動産全部を売却し、その所有権移転登記手続をしたことにより公正証書原本不実記載等の有罪判決が確定していること等を認定したうえで、「右所為は相続的共同関係を破壊するに足るに著しい非行である」とした。

否定例として、東京高決昭和59・10・18判時1134号96頁は、「推定相続人が勤務先会社の金員総額5億数千万円を業務上横領した罪等により懲役5年の判決を受け服役した場合であっても右会社と被相続人個人とは業務執行面や財産所有関係等において区別され、また、同会社に勤務していた推定相続人が会社の業務上行う行為も、独立的な企業組織内の行為として、被相続人に対する個人的行為とは別個に見得るものであり、また、右横領行為そのものによって個人としての被相続人の面目や体面が著しく失墜したと認めるに足りる資料もないから右横領行為をもって、被相続人との間の相続的協同関係を破壊するほどの『著しい非行』に当たるものということはできない」とした。

(vi) 廃除原因阻却事由

東京高決平成8・9・2家月49巻2号153頁(被相続人の有責性)は、「推定相続人の虐待、侮辱、その他の著しい非行が相続的共同関係を破壊する程度に重大なものであるかの評価は、相続人のとった行動の背景の事情や被相続人の態度及び行為も斟酌考量した上でなされなければならないが、相続人(長男)の力づくの行動や侮辱と受け取られる言動は、嫁姑関係の不和に起因したものであって、その責任を相続人にのみ帰することは不当であり、こ

れをもって廃除事由に当たるとすることはできない」とした。

秋田家大館支審昭和43・4・23家月20巻10号84頁、判タ237号335頁（心神喪失中の行為）は、「民法892条にいう虐待、重大な侮辱その他著しい非行とは、被相続人に対して故意になされた場合をいうのであって、精神分裂病による心神喪失の状況にあるときの行為は、相手方の責に帰すべきものではないから、相続人廃除の原因に当たらない」とした。

　(f)　申立手続
　　(ア)　申立人
申立人は、遺言執行者である（民893条）。
　　(イ)　管　轄
管轄は、相続を開始した地（被相続人の最後の住所地）を管轄する家庭裁判所である（家事手続188条1項ただし書）。
　　(ウ)　手数料、予納郵便切手
手数料は、収入印紙800円分（民訴費用別表第1・15項）、そのほか、連絡用の郵便切手（額は家庭裁判所により異なる）が必要となる。
　　(エ)　添付書類
添付書類は、以下のとおりである。
① 　申立人（遺言執行者）・相手方（推定相続人）の戸籍謄本各1通
② 　被相続人の除籍（戸籍）謄本1通
③ 　遺言書の写し1通、遺言執行者選任審判書写し（遺言書に遺言執行者の指定がないとき）1通

　(g)　審理手続
　　(ア)　審問等の実施
申立人、被廃除者、その他の相続人等に対して、廃除事由の有無等に関する家庭裁判所調査官の事前調査および裁判官の審問・証拠調べが行われることが多い。
　　(イ)　被廃除者の意見聴取
推定相続人の廃除の審判をするためには、申立てが不適法であるときまた

は申立てに理由がないことが明らかなときを除き、廃除を求められた推定相続人の陳述を聴かなければならない。この陳述は、審問の期日において聴取しなければならない（家事手続188条3項）。

(h) **審判の告知等**
　(ア) 告　知
審判は、申立人および被廃除者に告知される（家事手続74条1項）。
申立てを却下する審判は、遺言執行者に告知される（家事手続74条1項）。
　(イ) 即時抗告
推定相続人を廃除する審判に対しては、廃除された推定相続人は、即時抗告することができる（家事手続188条5項1号）。申立てを却下する審判に対しては、申立人は、即時抗告をすることができる（同項2号）。

(i) **廃除審判確定の戸籍通知**
書記官は、廃除の審判確定後、直ちに被廃除者の本籍地の市区町村長あてに戸籍通知をする（家事規100条）。

(j) **戸籍届出**
遺言執行者は、審判確定の日から10日以内に、廃除審判書謄本および確定証明書を添付して、推定相続人廃除届をしなければならない（戸籍97条・63条1項）。

(2) 遺言の効力に関連する手続

(A) 遺言無効確認の訴え
(a) **事件の概要**
遺言の効力を確認の対象とする確認訴訟である。
確認の訴えは、原則として、現在の法律関係の存否を確認の対象とする必要があるが、遺言は例外とされている。遺言そのものは過去の法律関係ではあるが、遺言によって遺言者の財産の処分が確定されることから、遺言の無効を争うことは、まさに紛争の抜本的解決を図るために最も適切でありかつ

必要がある場合と考えられているからである。

最判昭和47・2・15民集26巻1号30頁では、「遺言が有効であるとすれば、それから生ずべき現在の特定の法律関係が存在しないことの確認を求めるものと解される場合で、原告がかかる確認を求めるにつき法律上の利益を有するとき」には、適法と解するべきとされた。

(b) 訴え提起の手続

(ア) 原 告

原告は、相続人およびその承継人等、無効確認の対象となる遺言の効力について法律上の利害関係を有する者である。

(イ) 被 告

被告は、相続人、無効確認の対象となる遺言における受遺者等当該遺言の効力について法律上の利害関係を有する者である。

(ウ) 管 轄

管轄は、相手方の住所地を管轄する地方裁判所である。

(エ) 訴 額

訴額は、遺言の内容に応じて算定する。

① 財産処分（民964条）

処分された財産の価額×原告の法定相続分

② 相続分・遺産分割方法の指定（民902条1項・908条）

（遺言により原告が取得する財産の価額＋遺言により被告が取得する財産の価額）×原告の法定相続分÷（原告の法定相続分＋被告の法定相続分）－遺言により原告が取得する財産の価額

③ 非財産権的内容[15]

160万円（民訴費用4条2項）

---

[15] 遺言の内容が非財産的なものの例として、以下のものがある。
・認知に関するもの（民781条2項）
・未成年後見人等に関するもの（民839条1項・848条）
・相続分または遺産分割方法の指定の委託に関するもの（民902条1項・908条）
・遺言執行者の指定又は指定の委託（民1006条）

(c) 主な争点

遺言確認訴訟では、①作成者（自書性）、②遺言能力が争われることが多い。

(ア) 自書性

自筆証書遺言の自書要件は遺言書の成立要件である。そのため、遺言の有効性を主張する被告側が遺言者の自書であることの主張・立証する。遺言の無効を主張する原告側は、遺言者の自書でないことを主張する傾向がある。

(イ) 遺言能力

遺言能力は、遺言をするとき（遺言作成時）において備わっていることを要するものであるところ、遺言の無効を主張する側が、遺言作成時に遺言能力が「無」いことを主張立証するものであり、再抗弁として位置づけられる。

(ウ) 遺留分にかかわる手続

遺留分にかかわる家庭裁判所の手続としては、①遺留分権者および承継人が遺留分を保全するに必要な限度で遺贈等の減殺請求（民1031条）をする遺留分減殺請求調停事件（家事手続244条）、②家庭裁判所の許可を受けて放棄することができる（民1043条）が、その許可を求める遺留分の放棄についての許可審判事件（家事手続別表第1—110項）がある。また、遺留分制度については、事業資産が相続により分散される結果、中小企業などの経営の承継が困難になるという問題があり、その解決を図るために立法された③中小企業における経営の承継の円滑化に関する法律に基づく、遺留分の算定に係る合意についての許可審判事件（家事手続別表第1—134項）がある。

(B) 遺留分減殺請求調停事件（家事手続244条）

(a) 事件の概要

遺留分減殺請求権を行使した遺留分権利者（民1028条）が、被減殺者に対し、相続財産に属する物件の返還などを求める事件である。

被相続人が、相続人のうちの1人に相続財産の全部を贈与または遺贈したため、他の相続人の1人または数人が遺留分減殺請求権を行使して物件返還を求める申立てが典型例であるが、遺留分を侵害する態様はさまざまであり、

また取り戻された相続財産が遺産分割の対象になるかについても争いがあり、難しい問題を抱えている。

(b) **遺留分減殺請求権者**

遺留分減殺請求をできる者は、遺留分権利者（配偶者、および直系卑属・直系尊属）とその承継人、すなわち、包括承継人（遺留分権利者の相続人、包括受遺者など）および特定承継人（個別的な減殺請求権の譲受人など）である。胎児は、相続については生まれたものとみなされるので、遺留分権利者である（民886条1項）。

なお、相続人であることが遺留分権利者の前提であるから、相続権を失った相続欠格者、相続から廃除された者、相続放棄者は遺留分権利者ではない。

(c) **遺留分減殺請求の意思表示の相手方**

遺留分減殺請求の意思表示の相手方は、減殺請求の対象となる遺贈および贈与の受遺者、受贈者など、減殺されるべき処分行為によって直接に利益を受けた者である。その包括承継人、悪意の特定承継人もまた相手方となる（民1040条1項ただし書）。遺言執行者も減殺の意思表示の相手方となりうる。

(d) **減殺の方法**

遺留分減殺請求権は、必ずしも裁判上で行使する必要はなく、裁判外での相手方に対する意思表示で足りる（最判昭和41・7・14民集20巻6号1183頁）。裁判上の行使の場合には、遺留分減殺請求事件は、家事事件手続法別表第1に審判事項として掲げられておらず、家事審判事項ではなく一般の民事訴訟事件であるが、家庭に関する事件（同法244条）として調停前置主義（同法257条1項）が妥当する。したがって、遺留分減殺請求事件は、地方裁判所に訴えを提起する前に、まず家庭裁判所に調停の申立てをしなければならず、調停が不成立になり、調停に代わる審判（同法284条）がなされないときに限り、民事訴訟で解決する。

(e) **遺留分減殺請求権の行使時期**

減殺請求権は、遺留分権利者が、相続開始および贈与・遺贈があったことを知った日から1年、または相続開始の時から10年を経過したときは、時効

により消滅する（民1042条）。

　(f)　申立手続
　　(ア)　申立人
　申立人は、遺留分権利者（直系卑属、直系尊属および配偶者）、その承継人（遺留分権利者の相続人、相続分譲受人等）である（民1031条・1028条）。
　　(イ)　管　轄
　管轄は、相手方の住所地を管轄する家庭裁判所または当事者が合意で定める家庭裁判所である（家事手続245条1項）。
　　(ウ)　手数料、予納郵便切手
　手数料は、収入印紙1200円分（民訴費用別表1・15項の2）、そのほか、連絡用の郵便切手（額は家庭裁判所により異なる）が必要となる。
　　(エ)　添付書類
　添付書類は、以下のとおりである。
① 　申立人・相手方の戸籍謄本・住民票各1通
② 　被相続人の出生時から死亡時までのすべての戸籍（除籍、改製原戸籍）謄本
③ 　相続人全員の戸籍謄本
④ 　相続等関係図（相続関係および受贈者・受遺贈者）、贈与・遺贈物件目録、不動産登記事項証明書、固定資産評価証明書など各1通
⑤ 　遺言書写し、遺留分減殺請求の意思表示が相手方に到達したことを証する書面（内容証明郵便など）各1通または遺言書の検認調書謄本の写し

　(g)　減殺請求権行使の効果
　減殺の意思表示をすれば、法律上当然に減殺の効果が生じ、目的物に関する権利は遺留分権利者に帰属すると解されている（前掲最判昭和41・7・14、最判昭和51・8・30民集30巻7号768頁）。

(C) **遺留分の放棄についての許可審判事件（家事手続別表第1―110項、民1043条1項）**

(a) **事件の概要**

相続開始前における遺留分の放棄（民1043条1項）とは、将来相続が開始した場合において、遺留分を主張しない、あるいは遺留分を侵害する贈与・遺贈があってもこれに対して減殺請求をしない旨の意思表示を内容とする単独行為であり、家庭裁判所の許可を受けたときに限り、その効力を生じる。

遺留分の放棄は相続人の相続されるであろう財産に対する一定の割合の期待権を消滅させるものであり、これを無限定に認めると、親の権威をもって遺留分権利者の自由意思を抑圧したりするなど、遺留分権利者の利益を不当に害するおそれがあることから、家庭裁判所の許可が効力要件とされている。

遺留分を事前放棄する旨の契約は、遺留分を事前に放棄する旨を内容とした契約は、それが締結された段階では家庭裁判所の許可を経ていないことから、効力を生じることはない。なお、裁判上の和解において遺留分を放棄した者が、家庭裁判所の許可を得ていなかった場合に、遺留分減殺請求権を行使することは信義則に反し許されないとされた事例がある（東京地判平成11・8・27判タ1030号242頁）。

また、相続開始後の遺留分放棄は、相続開始前の遺留分放棄の効力発生を家庭裁判所の許可に求めた趣旨、財産権処分の自由の観点から、家庭裁判所の許可は不要である。

(b) **申立手続**

(ｱ) **申立人**

申立人は、遺留分を有する相続人である。

(ｲ) **管　轄**

管轄は、被相続人の住所地を管轄する家庭裁判所である（家事手続216条1項2号）。

(ｳ) **手数料、予納郵便切手**

手数料は、収入印紙800円分（民訴費用別表1・15項）、そのほか、連絡用の

郵便切手（額は家庭裁判所により異なる）が必要となる。
　　　㈎　添付書類
添付書類は、以下のとおりである。
①　申立人・被相続人の戸籍謄本各1通
②　財産目録1通
　㈽　審理手続
　　　㈠　事前準備
書記官による申立書・添付書類の審査および事件関係人に対する照会・調査嘱託などが行われることが多い。
　　　㈡　事前準備の内容
放棄の意思の真意性、撤回の可能性、生前贈与などの有無その他放棄の動機の合理性、申立人と被相続人との親疎・扶養関係などについて、調査が行われる。
　　　㈢　裁判所による許可基準
審判例によれば、判断基準として、主に次の点をあげることができる。[16]
①　放棄が遺留分権利者の自由意思に基づいてなされているか。
②　放棄の理由に合理性があるか。
③　放棄の代償が支払われているか。
　　　㈣　審判の告知
審判は、申立人に告知される（家事手続74条1項）。
認容、却下のいずれの審判に対しても、不服申立てはできない。
　㈿　許可審判の効果
許可審判があったときは、当該相続人は、相続財産に対する遺留分を主張

---

[16] 放棄が許可されなかった事例として、東京家審昭和35・10・4家月13巻1号149頁がある。被相続人の妻が、今後の生活にも不安がないとして遺留分の放棄の許可を求めたところ、「申立ては被相続人である夫の発意によるものであり、また配偶者相続権の確立および諸子均分相続の理念に反する」として許可されなかった。また、和歌山家審昭和60・11・14家月38巻5号86頁は、「自己の婚姻について父母の了解を得る目的で放棄を求めたものであり、申立人の自由意思で申立てがなされたか否かについて疑問がある」として放棄は認められないとした。

することができなくなる。しかし、相続人であることを廃除されたものではないから、被相続人が贈与・遺贈をしなかった場合、放棄者に相続財産を取得させる遺言がある場合には、相続財産を取得することができる。[17・18・19]

なお、相続債務を負担したくないときは、相続放棄の申述をしなければならない。

(D) **遺留分の算定に係る合意についての許可審判事件（家事手続別表第1—134項、中小企業における経営の承継の円滑化に関する法律8条1項）**

(a) 事件の概要

中小企業における経営の承継の円滑化に関する法律（以下、「円滑化法」という）では、民法の遺留分の規定の特例として、①後継者が旧代表者からの贈与により取得した当該中小企業の株式の全部または一部について、その価額を、遺留分を算定するための価額に算定しない旨の合意（除外合意。円滑化法4条1項1号）および②後継者が旧代表者からの贈与により取得した当該中小企業の株式の全部または一部について、遺留分を算定するための財産の価額に算入すべき価額を当該合意時における価額とする旨の合意（固定合意。円滑化法4条1項2号）をすることを認めた。この合意は当事者間で特例にかかる合意書を作成しただけでは足りず、「経済産業大臣の確認」と「家

---

17 東京地判昭和34・5・27家月11巻8号93頁（放棄と次順位相続人、最終相続人の関係）は、「先順位相続人（子）が事前放棄をした後死亡し、次順位相続人（親）が相続した場合には、先順位相続人の事前放棄は、次順位相続人には影響しない」としている。

18 事前放棄をした者が死亡して代襲相続が生じた場合は、代襲相続人は遺留分も失うものと解されている。代襲者は、被代襲者が生存していれば取得したであろう相続権以上の権利を取得することはないこと、そもそも代襲する相続権は遺留分を欠くものであることから、代襲者の相続権も遺留分を欠いたものと解されている。

19 遺留分の事前放棄許可審判の取消しについての明文の規定はないが、遺留分放棄の前提となった事情に変更があった場合には許可の審判を取り消すことができる旨の審判も多い（松江家審昭和47・7・24家月25巻6号153頁、東京家審昭和54・3・28家月31巻10号86頁、東京高決昭和58・9・5家月36巻8号104頁）。取消しの時期については、相続開始前とするもの（東京家審昭和44・10・23家月22巻6号98頁）、相続開始後でも取り消すことができるとするもの（仙台高決昭和56・8・10家月34巻12号41頁）があるが、相続開始後については、相続関係の早期確定の必要性から、否定することが相当であろう。

8 遺言に関する裁判所の手続

庭裁判所の許可」を効力要件としており、その家庭裁判所の許可を求める審判である。

　(b)　申立期間

　家庭裁判所に対して、経済産業大臣の確認を受けた日から1か月以内に申立てをする必要がある（円滑化法8条1項）。

　(c)　申立手続

　　㋐　申立人

　申立人は、経済産業大臣の確認を受けた後継者である。

　　㋑　管　轄

　管轄は、旧代表者の住所地を管轄する家庭裁判所である（家事手続243条1項）。

　　㋒　手数料、予納郵便切手

　手数料は、収入印紙800円分（民訴費用別表1・15項）、そのほか、連絡用の郵便切手（額は家庭裁判所により異なる）が必要となる。

　　㋓　添付書類

　添付書類は、以下のとおりである。

　①　経済産業大臣の作成に係る確認証明書（「確認書」ではない）
　②　合意書面の写しを推定相続人（申立人、旧代表者の兄弟姉妹、おいめいを除く）の人数分の通数
　③　旧代表者の出生時から現在までのすべての戸籍（除籍、改製原戸籍）謄本
　④　推定相続人全員（申立人を含む）の戸籍謄本
　⑤　旧代表者の子（およびその代襲者）で死亡している者がいる場合、その子（およびその代襲者）の出生時から死亡時までのすべての戸籍（除籍、改製原戸籍）謄本

　推定相続人に父母・祖父母等（直系尊属）（第二順位相続人）が含まれている場合には、さらに以下のものが必要となる。

　⑥　推定相続人が父母の場合で、父母の一方が死亡しているときは、その

死亡の記載のある戸籍（除籍、改製原戸籍）謄本
⑦　推定相続人が祖父母、曾祖父母の場合は、他に死亡している直系尊属（ただし、推定相続人と同じ代および下の代の直系尊属に限る（例：祖母が推定相続人である場合、祖父と父母））がいる場合、その直系尊属の死亡の記載のある戸籍（除籍、改製原戸籍）謄本

(d) **審理手続**

(ｱ) **審問等の実施**

申立人、当該合意の当事者に対して、当該合意が当事者の全員の真意に出たものであるかに関して、書面による照会、家庭裁判所調査官の事前調査および裁判官の審問・証拠調べ等行われることが多い。

(ｲ) **裁判所の心証**

申立てに係る合意が当事者の全員の真意に出たものであるとの心証が得られたときに許可する（円滑化法8条2項）。

(e) **審判の告知等**

(ｱ) **告　知**

許可審判は、当該合意の当事者全員に告知される（家事手続243条2項）。
申立てを却下する審判は、申立人に告知される。

(ｲ) **即時抗告**

遺留分の算定に係る合意についての許可の審判に対しては、当該合意の当事者（申立人を除く）は、即時抗告することができる（家事手続243条3項1号）。申立てを却下する審判に対しては、当該合意の当事者は、即時抗告をすることができる（同項2号）。

(f) **審判の効果**

許可審判により、除外合意および固定合意に基づいた遺留分の算定をすることができる。

ただし、旧代表者がした遺贈および贈与について、当該合意の当事者以外の者に対してする減殺に影響を及ぼさない（円滑化法9条3項）。

(小磯　治)

9 遺言の実現（遺言の執行）

(1) 認　知

(A) 認知と遺言

　認知とは、嫡出でない子（非嫡出子）について、事実上の父または母との間に、意思表示または裁判により法律上の親子関係を発生させる制度（民779条）をいう。母子関係は、分娩の事実によって明らかであるのに対して、非嫡出子と父親との法律上の父子関係は認知が必要であることから、認知が行われるのは父子関係がほとんどである。認知には意思表示により行う任意認知と親子関係の存在を裁判所が認定する強制認知がある。なお、認知は戸籍法の定めるところにより認知届を提出することにより効力を生じる（民781条1項）。そして、遺言によっても認知をすることができると規定されている（同条2項）。

(B) 具体的な手続

(a) 通常の場合

　認知の遺言が効力を生じたときは、遺言執行者に指定された者は、その就職した日から10日以内に認知の届をしなければならない（戸籍64条）。届出書は市町村役場に備え付けられた認知届書に必要事項を記載し、検認済（公正証書遺言においては必要ない）の遺言書謄本、遺言執行者の資格証明書（家庭裁判所で選任された場合には審判書）を添付して、届出事件の本人の本籍地または届出人の所在地（住所、居所）に提出する（戸籍25条1項）。その際の

届出書の通数は1通ないし3通必要となる（戸籍36条1項・2項）。なお、本籍地以外で届け出る場合には、事務手続上、当事者の戸籍謄本（抄本）が必要となる。

(b) **関係者の承諾が必要となる場合**

認知の対象がすでに成年に達した子である場合には、その承諾がなければ認知はできない（民782条）。未だ出産前の胎内にある子を認知する場合にはその母の承諾が必要となる（民783条1項）。

さらに、死亡した子の認知をする場合には、その子に直系卑属（子や孫）が居るときに限り認知することができる。また、その直系卑属が成年の場合には、その直系卑属の承諾が必要である（民783条2項）。

したがって、遺言執行者は関係者を調査して、これらの場合の承諾等を得ることも必要となる。

(C) **遺言による認知の効果**

遺言による認知の効果であるが、遺言は遺言者の死亡の時から効力を生じ（民985条1項）、認知は出生の時に遡ってその効力を生ずることになる（民784条本文）。

(2) 未成年後見人および後見監督人の指定

(A) 未成年後見人の指定

未成年者の親権者・未成年後見人は、自分が不慮の事故などで死亡した場合に備えて、遺言で、未成年者の未成年後見人を指定することができる（民839条）。未成年者の両親が離婚をしてなく健在である場合には、両者が親権者であり、いずれか一方に不幸があっても他方が親権を行使できることから、さほどの不都合ない。しかし、両親が離婚しているとか、すでに一方が死亡していたような場合に、さらにその親権者が死亡すれば、未成年者に対して親権を行使する者がいない状態となってしまう。

そこで、最後に親権を行う者で、かつ管理権を有する者が遺言で未成年後

見人の指定をしておけば、あらためて未成年後見人選任の申立てをする必要がなく、何より、当該遺言書で指定された未成年後見人が直ちに未成年者に関して後見の職務を履行することが可能となる。

ところで、現状の規定であれば指定されていた者が必ずしも適当な者であるという保証がないことから、何らかの家庭裁判所の関与が必要であるという指摘がなされている（於保不二雄＝中川淳編『新版注釈民法㉕親族⑸』295頁〔久貴忠彦〕）。

(B) **未成年後見監督人の指定**

さらに、未成年後見人に不都合な事態が発生した場合でも直ちに対応できるように、遺言において未成年後見人の指定とともに、未成年後見人の予備的・補充的な存在として未成年後見監督人を指定しておく（民848条）ことが可能である。

なお、後見監督人の職務は、①後見人の事務を監督すること、②後見人の欠けた場合に、遅滞なくその選任を家庭裁判所に請求すること、③急迫の事情がある場合に、必要な処分をすること、④後見人またはその代表する者と被後見人との利益が相反する行為について被後見人を代表することである（民851条）。

(C) **遺言の効果（執行は不要）**

前記のとおり、未成年後見人に指定された者は、遺言の効力発生（遺言者の死亡）と同時に後見人に就職する（平成11年法第149号改正前の後見人の指定につき大正8・4・7民事835号法務局長回答）ので、就職するについて何らの執行行為を必要としない（第一東京弁護士会司法研究委員会編『遺言執行の法律と実務』18頁）。

ただ、指定された未成年後見人は、就職の日から10日以内に市区町村長に遺言書の謄本を添付して後見人届出書等を提出しなければならないことになっている（戸籍81条）。

また、未成年後見監督人の指定についても、遺言の効力発生（遺言者の死亡）と同時に後見監督人に就職することは前記の未成年後見人の指定の場合

と同様である（戸籍85条）。

　上記のとおりであり、遺言執行者としては、未成年後見人に就任した者に対し、市区町村長への就任の届出に必要となる遺言書を交付することとなる。

(3) 推定相続人廃除・取消し

(A) 推定相続人の廃除
(a) 推定相続人の廃除

　推定相続人の廃除とは、推定相続人がもっている遺留分を含む相続権を剥奪する制度である。遺留分を有する推定相続人が、被相続人に対して、虐待をし、もしくは重大な侮辱を加えたとき、または推定相続人に著しい非行があったときは、被相続人は当該相続人を推定相続人から廃除するよう家庭裁判所に請求することができる（民892条）。そして家庭裁判所において廃除が認められると当該推定相続人は遺留分を含む相続権すべてが剥奪される。そして、この廃除の請求は被相続人の生前のみならず、「被相続人が遺言で推定相続人を廃除する意思を表示したときは、遺言執行者は、その遺言が効力を生じた後、遅滞なく、その推定相続人の廃除を家庭裁判所に請求しなければならない。この場合において、その推定相続人の廃除は、被相続人の死亡の時にさかのぼってその効力を生ずる」（民893条）と規定され、遺言でもなすことができることから、これについては、遺言執行者による執行行為（家庭裁判所への廃除の申立て）が必要不可欠となる。

　なお、具体的事実が記載されている例が多いと考えられるが、必ずしも明示されていなくともよく、その意思表示が不明確でも他の事情から廃除を求めていると判断できるときは、廃除の意思表示があったものと解釈されている（中川善之助＝泉久雄編『新版注釈民法(26)相族(1)』347頁〔泉久雄〕）。

　具体的に廃除が認められるかどうかは、廃除の意思が認められた上で、民法892条に規定する廃除原因があるかどうかを家庭裁判所が判断することとなる（松江家浜田支審昭和38・12・18家月16巻5号168頁、新潟家高田支審昭和

43・6・29家月20巻11号173頁)。

　(b)　廃除の効果

　遺言書に廃除する意思が記載してあったとしてもその遺言の効力発生（遺言者の死亡）により、当然その相続権を剥奪されるものではなく、遺言の効力が生じた後、遺言執行者が家庭裁判所に廃除の請求をし、この請求により家庭裁判所から「廃除する」旨の審判を受けて、はじめて、相続権の剥奪という効果が生ずる。

　この剥奪は相対的で、父から廃除されても父に対する相続権を失うのみで、母に対する相続権を失うものではない。

　(B)　廃除の取消し

　民法は、894条において「被相続人は、いつでも、推定相続人の廃除の取消しを家庭裁判所に請求することができる」（1項）、「前条の規定は、廃除の取消しについて準用する」（2項）と規定し、廃除の取消しも遺言によりなし得る。そして、遺言執行者が家庭裁判所に廃除の取消しを求める申立てをしなければならない。廃除の取消しの請求がなされたときは、家庭裁判所は、その取消しが被相続人の真意に出たものか否かを調査し、真意に出たことの確認ができさえすれば、廃除の取消しを認める審判をすることになる。遺言による廃除の取消しの場合も被相続人の真意に基づく遺言であることが確認できさえすれば審判をすることになる。廃除の取消しはその理由のいかを問わず、その廃除取消しの理由が記載されている必要もない。廃除取消しの遺言も廃除と同じく遺言執行者が家庭裁判所に請求することによって実現され、遺言執行者の執行行為が必要である（民894条2項・893条）。

　(C)　家事事件手続法による改正

　　(a)　調停をすることができない事件

　被相続人の廃除に関する申立てとしては、推定相続人の廃除（別表第1―86項）、推定相続人の廃除の審判の取消し（別表第1―87項）、推定相続人の廃除の審判またはその取消しの審判の確定前の遺産の管理に関する処分（別表第1―88の項）の三つがある。このうち前二者は、家事審判法のもとで調

停の申立ても認められていたが、家事事件手続法では、いずれも別表第1に掲げる事項についての事件とされ、調停を行うことのできない事件とされた。その理由であるが、廃除について「廃除事由については当事者による処分を許すものではなく、当事者間の協議による推定相続人の廃除は許容されないと解するのが相当」であるからであり、廃除の取消しについては、民法894条1項の趣旨は「取消しの請求が被相続人の真意によるものか否かを家庭裁判所において審理判断する必要があるとする趣旨」であり、「民法の規定の趣旨を踏まえれば、推定相続人の廃除及びその取消は、いずれも、調停をすることができない事項であり、その請求が認められるか否かは、廃除事由の存在等の要件を裁判所において審理して判断すべきものであると解される」からである（金子修編著『一問一答　家事事件手続法』53頁。秋武憲一編著『概説家事事件手続法』226頁参照）と説明されている。

　(b)　管　轄

　家事事件手続法では、廃除の審判事件および廃除の審判の取消しの審判事件は、被相続人の住所地を管轄する家庭裁判所の管轄に属するのが原則である。しかし、これらの審判事件が被相続人の死亡後に申し立てられた場合にあっては、相続が開始した地（被相続人が死亡した地）を管轄する家庭裁判所の管轄に属するとされている（家事手続188条1項）。

　また、廃除の審判またはその取消しの審判の確定前の遺産の管理に関する処分の審判事件は、廃除の審判事件または廃除の審判の取消しの審判事件が係属している家庭裁判所（その審判事件が係属していない場合にあっては相続が開始した地を管轄する家庭裁判所、その審判事件が抗告裁判所に係属している場合にあってはその裁判所）の管轄に属するとされている（家事手続189条1項）。

　(D)　推定相続人の廃除の審判等の確定の通知

　家事事件手続法では、推定相続人の廃除の審判またはその取消しの審判が確定したときは、書記官は、遅滞なく、廃除された者の本籍地の戸籍事務を管掌するものに対し、その旨を通知しなければならない（家事規100条）。

(4) 遺　　贈

(A) 不動産
(a) 不動産の遺贈

　不動産を「遺贈する」旨の遺言の場合、原則として、包括遺贈・特定遺贈のいずれの場合も、受遺者と遺言執行者または相続人全員の共同申請により、遺贈者から受遺者に対する「遺贈」を原因とする所有権移転登記申請をするとともに、当該不動産を受遺者に引き渡す（占有の移転）。

　なお、不動産を処分してその売却代金を遺贈する清算型の遺贈についても不動産の処分行為をしなければならないが、その場合については別項に譲る。

(b) 具体的手続等
㋐ 贈与者である被相続人の名義の不動産の場合

　相続財産中の不動産の遺贈登記は、遺贈者名義から直接受遺者名義へ移すべきものとされており、登記簿上には相続人の名義は表示されない。遺贈による所有権移転登記は、特定遺贈および包括遺贈いずれの場合も、登記権利者としての受遺者と、登記義務者としての遺言執行者または相続人とが共同して申請すべきものとされ、包括遺贈の場合でも受遺者の単独申請による登記手続はできない（不登60条、昭和33・4・28民事甲779号。東京高決昭和44・9・8判時572号38頁は、共同申請として前記通達の取扱いを肯定している）。

　添付書類は次のとおりである。

① 　登記原因証明情報（不登61条、不登令別表30イ）　　登記原因証明情報としては、遺言書、遺言者の死亡の記載ある戸籍全部事項証明書等が該当する。

② 　登記識別情報（不登22条）

③ 　登記義務者の印鑑証明書（不登16条2項・48条1項）　　なお、登記義務者が遺言執行者の場合には遺言執行者の印鑑証明書であり、登記義務者が相続人の場合には相続人全員の印鑑証明書が必要になる。

④　遺言執行者の資格証明書　　遺言による指定の場合には遺言書でよいが、家庭裁判所の選任のときは家庭裁判所の審判書謄本

⑤　住所証明情報（不登令別表30ロ）　　当該不動産の所有権を取得する受遺者の住民票等、相続人の住所を証する情報を添付する。

その他、代理人により登記申請する場合には登記権利者と登記義務者から代理人への委任状を添付する。

⑥　固定資産評価証明書　　ちなみに、遺贈の場合の課税価格は不動産の固定資産評価額であり、遺贈による所有権移転の登録免許税は、課税価格の1000分の20である（受遺者が相続人である場合には課税価格の1000分の4となる）。

(イ)　未登記不動産の場合

従来、未登記不動産についての遺贈の登記をするには、まず遺言執行者において相続人のために所有権保存の登記をした後、受遺者名義に遺贈による所有権移転の登記を申請すべきものとされていた。しかし昭和34・9・21民事甲2071号民事局長通達は、「遺贈者（被相続人）名義に所有権保存の登記をなすべきであると考える」として、「右二つの回答は変更されたものであると了知されたい」としている。したがって、未登記不動産の場合、遺言執行者は、遺言者名義の保存登記を単独申請し、遺贈登記を受遺者と共同で行うことになる（第一東京弁護士会司法研究委員会編『新版　遺言執行の法律と実務』169頁）。

(ウ)　相続人不存在のときの遺贈登記

遺言者が、所有不動産を他人に遺贈する旨を遺言し、遺言執行者を指定して死亡したが、相続人が不存在の場合、相続財産管理人の選任を要せず、上記の遺贈による所有権移転登記は、遺言執行者および受遺者の申請によりなすべきである（昭和15・9・3民事甲1116号民事局長回答）。

(c)　当該不動産の管理

遺言執行者は、包括遺贈・特定遺贈を問わず、原則として、当該不動産の管理・引渡義務を負わないと解されている（最判平成10・2・27民集52巻1号

299頁)。

ただし、遺言の中に、遺言執行者にその責務を負わせる旨の記載があるなど特段の事情がある場合はこの限りではない。

(d) 農地法上の許可

農地について所有権を移転し、または地上権等の権利の設定・移転をする場合は、当事者は原則として農業委員会の許可を得なければならない（農地法3条1項）。遺贈の中でも、包括遺贈であれば農業委員会の許可は不要であるが（同法3条1項16号、農地法施行規則15条5号）。特定遺贈で受遺者が相続人以外の第三者の場合には、農業委員会の許可を必要とするので、遺言執行者と受遺者が共同して農業委員会に農地法3条の申請手続をすることとなる。

(e) その他（受遺者の権利を侵害する登記の抹消等）

遺言執行者がある場合に、相続人は相続財産の処分その他遺言の執行を妨害する行為をすることはできない（民1013条・1014条）。相続人に相続財産の自由な処分を許せば遺言の執行ができなくなることから、相続人の権限を制限している。そして、相続人がこの規定に反してなした行為は絶対的に無効であるとするのが判例である（最判昭和62・4・23民集41巻3号474頁、判時1236号72頁）。

(B) 動　産

(a) 動産の特定遺贈

遺言者が蒐集していた美術品などを受遺者に遺贈することが想定される。遺言執行者は、まず、当該動産が遺言者によって保管されているか否かを確認する。当該動産を確定できれば、執行が終わるまで当該動産が散逸しないように管理保管をしなければならない。遺言執行者は民法1012条2項、644条により善管注意義務を負っているからである。

実際には、保管場所を施錠できる場合には施錠し、施錠が不可能であれば適切な占有者に保管を依頼等することとなる。また、美術品等の場合には、保存方法について専門家の意見を聴くなどして、湿度・温度等の管理された

貸倉庫に保管委託をすることも必要となる。遺言執行者はかように保管等の責任を負い、動産によっては経費もかかることから、できるだけ早期に受遺者に通知して対象動産を引き渡して執行を終了すべきであろう。

 (b) **動産の一括遺贈の場合**

　家財一式を遺贈するというように記載されていた場合であれば、遺贈対象がどの範囲までかを確認することが必要となる。通常は遺言者の住居にある動産類を指すと考えられることから、遺言者の自宅等に赴きその占有者の話を聞くなどして、財産目録を調整し、適切な引渡を実施することになる（簡易の引渡し（民182条2項）、指図による占有移転の方法（民184条））。なお、財産目録には主なものを記載したので足りると考える。

　動産全部というような記載の仕方の場合には、所在が不明であることから関係者に事情を聴取し、動産の範囲を確定し、前述と同様の執行をする。

　なお、動産について、遺言において「指輪のうち三つを遺贈する」等の書かれ方がなされていた場合には、不特定物から特定し、引き渡すという作業が必要となるが、特定する行為は民法1012条1項の「遺言の執行に必要な一切の行為」にあたり、遺言執行者の職務権限に属すると解される。

 (c) **自動車**

　自動車は、自動車登録ファイルに登録を受けたものでなければ、これを運行の用に供してはならない（道路運送車両法4条）と規定され、また、登録を受けた自動車の所有権の得喪は登録を受けなければ第三者に対抗することができない（同法5条1項）とされている。したがって、自動車が遺贈の対象となっている場合には、遺贈を原因とする所有権の移転登録を行う必要がある。

　普通自動車については、全国各地にある陸運支局または自動車検査登録事務所であり、同局等に移転登録の申請書を作成・提出することになる。申請は、共同申請であることから受遺者と相続人または遺言執行者が共同で申請書を作成することとなる。

　なお、受遺者が新所有者となることから、保有者としての必要な証明書

(車庫証明書——管轄警察で1か月以内に発行されたもの)は同人が準備することになる。

遺言執行者は、自動車を受遺者に引き渡すまでは善管注意義務が課せられることから、自動車が盗まれて交通事故が発生することなどのないように、執行開始からその管理には留意する必要がある。

(C) 債　権

　(a) 指名債権

　　㋐ 指名債権の確認

遺言執行者は、まず、遺贈の対象となった債権が現実に遺言の効力発生時(遺言者の死亡時)に存在しているのかを確定する。具体的には、相続人や受遺者や債務者に連絡して、債権の存在、内容等について調査し、当該債権に関する金銭消費貸借契約書、借用書等を収集する。

遺言執行者は、執行の対象となった債権が確定したら、その執行が終わるまでに債権の管理保管をする必要がある。必要に応じて、時効の中断や、訴訟が起きている場合にはその承継をすることとなる。

　　㋑ 債権移転の手続

債権の遺贈を原因とする譲渡として対抗要件を備える必要があることから、遺言執行者は遺贈の事実を債務者に対して通知する。遺言執行者は債権の確定ができ次第、直ちに確定日付のある債権譲渡の通知(内容証明郵便等)あるいは確定日付のある債務者の承諾書を得る。

また、受遺者に対して、遺贈の対象となった債権に関する証書を交付する。前述した書類に、収集した遺贈に関する資料と債権譲渡の通知に関する内容証明郵便や遺言書の写し、遺言者の死亡を証明する戸籍謄本や除籍謄本を引き渡すことになる(大判昭和16・2・20民集20巻89頁。西村信雄編『注釈民法⑾債権⑵』373頁〔明石三郎〕参照)。

なお、遺言執行者が直接債権を回収して金員を受遺者に引き渡す義務はあるかであるが、指名債権の遺贈は、債権が遺言者から受遺者に移転することであり、その債権の実現までをも予定しているわけではない。受遺者に債権

回収を委ねるのが遺言者の意思であると考えられる。

　(b)　**預貯金**
　　(ア)　**預金の確定**
　遺言者の金融機関に対する返還請求権（預貯金）を特定の受遺者に遺贈する旨の場合にも、まず、当該預金債権が現存するかを確定する。調査方法としては、預金通帳や銀行取引を証する書類の収集をなし、相続人や受遺者から事情を聴取するとともに、当該銀行に預金の照会をすることになる。通常は、銀行から遺言者死亡時における残高証明書の交付を受ける。財産目録の調整にもなり得る業務である。

　なお、預金が対象となることから、金融機関内にある貸金庫の中のものは対象とはならない。

　　(イ)　**普通預金**
　解約（払戻）銀行預金の遺贈は、その債権そのものより預金の金額に着目された遺贈と考えられる。遺言執行者はその預金の払戻しを受けて受遺者に引き渡すことにより執行は終了する。預貯金債権の払戻しについては、民法1012条1項の「遺言の執行に必要な一切の行為」にあたり、遺言の執行者の職務権限に属すると解されている（東京地判平成24・1・25判時2147号66頁）。

　通常は、遺言書の写し、遺言書の原本（照合の後返還してもらう）、遺言者の戸籍または除籍謄本、預金証書、遺言執行者の資格を証する書面、遺言執行者の印鑑証明書等が必要と考えられる。銀行登録印は必ずしも必要ではないが、債権の同一性を確認する資料となることがある（通帳、印鑑がなくとも執行は可能である）。

　遺言執行者はこれらの書類を提出して預金の払戻しを受け、受遺者に引き渡すこととなる。

　ところで、金融機関によっては、払戻しや名義の書換えについて相続人全員の同意（または異議を述べない旨の書面）や全員の戸籍謄本を求めているところもある。

　しかし、これらの書類は遺言執行者が遺言の執行行為をするうえにおいて

必要な書類ではない。各金融機関の支店担当者が前記書類の提出がないと払戻しや名義の書換えに応じない等という姿勢を示す場合には、本店等の法務部と直接掛け合うことが必要である。それでも金融機関が応じない場合には訴訟を提起するということになる（東京地判平成14・1・30金法1663号89頁）。払戻請求訴訟に要した費用を損害賠償として認めた判例がある（さいたま地熊谷支判平成13・6・12判時1761号87頁）一方で、遺言執行者が銀行に普通預金の払戻しを求めたのに対し銀行がこれを拒否したことについて、債務不履行と評価されることがあっても不法行為にあたらないとする判例もある（前掲東京地判平成24・1・25）。

遺言執行者としては、遺贈の対象となった預金債権の払戻しないし名義の移転に金融機関が応じない場合には、早期に内容証明郵便によって特則の手続をしておけば、支払いを遅滞したときは、法定利率による遅延損害金が発生し、普通預金の利率よりも法定利率のほうが高いことから、受遺者にとっても利益になり、かつ、金融機関に対して支払いを促す手段となる（山崎巳義『遺言執行の手引』73頁、74頁）と考えられる。

　　(ウ)　定期預金

定期預金は解約して利息が減少することも考えられることから、受遺者の意向を確認して、解約せずに債権譲渡のやり方によって執行することも考えられる。

　(D)　株　式

上場株式を遺贈するという遺言であった場合、株式の名義書換手続は、「遺言の執行に必要な一切の行為」であり、遺言執行者の権限に属する（最判昭和44・6・26民集23巻7号1175頁）。

ところで、平成16年6月9日に株式等の取引にかかる決済の合理化を図るための社債等の振替に関する法律等の一部を改正する法律（株式等決済合理化法）が公布され、上場会社の株券は平成21年1月5日から一斉に電子化されている。電子化前は、上場株式を保有する場合、株券を証券会社等に保護預かりする方法や株主が保管する方法などがあったが、上場会社の株券は電

子化後においては「証券会社」または「発行会社が指定する金融機関」の口座に電子的に記録する方法に一元化された（東京証券代行株式会社編『詳解株式実務ハンドブック』83頁以下、日本司法書士会連合会編『遺言執行者の実務』218頁以下）。

そこで、電子化の際の株主の対応により、株式の相続に関する執行手続は異なってくる。

証券会社に保護預かりしており、ほふりの預託に同意している場合には、証券会社の口座でそのまま管理されている。この場合に、被相続人名義の口座がある証券会社等に対し、相続手続を行っていくことになる。手続および提出書類については、預金の払戻手続とほぼ同様である。

ところで、証券会社等の口座には一般口座と特別口座がある。この特別口座とは、会社が振替株式を交付する際に、会社が株主または登録株式質権者の口座を知ることができない場合に、株主の権利を保全するために会社が口座管理機関に開設する口座のことである（社債、株式等の振替に関する法律131条3項）。

株券電子化前に相続が生じ、相続人への書換えを失念している場合については失念救済手続によることになるが、株券電子化移行後に特別口座名義人が死亡して相続が生じた場合は、相続人名義で特別口座を開設することはできず、相続関係書類を添付したうえで相続人名義の一般口座へ振替申請することになる（東京証券代行株式会社・前掲120～127頁）。

さらに、電子化の際の対応で、証券会社の保護預かりで、ほふりの預託に同意していなかった場合には、発行会社が指定する金融機関に特別口座が開設され、株主名簿上の名義で記録されることとなっていることから、株主名簿上の名義が被相続人の名義でない場合がある。また、証券会社に保護預かり、ほふりの預託に同意していた場合においても、証券会社の口座で管理されているが、そのまま何も手続をしていなかった場合、発行会社が指定する金融機関に特別口座が開設され、前もって名義書換をしていないと他人の名義で記録されていることがある。これらの場合には被相続人名義に名義書換

手続が必要となり、その後に、前記手続をとることとなる。なお、権利を証明することは困難な場合もあることから注意を要する。

非上場株式の相続手続については、株券が発行されている場合には、株式の譲渡は株券の交付によりその効力を生じるので（会社128条1項）、株券を交付すれば遺言の執行手続は完了する。株券が発行されていない場合には、株式の譲渡は譲渡の意思表示だけで効力が生じるが株式の譲渡を受けた者は株主名簿の名義書換の請求（会社133条1項）をしなければ、当該株式会社および第三者に対し株式の譲渡を受けたことを対抗できない（会社130条1項）。

なお、株式が譲渡制限株式（会社107条1項）である場合には、特定遺贈である場合には、会社の譲渡承認機関の承認を得る必要があり、遺言執行者は名義書換請求をする際には、会社に対し株式譲渡承認請求を行う（会社137条1項）。ちなみに、包括遺贈の場合には、一般承継となることから、譲渡制限の規定の適用はなく、会社の譲渡承認機関の承認を得る必要はなく、遺贈の効力は生じるため、株主名義の名義書換の請求をすることができる。

ところで、株を売却して、その代金を遺贈するという内容の遺言であった場合には清算型の遺贈であり、上場銘柄であれば市場で売却をすることとなる。遺言執行者が口座を開設してその口座で処分をすることとなる。相続人の口座を開設して売却をすることも考えられるが、後日、相続人からの贈与とみなされることもあり、前者が望ましい。非上場会社等の株式に関しては、公正な価格かどうかが問われることがあることから、受遺者等とも協議しつつ執行をする。

(E) **借地権・借家権**

借地権・借家権も遺贈の対象となる。遺言執行者は、遺言に記載されている建物の登記簿謄本、借地の目的たる土地の登記簿謄本、借家契約書・借地契約書等を取り寄せて対象物件を確定する。

借地の場合の譲渡手続としては、まず、建物について不動産の遺贈と同じ登記手続をするとともに、借地権の譲渡は賃貸人の承諾がないとできない（民612条1項）ことから、遺言執行者は、借地権の遺贈があった旨の通知を

181

賃貸人にして同人の承諾を得る。賃貸人の承諾がない場合には、借地権の譲渡許可申立てをすることとなると考えられる（借地借家法19条の規定を類推適用。東京高判昭和55・2・13判時962号71頁）。

特定遺贈、包括遺贈いずれの場合でも同様に解されるが、受遺者の中に相続人がいる場合には、賃貸人の承諾がなくとも相続により借地権を承継する。

建物に占有者がいるような場合には、遺言書に明渡しを求める旨の記載があるときには、占有者に対して退去を求め応じない場合には明渡しの裁判をすることとなる。

借家権についても、建物の占有を確保し、借家契約書等を管理保管する。また、賃借権の譲渡に関して賃貸人の承諾を得ることとなる（民612条1項）。

賃貸人が応じない場合には、借地権の場合と異なり、賃貸人の承諾を求める手立てはない。この場合にも、当事者間では遺贈として有効であるが、受遺者が建物の利用をすることは賃貸借契約の解除事由となることが考えられる。したがって、実際の問題としては、受遺者・相続人らと話し合い現実的な解決を図ることが適当と考えられる。

(F) **知的財産権**

知的財産権とは、知的創作物（無体物）に対して、所有権に類似する排他的な支配を可能とする財産権のことをいい、具体的には特許権・著作権・実用新案権・意匠権・商標権等がある。知的財産権も遺贈の対象となる。

知的財産権の譲渡は、意思表示によって効力は生じるが、知的財産権の中でも特許権・実用新案権、意匠権・商標権は、権利関係の明確を期して特許庁へ移転の登録を効力発生要件としている（特許法98条1項、実用新案法26条、意匠法36条、商標法35条。著作権の場合は、文化庁における著作権登録は権利の移転等に関する対抗要件である（著作権法77条））。

なお、相続による一般承継の場合には移転の登録が効力発生要件となるものではない。ただ、この場合には、承継人は遅滞なくその旨を特許庁長官に届け出なければならない（特許法98条2項。実用新案法26条、意匠法36条、商標法35条で特許法98条2項を準用）。

遺言執行者は、特許権、実用新案権、意匠権、商標権が遺贈された場合、これらの権利に関しては遺言者名で登録がなされているかを確認し、特許庁へ遺言者から受遺者への移転登録申請をする。

　具体的には、移転登録申請書、登録原因を証する書面（遺言執行者の地位および遺贈を証する遺言書、遺言執行者の印鑑証明、遺言者の除籍謄本、当事者の住民票等）に規定の手数料をつけて特許庁に移転登録の手続を申請する。

　上記のとおり、知的財産権は、登録できる権利が登録されていれば比較的容易に特定し、執行することができる。

　ただ、登録制度がない知的財産権（ノウハウ、営業秘密など。知的財産基本法2条1項・2項参照）の場合、登録制度があっても登録をしていない場合や、類似する知的財産権で未登録のものもある場合には、その特定が困難な場合がある。

(5)　一般財団法人の設立

　一般財団法人の設立の意思表示を遺言ですることができる（一般法人法152条2項）。

(A)　遺言により設立される財団法人

　一般財団法人の設立は、遺言によってなし得る財産処分の一つであり、遺言による財産の拠出にはその性質に反しない限り民法の遺贈の規定が準用されている（一般法人法158条2項）。

　財団法人は、一定の目的のために提供された財産を運営するために作られる法人である。財団を設立するためには、①目的、②名称、③主たる事業所の所在地、④設立者の氏名または名称および住所、⑤設立者が拠出をする財産およびその価額、⑥設立時評議員、設立時理事および設立時監事の選任に関する事項、⑦設立しようとする一般財団法人が会計監査人設置一般財団法人であるときは、設立時会計監査人の選任に関する事項、⑧評議員の選任および解任の方法、⑨公告方法、⑩事業年度を定款に記載しなければならない

（一般法人法153条1項）とされ、また、この法律（一般法人法）の規定により定款の定めがなければその効力を生じない事項およびその他の事項で同法律の規定に違反しないものを記載し、記録することができる（一般法人法154条）。

なお、定款記載事項⑤の財産は金300万円以上でなければならない（一般法人法153条2項）。

(B)　**具体的な手法**

具体的には以下の流れになる。

遺言執行者は、遺言に基づき、定款を作成し、公証人の認証を受け（一般法人法155条）、定款に記載の財産の拠出の履行をなす（一般法人法157条）。そして、定款で設立時評議員、設立時理事、設立時監事（設立時会計監査人を置く場合は、会計監査人を含む）を定めなかったときは、定款の定めに従い、これらの者の選任を行う。

その後、設立時理事および設立時監事が設立の調査を行い、同理事が法人を代表すべきものを選定し、設立時代表理事が法定の期限内に主たる事務所の所在地を管轄する法務局に設立の登記の申請を行うこととなる（一般法人法163条）。

このように非営利法人については、登記のみで設立ができるが、さらに、公益財団法人の場合には、行政庁の公益認定を得なければならない（公益社団法人及び公益財団法人の認定等に関する法律4条）。

(C)　**効果発生時期**

財団の法人格は許可の時に将来に向かって生じることから、遺言者死亡の時には、法人は受遺能力をもたないこととなるので、理論的には設立までは相続人が財産の帰属主体となり、その後の許可時に法人に移転することとなる（一般法人法164条1項）が、法は、このような結果を防ぐために、遺言で財産の拠出をしたときは、当該財産は、一般財団法人が設立されれば、遺言が効力を生じた時（遺言者の死亡の時）から一般財団法人に帰属したものとみなすこととしている（同条2項）。

(6) 信託の設定

(A) 信託の定義

信託とは、特定の者が一定の目的（もっぱらその者の利益を図る目的を除く）に従い、財産の管理または処分およびその他の当該目的の達成のために必要な行為をすべきものとすることをいう（信託2条1項）。信託法においては、信託をする者を「委託者」といい、信託行為の定めに従って信託財産に属する財産の管理または処分およびその他の信託の目的の達成のために必要な行為をすべき義務を負う者を「受託者」という（信託2条4項・5項）。

信託は、委託者と受託者間の信託契約の締結による方法（信託3条1号）、公正証書その他の書面または電磁的記録で必要な事項を記載したものによってする方法（同条3号）のほかに遺言による方法（同条2号）がある。遺言による信託は、当該遺言の効力の発生によってその効力を生ずる（同法4条2項）。

(B) 遺言執行者がなすべき行為

遺言において信託の設定が記載されている場合に、遺言執行者のなすべき行為は、遺言書で受託者として指定された者に対し信託を引き受けるか否かの回答を求める（信託5条1項）ことである。この期間内に確答がない場合には、信託の引受けをしなかったものと見なされる（同条2項）。この場合、遺言執行者は利害関係人として裁判所に対して受託者の選任の申立をすることとなる（信託6条1項）。

登記または登録をしなければ権利の得喪および変更を第三者に対抗することができない財産については、信託の登記または登録をしなければ、当該財産が信託財産に属することを第三者に対抗できない（信託14条）から、遺言執行者は信託受託者と共同して信託の登記または登録をすることになる（不登60条、不登令別表65ロ）。

(7) 祭祀主宰者の指定

　民法は、祭祀財産の所有権につき、被相続人に帰属した一切の権利・義務が相続人に承継されるという原則に対する例外として特別の規定を設け、祭祀主宰者が承継する（民897条）としている。被相続人による祭祀主宰者の指定の方法には制限はなく、生前行為でも遺言でもよく、口頭でも書面でも、また明示でも黙示でもよいとされている。

　したがって、遺言において祭祀主宰者の指定がなされていた場合には、祭祀主宰者に指定された者は、祭祀財産を所有する者（被相続人）が死亡した場合、法律上当然に祭祀財産を承継することとなる（民985条1項・897条1項但書）。

　祭祀財産に、墳墓地などの不動産がある場合には、指定された祭祀承継者にその所有権移転登記の手続をする必要があるが、遺言執行者は、遺贈に準ずる手続きによって、祭祀承継者に移転登記をする。

　祭祀財産にある動産については、遺言執行者は、指定された祭祀承継者に引き渡しをする。

　なお、民法は、祭祀財産の承継について承認や放棄の制度を設けていないことから、祭祀主宰者は、これを放棄したり、辞退したりすることはできないが、祭祀財産を承継したからといって当然に墓参や法要等の祭祀を行う法的な義務を負うことはないとされる（宇都宮家栃木支審昭和43・8・1判タ238号283頁）。また、祭祀主宰者が祭祀財産の承継後、これらの財産を生前処分又は遺言により処分することは、公序良俗に反しない限り自由であり、祭祀主宰者の処分に対して、相続人が反対したり、返還を求めたりすることはできない（広島高判昭和26・10・31高民集4巻11号359頁）。

(8) 遺言による保険金受取人の変更

(A) 保険法の成立と保険金受取人の変更の遺言

　従前の商法においては、遺言によって保険金受取人の変更をすることができるかどうかについて規定がなかったこと、および、最高裁の判例もないことから、保険実務の取扱いが区々であった。そこで、商法から切り離され、単行法として規定された保険法（平成20年法律第56号—平成22年4月1日から施行）は、遺言によって保険金受取人の変更をすることができることを明文で認め、かつ、その対抗要件などを規定した。

(B) 保険法による明文化

　保険法44条1項および73条1項において、「保険金受取人の変更は、遺言によっても、することができる」と規定し、上記の問題を立法的に解決した。すなわち、生命保険契約や傷害疾病定額保険契約が長期間にわたって存続しうる継続的な契約であることからすれば、その間の事情変更等に応じて保険金受取人を変更することができるものとすることが、保険契約者の意思を尊重することになり、その利益保護に資するとの観点から、明確にされたものである。

(C) 対抗要件

　また、保険法44条2項および73条2項は、「遺言による保険金受取人の変更は、その遺言が効力を生じたのち、保険契約者の相続人がその旨を保険者に通知しなければ、これをもって保険者に対抗することができない」と規定した。これは、遺言が、相手方のない単独の意思表示であり、遺言者の死亡時にその効力を生ずるものであることから（民985条1項）、保険者の二重払いのリスクを防止するため、保険者への通知を保険金受取人変更の対抗要件としたものである。

　生命保険を締結した場合には、保険者は、保険契約者に対して、保険者、保険契約者、被保険者、保険金受取人、保険事故、保険給付の額、契約締結

日党を記載した書面の交付をする（保険40条）、遺言執行者は、これらの確認をし、それが確認できない場合は、保険者に照会して確認したうえ、保険金受取人の変更の通知を文書で行う。実際には、各保険会社に所定の文書があることから、それを取り寄せて通知の文書を送付することになる。

(D) **被保険者の同意**

被保険者を他人とする生命保険契約は、当該被保険者の同意がなければ効力を生じないが（保険38条）、保険金受取人の変更の場合も、被保険者の同意がなければ効力を生じない（同法45条）。これは、モラルリスクを回避するとともに、被保険者の意思を尊重するという趣旨に基づく。

被保険者の同意の時期については、保険法に特段の規定はなく、前記の被保険者の同意を求めて法の趣旨よりすれば、保険金受取人変更の遺言の効力発生後であってもよく、保険事故または給付事由が発生するまでの間に被保険者の同意があれば足りるとされている。したがって、遺言執行者は、被保険者を他人とする生命保険契約に関する保険金受取人の変更の場合は、被保険者の同意を得る必要がある。

（相原　佳子）

第3章

遺産分割

1　総　論

(1)　遺産分割事件の性質

(A)　総　論

　遺産分割とは、共同相続人間で遺産共有状態（民898条）にある相続財産を、その暫定的な権利状態を解消して、各共同相続人の単独所有状態（時に物権法上の共有状態）にする手続であり、その方法としては、遺言による指定分割（民908条）、共同相続人間の協議による遺産分割（民907条1項）のほかに、協議が調わない場合または協議できないときに家庭裁判所に請求してなされる分割（民907条2項）がある。この家庭裁判所に請求してなされる分割が遺産分割事件であり、家事事件手続法において、別表第2に掲げる事項についての審判事件および調停事件とされている（別表第2―12項）。

(B)　非訟事件性

　遺産分割事件は、家庭裁判所の専属管轄に属する事件であり、訴訟事件ではなく、家事事件手続法が適用される非訟事件である。

(a)　非訟事件とされるべき理由

　遺産分割は、遺産という私有財産を分割する経済的紛争ではあるが、家族親族間の紛争であり、その背景には長い年月をかけて形成された家族親族間の根深い対立や複雑微妙なあつれきがあり、激しい感情的対立が生じている事案も少なくない。このような遺産分割事件を経済的紛争であるとの理由から通常の民事訴訟手続とし、公開の法廷で審理することは、家族親族間にお

ける長年にわたるさまざまな事実が公になることを意味し、それだけで家族親族間の平和を脅かすこととなる。

また、共同相続人間には、被相続人の死亡を契機として、遺産分割だけではなく、さまざまな経済的紛争やそれ以外の親族関係にまつわる紛争が生じているのが常であり、これらの紛争をも、柔軟に、一体的一回的に解決することは、当事者である共同相続人のためにも、また、手続経済上も望ましいといえる。

こういった点を踏まえて、遺産分割事件は非訟事件とされたのであり、家庭裁判所は、非公開の調停および審判手続において、裁量権を行使して、家族親族間の根深い対立やあつれきといった遺産分割紛争の背景にある事情をも把握したうえで、被相続人の死亡を契機として生じた経済的紛争その他の紛争をも一体的一回的に解決することを図りつつ、遺産分割事件を進行させることとなる。

(b) 非訟事件としての相当性

遺産分割は、遺産に属する物または権利の種類および性質、各相続人の年齢、職業、心身の状況および生活の状況その他一切の事情を考慮してこれをなすものとされるが（民906条）、法は民法906条以外に分割基準を規定していない。したがって、家庭裁判所は、裁量権を行使して、遺産分割の具体的内容を形成することとなるが、かかる裁判は、相続分があることを前提に、すなわち、権利が存在することを前提に、その内容を具体化するものであるから、本質的に非訟の裁判であって、公開の法廷における対審および判決によってなされることを要しないものということができる。

(c) 権利関係の有無の争いである前提問題の扱い

もっとも、遺産分割は、相続人の範囲を定め、相続財産を確定したうえでなされるものであり、それらはいずれも実体法上の権利関係であるから、これらの前提問題となる権利関係について当事者間に争いがあるときには、非訟事件の裁判である審判でこれらの権利関係を終局的に確定することはできない。

191

この点について、最大決昭和41・3・2民集20巻3号360頁は、「前提たる法律関係につき当事者間に争いがあるときは、審判手続において右前提事項の存否を審理判断したうえで分割の処分を行うことは少しも差支えないというべきである」と判示し、遺産分割の前提となる権利の存否について審判で判断することは許容されるとする。しかし、その理由については、「審判手続においてした右前提事項に関する判断には既判力が生じないから、これを争う当事者は、別に民事訴訟を提起して右前提たる権利関係の確定を求めることをなんら妨げられるものではなく、そして、その結果、判決によって右前提たる権利の存在が否定されれば、分割の審判もその限度において効力を失うに至るものと解されるからである」と判示し、後に民事訴訟で確定できること、その結果、分割の審判もその限度で効力を失うことをその理由にあげている。

　したがって、相続人の範囲や遺言書の効力、あるいは遺産の範囲などの遺産分割の前提問題が争われる場合は、その点について家庭裁判所が判断を示すのが適当な事案かどうかを見極める必要がある。後に民事訴訟が提起され、その結果により審判の効力が失われる可能性が少なからずある場合についてまで、当該前提問題について判断を示し審判するというのは、民事訴訟で異なる判断が示されたときに審判前の状態を回復させるために新たな紛争を生じ、また当事者に混乱を与えることにもなりかねないから、相当とはいえないであろう。具体的には、通常、相続人の範囲や遺言書の効力が争われている場合は、その点をまず民事訴訟等で確定したうえで、再度遺産分割事件を申し立てることとするのが相当なときが多いであろうし、遺産の範囲について争いが決着しない場合には、当事者の意向を踏まえ、争いのある権利関係が遺産の中で占める重要性や遺産性の立証の程度等を検討し、当該権利関係を民事訴訟で確定させることとするのか、審判で判断するのかが選択されることとなる。そして、争いのある権利関係の確定を民事訴訟に委ねる場合には、あわせて、その余の遺産のみを対象として分割手続を続行するのか、一旦遺産分割事件を取り下げるかという点についても、当事者の意向により早

期に決断されることとなる。

(C) 顕著な私的紛争性

遺産分割事件は、共同相続人の自由な意思に基づいて処分することのできる権利または利益を対象とする紛争について、共同相続人間の協議が調わない、または協議できないときに申し立てられるもので、申立ての時点ですでに利害対立が深刻化している事件である。

しかも、遺産分割は、遺産という有限な財産を、共同相続人間でいわば奪い合うという紛争形態であり、なおかつ、その背景には家族親族間の根深い対立や複雑微妙なあつれきが存在していることも稀ではない。しかも、被相続人の死亡を契機としてさまざまな経済的紛争その他の親族関係にまつわる紛争が存在するのが常であり、別表第2事件の中でも、私的紛争性が顕著な事件ということができる。

他面、遺産分割事件においては、倫理的、道義的な要素が入る余地がほとんどなく、家庭裁判所が後見的役割を果たすべき場面は、個人の尊厳、平等を基本とする共同相続制度の維持といった点のほかには特段なく、他の別表第2事件と比較して、その公益的性格は希薄ということができる。

(2) 事件処理の手続原理

(A) 当事者主義的運用

(a) 家事事件手続法の趣旨

遺産分割事件は、家事事件手続法の別表第2事件であり、家事事件手続法により、家庭裁判所は、職権で事実の調査をし、かつ、申立てによりまたは職権で、必要と認める証拠調べをしなければならないとされ（家事手続56条1項）、また、自白の拘束力を定めた民事訴訟法179条は準用されないなど（同法64条1項）、職権探知主義がとられている。

家事事件手続法が職権探知主義を採用した理由は、家事事件の多くが、家庭の平和と健全な親族共同生活の維持にかかわる、当事者が任意に処分でき

ない公益的性格の強い事項を対象としており、かような事項については、家庭裁判所が後見的立場で合目的的に裁量権を行使して、個別具体的に妥当な解決を図ることが相当と考えられたためである。

もっとも、家事事件手続法においては、職権探知主義を採用しつつも、「当事者は、信義に従い誠実に家事事件の手続を追行しなければならない」と当事者の責務が規定され（家事手続2条後段）、「当事者は、適切かつ迅速な審理及び審判の実現のため、事実の調査及び証拠調べに協力するものとする」と規定されて（同法56条2項）、当事者の基本的な責務として、手続を適正に追行させ、事実の調査および証拠調べにかかわっていくべきことが明確に規定されている。したがって、家事事件手続法においても、実務上の運用として、別表第2事件の事件類型ごとに、その私的紛争性や公益的性格の程度等に応じて、紛争の適正な解決を実現するために、当事者のかかわり方を柔軟に定め、当事者主義的な審理方法を採り入れることも許容されていると解することができる。

(b) **当事者主義的運用の合理性**

しかるところ、遺産分割は、遺産という当事者が任意に処分することができる私有財産の分配をめぐる経済的紛争であり、他方公益的性格が希薄であるから、遺産分割に係る事項について、一律に職権探知主義を適用しなければならない理由はないといえる。そして、遺産分割事件は、別表第2事件のなかでも、私的紛争性が顕著な事件であるから、当事者主義的運用をなし、当事者が主体的に手続を追行し、主張の対立点を明らかにし、その点について主張や資料の提出を尽くすのが相当な事件といえ、かつそうすることが事案を適切に解明し、迅速な調停および審判の実現に資するということができる。

(c) **当事者権の実質的保障と事案解明義務、協力義務**

したがって、遺産分割事件においては、当事者が任意に処分できる事項に関しては、十分な主張と資料提出の機会が保障されること（当事者権の実質的保障）を前提に、当事者に第一次的な事案解明義務および手続協力義務を

負わせ、当事者が自己の責任において必要な資料を収集し、提出するという運用がなされるのが相当であり、通例である。

すなわち、相続人の範囲については、身分関係に関する事項であり、当事者が任意に処分できる事項ではなく、公益的性格が強いから、職権探知主義が働くが、遺産の範囲、その評価、特別受益および寄与分に係る事実については、当事者が任意に処分できる事項であるから、当事者主義的運用がなされ、当事者の責任において、必要な資料を収集し、提出する運用がなされる。ことに、当事者が具体的事実を把握していない遺産について、家庭裁判所が職権による調査等を行って積極的に発見するよう努めることは、遺産分割が私的財産の配分に関する手続であることから、相当ではないというべきである。したがって、家庭裁判所は、調査嘱託等の方法を用いて、いわゆる遺産捜しはしないというのが通常である。

(d) 当事者の合意を尊重する運用

職権探知主義のもとでは、民事訴訟における自白の拘束力は認められないが、遺産の範囲、その評価、特別受益および寄与分は、当事者が任意に処分できる財産および相続分に関する事項であるから、当事者が合意した内容は基本的にこれを尊重し、それが不法不当なものと認められない限り、合意内容を基に手続を進行させることとなる。そして、審判においても、一定の制約は受けるが、合意内容を前提とした判断がなされるのが通常である。

遺産の分割方法についても、家庭裁判所は、当事者の意思に拘束されることなく、後見的立場から合目的的に裁量権を行使して具体的な分割方法を定めるべきものとされるが（民906条）、当事者が任意に処分できる遺産について合意が成立しているのであれば、その合意内容は最優先の分割基準というべきであるから、共同相続人間で取得者が合意されている遺産は、その者に取得させる旨の審判がなされるのが通常である。

(B) 段階的手続進行

遺産分割とは共同相続人間で遺産共有状態にある相続財産を各共同相続人の単独所有状態にする手続であり、それは、①誰と誰とが（相続人の範囲）、

②何を分割するかを定め（遺産の範囲）、③その評価額を算定し（遺産の評価）、④それをどのような割合で分配するのかを定めたうえで（特別受益、寄与分の有無、評価）、⑤誰がどの遺産を取得するのかを決める（具体的な分割方法）という各段階に分けてとらえることができる事件であり、基本的にはこの順序で協議を積み重ねていく、段階的手続進行がなされるべき事件ということができる。

　なかでも、遺産の範囲は、遺産分割の前提問題と位置づけられるものであり、遺産の範囲を手続の早い段階で確定させることは、遺産分割手続を適正円滑に進行させるために極めて重要なことである。遺産分割手続内では、遺産か否かを既判力のある判断により終局的に解決することはできないから、遺産の範囲をあいまいにしたまま手続を続けることは、事件の進行を迷走させることになりかねず、厳に慎まなければならない。

　加えて、遺産分割事件は、私的紛争性が顕著で、当事者が感情的に対立することから、主張や資料提出が激しく応酬され、遺産の範囲や評価をめぐって争いとなることは常といえる。さらに、特別受益や寄与分をめぐっては、長い年月をかけて形成された家族親族間の根深い対立や複雑微妙なあつれきを生んだ背景事情が争いの中心となることも少なくなく、そのため、特別受益や寄与分に係る主張の応酬が、遺産の範囲が定まっていない調停の序盤段階からなされると、複数の論点が同時進行で協議されて議論が輻輳し、感情的対立がさらに激化することになりかねない。そうなると、争いの範囲が遺産分割には直接かかわりのない家族親族間の過去の紛争まで拡大し、遺産の範囲すら確定できず分割協議が一向に進展しないという事態が起きることも珍しいことではない。

　したがって、遺産分割事件においては、こうした事態を回避するため、特に事案が複雑で紛争性が高い事案については、①から⑤までの各事項を、順を追って協議し、合意事項を1つひとつ調書で記録化したうえで次の段階に進むという、段階的手続進行を図るべき必要性が高いということができる。

(3) 遺産分割の禁止

(A) 分割禁止の手続

　遺産分割事件が家庭裁判所に請求された場合、特別の事由があるときは、期間を定めて、遺産の全部または一部についてその分割を禁止することができる（民907条3項）。

　遺産分割の禁止についても、家事事件手続法の別表第2事件（13項）とされており、家庭裁判所は、遺産分割事件について、分割審判および却下審判並びに分割禁止審判のいずれかの判断を示すこととなる。また、分割禁止の調停を成立させることもできる。

　なお、分割禁止の審判に対しては、即時抗告ができるが（家事手続198条1項2号）、遺産分割禁止の申立てを却下する審判については即時抗告を認める旨の規定はない。

(B) 分割禁止の期間

　分割禁止の期間については、明文の規定はないが、共有物を分割しない旨の契約の期間が5年を超えないものとされていることや（民256条1項ただし書）、遺言による分割禁止の期間が5年とされていること（民908条）との均衡から、5年を超えることはできないものと解されている。なお、分割禁止期間の更新については、民法256条2項が類推され、5年を超えない期間内で更新することができると解されている。

(C) 特別の事由

　民法907条3項の特別の事由の有無は、具体的事案ごとに諸事情を総合勘案して判断されることになるが、遺産はいつでも分割できるのが原則であるから、遺産分割を一定期間禁止することが全共同相続人の利益になるという客観的事情が存在することが必要と解されている。たとえば、相続人の範囲に争いがあるときや相続分を指定した遺言の効力について争いがあり、その点について民事訴訟等が係属し、終局的解決まで相当長期間を要する見込み

の場合には、遺産分割の審判をなしても後にそれが無効となる可能性が高く、特別の事由があるといえる。

　遺産の範囲に争いがある場合については、具体的事案により結論が分かれるが、遺産性が争われている財産が遺産の中で重要な財産であり、その遺産性の判断次第で審判が無効とされる可能性が高く、かつ紛争性が顕著であり民事訴訟による解決が相当な場合、あるいはすでに民事訴訟が係属している場合で、その終局的解決まで相当長期間を要する見込みの場合には、特別の事由があるといえよう。

(D)　**分割禁止の効果**

　分割禁止の審判には形成力があり、分割禁止期間中は、遺産分割をなすことはできないから、共同相続人においては、分割を禁止すべき特別の事由について事情の変更が生じ、遺産分割手続を再開しようとするときには、まず、家庭裁判所に対し、遺産分割の禁止の審判の取消しまたは変更を申し立てる必要がある（家事手続197条）。

〔田中　寿生〕

2 相続人の確定

(1) 相続人の範囲（法定相続人）

(A) 法定相続制

我が国の相続制度のもとでは、相続人の範囲は法律（民法）で規定されており、被相続人の意向や相続人間の協議等により任意に定めることは許容していない（法定相続制）。このような法律の規定により相続人となる者を、法定相続人という。

(B) 相続人の範囲

民法上、法定相続人としては、血族相続人として①被相続人の子、②直系尊属、③兄弟姉妹が規定され（民887条・889条）、これらの血族相続人に加えて被相続人の配偶者が相続人であることが規定されている（民890条）。

配偶者は常に相続権を有しており、血族相続人は後記の順位により具体的な相続の場面で相続権を有するか否かが定まる。

(C) 血族相続人の順位

血族相続人の間では、民法上、次の順序で相続権を有するものとされている。

(a) 第1順位　子（民887条1項）

子は、被相続人と法律上の親子関係が存在すれば足り、実子・養子、性別、氏の異同、親権の有無などといった事情は一切影響しない。

実務上は、戸籍謄本や全部事項証明書のうち、父または母（養父母を含む）

の記載が被相続人であれば子としての相続人であると取り扱っている。

なお、相続開始時に胎児である者は、相続についてはすでに出生したものとみなされ（民886条1項）、死産であったときは適用されないものとされる（同条2項）。これらの規定の解釈については、胎児には相続能力がなく、相続開始後生きて出生したときに始めて相続開始時に遡及して生まれていたものと擬制し、相続能力を認める見解（停止条件説）によるのが判例・実務であり、この見解によれば、出生前の段階では父母が胎児の法定代理人として遺産分割をすることは認められないことになる。

(b) **第2順位　直系尊属（民889条1項1号）**

被相続人に子がいなかった場合には、被相続人の父母や祖父母といった直系尊属が相続権を有することとなる。ただし、直系尊属の中では、被相続人に親等が近い者が優先的に相続権を有することとされている（民889条1項1号ただし書）ことから、相続開始時に父母および祖父母のいずれも生存している場合は、父母のみが相続権を有する。

実父母と養父母が存在する場合には、全員が同順位で相続人となる。

なお、直系尊属はあくまで被相続人の血族の尊属を意味し、姻族を含まない（大判昭和12・8・3民集16巻1312頁）ことから、被相続人の配偶者の尊属が相続権を有することはない。

(c) **第3順位　兄弟姉妹（民889条1項2号）**

被相続人の直系尊属もいない場合には、被相続人の兄弟姉妹が相続権を有することとなる。兄弟姉妹は、父母を同じくする兄弟姉妹（いわゆる全血）に限られず、父母の一方のみを同じくする兄弟姉妹（いわゆる半血）も含まれる（この場合、後記のとおり、半血の兄弟姉妹の法定相続分は全血の兄弟姉妹の法定相続分の半分とされている。民900条4号ただし書）。

(D) **代襲相続**

代襲相続とは、相続開始以前に、相続人となるべき者が死亡その他の事由により相続権を喪失した場合に、その者の直系卑属が、当該相続人となるべき者に代わって同一順位で相続人となる制度のことである。

(a) 被代襲者

被代襲者となるのは、被相続人の直系卑属（民887条2項本文）のほか、兄弟姉妹である（民889条2項・887条2項本文）。直系尊属や配偶者には、代襲相続は認められていない。

(b) 代襲原因

代襲原因は、①相続開始以前の死亡、②相続欠格事由（民891条）への該当、③推定相続人廃除（民892条・893条）の3つである（民887条2項本文）。これは限定列挙であり、他の理由により代襲相続をすることはできない。

相続放棄は代襲原因ではないので、相続放棄をした者の直系卑属等が代襲相続をすることはない。

また、相続欠格事由の発生や、推定相続人廃除の認容審判（家事手続別表第1—86項）の確定は、相続開始以前であることを要しない。たとえば、推定相続人が被相続人を殺害し、その刑事事件における実刑判決が確定して収監された場合、判決確定および収監は相続開始後であることが明らかであるものの、相続欠格事由（民891条1号）に該当し、代襲相続が発生することになる。

(c) 代襲者

代襲者は、被代襲者が被相続人の子である場合はその直系卑属（民887条2項）、兄弟姉妹である場合にはその子であることを要する（同条3項）。

被代襲者が被相続人の子である場合、被代襲者の子が代襲相続時に死亡していたとしても、その直系卑属に再代襲が認められている（民887条3項）ことから、この場合の代襲者は被代襲者の直系卑属である。また、代襲者は被相続人の直系卑属であることも要する（同条2項ただし書）。したがって、代襲者は被相続人および被代襲者双方の直系卑属であることを要する。たとえば、被相続人と養子縁組をした者に、縁組時にすでに子がいた場合、この子は被相続人である養親とは法定血族関係がないため、被相続人の直系卑属にならないことから、代襲者とならない。他方、縁組後に出生した子は代襲者となる。

兄弟姉妹における代襲相続については、昭和22年民法改正により、兄弟姉妹の子が代襲者となることが規定され、その内容は現行の条文と同様であったところ、昭和37年民法改正に伴い、その子の直系卑属も代襲者となることとされ、再代襲が認められた。しかし、これでは代襲者の範囲が広範に過ぎる等といった批判が生じたことを受け、昭和55年民法改正時に現行の条文に改められ、代襲者となるのは兄弟姉妹の子に限ることとされた。もっとも、現在においても、上記昭和37年改正における民法が適用される事案においては、兄弟姉妹の子にとどまらず、その直系卑属も代襲者となることから、遺産分割手続を行う場合には注意が必要である。

(d) 効　果

代襲者は、被代襲者に代わって同一の相続順位で、被代襲者の相続分を相続する。数人の共同代襲相続人相互間では、相続分は均等である（民901条1項）から、頭分けとなる。これは、再代襲の場合も同様である。

(E) 法定相続人以外に相続権を有する者

法定相続人以外の場合でも、具体的な遺産分割の場面において相続権を有する者が存在することがある。

たとえば、法定相続人から相続分の譲渡（民905条1項参照）を受けた者は、相続権を有することから遺産分割の当事者となる。

また、被相続人が法定相続人以外の第三者に対して、すべての遺産につき割合を指定して遺贈する旨の遺言（いわゆる割合的包括遺贈）を作成していた場合、その受遺者（割合的包括受遺者）は相続権を有することから、遺産分割の当事者となる。

ここで、割合的包括遺贈の遺言において、遺言執行者が指定され、遺言執行者が選任されている場合に、当該遺言執行者が遺産分割の当事者適格性を有するとして、遺産分割調停・審判を申し立てることができるかという問題がある。

まず、遺言執行者が遺言の執行に必要な一切の行為をする権限を有する権利義務を有すること（民1012条1項）や、遺言執行者が相続人の代理人であ

る（民1015条）ことなどを根拠として、遺言執行者の当事者適格性を肯定する見解がある。この見解によれば、遺言執行者が選任されている場合には、割合的包括受遺者の当事者適格性は否定されることとなる。

他方、遺言執行者による遺言の執行に必ずしも遺産分割の当事者適格性を認める必要性が高くないこと、遺産分割に直接の利害関係を有する割合的包括受遺者に当事者適格性を端的に認めることで足りることなどを根拠に、遺言執行者の当事者適格性を否定する見解がある。

現在の実務は否定説で運用されているものと思われ、学説上も否定説が有力であるようである。私見としては、遺言執行者自身には相続権がなく、そのような者が遺産分割に当事者としてかかわることは相当でないから、否定説をとるべきものと解する。

(2) 相続の欠格

(A) 意　義

相続制度は、被相続人および相続人となるべき者との相続的協同生活関係を基盤としているところ、この関係を破壊する重大な事由がある者については、刑事上の制裁とは別に、法律上当然に相続権を剥奪し、相続人の資格を喪失させるものとした。これを、相続欠格という（民891条）。

(B) 相続欠格事由

相続欠格事由は、民法上、次の5つが規定されており、これは限定列挙である。したがって、列挙事由と同視し得る非行等があるとしても、相続欠格者にはならない。

① 故意に被相続人または相続について先順位もしくは同順位にある者を死亡するに至らせ、または至らせようとしたために、刑に処せられた者（民891条1号）　殺人罪（刑199条）や殺人未遂罪（刑203条・199条）で実刑判決を受けた場合が典型である。自殺関与罪あるいは同意殺人罪（刑202条）、殺人予備罪（刑201条）も含まれる。他方、過失致死罪（刑

210条）その他の過失により死亡させた罪で有罪判決を受けた場合は含まれない。また、傷害致死罪（刑205条）も、死亡という結果に対しては故意が認められないから、やはり含まれない。

　刑に処せられたことを要することから、たとえば殺人罪の構成要件該当行為が認められても、正当防衛が成立したり、責任無能力などの理由で無罪とされた場合は含まれない。また、有罪判決であっても、執行猶予が付され、これが取り消されずに猶予期間が満了した場合には、刑の言渡しが効力を失う（刑27条）ことから、欠格事由には該当しないこととなる。

② 被相続人が殺害されたことを知って、これを告発せず、または告訴しなかった者（民891条2号）　今日においては、このような事態が生じた場合には捜査機関が直ちに捜査を開始するのが通例である。したがって、犯罪が発覚し、捜査が開始されてから相続人が犯罪を認識し、告訴や告発の必要がない場合には欠格事由にならないと解されている。

　なお、告発や告訴をしなかった者に是非の弁別がないときや、殺害者が自己の配偶者もしくは直系血族であったときは、欠格事由に該当しないとされている（民891条2号ただし書）。

③ 詐欺または強迫によって、被相続人が相続に関する遺言をし、撤回し、取り消し、または変更することを妨げた者（同条3号）

④ 詐欺または強迫によって、被相続人に相続に関する遺言をさせ、撤回させ、取り消させ、または変更させた者（同条4号）

⑤ 相続に関する被相続人の遺言書を偽造し、変造し、破棄し、または隠匿した者（同条5号）

③から⑤は、いずれも遺言に関して著しく不当な干渉行為をした相続人について、その相続資格を剥奪する民事制裁の規定である。これらの規定に該当するというためには、欠格事由に該当する行為を行うことについて故意があることのほか、相続に関して不当な利益を得る目的（受益の故意）があることが必要であると解されている。

相続に関する遺言は有効なものであることを要するので、そもそも方式不備等があるため無効な遺言についてこれらの行為がなされても、欠格事由には該当しない。

相続に関する被相続人の遺言書が方式不備のために無効である場合や、有効な遺言書になされている訂正が訂正方式不備のために無効である場合に、相続人がその方式を具備させることで有効な遺言書としての外形もしくは有効な訂正としての外形を作出した場合に、これが上記⑤の欠格事由に該当するかが問題となる。この点、判例は、このような相続人の行為が「5号にいう遺言書の偽造又は変造にあたるけれども、相続人が遺言者たる被相続人の意思を実現させるためにその法形式を整える趣旨で右の行為をしたにすぎないときには、右相続人は同号所定の相続欠格者にはあたらないものと解するのが相当である」と判示している（最判昭和56・4・3民集35巻3号431頁）。

(C) 効　果

欠格事由がある場合、当該相続人は、法律上当然に相続権を喪失する。すなわち、欠格者は、特別な裁判手続や意思表示を必要とすることなく相続人から除外され、その効力は相続開始時に遡及する（大判大正3・12・1民録20輯1019頁）。

相続欠格の効果は、欠格事由と関係する特定の被相続人の相続について相対的に及ぶにすぎない。したがって、たとえば父である被相続人を殺害して、父の相続について相続権を喪失したとしても、その後に死亡した母の相続においては相続人となる。

なお、相続欠格者は、受遺者となることもできない（民965条・891条）。

(D) **相続欠格者からの遺産取得者**

相続欠格事由があるにもかかわらず、相続欠格者が遺産を事実上取得した外形があり、これを信頼して遺産を取得した第三者は、無権利者からの権利取得者となることから、真正相続人からの返還請求がされた場合には、これに応じなければならない。このような結論は第三者の取引の安全を害することになるが、第三者の保護規定が存在しない以上、やむを得ないといわざ

を得ない（ただし、動産の場合には、即時取得（民192条）により第三者が保護される可能性がある。他方、不動産の場合には、同法94条2項類推適用によって第三者を保護する考え方も理論的にはあり得るが、真正相続人の責めに帰すべき事情があるとされる事例は稀であるように思われる）。

(3) 遺言による認知

(A) 認知の概要

認知は、戸籍法の定めるところにより届け出ることによってすることが原則である（民781条1項）が、遺言によってもすることができる（同条2項）。

認知がされると、認知した父と認知された者との間に法律上の親子関係が生じることとなるから、父の相続においては、認知された者も相続人となる。

また、認知は、出生の時に遡及して効力を生じる（民784条本文）が、第三者がすでに取得した権利を害することはできない（同条ただし書）。

(B) 価額支払請求

相続が開始し、遺産分割が完了した後に、被相続人の遺言が発見され、この中で認知がされていた場合は、上記の民法の規定に照らせば、結果的には認知された相続人を除外して行った遺産分割ということになる。そして、遺産分割は相続人全員が関与したうえで行わなければ無効であると解されているから、完了した遺産分割も無効となり、あらためて分割協議等をやり直すこととも思える。しかし、他方で認知の遡及効は制限されている（民784条ただし書）ことから、遺産分割が完了している場合には認知の効力が及ばず、完了した遺産分割の効力にも影響しないとも考えられる。このような共同相続人の既得権と遺言により認知されて相続人になった者の保護を図るべく、遺産分割完了後に遺言による認知がされて相続人となった場合は、認知をされた者は、他の共同相続人に対し、価額による支払請求権を有するものとされた（民910条）。これは、同法784条ただし書の例外となる制度である。

したがって、このような場合には、認知された者は、他の共同相続人に対

し、自己の法定相続分に応じた価額の支払いを求めることができることになるが、遺産分割のやり直しを求めることはできない。また、この場合において、認知された者が被相続人の療養看護に努めるなど、特別の寄与行為をしていた場合には、法定相続分による支払請求によるのは相続人間の公平を失すると考えられる。そこで、この場合には、認知された者は、他の共同相続人を相手方として、家庭裁判所に対して寄与分を定める処分調停・審判を申し立てることができる（民904条の2第4項）。これは、寄与分を定める処分調停・審判が、通常は遺産分割調停・審判事件が現に家庭裁判所に係属中である場合に限って申し立てることができるとされている（同条4項は、「第2項の請求は、第907条第2項の規定による請求があった場合」にすることができると規定されている）ことの例外である。

(C) 価額支払請求の要件

(a) 請求権者

相続開始後認知によって相続人となった者である。被相続人の子で死後認知（民787条参照）を受けた者が典型である。他方、遺産分割後に共同相続人の存在が判明した場合に、民法910条を類推適用することができるかが問題となるが、否定するのが判例である（最判昭和54・3・23民集33巻2号294頁）。もっとも、この判例の事案は、母の遺産分割後に非嫡出子である共同相続人の存在が判明したというものであり、母子関係は認知を要せずに分娩の事実をもって当然に法律上の親子関係が生じることを理由で指摘しているものであるから、同条の趣旨からすれば、類推適用は困難とも思える事案である。他方、遺産分割後に被相続人である父との間の親子関係存在確認判決が確定した場合などについても類推適用を否定することになるか否かは、なお議論の余地があるように思われる。

(b) 適用場面

他の共同相続人がすでにその分割その他の処分をしたことである。遺産分割協議が完了した場合はもちろん、遺産分割調停の成立や遺産分割審判が確定した場合を含む。また、その他の処分とは、他の共同相続人が遺産である

不動産を共同して売却した場合（いわゆる任意売却）や、これに抵当権を設定したような場合などが考えられる。

(D) 価額支払請求をめぐる問題点

(a) 手続類型

価額支払請求は、あくまで相続人間における金員の支払いに係る権利義務の争訟である。したがって、価額支払請求に関する紛争は民事訴訟事項であり、最終的には民事訴訟において解決が図られる。家庭裁判所に対して家事調停を申し立てることも可能であるが、この調停は、親族間紛争調停の一環として一般調停として扱われ、調停不成立となっても審判手続は行われない。

(b) 相続債務の取扱い

価額支払請求の算定根拠となる遺産のうち、相続債務（消極財産）については、学説上は積極財産から控除することができるとするのが多数説である。しかし、相続債務は可分債務として遺産分割を経なくとも法律上当然に法定相続分で分割承継されるものであるし、遺産分割審判手続では積極財産のみを対象とすることとの平仄から、私見としては、価額支払請求においても考慮し得ないと解する。同旨の判示をした裁判例として、福岡高判昭和54・12・3判時963号52頁がある。

(c) 価額算定の基準時

遺産の価額算定の基準時については、価額の支払いを請求した時である（請求時説。最判平成28・2・26判タ1423号124頁）。

(4) 推定相続人の廃除（民892条）

(A) 意　義

推定相続人の廃除とは、特定の相続人に相続的協同生活関係を破壊するといい得る一定程度の事由があり、被相続人が当該相続人に相続させることを望まない場合に、当該相続人の相続権を喪失させる制度のことである。

廃除は、下記(C)の廃除事由が存在する場合にのみ可能であり、かつ、家庭

裁判所の審判で認容される必要がある（家事手続別表第1―86項）。

(B) **廃除の対象となる相続人**

廃除の対象となる相続人は、遺留分を有する推定相続人に限られる。したがって、兄弟姉妹が相続人となる事案において、これらの者を廃除することはできない。これは、兄弟姉妹には遺留分が存在しないことから、被相続人としては、特定の相続人に相続させることを望まないのであれば、その意向を踏まえた遺言を作成すれば足り、あえて廃除の手続をさせる必要性が乏しいことが理由である。

また、推定相続人とは、その時点における最先順位の相続人をいう。したがって、第1順位の相続人である子が存在するにもかかわらず、第2順位の尊属をあらかじめ廃除することはできない。

(C) **廃除事由**

① 推定相続人が、被相続人に対して虐待したこと
② 推定相続人が、被相続人に重大な侮辱を加えたこと
③ 推定相続人にその他の著しい非行があったこと

廃除事由は限定列挙であり、上記①ないし③のいずれか1つの事由があることを要する。もっとも、これらの規定はいずれも評価的規範といえるから、虐待、重大な侮辱、著しい非行というべき具体的な事情が存在する必要がある。

また、上記事由については、いずれも相続的協同関係を破壊するというべき程度に達していることを要する。

(D) **廃除の方法**

(a) **生前廃除**

被相続人は、特定の相続人に上記(C)の廃除事由がある場合には、家庭裁判所に対して当該相続人の廃除を請求することができる。

この廃除請求権は、被相続人の一身専属権であり、代理に親しまない行為である。

推定相続人廃除は、家事審判法のもとでは乙類審判事項とされ、審判手続

のほか、調停を申し立てることも可能であった。しかし、家事事件手続法においては、甲類審判事項に相当する別表第1事件とされたことから、現在では調停を申し立てることはできない。推定相続人廃除の審判手続については、別項で概略を述べる。

　(b)　**遺言廃除（民893条）**

　被相続人は、上記(a)のほか、遺言において特定の相続人の廃除の意思表示をすることができる。この場合、遺言執行者は、遺言の効力が生じた後、遅滞なく、家庭裁判所に当該相続人の廃除を請求しなければならない。

(E)　**廃除の効果**

　廃除請求を認容する審判が確定すると、被廃除者とされた推定相続人は相続権を喪失する。もっとも、廃除の効果は、相続欠格と同様に相対的なものにとどまる。また、相続権以外の身分的法律関係には何ら影響が生じることはなく、相続欠格とは異なり、受遺者となることは妨げられない。

　なお、遺言廃除の場合、廃除請求を認容する確定審判の効力は、被相続人の相続開始時に遡及する（民893条後段）。

(F)　**廃除の取消し**

　被相続人は、生前廃除については、家庭裁判所に対して、いつでも廃除の取消しを請求することができる（民894条1項）。また、遺言によっても廃除の取消しをすることができ、この場合、遺言執行者は、遺言の効力が生じた後、遅滞なく、家庭裁判所に廃除の取消しを請求しなければならない（同条2項、893条）。

　なお、被相続人が遺言に廃除する旨の記載をしたものの、翻意してこの取消しを希望する場合は、当該遺言を破棄したり、あらためて遺言を作成すれば足りるため、生前廃除のような取消しの申立ての手続は規定されていない。

　廃除は被相続人の意思を考慮する手続であるから、被相続人自身が廃除の効果を消滅させることを希望するのであれば、これを制約する合理的な理由はない。したがって、廃除の取消しは、被相続人の真意によるものであることを要するものの、特段の理由は必要としない。

2 相続人の確定

(G) 相続財産管理人の選任

推定相続人の廃除もしくはその取消しの請求があった後、その審判が確定する前に被相続人が死亡し、相続が開始した場合は、家庭裁判所は、親族、利害関係人または検察官の請求により、遺産の管理につき必要な処分を命ずることができる（民895条1項前段、家事手続39条・別表第1—88項・189条）。推定相続人の廃除の遺言があった場合も同様である（民895条1項後段）。

必要な処分とは、具体的には相続財産管理人を選任することが典型であり、この相続財産管理人は、不在者財産管理人と同様の権限を有する（民895条2項）。

(H) 推定相続人廃除の審判手続[1]

推定相続人廃除の請求は、家事事件手続法では別表第1事件として取り扱われ（別表第1—86項）、家事調停を行うことができない事件に変更された。その理由は、次のとおりである。

上記(C)のとおり、推定相続人の廃除事由は民法892条に定めるものに限定されており、廃除の審判は遺留分を有する推定相続人の相続権の剥奪という重大な効果を生じるものであるから、推定相続人との間で廃除の合意が仮に成立したとしても、廃除事由がなければ調停を成立させるべきではないとされていた。そうすると、廃除事由については、当事者の任意の処分を許容しないとするのが同条の趣旨と考えられる。したがって、当事者間の協議による推定相続人の廃除は許容されないと解するべきであり、調停をすることができない事項というべきである。このような理由から、家事事件手続法では別表第1事件に変更されたものである。[2]

(a) 申立権者

上記(D)のとおり、生前廃除の場合は被相続人、遺言廃除の場合は遺言執行

---

1 本項については、篠原淳一「家事事件手続法別表第一に掲げる事項の審判事件の審理」曹時67巻2号48頁以下参照。

2 金子修編著『逐条解説　家事事件手続法』599〜600頁、同編著『一問一答　家事事件手続法』53頁参照

者に限られる。他の共同相続人が特定の相続人に対して廃除を申し立てることはできない。

(b) **管　轄**

推定相続人廃除の審判事件は、生前廃除の場合は被相続人の住所地を管轄する家庭裁判所、遺言廃除の場合は相続が開始した地を管轄する家庭裁判所である（家事手続188条1項）。

(c) **推定相続人に対する陳述聴取**

上記のとおり、推定相続人廃除の審判事件は別表第1事件であるから、推定相続人自身は当事者とはならず、必ずしも手続に関与するわけではない。しかし、廃除の効果の重大性に鑑みれば、手続保障の観点から、推定相続人に反論等の機会を与えることが必要であると解されることや、同審判事件が実質的には廃除事由の存否をめぐって申立人と推定相続人の主張が対立する構造となることから、別表第2事件と類似する側面もある。そこで、家庭裁判所は、審問の期日において、廃除を求められた推定相続人の陳述を聴かなければならないものとされた（家事手続188条3項。ただし、申立てが不適法であるときまたは申立てに理由がないことが明らかであるときは除く）。

(d) **別表第2事件の手続規定の準用**

上記のとおり、推定相続人廃除の審判事件は、別表第2事件に類似する側面があることから、別表第2事件の手続規定を準用している。具体的には、申立書の写しの送付（家事手続67条）、審問の期日への立会い（同法69条）、事実の調査の通知（同法70条）、審理の終結（同法71条）および審判日（同法72条）が準用される（同法188条4項）。ただし、推定相続人が当事者（相手方）になるわけではないので、たとえば当事者として事件記録の閲覧謄写を請求する（同法47条3項）場合は、利害関係参加（同法42条1項）を申し立てて、その許可を得る必要がある（利害関係参加をしない場合は、第三者からの閲覧謄写請求として、「相当と認めるとき」にのみ許可される（同法47条5項）ことになる）。

(e) **審　理**

推定相続人に民法892条の廃除事由に該当する具体的事由があるか否かが審理される。上記(c)、(d)のとおり、別表第2事件の手続規定が準用され、推定相続人にも陳述の機会が与えられていることから窺われるとおり、申立人において廃除事由があることを主張し、その客観的資料を提出する必要がある。

実務上、遺言廃除の事案において、遺言書に推定相続人を廃除する旨の記載があるということのみを主張し、廃除事由の具体的主張や資料が提出されないことがある。しかし、上記のとおり、遺言廃除はあくまで廃除の方法にすぎないのであり、廃除が認められるか否かは廃除事由の有無によることになる。したがって、遺言書に推定相続人を廃除する旨の記載があるとしても、それのみでは不十分であり、他の客観的資料も含めて廃除事由があると認められなければ、申立ては却下されることになろう。

(I) 遺産分割手続における推定相続人廃除の主張の取扱い

遺産分割手続において、被相続人の遺言に特定の相続人についての遺言廃除の記載がみられることがある。この場合、遺言執行者が推定相続人廃除を家庭裁判所に請求し、その認容審判が確定すれば、当該相続人は遺産分割の当事者から除外される。しかし、推定相続人廃除の請求がされないまま遺産分割調停・審判手続が申し立てられた場合は、同手続においては、当該相続人も当事者と扱われる。実務では、被相続人の遺言にこのような記載がある場合、この記載を理由に当該相続人の相続権がない旨の主張がされることもあるが、あくまで推定相続人廃除の認容審判が確定しない限り、この主張が取り上げられることはないことに留意すべきである。なお、同調停・審判手続の進行中に推定相続人廃除の請求がされた場合は、相続人の範囲が確定しないこととなるから、前提問題の争いとなり、同調停・審判手続を進めることはできなくなる（推定相続人廃除は独立の家事審判事項であるから、遺産分割審判手続の中で判断することはできない）。

3　法曹会『遺産分割事件の処理をめぐる諸問題』14頁

(5) 相続放棄、限定承認

(A) 単純承認の原則

　民法上、相続については、相続人がとりうる態度として、①単純承認、②放棄、③限定承認の3種類が認められている。

　相続人は、自己のために相続の開始があったことを知った時から3か月以内に、相続について、単純もしくは限定の承認または放棄をしなければならず（民915条1項本文）、この期間内に限定承認または相続放棄をしなかったときは、単純承認したものとみなされる（法定単純承認。民921条2号）。

　このように、民法の規定では、単純承認が原則として位置づけられている。単純承認をした場合には、相続人は無限に被相続人の権利義務を承継する（包括承継。民920条）。

　法定単純承認の事由としては、上記の期間経過のほか、次のような場合が規定されている。

① 相続人が相続財産の全部または一部を処分したとき（民921条1号）

　　処分とは、法律行為に限らず、事実上の行為も含まれる。たとえば、遺産の売却、抵当権の設定、代物弁済の実行、債権の取立てなどが典型である。また、相続人間で遺産分割を行った場合も、処分に該当する。

　　他方、日用品等の経済的に重要なものではない遺産についての形見分けや、社会通念上相当な範囲での被相続人に係る葬儀費用の支出は、処分に該当しない。また、保存行為または民法602条所定の期間内の短期賃貸借は処分に該当しない（民921条1号ただし書）。

　　処分行為である法律行為が無効または取り消しうる場合に、法定単純承認の効果が生じるかが問題となる。学説上の多数説は、処分行為が無効である場合は法定単純承認の効果も生じず、取り消しうる場合は、取り消された場合は当初から法定単純承認の効果が生じないとする。他方、この規定は、処分行為に基づき相続人に単純承認の意思があると信頼し

た第三者を保護する趣旨であるとして、処分行為に無効・取消原因があるとしても、法定単純承認の効果には影響しないとする裁判例もある（大判昭和6・8・4民集10巻652頁）。この見解によれば、処分行為自体は無効となり、もしくは取り消されるとしても、法定単純承認の効果は生じていると解することとなろう。

② 相続人が、限定承認または放棄をした後であっても、相続財産の全部または一部を隠匿し、私にこれを消費し、または悪意でこれを相続財産の目録中に記載しなかったとき（民921条3号）

(B) **相続放棄**

相続放棄とは、一応生じた相続の効果を確定的に拒絶し、当初から相続人ではなかった効果を生じさせる単独の意思表示のことをいう。

(a) **方　式**

相続の放棄をしようとする者は、その旨を家庭裁判所に申述しなければならない（民938条）。なお、相続放棄の申述は、相続が開始した地を管轄する家庭裁判所が管轄裁判所となる（家事手続201条1項）。債務者であった被相続人の相続人が相続放棄の申述をして、これが受理されているか否かを相続債権者が家庭裁判所に照会することもあるため、管轄がない家庭裁判所に申述がされた場合は管轄違いとして移送されるのが通例である。[4]

申述には、条件や期限を付することはできない。他方、申述は各相続人が単独ですることができ、財産目録の作成や提出は必要でない。また、相続放棄の申述書には、当事者および法定代理人と相続の放棄をする旨、被相続人の氏名および最後の住所、被相続人との続柄、相続の開始があったことを知った年月日を記載する（家事手続201条5項、家事規105条1項）。法律上、相続放棄をする理由を記載することは要求されていないが、これを記載するの

---

[4] 家事事件手続法上は自庁処理（同法9条1項ただし書）も可能であるが、この場合、債権者としてはどの家庭裁判所に照会をすればよいのか全く手がかりがつかめなくなるため、申述人が希望しても自庁処理をしない扱いが多いと思われる。同様に、本庁と支部の区別を誤った申述は、司法行政上の措置として回付がされることが多いと思われる。

が通例である。

　また、上記(A)のとおり、相続放棄は、自己のために相続の開始があったことを知った時から3か月以内にしなければならない（民915条1項本文）。この期間を、熟慮期間という。自己のために相続の開始があったことを知った時とは、相続人が相続開始の原因となる事実（被相続人の死亡という事実）を知り、かつ、当該相続について自己が法律上相続人であることを知った時である（大決大正15・8・3民集5巻679頁）。熟慮期間は個々の相続人ごとに計算されるため、相続人ごとに熟慮期間の満了日が異なる場合がある。

　(b)　受理手続

　相続放棄の申述がされた場合、家庭裁判所は、当該申述を受理するか否かを審査する。

　もっとも、実際の審査としては、申述書の記載に不備がないか否か（方式の遵守の有無）、申述人本人の真意に基づくものであるか否か、法定単純承認事由の有無といった点のみに限られ、理由や放棄の必要性の有無などといった点は審査の対象とならない。

　実務上、熟慮期間を経過した後に、被相続人に多額の負債が存在することが判明したとして、相続放棄の申述をする事案がみられる。この点については項を改めて後述する。

　また、実務上、すでに相続人間で遺産分割協議が完了し、現実に遺産を分割していながら、分割後に被相続人に多額の負債が存在することが判明したとして、相続放棄の申述がされる事案も時折みられる。しかし、このような場合は、法定単純承認事由があることが明らかであるから、熟慮期間の経過という点を措いても、申述を受理するのは困難である。

　申述の受理は、家事審判事項である（家事手続別表第1―95項）。受理をする審判をする場合には、家庭裁判所は、申述書にその旨を記載しなければならず、この記載がされた時に審判の効力が生じる（同法201条7項）。実務上は、「上記申述を受理する」との付記がなされ、受理年月日の記載と裁判官の記名押印がされることをもって受理の審判がなされていることが多いよう

である。

(c) 熟慮期間経過後の相続放棄申述

　上記(b)でも触れたが、実務上、熟慮期間を経過した後に相続放棄の申述がされることがある。民法は、3か月の期間につき、利害関係人または検察官の請求によって、家庭裁判所において伸長することができるとしている（民915条1項ただし書）が、このような熟慮期間の定めを不知であったとする申述人も少なくない（なお、熟慮期間の伸長は家事審判事項である。家事手続別表第1―89項）。また、たとえば被相続人が他人の連帯保証人になっていたところ、相続開始後に主債務者の弁済が遅滞したとして債権者から履行請求を受けた場合や、相続開始前の未納分の固定資産税等の公租公課の支払を請求された場合など、熟慮期間内に判明しなかった被相続人の債務が判明して、申述に至る場合もみられる。

　このような場合であっても、法律の建前からすれば、相続放棄の申述を却下すべきことになるが、判例により一定の例外が認められている。すなわち、最高裁は「民法915条1項本文が相続人に対し単純承認若しくは限定承認又は放棄をするについて3か月の期間（熟慮期間）を許与しているのは、相続人が、相続開始の原因たる事実及びこれにより自己が法律上相続人となった事実を知った場合には、通常、右各事実を知った時から3か月以内に、調査すること等によって、相続すべき積極及び消極の財産（以下『相続財産』という。）の有無、その状況等を認識し又は認識することができ、したがって単純承認若しくは限定承認又は放棄のいずれかを選択すべき前提条件が具備されるとの考えに基づいているのであるから、熟慮期間は、原則として、相続人が前記の各事実を知った時から起算すべきものであるが、相続人が、右各事実を知った場合であっても、右各事実を知った時から3か月以内に限定承認又は相続放棄をしなかったのが、被相続人に相続財産が全く存在しないと信じたためであり、かつ、被相続人の生活歴、被相続人と相続人との間の交際状態その他諸般の状況からみて当該相続人に対し相続財産の有無の調査を期待することが著しく困難な事情があって、相続人において右のように信

ずるについて相当な理由があると認められるときには、相続人が前記の各事実を知った時から熟慮期間を起算すべきであるとすることは相当でないものというべきであり、熟慮期間は相続人が相続財産の全部又は一部の存在を認識した時又は通常これを認識しうべき時から起算すべきものと解するのが相当である」と判示している（最判昭和59・4・27民集38巻6号698頁）。

このように、熟慮期間を経過した後の申述であっても受理される余地があるが、具体的にどのような事情があれば受理されるかは、上記判例の規範を踏まえての、個別具体的な事案ごとの判断となる。

(d) 効果

相続放棄をすると、放棄者は、当該相続につき初めから相続人ではなかったものとみなされる（民939条）。したがって、放棄者は、被相続人の権利義務の一切を全く承継しなかったことになり、かつ、その効力は何人にも及ぶ絶対的なものである。たとえば、放棄者の債権者が、相続開始後に当該放棄者の遺産不動産に対する共有持分を差し押さえたとしても、その後に放棄者が相続放棄をした場合、当該差押えは無効となる。民法939条は第三者の保護規定を設けていないため、このような場合に第三者が保護される余地はない。

なお、この場合に債権者が債権者取消権（民424条）により相続放棄を取り消すことができるかが問題となるが、身分行為であることを理由に否定するのが判例である（最判昭和49・9・20民集28巻6号1202頁）。

相続放棄は代襲相続原因ではないので、代襲相続は生じない。

相続放棄の効果は、家庭裁判所が申述を受理した時に生じる。上記のとおり、この受理は家事審判事項であるものの、実体法上の法的性質については、裁判説と公証行為説の2説がある。いずれの説をとったとしても、受理は家事審判である以上既判力等が生じないため、相続債権者が放棄者を被告として民事訴訟を提起することは可能である。この場合、放棄者は、抗弁として相続放棄の事実を主張立証することとなるが、この点が争点とされた場合、単に家庭裁判所において申述が受理されたことを主張立証すれば足りるので

はなく、相続放棄の他の要件も的確に主張立証することを要する。

相続放棄は、一度申述が受理されれば、熟慮期間中であっても、撤回することはできない（民919条1項）。ただし、民法総則の規定に基づく取消し（5条・9条・13条・17条・96条）や同法親族編の規定に基づく取消し（864条・865条）は可能である（民919条2項）。

(e) 相続放棄の取消し

上記(d)で触れたとおり、民法総則および親族編の規定に基づく場合には、相続放棄を取り消すことができる。この場合、相続放棄を取り消す旨を家庭裁判所に申述しなければならない（民919条4項）。ただし、この取消しは、通常の取消権に関する時効期間（民126条）よりも短期の消滅時効が定められており、追認をすることができる時から6か月間行使しない場合に時効消滅するものとされている（民919条3項前段。なお、後段では、相続放棄から10年を経過したときも同様とするとしている）。

なお、相続放棄の意思表示が無効であった場合には、特段の行為を要することなく、放棄の効力は生じない。

(C) 限定承認（民922条）

限定承認は、相続人が相続によって得た積極財産の限度においてのみ、被相続人の債務および遺贈を弁済すべき旨の留保を付して承認する制度である。

要するに、被相続人の相続債務について、積極財産である遺産からのみ弁済を行う手続であり、相続人固有の財産は責任財産を構成しない。法人とその代表者の関係と類似することから、法人破産事件や法人清算事件といった民事事件の各種清算型手続に類似する手続である。そして、債務の弁済等の後に残余の遺産がある場合には、相続人間において遺産分割を行うこととなる。

限定承認をするには、熟慮期間中に、相続財産についての財産目録を作成して家庭裁判所に提出し、限定承認をする旨を申述しなければならない（民924条）。また、相続人が複数であるときは、限定承認は、共同相続人全員が共同してのみすることができる（民923条）。

限定承認の申述が家庭裁判所に受理されると、その効力が生じる。共同相続人が複数の場合は、家庭裁判所は、相続人の中から相続財産管理人を選任することを要する（民936条1項）。効力発生後には、すべての債権者および受遺者に対して2か月以内での債権申し出および除斥の公告をするほか、知れている債権者に対しては個別に債権申し出の催告をする必要がある。この公告期間中は、弁済期にある債権に対しても弁済をすることができない。公告期間の経過後には、相続財産を換価した金員を原資として、相続債権者や受遺者に弁済を行う。

相続財産をもってしてはすべての相続債務の弁済に足りなかった場合、当該債務は自然債務として残存する。したがって、債権者は相続人に対して強制執行等を行うことはできないが、相続人が任意に弁済を行った場合には有効な債務の弁済となり、非債弁済（民705条）にはならない。

(6) 相続人にかかわる問題点

(A) 意思能力なき相続人（成年後見等）

相続人は、相続開始の時から被相続人の財産に属した一切の権利義務を承継する（民896条本文）ところ、相続人が1人のみである場合には、当該相続人がすべての遺産を承継することが明らかであるから、遺産分割協議等は必要ない。しかし、相続人が数人あるときは、相続財産はその共有に属するものとされ（民898条）、その共有関係（遺産共有）を解消するためには遺産分割手続を経る必要がある。遺産分割手続は、共有物分割手続に類似する側面があるから、遺産分割協議等を行うためには、相続人が意思能力のほか、行為能力を有していることが必要である。

したがって、意思能力がない相続人が存在する場合には、そのままでは遺産分割協議等をすることはできない。この場合には、家庭裁判所に対し、当該相続人を事件本人とする後見開始審判の申立てを行い、後見開始審判と成年後見人選任審判を得たうえで、成年後見人を交えて遺産分割協議等を行う

必要がある。

　(B)　**未成年の相続人**

　未成年は行為無能力者であるから、上記(A)のとおり、未成年の相続人が自ら遺産分割協議等に加わることができず、親権者が法定代理人として協議等に参加することが必要である。

　なお、親権者自身も相続人である場合には、未成年の相続人の法定代理人として遺産分割協議等を行うことは親権者と子の利益相反行為に該当する（民826条）ことから、家庭裁判所に対し、特別代理人の選任を申し立てる必要がある（家事手続別表第1―65項）。実務上は、特別代理人選任申立書に遺産分割協議書案を添付のうえ、当該協議書案の内容での遺産分割を行うために特別代理人を選任する旨の審判がされることが多いようである。

　また、遺産分割調停を成立させる場合も同様であるから、この場合には、成立前にあらかじめ特別代理人の選任を申し立て、選任された特別代理人を手続関与させたうえで調停を成立させる必要がある。

　(C)　**不在者である相続人**

　遺産分割は、相続人全員が関与して行われないと、協議や調停・審判を問わず、いずれも無効である。したがって、相続人の中に生死不明もしくは所在不明の者がいたとしても、この者を加えなければ遺産分割をすることができない。

　この場合には、家庭裁判所に対し、不在者財産管理人の選任を申し立て（家事手続別表第1―55項）、その選任審判を得て、不在者財産管理人を加えて遺産分割協議等を行うことになる。なお、不在者財産管理人は、処分行為を行う場合には家庭裁判所の許可を得る必要があるところ（民28条）、遺産分割協議や調停を成立させることは処分行為に該当するから、遺産分割協議および調停を成立させる場合には、あらかじめ権限外行為許可審判の申立てを行い（家事手続別表第1―55項）、家庭裁判所の許可を得ておく必要がある。

　また、7年以上の生死不明である場合には、不在者につき失踪宣告の申立てを行い、失踪宣告の確定後に不在者の相続人を再転相続人として加えて遺

産分割協議等を行う場合もある。もっとも、失踪宣告は、申立てから公告期間等を経て審判が確定するまでに相応の月数を要することから、失踪宣告がまだ申し立てられていない場合には、不在者財産管理人の選任が利用されることもある。

(D) 同時死亡における相続人

数人の者が死亡した場合において、そのうちの1人が他の者の死亡後になお生存していたことが明らかでないときは、これらの者は同時に死亡したものと推定する（民32条の2）。

1人が他の者の死亡後になお生存していたことが明らかでない場合とは、要するに死亡順序が明らかではない場合のことである。同時危難の場合に限らず、他の場所で死亡したが、死亡の先後関係が不明である場合も含む。

同時死亡と推定されると、同時に死亡したと推定される者同士の間では相続は生じない。ただし、死亡した者の中に代襲相続人がいる場合には、代襲相続は発生する（民法887条2項は、代襲相続の要件として、「被相続人の子が、相続の開始以前に死亡したとき」と定め、同時に死亡した場合を含めている）。

同時死亡は飽くまで法律上の推定規定に基づく効果であるから、これを争う者が異時死亡の事実を立証して推定を覆すことは可能である。

(E) 養子の相続権

養子には普通養子縁組と特別養子縁組があるところ、いずれの場合であっても、養親が被相続人となる場合に、その養子が相続権を有することは明らかである。

普通養子縁組は、養親との間で法律上の親子関係を発生させるものであるが、実親との親子関係が断絶するものではないから、養親について相続権を有するのみならず、実親についての相続権も有することとなる。

他方、特別養子縁組は、その成立が許可されると、養親との間で法律上の親子関係が発生するのみならず、実親との法律上の親子関係が断絶することになる（民817条の9）。したがって、特別養子縁組がなされた場合には、実親の相続については相続権を有しないこととなる。

養子は、普通養子縁組か特別養子縁組かを問わず、常に嫡出子として扱われる。かつては、養子が嫡出子として扱われるのか、嫡出でない子として扱われるのかについて議論があった。しかし、現在では、平成25年法律94号による改正前の嫡出子と嫡出でない子の相続分を区別する民法900条4号ただし書の規定が憲法14条1項に違反する無効なものとされたことから、嫡出でない子とされても相続分に差異はなく、相続分という観点からは議論の実益は乏しい。

(F) **内縁配偶者の相続権**

内縁の配偶者については、これまでも一定の相続権を認めるべきとの見解が強く主張されることもあったが、配偶者としての相続権は認められないというのが判例である。したがって、内縁の夫が死亡したとしても、その内縁の妻が夫の相続権を有することはない。

学説上は、財産分与に関する民法768条を類推適用して内縁配偶者への事実上の相続権を認める見解も見られるが、財産分与と相続とでは法制度が根本的に異なる以上、このような類推適用を認めることはできないというべきである[5]。

他方、この結論を厳格に貫くと、内縁の妻などの生活に多大な影響を及ぼす事態も考えられ、具体的には、被相続人が建物を賃借し、内縁の妻が同居していた場合の建物賃借権の承継の可否という形で問題になる。

この場合、借地借家法36条1項は、被相続人の相続人が不存在であった場合には、相続開始時に婚姻の届出をしていないが、建物の賃借人と事実上夫婦と同様の関係にあった同居者が建物の賃借人の権利義務を承継することを規定している。したがって、被相続人の相続人不存在の場合には、この規定により内縁の配偶者の居住権は確保されることとなる。

しかし、上記規定は、被相続人に相続人が存在する場合には適用されないことは明らかである。この点については、建物賃借人と同居している内縁の

---

5 最判平成12・3・10民集54巻3号1040頁参照。

妻が、内縁の夫が死亡した場合に、他の居住している相続人が承継した賃借権を援用して、賃貸人に対して建物に居住する権利を主張することができると判示した判例がある（最判昭和42・2・21民集21巻1号155頁）。

なお、遺産分割とは別個の制度として、相続人不存在の場合における特別縁故者に対する相続財産の分与の規定を設けており（民958条の3）、一定の場合には内縁の配偶者に相続財産を取得させることも可能としている。

  (G) 人工受精児の相続権

近年、生命科学における生殖補助医療技術は目覚ましい進展を遂げており、不妊治療の一環として、人工授精や体外受精による妊娠のほか、凍結保存精子を用いた死後懐胎や、他の女性に受精卵を提供しての代理出産などといった人工生殖が現実に行われるようになっている。人工生殖は、自然生殖を補助し、あるいはその過程の一部を代替するものにとどまらない現状であり、生殖補助医療技術によれば自然生殖では不可能な懐胎も可能となっている。しかし、現行民法は、当然のことながら、これらの生殖補助医療技術により子が出生することを想定しているものではない。そのため、このような生殖補助医療技術により出生した子の相続権をいかに解するか、要するにこのような子の法的地位や法律上の親子関係をどのように考えるか、ということが法律上の問題点として議論されている。もっとも、現行民法の規定を前提とする限り、これらの点は解釈が非常に困難な問題であり、基本的には立法府において慎重な議論を経たうえで、立法により解決されるべき問題であると思われる（なお、生殖補助医療行為に対する規制等に関する立法化について何らかの見解を述べるものではないことを念のためお断りしておく）。[6]

  (a) 人工受精児

婚姻中の夫婦において、夫の精子を用いた人工授精（配偶者間人工授精：AIH（Artificial Insemination by Husband））により妻が妊娠し、出産した場合には、自然生殖により出生した子と同様であり、相続権や法律上の親子関係

---

  6 なお、議論の詳細は、本文中に引用した最高裁判例に係る調査官解説を参照されたい。

に何らかの問題が生じることはない。

　他方、夫以外の精子を用いた人工授精（非配偶者間人工授精：AID（Artificial Insemination by Donor））については、法律上の父子関係を認めるか否かは困難な問題である。夫がAIDによる妊娠・出産に同意している場合は、嫡出推定のある嫡出子として法律上の親子関係を認め、夫の嫡出否認権の行使（民774条）は許されないとする考え方もみられる。この点についてはさまざまな議論がなされているが、現行民法の解釈をもとにすれば、上記の点以外にも、精子提供者の男性からの認知やその制限の可否、夫の同意がない場合の夫からの嫡出否認権行使の可否等、医療行為実施の適否以外にもさまざまな問題が生じ得るものであり、解釈のみによって容易に解決し得る事項ではないように思われる。

　なお、母子関係については、分娩の事実により当然に法律上の親子関係が生じるから、法律上の問題が生じることはない。

　(b)　**体外受精児**

　婚姻中の夫婦間において、夫の精子と妻の卵子を用いて体外受精により妻が妊娠し、出産した場合には、自然生殖により出生した子と同様であり、相続権や法律上の親子関係に問題が生じることがないことは、人工授精についての議論と同様である。

　また、夫以外の精子と妻の卵子を用いて体外受精により妻が妊娠し、出産した場合は、人工授精についての上記議論と同様の問題があろう。

　夫婦関係にない男女において、体外受精により妊娠し、出産する場合は、一般的には事実上の婚姻関係（内縁関係）にある男女のケースが考えられるが、この場合の父子関係は、内縁関係にある男女間に出生した子の議論と同様である。

　(c)　**死後懐胎児**

　現在の生殖補助医療技術においては、夫の精子を凍結保存し、後日に妻が人工授精もしくは体外受精によって夫の子を妊娠し、出産することが可能となっている。夫が死亡した後に、このような方法で妻が妊娠し、出産した子

を死後懐胎児という。

　死後懐胎児については、その出生時に父はすでに死亡しており、また、懐胎の時点でも同様であるから、相続における被相続人と相続人の同時存在の原則に照らし、父につき相続権を有するものとは認められない。また、死後懐胎児の代襲相続権についても議論があるが、代襲原因が死亡の場合、代襲相続人は被代襲者を相続し得る立場にある者であることを要するから、被代襲者である父を相続し得ない死後懐胎児は父の代襲相続人になり得ない。

　なお、死後懐胎児と父との法律上の父子関係の存否につき判断した最高裁判例として、最判平成18・9・4民集60巻7号2563頁がある。この判旨は、「民法の実親子に関する法制は、血縁上の親子関係を基礎において、嫡出子については当然に、非嫡出子については認知を要件として、その親との間に法律上の親子関係を形成するものとし、この関係にある親子について民法に定める親子、親族等の法律関係を定めるものである。

　ところで、現在では、生殖補助医療技術を用いた人工生殖は、自然生殖の過程の一部を代替するものにとどまらず、およそ自然生殖では不可能な懐胎も可能とするまでになっており、死後懐胎子はこのような人工生殖により出生した子に当たるところ、上記法制は、少なくとも死後懐胎子と死亡した父との間の親子関係を想定していないことは、明らかである。すなわち、死後懐胎子については、その父は懐胎前に死亡しているため、親権に関しては、父が死後懐胎子の親権者になり得る余地はなく、扶養等に関しては、死後懐胎子が父から監護、養育、扶養を受けることはあり得ず、相続に関しては、死後懐胎子は父の相続人になり得ないものである。また、代襲相続は、代襲相続人において被代襲者が相続すべきであったその者の被相続人の遺産の相続にあずかる制度であることに照らすと、代襲原因が死亡の場合には、代襲相続人が被代襲者を相続し得る立場にある者でなければならないと解されるから、被代襲者である父を相続し得る立場にない死後懐胎子は、父との関係で代襲相続人にもなり得ないというべきである。このように、死後懐胎子と死亡した父との関係は、上記法制が定める法律上の親子関係における基本的

な法律関係が生ずる余地のないものである。そうすると、その両者の間の法律上の親子関係の形成に関する問題は、本来的には、死亡した者の保存精子を用いる人工生殖に関する生命倫理、生まれてくる子の福祉、親子関係や親族関係を形成されることになる関係者の意識、更にはこれらに関する社会一般の考え方等多角的な観点からの検討を行った上、親子関係を認めるか否か、認めるとした場合の要件や効果を定める立法によって解決されるべき問題であるといわなければならず、そのような立法がない以上、死後懐胎子と死亡した父との間の法律上の親子関係の形成は認められないというべきである」というものである。

(d) 代理出産

代理出産は、婚姻中の夫婦の人工受精卵を第三者である女性に提供し、当該女性が妊娠・出産を行ういわゆる借り腹型（ホストマザー型）と、夫の精子を妻以外の女性に人工授精し、当該女性が妊娠・出産を行う卵子提供型（サロゲイトマザー型）があるとされる。

前者の事例につき、最高裁判所は、「我が国の民法上、母とその嫡出子との間の母子関係の成立について直接明記した規定はないが、民法は、懐胎し出産した女性が出生した子の母であり、母子関係は懐胎、出産という客観的な事実により当然に成立することを前提とした規定を設けている（民法772条1項参照）。また、母とその非嫡出子との間の母子関係についても、同様に、母子関係は出産という客観的な事実により当然に成立すると解されてきた（最高裁昭和35年(オ)第1189号同昭和37年4月27日第二小法廷判決・民集16巻7号1247頁参照）。……

民法の母子関係の成立に関する定めや上記判例は、民法の制定時期や判決の言渡しの時期からみると、女性が自らの卵子により懐胎し出産することが当然の前提となっていることが明らかであるが、現在では、生殖補助医療技術を用いた人工生殖は、自然生殖の過程の一部を代替するものにとどまらず、およそ自然生殖では不可能な懐胎も可能にするまでになっており、女性が自己以外の女性の卵子を用いた生殖補助医療により子を懐胎し出産することも

可能になっている。そこで、子を懐胎し出産した女性とその子にかかる卵子を提供した女性とが異なる場合についても、現行民法の解釈として、出生した子とその子を懐胎し出産した女性との間に出産により当然に母子関係が成立することとなるのかが問題となる。この点について検討すると、民法には、出生した子を懐胎、出産していない女性をもってその子の母とすべき趣旨をうかがわせる規定は見当たらず、このような場合における法律関係を定める規定がないことは、同法制定当時そのような事態が想定されなかったことによるものではあるが、前記のとおり実親子関係が公益及び子の福祉に深くかかわるものであり、一義的に明確な基準によって一律に決せられるべきであることにかんがみると、現行民法の解釈としては、出生した子を懐胎し出産した女性をその子の母と解さざるを得ず、その子を懐胎、出産していない女性との間には、その女性が卵子を提供した場合であっても、母子関係の成立を認めることはできない」と判示した（最判平成19・3・23民集61巻2号619頁）。

この判断を前提にすれば、この場合に出生した子は、出産をしていない母との間で法律上の親子関係が認められない以上、相続権を有しないことになると解される。

(H) **無権代理人と相続**

代理権を有しない者（無権代理人）が他人の代理人としてした契約は、本人がその追認をしなければ、本人に対してその効力を生じない（民113条1項）。すなわち、無権代理行為は、本人が追認をしない限り無効である。そして、本人は、無権代理行為を追認することもできるし、追認を拒絶することもできる（民113条2項参照）。

(a) **無権代理人が本人を相続する場合**

無権代理人が本人を単独相続した場合、本人と無権代理人の資格が同一人に帰属することになるが、無権代理行為を行った者が本人の資格で追認拒絶し得るとするのは信義則に反するといえ、無権代理行為は当然に有効となる（大判昭和2・3・22民集6巻106頁）。無権代理人が本人の共同相続人の1人で

あったものの、他の相続人が相続放棄をした結果、無権代理人が単独相続した場合も同様である（最判昭和40・6・18民集19巻4号986頁）。

　もっとも、無権代理人が本人の共同相続人の1人であるにすぎない場合、無権代理行為を追認する権利は相続人全員の不可分的に帰属するとして、共同相続人全員が共同して追認しない限り、無権代理行為は有効とならず、無権代理人の相続分についてのみ無権代理行為が当然に有効になるものではないことを判示する判例もある（最判平成5・1・21民集47巻1号265頁）。

　なお、本人の相続開始前に、本人が無権代理行為の追認拒絶をしていた場合には、これにより無権代理行為の無効が確定することから、その後に無権代理人が本人を単独相続しても、無権代理行為が有効になるものではない（最判平成10・7・17民集52巻5号1296頁）。

　(b)　**本人が無権代理人を相続する場合**

　本人が無権代理人を単独相続した場合、本人が無権代理行為を追認拒絶し得ないとするのは本人に酷であるし、追認拒絶を認めても信義則に反することはないから、無権代理行為が当然に有効になるものではなく、本人は追認を拒絶することができる（最判昭和37・4・20民集16巻4号955頁）。しかし、無権代理人が民法117条1項に基づく履行または損害賠償債務を負う場合、本人はこれを相続し、無権代理行為を追認拒絶しても、上記債務を免れることはできない（最判昭和48・7・3民集27巻7号751頁）。

（吉岡　正智）

3 相続分

(1) 指定相続分、法定相続分

(A) 相続分の意義

　相続分とは、共同相続人が存在する場合に、各相続人が相続財産に対して有する権利義務承継の割合のことをいう（抽象的相続分）。

　相続人が1人である場合には、相続放棄がなされない限り、必然的に当該相続人が被相続人のすべての相続財産を相続することになるから、相続分が問題になることはない。しかし、共同相続人が存在する場合には、相続財産はその共有に属し（民898条）、各共同相続人がその相続分に応じて被相続人の権利義務を承継する（民899条）から、いかなる割合で共有するのかを決する相続分が重要な意味を有する。

　この相続分の解釈としては、法定相続分（民900条・901条）であるのか、指定相続分（民902条）であるのか、あるいは具体的相続分（後述の(2)参照）であるのかが問題となるが、実務上は法定相続分または指定相続分と解されており、少なくとも具体的相続分とは扱われていないように思われる。

(B) 指定相続分

　後述の(C)のとおり、民法は、基本となる相続人の各相続分につき規定を置いており、これを法定相続分というが、法定相続分にかかわらず、被相続人は遺言において各相続人の相続分を指定することができる。これにより指定された相続分を、指定相続分という。たとえば、被相続人の相続人が配偶者

Aと子Bの2名であった場合に、遺言によりAが4分の3、Bが4分の1などと指定していた場合である。

　遺言において相続分を指定する場合、特定の相続人（相続人全員の場合を含む）の相続分を具体的に指定することもできるが、指定を第三者に委託することもできる（民902条1項本文）。

　相続分の指定は、遺留分に関する規定に反することはできない（民902条1項ただし書）。この規定については、遺留分を侵害する相続分の指定がなされた場合、当該相続人は、遺留分減殺請求をすることができることを明らかにしたものと解するのが通説である。

　被相続人が、共同相続人中の1人もしくは数人の相続分のみを定め、あるいは第三者にこれを定めさせた場合は、他の共同相続人の相続分は法定相続分により定めることとなる（民902条2項）。

　この規定に基づく他の共同相続人の相続分の定め方は、見解が分かれている。たとえば、被相続人の相続人が配偶者Aと子B、CおよびDの4名であった場合に、遺言でCの相続分だけが3分の1とされていた場合である。私見としては、Cの相続分は3分の1で確定し、残余の3分の2につき、C以外の3名が法定相続分に応じて分配するものとするのが最も条文の文言に即した定め方であり、かつ簡便であると考える。これによれば、残余の3分の2については、配偶者Aが2分の1に相当する3分の1、BおよびDが4分の1に相当する6分の1ずつとなる。

(C)　**法定相続分**

　指定相続分が存在しない場合は、法定相続分が基本的な相続分割合となる。一般的には、この法定相続分がさまざまな場面で基準とされることが非常に多く、遺産分割を行う場合に限らず、相続全般につき、遺産分割完了前における通則的な遺産共有持分割合として用いられることが多い。

　相続人全員が合意する限り、法定相続分の割合と異なる割合での遺産分割をすることは可能であり、たとえば被相続人の配偶者がすべての遺産を取得し、子は一切の遺産を取得しないという遺産分割協議または調停を成立させ

ることができる（この場合、法定相続分との差額については、観念的には、相続分譲渡または相続分放棄がなされたということができる）。また、遺産分割審判においても、相続人全員が法定相続分と異なる割合で分割することに合意しているのであれば、この合意された割合で審判をすることもあり得ると考えられる。

　法定相続分の割合は、次のとおり定められている。
　① 子および配偶者が相続人であるとき（民900条1号）　子の相続分および配偶者の相続分は、各2分の1
　② 配偶者および直系尊属が相続人であるとき（同条2号）　配偶者の相続分が3分の2、直系尊属の相続分が3分の1
　③ 配偶者および兄弟姉妹が相続人であるとき（同条3号）　配偶者の相続分が4分の3、兄弟姉妹の相続分が4分の1

　上記の法定相続分は、昭和56年1月1日以降に相続が開始された事案において適用される。それ以前に開始された相続においては、昭和55年の民法改正前の法定相続分が適用されることに留意する必要がある。同改正前に規定されていた法定相続分は、次のとおりである。
　① 子および配偶者が相続人であるとき　子の相続分が3分の2、配偶者の相続分は3分の1
　② 配偶者および直系尊属が相続人であるとき　配偶者の相続分及び直系尊属の相続分は、各2分の1
　③ 配偶者および兄弟姉妹が相続人であるとき　配偶者の相続分が3分の2、兄弟姉妹の相続分が3分の1

　子、直系尊属および兄弟姉妹が数人あるときは、各自の相続分は相等しいものとする（民900条4号本文）。したがって、昭和56年1月1日以降に相続が開始された事案における①の場合で、子が3名である場合は、子の相続分は各6分の1ずつとなる。

　兄弟姉妹の相続においては、父母の一方のみを同じくする兄弟姉妹の相続分は、父母の双方を同じくする兄弟姉妹の相続分の2分の1となる（民900

条4号ただし書)。この規定は、あくまで兄弟姉妹の相続の場面においてのみ適用される。したがって、親が死亡し、子としての資格で相続人となる場合には適用されないことに注意が必要である。

ところで、平成25年法律94号による改正前の民法900条4号ただし書には、「嫡出でない子の相続分は、嫡出である子の相続分の2分の1と」する旨の規定がおかれていたところ、最高裁判所は、平成25年9月4日、この規定が平成13年7月の時点で憲法14条1項に違反する無効なものであるとの判断を示した。これを受けて、上記法改正により上記規定は削除された。この点は後に項を改めて検討する。

(2) 相続分の修正

遺産分割では、基本的には法定相続分または指定相続分を基礎として相続分を算出し、具体的な遺産を分配することになる。しかし、民法上は、一定の事由がある場合には、この法定相続分または指定相続分を修正することを認めており、それが特別受益(民903条1項)および寄与分(民904条の2)の制度である。

これらは、特定の相続人につき、被相続人から生前に生計の資本としての贈与を受けるなど、遺産の前渡しといい得る財産給付を受けていた場合や、被相続人の財産の維持増加に親族間の扶養義務等を超える特別な関与をした場合に、これらの事情を考慮して相続分を修正し、具体的な遺産の分配割合を調整することで相続人間の公平を図ることを趣旨とする。

実務上、遺産分割調停・審判手続においては、この特別受益および寄与分をめぐって相続人同士が感情的に激しく対立することが多く、遺産分割事件が難解とされる要因の1つであると思われる。もっとも、あくまで特別受益および寄与分は、法定相続分または指定相続分を修正する効果を有するにすぎない。実際の調停・審判手続では、特別受益財産が遺産に復帰するであるとか、定められた寄与分額を優先的に遺産から取得できるなど、その法律効

233

果が誤解されて主張されている例も決して少なくない。また、法定相続分等を修正するという重大な効果がある以上、特別受益または寄与分の要件に該当する事情を裏づける客観的資料を提出することが必要であるが、実際の調停・審判手続では、これらの資料が不十分であることも多い。

特別受益および寄与分についての詳細は別項に譲ることとして、ここでは概略を説明するにとどめる。

(A) **特別受益（民903条1項）**

(a) **要　件**

共同相続人が、被相続人から、①遺贈、②婚姻もしくは養子縁組のための贈与、③生計の資本としての贈与を受けたことである。

実務上、特定の相続人が被相続人から何らかの金銭や利益を受けていればそれだけで特別受益であると主張されることが多いが、特別受益になるのは、あくまで婚姻もしくは養子縁組のための贈与、もしくは生計の資本としての贈与である場合に限られる。

(b) **効　果**

被相続人が相続開始時において有した財産の価額にその贈与の価額を加えたものを相続財産とみなし、法定相続分等により算定した相続分の中からその遺贈または贈与の価額を控除した残額をもって受益者である相続人の相続分とする（民903条1項）。

すなわち、上記(a)の②および③の贈与の価額を被相続人の相続開始時における遺産総額に「計算上」加算することになるが、これを持戻しという。あくまで計算上加算することを意味するのであって、贈与を受けた現物を遺産に復帰させることを意味するものではない。そして、この加算した後の評価額をみなし相続財産という。なお、加算するのは贈与のみであるが、これは、遺贈は相続開始時点においては観念上相続財産を構成していると解されるからであり、相続開始時における財産の価額の計算をするうえでは当然に含まれるからである。

そのうえで、みなし相続財産に法定相続分または指定相続分の割合を乗じ

ると、一応の相続分が算出される。そして、みなし相続財産として加算した上記贈与額および遺贈の額を、受益者の相続分から控除する。このような操作を経て算出された相続分を具体的相続分という。

この具体的相続分は、遺産分割を行ううえで相続分の計算過程において算出される数値にすぎず、具体的な権利ではない[1]。そして、実際の遺産分割では、この具体的相続分の相続開始時の現実の遺産総額（みなし相続財産の額ではない。現実に分割し得る遺産の総額であるから、遺贈等がされた遺産はここでは除外される）に対する割合を算出し、この割合をもって分割時における遺産分割取得分額を算出することとなる。ここで算出された割合を具体的相続分率という。

具体例を示して、法定相続分等の修正過程を示してみる。

たとえば、被相続人Xの相続人が配偶者A、子BおよびCという場合で、相続開始時の遺産総額が1000万円、BがXから生前に100万円の贈与を受けており、CがXから100万円の遺贈を受けていたとする。また、相続分の指定はないものとする。

この場合、みなし相続財産の額は、1000万円にBが受けた生前贈与100万円とCが受けた遺贈100万円を加えた1200万円となる。これに法定相続分の割合を乗じると、一応の相続分は、Aが600万円、BおよびCが300万円ずつとなる。そのうえで、BおよびCの生前贈与および遺贈を一応の相続分から控除すると、BおよびCは200万円ずつとなる。したがって、具体的相続分は、Aが600万円、BおよびCが200万円ずつということになる。この具体的相続分と相続開始時の遺産総額1000万円との割合を算出すると、Aについては600万円／1000万円＝3／5、BおよびCについては200万円／1000万円＝1／5ということになり、これが具体的相続分率となる。法定相続分と比較すれば、各相続人の相続分が修正されていることが理解されよう。

---

1 最判平成12・2・24民集54巻2号523頁は、具体的相続分の価額またはその割合の確認訴訟につき、確認の利益を有しないと判示した。なお、最判平成7・3・7民集49巻3号893頁は、特定の財産が特別受益に該当するか否かの確認訴訟につき、確認の利益を有しないと判示した。

なお、仮に遺産分割時の遺産総額が800万円であったとすると、Ａの遺産分割取得分額は480万円（800万円×3／5）、ＢおよびＣの遺産分割取得分額は160万円ずつ（800万円×1／5）となる。遺産分割手続では、この遺産分割取得分額を充足するように各遺産を分配していくことになる。

(B)　寄与分（民904条の2第1項）

(a)　要　件

　共同相続人が、①被相続人の事業に関する労務の提供または財産上の給付、②被相続人の療養看護、③その他の方法により、被相続人の財産の維持または増加について特別の寄与をしたことである。

　特定の相続人が被相続人に対して何らかの寄与・貢献行為をしたというだけでは足りず、あくまで被相続人の財産の維持または増加について、特別の寄与というべき行為をしたことが必要である。

(b)　効　果

　寄与分が認められる場合には、特別受益と逆の操作を行うこととなる。すなわち、被相続人が相続開始の時において有した財産の価額から寄与分額を控除したものを相続財産とみなし、法定相続分等により算定した相続分にその寄与分額を加算した額をもって寄与行為をした相続人の相続分とする（民904条の2第1項）。

　具体的には、寄与分額を被相続人の相続開始時における遺産総額から「計算上」控除してみなし相続財産を算出する。そして、みなし相続財産に法定相続分または指定相続分の割合を乗じると、一応の相続分が算出されるところ、寄与分者の一応の相続分に寄与分額を加算して具体的相続分を算出することになる。あくまで、寄与分が認められる場合も、このように具体的相続分を算出するための計算過程で用いられるにすぎず、寄与分額相当の遺産の分配を優先的に受けられるわけではないし、寄与分額相当の金員支払請求権が生じるものでもない。

　具体例を示して、法定相続分等の修正過程を示してみる。

　たとえば、被相続人Ｘの相続人が配偶者Ａ、子ＢおよびＣという場合で、

相続開始時の遺産総額が1000万円、Ｂの寄与分が200万円であったとする。また、相続分の指定はないものとする。

この場合、みなし相続財産の額は、1000万円からＢの寄与分200万円を控除した800万円となる。これに法定相続分の割合を乗じると、一応の相続分は、Ａが400万円、ＢおよびＣが200万円ずつとなる。そのうえで、Ｂの寄与分額を一応の相続分に加算すると、Ｂは400万円となる。したがって、具体的相続分は、ＡおよびＢが400万円ずつ、Ｃが200万円ということになる。この具体的相続分と相続開始時の遺産総額1000万円との割合を算出すると、ＡおよびＢについては400万円／1000万円＝２／５、Ｃについては200万円／1000万円＝１／５ということになり、これが具体的相続分率となる。法定相続分と比較すれば、各相続人の相続分が修正されていることが理解されよう。

(3) 相続分の譲渡、放棄

(A) 相続分譲渡

共同相続人の１人は、遺産分割前であれば、自己の相続分を第三者に譲渡することができる（民905条１項参照）。第三者は共同相続人の１人でもよく、実務上は共同相続人の１人に相続分譲渡がされる例は少なくない。

相続分は、全部譲渡することもできるし、一部のみを譲渡することもできる。そのため、たとえば第三者２名に対して２分の１ずつ相続分を譲渡することも可能である。相続分譲渡がなされると、相続分譲受人の相続分が譲渡を受けた分だけ増加することになる。

相続分譲渡は、積極財産と消極財産とを包含した遺産全体に対する譲渡人の割合的な持分を移転することであり、遺産を構成する個々の財産の共有持分権を移転することではない（最判平成13・７・10民集55巻５号955頁）。もっとも、消極財産の承継については、債権者との関係では債務引受の問題となるにとどまるから、債権者の承諾がない限り、相続分譲渡人が相続債務を免

れたことを主張することはできない。

相続分を全部譲渡した者は、遺産分割手続においては、遺産に属する財産の分配を求めることはできなくなるので、遺産分割手続における当事者適格を喪失する。他方、相続分譲受人が共同相続人ではない第三者であった場合は、相続分の譲渡を受けることにより遺産分割手続における当事者適格を有することとなる。

相続分の譲渡は、譲渡人と譲受人との間の契約によってなされる。したがって、相続分譲渡人は意思能力や行為能力を有することが必要であるし、意思表示に瑕疵・欠缺があれば無効もしくは取消しを主張することもできる。相続分譲渡が有償か無償かは譲渡契約の内容次第である。

共同相続人以外の第三者へ相続分譲渡がなされたときは、他の共同相続人は、その価額および費用を償還して、その相続分を譲り受けることができ、これを取戻権という（民905条1項）。これは、共同相続人以外の第三者が遺産分割手続に参加することにより生じる紛争を回避することを趣旨とする規定である。

取戻権は、第三者に相続分譲渡がされた時に他の共同相続人に当然に発生する権利であり、各共同相続人が単独で行使することができる。また、その法的性格は形成権であるとされ、譲受人である第三者またはその転得人に対する一方的意思表示により行使すればよく、第三者等の同意や承諾は不要である。取戻権者が償還すべき価額は、譲渡された相続分の取戻時点における評価額であって、相続分譲渡が有償でされていたとしても、その際の対価額ではない。

取戻権が行使され、価額等が償還されると、相続分譲受人が有していた相続分が当然に取戻権を行使した共同相続人に帰属する。明文規定はないが、価額等の全額を償還した場合は当該相続人にすべての相続分が、一部を償還

---

2 特定の財産の遺産帰属性が争われている場合の遺産確認訴訟においても、相続分譲渡人は当事者適格を有しない（最判平成26・2・14民集68巻2号113頁）。

した場合は、価額等に対する割合に応じた相続分が帰属するものと解される。また、複数の共同相続人が共同して取戻権を行使した場合には、償還額の分担割合に応じて各自に帰属するものと解される。

取戻権は、相続分譲渡がなされてから1か月以内に行使しなければならない（民905条2項）。法律関係の早期安定を図る趣旨である。

(B) 相続分放棄

相続分放棄とは、自己の相続分をゼロとして、遺産を取得しない旨の意思表示をいう。これは、民法上に規定があるわけではなく、解釈上許容される手続である。実務上、相続分譲渡と同様、相続分放棄がなされることも少なくない。

相続分放棄は、共同相続人がそれぞれ単独ですることができる。通常は、遺産分割調停・審判手続が係属する家庭裁判所へ相続分を放棄する旨の書面を提出して行うことから、裁判所に対する意思表示であると解される。意思表示である以上、放棄者は意思能力や行為能力を有することなどが必要である。

相続分放棄がされると、遺産分割調停・審判の手続上は、放棄者の相続分が他の共同相続人に分配されるから、放棄者をそれ以上手続に関与させておく必要性はない。そこで、実務上は、当該手続における当事者適格を喪失したものとして扱っている。

もっとも、明文規定があるものではないから、特に効果については議論がある。

(a) 放棄者の相続分の帰趨

まず、相続分放棄が当該放棄者の相続分をゼロとする旨の意思表示である以上、遺産分割調停・審判手続において、当該放棄者が有していた相続分がどのように扱われるか、という帰趨が問題となる。この点は、共有持分の放棄に関する規定である民法255条を類推適用して、当該放棄者の相続分を他の共同相続人に分配するという考え方と、当該放棄者が当初より相続人ではなかった場合と同様に相続分を再計算するという考え方がある。実務上は、

前者に基づいて相続分を分配して計算することが多いと思われるが、たとえば多数当事者の事案においては、放棄者と全く面識がない者にまで相続分を分配することになり、放棄者の意向に沿わないと思われる場合もないではない。いずれにしても、最終的には放棄者の意思表示の内容の解釈認定にかかわる点である。

(b) 実体法上の効力の有無

相続分放棄が何らかの実体法上の効力を有するか、という点が問題となる。この点、本来、相続を希望しないのであれば相続放棄の申述をすれば足りたのであるから、相続放棄と同様の実体法上の効力を有する制度を明文規定なく認めるのは困難といわざるを得ない。したがって、実体法上の効力までは有せず、あくまで当該手続限りで相続分をゼロとして扱うという手続上の効力しか有さないと解するのが相当である（手続効力説）。

この考え方によれば、相続分放棄がなされたとしても、相続債務については依然として放棄者もその一部を負担しているのは当然ということになる（相続分譲渡とは異なり、債務引受の問題にもならない）。

(c) 再度の調停・審判手続における当事者適格

当初遺産分割調停・審判手続が申し立てられ、その中で相続分放棄をしたものの、当該手続が取下げにより終了し、その後に再度同一の被相続人に関する遺産分割調停・審判手続が申し立てられた場合の、相続分放棄者の処遇が問題となる。この点、相続譲渡の場合には、上記(A)のとおり、その効果は実体法上の効力を有し、全部譲渡者であれば遺産分割手続における当事者適格を喪失するから、後の遺産分割調停・審判手続においても当事者とはならない。しかし、相続分放棄は、上記のとおり、あくまで当該手続限りの効力を有しない以上、同一の被相続人に関する遺産分割調停・審判手続であっても、別件の申立てとなる場合には、あらためて相続分放棄の意思表示がなされない限り、当事者として扱うべきことになる。

(C) 遺産分割調停・審判手続での取扱い

遺産分割調停・審判手続において相続分譲渡または相続分放棄がなされる

場合の手続の概要を説明する（ただし、庁により運用が異なることがある）。

なお、家事事件手続法施行前の実務は、相続分譲渡または放棄がなされると、脱退したものとして手続上の当事者から除外していた。しかし、脱退は明文規定があったわけではなく、民事訴訟の訴訟脱退とも異なる手続でもあり、手続の明確性に欠ける面もあった。家事事件手続法が適用される事案では、脱退という扱いはできないことに留意する必要がある。

(a) **必要書面の作成・提出**

特定の相続人から相続分譲渡または相続分放棄の意向が示された場合、書記官が当該相続人に対し、以下の書式を交付または送付する。

① 相続分譲渡の場合　　相続分譲渡証書、相続分譲渡届出書、即時抗告権放棄書

② 相続分放棄の場合　　相続分放棄書兼相続分放棄届出書、即時抗告権放棄書

相続分譲渡の場合は、譲渡証書が契約書となり、たとえば不動産登記手続を行う場合、これが登記原因証書となることもあるから、相続分譲渡届出書とは別個の書式としている。譲受人から希望がある場合は、一定の条件のもとで原本還付を行っている庁もある。

譲渡者および放棄者は、これらの書式に必要な事項を記載し、いずれも署名押印したうえで、真意確認のために印鑑登録証明書を添付する必要がある。実印登録を行っていない者や、海外に在住する者の場合は、事案にもよるが、他の本人確認資料（健康保険証、海外に在住する場合は旅券の写しなど）の提出を求めることもある。なお、相続分譲渡証書には、相続分譲受人も署名押印する必要があるが、遺産分割調停・審判手続との関係では、この押印は必ずしも実印であることを要せず、印鑑登録証明書の添付も必要的ではない。

即時抗告権放棄書は、後述のとおり、調停委員会または家庭裁判所が行う排除決定（家事手続43条1項）に対して被排除者が即時抗告をすることができるため（同条2項）、排除決定に不服申立てをしない意思がある者に提出を求めている。ただし、即時抗告権を決定前にあらかじめ放棄することはで

きないから、譲渡者または放棄者が決定前にこれを提出しようとする場合は、作成日付は記載せずに提出する。

　(b)　**決定手続**

　上記(a)の書類が提出されると、相続分譲渡者または相続分放棄者について、排除決定（家事手続43条1項）を行う。

　① 委員会調停において調停を行っている場合　排除決定を行う権限は調停委員会にある（家事手続260条6号）ので、調停期日に評議を行い、排除決定をするか否かを決する。なお、評議の方式は自由であるから、常に対面評議によらなければならないものではない。

　② 審判手続または裁判官が単独調停を行っている場合　手続の適宜の段階で裁判官が排除決定をする。

　排除決定は審判以外の裁判であるから、決定で裁判をする（家事手続81条1項）が、審判書の作成に関する同法76条1項を準用していない（同法81条1項）から、必ずしも決定書の作成は必須ではない。特に、即時抗告権放棄書が提出されている場合は、決定書は作成せず、相続分譲渡届出書または相続分放棄書兼相続分放棄届出書の余白に、排除する旨と年月日を付記し、裁判官が押印するものとしている。この付記や押印は、あくまで排除決定がされたという手続行為の記録化の趣旨で行うものである。排除決定は、被排除者に対して告知することを要する（同法81条1項・74条1項）が、即時抗告権放棄書が提出されている場合は、告知により即時に排除決定が確定する。

　他方、即時抗告権放棄書が提出されない場合は、被排除者は、排除決定に対して即時抗告をすることができる（家事手続43条2項）ことから、決定書を作成する（決定書には、委員会調停の場合は、裁判官のみならず、調停委員も押印する）か、排除決定を記載した期日調書の謄本を作成し、即時抗告の起算点を明らかにするため、これらを被排除者に特別送達して告知している。

　なお、排除決定がされた場合は、書記官は、当事者あよび利害関係参加人に対し、排除決定がされた旨を通知する（家事規28条）。

　(c)　**効　果**

排除決定が確定すると、当該相続人は遺産分割調停・審判手続の当事者から除外される。

上記のとおり、排除決定に対しては即時抗告ができるが、抗告期間は告知を受けた時から1週間である（家事手続101条1項）。

もっとも、実務上は、相続分譲渡または放棄をする者は、それとともに遺産分割調停・審判手続から脱退することを希望していることが通例であり、それにもかかわらず、排除決定に対して不服を申し立てることは通常想定しがたい。

(d) **排除決定をしない場合**

当事者としての資格を喪失した者等がいる場合でも、排除決定を必ずしなければならないものではなく、排除決定をするか否かは家庭裁判所（調停委員会）の裁量である（家事手続43条1項は、「排除することができる」という文言となっている）。相続分譲渡もしくは相続分放棄がなされた場合、ほとんどの場合には排除決定がなされているが、例外的に、遺産に不動産が存在し、保存行為としての共同相続登記がなされている場合には、調停条項中または審判の主文中において、登記名義人となっている相続人に当該不動産取得者に対する遺産分割を原因とする共有持分移転登記手続を行うことを掲げることが通例であるから、この場合には形式的に当事者としての関与を継続させるため、排除決定をしないこととしている（なお、遺産分割審判においてこのような移転登記手続を付随処分として主文で命じることができる法的根拠は、家事事件手続法196条である）。

(4) 相続分にかかわる問題点

(A) 嫡出でない子の相続分と法の下の平等

(a) 最高裁判例・決定の推移

平成25年法律94号による改正前の民法900条4号ただし書は、「嫡出でない子の相続分は、嫡出である子の相続分の2分の1と」する旨を規定していた

(以下、「本件規定」という)。本件規定については、かねてより、法の下の平等を定める憲法14条1項に違反して無効とする違憲説と、合憲説が対立し、学説上は違憲説が多数となっていた。また、下級審裁判例は、合憲とするものと違憲とするものに判断が分かれていた。

これに対し、最高裁判所は、平成7年7月5日の大法廷決定（民集49巻7号1789頁）において、本件規定を合憲とする判断を示した（①）。その後の最高裁の判断においても、最判平成12・1・27集民196号251頁、最判平成15・3・28集民209号347頁、最判平成15・3・31集民209巻397頁、最判平成16・10・14集民215号253頁、最決平成21・9・30集民231号753頁（②）が、いずれも合憲とする判断を示していた。

上記判例または決定の各事案の相続開始時は、①が昭和63年5月12日で最も古く、②が平成12年9月30日で最も直近というものであり、これらの時点においては、憲法14条1項に反しないとする判断を示したものである。

しかし、上記判例の後も、学説上はなおも違憲説が多数であり、社会情勢や家庭環境、結婚観、国民感情等のさまざまな要因の変化も指摘され、本件規定を違憲と判断すべきとの批判も根強く存在していた。このような中、最高裁判所が本件規定の合憲性が問題となる遺産分割審判の特別抗告を受理し、さらには事件を大法廷に回付したことから、その判断が注目されていた。

(b) **平成25年9月4日大法廷決定（民集67巻6号1320頁）**

最高裁判所は、平成25年9月4日、本件規定につき、憲法14条1項の法の下の平等に違反するため無効であるとの判断を示した（以下、「本件決定」という)。

本件決定の事案は、相続開始時が平成13年7月であった。原々審および原審は、いずれも本件規定が合憲であるとの判断のもとで、遺産分割を行ったものである。

本件決定の要旨は、「昭和22年民法改正時から現在に至るまでの間の社会の動向、我が国における家族形態の多様化やこれに伴う国民の意識の変化、諸外国の立法のすう勢及び我が国が批准した条約の内容とこれに基づき設置

された委員会からの指摘、嫡出子と嫡出でない子の区別に関わる法制等の変化、更にはこれまでの当審判例における度重なる問題の指摘等を総合的に考察すれば、家族という共同体における個人の尊重がより明確に認識されてきたことは明らかであるといえる。そして、法律婚という制度自体は我が国に定着しているとしても、上記のような認識の変化に伴い、上記制度の下で父母が婚姻関係になかったという、子にとっては自ら選択ないし修正する余地のない事柄を理由としてその子に不利益を及ぼすことは許されず、子を個人として尊重し、その権利を保障すべきであるという考えが確立してきているものということができる。

以上を総合すれば、遅くとも A の相続が開始した平成13年7月当時においては、立法府の裁量を考慮しても、嫡出子と嫡出でない子の法定相続分を区別する合理的な根拠は失われていたというべきである。

したがって、本件規定は、遅くとも平成13年7月当時において、憲法14条1項に違反していたものというべきである」というものである。

また、本件決定は、上記(a)の各最高裁判例または決定における相続開始時以前に開始された相続につき、本件規定の合憲性を肯定した判断を変更するものではないとも判示している。そうであれば、上記判例②の相続開始時である平成12年9月30日時点における、本件規定の合憲判断は維持されていることとなる。あわせて、平成13年7月以降に開始した相続についても、すでに関係者間において裁判、合意等により確定的なものとなったといえる法律関係までも現時点で覆すのは相当でないが、関係者間の法律関係がそのような段階に至っていない事案であれば、この決定により違憲無効とされた本件規定の適用を排除した上で法律関係を確定的なものとするのが相当であるとし、この決定による違憲判断は、A の相続開始時から決定時までの間に開始された他の相続につき、本件規定を前提としてされた遺産分割審判その他の裁判、遺産分割協議その他の合意等により確定的なものとなった法律関係に影響を及ぼすものではないと判示している。

(c) **本件決定の実務上の影響**[3]

本件決定は、上記のとおり、違憲判断の遡及効を明示的に制限する判示を行っているが、この点を踏まえつつ、家庭裁判所の実務に与える影響を検討する。対象となり得る事件類型としては、①遺産分割事件、②遺留分減殺請求事件、③遺産に関する紛争調停事件、④遺産分割後の紛争調停事件が考えられる。

　　(ア)　遺産分割事件

① 　相続開始時が昭和22年以降、平成12年9月までの事案　　本件決定が上記(a)の各最高裁判例または決定の合憲性を肯定した判断を変更するものではないとしていることから、本件決定によっても、なお本件規定が合憲であるものとして判断される。

② 　相続開始時が平成12年10月から平成13年6月までの事案　　この期間における本件規定の合憲性については、本件決定を含む最高裁判所の判断は示されていないので、従前同様、解釈問題となる。なお、相続開始がこの期間内であっても、すでに遺産分割協議や調停・審判がされている事案は、本件決定の存在を理由としてその効力を覆すことはできない（もっとも、遺産分割協議または遺産分割調停が存在する場合に、相続人全員がこれらを合意解除して再分割協議を行うことを合意する場合には、あらためて遺産分割を行うことができ、この場合は本項の場合分けに応じた取扱いがなされる）。

③ 　相続開始時が平成13年7月以降平成25年9月4日までの事案　　遺産分割協議や調停・審判がされておらず、法律関係が確定していない事案については、これから行う遺産分割手続においては、本件規定は無効なものとして扱われる。すでに遺産分割協議や調停・審判がされている事案において、本件決定の存在を理由としてその効力を覆すことはできないのは②と同様である。

3　詳細は、船所寛生「婚外子相続差別違憲決定が家庭裁判所の事件に及ぼす影響について～違憲判断の遡及効を中心に～」自由と正義2014年3月号16頁以下参照。

④　相続開始時が平成25年9月5日以降の事案　　平成25年法律94号による改正後の民法900条4号の規定（本件規定を削除した現行規定）が適用されるので、これを前提とした判断がなされる。

⑤　準再審の申立てにおける取扱い　　本件規定が合憲であることを前提になされた遺産分割審判につき、本件決定を前提に、非嫡出子である相続人から民事訴訟法338条1項8号の事由があるとして準再審の申立てがされることも考えられる。しかし、この場合はすでに法律関係が確定的になっている事案であるから、本件決定の違憲判断の遡及効は生じない。したがって、再審申立期間（民訴342条）の遵守の問題は措いても、いずれにしても再審事由には該当しない。

　　(イ)　遺留分減殺請求事件

①　相続開始時が昭和22年以降、平成12年9月までの事案　　(ア)の①と同様である。

②　相続開始時が平成12年10月から平成13年6月までの事案　　遺留分減殺訴訟の判決がある場合や、遺留分減殺調停の調停もしくは当事者間の合意が成立している場合は、法律関係がすでに確定しているから、再協議の合意がない限り、この法律関係を覆すことはできない。

　　他方、判決や合意等がない場合は、(ア)の②と同様である。

③　相続開始時が平成13年7月から平成25年9月4日までの事案　　遺留分減殺訴訟の判決がある場合や、遺留分減殺の調停もしくは当事者間の合意が成立している場合は、再協議の合意がない限り、確定した法律関係を覆すことができない。

　　他方、これらの判決や合意等がなく、これから遺留分減殺をする場合は、本件規定は無効なものとして扱われる（ただし、消滅時効や除斥期間（民1042条）の問題は別途存在する）。

④　相続開始時が平成25年9月5日以降の事案　　(ア)の④と同様である。

　　(ウ)　遺産に関する紛争調停事件、遺産分割後の紛争調停事件

上記(イ)の遺留分減殺事件と同様である。

(B) 相続資格の重複

特定の相続人について、被相続人との間で複数の相続資格を有する場合が存在する。たとえば、被相続人AがAの子Bの子X（Aの孫）を養子としていた場合に、Aの相続において、Aの相続開始前にBが死亡してXが代襲相続する場合、Xは子（養子）としての相続資格を有するほか、Bの代襲相続人としての相続資格を有することになる。

このような相続資格が重複する場合にいかなる取扱いをすべきかが問題となるが、実務上、相続資格が両立する限り、これらの重複を肯定する取扱いをしており、学説上も肯定説が多数となっている。

(a) 同順位の相続資格が重複する場合

上記の例のような場合である。このような場合に、相続資格の重複を許容しないということは、いずれか一方の相続資格を否定することになる。しかし、たとえば上記の例の場合、養子としての相続権と代襲相続人としての相続権のいずれかを否定し得る法的根拠は見出しがたい。したがって、この場合には、相続資格の重複を認めることに問題はない。

上記の例において、Aの相続人として他に子Yがいる場合、XとYの法定相続分は、Xが3分の2、Yが3分の1となる。

(b) 異順位の相続資格が重複する場合

この場合の例としては、被相続人Aが弟であるXを養子にしていた場合に、Aの相続が開始した場合が考えられる。このXは、子（養子）として第1順位の相続資格を有すると同時に、兄弟姉妹として第3順位の相続資格を有することとなる。もっとも、このような場合は、先順位の相続資格が常に優先することになるので、Xは子としての第1順位の相続資格で相続人となる。

問題は、上記の例でXが第1順位の相続資格で相続放棄の申述をした場合に、Xが第3順位の相続資格も放棄したことになるかということである（Aの第2順位の相続人である直系尊属は、Aの相続開始時にいずれも死亡しているものとする）。実務上、このような場合には、第1順位と第3順位の相続資

格は別個であるから、第1順位の相続資格についての相続放棄がなされても、第3順位の相続資格についての相続放棄はあらためて申述しなければならないものとして扱っている。したがって、上記の例でいえば、Xは、第3順位の相続資格についても相続放棄を望むのであれば、第1順位の相続放棄の申述が受理された後、別途第3順位の相続資格に基づき相続放棄の申述をすべきことになる。この場合、第3順位の相続資格は、第1順位の相続放棄の申述が受理された時点で具現化するから、民法915条1項の熟慮期間は、第1順位の相続放棄の申述が受理され、その通知を受けた時から起算することになる。

(c) **配偶者相続人と血族相続人の相続資格が重複する場合**

この例としては、婚姻した夫婦が、他方配偶者の両親と養子縁組をしていた場合に、配偶者の一方が死亡した場合が考えられる。

この場合、生存配偶者は配偶者相続人であると同時に、養子縁組により死亡配偶者の兄弟姉妹としての相続資格も有することになる。したがって、夫婦間に子がおらず、死亡配偶者の直系尊属が相続開始時にすでに死亡していた場合には、兄弟姉妹としての相続資格も有するということになりそうである。しかし、配偶者相続人は、血族相続人とは独立した相続資格として定められていることから、配偶者にはこの相続資格による相続を認めれば足り、血族相続人としての相続資格としての重複は認められないと考えられている。

(吉岡　正智)

第3章 遺産分割

4 相続回復請求

(1) 相続回復請求の趣旨

　相続回復請求権は、真実は相続人ではないのにもかかわらず、相続財産を占有するなどして真正相続人の相続権を侵害している場合に、その侵害状態を除去するために認められている請求権である。

　民法上、相続回復請求権について規定する条文は、同請求権の消滅時効を定める884条のみである。したがって、その要件や効果、相続回復請求権の当事者となるべき者などといった点は、いずれも解釈により定まることとなる。

　相続回復請求権は、家督相続制度が存在していた戦前の民法下において、真正の家督相続人が表見家督相続人により家督相続権を侵害されている場合に、その除去と回復を求めるために認められていたものであり、この規定が遺産相続制度についても準用されていた。戦後、民法が改正される中で、この遺産相続制度に関する相続回復請求権の規定が存置され、884条として規定されているものである。

(2) 要　件

　いずれも解釈により定められることとなるが、上記の条文趣旨からして、請求権の行使主体は真正相続人であることを要する。相続回復請求は、あく

まで相続財産に対する表見相続人等による侵害等を排除することを趣旨とするものであるから、性質上は保存行為というべきであり、したがって、各相続人が個別に単独で行使することも可能と解するのが相当である。

また、相続財産の占有等により相続権が侵害されていることが必要である。

さらに、請求権の客体、すなわち相手方となるのは、真正相続人としての外観を有する表見相続人である。判例は、一般論として、「当該財産について、自己に相続権がないことを知りながら、又はその者に相続権があると信ぜられるべき合理的事由があるわけではないにもかかわらず、自らの相続人と称してこれを侵害している者は、自己の侵害行為を正当行為であるかのように糊塗するための口実として名を相続にかりているもの又はこれと同視されるべきものであるにすぎず、実質において一般の物権侵害者ないし不法行為者であって、いわば相続回復請求制度の埒外にある者にほかならず、その当然の帰結として相続回復請求権の消滅時効の援用を認められるべき者にはあたらない」と判示している（最大判昭和53・12・20民集32巻9号1674頁）。表見相続人の具体例は、戸籍上は相続人であるものの、相続開始後に推定相続人廃除の認容審判が確定した場合や当該相続人が相続放棄をした場合、あるいは親子関係不存在確認訴訟の認容判決が確定した場合などが考えられる。

また、上記最高裁判例においては、自己の抽象的な相続分に基づく共有持分を超えて特定の相続財産全体を占有している共同相続人については、自己の相続分を超えて相続分があること、もしくは他の共同相続人が共有持分を有しないと考えることに合理的な事由がある場合には、共同相続人も相続回復請求権の客体となる旨を判示している（判旨自体は、「相続財産のうちその一人若しくは数人の本来の持分をこえる部分が他の共同相続人の持分に属するものであることを知りながらその部分もまた自己の持分に属するものであると称し、又はその部分についてもその者に相続による持分があるものと信ぜられるべき合理的な事由……があるわけではないにもかかわらずその部分もまた自己の持分に属するものであると称し、これを占有管理している場合」というものである）。この判例によれば、共同相続人に対して相続回復請求権を行使できない場合は、

物権的請求権に基づく返還請求、妨害排除請求等を行使すべきこととなる（なお、物権的請求権の場合には消滅時効の問題は生じない）。上記の合理的な事由の有無は、占有開始時（換言すれば、相続権侵害の開始時）において必要であるとされ、その立証責任は相手方となる共同相続人が負うべきものと解されている（最判平成11・7・19民集53巻6号1138頁）。

(3) 効　果

相手方に対して相続財産への侵害状態を除去し、相続財産として遺産分割までの間は相続人全員が（観念的には）法定相続分に応じて共同で占有することとなる。この場合、相手方が法定相続人ではない場合には、請求権を行使した共同相続人に対して、対象となっている相続財産全部の引渡しを請求することができると解するのが相当である。他方、相手方が共同相続人の1人である場合には、当該相続人の固有の相続分に応じた利用が可能であることから、同様の引渡しを求めることはできない。

なお、遺産分割未了の不動産につき、共同相続人の1人が当該不動産を排他的に利用している場合において、建物からの退去や土地の明渡しを求めるためには、「合理的な理由」が必要であるとするのが最高裁判例である（最判昭和41・5・19民集20巻5号947頁）。

(4) 第三者による消滅時効の援用の可否

相続回復請求権の相手方となる者は、5年の短期消滅時効を主張することができる（民884条）。

ここで、表見相続人から相続財産を取得した第三者が、相続回復請求の相手方になり、あるいは第三者が短期消滅時効を援用することができるか、が問題となる。

この場合、表見相続人の処分行為は無権利者の行為であるから、真正相続

人は、第三者に対し、所有権に基づく物権的請求権により返還等を求めることができ、相続回復請求権によるのではないとするのが判例である（大判大正5・2・8民録22輯267頁、大判昭和4・4・2民集8巻237頁）。そうすると、第三者においては、民法884条の短期消滅時効を主張することはできないことになる（物権的請求権である以上、そもそも消滅時効を主張し得ない）。

そこで、第三者において、表見相続人自身の短期消滅時効を援用できないかが問題となる。この場合、前述の最大判昭和53・12・20のとおり、表見相続人が合理的な事由を有しない場合には、そもそも相続回復請求の相手方とはならないから、消滅時効を援用する前提が欠けることとなる。第三者がこの合理的な事由を有していたとしても、民法884条の短期消滅時効を援用することはできない（最判平成7・12・5判時1652号54頁）。他方、表見相続人がこの合理的な事由を有している場合は、消滅時効の援用により自らの権利関係を維持することが可能になることから、時効援用についての直接の利益がある者といえる。したがって、この場合には、同条の短期消滅時効を援用することができる。

(5) 取得時効との関係

相続回復請求の相手方とされた共同相続人は、特定の相続財産につき、取得時効の要件を満たす占有を行っている場合に、この取得時効を援用することができるかが問題となる。

この点、民法884条の期間中においては取得時効の援用を否定する見解もあるが、他方、相続回復請求の相手方とされない場合には、物権的請求権により相続財産の返還等を求めることとなり、この場合に取得時効の援用が認められることは明らかであることとの均衡を失することになる。そうすると、かえって相続回復請求の相手方とされないほうが相手方の保護に資する結果となり、妥当とはいえない。同条が相続回復請求の相手方とされた第三者の利益保護を趣旨とする規定と解すれば、むしろ同条の期間中であるか否かに

かかわらず、取得時効の主張ができると解するべきである。
　また、表見相続人から相続財産を取得した第三者も取得時効を援用することができる。

（吉岡　正智）

5 遺産の範囲

(1) 総論

　被相続人が相続開始時に有していた財産的権利義務は、被相続人の一身に専属するものを除いてすべて相続の対象となる。日常用語では、この相続の対象となる財産を遺産というのが一般的であるが、この遺産の範囲と家庭裁判所における遺産分割の対象となる「遺産の範囲」は、同義ではない。すなわち、相続の対象となる遺産がすべて遺産分割の対象となるわけではなく、金銭債権のように法定相続分に従って当然に分割されるものは、原則として、遺産分割の対象となる「遺産の範囲」には含まれない。また、金銭債務は相続により当然に各相続人に法定相続分で承継されるため、これも遺産分割の対象とはならない。

　遺産分割の対象となる財産は、①被相続人が相続開始時に所有し、②現在（分割時）も存在する、③未分割の、④積極財産であり、これに該当しないものは、本来は、遺産分割の対象とはならないものであるが、この法的な枠組みを理解しないまま、遺産分割の調停・審判を進めると、遺産の範囲が確定しないまま長期化してしまうおそれがある。本項では、家庭裁判所における遺産分割の対象となるかどうかという観点を中心に、個別の財産的権利義務について説明することとするが、一般的な意味での遺産の範囲～相続の対象となるか～についても、必要に応じて説明する。[1]

(2) 現　金

　現金は、遺産分割の対象となる。
　判例（最二小判平成4・4・10判時1421号77頁）は、相続人の一人が保管している現金について、他の相続人が法定相続分に応じた支払いを求めた訴えについて、「相続人は、遺産の分割までの間は、相続開始時に存した金銭を相続財産として保管している他の相続人に対して、自己の相続分に相当する金銭の支払いを求めることはできないと解するのが相当である」と判示して、法定相続分に応じた金員の支払いを否定した。
　現金には、民法427条のような規定はないので、金銭債権のように当然に分割されるものではなく、遺産分割の対象となる。また、現金は、不動産を分割する際の不均衡や、特別受益・寄与分によって、相続分が修正された場合の調整として用いることができるものであるから、遺産分割の対象とすることが妥当なものである。
　他方、相続人が現金の保管を否定している場合に、他の相続人が現金があるはずだと主張しても、それを証明する資料がなければ、現在も存在しているとはいえず、遺産分割の対象とするのは難しい。この場合には、後記(25)の使途不明金と同様に、最終的には、民事訴訟で解決されるべきものである。

(3) 金銭債権・預貯金

(A) 遺産分割の対象財産性

　判例（最一小判昭和29・4・8民集8巻4号819頁）は、「相続人数人ある場合において、その相続財産中に金銭その他の可分債権があるときは、その債権

1　本項の執筆にあたっては、司法研修所編『遺産分割事件の処理をめぐる諸問題』、片岡武ほか『新版家庭裁判所における遺産分割・遺留分の実務』、松原正明『全訂判例先例相続法Ⅰ・Ⅱ』を参照した。

は法律上当然分割され各共同相続人がその相続分に応じて権利を承継するものと解するのを相当とする」と判示している。

　この判例に従えば、預貯金債権も可分債権であり、共同相続人間の遺産分割協議によるまでもなく、法定相続分に従って当然に分割されることになる。したがって、現在の判例理論では、預貯金債権は遺産分割の対象とはならない。

　ただし、預貯金は、不動産を分割する際の不均衡や、特別受益・寄与分によって、相続分が修正された場合の調整として用いることができるものであるから、遺産分割の対象とすることが妥当な場合もあるものである。そこで、実務では、相続人間において預貯金を遺産分割の対象とする旨の合意がある場合には、遺産分割調停のみならず遺産分割審判においても、預貯金債権を遺産分割の対象として扱っている。

【参考裁判例】　東京家審昭和47・11・15家月25巻9号107頁
　銀行預金等の金銭債権については、相続開始とともに当然分割され、遺産分割の対象にならないのではないかという疑問もあるけれども、分割の効果を第三者に主張するためには対抗要件を具備することの必要性もあるとしても、共同相続人間の内部的な合意により債権をも分割の対象とし、しかも債権を含めて分割を行うことが相続人間の具体的衡平の実現を可能ならしめる場合には、遺産分割審判の対象となしうるものと解すべきであ

2　本判決は、不法行為に基づく損害賠償請求訴訟であり、相続人と債務者との間の訴訟であったが、その後の共同相続人間の争いが問題となった事案においても、最高裁判所は、「預金債権その他の金銭債権は、相続開始とともに法律上当然に分割され、各相続人がその相続分に応じて権利を承継する」旨判示している（最三小判平成10・6・30民集52巻4号1225頁）。

3　定期預金債権についても、可分債権と解されるが、民法544条（解除権の不可分性）との関係が問題となる。金融機関に対する法定相続分に応じた預貯金の払戻しにつき、定期預金の期限前の解約申入れは認められないとした裁判例として、東京地判平成17・12・15（判例秘書（L06034784））があり、解除不可分の原則の適用を欠くとして、定期預金の分割払戻しを認めた裁判例として、山口地下関支判平成22・3・11判タ1333号193頁がある。

4　ただし、平成28年2月現在、法制審議会民法（相続関係）部会においては、相続法制の見直しにあたっての検討課題の1つとして、可分債権の遺産分割における取扱いについても、遺産分割の対象に含める方向での検討がされている。また、相続人の1人に特別受益がある場合の遺産分割審判における預貯金債権の取扱いについては、最高裁大法廷で審理されているようであり、この点について、従来の判例を前提とした考え方が変更される可能性もある。

る。

(B) 金融機関の運用

これに対し、多くの金融機関は、相続人全員の署名押印のある遺産分割協議書または相続人のうち1名を払戻人の代表者とする内容で相続人全員が捺印した同意書と各自の印鑑証明書の提出がなければ、被相続人名義の預金の払戻しに応じていない。そこで、金融機関が任意の払戻しに応じない場合には、金融機関を被告として各相続人が自己の相続分に基づき預金払戻請求訴訟を提起しなければならない。しかし、このような金融機関実務の運用は、現在の判例理論を前提とする限り、相続人に不相当な負担を強いている。

裁判例としては、東京地判平成9・10・20判タ999号283頁のように、預金債権が法定相続分に従って当然に分割されることを前提として、「被相続人が生前有していた可分債権も、共同相続人全員間の合意によって、不可分債権に転化し、共同相続人らによる遺産分割協議の対象に含めさせることも可能と解されるので、共同相続人から右可分債権の請求を受けるべき債務者としては、右債権を遺産分割協議の対象に含めることについての合意が成立する余地がある間は、その帰属が未確定であることを理由に請求を拒否することも可能というべきである」としつつ、本件では「遺産分割協議が成立する可能性はほとんどないと認められる」として、預金の払戻請求を認めた事例がある。また、下記参考裁判例のように、「原告は、本件払戻請求の訴訟を提起しており、本件各預金を遺産分割協議の対象としない意思は明らかというべきであり、本件各預金に関して遺産分割協議が成立する可能性があるとはいえない」としたうえ、金融機関実務の運用について、「可分債権である預貯金払戻請求権の性質を軽視するものであり、また、預貯金者に訴訟提起といった時間と経済的負担を強いるものであって、不適当な運用」と指摘する裁判例もある。そのため、近時は、金融機関によっては、訴訟提起前であっても、任意に相続分に応じた払戻しに応ずるところもあるようである。

【参考裁判例】 東京地判平成18・7・14金法1787号54頁

被告□□銀行及び被告△△銀行は、本件では、亡○○の共同相続人の間

において、本件預金に関する遺産分割協議が成立する可能性が存するから、被告ら銀行は、債権の帰属未確定を理由に、原告の請求を拒否することができるなどと主張する。

しかしながら、本件では、原告は、本件払戻請求の訴訟を提起しており、本件各預金を遺産分割協議の対象としない意思は明らかというべきであり、本件各預金に関して遺産分割協議が成立する可能性があるとはいえないから、上記被告らの主張は、採用することができない。

また、被告□□銀行及び被告△△銀行は、相続開始後、共同相続人における遺産分割協議が成立する前においては、金融機関の実務として、共同相続人全員の同意に基づいて、共同相続人全員に対して一括して預金の払戻を行うことが慣行として行われており、これは事実たる商慣習となっているから、これを理由に払戻請求を拒否できるなどと主張する。

しかしながら、本件訴えの提起段階では相被告であった金融機関が、本件訴え提起後、原告からの払戻請求に応じたために、同被告については本訴が取下げに至った事実からしても、上記被告らの主張する商慣習が存在するとは認められない。

（中略）

上記被告らの主張するところによれば、金銭債権である預貯金の払戻請求権については、相続人全員の同意等がなければ払戻を実行せず、一部相続人からの訴訟提起とその判決によって、ようやく払戻を行うといった運用が、一部金融機関で行われているとのことであるが、かかる運用は、可分債権である預貯金払戻請求権の性質を軽視するものであり、また、預貯金者に訴訟提起といった時間と経済的負担を強いるものであって、不適当な運用というべきものであって、かかる運用が商慣習として確立しているものとは認められない。

---

5 なお、前掲東京地判平成9・10・20は、金融機関に対する遅延損害金の請求について、預金の払戻請求をした時点においては、遺産分割協議の対象に含めることについての合意が成立する余地がある間は、その帰属が未確定であることを理由に請求を拒否することも可能であることを理由として否定している。しかし、共同相続人の一人が金融機関に対して訴訟提起をしている段階で、預貯金を遺産分割の対象とする合意が成立する可能性はないと考えられるような場合には、請求時（訴状送達の日の翌日）から遅延損害金の請求が認められると考えられ、前掲東京地判平成18・7・14も遅延損害金の請求を認容している。

(C) 旧郵便局の定額郵便貯金

旧郵便局の定額郵便貯金については、遺産分割の対象となるか否かについて争いがあったが、最二小判平成22・10・8民集64巻7号1719頁は、遺産に属することの確認を求める訴えにおいて、旧郵便貯金法が定額郵便貯金について、分割払戻しをしないとの条件を定めていることなどを理由として、相続開始と同時に当然に相続分に応じて分割されることはないとして、遺産分割の対象となると判断した。[6]

ただし、定額郵便貯金は、預入の日から10年が経過している場合には、通常貯金となるので（旧郵便貯金法57条1項）、この場合には、可分債権となり、遺産分割の対象とはならないと解されている。

なお、平成19年10月1日に施行された郵政民営化法等の施行に伴う関係法律の整備等に関する法律（以下、「整備法」という）2条により、郵便貯金法は廃止されたが、整備法附則5条により、郵政民営化法の施行日より前に預け入れた定額郵便貯金に関する郵便貯金法の規定は、なおその効力を有するとされているため、郵政民営化法の施行日より前に預け入れた定額郵便貯金は、郵政民営化法施行後も遺産分割の対象とはならない。これに対し、施行日以降は、郵便貯金法に基づく預入れはできないことになったため、現在のゆうちょ銀行の定額貯金と名付けられた商品は、通常の預貯金と同様に可分債権としての性質を有するものと解される。

> 【参考判例】　最二小判平成22・10・8民集64巻7号1719頁
> 　郵便貯金法は、定額郵便貯金につき、一定の据置期間を定め、分割払戻しをしないとの条件で一定の金額を一時に預入するものと定め（7条1項3号）、預入金額も一定の金額に限定している（同条2項、郵便貯金規則83条の11）。同法が定額郵便貯金を上記のような制限の下に預け入れられる貯金として定める趣旨は、多数の預金者を対象とした大量の事務処理を迅速かつ画一的に処理する必要上、預入金額を一定額に限定し、貯金の管理を容易にして、定額郵便貯金に係る事務の定型化、簡素化を図るという

---

[6] この判例の解説である石丸将利「判解」平成22年度最判解民587頁は、遺産分割における預貯金の問題から定額郵便貯金の性質について、詳細に論じており、参考となる。

趣旨に反する。他方、同債権が相続により分割されると解したとしても、同債権には上記条件が付されている以上、共同相続人は共同して全額の払戻しを求めざるを得ず、単独でこれを行使する余地はないのであるから、そのように解する意義は乏しい。これらの点にかんがみれば、同法は同債権の分割を許容するものではなく、同債権は、その預金者が死亡したからといって、相続開始と同時に当然に相続分に応じて分割されることはないものというべきである。

(4) 交通事故等の不法行為に基づく損害賠償請求権

被相続人が交通事故等によって即死した場合には、死亡によって権利の主体ではなくなることから、その人が生命を奪われたことによる損害（逸失利益等）賠償請求権を取得することは論理的に矛盾するように思われるが、判例は、大審院以来（大判大正15・2・16民集5巻150頁参照）、死亡による損害賠償請求権も、相続によって承継されるものとされている。また、慰謝料請求権についても、財産上の損害賠償請求権と同様、単純な金銭債権であり、相続の対象となり得ないものと解すべき法的根拠はなく、被害者が死亡したときは、その相続人が当然に慰謝料請求権を相続するものと解するのが相当であるとしている（最大判昭和42・11・1民集21巻9号2249頁参照）。

したがって、不法行為等に基づく損害賠償請求権は、相続の対象となるものではあるが、結局は、金銭債権であって、可分債権であるから、相続人間で遺産分割の対象とする合意がない場合には、遺産分割の対象となるものではない。

(5) 扶養請求権

扶養請求権については、一身専属権として相続人に承継されないものとされている。扶養権利者が死亡すれば、要扶養状態が消滅するのであるから、扶養請求権が具体的に確定されていても消滅するものである。ただし、一定

額の給付請求権として具体化されている場合、すなわち、履行期が到来し、遅滞に陥っている場合には、純粋な金銭債権であって、一身専属権が消滅し、相続されるものと解されている。

東京高決昭和52・10・25家月30巻5号108頁は、一審の審判で扶養請求権が認められた被相続人が抗告審の係属中に死亡した事案において、「一般に親族間の扶養請求権そのものは一身専属の抽象的な権利であるが、扶養料の請求によってその範囲が具体化し、更に審判等によって金額等が形成されたときは、その形成された扶養料は過去のものであると現在及び将来のものであるとを問わず純然たる金銭債権と化し、一身専属性を失うものと解するのが相当であるから相続の対象となるものというべきである」として、被相続人の死亡に至るまでの分について、相続を認めた。

なお、具体化された扶養請求権が相続の対象となるものであっても、結局は、金銭債権であって、可分債権であるから、相続人間で遺産分割の対象とする合意がない場合には、遺産分割の対象となるものではない。

(6) 財産分与請求権

財産分与請求権は、離婚によって発生するものであり、協議あるいは審判等によって具体的内容が形成されるものである（最二小判昭和55・7・11民集34巻4号628頁参照）。この財産分与請求権には、①婚姻中に形成した財産（夫婦共有財産）の清算（清算的財産分与）、②離婚後の扶養（扶養的財産分与）、③離婚に伴う慰謝料（慰謝料的財産分与）が含まれると解されている。

財産分与の相続性を検討するには、その法的性質から検討する必要があるが、①の清算的財産分与については、一般の金銭債権と異なるところはないから、相続の対象となるものと解される。③の慰謝料的財産分与についても、前記(4)のとおり、慰謝料請求権の当然相続を認めるのが最高裁判例の立場であることからすると、相続の対象となるものと解される。そこで、問題となるのは、②の扶養的財産分与についてであるが、扶養的要素については相続

性を否定する説と扶養的要素も含めた3要素の包括的な権利としての財産分与請求権の相続性を肯定する説が対立している。[7]

前記(5)の扶養請求権と同様に、原則として、扶養的財産分与については、一身専属権として相続人に承継されないものであるが、一定額の給付請求権として具体化されている場合には、一身専属権が消滅し、相続されるものと解すべきであろう。

しかし、扶養的要素も含めて相続性を肯定する説も、財産分与請求権者が死亡した際に、分与額が確定していない場合には、扶養的財産分与を考慮することはないであろうし、扶養的要素の相続性を否定する説によれば、分与額が確定した後に財産分与請求権者が死亡した場合には、扶養的要素を除いた部分について、相続されることになるが、現実には、扶養的要素とそれ以外の部分を区別することができない場合が多いと考えられ、いずれの説を採用しても、大きな違いはないように思われる。

いずれにせよ、財産分与請求権は、分与額が確定している場合には、純粋な金銭債権であって、可分債権であるから、相続人間で遺産分割の対象とする合意がない場合には、遺産分割の対象とはならない。

(7) 所有権

(A) 不動産

土地および建物等の不動産は、当然に遺産分割の対象となる。ただし、墓地については、祭祀財産（民897条）として、相続財産とは区別して扱うのが通説である（後記(21)参照）。

(B) 動産

動産も所有権の客体であるから、遺産分割の対象である。しかし、遺産分割の対象とするためには、特定することが必要であり、特定することができ

---

7 下方元子「財産分与の相続性」家族法判例百選〔第4版〕179頁参照。

なければ、遺産分割調停・審判における遺産の範囲からは除外せざるを得ない。

また、仮に特定することが可能であったとしても、その評価額を算定することは困難な場合が多く、相当高価なものを除き、当該動産について取得を希望する相続人が存在し、かつ、評価額について合意を得ることができる場合でなければ、形見分け等によって分配することにして、遺産分割調停・審判の対象から除外しているのが実務の扱いである。

(8) 不動産賃借権（借家権、借地権）

不動産賃借権については、借主の死亡により消滅せず、一身専属権ともいえないので、原則として相続の対象となる。そして、不動産賃借権は、不可分債権であるから、相続の開始によって、共同相続人による準共有状態となるので、これを解消するためには、遺産分割手続が必要である。

(A) 借家権

居住用建物の賃借権（借家権）についても、判例は、賃借人の一身に専属する権利とはいえず、相続の対象となると判示しているので（大判大正13・3・13評論13巻民法549頁参照）、遺産分割の対象となる。これに対し、公営住宅を使用する権利については、民法および借地借家法の特別法としての公営住宅法を考慮する必要がある。最一小判平成2・10・18民集44巻7号1021頁は、公営住宅法の目的、入居者の資格制限、選考方法など「公営住宅の規定の趣旨にかんがみれば、入居者が死亡した場合には、その相続人が公営住宅を使用する権利を当然に承継すると解する余地はないというべきである」と判示して、相続による承継を否定しているので、遺産分割の対象にもならない。

(B) 同居する内縁配偶者等の居住権の援用等

遺産分割と直接の関連性はないが、賃借人が死亡した場合において、賃貸人から相続人ではない賃借人の内縁の配偶者等に対する家屋の明渡請求につ

いて、判例は、内縁の配偶者等は、相続人の賃借権を援用して、賃貸人に対し当該家屋に居住する権利を主張することができるとして、相続人でない居住者の保護を図っている[8]。

この場合、賃借人となる相続人と相続人でない居住者との関係が問題となる場合があるが、相続人が内縁の配偶者等の居住を拒絶する場合には、権利の濫用として居住者の利益を擁護することができる場合がある。賃借権の事案ではないが、最三小判昭和39・10・13民集18巻8号1578頁は、内縁の夫の死亡後、その所有家屋に居住する内縁の妻に対し、相続人が家屋の明渡請求をした事案において、その事実関係に照らし[9]、家屋の明渡請求は権利の濫用にあたるとしている。

また、相続人が賃借権の放棄や合意解除をしたときには、賃借権の援用をすることができないのではないかという点については、適法な転貸借の場合において、賃貸人と賃借人との間で賃貸借契約を合意解除しても、転借権を覆すことができないのと同様に、居住者との関係では、放棄は無効と解すべきと判示した裁判例がある（大阪地判昭和38・3・30判タ144号95頁）。

このほか、内縁の夫婦が2分の1ずつの持分を有していた不動産について、一方の死亡後に、他方が単独で占有使用していたことにつき、死亡した側の相続人が内縁の配偶者に対して持分を超える部分についての使用収益について不当利得返還請求をした事案について、最一小判平成10・2・26民集52巻1号255頁は、「内縁の夫婦がその共有する不動産を居住又は共同事業のために共同で使用していたときは、特段の事情のない限り、両者の間において、その一方が死亡した後は他方が右不動産を単独で使用する旨の合意が成立していたものと推認するのが相当である」として、共有不動産の全面的な無償

---

[8] 事実上の養子につき、最三小判昭和37・12・15民集16巻12号2455頁、内縁の妻につき、最三小判昭和42・2・21民集21巻1号155頁、内縁の夫につき、最二小判昭和42・4・28民集21巻3号780頁。

[9] 相続人が被相続人の養子であり、親族による協議の結果、離縁することが決定していたが、未だ離縁の手続をすることなく死亡したという事案であり、相続人と相続人でない居住者との間の明渡請求が権利の濫用に当たると一般化することまではできないものと解される。

使用を認めている。

なお、居住用の建物の賃借人が死亡し、相続人がいない場合には、被相続人と同居していた内縁の配偶者または事実上の養子が賃借権を承継するものとされている（借地借家36条）。

(9) 占有権

占有権も相続の対象となるとするのが判例である（最一小判昭和44・10・30民集23巻10号1881頁）。

>【参考判例】　最一小判昭和44・10・30民集23巻10号1881頁
>被相続人の事実的支配の中にあった物は、原則として、当然に、相続人の支配の中に承継されるとみるべきであるから、その結果として、占有権も承継され、被相続人が死亡して相続が開始するときは、特別の事情のないかぎり、従前その占有に属したものは、当然相続人の占有に移ると解すべきである。

ただし、占有権の相続による承継が問題となるのは、取得時効の主張をする場合がほとんどであり、占有権が物の価値そのものを支配する権利ではなく、物を事実として支配している状態に権利としての保護を与えたものであることからすれば、遺産分割において、占有権を問題とする意義はない。

(10) 死亡退職金

死亡退職金の法的性質については、賃金の後払いとしての性質、遺族の生活保障としての性質などが指摘されており、前者の性質に着目すれば遺産性を肯定する方向に、後者の性質に着目すれば遺産性を否定する方向になる。しかし、死亡退職金の法的性質または遺産性は、これを一律に決められるものではなく、具体的な事案に応じて個別的に決すべきものとされており、死亡退職金に関する支給規定の有無によって場合分けをし、これがある場合に

は、支給基準、受給権者の範囲または順位などの規定内容により遺産性を検討し、これがない場合には、従来の支給慣行や支給の経緯等を勘案して個別的に遺産性を検討することになる。

(A) **国家公務員の死亡退職手当**

国家公務員の死亡退職手当については、国家公務員退職手当法2条、2条の2が受給権者を遺族とし、受給権者の範囲および順位を法定しているところ、受給権者の範囲および順位が民法の定める相続人の範囲および順位と異なっていることなどに照らすと、上記規定は専ら職員の収入に依拠していた遺族の生活保障を目的として受給権者を定めたものと解されるから、遺産性は否定される。

(B) **地方公務員の死亡退職手当**

地方公務員の死亡退職手当については、地方公務員法24条および地方自治法204条に基づき条例で定められることになるが、その内容は、昭和28年9月10日自丙甲発45号「職員の退職手当に関する準則」により国家公務員の例に準ずることとされているから、当該条例が国家公務員退職手当法と同様の内容を定めているときには、遺産性は否定される。

【参考判例】 県学校職員の死亡退職金（最二小判昭和58・10・14判時1124号186頁）

　原審の確定した事実関係及び本件記録によれば、「滋賀県学校職員退職手当支給条例」（昭和28年10月5日滋賀県条例第25号）2条、「滋賀県職員退職手当条例」（昭和28年10月5日滋賀県条例第24号）2条、11条は、被上告人の職員に関する死亡退職手当の支給、受給権者の範囲及び順位を定めているのであるが、右規定によると、死亡退職手当は遺族に支給するものとし、支給を受ける遺族のうちの第一順位者は配偶者（届出をしていないが、職員の死亡当時事実上婚姻関係と同様の事情にあつた者を含む。）であって、配偶者があるときは他の遺族は全く支給を受けないこと、当該職員の死亡当時主としてその収入によって生計を維持していたか否かにより順位に差異を生ずること、直系血族間では孫より父母が先順位となり、嫡出子と非嫡出子が平等に扱われ、父母や祖父母については養方が実方に優先するものとされていることなど、受給権者の範囲及び順位につき民法

の規定する相続人の順位決定の原則とは著しく異なった定め方がされていることが明らかであるから、右規定は、専ら職員の収入に依拠していた遺族の生活保障を目的とし、民法とは別の立場で受給権者を定めたもので、受給権者たる遺族は、相続人としてではなく、右の規定により直接死亡退職手当を自己固有の権利として取得するものと解するのが相当である（最高裁昭和54年(オ)第1298号同55年11月27日第一小法廷判決・民集34巻6号815頁参照）。そうすると、被上告人の職員であつた亡○○○○の死亡退職手当の受給権は同人の相続財産に属さず、遺贈の対象とするに由ないものというべきである。

(C) その他の者の死亡退職金

労働協約、就業規則等によりその遺産性を検討することになるが、下記の参考判例は、いずれも遺産性を否定しており、受給権者の固有財産としている。

【参考判例】　①　特殊法人の職員の死亡退職金（**最一小判昭和55・11・27民集34巻6号815頁**）

遺産分割の対象とはならない。

被上告人の「職員の退職手当に関する規程」2条・8条は被上告人の職員に関する死亡退職金の支給、受給権者の範囲及び順位を定めているのであるが、右規程によると、死亡退職金の支給を受ける者の第一順位は内縁の配偶者を含む配偶者であって、配偶者があるときは子は全く支給を受けないこと、直系血族間でも親等の近い父母が孫より先順位となり、嫡出子と非嫡出子が平等に扱われ、父母や養父母については養方が実方に優先すること、死亡した者の収入によって生計を維持していたか否かにより順位に差異を生ずることなど、受給権者の範囲及び順位につき民法の規定する相続人の順位決定の原則とは著しく異なった定め方がされているというのであり、これによってみれば、右規程は、専ら職員の収入に依拠していた遺族の生活保障を目的とし、民法とは別の立場で受給権者を定めたもので、受給権者たる遺族は、相続人としてではなく、右規程の定めにより直接これを自己固有の権利として取得するものと解するのが相当であり、そうすると、右死亡退職金の受給権は相続財産に属さず、受給権者である遺族が存在しない場合に相続財産として他の相続人による相続の対象となるものではないというべきである。

② 学校法人の職員の死亡退職金（**最一小判昭和60・1・31家月37巻8号39頁**）

遺産分割の対象とはならない。

F工大は、昭和54年3月、規程6条を改正し、ただし書として、新たに「遺族の範囲及び順位は、私立学校教職員共済組合法25条の規定を準用する。」旨追加したというのである。そして、私立学校教職員共済組合法25条（昭和54年法律第74号による改正前のもの。以下同じ。）が準用されると、同条により国家公務員共済組合法2条、43条が準用されることになり、その結果、改正後の規程6条によれば、F工大の死亡退職金の支給を受ける遺族は、(1) 職員の死亡の当時主としてその収入により生計を維持していたものでなければならず、(2) 第一順位は配偶者（届出をしていないが、事実上婚姻関係と同様の事情にある者を含む。）であり、配偶者があるときは子は全く支給を受けない、(3) 直系血族間でも親等の近い父母が孫より先順位となる、(4) 嫡出子と非嫡出子が平等に扱われる、(5) 父母や養父母については養方が実方に優先する、ということになる。すなわち、改正後の規程6条は、死亡退職金の受給権者の範囲及び順位につき民法の規定する相続人の範囲及び順位決定の原則とは著しく異なった定め方をしているのであり、これによってみれば、右規程の定めは、専ら職員の収入に依拠していた遺族の生活保障を目的とし、民法とは別の立場で受給権者を定めたもので、受給権者たる遺族は、相続人としてではなく、右規程の定めにより直接これを自己固有の権利として取得するものと解するのが相当である（最高裁昭和54年(オ)第1298号同55年11月27日第一小法廷判決・民集34巻6号815頁参照）。のみならず、改正前の規程6条においても、死亡退職金の受給権者が相続人ではなく遺族と定められていたこと、改正前も前記私立学校教職員共済組合法25条及び国家公務員共済組合法2条、43条が施行されていたことを考慮すると、他に特段の事情のない限り、改正前の規程6条は、専ら職員の収入に依拠していた遺族の生活保障を目的とし、民法上の相続とは別の立場で死亡退職金の受給権者を定めたものであって、受給権者たる遺族の具体的な範囲及び順位については、前記各法条の定めるところを当然の前提としていたのであり、改正によるただし書の追加は、単にそのことを明確にしたにすぎないと解するのが相当である。そして、右のように解することを妨げるような特段の事情の主張、立証はなされていない。そうすると、改正前の規程6条にいう遺族の範囲及び順位に関し

ては、前記各法条の定めるところによるべきであり、右遺族の第一順位は、職員の死亡の当時主としてその収入により生計を維持していた配偶者（届出をしていないが、事実上婚姻関係と同様の事情にある者を含む。）と解すべきことになる。

③　死亡退職金の支給規程のない財団法人において、その理事長の配偶者に対する死亡退職金の支給決定がされた場合（**最三小判昭和62・3・3家月39巻10号61頁**）

遺産分割の対象とはならない。

亡〇〇〇〇（以下「〇〇」という。）は財団法人△△会（以下「△△会」という。）の理事長であつたこと、〇〇の死亡当時、△△会には退職金支給規程ないし死亡功労金支給規程は存在しなかったこと、△△会は、〇〇の死亡後同人に対する死亡退職金として2000万円を支給する旨の決定をしたうえ〇〇の妻である被上告人にこれを支払ったことは、原審の適法に確定した事実であるところ、右死亡退職金は、〇〇の相続財産として相続人の代表者としての被上告人に支給されたものではなく、相続という関係を離れて〇〇の配偶者であった被上告人個人に対して支給されたものであるとして〇〇の子である上告人らの請求を棄却すべきものとした原審の認定判断は、原判決挙示の証拠関係に照らし、正当として是認することができ、その過程に所論の違法はない。

(11)　遺族給付

遺族給付とは、社会保障関係の特別法によって、死者と一定の関係にある親族に対してなされる給付を総称し、損失補償、遺族年金、弔慰金、葬祭料等が含まれる。これらの遺族給付については、遺族の生活保障等を目的とするものが多く、遺産性を否定し、遺族固有の権利と解すべきである。

なお、厚生年金保険法の定める遺族年金について、遺産性を否定した裁判例がある（大阪家審昭和59・4・11家月37巻2号146頁）。

【参考裁判例】　大阪家審昭和59・4・11家月37巻2号146頁

なお被相続人の死亡により同人を被保険者とする厚生年金保険から相手方に基本額602,900円、寡婦加算21万円、子一人につき6万円加給の合計

932,900円の遺族年金額が支給されることになった。

そこでこれを遺産として分割の対象とすることができるか検討するに厚生年金保険法58条は被保険者の死亡による遺族年金はその者の遺族に支給することとし、同法59条で妻と18歳未満の子が第一順位の受給権者としているが、同法66条で妻が受給権を有する期間子に対する遺族年金の支給を停止すると定めている。そして妻と子が別居し生計を異にした場合でも分割支給の方法はなく、その配分の参考となる規定はない。そうすると同法は相続法とは別個の立場から受給権者と支給方法を定めたものとみられ、相手方が支給を受けた遺族年金は同人の固有の権利にもとづくもので被相続人の遺産と解することはできない。

(12) 生命保険金

生命保険金は、生命保険契約に基づき、被保険者の死亡という保険事故の発生を条件として支払われる金銭であり、この生命保険金請求権が相続財産に含まれるのか、保険金の受取人として指定された者の固有財産となるのかが問題となる。生命保険契約には、その目的に応じて、保険契約者が自己を被保険者とするものと他人を被保険者とするものがあり、また、保険契約者自身を保険金受取人とするものと他人を保険金受取人とするものとがある。したがって、生命保険契約は、保険契約者、被保険者および保険金受取人の組合せにより、いくつかの類型に分けて検討する必要がある。

(A) **保険契約者が自己を被保険者とし、受取人を相続人と指定している場合**

(a) **特定の相続人が受取人と指定されている場合**

特定の相続人を氏名を表示して受取人と指定している場合には、これは、第三者のためにする契約であって、受取人として指定された相続人は、保険契約の効果として、当然に保険金請求権を取得する。

(b) **受取人が「相続人」とのみ指定されている場合**

被相続人が、受取人につき、特定の者の氏名を表示することなく、単に

「相続人」と指定している場合であっても、判例（最三小判昭和40・2・2民集19巻1号1頁）は、特定の者を受取人と指定した場合と同様に、遺産性を否定し、受取人である相続人の固有の権利としている。

【参考判例】　最三小判昭和40・2・2民集19巻1号1頁
　　本件養老保険契約において保険金受取人を単に「被保険者またはその死亡の場合はその相続人」と約定し、被保険者死亡の場合の受取人を特定人の氏名を挙げることなく抽象的に指定している場合でも、保険契約者の意思を合理的に推測して、保険事故発生の時において被指定者を特定し得る以上、右の如き指定も有効であり、特段の事情のないかぎり、右指定は、被保険者死亡の時における、すなわち保険金請求権発生当時の相続人たるべき者個人を受取人として特に指定したいわゆる他人のための保険契約と解するのが相当であって、前記大審院判例の見解は、いまなお、改める要を見ない。そして右の如く保険金受取人としてその請求権発生当時の相続人たるべき個人を特に指定した場合には、右請求権は、保険契約の効力発生と同時に右相続人の固有財産となり、被保険者（兼保険契約者）の遺産より離脱しているものといわねばならない。然らば、他に特段の事情の認められない本件において、右と同様の見解の下に、本件保険金請求権が右相続人の固有財産に属し、その相続財産に属するものではない旨判示した原判決の判断は、正当としてこれを肯認し得る。

　なお、判例（最二小判平成6・7・18民集48巻5号1233頁）は、保険金受取人である相続人が複数存在する場合の保険金取得の割合について、相続人を受取人とする指定の中に相続分の割合によるとの趣旨も含まれていると解するのが保険契約者の通常の意思に合致し、合理的であるとして、民法427条の別段の意思表示により、保険金取得の割合については、相続分の割合になるとしている。

【参考判例】　最二小判平成6・7・18民集48巻5号1233頁
　　保険契約において、保険契約者が死亡保険金の受取人を被保険者の「相続人」と指定した場合は、特段の事情のない限り、右指定には、相続人が保険金を受け取るべき権利の割合を相続分の割合によるとする旨の指定も含まれているものと解するのが相当である。けだし、保険金受取人を単に「相続人」と指定する趣旨は、保険事故発生時までに被保険者の相続人と

なるべき者に変動が生ずる場合にも、保険金受取人の変更手続をすることなく、保険事故発生時において相続人である者を保険金受取人と定めることにあるとともに、右指定には相続人に対してその相続分の割合により保険金を取得させる趣旨も含まれているものと解するのが、保険契約者の通常の意思に合致し、かつ、合理的であると考えられるからである。したがって、保険契約者が死亡保険金の受取人を被保険者の「相続人」と指定した場合に、数人の相続人がいるときは、特段の事情のない限り、民法427条にいう「別段ノ意思表示」である相続分の割合によって権利を有するという指定があったものと解すべきであるから、各保険金受取人の有する権利の割合は、相続分の割合になるものというべきである。

(B) **保険金受取人は指定されていないが、保険約款の条項に、「保険金受取人の指定のないときは、保険金を被保険者の相続人に支払う」とある場合**

保険約款に「保険金受取人の指定のないときは、保険金を被保険者の相続人に支払う」旨の条項があるときは、保険金受取人を被保険者の相続人と指定した場合と同様に、遺産性を否定し、受取人である相続人の固有の権利としている（最二小判昭和48・6・29民集27巻6号737頁）。

【参考判例】　最二小判昭和48・6・29民集27巻6号737頁

「保険金受取人の指定のないときは、保険金を被保険者の相続人に支払う。」旨の条項は、被保険者が死亡した場合において、保険金請求権の帰属を明確にするため、被保険者の相続人に保険金を取得させることを定めたものと解するのが相当であり、保険金受取人を相続人と指定したのとなんら異なるところがないというべきである。

そして、保険金受取人を相続人と指定した保険契約は、特段の事情のないかぎり、被保険者死亡の時におけるその相続人たるべき者のための契約であり、その保険金請求権は、保険契約の効力発生と同時に相続人たるべき者の固有財産となり、被保険者の遺産から離脱したものと解すべきであることは、当裁判所の判例（昭和36年(オ)第1028号、同40年2月2日第三小法廷判決・民集第19巻第1号1頁）とするところであるから、本件保険契約についても、保険金請求権は、被保険者の相続人である被上告人らの固有財産に属するものといわなければならない。

(C) **保険契約者が自己を被保険者とし、第三者を受取人と指定したが、受取人が保険事故発生前（被保険者の死亡前）に死亡し、保険契約者が受取人の再指定をしない場合**

保険金受取人が、被保険者より先に死亡し、新たに受取人を指定しなかった場合には、当初の保険金受取人の相続人が保険金受取人になり（保険46条）、当該相続人の固有財産となる（大判大正11・2・7民集1巻19頁、最二小判平成4・3・13民集46巻3号188頁）。

ところで、最二小判平成4・3・13民集46巻3号188頁は、保険約款に「死亡保険金受取人の死亡時以後、死亡保険金受取人が変更されていないときは、死亡保険金受取人は、その死亡した死亡保険金受取人の死亡時の法定相続人に変更されたものとします」との条項がある事案について、死亡した保険金受取人の死亡時の法定相続人が保険金受取人になるのか、死亡した保険金受取人の法定相続人のうちで保険契約者（被保険者）の死亡時に生存している者が保険金受取人になるのかで争いがあったところ、「本件条項の趣旨は、保険金受取人と指定された者（以下「指定受取人」という。）の死亡後、保険金受取人の変更のないまま保険金の支払理由が発生して、右変更をする余地がなくなった場合には、その当時において指定受取人の法定相続人又は順次の法定相続人で生存する者を保険金受取人とすることにあると解するのが相当である」として、権利者の確定基準時を被保険者の死亡時によることを明確にした。

なお、この場合において、保険金受取人が複数存在する場合の保険金取得の割合については、最三小判平成5・9・7民集47巻7号4740頁が「商法676条2項（筆者注・現保険46条）の規定の適用の結果、指定受取人の法定相続人とその順次の法定相続人とが保険金受取人として確定した場合には、各保険金受取人の権利の割合は、民法427条の規定の適用により、平等の割合によるものと解すべきである」としているが、前掲最二小判平成6・7・18により、変更されたとみるべきではないかとの指摘もある。[10]

(D) 保険契約者が第三者または自己を被保険者であるとともに受取人としている場合

(a) 保険契約者が第三者を被保険者とするとともに受取人としている場合

　保険契約者が第三者を被保険者とするとともに受取人とし、受取人死亡の際の受取人を別に指定していない場合には、被保険者の死亡のときはその相続人を受取人とする趣旨であると解するのが自然であるから、被保険者（受取人）の相続人を受取人に指定するとの黙示の意思表示があったと推認され、当該相続人の固有財産となる。

(b) 保険契約者が自己を被保険者かつ受取人としている場合

　保険契約者が被保険者および保険金受取人の資格を兼ねる場合、満期保険金の請求は、保険契約の効力発生と同時に被相続人の固有財産となっているので、満期後に被相続人が死亡すれば、相続の対象となる。これに対し、保険事故による保険金請求権については、争いがあるものの、保険契約者の意思を合理的に解釈すれば、相続人を受取人と指定する黙示の意思表示があったと解するのが相当である。したがって、被保険者の死亡による生命保険金請求権は、相続人の固有財産となる。

(E) まとめ

　以上によれば、被相続人の死亡による生命保険金請求権は、いずれも保険金受取人の固有財産と解すべきであるから、遺産分割の対象とはならない。ただし、これが民法903条の特別受益に準じて持戻しの対象となるかどうかは、別途の考慮が必要となる（特別受益の項を参照）。

⒀　社員権・株式

　社員が団体に対して有する法律上の地位を社員権という。社員権が相続の

10　松原正明『全訂判例先例相続法Ⅰ』257頁

対象となるか否かは、それぞれの団体の性質によって異なる。

　(A)　**株式会社**

　株式会社は、株主相互の人的関係が希薄であり、株主の個性が問題とされないから、相続の対象となる。そして、株式は、不可分であり、遺産分割がされるまでは、共同相続人が株式を準共有する状態となり、遺産分割の対象となる。下記参考判例も、その旨判示している。

　有限会社の持分も同様に解されていたが、会社法の施行に伴う関係法律の整備等に関する法律により、旧有限会社は株式会社となり、その持分も株式とみなされている。

　　【参考判例】　最三小判平成26・2・25民集68巻2号173頁、判タ1401号153頁
　　　株式は、株主たる資格において会社に対して有する法律上の地位を意味し、株主は、株主たる地位に基づいて、剰余金の配当を受ける権利（会社法105条1項1号）、残余財産の分配を受ける権利（同項2号）などのいわゆる自益権と、株主総会における議決権（同項3号）などのいわゆる共益権とを有するのであって（最高裁昭和42年(オ)第1466号同45年7月15日大法廷判決・民集24巻7号804頁参照）、このような株式に含まれる権利の内容及び性質に照らせば、共同相続された株式は、相続開始と同時に当然に相続分に応じて分割されることはないものというべきである（最高裁昭和42年(オ)第867号同45年1月22日第一小法廷判決・民集24巻1号1頁等参照）。

　(B)　**持分会社**

　持分会社においては、社員間の人的信頼関係が強く、社員の死亡が退社事由となっていることから（会社607条1項3号）、社員権は、相続の対象とならないのが原則である。ただし、社員が死亡した場合に持分を承継する旨を定款で定めることはできる（会社608条1項・2項）。

　大判大正6・4・30民録23輯765頁も、合名会社の社員が死亡した場合には、定款に別段の定めがない限り、死亡した社員の相続人は社員の地位を相続することはできない旨判示している。

　なお、社員権が相続の対象とならない場合には、相続人は、死亡による退社を原因とする持分払戻請求権を相続することになる。この持分払戻請求権

は、現物で払い戻すか金銭で払い戻すかは会社が決定することなどから、可分債権とはいえず、遺産分割の対象となり、持分払戻請求権を遺産として、分割を行った審判例もある（東京家審昭和34・11・19家月14巻10号127頁）。

(14) 投資信託

　投資信託は、投資者から集めた資金を信託の形式で運用し、その成果を投資者に分配する制度であり、投資信託及び投資法人に関する法律（以下、「投信法」という）に規定されている。通常、投資信託は、投資信託委託会社と信託銀行が、委託会社を委託者、信託銀行を受託者とする信託契約を締結し、委託会社は、信託契約に基づいて発生した受益権を均等に分割し、金融商品として、販売会社を通じて投資家に販売している。

　この信託受益権が、遺産分割の対象となるか、可分債権として当然に分割されるのか、特にMMF、MRFと呼ばれる金融商品について見解が分かれ、下級審の裁判例も分かれていた。MMF、MRFは、1口が1円単位であり、購入および解約が自由で、証券会社等の口座で管理されており、ATMでの利用が可能であるなど、通常の預貯金と同様に利用されており、解約実行請求権および解約金支払請求権が最も中核的な権利であるから、金銭債権に準ずるものとして、相続によって当然分割されるとする説も有力に主張されていた。

　しかし、前掲最三小判平成26・2・25は、委託者指図型投資信託であるMRF等の投資信託受益権について、投信法上、帳簿の閲覧謄写請求権（同法15条2項）等の委託者に対する監督的機能を有する権利が規定されており、可分給付を目的とする権利でないものが含まれているとして、相続による当然分割を否定した。なお、投資信託には、委託者指図型投資信託の他に委託者非指図型投資信託があるとされているが、投資信託協会の統計資料によれば、平成26年7月末現在、運用中の委託者非指図型投資信託はない。

　したがって、投資信託の受益権については、相続分に応じて当然に分割さ

れるものではなく、遺産分割の対象となる。

【参考判例】 最三小判平成26・2・25民集68巻2号173頁

　　本件投信受益権のうち、本件有価証券目録記載3及び4の投資信託受益権は、委託者指図型投資信託（投資信託及び投資法人に関する法律2条1項）に係る信託契約に基づく受益権であるところ、この投資信託受益権は、口数を単位とするものであって、その内容として、法令上、償還金請求権及び収益分配請求権（同法6条3項）という金銭支払請求権のほか、信託財産に関する帳簿書類の閲覧又は謄写の請求権（同法15条2項）等の委託者に対する監督的機能を有する権利が規定されており、可分給付を目的とする権利でないものが含まれている。このような上記投資信託受益権に含まれる権利の内容及び性質に照らせば、共同相続された上記投資信託受益権は、相続開始と同時に当然に相続分に応じて分割されることはないものというべきである。

　また、投資信託の受益権については、相続開始後に元本償還金または収益分配金が発生し、預り金として信託受益権の販売会社における被相続人名義の口座に入金された場合にも、預り金の返還を求める債権は当然に相続分に応じて分割されることはないとされた（最二小判平成26・12・12判タ1410号66頁）。したがって、上記預り金債権は、遺産分割の対象となるものと解される。これは、元本償還金または収益分配金の交付を受ける権利が信託受益権の内容を構成するものであることから、後記(19)の遺産から生じた果実および収益とは異なる扱いとされたものと解される。

【参考判例】 最二小判平成26・12・12判タ1410号66頁

　　本件投信受益権は、委託者指図型投資信託（投資信託及び投資法人に関する法律2条1項）に係る信託契約に基づく受益権であるところ、共同相続された委託者指図型投資信託の受益権は、相続開始と同時に当然に相続分に応じて分割されることはないものというべきである（最高裁平成23年(受)第2250号同26年2月25日第三小法廷判決・民集68巻2号173頁参照）。そして、元本償還金または収益分配金の交付を受ける権利は上記受益権の内容を構成するものであるから、共同相続された上記受益権につき、相続開始後に元本償還金または収益分配金が発生し、それが預り金として上記受益権の販売会社における被相続人名義の口座に入金された場合にも、上

記預り金の返還を求める債権は当然に相続分に応じて分割されることはなく、共同相続人の1人は、上記販売会社に対し、自己の相続分に相当する金員の支払を請求することができないというべきである。

(15) 国 債

　国債は、国が発行する債券であり、公募による国債の発行は、消費貸借類似の一種の無名契約と解されており、金銭の給付を目的とする可分な権利であるとも考えられる。

　しかし、個人の投資家が購入することができる個人向け国債や利付国債については、購入単位が定められていることなどから、相続によって当然には分割されず、遺産分割の対象となるものと解されており、前掲最三小判平成26・2・25は、個人向け国債について、相続によって、当然に相続分に応じて分割されることはないと判断した。

　　【参考判例】　最三小判平成26・2・25民集68巻2号173頁
　　　本件国債は、個人向け国債の発行等に関する省令2条に規定する個人向け国債であるところ、個人向け国債の額面金額の最低額は1万円とされ、その権利の帰属を定めることとなる社債、株式等の振替に関する法律の規定による振替口座簿の記載又は記録は、上記最低額の整数倍の金額によるものとされており（同令3条）、取扱機関の買取りにより行われる個人向け国債の中途換金（同令6条）も、上記金額を基準として行われるものと解される。そうすると、個人向け国債は、法令上、一定額をもって権利の単位が定められ、1単位未満での権利行使が予定されていないものというべきであり、このような個人向け国債の内容及び性質に照らせば、共同相続された個人向け国債は、相続開始と同時に当然に相続分に応じて分割されることはないものというべきである。

(16) 社　債

　社債は、会社の発行する債券であり、社債権者と会社との間の消費貸借類似の一種の無名契約と解されており、金銭の給付を目的とする可分な権利であるとも考えられるが、社債権者には、社債原簿の閲覧請求権（会社684条2項）や社債権者集会における議決権（会社723条1項）が認められていることなどからすると、相続分に応じて当然に分割されるものではなく、遺産分割の対象となるものと解される。

(17) ゴルフ会員権

　我が国のゴルフクラブには、社団会員制、株主会員制、預託金会員制の三形態があるとされている。その会員としての地位であるゴルフ会員権は、社団会員制では社員、株主会員制では株主、預託金会員制では債権者と、それぞれの形態ごとに異なるので、それぞれの形態に応じて検討する必要がある。

　(A)　社団会員制

　社団会員制の場合、会員権は一身専属的であり、定款で相続による承継を認める旨の特別の規定がない限りは、相続されないと解されている。

　(B)　株主会員制

　株主会員制の場合、通常、ゴルフ場の経営にあたる会社とは、別にゴルフクラブが組織として存在し、会社の株主となることがゴルフクラブの入会の条件となっている。したがって、株式は、当然に相続の対象となるが、ゴルフクラブの会員としての資格は別に考慮する必要があり、会員となるためには、ゴルフクラブに対して入会の承認を求める必要がある。

　(C)　預託金会員制

　預託金会員制ゴルフクラブとは、ゴルフ場の施設を利用しようとする者が、ゴルフ場を経営する会社に保証金を預託して、ゴルフ場施設利用者で構成さ

れた団体であるゴルフクラブに入会してその会員となり、退会時にゴルフ場経営会社から預託金の返還を受ける形態のものをいい、我が国のゴルフクラブの大部分がこの形態であるとされている。

そして、その会員権とは、ゴルフ場施設の優先利用権、預託金返還請求権および会費納入義務の権利義務を内容とするゴルフ場経営会社に対する契約上の地位と理解されている。

判例は、ゴルフ場施設を利用できるゴルフクラブの会員としての資格は、一身専属的性格を有するのに対し（最二小判昭和53・6・16判時897号62頁参照）、会員契約上の地位は、譲渡による承継を認めている場合には、ゴルフクラブの入会承認手続を得ることを停止条件として相続の対象となるものとしているものと解される（最三小判平成9・3・25民集51巻3号1609頁、最三小判平成9・12・16判タ964号95頁）。

【参考判例】　①最三小判平成9・3・25民集51巻3号1609頁

　　Aが有していた本件ゴルフクラブの正会員としての地位は、上告会社との間で締結した預託金会員制ゴルフクラブである本件ゴルフクラブへの入会契約に基づく契約上のものであり、その具体的な権利義務の内容は、会則の規定によって定められるものである。ところで、前記細則26条によれば、本件ゴルフクラブにおいては、正会員はその地位を理事会の承認を得て他人に譲渡し得る旨が定められていると解するのが相当であり、したがって、本件ゴルフクラブにおいては右の限りで会員の固定性は放棄されているのであって、他方、右のような正会員としての地位の譲渡について本件ゴルフクラブの理事会の承認を要するものとして、会員となろうとする者を事前に審査し、会員としてふさわしくない者の入会を認めないことにより、ゴルフクラブの品位を保つこととしているものと解される。

　　本件会則等においては、正会員が死亡した場合におけるその地位の帰すうに関しては定められていないが、右のような正会員としての地位の譲渡に関する規定に照らすと、本件ゴルフクラブの正会員が死亡しその相続人が右の地位の承継を希望する場合について、本件会則等の趣旨は、右の地位が譲渡されたときに準じ、右相続人に上告会社との関係で正会員としての地位が認められるか否かを本件ゴルフクラブの理事会の承認に係らしめ、

右の地位が譲渡されたときに譲受人が踏むべき手続についての本件ゴルフクラブの会則等の定めに従って相続人が理事会に対して被相続人の正会員としての地位の承継についての承認を求め、理事会がこれを承認するならば、相続人が上告会社との関係で右の地位を確定的に取得するというところにあると解すべきである。

【参考判例】 ②最三小判平成9・12・16判タ964号95頁
　本件クラブの会則が死亡を会員資格の喪失事由と定めているとおり（15条）、ゴルフ場施設を利用することのできるゴルフクラブの会員たる資格は、一身専属的な性質を有しているから、亡Aの本件クラブの会員としての資格自体は、相続の対象となるものではない。しかし、他方において、本件クラブの会則には、相続に伴う名義変更手続に関して規定が設けられ（10条2項）、会員契約上の地位に相続性が認められているから、会員が死亡した場合には、保証金返還請求権を含む右の債権的法律関係が一体としてその相続人に承継され、相続人は、入会承認を得ることを条件として本件クラブの会員となることのできる地位を取得するものと解される。

(18) 代償財産

　判例は、相続人の意思に基づき、相続開始後、遺産分割までの間に遺産の存在形態が変形した代償財産は、原則として遺産分割の対象とならないが、当事者の合意がある場合は、分割の対象とすることができるとしている。

【参考判例】　最二小判昭和52・9・19判時868号29頁
　共同相続人が全員の合意によって遺産分割前に遺産を構成する特定不動産を第三者に売却したときは、その不動産は遺産分割の対象から逸出し、各相続人は第三者に対し持分に応じた代金債権を取得し、これを個々に請求することができる。

【参考判例】　最一小判昭和54・2・22判タ395号56頁
　共有持分権を有する共同相続人全員によって他に売却された右各土地は遺産分割の対象たる相続財産から逸出するとともに、その売却代金は、これを一括して共同相続人の一人に保管させて遺産分割の対象に含める合意をするなどの特別の事情のない限り、相続財産には加えられず、共同相続

人が各持分に応じて個々にこれを分割取得すべきものである。

なお、共有物分割訴訟において、「遺産共有持分と他の共有持分とが併存する共有物について、遺産共有持分を他の共有持分を有する者に取得させ、その者に遺産共有持分の価格を賠償させる方法による分割の判決がされた場合には、遺産共有持分権者に支払われる賠償金は、遺産分割によりその帰属が確定されるべきものであるから、賠償金の支払を受けた遺産共有持分権者は、これをその時点で確定的に取得するものではなく、遺産分割がされるまでの間これを保管する義務を負う」とした判例がある（最二小判平成25・11・29民集67巻8号1736頁）。この場合には、代償財産（賠償金）が遺産分割の対象となるものと解される。

(19) 遺産から生じた果実および収益

相続開始後に遺産から生じた果実および収益は、相続財産そのものではなく、当然に遺産分割の対象となるものではない。最一小判平成17・9・8民集59巻7号1931頁は、遺産共有の状態にある不動産から生ずる賃料債権について、遺産とは別個の財産というべきであって、各共同相続人がその相続分に応じて分割単独債権として確定的に取得するとしている。ただし、実務においては、相続人全員が遺産分割の対象に含めることに合意した場合には、遺産分割の対象に含めることができるとしている（東京高決昭和63・1・14家月40巻5号142頁参照）。したがって、相続開始後遺産分割までの賃料等は、原則として、遺産分割の対象とはならないものである。

【参考判例】　最一小判平成17・9・8民集59巻7号1931頁
遺産は、相続人が数人あるときは、相続開始から遺産分割までの間、共同相続人の共有に属するものであるから、この間に遺産である賃貸不動産を使用管理した結果生ずる金銭債権たる賃料債権は、遺産とは別個の財産というべきであって、各共同相続人がその相続分に応じて分割単独債権として確定的に取得するものと解するのが相当である。遺産分割は、相続開始の時にさかのぼってその効力を生ずるものであるが、各共同相続人がそ

の相続分に応じて分割単独債権として確定的に取得した上記賃料債権の帰属は、後にされた遺産分割の影響を受けないものというべきである。

したがって、相続開始から本件遺産分割決定が確定するまでの間に本件各不動産から生じた賃料債権は、被上告人及び上告人らがその相続分に応じて分割単独債権として取得したものであり、本件口座の残金は、これを前提として清算されるべきである。

【参考裁判例】 東京高決昭和63・1・14家月40巻5号142頁

相続開始後遺産分割までの間に相続財産から生ずる家賃は、相続財産そのものではなく、相続財産から生ずる法定果実であり、相続人が複数いるときは相続財産についての持分と同率の持分による共同相続人間の共有財産であるが、相続財産とは別個の共有財産であり、その分割ないし清算は、原則的には民事訴訟手続によるべきものである。但し、相続財産から生ずる家賃が相続財産についての持分と同率の持分による共有財産であり、遺産分割手続において相続財産と同時に分割することによって、別途民事訴訟手続によるまでもなく簡便に権利の実現が得られるなどの合理性があることを考慮すると、相続財産と一括して分割の対象とする限り、例外的に遺産分割の対象とすることも許容されるものと解すべきである。この場合、当事者の訴権を保障する観点から、相続開始後遺産分割までの間の家賃を遺産分割の対象とするには、当事者間にその旨の合意が存在することが必要であると解するのが相当である。

⒇ 営業権

営業権とは、営業用財産を構成している動産、不動産、債権、無体財産権などの権利としては評価し尽くせない、得意先関係、仕入先関係、営業の名声、地理的関係、営業上の秘訣、経営の組織、販売の機会などの営業に固有の事実関係であって、財産的価値のあるものであり、のれんともいわれる。

しかし、最三小判昭和51・7・13判時831号29頁は、「営業権とは、当該企業の長年にわたる伝統と社会的信用、立地条件、特殊の製造技術及び特殊の取引関係の存在並びにそれらの独占性等を総合した、他の企業を上回る企業収益を稼得することができる無形の財産的価値を有する事実関係であるとの

見解に立って、原審が確定した事実関係のもとにおいて、税法上上告人が本件営業権の価額を計上することは相当でないとした原審の判断は、正当として是認することができる」と判示して、営業権の権利性を否定している。

そこで、遺産分割においても、営業権を遺産分割の対象とすることはできないものと解されるが、特定の相続人が被相続人の営業を引き継ぎ、営業用財産を一括して相続し、それとともに事実関係である営業権をも事実上承継する場合には、営業用財産の価額の評価の際に営業権の価額を考慮すべきであろう。

(21) 祭祀財産

祭祀財産は、祖先の祭祀の主宰者に帰属するものであり（民897条）、相続とは別個の基準で承継されるものである。したがって、遺産分割の対象とはならない。

なお、祭祀財産として、民法897条が列挙するのは、系譜、祭具および墳墓であるが、裁判例は、墓地も祭祀財産と解している。

【参考裁判例】　広島高判平成12・8・25判タ1072号229頁
民法897条1項は、「系譜、祭具及び墳墓の所有権は、……祖先の祭祀を主宰すべき者がこれを承継する。」と規定しているところ、墓地が墳墓として祭祀財産となるか否かが問題となる。墳墓は、遺骸や遺骨を葬っている設備である、いわゆる墓石等をいい、墓地は、その墳墓を所有するための敷地であるので、墳墓と墓地とは、一応、別の客体ということができる。しかしながら、墳墓が墳墓として遺骨などを葬る本来の機能を発揮することができるのは、墳墓の敷地である墓地が存在することによるのであって、墳墓がその敷地である墓地から独立して墳墓のみで、その本来の機能を果たすことができないことを考慮すると、社会通念上一体の物ととらえてよい程度に密接不可分の関係にある範囲の墳墓の敷地である墓地は、墳墓に含まれると解するのが相当である。したがって、墳墓と社会通念上一体の物ととらえてよい程度に密接不可分の関係にある範囲の墳墓の敷地である墓地は、民法897条に規定する墳墓として祭祀財産と解される。

⑵ 遺体・遺骨

　遺体・遺骨については、そもそも所有権の客体となるのかについて争いがあるが、通説・判例は、これを肯定している（大判大正10・7・25民録27輯1408頁）。ただし、その目的は、埋葬管理、祭祀供養のためにとどまる旨判示する大審院の判例がある（大判昭和2・5・27民集6巻7号307頁）。
　そして、その所有権の帰属についても争いがあるが、判例は、遺骨について、祭祀承継者に帰属するものとしている（最三小判平成元・7・18家月41巻10号128頁）。したがって、遺産分割の対象となるものではない。

　　【参考判例】　最三小判平成元・7・18家月41巻10号128頁
　　　原審の適法に確定した事実関係のもとにおいて、本件遺骨は慣習に従って祭祀を主宰すべき者である被上告人に帰属したものとした原審の判断は、正当として是認することができ、その過程に所論の違法はない。

⑵ 葬儀費用

　葬儀費用の範囲、負担者、香典との関係は、被相続人との家族等との生活状況、その地方における慣習、条理によって、個別具体的に定まるものであって、その清算に争いがある場合には、民事訴訟によって解決すべき問題であり、遺産分割とは、別個の問題である。
　一般的には、葬儀の主宰者（喪主）の負担とされることが多いが（東京地判昭和61・1・28判タ623号148頁）、相続人全員が相続放棄をした場合に、相続財産から支払うことを許容した裁判例もある（東京地判昭和59・7・12判時1150号250頁）。

　　【参考裁判例】　東京地判昭和61・1・28判タ623号148頁
　　　原告は、右葬式費用（金213万8800円）は、相続財産に関する費用であり、相続財産が分割承継された場合には、相続人が法定相続分に従い、これを負担すべきであるから、相続人である被告らが法定相続分に従い、右

葬式費用を負担すべきであると主張する。

　しかしながら、相続財産に関する費用（民法885条）は、相続財産を管理するのに必要な費用、換価、弁済その他清算に要する費用など相続財産についてすべき一切の管理・処分などに必要な費用をいうものと解されるのであって、死者をとむらうためにする葬式をもって、相続財産についてすべき管理、処分行為に当たるとみることはできないから、これに要する費用が相続財産に関する費用であると解することはできない。したがって、これを前提とする原告の主張は失当である。また、民法306条3号、309条1項は、債務者の身分に応じてした葬式の費用については、その総財産の上に先取特権が存在する旨規定しているが、これは、貧者にも、死者の身分相応の葬式を営ましめようとの社会政策的な配慮から、身分相応の葬式費用については、その限度で、相続財産（遺産）が担保になる旨規定しているにすぎないと解すべきであって、これをもって、葬式費用が相続財産に関する費用であると解することも、まして、葬式費用の負担者が相続人であると解することもできない。しかも、仮に、この規定を右のように解するとすれば、身分相応の程度を超えた葬式費用については、規定していないこととなるから、この部分の費用を結局誰れが負担するかについては、また別個に根拠を求めざるを得ないし、たまたま、相続財産が充分に存在する場合は格別、相続財産が皆無か、あるいは、存在しても、身分に相応した葬式費用を負担するに足りないときは、右のように解するときは、かえって、債権者に不測の損害を蒙むらせることとなり相当でない。また、葬式費用を身分に相応した部分とそうでない部分とに区別して、その負担者を別異に取扱うこととなるのも当を得ない。

　相続税13条1項2号(ママ)は、相続財産の価額から被相続人に係る葬式費用を控除した価額につき、相続税が課税される旨規定している。しかし、右は、葬式費用のうち、相続人の負担に属する葬式費用につき、控除する旨規定していることが明らかであって、葬式費用を負担しない場合でも、相続財産の価額から葬式費用が当然に控除される旨規定しているものではない。したがって、この規定をもって、葬式費用が相続財産に関する費用であり、相続人が負担するものであると解する根拠とすることはできない。

　葬式は、死者をとむらうために行われるのであるが、これを実施、挙行するのは、あくまでも、死者ではなく、遺族等の、死者に所縁ある者である。したがって、死者が生前に自己の葬式に関する債務を負担していた等

特別な場合は除き、葬式費用をもって、相続債務とみることは相当ではない。そして、必ずしも、相続人が葬式を実施するとは限らないし、他の者がその意思により、相続人を排除して行うこともある。また、相続人に葬式を実施する法的義務があるということもできない。したがって、葬式を行う者が常に相続人であるとして、他の者が相続人を排除して行った葬式についても、相続人であるという理由のみで、葬式費用は、当然に、相続人が負担すべきであると解することはできない。

こうしてみると、葬式費用は、特段の事情がない限り、葬式を実施した者が負担するのが相当であるというべきである。そして、葬式を実施した者とは、葬式を主宰した者、すなわち、一般的には、喪主を指すというべきであるが、単に、遺族等の意向を受けて、喪主の席に座っただけの形式的なそれではなく、自己の責任と計算において、葬式を準備し、手配等して挙行した実質的な葬式主宰者を指すというのが自然であり、一般の社会観念にも合致するというべきてある。したがって、喪主が右のように形式的なものにすぎない場合は、実質的な葬式主宰者が自己の債務として、葬式費用を負担するというべきである。すなわち、葬式の主宰者として、葬式を実施する場合、葬儀社等に対し、葬式に関する諸手続を依頼し、これに要する費用を交渉・決定し、かつ、これを負担する意思を表示するのは、右主宰者だからである。そうすると、特別の事情がない限り、主宰者が自らその債務を葬儀社等に対し、負担したものというべきであって、葬儀社等との間に、何らの債務負担行為をしていない者が特段の事情もなく、これを負担すると解することは、相当てはない。したがって、葬式主宰者と他の者との間に、特別の合意があるとか、葬式主宰者が義務なくして他の者のために葬式を行った等の特段の事情がある場合は格別、そうでない限り、葬儀社等に対して、債務を負担した者が葬式費用を自らの債務として負担すべきこととなる。

【参考裁判例】　東京地判昭和59・7・12判時1150号250頁

死者に対する葬式は、社会生活における慣習として当然営まれるべきものであり、いわば死者の社会生活の延長若しくは跡始末の性格を有することや、民法306条、309条１項が死者の身分に応じてなされた葬式の費用につき相続財産に対する先取特権を認めた趣旨等を考慮すると、本件のように相続人全員が相続放棄をした場合に、被相続人の生前の社会的地位に応じた葬式費用は、これを相続財産の負担として、同財産中から支弁するこ

とも許容されるものと解するのが相当である。

⑷ 遺産管理費用

　遺産管理費用とは、遺産自体の保存、利用および改良に要した費用である。具体的には、固定資産税等の公租公課、遺産が賃借権であるときの賃料、遺産の賃借人に対する賃料等の債権の取立費用、火災保険料などである。
　遺産の管理費用が遺産分割手続の中で考慮されるかについては、説が分かれているが、理論的には、遺産の管理費用が相続開始後に生じた遺産とは別個のものであり、かつ、相続人の債務となるものであるから、本来、遺産分割の対象となるものではなく、民事訴訟によって解決すべき問題である。
　ただし、相続人全員が遺産分割手続の中で清算することに合意している場合に、遺産分割調停で同時に解決することを否定するものではない。しかし、内容が複雑で多様な管理行為の立証のために本体である遺産の分割が遅延するようなことがあっては本末転倒であるので、仮に相続人全員が遺産分割手続の中で清算することに合意している場合であっても、その内容に争いがある場合には、別途民事訴訟に解決を委ねたほうが良いであろう。

⑸ 使途不明金

　いわゆる使途不明金といわれる問題は、相続人のうちの一人が被相続人名義の預金口座から引き出しを行っていることについて、他の相続人がその使途について疑問を呈し、争いとなっているものをいい、遺産分割調停でしばしば問題となるものである。
　しかし、この使途不明金は、本来民事訴訟で解決すべき問題である。払戻しが被相続人の生前か死後かによって法的構成は異なるが、いずれも不当利得返還請求または不法行為に基づく損害賠償請求の問題である。すなわち、被相続人の生前の払戻しについては、被相続人の当該払戻者に対する不当利

得返還請求権または損害賠償請求権（可分債権）の問題であり、被相続人の死亡によりこの債権は法定相続分に応じて当然分割されて各相続人に帰属する。被相続人の死後の払戻し（当該払戻者の相続分を超える分）については、各相続人の当該払戻者に対する不当利得返還請求権または損害賠償請求権の問題である。

　この使途不明金といわれる問題については、遺産分割調停でしばしば問題となるものであり、預金口座を管理していた相続人がその使途を適切に説明できる場合には、他の相続人の疑問も解消することができ、紛争の一回的解決にも資するので、遺産分割調停で取り上げることにより、相続人間の調整を図ることが妥当な場合もあるが、この問題に執着することにより、遺産分割手続が長期化することは、相続人のためにもならない。したがって、使途不明金問題につき早期の段階で解決する見込みがない場合には、原則どおり、使途不明金の問題を遺産分割手続から切り離して、民事訴訟手続に委ねるべきである。

⑳　債　務

(A)　金銭債務（可分債務）

　金銭債務は、相続により当然に各相続人に法定相続分で承継されるため、遺産分割の対象とはならない。また、遺産分割は、積極財産について分割を行うものであるから、審判で債務を分割することもできない。

　ところで、相続人の1人が抵当権付きの物件を取得し、その抵当権に係る債務についても、単独で負担する旨の遺産分割協議が成立する場合がある。しかし、債権者（金融機関）との関係では、債権者が承諾しなければ、他の相続人が債務の負担を免れることはできないので、相続人間の合意は、内部での負担割合を定めたものとみることになる。

(B)　保証債務

　保証債務については、主債務者と保証人との間の人的信頼関係に基礎を置

くものではあるが、金銭消費貸借上の保証債務等の通常の保証債務は、相続によって承継されるとするのが判例であり、大判昭和9・1・30民集13巻2号103頁は、賃貸借上の保証債務についても、身元保証のように信頼関係を基礎として広範な責任を内容とするものではないから、相続によって承継される旨判示している。

なお、身元保証債務については、通常の保証債務と異なって責任の及ぶ範囲が広範であり、債務者と保証人相互間の信頼関係を基礎とするものであって専属的性質を有し、特別の事由がない限り、身元保証人の死亡によって消滅し、相続人に承継されないとされている（大判昭和2・7・4民集6巻9号436頁、大判昭和18・9・10民集22巻20号948頁）。

(C) **連帯債務**

連帯債務も当然相続の対象となるが、その範囲については、相続人は、被相続人の債務の分割されたものを承継し、各自その承継した範囲において、本来の債務者とともに連帯債務者となるとするのが判例の立場である（最二小判昭和34・6・19民集13巻6号757頁）。

【参考判例】　最二小判昭和34・6・19民集13巻6号757頁

　　連帯債務は、数人の債務者が同一内容の給付につき各独立に全部の給付をなすべき債務を負担しているのであり、各債務は債権の確保及び満足という共同の目的を達する手段として相互に関連結合しているが、なお、可分なること通常の金銭債務と同様である。ところで、債務者が死亡し、相続人が数人ある場合に、被相続人の金銭債務その他の可分債務は、法律上当然分割され、各共同相続人がその相続分に応じてこれを承継するものと解すべきであるから（大審院昭和5年(ク)第1236号、同年12月4日決定、民集9巻1118頁、最高裁昭和27年(オ)第1119号、同29年4月8日第一小法廷判決、民集8巻819頁参照）、連帯債務者の一人が死亡した場合においても、その相続人らは、被相続人の債務の分割されたものを承継し、各自その承継した範囲において、本来の債務者とともに連帯債務者となると解するのが相当である。

(D) **不可分債務**

相続債務が不可分債務である場合に共同相続人がこれを承継することについて異論はない。不可分債務としては、所有権移転登記義務、賃貸物を使用収益させる義務等があるが、この場合には、債権者は、数人の相続人の1人に対し、当該義務の全部の履行を求めることが可能であり、必要的共同訴訟とはならないとするのが判例の立場である（最二小判昭和36・12・15民集15巻11号2865頁）。

　ただし、不動産の売主が所有権移転登記をしないまま死亡し、相続が開始した場合について、登記実務上は、売主の相続人全員が登記義務の承継人として申請人となる必要があるので、必要的共同訴訟には当たらないとしても、1人のみを被告として勝訴しても、その判決のみに基づく単独申請をすることはできないので、他の相続人に対しても同様の判決を得るか、登記申請に応ずる相続人とは共同申請の形式をとる必要がある。

〔国分　貴之〕

6 相続人、相続財産の範囲に争いがある場合の手続

(1) 遺産分割における前提問題

　遺産分割は、被相続人の死亡によって共同相続人の共有状態となっている相続財産である遺産について、各相続人の相続分を算定したうえで、遺産を各相続人に分割帰属させる手続である。したがって、遺産分割を行うためには、前提として、相続人の範囲および遺産の範囲を確定することが必要である。

　これらについて争いがある場合の遺産分割手続の進行は、問題となった事項が、遺産分割以外の一定の法的な手続（民事訴訟、人事訴訟または遺産分割以外の審判）を経て初めて効力が生じる事項（形成的事項）か、それとも一定の法的な手続によりその存否や効力が確認されるにすぎない事項（確認的事項）かによっても異なる。形成的事項については、遺産分割審判において判断することはできず、訴訟等における判断の確定を待たなければならない（司法研修所編『遺産分割事件の処理をめぐる諸問題』（以下、「諸問題」という）14頁）。他方、確認的事項については、遺産分割の審判手続において審理判断することができる。ただし、審判手続でなされた前提事項に関する判断には既判力が生じないから、これを争う当事者は、別に民事訴訟を提起して前提問題である権利関係の確定を求めることが可能であり、判決における判断が審判における判断と異なるものであれば、遺産分割の審判もその限度にお

いて効力を失う（最大決昭和41・3・2民集20巻3号360頁。相続人の1人について相続欠格者である旨の主張がされていた事案である）。

以下、相続人の範囲に争いがある場合と遺産の範囲に争いがある場合に分けて論ずる。

(2) 相続人について争いがある場合の手続

被相続人の配偶者（民890条）および一定の範囲の血族（民887条・889条）は、相続人（以下、「法定相続人」という）であり遺産分割の当事者である。また、包括受遺者は相続人と同一の権利義務を有するから、割合的包括遺贈がされている場合は、包括受遺者も遺産分割の当事者となり、法定相続人から相続分を譲り受けた者も遺産分割の当事者となる。他方で、相続放棄をした者は初めから相続人ではなかったものとされ、また、相続分譲渡・放棄をした者も遺産分割の当事者適格を失う。

法定相続人に該当するかどうかについては戸籍の記載により確認するが、戸籍に記載された被相続人との身分関係に争いがある場合や当該相続人の相続権に争いがある場合がある（なお、所有権のような個別具体的な権利として相続権という権利があるわけではなく、その実質は相続人が取得する個々の権利の総体としての法律上の地位であるが（太田晃詳「判解」平成16年度最判解民435頁）、本稿では便宜上「相続権」という）。また、包括遺贈がされた遺言の効力に争いがあったり、相続放棄、相続分譲渡・放棄の効力に争いがあったりする場合もある。

(A) 身分関係に争いがある場合

(a) 形成的事項である場合

たとえば、婚姻・協議上の離婚・養子縁組・協議上の離縁の各取消し、認知、認知無効、嫡出否認等が問題となっている場合である。このような場合は、人事訴訟によって身分関係が確定された後でなければ、遺産分割を行うことはできない。

したがって、遺産分割手続において上記事項に争いがあることがわかった場合、上記各訴訟がいまだ提起されていないときは、上記各訴訟の訴え提起を促すとともに、一旦遺産分割調停・審判の申立てを取り下げるように促している。促しても訴訟を提起しなかったり、訴訟は提起されたにもかかわらず遺産分割調停・審判の申立てを取り下げなかったりする場合、調停であれば、調停をしないものとして終了させる（家事手続271条）ことが考えられる。旧家事審判法下であれば遺産分割の禁止（民907条3項）の審判をすることも考えられたが、家事事件手続法においては遺産分割の禁止は遺産分割とは別個の審判類型として規定されている（同法別表第2―13項）から、申立てなくして遺産分割禁止の審判をすることはできないと解される（ただし、必ずしも明確ではない）。なお、実務においては、遺産分割審判申立てがされたとしても調停に付して（同法244条）、まず調停手続で進行させることがほとんどであるから、審判段階で初めてこのような事項が問題になることは考え難い。

上記各訴訟がすでに提起されており終結時期が近い場合等は、直ちに取下げを促さず、上記各訴訟の帰趨を窺いつつ、訴訟で結論が出たときに備えて他の事項（遺産の範囲等）について主張等を整理しながら遺産分割手続を進行させることもあり得る。

(b) **確認的事項である場合**

たとえば、婚姻・協議上の離婚・養子縁組・協議上の離縁の各無効、親子関係の存否が問題となっている場合である。前記(1)のとおり、このような確認的事項について遺産分割審判で判断することはできるが、別途人事訴訟が提起され、審判と異なる判決が確定すると、審判は効力を失うことになる。遺産分割審判後に他に相続人があることが人事訴訟により確定した場合、遺産分割審判は全相続人を当事者として行われるべきものであるから、当該遺産分割審判は全体として無効であって再分割するほかない。また、遺産分割審判後にその手続において相続人とされた者は本来相続人でないことが訴訟で確定した場合、相続人でないとされた者に対する分割は無効となり、原則

としてその者に分割された財産を再分割すれば足りるが、全体として公平な分割にならないような特別な事情があれば分割をやり直すことになる（諸問題24頁）。

　そのため、実務では、確認的事項に争いがある場合でも、上記のように本来は訴訟で確定すべき事項であり、審判における判断は判決により覆る可能性があることを説明したうえで、遺産分割手続をどのように進行させるか当事者に検討を促している。当事者が、訴訟を提起するなどした場合には、形成的事項について訴訟が提起された場合と同様に遺産分割調停・審判の申立てを取り下げるよう促す。当事者が、上記の事項について争いがあるものの訴訟を提起するまでもないので遺産分割手続の中で判断してほしいなどという場合には、上記の点について訴えは提起せず、遺産分割審判における判断に従う旨を確認し調書に記載したうえで、遺産分割手続を進行させることもある。

　なお、当事者が上記事項について訴訟で確定する場合、人事訴訟によらずに当該身分関係に基づく相続人たる地位あるいは相続権の確認を求める民事訴訟も許されるとする考え方もある（山﨑まさよ「相続権存否確認の訴え」判タ688号218頁）。しかし、身分関係は公益的性格が強く画一的に確定することが要請されるため、対世効のある判決で確定することとされていること（人訴24条。野田愛子＝安倍嘉人監『人事訴訟法概説』（三代川俊一郎）324頁）からすれば、人事訴訟が認められる事項について民事訴訟も許されると解するのは疑問である（太田・前掲434頁）。

(B)　相続権に争いがある場合

　相続人との一定の身分関係が確認された者の相続権に争いがある場合として、①相続欠格事由が主張される場合、②推定相続人廃除事由が主張される場合、③相続放棄、相続分の譲渡・放棄の効力に争いがある場合、④包括受遺者の相続権に争いがある場合がある。

(a)　相続欠格事由が主張される場合

　相続人について民法891条1号から5号まで所定の事由に該当する相続欠

格者である旨が争われる場合、本来民事訴訟で確定すべき事項であるが、確認的事項であるから、遺産分割手続の進行は前記(A)(b)と同様である。なお、民事訴訟で確定する場合は、相続欠格事由を主張する者が、相続欠格者であるとする者に対して、相続人たる地位あるいは相続権の存否の確認の訴えを提起することになるものであって、相続欠格事由の存否の確認を求める訴えは、事実関係の存否の確認を求める訴えであるから不適法である（前掲昭和41年最大決は、相続権すなわち相続人の地位が相続財産の存否と共に訴訟事項である実体法上の権利関係である旨判示しており、最判平成16・7・6民集58巻5号1319頁は相続人の地位不存在確認の訴えが適法であることを当然の前提としているものと解される（太田・前掲425頁・426頁））。

(b) **推定相続人廃除事由が主張される場合**

相続人について民法892条所定の事由が主張される場合、推定相続人廃除は独立の審判事項である（家事手続別表第1―86項）から、遺産分割審判において判断することはできない（井上繁規『〔改訂版〕遺産分割の理論と審理』195頁、太田・前掲434頁）。この場合は、別途審判申立てをし、一旦遺産分割調停・審判申立ては取り下げるよう促すこと等は前記(A)(a)と同様である。

(c) **相続放棄、相続分の譲渡・放棄の効力に争いがある場合**

相続の放棄（民938条）をした者は、初めから相続人とならなかったものとみなされる（民939条）。また、相続人は、その相続分の全部または一部を譲渡することができるし、相続分を放棄することもできる。相続分の全部譲渡・放棄をした場合、当該相続人は相続人としての地位は失わないが（この点は相続の放棄と異なる）、遺産分割の当事者適格を喪失する。

相続放棄、相続分の譲渡・放棄の効力は、本来民事訴訟で確定されるべき事項であるが、確認的事項であるから、遺産分割審判において判断することが可能である。これらについて争いがある場合の遺産分割の手続の進行は、前記(A)(b)と同様である。なお、民事訴訟で確定する際には、相続放棄の効力については、相続人たる地位の存否確認の訴えで確定することとなる（相続放棄無効確認の訴えは不適法である（最判昭和30・9・30民集9巻10号1491頁））。

相続分の譲渡・放棄の効力については、相続人の地位の存否確認訴訟により争うことができると考えられるが、むしろ相続分の譲渡・放棄の無効確認訴訟で争うべきであるとの考え方もあり得る。相続分の譲渡・放棄は、積極財産についてのみ相続人の範囲が変動するものであって、相続放棄や相続欠格とは異なるからである（太田・前掲433頁・439頁）。

(d) **包括遺贈を受けた者の相続権に争いがある場合**

たとえば、包括遺贈する旨の遺言の効力に争いがある場合である。遺言の効力は本来民事訴訟で確定されるべき事項で確認的事項であるから、これについて争いがある場合の遺産分割手続の進行は、前記(A)(b)と同様である。なお、民事訴訟で確定する際には、相続人の範囲の問題であって相続人の地位不存在確認の訴えで争うべき問題であるという考え方と、遺言の効力そのものの問題であり遺言無効確認の訴えで争うことができるという考え方とがある（太田・前掲433頁・439頁）。

(C) **相続人が不分明の場合**

前記(A)(b)のとおり、遺産分割は当事者となるべき者全員が加わった手続でされなければならないことから、相続人の中に行方不明の者や生死不明の者がある場合に手続をどのように進めるかが問題となる。

(a) **相続人の中に行方不明者がいる場合**

相続人の中に行方不明者がある場合、遺産分割の当事者である他の相続人らは、利害関係人（民25条）として、不在者財産管理人選任の審判申立て（家事手続別表第1―55項）をすることができ、選任された不在者財産管理人は、不在者の法定代理人として遺産分割手続に参加する。不在者財産管理人の権限は、民法103条に規定する権限（保存行為および代理の目的である物または権利の性質を変えない範囲内においてその利用または改良を目的とする行為）に限られ、これを超える行為を必要とするときは家庭裁判所の許可を得る必要があるから（民28条）、遺産分割調停を成立させる場合は、家庭裁判所の許可を得なければならない。

(b) **相続人の中に生死不明者がいる場合**

相続人の生死が7年間明らかでないときまたは死亡の原因となるべき危難に遭遇しその生死が危難が去った後1年間明らかでないときは、遺産分割の当事者である他の相続人らは利害関係人（民30条）として、失踪宣告の審判申立て（家事手続別表第1―56項）をすることができる。失踪宣告者は、上記7年の期間が満了したときまたは危難が去った時に死亡したものとみなされる（民31条）から、失踪宣告者が死亡したものとみなされた時が相続開始前であれば代襲相続人が遺産分割の当事者となり、相続開始後であれば、再転相続人が遺産分割の当事者となる。

(3) 相続財産の範囲について争いがある場合の手続

遺産分割は、相続開始時に存在しかつ分割時にも存在する、未分割の遺産を分割する手続である。したがって、相続財産の範囲について争いがある場合は、大別すると、①当該被相続人名義の財産が被相続人以外の者の財産である旨争われる場合、②被相続人以外の者の名義である財産が被相続人の財産である旨争われる場合、③当該財産が被相続人の財産であったことに争いはないが、遺贈、相続させる旨の遺言、またはすでになされた遺産分割協議によって帰属が定まっていると主張される場合、④遺産が現存するかどうかについて争いがある場合がある。上記①、②は帰属の問題、③は未分割性の問題、④は存否の問題である。

(A) 財産の帰属について争いがある場合（上記①、②）

財産の帰属については、民事訴訟で確定すべき事項であるが、確認的事項であるから、遺産分割審判において判断することも可能である（諸問題15頁、井上・前掲220頁）。ただし、審判に既判力がないことから、民事訴訟の提起を促し遺産分割調停・審判の申立ては取り下げるか検討を促すこと、それでも審判で判断してほしいという場合はその旨確認したうえで審判の判断を示すべきこと等は、上記(2)(A)(b)と同様である。争いのある財産は価値が低いなど相続財産全体の中で重要性が低く、当該財産以外の争いのない遺産のみを

対象として遺産分割手続を進行させることに当事者も異論がない場合などは、争いのない遺産のみを対象として手続を進行させることもある。

　民事訴訟で確定する場合、当該財産が被相続人の遺産に属さず、自分の固有財産であると主張する相続人が訴えを提起する場合には、当該財産に対する自己の所有権確認を求める訴えを提起することになる。この訴えは、争いのある相続人を当事者とすればよく、共同訴訟として提起された場合には通常共同訴訟である（諸問題15頁。なお、類似必要的共同訴訟であるという見解もある（田中恒朗『遺産分割の理論と実務』34頁））。

　他方、当該財産が遺産であると主張する相続人が訴えを提起する場合には、遺産確認の訴え（当該財産が被相続人の遺産に属すること、すなわち共同相続人による遺産分割前の共有関係にあることの確認を求める訴え）を提起することになり、この訴えは、固有必要的共同訴訟であって、共同相続人全員が原告または被告のいずれかとして訴訟に関与することを要する（最判昭和61・3・13民集40巻2号389頁、最三小判平成元・3・28民集43巻3号167頁。なお、共同相続人以外に包括受遺者や相続人のうちの不在者について選任された不在者財産管理人で家庭裁判所の許可を得た者も当事者とする必要があるが、相続人から特定の遺産の共有持分を譲り受けた者は遺産分割の当事者となり得ない（最判昭和50・11・7民集29巻10号1525頁）から、この者は遺産確認の訴えの当事者とはなり得ない（西井和徒「遺産の範囲の確認訴訟ができるか」判タ1100号331頁））。この点、以前は、遺産の範囲に争いがあっても共有持分権の確認を求める訴えを提起すれば足り、遺産確認の訴えは確認の利益を欠くのではないかという議論があった。しかし、共有持分権確認の訴えは、原告が当該財産につき共有持分を有するかどうかを確定するにとどまり当該財産についての遺産帰属性は既判力をもって確定されないものである。他方、遺産確認の訴えは、当該財産が遺産分割の対象たる財産であることを既判力をもって確定するものであって、その後当該財産の遺産帰属性を争うことは許されないから、遺産分割の前提問題である遺産帰属性に関する争いに決着をつけ、遺産分割手続の実効性を確保することができる。そこで、前掲昭和61年最判は、遺産確認の訴え

について訴えの利益を肯定し適法としたものであり、遺産確認の訴えについて上記のように解するのであれば固有必要的共同訴訟と解されるところ、その旨前掲平成元年最判において明言されたものである（田中壯太「判解」平成元年度最判解民101頁、太田・前掲428頁）。なお、遺産確認の対象は、当該財産が被相続人の遺産に属するかどうかという遺産の帰属性に関する争いに限られる。たとえば死亡退職金が遺産かどうかという遺産適格の判断を求める訴えは、法の解釈の確認のみを求める訴えであって、不適法である（西井・前掲330頁）。

(B) **未分割の遺産かどうかについて争いがある場合**（上記③）

上記③については、遺言や遺産分割協議の効力に争いがある場合とこれらの解釈に争いがある場合とがある。いずれも民事訴訟で確定すべき事項であるが、遺産分割審判の中で判断することも可能であって（諸問題15頁）、これらについて争われた場合の遺産分割手続の進行は、上記(A)と同様である。

(C) **相続財産の存否に争いがある場合**（上記④）

相続開始時もしくは分割時の相続財産の存否も、民事訴訟で確定すべき事項である。

ところで、遺産分割においては、しばしば、相続開始時に存在していた被相続人の財産である不動産や株式等を一部の相続人が無断で売却したり、被相続人名義の預金口座から無断で払い戻したりしたと主張されることがある。いずれも、相続開始時に存在した財産は分割時に存在しているわけではないから、遺産分割の対象とはならず、不法行為または不当利得の問題として民事訴訟により解決すべきものである。ただし、前者の場合の売却代金について相続人全員が分割対象とすることに合意した場合、後者の場合の払戻金を当該払い戻した相続人の保管現金として相続人全員が分割対象とすることに合意した場合は、これらを遺産分割の対象とすることができる（井上・前掲221頁）。

（間　史恵）

7 遺産の評価

(1) 遺産の評価の必要性

(A) 遺産の評価の意義

　遺産分割は、対象となる遺産すべてを各当事者の相続分（指定相続分、法定相続分または特別受益や寄与分が認められる場合はこれらにより修正された後の具体的相続分）に応じて公平かつ適正に分配し、個々の遺産の帰属を決める手続である。したがって、遺産の分配を行うためには、個々の遺産の価額と各当事者が当該遺産分割手続において各相続分に基づき取得できる遺産の総額を算定することが必要であり、そのうえで、遺産に属する物または権利の種類および性質等一切の事情（民906条参照）を考慮して具体的な分割方法を検討することとなる。したがって、遺産の評価は、①特別受益や寄与分が認められる場合の具体的相続分算定と、②各相続人が当該遺産分割により取得できる相続分相当額（具体的取得分額）算定の2段階で必要となる。

　ただし、特別受益や寄与分が主張されず、指定相続分または法定相続分により遺産分割をする場合には、①の具体的相続分算定のための評価は必要でない。また、遺産のうち評価が必要となるもの（不動産、株式等）について、すべて換価処分してその代金を分割する場合、相続人全員に各相続分に応じて共有取得させる場合、株式について相続人全員に各相続分に応じて割り付けて取得させる場合は、②の具体的取得分額算定のための評価は必要でない。

(B) 遺産の評価における当事者の合意の尊重

ところで、遺産分割は当事者の自由な処分が許される私的財産である遺産の帰属を決める手続であって公益性が低いことから、遺産分割で問題となっている事項が当事者の任意処分が許される事項であり、当事者全員の合意が不相当なものであると認められない限り、当事者の合意を尊重し、合意を基礎として調停・審判手続を進行させるのが相当である（司法研修所編『遺産分割事件の処理をめぐる諸問題』（以下、「諸問題」という）225頁・308頁、井上繁規『〔改訂版〕遺産分割の理論と審理』106頁）。

　遺産の評価は要するに個々の遺産の客観的交換価値を把握することであるが、遺産の評価方法や評価額については、当事者の任意処分が許される性質のものであるから、遺産の評価額について当事者全員が合意すれば、その合意した評価額を基に①の具体的相続分や②の具体的取得分額を算定することとなる。したがって、評価額について当事者全員が合意した場合には、鑑定をするなどして客観的価値を把握する必要はない。また、合意は、相続開始時の評価額と分割時の評価額とを同額とするかどうかや評価方法についてもされることがある。実務においては、評価額や評価方法について合意した場合には、その内容を期日調書に記載している。

(2)　遺産の評価の基準時

(A)　基準時の考え方

　遺産の客観的な交換価値は、その時々の経済状況等に応じて変化するから、いつの時点の評価を基に分割を行うかによって、分割の内容も異なることになる。そのため、いつの時点の評価をもって当該遺産の評価とするかは重要な問題である。これが遺産の評価の基準時の問題である。

　前記①の具体的相続分算定のための評価にあたっては、特別受益について規定する民法903条1項が「共同相続人中に、被相続人から、遺贈を受け、又は婚姻若しくは養子縁組のため若しくは生計の資本として贈与を受けた者があるときは、被相続人が相続開始の時において有した財産の価額にその贈

与の価額を加えたものを相続財産とみなし、……」と規定していること、寄与分について規定する民法904条の2第1項が「共同相続人中に、被相続人の事業に関する労務の提供又は財産上の給付、被相続人の療養看護その他の方法により被相続人の財産の維持又は増加について特別の寄与をした者があるときは、被相続人が相続開始の時において有した財産の価額から共同相続人の協議で定めたその者の寄与分を控除したものを相続財産とみなし……」と規定していることから、相続開始時を基準時とすべきである。これは、一部の学説に異論はあるものの通説的見解であり、裁判実務もこの見解に従って運用されている（諸問題300頁、清水節「遺産の評価の基準時」判タ688号222頁）。

他方、前記②の具体的取得分額算定のための評価については、ⓐ相続開始時説（分割するまでの間に遺産の価額に変動があったとしても相続開始時の評価によるべきである）と、ⓑ分割時説（現実に分割する時点の評価によるべきである）とがある。

相続開始時説は、前記民法903条、904条の2のほか、遺産分割は相続開始の時にさかのぼってその効力を生ずるとする同法909条、「遺留分は被相続人が相続開始の時において有した財産の価額にその贈与した財産の価額を加えた額から……算定する」とする同法1029条1項等を根拠とする。しかし、民法903条、904条の2は具体的相続分を算定するための規定であり、同法1029条1項も贈与がなされた場合の遺留分の算定について規定であって、いずれも実際に遺産を分割する場合の評価基準時を規定するものではない。具体的取得分額算定のための評価は、当該遺産分割によって当該相続人がいくらの財産を取得できるかの問題であり、相続開始時から遺産分割時まで時間が経過しておりその間に遺産の価額も変動していることが通常であることを考えると、相続人間の公平の観点から、実際に分割を行う時点（分割時）を基準時とすべきである（諸問題300頁、清水・前掲223頁）。ほとんどの学説が分割時説をとっており、実務上も分割時説に従って運用がなされている。

(B) **確認が必要な時点**

以上、特別受益や寄与分が主張されてない場合には、分割時の評価のみ確認すれば足りるが、特別受益や寄与分が主張されている場合には、相続開始時および分割時の2時点の評価を確認する必要がある。ただし、後者の場合であっても、前記(1)(B)のとおり、当事者全員が相続開始時と分割時とを同額とする旨合意した場合には1時点の評価を確認すれば足りる。また、前記(1)(A)のとおり、分割方法によって分割時の評価を確認する必要がない場合がある。

　場合分けして整理すると、以下のようになる。
① 現物分割（または代償分割）を行う場合で、特別受益または寄与分について争いがある場合、かつ相続開始時と分割時とを同額とする旨の合意がされなかった場合　相続開始時および分割時それぞれの評価の確認が必要。
② 現物分割（または代償分割）を行う場合で、特別受益または寄与分について争いがある場合、かつ相続開始時と分割時とを同額とする旨の合意がされた場合　分割時または相続開始時の評価の確認が必要（いずれの場合によるかは、合意の内容による）。
③ 不動産について換価分割、株式については相続分に応じて割付けをするような場合で、特別受益または寄与分について争いがある場合　相続開始時の評価の確認が必要（分割時の評価の確認は必要ない）。
④ 不動産について換価分割、株式については相続分に応じて割付けをするような場合で、特別受益または寄与分が主張されない場合　相続開始時および分割時いずれの時点についても評価額の確認は必要ない。
⑤ 現物分割（または代償分割）がされる場合で特別受益または寄与分が主張されない場合　分割時の評価額のみ確認が必要。

(C) **「分割時」の意義**

　なお、「分割時」の評価というからには、理論的には調停ならば調停成立時、審判であれば審判確定時の評価をいうことになろうが、調停や審判係属中に調停成立時や審判確定時の評価を確認することは不可能である。調停の

場合には、調停の過程で一定の時点の評価を基準に合意を形成していくこととなるであろうし、審判の場合には、実際の評価日から社会通念上許容できる期間内に審判がされればそれで足りるとせざるを得ない（諸問題302頁）。どの程度の期間内であれば社会通念上許容できるかは、当該物件がどのような物件か、当該物件の価格変動等当該物件をめぐる経済状況等によるであろう。したがって、後記のように評価額算定のために鑑定をした場合、鑑定後、実際の分割（調停成立または審判）までの間の時間の経過や事情の変更によっては、評価時点修正や再鑑定が必要になることがある（諸問題302頁）。なお、前記(1)(B)のとおり評価方法についても当事者全員の合意を尊重して手続進行させるべきであるから、当事者が特定の時点をもって分割時の評価とする旨合意すれば、その合意を尊重することとなる。

(3) 不動産の評価

(A) 評価資料

　不動産の評価に関する目安として、たとえば固定資産評価額、相続税評価額、公示地価、基準地標準価格等の公的評価がある。しかし、固定資産評価額、相続税評価額などは課税のための基準であって、市場での取引価格より相当低額であることが通常であるし、公示地価や基準値標準価格を用いる場合には、標準値または基準値の価格から当該遺産に対応する調整を行う必要があり、これは容易ではない。これらの公的評価から当該遺産の評価に係る一定の傾向を窺うことはできるものの、いずれも客観的な交換価値（市場での取引価格）と必ずしも一致するものではない。

　前記(1)(B)のとおり、遺産の評価については当事者全員の合意を尊重すべきであるから、実務においては、当事者双方が上記のような公的評価に関する資料や、特定の不動産業者に依頼して作成させた査定書（査定書の内容は、不動産業者等のインターネット上のウェブサイトに物件に関する情報を入力すれば得られるような簡易なものから、鑑定書のように詳細な検討にわたるものまで

さまざまである）、不動産鑑定士に依頼して作成させた私的鑑定書を提出するなどして、評価額について合意ができるかどうか検討したうえ、合意ができた場合にはその合意に基づいて手続を進行する。

　また、調停委員会は、必要があると認めるときは、当該調停委員会を組織していない家事調停委員の専門的な知識経験に基づく意見を聴取することができるとされており（家事手続264条1項）、遺産分割においては、不動産鑑定士である家事調停委員から遺産や特別受益物件である不動産の評価について、すでに収集された資料から可能な限度で意見を聴取することが考えられる（証拠調べとしての鑑定と異なるから、当該家事調停委員が当該物件の所在地に赴き見聞するなど自ら資料を収集することは想定されていない。このような資料収集のうえで意見を述べる必要がある場合には鑑定によるべきである（金子修編『逐条解説　家事事件手続法』796頁、斎藤秀夫ほか編『注解　家事審判規則〔改訂版〕』（山田博）416頁））。この方法は、格別の費用を要せずに専門家の意見を聴取できる利点があるものの、対象が記録に顕れた資料から意見を述べることができるものに限られるし、あくまで調停委員の意見であるから、当事者全員がこれを尊重するのでなければ意味がない。合意形成を促す手段の1つというべきであり、意見を基に調停・審判手続を進行させるには、意見を踏まえた評価についての当事者全員の合意をとることが必要である（諸問題307頁、井上・前掲314頁）。審判段階における参与員の利用（同法40条1項）についても、同様の問題があり、実務上はほとんど利用されていない。

　合意ができない場合には、家庭裁判所が指定した鑑定人による鑑定（審判について家事手続56条・64条1項による民訴212条以下の準用、調停について家事手続260条1項6号・261条1項）を行わざるを得ない。鑑定は、当該財産について専門的知見を有する者（たとえば不動産ならば不動産鑑定士）が裁判所により指定され宣誓のうえ、中立・公平な立場から評価を行うものであり、その精度と信頼性が最も高いものであるからである。

　鑑定を行う場合、鑑定の対象物件、時点（鑑定時の評価のみ鑑定するか、鑑定時および相続開始時の評価双方か）、前提事項（当該不動産の管理・使用状況、

付着している利用権等）、鑑定費用の負担について確認しておく。

　鑑定費用の負担については、実務上は、遺産分割が相続人全員の利益のために行われる手続であり、特別受益物件の評価も、遺産分割のための具体的相続分の算定のために行うものであることから、当該物件が遺産であるか特別受益物件であるかを問わず、法定相続分に応じて負担させることが多い。

　裁判所は鑑定結果に拘束されるものではないが、計算方法に誤りがあるなど鑑定結果が不相当であるような事情がない限り、鑑定結果を尊重すべきである（時間の経過等によって評価時点修正や再鑑定が必要になることは前記(2)(C)のとおりである）。また、鑑定後に鑑定結果に不服を述べる当事者もいるが、鑑定を行った後さらに評価について争いが続くようでは鑑定を行った意味がないので、実務においては、鑑定結果を尊重する旨確認していることが多い。

　実務においては、以上の点について確認した場合、期日調書にたとえば以下のような記載をしている。

（当事者全員）
　別紙遺産目録記載1の土地及び別紙特別受益目録記載1の土地について不動産鑑定を行うことを合意する。
　上記各土地の評価時点は、別紙遺産目録記載1の土地については相続開始時及び鑑定時の2時点とし、別紙特別受益目録記載1の土地については相続開始時の1時点とする（別紙遺産目録1記載の土地について、相続開始時と鑑定時と同額とする旨合意する場合は、「別紙遺産目録記載1の土地の相続開始時の評価は鑑定時の評価と同額とする」旨期日調書に記載する。）。
　上記鑑定費用は、各当事者の法定相続分にしたがい、各2分の1の割合で負担する。
　鑑定結果は尊重する。

　なお、鑑定は、評価が必要な場合に裁判所の判断で行うものであるから、鑑定について当事者全員の合意がなくとも鑑定を行うことができるのはいうまでもない。実務上は、鑑定費用の負担について、そもそも自分の提出した資料に基づいて評価すべきであり鑑定は必要でないとか、鑑定費用が高額で

あるなどの理由で、当事者が難色を示し、合意ができないことがままある。そのような場合には、遺産の中に現金や預貯金がある場合にはそこから鑑定費用を支出する旨の合意を促すなどする（新たに自己の財産から支出するのでなければ鑑定に応じることもある）。それでも難色を示す当事者がいる場合、旧家事審判法下では、他の当事者（鑑定をすべきであると主張する当事者や鑑定を申し立てた当事者）に鑑定費用を全額予納するよう促し、予納した場合には鑑定を実施したうえで、審判において鑑定費用の負担を定め、予納しなかった当事者にその負担すべき額の償還を命じていた。これは、旧家事審判法7条で準用していた旧非訟事件手続法27条に基づくものである。しかし、手続費用の負担について定めた家事事件手続法29条は民事訴訟法67条と同様の規定ぶりとなっているため、家事事件手続法下では民事訴訟法と同様に、審判において費用の負担について定めたうえで、費用確定の申立てをすることが必要であって、審判において償還を命じることはできないと考えられる。

(B) **不動産の評価手法**

不動産の経済価値は、費用性（原価性）、市場性、収益性の三面からアプローチするものといわれ、評価手法には、①不動産の再調達に要する価格に着目して価格を求める原価方式、②市場における実際の取引事例に着目して価格を求める比較方式、③当該不動産を利用することによって得られる収益に着目して価格を求める収益方式がある。①は対象物件を新たに建築、造成等する場合に必要とする原価を求め、これに物件の現状に照応した修正を施して価格を算定する方法であり、再調達価格を把握しやすい建物で収益を目的としないもの（自用建物）の評価に適しているといわれる反面、土地についての適用範囲は狭いといわれている。②は対象物件の近隣類似地域における現実の取引事例を収集し、各事例での価格形成要因を比較し、必要に応じて事情補正や時点修正を施したうえ、地域要因や個別要因の比較を行って求められた価格を比較考量して、対象物件の価格を類推するものであり、市場性のある不動産の価格の評価に適しているといわれている。③は対象物件が生み出すことが期待される毎期の純収益を期待利回りで除して資本還元する

ことによって現在価格を求める方法であり、収益を目的とする賃貸用不動産や営業用の不動産の評価に適しているといわれている。したがって、不動産の評価にあたっては、上記の3手法を併用することによって不動産の適正な価格を評価することが可能になるとされ、鑑定も上記3手法を組み合わせて行われているが、上記の各手法の特徴から、対象物件によって適用が困難な場合もあり、物件の個別的な性格によって重視する手法も異なる（井上・前掲317頁、松原正明『全訂　判例先例　相続法Ⅱ』371頁、飯島眞弌郎編著＝小谷芳正『法律家のための財産鑑定評価の事例解説』60頁）。

(C) **不動産の評価にあたっての留意点**

(a) **遺産である土地に利用権が付着している場合**

遺産である土地に利用権（賃借権、使用貸借権）が付着している場合、遺産としての評価は、更地価格から利用権価格を控除することになる。

賃借権が設定されている場合、遺産土地の評価額は、更地価格から更地価格に借地権割合を乗じて算出した借地権価格を控除して算出することが多い。借地権割合は、当該土地のある地域や土地上の建物によって異なるが、一般的には更地価格の60％から80％程度が目安となる（諸問題309頁、井上・前掲318頁）。借地権が設定されている場合、まずは借地権割合について合意を試み、合意ができない場合には遺産土地の評価（借地権価格控除後）について鑑定することになろう。

使用借権が設定されている場合も、遺産土地の評価額は、更地価格から使用借権評価額を控除して算出することになるが、使用借権割合は、一般的には、更地価格の10％から30％程度が目安となる（諸問題310頁、井上・前掲318頁）。

なお、遺産土地上に建物を所有して遺産土地を無償で使用している使用借権者が相続人である場合、遺産分割で当該土地を当該相続人に取得させる場合には、当該土地の評価については自己使用を前提として評価し更地価格によるのが相当である旨の審判例がある（大阪高決昭和49・9・17家月27巻8号65頁等）。しかし、このような考え方をとると、当該相続人が有していた権

利が正当に評価されないこととなる。このような場合には、遺産土地の評価としては、使用借権相当額を控除した額とし、使用借権相当額については、当該相続人の特別受益として持ち戻すべきか否かを検討すべきであり（大塚正之「遺産評価の方法」判タ1100号388頁、小林崇「遺産の評価」野田愛子＝梶村太市編集『新家族法実務体系③相続［１］』322頁）、現在の実務ではこのような考え方が多数であろう。もっとも、当事者全員で当該土地の評価を更地評価とすべきである旨合意すれば、その合意に従って調停・審判を進行させることとなるのはいうまでもなく、そのような場合には、実質的には使用借権相当額を持ち戻したのと同様であるから、あらためて特別受益として問題とすることはない。

(b) **不動産に担保権が付着している場合**

遺産である不動産に被相続人または第三者の債務にかかる抵当権が設定されている場合、当該遺産の評価にあたり、その客観的交換価値から被担保債務額を控除する旨主張されることがある。

被担保債務が被相続人の債務である場合、相続開始により債務は各相続人に各法定相続分に応じて帰属しており、遺産分割の対象となるのは積極財産のみであるから、当事者全員の合意等がない限り、被担保債務の負担のないものとして（つまり被担保債務額を控除しないで）評価するのが相当である。自己の負担分（法定相続分相当額）を超えて債務を弁済した相続人がいる場合には、民法911条、567条２項に基づく求償の問題として処理することとなる。（諸問題310頁、328頁、井上・前掲318頁）

被担保債務が第三者の債務である場合については、考え方が分かれている。被相続人の債務と同様に被担保債務の負担を考慮すべきでないとする説（小林・前掲324頁）と、当該第三者の資力に問題がない場合には考慮しなくてよいが、当該第三者が破産手続開始決定や取引停止処分を受けているなど資力がないことを示す明白な事情がある場合には、被担保債務の負担を控除することも考えられるとする説（諸問題328頁、井上・前掲319頁）がある。

(4) 株式の評価

　遺産である株式が上場株式である場合には、市場価格により容易にその客観的価値を把握することができる。ただ、株式の市場価格は日々刻々変動しているので、分割時の評価額を把握するために、実務上は、調停ないし審判の日に近接した基準日を決めて（基準日については可能な限り当事者に合意させている）、その終値をもって当該株式の評価額とすることが多い（諸問題313頁、井上・前掲321頁）。

　遺産である株式が非上場株式である場合（被相続人が同族会社の経営者であったような場合が多い）、その評価方法としては、①純資産方式（会社の総資産価額から負債等を控除した純資産価額を発行済み株式数で除する）、②配当還元方式（会社の配当金額を基準として、これを発行済株式数で除する）、③類似業種比準方式（当該会社と類似する業種の事業を営む会社群の株式に比準して評価する）、④混合方式（上記①ないし③の方式を組み合わせて評価する）が考えられる（諸問題313頁、井上・前掲321頁）が、いずれの評価方式をとるべきかも含め評価については専門的知見を要するところであり、裁判所が容易になし得るものではない。したがって、実務では、当該会社の資産や財務状況についての資料をもとに当事者間で合意できないか試みるが、合意できない場合には、公認会計士による鑑定によっている。また、会社の業態や資産状況によっては、その資産を形成する不動産の評価についても鑑定を実施することがある。

(5) その他の財産の評価

　現金、預金については、通常、評価の問題は生じない。
　家財道具や着物などの動産類については、金塊等ならばともかく、一般には財産的価値が低いものが多く、特定も困難である。また、家財道具につい

ては、現に使用している相続人、あるいは当該動産類が存在する不動産を取得する相続人が取得することで当事者も異議がないことが多い。そのため、実務では、遺産分割手続の対象から除外し、相続人間で分配する場合には形見分けとして遺産分割手続外で解決することを促している。あえて分割対象とする場合には、相続税申告書記載のとおりの評価額で合意をするなどしている。

　宝石・貴金属・書画・骨董のような金銭的価値を有するようなものの場合は、品名や、ときには写真等を用いるなどして特定したうえで、購入時期、購入価格、書画の場合には美術年鑑等の資料を当事者に提出させて合意形成を試みるが、そのほか、一括して売却してその売却代金を分割対象とする旨合意させたりすることもある（諸問題314頁、井上・前掲332頁）。

（間　史恵）

第3章 遺産分割

8 特別受益者

(1) 特別受益の意義

(A) 特別受益の制度

　相続人が複数いる場合、原則として、被相続人の遺言の定めか遺言で委託された第三者の指定による指定相続分（民903条）、このような遺言がない場合には法定相続分（民900条）に応じて遺産を分割するとされている。

　しかし、共同相続人の中には、遺言で贈与（遺贈）を受けたり、被相続人の生前に被相続人から多額の贈与を受けたりしている者がいることがある。これらの遺贈または贈与は、遺産分割の対象にはならないが、実質的には遺産の前渡しとしての性質をもつのが通常であり、これらを何ら考慮せずに遺産分割を行うと共同相続人間の公平を害し、遺産の前渡しを行った被相続人の意思にも反することとなる（大塚正之「特別受益の意義と範囲」判タ688号50頁）。

　そこで、共同相続人中に、被相続人から、遺贈を受け、または婚姻もしくは養子縁組のためもしくは生計の資本として贈与を受けた者があるとき、後述の持戻し免除の意思表示（民903条3項）が認められる場合を除き、被相続人が相続開始の時において有した財産の価額に当該贈与の価額を加えたものをもって相続財産とみなし（遺贈については、対象財産が相続開始時の被相続人の財産を構成しているので上記の相続分計算にあたり、遺贈対象財産をあらためて加算する必要がない）、指定相続分または法定相続分の中から当該遺贈ま

たは贈与の価額を控除した残額をもって、受贈者である当該相続人の具体的相続分とした（民903条1項）。

以上の特別受益の持戻しは、実質的に相続分の前渡しとしての意味をもつような贈与がなされた場合に共同相続人間の公平を図るための制度であり、寄与分と並んで指定相続分または法定相続分を修正する要素である。

なお、特別受益に当たるのは、上記のとおり「遺贈……又は贈与」である。実務ではしばしば、共同相続人の1人が被相続人名義の預貯金を払い戻している場合、特別受益に当たると主張されることがあるが、当該払戻しが被相続人の意思によらず勝手にされていれば「贈与」ではないから、特別受益に該当しない。別途不当利得返還請求または損害賠償請求で解決すべき問題である。

(B) 「持戻し」の意義

特別受益の制度は、上記のとおり、具体的相続分を算定するうえで、特別受益財産を計算上相続財産とみなすものであるから、受贈者である相続人が特別受益財産を実際に持ち戻す義務を生じたり、特別受益財産が遺産分割の対象となったりするものでもない。

なお、具体的相続分の算定については、後述する。

(2) 特別受益の主張方法

(A) 従前の議論

遺産分割においては、特別受益をめぐって当事者が対立することが少なくないが、その場合、特別受益の有無、その価額、具体的相続分の価額または割合は、当該遺産分割手続においてのみ判断されるのか、それとも別個の訴訟事件として判断を求めることができるのかについて、従前具体的相続分の法的性質と関連して議論があり、大別すると以下の二つの説があった（水上敏「判解」平成7年度最判解民302頁、生野考司「判解」平成12年度最判解民68頁、松原正明「特別受益の確定」判タ1100号370頁）。なお、この問題は、遺産分割

においてのみならず、遺留分減殺請求についても、上記事項は遺留分減殺請求の訴訟においてのみ判断されるのか、それとも別個の訴訟で判断を求めることができるのかという同様の問題を生ずる。

① 相続分説・訴訟事項説　民法903条１項の規定によって定まる具体的相続分は、その計算をまたずに相続財産に対する観念的な権利として実在する実体的権利関係である。したがって、特別受益の有無および価額等も、具体的権利関係である具体的相続分を判断する要件の１つとして訴訟において判断されるべき事項であって、具体的相続分の確認を求める訴えは許される。

② 遺産分割分説・審判事項説　具体的相続分は具体的権利ないし法的関係ではなく遺産分割の過程で設定される一種の分割基準である。したがって、特別受益の有無および価額等は、遺産分割審判の過程において判断される事項であり、具体的相続分の確認を求める訴えは不適法である。

(B) **最高裁判所の判断**

上記の問題については、まず、特定の財産が特別受益財産に当たることの確認を求める訴えについて、確認の利益を欠くものとして不適法であるとされた（最三小判平成７・３・７民集49巻３号893頁）。このような訴えは現在の権利または法律関係の確認を求めるものといえず、具体的な相続分または遺留分を算定する過程において必要とされる事項にすぎない。しかもある財産が特別受益財産に当たることが確定しても、その額や被相続人が相続開始の時に有した財産の全範囲およびその価額等が定まらなければ、具体的な相続分または遺留分が定まることはないから、上記の確認が相続分または遺留分をめぐる紛争を直接かつ抜本的に解決することにはならない。また、ある財産が特別受益財産に当たるかどうかは、遺産分割申立事件または遺留分減殺請求に関する訴訟など具体的な相続分または遺留分の確定を必要とする事件の前提問題として審理判断され、上記事件を離れてその点のみを別個独立に判決において確認する必要もないからである。ただ、この判例は、もっぱら確

認の利益の観点から判断したもので、具体的相続分が実体的権利関係であるのかどうかについて判断を示したものではなかった（水上・前掲318頁）。

　ついで、具体的相続分の価額または割合の確認を求める訴えについて、確認の利益を欠くものとして不適法であるとされた（最一小判平成12・2・24民集54巻2号523頁）。具体的相続分は遺産分割手続における遺産の分配の前提となる計算上の価額またはその価額の遺産の総額に対する割合を意味するものであって、それ自体を実体法上の権利関係であるということはできず、遺産分割審判における遺産の分割や遺留分減殺請求訴訟における遺留分の確定等のための前提問題として審理判断される事項であり、上記のような事件を離れてこれのみを別個独立に判決によって確認することが紛争の直接かつ抜本的解決のため適切かつ必要であるということはできないからである。この判例は、具体的相続分の法的性質について遺産分割分説に立つことを明示したうえ、確認訴訟の適法性については、前掲平成7年判決と同様にいわゆる即時確定の利益の要件からみて不適法であると判断したものである（生野・前掲81頁）。

(C)　特別受益の主張方法

　以上、遺産分割において特別受益が問題となる場合、その主張は家庭裁判所における遺産分割手続（調停・審判）においてなされるべきものである。具体的な手続については後述する。

(3)　特別受益に関する問題点その1——受益者の範囲

(A)　原　則

　民法903条1項は、「共同相続人中に……遺贈を受け、又は……贈与を受けた者があるときは、……」と規定しているから、特別受益に当たる遺贈、贈与は、「共同相続人」に対するものに限られるのが原則である。

　そこで、(B)以下の場合、「共同相続人」に対する遺贈または贈与として特別受益に当たるかどうかが問題となる。

317

(B) 包括受遺者

(a) 共同相続人以外の第三者が包括受遺者である場合

たとえば、被相続人の法定相続人は子2名である場合で、被相続人が、その内縁の妻と子2名に対し3分の1ずつの割合で包括して遺贈する旨の遺言をしていた場合である。このような場合、包括受遺者は、相続人と同等の権利義務を有する（民990条）とされていることを重視すると第三者である受遺者（上記例でいえば内縁の妻）についても持戻しを認めることとなるが、遺言者は、包括受遺者に対し、遺言で定めたものすべてを贈与する意思を有していたもので、その割合の増減は予定していないのが通常と考えられるから、包括受遺者は、民法903条1項所定の相続人に当たらず、持戻義務はないと解するのが相当である（谷口知平＝久貴忠彦編『新版注釈民法(27)相続(2)補訂版』（有地亨・床谷文雄）193頁）。

(b) 共同相続人が包括受遺者である場合

この場合は、要するに相続分の指定が行われた場合と同様であるから、持戻義務があると解される（谷口＝久貴・前掲（有地・床谷）193頁）。

(C) 共同相続人の親族が受益していた場合

共同相続人の配偶者や子が被相続人から贈与を受けた場合、上記のとおり、特別受益として持戻しの対象になるのは共同相続人本人が受けたものに限られるから、原則として当該贈与は特別受益に該当しない。

ただし、贈与の経緯、贈与されたものの価値・性質、これにより受贈者の親族である相続人の受けている利益等を考慮し、名義上は親族に対するものであっても実質的には相続人に対する贈与と同視できる場合には、例外的に特別受益に当たるとされる場合がある。

審判例では、被相続人の長女の夫に対し土地を贈与した事案において、当該長女夫妻は、被相続人の長男が一人前になったときに分家することを予定され、それまで被相続人夫妻と同居して被相続人らが営む農業を手伝うこととなっていたこと、農業に従事していたのは長女自身であったこと、長男が一人前となった後、長女夫婦は被相続人夫婦と生計および住居を別にし、同

時に上記土地（主に農地）の贈与がされ、以後長女は当該土地を耕作するようになったことなどの事情を踏まえ、贈与の趣旨は長女に利益を与えることに主眼があったもので、登記簿上長女の夫の名義にしたのは、夫をたてたほうがよいとの配慮からそのようにしたのではないかと推測されるとして、長女の特別受益に当たると認めた例がある（福島家白川支審昭和55・5・24家月33巻4号75頁）。

(D) **再転相続の場合**

たとえば、Aについて相続開始後遺産分割前に、共同相続人の1人であったBが死亡してBについても相続開始した場合で、Bの相続人であるCがBから贈与を受けていた場合、Aに関する遺産分割において当該贈与を特別受益として持ち戻すことが必要かどうかという問題である。

この問題は、第一次被相続人の相続において第二次被相続人が取得するものが何かにかかわるが、この点については、従前、大別して以下の2つの見解が対立していた。

① 遺産説　再転相続は、第二次被相続人が第一次被相続人の未分割遺産についてその相続分に従って取得したものをさらに再転相続人が相続するものであり、この第二次被相続人取得分は第二次被相続人の遺産を構成し、遺産分割の対象となる。

② 非遺産説　再転相続は、割合としての相続分を承継するものまたは第一次被相続人の遺産を相続分の価額に従って分配を受けうる第二次被相続人の地位を承継するものであり、第一次被相続人の未分割遺産についての第二次被相続人の相続分それ自体は第二次被相続人の遺産を構成する具体的財産権ではない。

民法896条、899条、898条等の規定によれば、共同相続人は相続開始と同時に遺産分割前の遺産について法定相続分に応じた共有持分権を取得することになると解され、その共有の性質は物権法上の共有と同じものであり、ある財産が被相続人の遺産に属するかどうか争いがある場合、相続人はその確定を求めて当該財産について当該相続人の法定相続分に応じた共有持分を有

することの確認を求める訴えを提起することができると解されているから、共同相続人が遺産について有する共有持分権は実体法上の権利性を有すると解する（上記①の遺産説）のが相当である（青野洋士「判解」平成17年度最判解民685頁）。したがって、第二次被相続人が有する第一次被相続人の遺産についての相続分に応じた共有持分権を各再転相続人に分属させるには、遺産分割手続が必要となり、そうすると、再転相続人が第二次被相続人から特別受益を受けている場合には、その持戻しをして各共同相続人の具体的相続分を算定しなければならない（最三小決平成17・10・11民集59巻8号2243頁）。したがって、まず、第一次被相続人Aの未分割遺産について、特別受益や寄与分が認められる者がいる場合には、それらを考慮してAの遺産に対するBを含めた第一次相続人の相続分を算定したうえ、これによってBに帰属した相続分（Aの遺産に対するBの共有持分）を含めたBの遺産について第二次相続人CがBから受けた特別受益を持ち戻して、各共同相続人の具体的相続分を算定し、遺産分割を行うこととなる（青野・前掲688頁、井上・前掲244頁）。

(E) 代襲相続の場合

(a) 被代襲者が受益していた場合

被代襲者がその生前に被相続人から贈与を受けていた場合、当該贈与を代襲相続人の特別受益として持戻しをさせるかどうかという問題である。

これについては、被代襲者は相続開始時には相続人ではないことを理由に消極に解する説や審判例もあるが、特別受益の持戻しは共同相続人間の実質的な公平を図るための制度であり、被代襲者の受けるべき利益を超えて代襲者に利益を与えることは公平に反するから、持戻しをさせるのが相当である（司法研修所編『遺産分割事件の処理をめぐる諸問題』（以下、「諸問題」という）257頁、大塚・前掲51頁）。

(b) 代襲相続人が受益していた場合

代襲相続人が、被代襲者の死亡前に、被相続人から贈与を受けていた場合、当該贈与を特別受益として持戻しをさせるかどうかという問題である（被代

襲者の死亡後に代襲相続人が被相続人から贈与を受けた場合、特別受益に当たると解する（諸問題257頁）について異論はない）。

これについては、条文上は相続開始当時に共同相続人であればよく、それ以上の限定はないことを重視すると、贈与の時点が代襲相続人が被代襲者の死亡等により共同相続人となる前か後かを問わず、特別受益に該当することとなる。しかし、共同相続人となる前の贈与は、相続人として受けたものでなく、遺産の前渡しとはいえないもので、贈与者である被相続人の意思としてもそのような贈与について持ち戻すことを予定していないと考えられる。これを特別受益に含めると他の共同相続人は代襲がなかった場合以上の利益を得ることになるから、贈与が共同相続人となる前であれば特別受益に該当しないが、共同相続人となった後の贈与については特別受益に当たると解するのが通説である（諸問題257頁、大塚・前掲51頁）。

(F) 贈与を受けた後に推定相続人の地位を新たに取得した場合

たとえば、贈与を受けた者が、その後被相続人と養子縁組をして推定相続人となった場合である。上記(E)(b)の場合と同様の問題であり、特別受益に該当するという見解もあるが（上原裕之ほか編『リーガルプログレッシブシリーズ10・遺産分割〔改訂版〕』350頁）、(E)(b)に述べたところと同様、推定相続人となる前の贈与は特別受益に該当しないと解される。ただし、当該贈与が、推定相続人の地位を得たことと関連する場合、すなわち、養子縁組によって推定相続人となった場合で養子縁組をするためにまたは養子縁組をしたことにより当該贈与がなされた場合には、推定相続人となった後にされた贈与と同様に特別受益に該当する（諸問題258頁）。

(4) 特別受益に関する問題点その2——対象

特別受益として持戻しの対象となる財産は、前記のとおり、「遺贈」または生前贈与のうち「婚姻又は養子縁組のための贈与」もしくは「生計の資本としての贈与」である。遺贈は、その目的を問わずすべて持戻しの対象とな

るが、生前贈与は、上記の目的のものに限って持戻しの対象となる。遺産の前渡しといえるような贈与について、持戻しを認め、相続人間の公平を図るためである。

では、具体的には、どのようなものが上記の目的の生前贈与に当たるか、以下、しばしば問題となるものについて述べる。

(A) **持参金、挙式費用、結納金**

多額の持参金であれば、婚姻または養子縁組のための贈与として特別受益に当たると解される。しかし、持参金が少額で、被相続人の資産および生活状況に照らして扶養の一部と認められるような場合には、特別受益に当たらない。多額の持参金で上記贈与に当たり得るものであっても、共同相続人全員に同程度の贈与がなされていれば、後記持戻し免除の意思表示が推認されるであろう（諸問題258頁）。

挙式費用や結納金は、一般に遺産の前渡しといえず、特別受益に当たらない（諸問題259頁）。

(B) **教育費**

高等学校、専門学校、大学、大学院等の入学金や授業料、留学費用等について問題となる。これらの学資は、将来の生活の基礎となるものとして、「生計の資本としての贈与」に当たり得るものであるが、子の志望、資質等に応じて教育を受けさせることは、親の扶養義務の履行といえるものであるから、通常は特別受益として持戻しの対象とはならないと解され、仮に特別受益に当たるとしても黙示の持戻し免除の意思表示がされたものと推認されることが多いと考える。私立の医科大学の学資のように特に多額なものについて議論はありうるが、そのような多額のものであっても、たとえば被相続人等も医師であるとか、他の共同相続人もその志望等に応じて教育を受けているような場合であれば、やはり特別受益に該当しないし、仮に該当するとしても黙示の持戻し免除の意思表示を推認するのが相当である。

(C) **現金、有価証券等の贈与**

居住用の不動産の購入資金の贈与、自営業者である相続人に対する営業資

金の贈与等、生活の基礎となり、遺産の前渡しといえるような多額の贈与であれば、原則として特別受益に該当する。ただし、たとえば被相続人も当該不動産に同居して老後の生活の世話をしてもらうことを予定していたなど、贈与の事情によっては、黙示の持戻し免除の意思表示が認められるであろう。

他方、小遣い、謝礼程度の金銭の贈与であれば、それが繰り返しなされていたとしても生計の資本としての贈与には該当しない。相続人の自宅の新築祝い等も、親としての通常の援助または子への配慮といえる程度のものであれば特別受益に該当しない。また、まとまった額の贈与であっても遊興費の支払いのための贈与であれば、生計の資本とはいえないから、特別受益に当たらないし、疾病等で稼働困難な状態にある子に対する援助であれば親の扶養義務の履行であって特別受益に当たらないと解される（片岡武＝管野眞一著『家庭裁判所における遺産分割・遺留分の実務〔新版〕』215頁、219頁）。

(D) **生命保険金**

被相続人が保険契約者・被保険者であり、相続人の一人を保険金受取人に指定した保険契約に基づき、当該相続人が取得する死亡保険金請求権は、当該相続人が自らの固有の権利として取得するものであって、保険契約者または被保険者から承継取得するものではない（最三小判昭和40・2・2民集19巻1号1頁）から、相続財産ではないし、実質的に被相続人の財産に属していたものとみることもできず、死亡保険金請求権またはこれを行使して取得した死亡保険金は、民法903条1項に規定する遺贈または贈与にかかる財産には当たらない。しかし、保険料は被相続人が支払ったもので、被相続人の死亡により死亡保険金請求権が発生することなどにかんがみ、保険金受取人である相続人とその他の共同相続人との間に生ずる不公平が民法903条の趣旨に照らし到底是認することができない程度に著しいものであると評価すべき特段の事情がある場合には、同条の類推適用により、当該死亡保険金請求権は特別受益に準じて持戻しの対象となると解するのが相当である。特段の事情の有無は、保険金の額、この額の遺産の総額に対する比率のほか、同居の有無、被相続人の介護等に対する貢献の度合いなどの保険金受取人である相続

人および他の共同相続人と被相続人との関係、各相続人の生活実態等の諸般の事情を総合考慮して判断すべきである（最二小決平成16・10・29民集58巻7号1979頁）。

　もっとも、上記特段の事情の有無を判断するにあたっては、特別受益が被相続人の財産の分配である遺産分割において共同相続人間の公平を図るものであることから、基本的には、経済的利益の観点から、相続人の受ける保険金の額、その額の遺産総額に対する比率等により、著しい不平等が生じないかを判断し、さらに身分関係や生活実態等その他の事情からそれが公平を損なうといえないかどうかを判断することになると考えられる（土屋裕子「判解」平成16年度最判解民631頁）。上記最高裁決定後の裁判例をみると、保険金の額が相続開始時の遺産の評価額の約60パーセントを超える場合に民法903条の類推を認めて持ち戻しを肯定した例がある（名古屋高決平成18・3・27家月58巻10号66頁）。

　なお、民法903条の類推を認める場合に持ち戻すこととなるのは、保険料合計額か保険金か従前見解が分かれていたが（長秀之「特別受益の意義と範囲」判タ1100号372頁）、上記最高裁決定後は、死亡保険金の額を基本に考えると解されている（土屋・前掲632頁）。

(E)　**死亡退職金・遺族扶助料**

　死亡退職金は、その支給の根拠となった法律、条例または労働協約もしくは就業規則その他の規定を検討し、取得すべき者の範囲が相続人の範囲と異なっていることや金額の算出方法等から、その趣旨が遺族の生活保障であることが明らかで、かつ、その取得について被相続人の意思の介在する余地がない場合、贈与といえず、特別受益に当たらない（諸問題262頁）。遺族扶助料も同様である。

(F)　**遺産である不動産の無償使用**

　遺産である不動産を相続人が無償で使用している場合については、遺産である土地の上に相続人の1人が自己所有の建物を建て、土地を無償使用している場合と、遺産である建物に無償で居住するなどしている場合とがある。

土地を無償で使用している場合、通常、当該土地について、被相続人と相続人との間で使用貸借契約があるものと認められ、当該遺産土地の評価は、更地としての評価より使用借権相当額が減少することになる。相続人はその減価分の利益を受けていることになるから、その分が当該相続人の特別受益に当たる。使用借権相当額ないし使用借権割合は事案によるが、更地としての評価額の1割から3割の間が多いようである（諸問題261頁、310頁）。ただし、被相続人は当該建物に同居して老後の世話をしてもらうために無償使用させたなど、無償使用に係る経緯等によっては、黙示の持戻し免除の意思表示があるものと認められる。

建物を無償使用している場合で、被相続人と同居しており、当該建物を被相続人と別個独立に占有使用しているものと認められない場合には、使用借権も成立せず、当該建物の無償使用は特別受益に当たらないと解される。被相続人と別居するなどして独立に占有使用している場合には、使用貸借契約があるものと認められるが、通常建物の使用借権の評価額は低廉であり、遺産の前渡しといえるほどのものではないから、特別受益に該当しない。実務ではしばしば、当該相続人は被相続人の建物を無償使用することによって家賃の支払いを免れているから、賃料相当額の利益（相当賃料額に使用期間を乗じたもの）を受けているとして多額の特別受益を主張されることがある。しかし、建物を無償使用させていることによって賃料相当額を前渡ししているわけではなく、被相続人の財産は（上記の使用借権相当額以外は）減少していないから、特別受益に該当しない（諸問題261頁参照）。被相続人の通常の意思としても、後日遺産分割にあたり、賃料相当額を持戻しさせることは想定していないものと考えられる。

(G) 「相続させる」旨の遺言

特定の遺産を特定の相続人に相続させる趣旨の遺言は、遺言書の記載からその趣旨が遺贈であることが明らかであるかまたは遺贈と解すべき特段の事情のない限り、当該遺産を当該相続人をして単独で相続させる遺産分割の方法が指定されたものと解すべきであり、当該遺言において相続人による承継

を当該相続人の意思表示にかからせたなどの特段の事情がない限り、何らの行為を要せずして、当該遺産は、被相続人の死亡のときに直ちに当該相続人に相続により承継される（最二小判平成3・4・19民集45巻4号477頁）。このような遺言がされた場合で残余の遺産がある場合、残余の遺産分割において、相続させる遺言により特定の遺産を取得したことはどのように取り扱われるのかが問題であるが、相続開始時において、当該相続人に残余の遺産について取得分があるか否かを計算し、相続開始時に当該特定物の価額が当該相続人の法定相続分相当額を超えていれば残余の遺産について取得分はなく、超えていなければその不足分に相当する財産を残余の遺産から取得できると解するのが相当である（諸問題64頁以下）。そうすると、特定物について相続させる遺言がされた場合の残余の遺産の分割は、特定遺贈がされ残余の遺産について遺産分割がされる場合と状況が類似しているから、相続させる旨の遺言による特定物の承継についても、民法903条1項を類推適用して特別受益の持ち戻しと同様の処理をするのが相当である（諸問題68頁。広島高岡山支決平成17・4・11家月57巻10号66頁。）。

(5) 特別受益に関する問題点その3——持戻し免除の意思表示

(A) 持戻し免除の意思表示

共同相続人の中に特別受益が認められる者がいる場合、当該特別受益を持ち戻して相続分を計算することになるが（民903条1項・2項）、被相続人がこれと異なる意思表示（持戻し免除の意思表示）をしたときは、遺留分に関する規定に違反しない範囲内でその効力を有する（同条3項）。「遺留分に関する規定に違反しない範囲内で……」というのは、遺留分を侵害するような場合であっても当然に無効となるものではなく、他の相続人に遺留分減殺請求権を与えるにとどまると解するのが相当である（井上・前掲255頁。石村太郎「持戻し免除の意思表示」判タ688号55頁）。

(B) 持戻し免除の意思表示の方法

遺贈について持戻し免除の意思表示をする場合は、遺贈が遺言によってなされる以上、持戻し免除の意思表示も遺言による必要がある（石村・前掲55頁）。

他方、生前贈与について持戻し免除の意思表示をする場合は、特別の方式を必要としない。生前の行為であっても遺言によってでもよいし、明示であっても黙示の意思表示であってもよい（高松家丸亀支審昭和37・10・31家月15巻5号85頁）。その時期も贈与と同時である必要はない。

持戻し免除の意思表示がされたと認めると、その結果、特別受益を受けた相続人は、特別受益額相当分を多く取得することになる。したがって、黙示の持戻し免除の意思表示が認められるのは、当該相続人にそのような利益を取得させる合理的な事情が認められる場合ということができる。たとえば、精神的または身体的疾病・障害があるために稼働して独立した生計を営むことが困難な相続人に、将来の扶養の趣旨も含めて贈与等を行った場合、子がいなかったりあるいは子による扶養を期待できない配偶者に対して生命保険金を取得させたり居住用不動産を贈与したりした場合、被相続人が同居して扶養や介護を受けるために無償で土地を使用させ建物を建てさせた場合、寄与行為を行った相続人にその寄与行為に報いるために贈与がされた場合、同居して家業に従事してきた相続人にその家業を承継させるために家業に関連する財産を贈与した場合などが考えられる（諸問題265頁、井上・前掲254頁）。

(6) 特別受益に関する問題点その4――特別受益の評価と相続分の算定

(A) 特別受益の評価の基準時と評価の方法

特別受益として持ち戻すべきものが認められる場合、その評価の基準時は相続開始時とするのが通説・判例である（諸問題263頁、最一小判昭51・3・18民集30巻2号111頁）。相続開始時とするのが「……被相続人が相続開始の

時において有した財産の価額に……」という民法903条1項の文言や「……その目的である財産が滅失し、又はその価格の増減があったときであっても、相続開始の時においてなお……」という民法904条1項の文言に忠実であること、特別受益と並び法定（または指定）相続分の修正要素である寄与分について相続開始時の価額によることが規定されたことなどが理由である（諸問題268頁）。

したがって、贈与財産が、不動産、動産、株式等であれば、相続開始時の評価を確認することになる（評価について、当事者の合意を尊重すること、合意ができなければ鑑定等を行うこと等について、本章7で述べたとおりである）。

贈与財産が現金であった場合は、贈与時の金額を相続開始時の貨幣価値に換算した価額をもって評価すべきであり（前掲最一小判昭和51・3・18）、換算は消費者物価指数（総務省統計局編）を用いて行う。

(B) 相続分の算定

特別受益が認められる場合は、以下の計算式で、各当事者の具体的相続分を計算し、それをもとに具体的取得分額（各当事者が遺産全体から取得できる額。現実的取得分）を算定し、遺産分割を行うこととなる。

① みなし相続財産＝相続開始時の遺産の評価額の合計＋特別受益の額
② 本来の相続分（一応の相続分）
　　　　　　　　＝みなし相続財産×各当事者の指定（または法定）相続分
③ 具体的相続分
　・特別受益が認められる当事者　一応の相続分－特別受益の額
　・特別受益が認められない当事者　一応の相続分と同額
④ 具体的相続分率＝具体的相続分／その合計
　　　　　　　　＝具体的相続分／相続開始時の遺産の評価額の合計
⑤ 具体的取得分額（現実的取得分）
　　　　　　　　＝分割時の遺産の評価額合計×具体的相続分率

(7) 家庭裁判所における手続

　前記(2)のとおり、特別受益は、家庭裁判所における遺産分割手続（調停・審判）において主張され審理されるべきものであり、寄与分のように別途の申立てを必要としない。具体的には、調停手続または審判手続において、当事者である共同相続人から他の共同相続人について、特別受益に当たる遺贈または生前贈与がなされた旨主張され、受贈者とされた当該相続人がその事実と持ち戻すべきものである旨認め、特別受益の有無や額について合意ができる場合には、その合意を尊重してその後の調停・審判手続を進行させ、分割方法等を検討する。特別受益は、相続分を修正する事情であり、相続分は当事者の財産的権利であって当事者の自由処分に委ねられている事項であるためである。受贈者とされる相続人が贈与の事実を争う場合は、特別受益を主張する当事者がその主張を裏付ける資料を提出して、さらに審理・調整をすすめる。受贈者とされる相続人が贈与の事実は認めたものの持戻し免除の意思表示がされた旨主張する場合には、当該意思表示がされたことを裏付ける事情を主張しその裏付け資料を提出して、さらに審理・調整する。実務においては、特別受益の主張をする当事者がいる場合、調停段階で双方の主張や裏付け資料を提出した上で遺産分割について調停で解決できるかどうかを検討しており、調停が不成立で終わり審判に移行した後になって初めて特別受益の主張がされるということはほとんどない。

　　　　　　　　　　　　　　　　　　　　　　　　　　（間　史恵）

9 寄与分

(1) 総論

(A) 寄与分の意義

　寄与分は、共同相続人間の公平を図るため、遺産分割の審判によって認められるようになり実務に定着していった後、昭和55年に「民法及び家事審判法の一部を改正する法律」（昭和55年法律51号）により創設された制度である。

　共同相続人中に、被相続人の事業に関する労務の提供または財産上の給付、被相続人の療養看護その他の方法により、被相続人の財産の維持または増加について特別の寄与をした者があるときは、被相続人が相続開始の時において有した財産の価額から共同相続人の協議または審判により定められるその者の寄与分を控除したものを相続財産とみなし、民法900条から902条までの規定により算定した本来的相続分に寄与分を加えた額をもって、その者の具体的相続分として具体的取得額を算出する（民904条の2第1項）。寄与分は、特別受益と並んで、遺産分割に当たり、相続分を修正する要素であるといえる。

(B) 寄与分を主張できる者

　寄与分を主張できるのは、共同相続人である（民904条の2第1項）。

　推定相続人であっても、相続放棄をした者、相続欠格事由のある者および廃除された者は、寄与分を主張することができないし、推定相続人でない者も寄与分を主張することができない。たとえば、被相続人の内縁の配偶者は、

共同相続人でなく、遺産分割の当事者でないから、寄与分を主張することもできない。包括受遺者は、相続人と同一の権利義務を有するもので（民990条）、遺産分割の当事者ではあるが、本来の共同相続人ではないこと、包括遺贈は通常寄与行為等を評価したうえでされるものであることから、寄与分を主張することはできないと解されている（司法研修所編『遺産分割事件の処理をめぐる諸問題』（以下、「諸問題」という）267頁）。

しばしば問題となるのは、①代襲相続の場合の代襲相続人自身の寄与行為および被代襲者の寄与行為（(a)）、②再転相続の場合の第一次相続人の寄与行為（(b)）、③相続分譲渡がされた場合の譲渡人の寄与行為（(c)）、④共同相続人の親族（たとえば配偶者）が寄与行為といえるような行為を行っている場合（(d)）である。

(a) 代襲相続の場合

代襲相続人自身が寄与行為を行った場合、その時期が代襲原因の発生時の前か後かを問わず、寄与分を主張することができると解するのが通説である（諸問題267頁）。

被代襲者が寄与行為を行っていた場合、代襲相続人は、被代襲者の地位を承継するから、被代襲者の寄与行為を、自己の寄与分を構成する基礎事実として主張することができると解される（諸問題267頁）。

(b) 再転相続の場合

再転相続の第二次相続人は、第一次相続の遺産分割に当たり、第一次相続人の寄与行為を主張して、その相続分の修正を求めることができると解される（井上繁規『〔改訂版〕遺産分割の理論と実務』263頁）。

(c) 相続分譲渡の場合

相続分譲渡がされた場合、譲受人は譲渡人が遺産の上に有する持分割合をそのまま承継すると解されており、寄与分は相続分を修正する要素であるから、寄与分も相続分に随伴して当然に承継され、譲受人は譲渡人の寄与分を主張することができると解するのが通説である（石田敏明「寄与分を主張できる者の範囲」判タ688号56頁）。

(d) 共同相続人の親族が寄与行為といえるような行為を行っている場合

　実務では、たとえば、被相続人の子自身というよりもその妻のほうが実際の療養看護の担い手となっていた場合など、寄与行為の中でも療養看護についてしばしば問題となる。このような場合、妻は相続人ではないから、遺産分割において自ら寄与分を主張することはできないが、相続人である夫と寄与行為者である妻の関係や生活実態等から、妻は夫の履行補助者であり、妻の行為は共同相続人である夫の行為であると評価して、夫は妻の行為も含めて自らの寄与分を主張することができると解されている（東京高決平成元・12・28家月42巻8号45頁。上原裕之ほか編『リーガルプログレッシブシリーズ10・遺産分割〔改訂版〕』368頁。ただし、上記のように親族の行為を相続人の行為と同視することについて反対する見解もある）。

(2) 寄与分の要件

(A) 寄与分の要件と類型

　寄与分の成立要件は、①寄与行為の存在、②寄与行為が特別の寄与と評価できること、③被相続人の財産の維持または増加があること、④寄与行為と被相続人の財産の維持または増加との間に因果関係があることである（民904条の2第1項）。

(a) 寄与行為

(ア) 寄与行為の類型

　①の寄与行為について、その態様（類型）は、民法904条の2第1項に基づき、ⓐ被相続人の事業（典型例は農業や商工業）に関する労務の提供（家業従事型）、ⓑ財産上の給付（金銭等出資型）、ⓒ被相続人の療養看護（療養看護型）、その他が挙げられる。

　金銭等出資型の寄与分は、被相続人の事業に関する給付でなくとも、たとえば被相続人の不動産の購入資金の援助のように被相続人に対し財産上の利益を給付する場合にも認められる。なお、療養看護への貢献としては、当該

相続人（またはその親族）が療養看護を行い、被相続人が看護を受けるための支出を免れるなどにより被相続人の財産の維持に貢献する場合と、第三者に療養看護をさせて相続人がその費用を負担する場合とがあるが、後者は金銭等出資型または扶養型の一態様と考えられるので、以下本稿で療養看護型という場合には、前者を指す。

その他の寄与行為としてしばしば問題になるのは、ⓓ被相続人が要扶養状態にあるときに引き取って扶養したり、扶養料を負担したりしたこと（扶養型）、ⓔたとえば賃貸不動産の管理等、被相続人の財産を管理し、被相続人が管理費用の支出を免れるなどにより被相続人の財産の維持に貢献したこと（財産管理型）である。財産管理の態様として、被相続人が所有する不動産の火災保険料や公租公課等を負担することも挙げられるが、これはむしろ金銭等出資型として考えるべきであろう（諸問題293頁）。

　(ｲ)　寄与行為の時期

寄与分は、上記のとおり相続開始時を基準として算定し相続分を修正するものであるから、寄与行為は相続開始前に行われたものに限られる（石田敏明「寄与の態様、・範囲・時期」判タ688号58頁、東京高決昭和57・3・16家月35巻7号55頁）。相続開始前であれば特段時期の制約はないが、寄与行為のされた時点から相続開始まで長期間経過していたような場合は、寄与行為の立証自体が困難であったり、寄与行為と被相続人の財産の維持増加との間の因果関係が認めにくくなったりするであろう。

　(b)　その他の要件

寄与分が認められるためには、②当該寄与行為が被相続人と相続人との間の身分関係に基づいて通常期待されるような程度を超えるものであることが必要である。通常期待されるような程度の行為であれば、相続分自体において評価されているとみることができ、これに基づいて相続分を修正する必要はないからである（諸問題282頁）。相続人が被相続人の配偶者であれば、夫婦間の同居、協力、扶助義務（民752条）や婚姻費用分担義務（民760条）があり、相続人が被相続人の直系血族および兄弟姉妹ならば互いに扶養する義

務（民877条1項）が、直系血族および同居の親族であれば互助義務（民730条）があるから、これらの義務の範囲内と評価される行為は特別の寄与に該当しない。

　そして、寄与分は、被相続人の財産の維持または増加についての特別の寄与を相続分を修正する要素として考慮するものであるから、③被相続人の財産の維持または増加があること、④寄与行為と被相続人の財産の維持または増加との間に因果関係があることが必要である。したがって、被相続人の話し相手をするなどして被相続人の精神的な支えになっていたとしても、被相続人の財産の維持または増加には貢献していないから、寄与分は認められない。

　以下、上記の態様（類型）別に、②から④の要件についてさらに述べる。

(B)　**家業従事型**

　家業従事が特別の寄与に該当するというためには、無償または正当な報酬なくして行ったこと（無償性）、相当な長期間にわたり継続的に行ったこと（継続性）、当該家業に専従的に従事したこと（専従性）が重要な判断要素となり（諸問題280頁、井上・前掲269頁）、被相続人と当該行為者との関係、労務を提供するに到った事情、他の相続人の労務提供状況等の諸事情も考慮しつつ検討することになる（片岡武＝管野眞一著『家庭裁判所における遺産分割・遺留分の実務〔新版〕』298頁）。

　相続人が被相続人の家業に従事している場合、被相続人が相続人の生活費を負担していたり、小遣いや給与等の名目でなにかしらの給付を行ったりしていることが多く、完全に無償であることはまれである。ここでいう無償性は、被相続人が当該行為を第三者に行わせたときに支払われる第三者に対する給付と相続人に対する給付とを比較し、差がないときには無償性がなく、差がある（前者よりも後者が少ない）ときには無償性があると評価し、その差額分を寄与分算定の基準とすることになる（諸問題281頁）。

　次に、継続性にいう相当な長期間がどの程度の期間か、一般的にいうのは困難であるが、これまで家業従事型の寄与分が認められた審判例等をみると、

おおむね3、4年程度を要すると考えられる（諸問題282頁）。また、専従性については、専念や専業であることまでを要するものではなく、他の業務に従事していることにより直ちに専従性を否定されるものではないが、家業従事の労務内容が、片手間ではなく、かなりの負担を要するものであることを要する。たとえば、他の職業に従事している相続人が休日や休暇に農作業を手伝い、それが何年間も繰り返されたとしても、継続性や専従性を欠き、寄与分を認めることはできない。

以上を検討し、特別の寄与と認められる場合は、通常、相続人の家業従事と被相続人の財産の維持との間に因果関係を認めることができよう（諸問題283頁）。

なお、実務では、被相続人が個人事業者でなく同族会社の経営者である場合、相続人が当該会社の役員または従業員としてした行為について寄与分を主張されることがあるが、そのような場合、当該行為により被相続人とは法人格を異にする会社に対して貢献しているものであるうえ、通常、報酬または給与を会社から受領するなどしているから、寄与分は認め難いであろう。

(C) **金銭等出資型**

金銭等の出資が特別の寄与に該当するというためには、給付の実態（出資した財産の種類、給付の内容、給付に到る事情等）のほか、無償でしたこと（無償性）、金銭等出資の効果が相続開始時に残存していることが重要な判断要素となるといわれているが、出資の効果の残存については、寄与行為と被相続人の財産の維持増加との因果関係の問題といえる。（諸問題286頁、井上・前掲269頁、片岡＝管野・前掲305頁）。

給付の実態については、たとえば、子が親に対し、賞与時などに小遣いを渡したような場合は特別の寄与とは認められないが、子が親の不動産の購入資金を贈与したような場合には、特別の寄与と認められることが多いであろう。

無償性が問題になるのは、出資が有償である場合には、被相続人と相続人との法律関係は、当該有償契約の内容によって定められるから、原則として

寄与分の問題は生じないためである（諸問題286頁）。

　出資と被相続人の財産の維持増加との因果関係について、たとえば、被相続人が自宅建物を建築した際にその建築費用の一部を相続人が出資したというような場合、当該出資額そのものをもって寄与分の額とみるのではなく、当該建物の相続開始時の評価額に出資額が建築費に占める割合を乗じたものをもって寄与分の額とみるのが相当である（諸問題288頁）。

(D) **療養看護型**

　療養看護が特別の寄与に該当するというためには、被相続人と相続人との関係、当該看護行為の態様のほか、療養看護の必要性があること、無償性、継続性、専従性が重要な判断要素となる（諸問題289頁、井上・前掲270頁）。

　当該行為の態様については、たとえば、通院に付き添ったとか、入院中に面会に行って食事の介助をしたり着替えの洗濯をしたりした、というようなものであれば（いずれも実務でしばしば主張される）、特別の寄与とは認め難い。

　療養看護の必要性とは、被相続人が療養看護を必要とする状態であったことおよび近親者による療養看護が必要であったことの両方を満たす必要がある。前者については、被相続人が要介護認定を受けていた場合には、それが重要な資料となる。通常、要介護1程度の状態（自力歩行が可能で、入浴や排せつなど生活の一部について部分的な介護を要する状態）であれば、特別な寄与に当たるほどの介護が必要とは考え難く、要介護2以上の状態にあることがひとつの目安になる（片岡＝管野・前掲311頁）。要介護認定を受けていなかった場合、診断書、カルテその他の資料から確認できる被相続人の状態をもとに検討する。後者については、たとえば、被相続人の病状が重篤であったとしても、完全看護の病院に入院していた場合は、療養看護の必要性が認められない。

　無償性が必要であることは、前述の療養看護型の考え方（療養看護を行い、被相続人が看護を受けるための支出を免れるなどにより被相続人の財産の維持に貢献したとみる）から明らかである。無償性について、実務ではしばしば相

続人が被相続人と同居していることがあり、その点をどのように評価するかが問題となる。同居の経緯（被相続人が要介護状態になったためにその要望で同居したかなど）、同居した際の生活費の負担等の諸事項を考慮して検討することとなり、同居したことによる相続人の利益が大きい場合には寄与分を否定することもあり得るが、さほど大きくない場合には、寄与分を肯定しつつ、裁量割合において考慮することとなろう。

継続性について、どの程度の期間が必要か一概にはいえないが、実務上は1年以上継続している場合に寄与分を認めることが多い。

専従性について、専業や専念をいうものではないが、かなりの負担を要することは、家業従事型において述べたのと同様である。

(E) **扶養型**

扶養が特別の寄与に該当するというためには、扶養の必要性、扶養義務の有無および分担義務の限度、相続人の受けた利益が重要な判断要素となる（諸問題290頁、片岡＝管野・前掲330頁）。

扶養を要しない状態にある被相続人を引き取って面倒をみたり、わずかな金銭を送金したりしたとしても、寄与分を認めることはできない。

法律上扶養義務がある者がその範囲内で被相続人を扶養した場合、特別の寄与があるとはいえない。期間については一概にいえないが、わずかな期間生活費を援助した程度では、特別な寄与があるとは言い難い。

無償性の意味は前述の各類型に述べたところと同様である（片岡＝管野・前掲331頁）。金銭による報酬等を受け取っていなくても、たとえば、相続人が被相続人所有の建物に無償で同居し、被相続人を扶養している場合、相続人が受けている家賃相当額の利益を考慮すると、特別の寄与が否定されることも少なくない（諸問題292頁）。

(F) **財産管理型**

財産管理が特別の寄与に該当するというためには、当該管理行為の内容のほか、財産管理の必要性、無償性、継続性が重要な判断要素となる（片岡＝管野・前掲339頁）。たとえば、季節毎に被相続人の所有する不動産の草刈り

をしたという程度では、特別な寄与とは認め難い。また、被相続人の所有する貸しアパートの管理について、管理会社と契約しているにもかかわらず、ときどき共用部分を清掃したという程度では、当該行為の内容や管理の必要性からみて、特別な寄与とは認め難い。

　無償性について、金銭による報酬を受け取っていなくても、たとえば、被相続人の貸しアパートの一室に無償で居住し、当該アパートの管理を行っている場合、相続人が受けている家賃相当額の利益を考慮すると、特別な寄与が否定されることも少なくない。

(3)　寄与分の算定方法（類型別の具体的算定例）

　寄与分の算定には、主に遺産の内に占める割合をもって定める方法と寄与に相当する価格をもって定める方法があるが、実務においては、算定基準の明確化・客観化の観点から、具体的な計算式で算出することが多い。そのために寄与行為の類型ごとに考慮されるべき基本的な要素を数値化した上、加減乗除するといった演算手法を基本としており、さらに類型ごとの成立要件等から照らした付随する要素を考慮して、これを「裁量割合」として総合的に勘案した算定方式を適用している。ただし、こうした算定方式を用いた場合、遺産総額と対比して多額になることもあるため、実務上は、遺産総額の一定割合を上限にするなど、妥当な裁量をもって額を定めている（たとえば、一方相続人の「遺留分」を侵害しない程度まで抑制する）。

(A)　家業従事型

　家業従事型の一般的な算定方式は、下記のとおりである。

> 寄与相続人が通常得られたであろう給付額×生活費控除割合×寄与期間×（裁量割合）

　「寄与相続人が通常得られたであろう給付額」とは、相続開始時点で、寄与相続人が提供した労務に対して得ることができたであろう標準的な報酬額

（賃金）をいうが、この「標準的な報酬額」は、実務上は、賃金センサスなどの統計的資料を参考にし、同職種同規模の事業に従事する同年齢層の給与額を基準にすることが多い。

　また、「生活費控除割合」とは、無給に近い状態で労務を提供していた寄与相続人が被相続人と生活を共にするなどして、被相続人から実質的に生活費の支援を受けていた場合、その生活費相当額を控除する割合のことである。生活費として実費が判明していれば、その額を控除するが、実務上、実費が明らかになることは稀であるため、通常は、一切の事情を考慮して判断される。寄与相続人が被相続人から受けていた援助の内容・程度により控除の割合は変わってくる。実務上は0.5としていることが多い。なお、事案によっては、一切の事情をも含めて考慮し、さらに「裁量割合」を乗じて算定することもある。

　この場合、裁量割合の指標となるものは、寄与分を否定するほどではないが、被相続人から何らかの利益を受けていた場合、他の相続人も家業を手伝っていた場合、統計的資料に基づいて算定した給付額が実際の経営規模で得る給与より過大（または過小）になってしまう場合などが考えられる（過小の場合は、加算される）。

　実務では裁量割合として0.8から1.2を乗じているが、生活費控除割合を0.5とした場合、それに0.0から0.1を加減して簡便に算定することもある。

【事例1】
　賃金センサスなどの統計資料から、寄与相続人の得るべきであった給付額が月額30万円で、寄与期間が5年、生活費控除割合を0.5、裁量割合を0.8とした場合　30万円×(0.5)×60か月×0.8＝<u>720万円</u>
　※　なお、算出された金額がそのまま寄与分として認められるのではなく、遺産総額、家業収益など、一切の事情を考慮して定められる。

(B) **財産給付（金銭等出資）型**

　財産給付（金銭等出資）型寄与分の場合、その評価の方法は、給付された財産の相続開始時の価格を寄与分算定の基準として、それに裁量割合を乗じて計算するのが一般的な方法である。出資した財産の全額が寄与分として認められるとは限らず、出資した財産の種類および価格、出資した事情および意図、出資時からの期間などの一切の事情を「裁量割合」として事案ごとに考慮し、算定している。実務上、裁量割合は、0.5から0.8にしていることが多い。算定方式は、財産の給付の内容によって下記のとおりである。

① 動産または不動産の贈与の場合

> 相続開始時の評価額×裁量割合

② 不動産使用貸借の場合

> 相続開始時の賃料相当額×使用期間×裁量割合

③ 金銭の贈与の場合

> 贈与金額×貨幣価値変動率×裁量割合

④ 金銭融資の場合

> 利息相当額×裁量割合

(C) **療養看護型**

療養看護型寄与分の算定方式は、下記のとおりである。

> 療養看護行為の報酬相当額×看護日数×裁量割合

　療養看護型寄与分は、被相続人が特別な看護を必要とする状態であったかどうかが重要なポイントとなる。実務上は、介護保険における「要介護2」以上の状態であることを目安にしているため、「療養看護行為の報酬相当額」については、介護保険制度の「介護報酬基準額」に基づく「療養看護報酬額

（日当）¹」を用いることが多い。「看護日数」に関しては、「要介護2」の介護の状態となった時点を寄与行為認定の始点とし、そこから「要介護2」以上の状態である期間を「看護日数」としている。ただし、在宅介護の場合のみ認めているので、この期間中に病院や老人介護施設等に入院もしくは施設入所していた期間は、「看護日数」から控除する。また、「裁量割合」とは、被相続人と寄与相続人との身分関係（特に寄与相続人が被相続人の配偶者の場合、検討を要する）、被相続人の「居住の利益」（被相続人名義の家に寄与相続人が無償で居住するなど、実質的な利益の有無）など、それら一切の要素を考慮した調整の割合のことであり、実務上は、0.7を基準として0.5から0.8の間で調整している。

【事例2】
　被相続人は、自宅で寄与相続人と同居していたが、平成20年4月1日に要支援2と認定され、さらに平成21年4月1日に要介護2と認定され、寄与相続人の介護を受けていた。平成23年12月1日から平成24年2月28日まで総合病院に入院し、退院後に自宅で療養生活していたが、平成24年4月1日に要介護4と認定され、その後突然病状が悪化したため、平成24年9月1日に再度入院し、そのまま同年9月30日に死亡して相続が開始した。寄与相続人は、平成20年4月1日から平成24年9月30日までの期間につき療養看護の寄与分を主張した。
〈算定〉

1　「介護報酬基準額」に基づく「療養看護報酬額（日当）」の試算表（平成24年4月現在）

介護種別	「療養看護報酬額（日当）」
要介護2	5,840円
要介護3	5,840円
要介護4	6,670円
要介護5	7,500円

　訪問介護の場合における介護報酬基準額に基づき、介護報酬単価表と要介護基準時間表を用いて、要介護ごとに療養看護報酬日額を試算したもの。

第3章　遺産分割

> 　療養看護行為の報酬相当額は、「介護報酬基準額」に基づく「療養看護報酬額（日当）」を用い、裁量割合を0.7として算定した場合
> 　寄与分主張期間：平成20年4月1日から平成24年9月30日（1644日）
> 　要介護2の期間：平成21年4月1日から平成24年3月31日（1096日）①
> 　要介護4の期間：平成24年4月1日から平成24年9月30日（183日）②
> 　入院中の期間　：平成23年12月1日から平成24年2月28日（90日）③
> 　　　　　　　　　平成24年9月1日から平成24年9月30日（30日）④
> 　　　　①－③＝1006日　　②－④＝153日
> 　要介護2の報酬相当額5840円、要介護4の報酬相当額6670円
> 　（5840円×1006日＋6670円×153日）×0.7（裁量割合）＝<u>482万6885円</u>
> ※　算定された金額がそのまま寄与分額として認められるのでなく、遺産の総額等一切の事情を考慮して定められる。

(D)　扶養型

扶養型寄与分の算定方式は、下記のとおりである。

> 「扶養のために負担した額」×「要扶養状態の期間」×「裁量割合」

「扶養のために負担した額」とは、被相続人が生活を維持するために負担した金額のことである。寄与相続人が実際に負担した金額であるが、被相続人と同居していた場合などは、家計が同一であることが多く、実際に被相続人のために負担していた額を峻別することは難しい。そのため、実務上は、厚生労働大臣が定める「生活保護基準」や総務省統計局による「家計調査」を参考として負担額を定める。

　扶養型寄与分は、被相続人の「扶養の必要性」が重要なポイントになるため、被相続人の要扶養状態（身体的にも経済的にも扶養の必要がある状態）になった時点が寄与行為認定の始点となる。そこから要扶養状態であった期間を定める。

　さらに、寄与相続人が扶養義務を有していた場合や「居住の利益」を得て

いた場合など、一切の事情を「裁量割合」として調整する。実務上は、「裁量割合」を0.5から0.7の割合として用いていることが多い。

なお、「裁量割合」の代わりに、単純に「1－寄与分主張者の法定相続分割合」として算定することもある。

【事例３】

　被相続人夫婦は、平成20年４月から年金生活に入ったが蓄えもなく、年金も月平均４万円と少額で、生活に困窮しはじめたことから、同居していた寄与相続人が被相続人の生活費を４年間にわたり負担した。寄与相続人には、他に弟と妹がいるが、すでに家を出ており、生活費を負担したのは寄与相続人のみであった。

〈算定〉

　総理府統計局による「家計調査」の統計資料から寄与相続人の負担額を月10万円、「裁量割合」を0.5とした場合

　　10万円×48か月×0.5＝<u>240万円</u>

　※　算定された金額がそのまま寄与分額として認められるのでなく、遺産の総額等一切の事情を考慮して定められる。

(E) **財産管理型**

財産管理型の一般的な算定方式は、下記のとおりである。

> 「相当と認められる財産管理費用」×「期間」×「裁量割合」

「相当と認められる財産管理費用」とは、管理を第三者に委託する際に要する費用や寄与主張者が現実に金銭を出資し、負担した費用（建物の火災保険、修繕費、不動産の公租公課など）をいう。

管理を第三者に委託する際に要する費用は、その管理内容によって用いる基準額が異なってくる。

① 建物修理費であれば、リフォーム業者の標準工事費用など

② 庭木や雑草の手入れなどは、シルバー人材派遣センター等の基本料金など

③ 賃貸不動産の総合的管理については、不動産管理会社の請負料（基本として賃料の5％から10％程度が一般的）

これらは、専門家である第三者の基準額であり、これがそのまま寄与分額になるわけではない。さらに、被相続人との身分関係、「居住の利益」、被相続人から実質的に生活費の支援を受けていた場合など、一切の事情を「裁量割合」として考慮して算定する。実務上は、0.5から0.7の割合を用いている。

なお、寄与相続人が被相続人の不動産の一部を無償利用している場合、その経緯を勘案し、「使用利益」（賃料相当分）を控除するかどうかを検討する必要がある。

(4) 寄与分と特別受益、遺留分との関係

(A) 寄与分と特別受益

(a) 寄与分と特別受益の相違点

寄与分も特別受益も、相続開始時を基準とし、法定（または指定）相続分を修正し、共同相続人間の公平を図るという目的は同じである。

しかし、特別受益は、対象が遺贈や特定の贈与に限定され、それを持戻し計算することで公平を図るのに対し、寄与分は、寄与行為者に寄与分を加えることで公平を図るものである。また、特別受益の持戻しは、共同相続人間の公平を図るとともに、遺産の前渡し的なものについて持戻し計算をすることが被相続人の意思にも合致するという推測によるものであるから、被相続人がこれと異なる意思表示（持戻し免除の意思表示）をしたと認められるときは、その意思に従い、持戻し計算をしない。他方、寄与分は、被相続人が生前または遺言で、共同相続人の1人について、寄与分を認める旨、あるいは寄与分を与えない旨の意思表示をしたとしても効力はなく（相続人を拘束せず）、寄与分を定めるにあたっての一切の事情の1つとして斟酌されるに

すぎない。

　手続についてみると、特別受益は、遺産分割手続の中でその有無、額等が判断されるのに対し、寄与分は、遺産分割申立てとは別に寄与分を定める処分申立てがされ、これに対する調停または審判の中で決定される（ただし、実情としては後記のとおり調停であれば、申立てがなくとも寄与分の主張を踏まえて調整を行っている）。

(b)　寄与分と特別受益の適用関係

　寄与分について規定する民法904条の2第3項は、寄与分は、被相続人が相続開始の時において有した財産の価額から遺贈の価額を控除した残額を超えることができないと定めているから、遺贈は寄与分に優先する。すなわち、遺贈の額が大きいほど寄与分の認められる額は小さくなる。

　寄与分と特別受益とがある場合、具体的相続分の算定にあたっては、特別受益と寄与分両者を同時に適用して具体的相続分を算定することが相当と解されている（井上・前掲274頁）。もっとも、たとえば、寄与行為者が特別受益に該当するような贈与を受けていた場合、贈与の目的物、価額、経緯、寄与行為の内容等にもよるが、寄与行為に対する感謝の表れとして贈与したとして黙示の持戻し免除の意思表示がなされたものと推認し、他方、寄与行為についてはその相当な対価を受けていたとみて寄与分を認めないか、対価として相当といえない程度であれば寄与分は認めるとしても相当程度減額することになろう。

(B)　遺留分と寄与分

　遺留分と寄与分とでは目的も算定の仕方も全く異なる。すなわち、遺留分は、被相続人の財産処分の自由を制限して、一定の遺産を相続人に取得させるものであるのに対し、寄与分は、前記のとおり、共同相続人間の公平を図るものである。遺留分は、相続開始時の財産に贈与財産の価額を加え、相続債務を控除したものをもとに算定され、割合が法で定められているが、寄与分は相続債務とは無関係であり、割合も法定されていない。また、寄与分は遺留分減殺の対象とされていないから、共同相続人の一部に多額の寄与分が

認められ、その結果他の相続人の取得額が遺留分額に達しないこととなったとしても、寄与分を減殺することはできないと解される（すなわち、遺留分を侵害する結果となる寄与分の決定は許される。もっとも、相続人間の実質的公平を図るという寄与分の目的からみて、遺留分を侵害するような寄与分の決定は妥当とは言い難く、実際には、遺留分を侵害しない範囲で寄与分を認めていることが多いと思われる）。

さらに、手続についてみると、遺留分減殺請求は、調停は家庭裁判所において行われるものの、本来民事事項であって、民事訴訟手続において行使される権利であるし、行使できる期間も制限されている（民1042条）。他方、寄与分は、遺産分割を行う前提として相続分を算定するためのものであり、家庭裁判所の調停・審判手続において決定されるものであり、遺産分割が終了するまでの間は原則としていつでも申し立てることができる。

以上のような違いから、遺留分減殺請求訴訟において、抗弁として寄与分を主張することは許されないし（東京高判平成3・7・30家月43巻10号29頁）、遺留分権利者が遺留分減殺請求事件において寄与分を主張して、遺留分（被相続人が相続開始の時に有していた財産の価額に贈与財産の価額を加えた額から債務の全額を控除したものの2分の1）を超える財産の取戻しを求めることは許されない。また、遺留分減殺請求により取り戻された財産の分割手続は、遺産分割ではなく共有物分割手続によるべきであるから（最二小判平成8・1・26民集50巻1号132頁）、取り戻された財産に対して寄与分の主張は許されない。

(5) 家庭裁判所における手続

(A) 寄与分を定める手続

寄与分の存否およびその額を定める方法としては、①共同相続人間の協議、②調停、③審判の3つの方法がある。そのうち、①の共同相続人間の協議による方法が原則であり（民904条の2第2項）、それが調わないときまたは協

議をすることができないときに、家庭裁判所の調停または審判の申立てをすることができる。なお、寄与分にかかる民法904条の2は、昭和56年1月1日以降に発生した相続について適用され、同条の適用のある相続について、審判では、寄与分を定める審判の申立てがなければ寄与分を考慮した審判をすることができないが、それ以前に相続が開始した事案については、遺産分割調停・審判の中で協議し、判断を求めることとなる。

寄与分を定める処分の申立ては、遺産分割の審判または調停が係属している場合（民907条2項）、および被認知者が価額請求をする場合（民910条）に限り、することができる（民904条の2第4項）。したがって、遺産分割の終了に到るまでの間、寄与分を定める処分の申立てをすることができるが、遺産分割の終了後は申立てをすることはできないし、遺産分割の審判申立てがされていない場合、寄与分を定める処分の審判申立てをしても不適法として却下される。

遺産分割申立てと寄与分を定める処分申立てがあったときは、併合して審理しなければならない（家事手続192条・245条3項）。遺産分割事件の審理の遅延を防止するため、家庭裁判所は、遺産分割の審判手続において、1か月を下らない範囲内の期間を定めて、寄与分を定める処分事件の審判申立てをすべき旨を命じることができ（同法193条1項）、この期間経過後にされた寄与分を定める処分の審判申立てを却下することができる（同法193条2項）。また、この期間を定めなかった場合でも、時機に後れて寄与分を定める処分の申立てをしたことにつき、申立人の責めに帰すべき事由があり、かつ、当該寄与分を定める処分の審判の手続を併合することにより遺産分割審判の手続を著しく遅滞させることとなるときは、家庭裁判所は寄与分を定める審判の申立てを却下することができる（同法193条3項）。

寄与分を定める処分の審判に対しては相続人が（家事手続198条1項4号）、寄与分を定める審判の申立てが却下された場合は申立人が（同項5号）、即時抗告をすることができる。遺産分割の審判と寄与分を定める処分の審判が併合されているとき、寄与分を定める処分の審判またはその申立てを却下す

る審判に対して即時抗告をするときには、遺産分割の審判に対する即時抗告と併せてしなければならず（同条2項）、申立人の1人がした即時抗告は申立人の全員に対してその効力を生ずる（同条3項）。

なお、実務では、調停段階では、寄与分を定める処分申立てをしていなくても、寄与分についての主張があれば、その主張を取り上げて調整等を行っている。寄与分について主張がなされた場合、当事者全員で、寄与分の額や割合について合意ができた場合には、その合意を尊重してその後の手続を進行させている。寄与分は、各相続人が遺産全体から取得できる割合である相続分を修正する要素であって、前記のとおりまずは相続人全員の協議により定めるものであることによる。

(B) **具体的相続分の算定方法**

寄与分が認められる場合は、以下の計算式で、各当事者の具体的相続分を計算し、それをもとに具体的取得分額（各当事者が遺産全体から取得できる額。現実的取得分）を算定し、遺産分割を行うこととなる。

① みなし相続財産＝相続開始時の遺産の評価額の合計－寄与分の額
② 本来の相続分（一応の相続分）
　　　　　　　＝みなし相続財産×各当事者の指定（または法定）相続分
③ 具体的相続分
　・寄与分が認められる当事者　一応の相続分＋寄与分の額
　・寄与分が認められない当事者　一応の相続分と同額
④ 具体的相続分率＝具体的相続分／その合計
　　　　　　　　＝具体的相続分／相続開始時の遺産の評価額の合計
⑤ 具体的取得分額（現実的取得分）
　　　　　　　＝分割時の遺産の評価額合計×具体的相続分率

((1)(2)(4)(5)　間　史恵、(3)　米丸隆一)

10 遺産分割の方法

(1) 総　説

　遺産の範囲とその評価が確定し、特別受益や寄与分を考慮した具体的相続分が確定すれば、遺産総額に基づいて各相続人の具体的取得分額を算出し、これを基に民法906条所定の基準に従って遺産の分割方法を定める。

　具体的な分割方法としては、現物分割、代償分割、換価分割および共有分割がある。原則的な分割方法は現物分割である（最判昭和30・5・31民集9巻6号793頁、民258条2項）が、特別の事情があると認めるときは代償分割が行われ（家事手続195条）、現物分割や代償分割がいずれも相当でないときに換価分割が行われ、例外的な場合にのみ共有分割が許される。これらの分割方法のうちいずれを選択するかは、家庭裁判所の裁量に委ねられているが、まずは当事者の取得希望を聴取し、できる限りこれを尊重するのが相当である。もっとも、当事者の取得希望が競合し、具体的な分割方法に意見の対立がある場合には、家庭裁判所は、遺産に属する物または権利の種類および性質、各相続人の年齢、職業、心身の状態および生活の状況その他一切の事情を考慮して、具体的な分割方法を定めることになる（民906条）。

(2) 現物分割

(A) 意　義

現物分割とは、遺産に属する物または権利を換価せずに現状のままの状態で共同相続人に取得させる方法である。①個々の物または権利を2つ以上の部分に細分化し、その各部分を相続人に取得させる場合と、②個々の物または権利を細分化することなく、そのまま各相続人に取得させる場合とがある。

(B)　一筆の土地の現物分割

　一筆の土地を分筆して相続人に取得させる審判をするには、当該土地の測量を実施して、分筆登記が可能な地積測量図（不登令別表8、不登規78条）を作成し、これを審判書に添付して、分筆後の各土地を特定する必要がある。当事者の協力が得られず、地積測量図を作成できない場合には、家庭裁判所は、当事者に費用を予納させて、土地家屋調査士による測量鑑定を実施することを検討する。この場合、分筆の前後を通じて、土地の単価が異なることもあるので、分筆後の各土地につき、不動産鑑定士による評価鑑定を実施することも検討する。

(C)　一棟の建物の現物分割

　一棟の建物に構造上区分された数個の部分で、独立した住居、店舗等としての用途に供することができるものがあるときは、それぞれの部分を所有権の目的とし、区分建物の登記をすることができる（建物区分1条、不登2条22号・54条1項2号）。共有部分は、区分所有者の共有となり、その持分割合は、専有部分の床面積の割合による（建物区分14条）。敷地利用権の割合も同様である（同法22条2項）。

　一棟の建物を、その構造および機能から、一定の区画に応じて独立した区分建物として構成できる場合には、それぞれの区画（専有部分）を各相続人に取得させることができる。また、当該建物を敷地と共に分割する場合には、各相続人が取得する専有部分の床面積を確認し、その割合に応じた敷地利用権である共有持分をも併せて取得させる必要がある。

　他方、区分建物として構成できない建物は、現物分割をすることはできないので、別の分割方法を検討すべきである。

(D)　借地権の分割

遺産である借地権（建物の所有を目的とする土地賃借権）を共同相続人の1人に単独で取得させる場合には、賃貸人である地主の承諾（民612条1項）を得なくとも、当該賃貸人は、無断譲渡を理由とする解除ができないので（最判昭和29・10・7民集8巻10号1816頁）、特段問題は生じない。

　しかし、遺産である借地権を区分して、複数の相続人にそれぞれ各別の借地権を取得させる場合には、地主の承諾を必要とする。地主の意向と関係なく借地権を細分化できるとすれば、賃借人側の事情でその権利内容が変更されてしまい、賃貸人である地主にとって不利益が大きいからである。この場合には、審判の手続に地主を参加させ、その承諾があるときに限って、その旨の分割審判をすることができる。

　他方、地主の承諾がない場合には、複数の相続人にそれぞれ各別の借地権を取得させることはできないが、借地権を準共有取得させることはできる。この場合、準共有取得した相続人は、地主との関係で共同賃借人となり、各自、不可分債務としての賃料債務を負担することになる。そして、共同賃借人となった相続人間で、各自が使用する土地の区分を定めれば、当該借地権の対象となる土地を希望どおりに使用することができる。もっとも、相続人間に感情的な対立があり、土地の使用区分の合意ができないときは、借地権の準共有を認めるべきではない。仮に、審判で、土地の使用区分が定められたとしても、これに不満のある相続人は、いつでも共有物分割を請求して借地権の準共有状態を解消しようとするはずであり、これでは紛争の抜本的な解決にはならないからである。

(E)　**用益権の設定**

　遺産である建物とその敷地について、これらの所有権をそれぞれ別の相続人に取得させたうえ、当該建物の取得者のために、賃借権や使用借権等の用益権を設定することができるか。

　調停では、当事者の合意に基づく限り有効である。審判でも、家庭裁判所による裁量の範囲内の事項として許容されている。この場合には、設定する用益権の種類、期間、対価の有無等を具体的に定めることになる。

もっとも、建物取得者のために用益権を設定する場合には、これにより制限を受ける土地の取得者には不満が残り、また、当事者間の感情的対立が激しい場合には、継続的な利用関係を設定すること自体が相当でないこともあるので、実際には、審判で用益権を設定する事例は少ない。

(3) 代償分割

(A) 意　義

　代償分割とは、共同相続人の1人または数人に遺産の全部または一部を現物で取得させ、代わりに、その相続人に、他の共同相続人に対する債務を負担させる方法である。家庭裁判所は、「特別の事情」があると認めるときは、現物分割に代えて代償分割を行うことができる（家事手続195条）。
　代償分割は、遺産を現物で取得する相続人に、他の相続人に対する代償金支払債務を負担させるのが通常である。もちろん、調停では、当事者の合意がある限り、代償金の支払いに代えて、相続人固有の財産（遺産外の不動産など）を譲渡する代物弁済を成立させることはできる。しかし、遺産取得の代償として、遺産外である相続人固有の財産を提供する債務を負担させ、その所有権移転を命ずる旨の審判をすることは、遺産分割本来の趣旨を逸脱しているといえるので、消極に解する。

(B) 要件（「特別の事情」）

　代償分割は、現物分割が不可能か、または相当でない場合等に、現物分割に代えて行うといわれるが、実際には、調停であれ、審判であれ、現物分割と併用して行われる。
　すなわち、共同相続人には、各自の具体的取得分額に応じて、遺産を現物で取得させるのが望ましい（現物分割の原則）が、遺産に属する物または権利の価格は同一ではなく、遺産の種類や数量が少ないこともあるので、現物分割のみですべての相続人に具体的取得分額に相当する遺産を取得させるのは困難である。また、遺産を現物にて取得することを希望する相続人もいれ

ば、金銭での取得を希望する相続人もいる。そうすると、①現物分割により共同相続人全員が取得する遺産の価格が、各々の具体的取得分額に照らし過不足がある場合には、具体的取得分額を超える遺産を取得する相続人に、具体的取得分額に満たない遺産を取得する相続人に対する超過分の代償金支払債務を負担させることにより（一部代償分割との併用）、また、②共同相続人の1人または数人に遺産の全部を現物で取得させる場合には、遺産を取得する相続人に、遺産を取得しない他の相続人に対する超過分の代償金支払債務を負担させることにより（全部代償分割との併用）、分割方法を定めるのが通常である。

　そして、上記①・②いずれの場合においても、遺産の価格が適正に評価され、代償金の額が適正に算定されることを前提に、具体的取得分額を超える遺産を取得する相続人には、代償金の支払能力のあることが必要になる（最決平成12・9・7家月54巻6号66頁）。審判では、代償金の支払能力を証明する資料を提出させ、そのための審理を尽くすべきであり、具体的には、金融機関の融資証明書、預金の残高証明書、預金通帳の写しを提出させている。所有不動産を売却して資金を調達するときは、買主の買付証明書を提出させることもある。

(C) **代償金額の算定**

(a) **遺産債務の負担額の控除**

　遺産である不動産の取得を希望する相続人が、その不動産を取得するために被相続人が負担した住宅ローン債務を単独で負担することを条件に、その負担額を当該不動産の評価額から控除して、代償分割を行うことができるか。

　被相続人の債務は、相続開始と同時に、法律上当然分割され、各共同相続人がその相続分に応じてこれを承継しており（最判昭和34・6・19民集13巻6号757頁）、審判では、遺産分割の対象とはならないから、これを特定の相続人に負担させることはできない。仮にそのような定めがされたとしても、債権者に対抗できないので、当該相続人がその債務を返済しなくなれば、他の相続人は、債権者との関係で各自の相続分に応じた債務の弁済を免れられな

い。そうすると、特定の相続人が被相続人の債務を負担することを条件に代償金額を減額し、遺産不動産を取得させると、上記債務の返済がされなくなったときに、他の相続人の不利益が大きくなる。したがって、審判では、特定の相続人が被相続人の債務を負担することを条件に、その負担額を控除して、代償分割を行うことはしない。

(b) **譲渡所得税相当額の控除**

特定の相続人が、遺産である不動産を代償分割により取得し、これを第三者に売却した場合、譲渡所得の計算上、他の相続人に支払った代償金を資産の取得費として控除することができない(最判平成6・9・13家月47巻9号45頁)。そうすると、取得した不動産を売却してその代金から代償金を支払おうとすると、不動産取得者が負担する譲渡所得税相当額を考慮してその代償金の額を定めなければ、当該不動産取得者に不公平な結果となる。調停では、当事者の合意があれば、遺産不動産の評価額から譲渡所得税相当額を控除して代償金の額を定めることができる。しかし、審判では、遺産不動産の取得を希望する相続人に、これを売却せずに保有したままで、他の相続人に代償金を支払う能力があると認められないときは、代償分割を行うことはしない。遺産不動産は、必ず売却できるとは限らず、その売却を前提に、譲渡所得税相当額を考慮して代償金の額を定めると、実際に売却できない場合や売却せずに保有し続けた場合には、遺産不動産の取得者ではなく、代償金の支払いを受ける相続人にとって不公平な結果になるからである。

(D) **代償金の支払方法**

遺産分割(調停成立または審判確定)と同時に、遺産を現物で取得する相続人がその所有権を取得し、その利益を直ちに享受することとの均衡上、代償金の支払いを受ける相続人にも、その利益が即時に与えられるべきである。したがって、代償金は、即時一括払いとするのが原則であるが、実務上は、調停であれ、審判であれ、代償金額の多寡や支払準備のための時間的余裕を考慮し、1か月から3か月程度の支払期限の猶予を与えるのが通常である。

代償金支払債務につき、長期の支払猶予または分割払いを命ずる審判をす

ることについては、家庭裁判所の裁量の範囲内として認められているが、単に即時一括払いができないとの理由だけで長期の支払猶予や分割払いを認めることはできず、これを認める特別な事情が必要となる。この場合、仮に、長期の支払猶予や分割払いを認めるとしても、利息や遅延損害金の支払いを命ずるとか、期限の利益喪失約款を付すなど、当事者間の実質的公平を害さないよう配慮しなければならない。

代償金の支払いを担保するために、代償取得させる遺産である不動産に抵当権を設定することについては、明文の規定がないことを理由に消極に解する見解もあるが、分割払いや支払猶予を認める以上は、遺産不動産に担保権を設定することも権利関係の公平な調整を図るため最小限必要な付随処分（家事手続196条）として積極に解するのが相当である。もっとも、実務上、代償金の支払能力に不安があるために、遺産不動産に抵当権を設定したうえで、代償分割を選択するというのは、相当例外的な場合といえる。

(E) **具体的相続分がない相続人の遺産取得**

特別受益により具体的相続分がない相続人に、他の相続人に対する代償金支払債務を負担させることにより、遺産を現物で取得させることができるか。

この点、民法903条2項の趣旨につき、具体的相続分がない相続人は、遺産分割を「受けることができない」と解すれば、当該相続人が遺産を取得する余地はない。これに対し、具体的相続分がわずかでも残っていれば、代償分割により現物取得が可能であるのに、零であればその余地がなくなるのは不合理であるとし、具体的相続分がない相続人でも、代償金支払債務を負担することで計算上零となれば、遺産を現物で取得できると解する余地もある。

遺産分割は、原則として、具体的相続分を有する相続人間で行われるものであるから、分割の結果として計算上零となれば、具体的相続分がない相続人も、当然に遺産を取得できるということにはならない。しかし、遺産分割も私的財産の分配であり、分割方法に関する他の相続人の意向も尊重すべきであるから、他の相続人全員の同意があるか、明らかに反対がない場合には、例外的に認められると解する。

(4) 換価分割

(A) 意　義

換価分割とは、遺産の全部または一部を換価して、その代金を共同相続人に分配する方法である。

現物分割は、代償分割と併用して行われるが、遺産に属する物または権利につき、現物取得を希望する相続人に代償金の支払能力がないとか、誰も取得を希望しない場合には、現物分割や代償分割によることができず、換価分割を検討する。

換価の方法としては、①終局審判における遺産の競売（民258条2項）、②中間処分としての換価を命ずる裁判（家事手続194条1項による競売と同条2項による任意売却）とがある。調停では、当事者全員の合意に基づく任意売却によって遺産の換価が行われる。

(B) 調停手続における遺産の換価（任意売却）

調停手続において、遺産分割のために遺産を換価する必要がある場合には、相続人全員の合意に基づいて任意売却をすることができる。この場合、当事者間で事前に売却価格、売却期限、経費の負担、売却担当者等を取り決めたうえで、手続外で売却手続を進行させ、その代金を分割の対象とすればよい。もっとも、当事者全員の合意に基づいて、他に売却された遺産およびその代金（代償財産）は、原則として遺産分割の対象から逸出し、除外されるので（最判昭和52・9・19家月30巻2号110頁、最判昭和54・2・22家月32巻1号149頁）、その代金（諸経費を控除した残額）を遺産分割の対象とする旨の合意を成立させ、期日調書に明記しておくのが相当である。

(C) 終局審判における競売による換価

①現物分割、代償分割がいずれも相当でないが、当事者間に利害対立や不信感等があるため合意による任意売却もできず、共有分割も適当でない場合、②当事者全員が競売による換価を希望する場合には、家庭裁判所は、終局審

判において、遺産の全部または一部について競売を命ずる。この審判が確定すれば、当事者が執行裁判所または執行官に対して競売の申立てを行い、形式的競売の手続により換価が行われる（民執195条）。

遺産の全部について競売を命ずる場合には、遺産に属する物または権利をすべて特定したうえで、その売却代金から手続費用を控除した残額を各相続人の具体的相続分率（各相続人の具体的相続分の総額を分母とし、各相続人の具体的相続分の額を分子とする割合）により分配する旨を定めることになる。

他方、遺産の一部について競売を命ずる場合には、遺産は、競売の対象となる遺産（競売対象遺産）と他の遺産とに分けられ、このうち、他の遺産が現物にて分割取得されるとすれば、競売対象遺産の売却代金は、いかなる方法によって分配割合が定められるのか。まず、①競売対象遺産も、他の遺産と同様に、鑑定等の方法により審判時点の評価を確定し、これらを合算して具体的取得分額を算出し、これから、他の遺産のうちから取得する財産の価額を控除し、各相続人が競売対象遺産の売却代金から取得する額を算出してこれを割合化し、審判の主文では、売却代金をその割合で分配する旨を定める方法が考えられる。また、②競売対象遺産と他の遺産とを区別し、競売対象遺産については、その売却代金を各相続人の具体的相続分率により分配するという方法も考えられる。これらの方法のうちいずれを採用するかは、家庭裁判所の裁量の範囲内であるとされる。

(D) **中間処分としての換価を命ずる裁判（審判以外の裁判）**

家庭裁判所は、遺産分割の審判手続において、相続人に対し、換価を命ずる裁判として、遺産の競売（家事手続194条1項）または任意売却（同条2項）を命ずることができる。この場合、任意売却を命ずるには、相続人全員の意見を聴取しなければならず、相続人中に競売によるべき旨の意思を表示した者があるときは、任意売却によることはできない。

換価を命ずる裁判は、遺産分割の審判手続において中間処分としてされるものであるから、審判以外の裁判（決定、家事手続81条1項）であり、また、申立権が認められていないので、職権のみによってすることができる。相続

人は、換価を命ずる裁判に対し、即時抗告をすることができる（同法194条5項）。

(a) 競売（形式的競売）による方法

家庭裁判所は、遺産分割の審判をするため必要があるときは、相続人に対し、遺産の全部または一部を競売して換価することを命ずることができる（家事手続194条1項）。遺産管理者（同法200条1項）が選任されていないときはこれを選任しなければならない（同法194条6項）。遺産の換価を命じられた相続人は、執行裁判所または執行官に対して競売の申立てを行い、その旨を家庭裁判所に届け出なければならない（家事規103条2項）。遺産の換価は、形式的競売の手続により行われ（民執195条）、競売による換価が終了したときは、換価代金から競売の費用で必要なものを控除した金銭が遺産管理者に交付され（民執規181条）、遺産管理者は、終局審判があるまでこれを保管する。

(b) 任意売却による方法

家庭裁判所は、遺産分割の審判をするため必要があり、かつ、相当と認めるときは、相続人に対し、遺産の全部または一部について任意に売却して換価することを命ずることができる（家事手続194条2項）。遺産管理者（同法200条1項）が選任されていないときは、これを選任しなければならない（同法194条6項）。遺産の換価を命じられた相続人は、裁判所を経由せずに相続人全員の代理人として、売買契約を締結するので、それが適正に行われるようにするため、家庭裁判所は、「売却の方法及び期限その他の条件」を付すことができる（家事規103条4項）。不動産の場合は最低売却価額を定める必要がある（同条5項）。そして、換価の手続が終了したときは、上記相続人は、直ちに、換価代金を遺産管理者に引き渡し（同条7項）、遺産管理者は、終局審判があるまでこれを保管する。

(5) 共有分割

(A) 意 義

　共有分割とは、遺産の全部または一部を共同相続人の全員または一部の者に共有取得させる方法である。

　遺産分割の方法として共有分割が行われると、遺産に属する物または権利は、遺産共有（民898条）から物権法上の共有（民249条以下）または準共有（民264条）に変更され、その後は、共有物分割の手続（民256条）によって解消される。

(B) 共有分割が認められる場合

　共有分割は、単に、遺産共有を物権法上の共有または準共有に変更するものであり、共有状態を解消するためには共有物分割訴訟を提起しなければならず、必ずしも抜本的な解決方法とはいえない場合があるので、他の分割方法によるのが相当でない例外的な場合、すなわち①現物分割や代償分割ができず、換価を避けるのが相当である場合にのみ許される。ただし、共同相続人間において、遺産の使用・管理に支障があるとか、深刻な利害の対立があるときは、共有分割よりも、むしろ換価分割によるべきである。

　また、②共同相続人全員が共有分割を希望しており、それが特段不当でない場合（たとえば、共同相続人間において、遺産である不動産を共有取得した後に売却し、その代金を共有持分に応じて配分する合意がある場合）にも、共有分割は認められる。

　遺産自体が特定の不動産に対する共有持分である場合には、共同相続人全員が共有分割を希望すれば、上記②のとおり共有分割が認められるが、共有分割に反対する相続人がいるときにも、上記①の換価を避けるのが相当であるとして、共有分割が例外的に許されるのか。この場合には、遺産である共有持分は、一旦共同相続人に共有取得させた後、遺産外の共有持分と共に共有物分割を行うのが相当であり、これのみを換価することは適当でないから、

積極に解する。

(6) 一部分割

(A) 意　義

遺産分割は、通常、1個の協議、調停、審判で行われるが、これを段階的に行うことも違法ではない（民907条3項参照）。この場合、各段階の分割が一部分割となり、残余遺産の分割が残部分割となる。

(B) 要　件

一部分割は、共同相続人が遺産の一部を残りの遺産から分離独立させて確定的に分割することである。

調停による一部分割が有効であるためには、分割する遺産について他の遺産とは別個独立に分割する合意が必要である。

審判による一部分割は、①遺産の一部を他の遺産と分離して分割する合理的理由があり、かつ②一部分割をすることにより、全体としての適正な分割を行うために支障が生じない場合に認められる。そうすると、①当事者全員が遺産の一部を他の遺産と分離して分割することを合意しているか、合意はなくとも、一部の遺産の遺産帰属性等に争いがあり、その解決に長期間を要することが見込まれるときは、一部分割をする合理的理由があるといえるが、他方で、②一部分割を先行させると、遺産の性質自体から適正な分割ができないとか、特別受益や寄与分によって定まる具体的相続分を反映させられないときには、一部分割をするのは相当でない。

(C) 一部分割の結果が残部分割に及ぼす影響

一部分割が当事者の協議または調停により行われた場合には、法定相続分に従った分割が行われるとは限らないが、この場合、一部分割の結果は、残部分割に影響を及ぼすことになるか。

①一部分割と残部分割とを全く独立させ、一部分割の結果は、残部分割に影響を及ぼさないとするか、②先行する一部分割の対象となった遺産を加え

た遺産全体の評価をし、その上で各相続人の具体的取得分額を算出し、これを基に一部分割の結果が不均衡であれば、残部分割において調整するか、のいずれかであり、最終的には一部分割が行われた際の当事者の意思解釈によって決められる（当事者間において上記①による特段の意思表示がない限り、上記②によるものとされる）。

　調停、審判を問わず、一部分割を行う場合には、一部分割の結果が残部分割に影響を及ぼすのか、当事者の意思を確認し、期日調書に明記しておくべきである。

（髙橋　伸幸）

第4章

遺産分割の手続

第4章　遺産分割の手続

1　協議による分割

(1)　意　義

　協議による分割とは、当事者全員の協議により任意に遺産を分割する手続である（民907条1項）。

　遺産分割の手続には、遺言による指定分割、協議による分割および家庭裁判所における調停分割・審判分割がある。協議による分割は、遺言による指定分割（民908条前段）または分割の禁止（同条後段）がない場合に行われるが、分割の協議が不調または不能であるときは、当事者の分割請求により家庭裁判所における調停分割（家事手続244条）・審判分割（同法39条・別表第2―12項）が行われる（民907条2項）。

(2)　当事者（協議の主体）

　当事者は、遺産分割時において、遺産に属する物または権利に対する持分権を有する者である。当事者となるべき者の一部を除外して行われた分割協議は無効であり、当事者の請求により、再分割が行われる（この場合、民法910条の類推適用はない。最判昭和54・3・23民集33巻2号294頁）。

　当事者となるべき者は、原則として共同相続人全員であるが、割合的包括受遺者（民990条）、相続分の譲受人も含まれる。

　胎児も、共同相続人である（民886条1項）が、胎児には法定代理人がおら

ず協議に参加できないので、胎児の出生まで分割は許されない。

　具体的相続分がない特別受益者（民903条2項）も、共同相続人の地位を失っておらず、当事者である。

　相続の放棄をした者（民939条）、相続欠格者（民891条）、被廃除者（民892条・893条）は、いずれも相続人資格がなく、当事者ではないが、このうち相続欠格者や被廃除者に代襲相続人（民887条2項・889条2項）があるときは、これらの者は、当事者となる。

(3) **協議の時期**

　分割協議は、相続開始後に行われなければならず、相続開始前の協議は無効である。相続人の範囲や遺産の範囲は、相続の開始によって初めて確定するものであり、相続に関する権利の相続開始前の処分は原則として認められていない（民915条1項・1043条1項）。また、遺産分割の効力が相続開始時に遡及するとされている（民909条）のも、相続開始後に協議がされることを当然の前提としているからである。

(4) **協議の方式と内容**

　(A) **協議の方式**

　分割協議は、当事者全員が合意すれば成立し、特別の方式は要求されていない。しかし、遺産分割が当事者の合意によって成立したことを明らかにし、後日の紛争を防止するためにも、遺産分割協議書を作成しておくのが相当である。

　遺産分割協議書には、相続人の範囲と遺産の範囲を特定し、誰がどの遺産を取得するのかを明らかにし、当事者全員が署名押印しなければならない。分割協議書は、当事者全員が一同に会してこれを作成するのが望ましいが、誰かが書面を作成し、個別に承認を得るとか、持ち回りで承認を得るなどの

方法で作成してもよい。

(B) **協議の内容**

分割協議の内容にも特に制限はない。当事者の意思によって自由に定めることができる。

当事者は、分割協議に際し、遺産に対する自己の共有持分を他の当事者に譲渡し、また、これを放棄することもできるから、法定相続分と異なる分割協議も、当事者の自由な意思に基づく限り、有効である。このことは遺言がある場合も同様であり、相続分の指定や遺贈によって自己に帰属すべきものとされた利益の全部または一部を放棄して、他の当事者に帰属させることもできるから、遺言と異なる分割協議も有効である。

(5) 協議の成立と登記手続

分割協議が成立すると、当事者は、分割協議の内容に従い、相続開始時にさかのぼって権利を取得する（民909条本文）。すなわち、当事者は被相続人から直接、権利を承継することになり、遺産の共有関係は解消されるのである。

遺産中に不動産がある場合に、分割協議によりその取得者が定められると、当該取得者は、当該不動産につき、登記名義の区分により、次のとおり自己名義の所有権移転登記を申請することができる。

(A) **被相続人名義の登記がされている場合**

遺産分割により特定の不動産を単独取得した相続人は、当該不動産を被相続人から直接承継したものとして、共同相続による所有権移転の登記（共同相続登記）を経ることなく、直接、自己名義に相続による所有権移転の登記（不登63条2項）を申請することができる（明治44・10・30民刑904号民刑局長回答、昭和19・10・19民甲692号民事局長回答）。この場合、当該相続人は、当該相続による所有権移転の登記の申請に際し、登記原因を証する情報（登記原因証明情報）として、相続を証する公務員が職務上作成した戸籍・除籍等

の謄本のほか、遺産分割協議書または遺産分割協議の内容を確認した各相続人の書面を提供する必要がある（不登令別表22の「添付情報」欄）。当該遺産分割協議書等には、申請人である不動産取得者を除く相続人全員の印鑑証明書を添付する必要がある（昭和30・4・23民甲742号民事局長通達）。

(B) 共同相続登記がされている場合

相続が開始すると、遺産中の不動産につき、遺産分割前でも、共同相続人名義の共同相続登記をすることができるが、その後、遺産分割の協議が成立し、相続人中の1人が当該不動産を単独で取得した場合には、共同相続人全員の共同申請（不登60条）によって、遺産分割を登記原因（その日付は、遺産分割協議が成立した日）とする持分移転の登記を申請しなければならず（昭和28・8・10民甲1392号民事局長電報回答）、当該不動産を取得した相続人が、単独で相続による所有権移転登記を申請することはできない（昭和42・10・9民事三発706号民事局長回答）。この場合、当該不動産を取得した相続人は、一般の所有権移転登記と同様、当該相続人を登記権利者、他の相続人を登記義務者とし、登記原因証明情報として、遺産分割協議書または遺産分割協議の内容を確認した各相続人の書面を提供する（不登令別表30の「添付情報」欄イ）とともに、登記義務者の登記識別情報および印鑑証明書（同令16条2項・3項）、登記名義人となる者の住所証明書（同令別表30の「添付情報」欄ロ）等を提供して、持分全部移転登記の共同申請をする。

もっとも、遺産分割の遡及効により、共同相続登記は実体に符合しなくなったとして、これを単独相続登記に更正登記する方法も考えられるが、遺産分割前の共同相続登記に誤りはなく、更正登記の要件を欠いており、また、物権変動の過程を忠実に登記に反映させるためにも、持分移転登記によるべきであるとされている。

(6) 相続分がないことの証明書（特別受益証明書）

被相続人名義の不動産につき、共同相続人中の1人が単独で取得する場合

に、分割協議に代えて、他の相続人が、たとえば、「被相続人から生計の資本として既に相続分以上の贈与を受けているので、被相続人の死亡による相続について、受けるべき相続分がないことを証明します」との証明書（「相続分がないことの証明書」「特別受益証明書」と呼ばれる。民903条2項）を作成し、印鑑証明書を添付して交付することがある。この場合、当該不動産の取得者は、登記原因証明情報として、戸籍・除籍等の謄本のほか、上記証明書（その真正を担保するため、印鑑証明書を添付する必要がある。昭和30・4・23民甲742号民事局長通達）を提供し、相続による所有権移転登記を申請することができる（昭和8・11・21民甲1314号民事局長回答、昭和28・8・1民甲1348号民事局長回答）。もっとも、これは、遺産である不動産の登記手続をする場合に認められるものであって、不動産以外の遺産がある場合には、分割協議を行うことになる。

（髙橋　伸幸）

2 家庭裁判所における調停

(1) 概　要

(A) 運用上の調停前置

　遺産分割事件は、家事事件手続法において、別表第2に掲げる事項についての事件（別表第2事件―12項）とされ、調停前置主義（家事手続257条1項）がとられていないことから、遺産分割協議が調わないとき、または協議をすることができないときは、遺産分割の調停または審判を申し立てることができるとされ、共同相続人等は、調停手続を経ることなく、直ちに遺産分割審判を申し立てることもできる。

　しかし、遺産分割事件は、私有財産を分割する経済的紛争ではあるが、家族親族間の紛争であり、共同相続人は遺産に対してさまざまな利害関係を有しており、また、遺産分割事件だけが単体の紛争として存在する例はむしろ稀であり、被相続人の死亡を契機としてさまざまな経済的紛争その他の親族関係にまつわる紛争が生じているのが常である。加えて、その背景には長い期間をかけて形成された家族親族間の根深い対立や複雑微妙なあつれきが存在する。また、相続分の実質的衡平を図るべき特別受益や寄与分に関する事実については、客観的資料が残されている例はむしろ稀であるといった事情もある。

　このような特質のある遺産分割事件については、審判による一刀両断的な解決が妥当しない事案が少なからず存在し、また、審判では分割対象や分割

方法が限られ、柔軟な解決が制約を受けざるを得ない場合も生じ、他方、調停であれば、被相続人の死亡を契機として発生したさまざまな経済的紛争、事案によっては、それ以外の親族関係にまつわる紛争をも可能な限り取り込み、客観的資料が乏しい事案であっても、共同相続人間の自発的な調整により、実情に応じた柔軟な自主的解決を図ることが可能となる。

そこで、遺産分割審判の申立てがなされた場合でも、当事者の意見を聴き、調停による解決が期待できないなどの特段の事情がない限り、職権により調停手続に付し（家事手続274条）、その成立を図るという運用がなされている（運用上の調停前置）。

(B) 遺産分割調停の対象

遺産分割は、被相続人に帰属していた権利義務関係がすべて対象となるわけではなく、共同相続人間で遺産（準）共有状態にある積極財産（プラスの財産）のみがその本来的対象となるが、調停においては、消極財産（債務）や被相続人の死亡を契機として発生したさまざまな権利義務関係をも、当事者の合意に基づき、協議の対象とすることができる。

たとえば、預貯金債権等の金銭債権その他の可分債権は、法律上当然分割されて各共同相続人が法定相続分に応じて権利を承継するもので、遺産（準）共有状態にある本来的な遺産ではないが、当事者の合意があれば、遺産分割調停の対象とすることができる。また、共同相続人による被相続人の預貯金の払戻金や相続開始後の賃料の精算、相続財産の管理費用や葬儀費用の負担の精算、あるいは相続債務の負担等といった、いわゆる付随問題を遺産分割調停の対象とすることも可能である。

もっとも、被相続人の死亡を契機として発生する紛争は、家族親族間の根深い対立や複雑微妙なあつれきが背景にある事案も多く、付随問題も含めて、紛争の一体的一回的解決を図ることはそう容易なことではない。たとえば、被相続人の預貯金の払戻金の使途をめぐる紛争が激化して、本来の遺産分割協議が進行しなくなることも珍しいことではない。

そこで、付随問題をも調停協議の対象とする場合には、遺産（準）共有状

態にある積極財産を分割するという本来の遺産分割協議が停滞し、調停が徒に遅滞することがないように、紛争の一体的一回的解決と本来の遺産分割事件の適正、迅速な解決とのバランスを常に考えながら手続を進行させる必要があり、付随問題については、協議に振り向ける期日回数を定め、その間に合意に至らなければ、その解決は民事訴訟等の他の手続に委ねることとし、以後遺産分割調停では扱わないこととするなどの運用上の工夫がなされている。

(2) 手続の基本構造

(A) 当事者主義的運用

(a) 総 論

遺産分割事件は、遺産という当事者が任意に処分することができる私有財産を分割する経済的紛争であり、調停手続においても、事件処理の手続原理として、当事者主義的運用がとられ、当事者による合意を尊重した進行が図られるのが通例である。

そして、当事者主義的運用のもと、調停において当事者が合意形成に向けて充実した協議や意見交換をなすためには、当事者全員が共通の資料を所持することが不可欠であり、他方、経済的紛争である遺産分割事件においては、たとえば、私生活の秘密が明らかにされ、共同相続人の名誉が著しく害されるおそれのある事情など、他方当事者に秘匿すべき事情が存在することは通常想定しがたいことから、当事者が提出する資料については、原則として、写しを準備させ、他方当事者にも交付する運用がなされている。

(b) 遺産の範囲を確定させる段階での当事者主義的運用

遺産分割は現に存在する遺産を分割する非訟手続であり、私有財産を私人間で分配する紛争であるから、調停手続においても、家庭裁判所は調査嘱託等の方法を用いて、いわゆる遺産捜しをすることはなく、被相続人の遺産として分割協議の対象とする財産は、その存在を最もよく知りうる立場にある

371

当事者の責任において資料を収集するのが大原則である。

そして、共同相続人が任意に処分できる被相続人に係る財産に関して、当事者が遺産とする旨を合意するときには、その存在を証する十分な資料が提出されなくとも、特定性に欠けることがない限り、当該財産を遺産の範囲に入れて、調停手続を進行させることとなる。

たとえば、被相続人の死亡を契機として共同相続人に直接帰属した財産（被相続人を被保険者とし共同相続人を受取人とする死亡保険金等）や被相続人の死亡により法律上当然分割されて共同相続人に帰属した可分債権（預貯金債権等）についても、当事者の合意により、遺産分割の対象に加えることができる。

さらには、遺産分割調停を円滑に進行させ、紛争の一体的一回的解決を図るために、遺産として現に存在していない財産であっても、遺産としてその存在を擬制することもあり、たとえば、共同相続人の1人が被相続人の預貯金を払い戻して私的に費消したことを認めて、当該共同相続人の保管している現金として、遺産に加えることもある。

また、特定の財産について遺産性が争われ、その点は民事訴訟等により確定させることとした場合、その余の遺産のみを対象として調停手続を継続させるかどうかについては、当事者、特に申立人の意向により決まることとなり、申立人が当該財産が遺産であるか否かが確定した後でないと遺産分割協議に応じられないとするときには、調停は取下げにより一旦終了することとなる。

(c) **遺産の評価を確定させる段階での当事者主義的運用**

遺産の評価については、たとえば、不動産については、当事者は、固定資産評価額や路線価などの公的評価額を調査し、複数の不動産業者に査定を依頼して実勢価格を調査するなどして、評価に関する意見を述べるが、この遺産の評価の場面においても、当事者の合意を尊重する運用がなされる。

すなわち、遺産の評価とは、遺産に属する個々の財産の一定の時点における客観的な交換価値（時価）を把握することが原則であるが、それはあくま

で遺産分割調停の過程で、具体的相続分を算出し遺産を分割する前提としてなされるものにすぎないから、その後の調停手続が円滑に進行できる評価額として当事者が合意する額であれば、調停委員会としては、その合意を尊重し、それが客観的な交換価値に一致するか否かを特段確かめることなく、遺産の評価として採用して、調停手続を進行させることとなる。

(d) **特別受益および寄与分を協議する段階における当事者主義的運用**

特別受益や寄与分に係わる事実についても、第一次的な事案解明義務および手続協力義務のある当事者が、自己の責任において必要な資料を収集し、提出することとなるが、これらの事実については、家族親族間の行為であり、客観的な資料が充分に揃っている例はむしろ稀で、他方、当事者双方はそれらの事実を認識している場合も多いであろうから、この場面においても、当事者の合意を尊重する運用がなされる。

もっとも、特別受益や寄与分を協議する段階では、当事者間の経済的不公平感や感情的対立が顕著となり、当事者が自発的に合意を形成することは極めて困難となっているのが常であるから、そういった場合には、調停委員会においては、客観的資料を手掛かりとして、健全な社会人の良識と豊かな社会的経験を活かして、事案を解明し、特別受益や寄与分について適正な調停案を示し、当事者の合意形成を後見的に促すこととなる。

(e) **運用上の調停前置のもとでの合意を尊重する運用の意義**

当事者の合意を尊重する運用は、調停不成立となり審判に移行した場合であっても維持され、調停手続においてなされた合意は、可能な限り尊重されることとなる。すなわち、遺産の範囲に関しては、相続債務等の共同相続人間の合意だけでその帰属を確定的に決めることができない権利義務関係や、相続人を受取人とする死亡保険金等のように被相続人に帰属した来歴のない権利義務関係等については、当事者の合意があっても、遺産分割審判の対象にはできないが、それ以外の、遺産の範囲、その評価、特別受益および寄与分に係わる事実に関する合意は、これを尊重し、基本的に合意された内容に基づき審判がなされることとなる。

すなわち、運用上の調停前置と当事者の合意の尊重という運用とが相まうことにより、当事者は、調停において、被相続人の死亡を契機として発生した経済的紛争の中で、一定の制約はあるが、遺産分割事件と一体的一回的に解決する事項を合意により選定することができ、また、遺産の評価や特別受益及び寄与分についても、合意により、共同相続人の具体的相続分に反映させることができるのであって、このような運用をなすことで、仮に審判に移行した場合であっても、遺産という私有財産の分割について、当事者の意向が最大限反映されることとなる。

(B)　**段階的手続進行**

　調停手続においても遺産分割事件の段階的進行（第3章1(2)）が図られ、むしろ段階的手続進行の意義は、調停手続において、より大きいといえる。

　遺産分割事件においては、家族親族間に根深い感情的対立や複雑微妙なあつれきがあるのが常であるが、それらは、まず、遺産の範囲を協議する段階で表面化し、遺産の帰属性をめぐる紛争や被相続人の預貯金の払戻金の使途をめぐる紛争を激化させ、さらに、それらは特別受益および寄与分を協議する段階で最高潮に達する。そのため、これらの事項が同時に協議されると、感情的対立がさらに激化し、調停が非難の応酬の場となるおそれがある。そうなると、調停委員会による進行管理が困難となり、合意の形成に向けた建設的な協議ができず、期日を重ねても遺産の範囲すら確定しないという事態をも招きかねない。そこで、そのような事態を生じさせないためには、段階的手続進行を図ることが重要であり、まず、遺産の範囲および評価を確定させ、その後に、特別受益や寄与分に係る協議をなすというように、調停手続を段階的に進行させることが重要である。

　そして、段階的手続進行のもとでは、遺産の範囲や評価、あるいは遺言書の効力、その解釈などの前提問題に関する合意は、そのつど中間合意調書を作成し、目に見える形で確定させることが重要であり、こうすることにより、議論の蒸し返しが抑制されると共に、当事者においては、調停の成立に向けて協議が前進していることを実感し、調停成立への意欲が涵養されることとと

なる。

(3) 調停の申立て

(A) 当事者等

　共同相続人（民907条2項）、割合的包括受遺者（民990条）、相続分の譲受人および相続開始後に破産手続開始決定を受けた相続人の破産管財人は遺産分割調停を申し立てることができる。

　申立人を除くすべての共同相続人が相手方となる（割合的包括受遺者、相続分の譲受人も相手方となるが、遺言書の存在、相続分の譲渡が申立て時には判明していない場合もあるので、申立書には共同相続人を記載し、その後、それが判明した段階で相手方に加えることになる）が、相続の放棄をした者（民939条）、申立て前に相続分の譲渡をした相続人は相手方から除かれる。ただし、遺産の不動産について法定相続分による共同相続登記がされており、将来、遺産分割調停が成立し、その内容を実現するために遺産分割を原因とする持分移転登記手続をしなければならない場合には、相続分の譲渡をした相続人や破産手続開始決定を受けた相続人は、いずれも登記義務者となるので、相手方から除くことはしない。また、相続分の放棄は、実体法上の効力がなく、当該手続限りで相続分をゼロとして扱うという手続上の効力しか有しないとする立場（手続効力説）によれば、先行する遺産分割事件（前件）が取下げ等によって終了し、その後、同一の被相続人に係る遺産分割事件が係属した場合には、前件における相続分の放棄者からあらためて相続分の放棄をするかどうかを確認する必要があるので、その後の係属事件においては、当該相続分の放棄者も当事者として扱われる。

　相手方の中に意思能力や行為能力に問題がある者がいる場合には後見人等の選任手続を、不在者がいる場合には不在者財産管理人の選任手続を遺産分割調停申立て前にまたは並行して行わなければならない。遺産分割調停は一定程度時間を要するため、申立ての時点で意思能力に問題がある当事者がい

ることが判明している場合でも、特別代理人（家事手続19条）を選任して手続を進行する取扱いはしない。また、失踪宣告の要件を満たす場合でも、失踪宣告の審判の審理には相当の期間を要するので、遺産分割手続を早期に行う必要があるときは、不在者財産管理人を選任しておくこともあり得る。

(B) 管　轄

　調停事件は、相手方の住所地を管轄する家庭裁判所または当事者が合意で定める家庭裁判所の管轄に属する（家事手続245条1項）。相手方が複数でありその住所地が異なるときは、いずれの住所地にも土地管轄が生ずる。管轄に関する合意は、書面でしなければその効力を生じない（同条2項、民訴11条2項・3項）。管轄の標準時は、申立て時（家事手続8条）であるから、当事者全員が申立て時までに上記合意をしなければならない。

　管轄のない事件に関しては、管轄裁判所に移送するのが原則である（家事手続9条1項本文）が、家庭裁判所は、事件を処理するために特に必要があると認めるときは、自ら処理することができる（同項ただし書、自庁処理）。自庁処理の裁判をするときは、当事者および利害関係参加人の意見を聴かなければならない（家事規8条1項）。申立ての後に管轄の合意がされ、その合意書が裁判所に提出された場合には、自庁処理に関する上申書として扱うことになる。

(C) 申立書の提出

　調停の申立ては、申立書を家庭裁判所に提出してしなければならない（家事手続255条1項）。申立書には、当事者および法定代理人、申立ての趣旨および理由（申立てを特定するのに必要な事実）、事件の実情を記載しなければならない（同条2項、家事規127条・37条1項）。このほか、遺産分割事件の申立書には、共同相続人、特別受益の有無およびその内容を記載し、遺産目録を添付しなければならない（家事規127条・102条1項）。申立書の書式は、裁判所のホームページにて公開されている。

　家事調停の申立てがあった場合には、申立てが不適法であるとき等を除き、原則として申立書の写しを相手方に送付しなければならない（家事手続256条

1項本文)。これは、相手方においても早期にその申立書の内容を了知したうえで、調停手続に臨むこととするのが、充実した調停進行および早期解決の観点から合理的であるといえるからである。ただし、家事調停の手続の円滑な進行を妨げるおそれがあると認められるときは、調停の申立てがあったことを通知することをもって、申立書の写しの送付に代えることができる(同項ただし書)。上記のとおり、申立書は、原則としてその写しを相手方に送付しなければならないが、申立書の記載内容によっては、申立書の写しの送付が、かえって当事者間に無用の混乱を招くとか、紛争を激化させるなど家事調停の円滑な手続の進行を妨げることもある。このため、申立書には、遺産分割事件の調停を進めていくうえで、当事者双方が共有しておくべき基本的な事項のみを簡潔に記載してもらうことにし、それ以外の情報は、事情説明書、進行に関する照会回答書(進行照会回答書)、連絡先等の届出書(連絡先届出書)の記載事項とした。

　従前は、調停申立て時に申立書とともに、申立書付票の提出を求めていたが、申立書付票の記載事項のうち、申立ての内容に関する事情は事情説明書に、調停手続の進行上参考となる事情は進行照会回答書にそれぞれ振り分けて整理した様式を準備し、申立人には、調停申立て時または申立て後速やかに、これらに必要事項を記載して提出してもらう運用がされている。事情説明書は、遺言書の有無や相続人の範囲、遺産の範囲といった申立人が認識する遺産分割の前提問題や、遺産分割の協議がまとまらなかった理由など遺産分割調停の申立ての内容に関する事情を記載するものであり、相手方にこれを送付することはしないが、閲覧・謄写(家事手続254条)の対象であるから、相手方から申請があれば、原則としてこれを許可している。また、進行照会回答書は、実際に調停を進めていくうえで参考となる事情を記載してもらうものであり、手続の進行に関する記載がされている限り記録外として取り扱われるので、閲覧謄写の対象にはならない。また、当事者の連絡先を確実に把握し、その情報を適正かつ円滑に管理するため、連絡先届出書も提出してもらっている。これらの書類は、調停手続の場合、裁判所用1通を提出する。

(D) 添付資料

申立書には、①身分関係書類、②不動産関係書類および③その他の証拠資料を添付する。

(a) 身分関係書類

遺産分割を行うには、当事者（相続人）の範囲を確定しなければならない。当事者となるべき者の一部を除外して行われた遺産分割の調停・審判は原則として無効である。誰が相続人であるかについては、被相続人（被相続人の兄弟姉妹が相続人であるときは、被相続人の父母）の出生時から死亡時までの全戸籍を確認することによって明らかとなる。

(ア) 被相続人との関係を証する除籍謄本、改製原戸籍謄本

① 被相続人の配偶者と子（第1順位）または直系尊属（第2順位）以外に相続人がいない場合　被相続人の出生時（被相続人の父母の除籍謄本または改製原戸籍謄本等）から死亡時までの連続した全戸籍謄本

② 被相続人の兄弟姉妹（第3順位）が相続人の範囲に含まれる場合　上記①で必要となる戸籍謄本等に加えて、被相続人の父母の出生時（被相続人の父方祖父母および母方祖父母の除籍謄本または改製原戸籍謄本等）から死亡時までの連続した全戸籍謄本

③ 子または兄弟姉妹の代襲者が相続人の範囲に含まれる場合　上記①、②のいずれかで必要となる戸籍謄本等に加えて、本来の相続人（被代襲者）の出生時から死亡時までの連続した戸籍謄本

※ 古い戸籍が戦災などにより滅失している場合には、その旨の証明書を提出してもらう。

【出生時から死亡時までの連続したすべての戸籍（除籍、改製原戸籍）謄本の取得方法】

① 亡くなった方の死亡の記載がある戸籍謄本の本人の名前の上部の「身分事項」欄または筆頭者の次欄（または戸主の上欄）の「戸籍事項」欄の中から、亡くなった方が、その戸籍に入籍、分籍する前の戸籍の本籍地、筆頭者または戸主を探す。

② 前の戸籍謄本の「戸籍事項」欄、「身分事項」欄の削除、抹消、除籍の日と①の戸籍の入籍が一致していることを確認する。②の戸籍でも同様に、亡くなった方本人の名前の上部の「身分事項」欄または筆頭者の次欄（または戸主の上欄）の「戸籍事項」欄の中からその戸籍に入籍、分籍する前の戸籍の本籍地、筆頭者または戸主を探す。
③ その前の戸籍、さらにその前の戸籍とさかのぼって、亡くなった方の出生による入籍までさかのぼる（亡くなった方の生まれた日より前に作製された戸籍にたどり着く）。

(イ) 相続人全員の戸籍謄本、戸籍附票（または住民票）

相続人全員の氏名および現住所を特定するため、現在の戸籍謄本および戸籍附票（または住民票）は、3か月以内のものを提出しなければならない。

(ウ) 被相続人の戸籍附票（または住民票除票）

被相続人の最後の住所地を特定するために、被相続人の戸籍附票（または住民票除票）を提出しなければならない。

(b) 不動産関係書類

遺産に不動産があるときは、不動産登記事項証明書は3か月以内のものを、固定資産評価証明書は最新年度のものを提出しなければならない。申立ての段階では、固定資産評価証明書は、不動産の評価のための資料としてではなく、遺産を特定するための資料として提出を求めている。

(c) その他の証拠資料

このほか、遺産の特定・評価に関する資料、相続分の変動（相続分の譲渡・放棄など）に関する資料、特別受益・寄与分に関する主張を基礎づける資料は、各当事者が、それぞれ証拠資料ごとに番号を付し（申立人提出のものは甲号証、相手方提出のものは乙号証とする。申立人が複数のときは、甲A第1号証、甲B第1号証等とし、相手方が複数のときも、乙A第1号証、乙B第1号証等とする）、証拠資料の内容を説明するための「資料説明書」を添付して提出してもらうことにしている。その他の証拠資料については、当事者間で情報共有を図るためにも、相手方にその写しを送付する必要があるから、相

手方の人数分の証拠資料の写しと資料説明書の提出を求めている。その他の証拠資料としては、具体的に次のようなものがある。

① 借地権、借家権を証明する文書（賃貸借契約書、不動産登記事項証明書、固定資産評価証明書（ただし、賃貸人の協力が得られないと取得できない）等）
② 遺言書
③ 遺産分割協議書
④ 相続分譲渡証書（印鑑証明書）
⑤ 相続放棄申述受理証明書
⑥ 相続税申告書
⑦ 預貯金の残高証明書または通帳、有価証券・投資信託に関する取引口座の残高報告書
⑧ 不動産評価額の査定書

(d) その他の添付資料

① 手続委任状（手続代理人を選任している場合）
② 成年後見人登記事項証明書等（当事者の中に成年被後見人等がいる場合）
③ 不在者財産管理人選任の審判書謄本（当事者の中に不在者がいる場合）

(E) 申立手数料および郵便切手

申立手数料は、被相続人1人につき1200円である（民訴費用3条1項・別表第1・15項の2）。連絡用の郵便切手の額およびその内訳は、各家庭裁判所のホームページ上で確認することができる。

(F) 申立書等の受付

申立書が提出されると、被相続人ごとに1件の事件番号を付して立件される。被相続人(A)の死亡後にその相続人（配偶者B）が死亡し、第二次相続が開始した場合において、第2次被相続人(B)に固有財産があるとき、または、固有財産はなくても、共同相続人（子C、D、E）の中に、第二次被相続人(B)から特別受益を受けた者(C)があるときは、被相続人(A)のみならず第二次被相続人(B)の遺産分割調停の申立てが必要となる。この場合、その相続人（子C、

D、E）が共通であることから、1通の申立書により被相続人両名（A・B）の遺産分割の申立てがされたときには、それぞれの被相続人について事件番号が付される。

(G) その他の遺産分割に関する事件の申立て

(a) 寄与分を定める処分の調停申立て

寄与分を定める処分（民904条の2第2項）についても、遺産分割と同様、家事事件手続法別表第2に掲げる事項についての事件（家事手続39条・別表第2―14項）とされており、共同相続人の協議が調わないとき、または協議をすることができないときは、家庭裁判所に調停の申立てをすることができる（同法244条）。この申立ては、①遺産分割の申立てがあった場合（民907条2項）または②相続の開始後に認知された者が他の相続人に対して価額の支払請求をする場合（民910条）にすることができる（民904条の2第4項）。上記①の場合、遺産分割の調停事件と寄与分を定める処分の調停事件が係属するときは、これらの手続および調停は併合してしなければならない（家事手続245条3項・192条前段）。

(ア) 当事者

寄与分を主張する相続人が、他の共同相続人全員を相手方として申し立てる。

(イ) 管　轄

遺産分割調停事件が係属している場合には、当該遺産分割調停事件が係属している裁判所の管轄に属する（家事手続245条3項・191条2項）。

(ウ) 申立書の提出

寄与分を定める処分の調停の申立ては、申立書を提出してしなければならず、申立書には、寄与の時期、方法および程度その他寄与の実情等を記載しなければならない（家事規127条・102条2項）。寄与の内容は申立人ごとに異なるものであるから、寄与分を定める処分の申立ては寄与分の主張をする申立人ごとにしなければならないのが原則である。申立書の写しは、相手方に送付しなければならないので、申立時には相手方送付用の写しの提出を求め

ている。

　　　(エ)　添付資料

　遺産分割調停事件がすでに係属している場合には、寄与分に関する主張を基礎づける資料のみを提出すればよい。手続代理人が寄与分を定める処分の調停申立てをする場合には当該申立てについての手続委任状が必要である。

　　　(オ)　申立手数料および郵便切手

　申立手数料は、申立人1人につき1200円（民訴費用3条1項・別表第1・15項の2）。連絡用の郵便切手の額およびその内訳については、各家庭裁判所のホームページ上で確認することができる。

　　(b)　**遺産分割禁止の申立て**

　遺産分割の禁止（民907条3項）についても、遺産分割と同様、家事事件手続法別表第2に掲げる事項についての事件（家事手続39条・別表第2—13項）とされており、遺産分割の禁止を求めて家庭裁判所に調停の申立てをすることができる（同法244条）。

　　　(ア)　当事者等

　遺産分割の調停申立てをすることができる当事者は、遺産分割禁止の調停申立てをすることができる。共同相続人全員を相手方にしなければならないのは遺産分割調停事件と同じである。

　　　(イ)　管　轄

　相手方の住所地を管轄する家庭裁判所または当事者が合意で定める家庭裁判所の管轄に属する（家事手続245条1項）が、遺産分割調停事件が係属している場合には、当該遺産分割調停事件が係属している裁判所に申し立てるのが相当である。

　　　(ウ)　申立書等および添付資料の提出

　申立書に共同相続人等を記載し、遺産目録を添付しなければならないことは遺産分割調停事件と同じである。添付資料としては、遺産分割禁止を求める特別の事由があることを証明するものが必要であり、遺産分割調停事件が係属していないときは、遺産分割事件と同じ資料を添付しなければならない。

㈎　申立手数料および郵便切手

　申立手数料は、被相続人1人につき1200円（民訴費3条1項・別表第1・15項の2）。連絡用の郵便切手については遺産分割事件と同じである。

　　㈄　遺産分割の禁止の審判の取消しまたは変更の申立て

　家庭裁判所は、事情の変更があるときは、相続人の申立てにより、いつでも、遺産分割の禁止の審判を取り消し、または変更する審判をすることができる（家事手続197条前段）。遺産分割禁止の審判の取消しおよび変更は、家事審判法の下では審判事件ではなく雑事件とされていた（旧家審規112条参照）が、家事事件手続法197条後段により、上記申立てに係る審判事件は、別表第2に掲げる事項についての審判事件とみなすと規定されたので、家庭裁判所に調停の申立てをすることができることになった（同法244条）。

　　㈎　当事者等

　遺産分割調停事件の申立人および相手方と同じである。

　　㈑　管　轄

　遺産分割禁止の調停・審判をした家庭裁判所（高等裁判所が遺産分割禁止の審判に代わる裁判をした場合には、その原審である家庭裁判所）が管轄裁判所となる。

　　㈒　申立書および添付資料の提出

　申立書には遺産分割を禁止した事情に変更があった旨を記載し、そのことを証明する資料を提出しなければならない。戸籍謄本等の資料の提出は遺産分割事件と同じである。

　　㈓　申立手数料および郵便切手

　申立手数料は、被相続人1人につき1200円（民訴費3条1項・別表第1・15項の2）。連絡用の郵便切手については遺産分割事件と同じである。

(4) 調停前の仮の措置

(A) 意義および要件

調停委員会（急迫の事情があるときは調停委員会を構成する裁判官）は、家事調停事件が係属している間、調停のために必要であると認める処分を命じることができる（家事手続266条1項・2項）。この処分は、一般に調停前の仮の措置といわれる。

調停前の仮の措置は、遺産分割事件のみならず、家事調停事件全般に認められる制度であるが、当事者は、申立権を有さず、職権発動を促す申出をすることができるにすぎない。

また、調停前の仮の措置には執行力がなく（家事手続266条3項）、当事者および利害関係人において正当な理由なくこれに従わないときは10万円以下の過料に処せられることにより（同法266条4項）、間接的にその履行が確保されるにすぎない。

その要件は、家事調停事件の係属および調停のために必要であることであり、調停のために必要な場合とは、適正妥当な調停の成立を容易にさせる場合のみならず、調停内容の実現を確保する必要がある場合をも含むとされ、したがって、一方当事者の利益保全のみを目的とした仮の措置も許されるとされている。

(B) 遺産分割調停事件における仮の措置の例

遺産分割調停事件における仮の措置としては、①遺産の現状の保全・管理的措置、②一方当事者の権利等に対する侵害行為の排除・防止を目的とする緊急救済的措置、③当事者の生活に安定を与えて調停の円滑な成立に役立てようとする調整的措置等が考えられる。

①の例としては、財産管理人の選任に関する行為をあげることができるが、調停前の仮の措置に執行力がないことから、その選任行為のみによって遺産に対する管理権が付与されるか疑問とされ、適当ではないとする見解もある。したがって特定の者を指定してその者を財産管理人に選任すべき旨を命じることができるにとどまるというべきである。

②の例としては、不動産について処分禁止を命じたり、債権について処分禁止や取立禁止等を命じることが挙げられる。

③の例としては、特定の当事者が遺産である家屋に居住することや、遺産とされる金融資産の一部を一方当事者の生活費に充てることを他方当事者に承認すべきことを命じるなどが挙げられる。

(C) **審判前の保全処分との関係**

家事審判法は、当事者間の話合いによる紛争解決方法である家事調停手続と、執行力のある保全処分とは相容れないものであるとの理由から、家事調停手続中においては、執行力のない調停前の仮の措置のみを規定していたが、家事実務においては、一定の家事事件について、審判前の保全処分が執行された後においても、調停により最終的な解決を図ろうとする例も稀ではなかった。そこで、こういった、当事者の多様なニーズに柔軟に応える必要があるという観点から、家事事件手続法は審判の申立てがなされたときのみならず、調停の申立てがなされているにすぎないときにも、遺産分割事件については、申立てによりまたは職権で、遺産管理人の選任（200条1項）および審判事件を本案とする仮差押え、仮処分その他の必要な保全処分（同条2項）を命ずることができるとしている。

したがって、今後は、上記①の保全・管理的措置および②の緊急救済的措置に関しては、執行力のない調停前の仮の措置の職権発動を求めるか、遺産分割審判を本案と想定する執行力のある保全処分を申し立てるか、事案に応じて選択されることとなろう。

(5) **第1回期日までの準備**

(A) **手続選別**

申立書、事情説明書および進行照会回答書等が提出されたら、担当書記官は、当事者（相続人）の範囲、前提問題の有無、遺産の内容などを審査したうえで、遺産分割事件の進行について見通しを立てることになる。調停は、裁判官1人および調停委員2人以上で組織する調停委員会が行うのが原則である（委員会調停、家事手続247条1項本文・248条1項）が、家庭裁判所が相

当と認めるときは、裁判官のみで行うことができる（単独調停、家事手続247条1項ただし書）。また、遺産分割事件は、財産紛争ではあるが、具体的な事案によっては、家庭裁判所調査官による関与（同法258条1項・58条・59条）を必要とすることがあり得る。そこで、担当書記官は、まず、①調停運営の方法および②家庭裁判所調査官関与の要否などにつき自らの意見を付して裁判官に事件記録を提出し、裁判官は、担当書記官の意見を基に、①調停運営の方法として、委員会調停とするか、単独調停とするか、また、②家庭裁判所調査官の関与が必要であるか否かなどを検討し、これらを判断するという運用が一般的に行われている。これを「手続選別」という。なお、家庭裁判所調査官関与の要否については、事前に家庭裁判所調査官から意見を聴いたうえで、裁判官が判断するという運用もある。

遺産分割事件については、①調停運営の方法として委員会調停による調停手続を選別し、②家庭裁判所調査官の関与は、第1回期日以降に調停委員会においてその必要性も含めて検討するというのが通常である。

(B) **第1回期日および調停委員の指定**

委員会調停による調停手続が選別されると、裁判官は、第1回期日を指定し、かつ、調停委員会を組織する調停委員2名を選任する。

(a) 第1回期日の指定

第1回期日は、申立書および添付資料が提出され、これらに不備のないことが確認されてから、1か月後に指定されるのが通常である。相手方の準備期間等を考慮する必要があるからである。また、第1回期日を決めるにあたっては、期日の空転を防ぐために、申立人（手続代理人が選任されているときは、手続代理人）の都合を確認したうえで、期日調整を行っている。もっとも、実際に期日を決める際には調停委員の都合や、調停室の使用状況、電話会議システム等を利用する場合にはその機材を利用できる調停室の確保などもあわせて考慮しなければならない。

第1回期日の指定後、担当書記官は、当事者双方に対し期日通知書を送付して、期日の呼出しを行う。

(b) **調停委員の指定**

調停委員会を組織する調停委員は、家庭裁判所（手続法上の裁判所である裁判官）が各事件について指定する（家事手続248条2項）。遺産分割事件は、専門性が高く、複雑な法律問題にも対応しなければならないことから、調停委員を指定するにあたっては、各家庭裁判所ごとにさまざまな工夫がされている。遺産分割事件の円滑な進行を図るために、弁護士資格を有する調停委員（弁護士調停委員）と一般調停委員を1人ずつ合計2人を指定し、男女の組み合わせになるように選任するという運用が行われているところもある。

(c) **答弁書等の提出**

第1回期日が指定されたら、担当書記官は、相手方に対し、期日通知書および申立書の写しのほか、答弁書、進行照会回答書および連絡先届出書の各書式を送付して、第1回期日の1週間前までに答弁書、進行照会回答書および連絡先届出書を提出するよう求めている。

答弁書は、本件申立てに関する相手方の主張（意見や希望など）を記載した書面である。答弁書は、申立人が提出する事情説明書と同じく、遺言書の有無や相続人の範囲、遺産の範囲といった相手方が認識する遺産分割の前提問題や、遺産分割の協議がまとまらなかった理由など遺産分割の内容に関する事情を記載するものであり、他の当事者から閲覧・謄写の申請があれば、事情説明書と同じく、原則としてこれを許可している。また、進行照会回答書は、手続の進行に関する記載がされている限り記録外として取り扱われるから、閲覧・謄写の対象にはならない。また、相手方の連絡先を確実に把握し、その情報を適正かつ円滑に管理するため、連絡先届出書も提出してもらっている。

答弁書が提出されると、遺産分割に関する相手方の認識・意見が明らかになるので、当事者の意見が対立する点や調整すべき点をある程度把握することができる。また、相手方の中には、遺産の取得を希望しないという者もおり、たとえば、相続分を他の相続人で分けてもいいという相手方に対しては、相続分放棄の手続について説明し、速やかにその手続をとるように促すこと

になり、他の相続人に相続分を譲渡したいという相手方については、原則として、当該相続分を譲り受ける当事者の意向を確認し、これを譲り受ける意思があることが確認できれば、当事者間で相続分譲渡契約を締結するように促すことになる。なお、相手方の中には、答弁書等を提出しない者もいるが、このような相手方は、調停期日に出頭せず、また、調停手続にも非協力な態度を維持することが考えられるので、別途、不出頭・非協力当事者に対する対応手段を検討しなければならない。

(6) 第1回期日の実施

(A) 担当裁判官と調停委員の事前評議

担当裁判官と調停委員とは、第1回調停期日に先立って、事前評議を実施する。事前評議においては、当事者から提出された資料等に基づき、まず、相続人の範囲、相続人の調停能力、遺言の有無およびその効力、遺産の範囲など、遺産分割のいわゆる前提問題について、留意点や当事者の主張が対立している点を確認し、これらの点について基本的な進行方法を評議する。加えて、特別受益や寄与分についての主張の有無および内容の概要を確認したうえで、調停進行のおおまかな方針や想定される解決案等について意見交換する。

(B) 当事者に対する手続説明

第1回調停期日の冒頭においては、調停委員から、当事者に対し、調停手続および遺産分割事件の進め方について説明する。この手続説明については、原則として当事者双方が立ち会って実施される例が多い。

遺産分割事件の進め方に関しては、通常、①相続人の範囲、②遺産の範囲・評価、③各相続人の取得額すなわち具体的相続分（特別受益・寄与分）、④分割方法という順で段階的に進行させ、各段階毎に、当事者から事情および意見を聴取して協議し、合意事項を調書に記載したうえで、次の段階に進むこと、必要な資料は当事者の責任で収集、提出すべきことなどが説明され

ることが多い。

(C)　事情および意見の聴取

第1回期日における当事者からの事情聴取は、計画的な調停進行を図る目的で、それまでに提出された資料の内容を確認したうえで、まず、事前評議で確認された前提問題については、具体的に事情を聴取し、そのうえで、特別受益や寄与分、分割希望についても概略的に主張を聞き、それにより、問題点や当事者の意見の対立点を把握し、事案の全体像を浮かび上がらせ、調停の進行のおおよその見通しを立てることとなる。

(D)　当事者との信頼関係の構築

調停の円滑な進行のためには、当事者と調停委員との間に信頼関係が構築されることが不可欠であり、第1回期日においては、まず、調停委員は、双方当事者に公平に接する立場にあり、現に接していることをまず理解してもらうことから始めることが多い。

当事者は、家庭裁判所を訪れることや調停手続に出席するのが初めてという場合がほとんどであり、また、調停期日における当事者からの意見および事情の聴取は、通常個別になされることから、当事者の中には、調停委員が一方当事者と結託しているのではないかと不安を抱く人もいると聞くことがある。第1回期日の冒頭での当事者双方立会のもとでの手続説明は、調停委員が当事者双方に同じ内容を説明し、双方に公平に接していることをまず実感してもらうという意味もある。

(E)　当事者に対する課題の提示

調停の序盤段階においては、遺言書の効力、相続人の範囲および調停能力並びに遺産の範囲といった遺産分割の前提問題をまず確定することが必要であるから、当事者は、次回期日までの課題として、遺言書の効力や相続人の範囲について争いがある場合には、主張の補充や反論の提出を促され、遺産の範囲に関して資料が不足している場合はその資料の提出を促される。そのうえで、争いのある前提問題については、合意により解決し調停を進行させるか、あるいは、まずその点を民事訴訟等で確定することとするのかを検討

389

し、結論を出してくるように求められることもある。

　(F)　欠席当事者に関する情報収集

　調停は、当事者が出席しなければ手続を進行できないから、遠方に居住したり、年齢や身体的な理由から出席困難な相手方がいるとき、あるいは共同相続人間に根深い感情的対立や複雑微妙なあつれきがあって調停への出席が期待できない相手方がいるときには、期日間に、家庭裁判所調査官による出頭勧告、意向聴取を実施することとなるが、その準備として欠席当事者に関する有用情報を出席当事者から聴取することとなる。

(7)　調停事件の終了（成立・不成立）

(A)　調停の成立

(a)　概　説

　遺産分割調停の成立要件は、調停期日において、①当事者間に遺産分割に関する合意が成立することと、②調停機関（調停委員会または単独調停の場合には裁判官）がその合意の相当性を認めて、その内容を調停調書に記載することである（家事手続268条）。

　この考え方自体は、家事審判法のもとにおけるものと異ならない。すなわち、調停における合意の成立と調停の成立とは別個の観念である。

(b)　合意の成立

　(ア)　期日出席による合意成立

　(ⅰ)　通常の期日出席

　当事者が調停期日に出席し、遺産分割の申立事項に関する合意（この中には、遺産の分割方法、分割に伴う登記の意思表示、分割の基礎となる遺産の範囲および遺言の成否等の訴訟事項に関するものや公租公課の清算等、さまざまな事項について合意されるのが通常である）をすることで、遺産分割調停における合意が成立する。なお、家事事件手続法では、高等裁判所においても家事調停を行うことが可能になったため（274条3項）高等裁判所における調停期日

においても合意が成立することがある。

　(ⅱ)　電話会議システム・テレビ会議システムの方法による期日出席

　家事事件手続では、当事者の便宜を図り、家事調停手続の円滑かつ迅速な遂行に資するため、当事者の一部または全部の者が遠隔地に居住しているような場合、調停手続の期日において、電話会議システムまたはテレビ会議システムを利用することができ、これにより、調停手続期日に、実際には、一方または双方の当事者が裁判所に出頭していなくても調停を成立させることができる（家事手続258条1項・54条2項）。

　遠隔地に居住している当事者が多数いる事案が多い、遺産分割事件においては、電話会議システム・テレビ会議システムの積極的な利用が望まれるが、電話会議システムの利用については、本人確認の問題、非公開性の担保の問題などがあるため、一度は期日に出席してもらって、その留意点を説明し、当事者の理解度を確認したうえで、利用の当否を検討する必要がある。電話会議システムを実際に利用する場合、手続代理人が選任されている事案では、弁護士事務所宛に通話する方法で行うが、選任されていない場合には、最寄りの裁判所の調停室に出頭してもらって行うなどの方法を検討する。

　(ｲ)　調停条項案の書面による受諾

　当事者の一部の者が、遠隔地に居住している、あるいは、病気、老齢等の理由から裁判所に出頭することができない場合には、調停機関が家事調停期日に出頭が困難な当事者に対し、家事事件手続法270条1項に規定する効果（提示された調停条項案を受諾する旨の書面が提出され、他の当事者が期日に出席して当該調停条項案を受諾したときは、当事者間に合意が成立したものとみなされること）を付記した調停条項案をあらかじめ提示し、これに対し、出頭することのできない当事者が、調停機関に対し、調停条項案を受諾する旨の書面を提出し、家事調停期日に出頭した当事者が期日でその調停条項案を受諾したときは、法律上当然に、当事者間に合意が成立したものとみなされる（家事手続270条1項、家事規131条1項）。

　家事審判法のもとにおいては、遺産分割調停にのみ採用されていたが（家

審21条の2）、家事事件手続法において、家事調停手続の円滑かつ迅速な遂行のため、離婚および離縁の事件を除き、調停手続一般で活用することができるようになった。この受諾手続は、当事者出頭主義の原則に対する特則を設け、調停の成立を容易にするものであるところ、これまでの遺産分割調停の実務においては、出頭当事者間において、成立予定の合意内容に基づき調停条項案を作成し、これを中間合意として調書に記載したうえで調書内容を不出頭当事者に提示するという運用が定着していて、家事事件手続法のもとにおいても、同様な運用により、この受諾手続が積極的に活用され、数多くの事件が調停成立に至ることが期待されている。

なお、調停機関は、受諾書面に印鑑登録証明書を添付してもらい、受諾書面に押印された印影を印鑑登録証明書と照合するなどして、受諾書面を提出した当事者の真意を確認しなければならない（家事規131条2項）。

(c) 合意の相当性

当事者間に成立した合意は、調停委員会が相当と認めるものでなければならない（家事手続272条1項）。遺産の具体的な分割方法は、共同相続人が任意に処分することのできる性質の事柄であるから、合意の内容も、基本的には共同相続人が自由に決定することができるものである。したがって、調停委員会としては、遺産分割事件においては、合意の内容が著しく不当であるとか、公序良俗に違反するような極めて例外的な場合を除いては、当事者間に成立した内容どおりの調停を成立させる処理をすることで足りるものと考えられる。また、成立した合意は、当事者の真意に基づくものでなければならない。調停には私法上の契約の一面があるから、実体法上の無効原因がある場合、その調停は当然無効となることがある（たとえば要素の錯誤の場合につき、最判平成元・9・14家月41巻11号75頁）。

(d) 合意の調書記載等

㋐ 調停調書の意義

調停において当事者間に合意が成立し、これを調停調書に記載したときは、合意に相当する審判をすべき事件（家事手続277条1項）を除いて、調停が成

立する（同法268条1項前段）。成立した合意の調書への記載は、調停の成立要件であり、その効力（確定判決または確定した審判と同一の効力。同法268条1項後段）の発生要件でもある。この当事者の合意を記載した調書が調停調書である。調停調書の記載事項は、口頭弁論調書の記載事項に準ずるとされており、その様式は、平成24・12・10最高裁家一004532号最高裁家庭局長・総務局長通達で定められている。調停調書には、①事件の表示、②裁判官、家事調停委員、裁判所書記官の氏名、③当事者等およびその出頭状況、④期日が行われた場所等および年月日、⑤手続の要領等として、調停成立の旨および調停条項を記載し、⑥裁判所書記官が署名（記名）捺印し、裁判官が捺印することにより完成する。

(イ) **調停成立期日における主要な留意事項**

① 当事者には、相続人以外に割合的包括受遺者や相続分の譲受人も含まれるので、戸籍謄本のみでなく、相続分の譲渡証書や遺言書によっても確認する必要がある。

② 弁護士が複数の相続人から受任している場合、弁護士法25条および双方代理の問題が生じる。調停申立て時は実質的な利害対立がないということで複数の当事者の代理をした場合であっても、成立時には辞任して1人の代理のみとするのが通常である。辞任しない場合には、当事者本人から双方代理を許諾する旨の申述書を提出してもらうことになる。

(ウ) **遺産分割調停条項の参考例**

遺産分割調停においては、相続人の範囲、遺産の範囲、遺産の評価、特別受益および寄与分、分割方法のほかに、遺言の効力、遺産分割協議の効力等の前提問題、さらに、遺産から生じた収益、遺産管理費用、葬儀費用等の付随問題を取り込んで紛争解決をすることが多く、このような場合、調停条項には相続に関する事項が絡む複雑で多様な内容が盛り込まれることになる。また、登記や引渡し等の遺産の処分に伴う履行の実現方法などにも留意すべき点が多い。したがって、調停条項の作成に当たっては、後日、その解釈や効力をめぐって当事者間に紛争が生じないように、合意内容を明確にして、

調停条項に正しく反映させる必要がある。そこで、以下、遺産分割の調停条項として基本的な条項を実務の参考例として掲げる。

【相続人の範囲】
□　当事者全員は、被相続人甲（平成○○年○○月○○日死亡、以下「被相続人」という。）の相続人が、申立人A、同B、相手方C、同Dの4名であることを確認する。

【相続分の譲渡・放棄】
□　当事者全員は、被相続人甲（平成○○年○○月○○日死亡、以下「被相続人」という。）の相続人が、申立人A、相手方B、同C及び同Dの4名であること、
　　□相手方Dが、自己の相続分を相手方Cに譲渡して本件手続から排除されたことにより
　　□相手方Dが、自己の相続分を放棄して本件手続から排除されたことにより、
本件遺産分割の当事者が、申立人A、相手方B及び同Cの3名であることを確認する。

【遺産の範囲（全部分割の場合）】
□　当事者全員は、別紙遺産目録（以下「目録」という。）記載の財産が被相続人の遺産であることを確認する。

【遺産の範囲（一部分割の場合）】
□　当事者全員は、目録記載の財産が被相続人の遺産の一部であることを確認する。

【遺産でないことの確認】
□　当事者全員は、別紙物件目録記載の財産が被相続人の遺産でないことを確認する。

【前提問題・遺言】
□　当事者全員は、被相続人が平成○○年○○月○○日に作成した自筆証書遺言は【無効・有効】であることを確認する。
□　当事者全員は、被相続人の平成○○年○○月○○日付け○○法務局所属公証人A作成第○○○○号公正証書による遺言は【無効・有効】であることを確認する。

【前提問題・遺産分割協議】
□　当事者全員は、当事者間の平成○○年○○月○○日付け遺産分割協議書に

よる遺産分割は【無効・有効】であることを確認する。

【分割方法・現物分割】

「当事者全員は、目録記載の遺産を次のとおり分割する。」とした上

☐ （現物取得）申立人は、目録記載2の土地を取得する。

　（共有取得）申立人及び相手方は、目録記載2の土地を、持分各2分の1の割合で共有取得する。

☐ （土地の分筆による現物分割・共同相続登記未了の場合）

　申立人は、目録記載2の土地のうち、別紙図面イ、ロ、ハ、ニ、イの各点を順次直線で結んで囲まれた部分を取得する。

☐ （土地の分筆による現物分割・共同相続登記がされている場合）

　申立人を除く当事者全員は、申立人に対し、別紙図面イ、ロ、ハ、ニ、イの各点を順次直線で結んで囲まれた部分の土地につき、本日付け遺産分割を原因とする持分移転登記手続をする。

☐ （遺産全部の単独取得）申立人は、目録記載の遺産を全て単独取得する。

☐ （遺産を取得しない）申立人は、遺産を取得しない。

【分割方法・代償分割】

☐　申立人は、相手方に対し、第3項の遺産を取得した代償として、○○万円を支払うこととし、これを、平成○○年○○月○○日限り、下記口座に振り込む方法によって支払う。

記

　　　　　＿＿＿＿＿＿＿＿＿＿銀行＿＿＿＿＿＿＿支店

　　　　　口座名義「＿＿＿＿＿＿＿＿＿＿＿」

　　　　　普通・当座（口座番号＿＿＿＿＿＿＿）

☐ （引換給付）申立人は、相手方に対し、平成○○年○○月○○日までに、前項の金員の支払を受けるのと引換えに目録記載2の建物を明け渡す。

☐ （席上授受）申立人は、本日、相手方に対し、本調停の席上で、第3項の遺産を取得した代償として、○○○万円を支払い、相手方はこれを受領した。

【分割方法・換価分割】

☐　当事者全員は、目録記載2の不動産を相互に協力して売却するものとし、その売却代金から不動産仲介手数料及び測量費等の売却に要する費用を控除した残代金を【☐法定相続分の割合で・☐各○○分の○の割合で】取得する。なお、売却における期限を平成○○年○○月○○日とし、最低売却価額を○○○万円とする。

【分割方法・競売分割】

□ 当事者全員は、目録記載2の不動産を裁判所の競売によって換価する。
□ 当事者全員は、目録記載の不動産につき、平成○○年○○月○○日以降、単独で競売申立をすることができる。ただし、平成○○年○○月○○日までに売却できた場合はこの限りではない。

【登記に関する条項】
□ （被相続人名義の場合）
別紙遺産目録記載の不動産は、申立人が取得する。
□ （共同相続登記が入っているとき）
申立人は、相手方に対し、目録記載の不動産の各持分につき、本日付け遺産分割を原因とする持分全部移転登記手続をする。ただし、登記手続費用は、相手方の負担とする。
□ （相続人の単独登記が入っているとき）
相手方Bは、他の当事者に対し、目録記載の不動産の○○法務局平成○○年○月○日受付第○○○○号をもってなされた被相続人から相手方Bに対する所有権移転登記につき、錯誤を原因とする抹消登記手続をする。
□ 相手方Bは、他の当事者に対し、目録記載の不動産の○○法務局平成○○年○月○日受付第○○○○号をもってなされた被相続人から相手方Bに対する所有権移転登記につき、錯誤を理由として、所有者を当事者全員とし、その持分を各○○分の○とする○番所有権更正登記手続をする。
□ （第三者の登記が入っているとき）
利害関係参加人は、当事者全員に対し、目録記載の不動産の○○法務局平成○○年○月○日受付第○○○○号をもってなされた被相続人から利害関係参加人に対する所有権移転登記につき、錯誤を原因とする抹消登記手続をする。

【特別受益・寄与分】
□ 当事者全員は、申立人が受けた生前贈与について、今後、特別受益の主張をしないことを確認する。
□ 当事者全員は、目録記載の遺産につき、本件相続開始時における価格を○○○○円と評価した上、申立人Aの寄与分を遺産の○○分の○と定める。

【債務の分割】
□ 申立人は、別紙債務目録記載の債務を自己の負担において弁済し、申立人を除く当事者全員に負担させない。

【相続開始後の果実】
□ 当事者全員は、申立人の保管する目録記載○の相続開始から平成○○年○

月○日までの賃料収入を、本件遺産分割の対象とすることを確認する。
【葬儀費用】
□ 当事者全員は、申立人が葬儀費用を負担することを確認する。
【祭祀承継】
□ 当事者全員は、被相続人の祭祀承継者を相手方Aと定めることに合意する。
【形見分け条項】
□ 被相続人の遺産のうちの動産類については、○○○○及び△△△△が立ち会いのもと、形見分けを行うものとし、その日程については当事者間で別途協議する。
【協力条項】
□ 当事者全員は、遺産目録記載の各遺産の解約手続または名義変更手続に協力するものとする。
【遺産発見条項】
□ 遺産目録記載の財産以外に被相続人の遺産が発見されたときは、当事者全員は、【□その分割につき別途協議する・□その法定相続分に応じてこれを分割する】。
【清算条項】
□ 当事者全員は、以上をもって被相続人の遺産及びその分割に関する紛争が一切解決したものとし、本調停条項に定めるほか、何らの債権債務のないことを相互に確認する。
【費用負担条項】
□ 調停費用は、各自の負担とする。

(B) 一部成立

家事審判法のもとでは規定がなかったが、家事事件手続法においては、家事調停事件の一部について当事者間に合意が成立したときは、その一部について調停を成立させることができる旨規定された（家事手続268条2項）。

遺産分割調停においては、遺産であることに争いのない一部の遺産についての分割をまず成立させ、争いのある残余の遺産についての分割は後日に行うというような段階的な処理が可能であり、この場合、各段階における分割は、一部分割による一部成立という取扱いになる。一部成立にあたっては、

一部分割を行うことについての当事者の合意があること、一部分割を行う合理的な理由があること、一部分割によって共同相続人間の実質的な公平を害する結果とならないこと、後日の残余の遺産の分割をいかなる基準で行うか（一部分割と残余の遺産の分割とを別個独立に行うものとするか否か）を明確にしておくことが重要である。

(C) 調停の効力

別表第2事件である遺産分割調停が成立すると、調停条項は確定した審判（家事手続39条）と同一の効力を有する（同法268条1項）。金銭の支払い、物の引渡し、登記義務の履行など当事者の具体的給付義務を定めた場合には、調停調書の記載は、給付を命ずる確定した審判と同様に、執行力のある債務名義と同一の効力を有する（同法75条）。この効力については、家事審判法下における議論がそのまま妥当とすると解されるから、執行文の付与を要しないで、直ちに強制執行することができる。なお、既判力はない。

不動産の分割についての条項が記載された調停調書がある場合には、相続人は調停調書の正本を添付して単独で登記申請をすることができる。この場合、戸籍謄本等の添付は要しないものとされている。

(D) 調停の不成立

(a) 概 説

調停委員会（単独調停の場合は裁判官）は、当事者間に合意が成立する見込みがない場合または成立した合意が相当でないと認める場合には、調停が成立しないものとして事件を終了させることができる（家事手続272条1項）。

事件が終了したときは、書記官は当事者に対しその旨を通知する（家事手続272条2項）。利害関係参加人がある場合には、書記官はその者に対し、遅滞なく、その旨を通知しなければならない（家事規132条2項）。ただし、調停に代わる審判をした場合には、調停不成立時に家事調停事件は終了しない。

(b) 別表第2事件である遺産分割事件の不成立

遺産分割調停事件が調停不成立によって終了した場合には、家事審判法26条1項と同様に、家事調停の申立ての時に、当該事項について家事審判の申

立てがあったものとみなされる（家事手続272条4項）。すなわち、家庭裁判所に家事調停の申立てをした当事者は、家庭裁判所における紛争の終局的な解決を求めていると考えられ、調停の申立人等による特段の行為なくして、家事審判の申立てがあったものとみなされるのである。

　家事調停手続が家事審判手続に移行しても、家事調停と家事審判の手続は別個の手続であるから、家事調停事件が係属していた家庭裁判所が当該家事審判事件の管轄裁判所でない場合に、引き続き家事審判事件を担当するには、当事者および利害関係参加人の意見を聴き、自庁処理（家事手続9条1項ただし書）の決定をする必要がある。また、家事調停手続において提出された資料が直ちに家事審判手続の資料となるのではなく、家事審判の資料とするためには、あらためて事実の調査の対象とするなどしなければならない。

　期日において調停が不成立になったときは、裁判官は調停の不成立を宣言する。遺産分割調停の実務においては、遺産の範囲、遺産の評価、特別受益および寄与分、遺産の分割方法などのテーマごとに、段階的に期日を重ね、各テーマにおいて当事者間に合意が形成されれば、それを期日調書に記載し、以後の手続の前提にするという運用を行っているので、期日調書を確認し、これまでにされた合意事項を確認し、まだ期日調書に記載されていない内容があれば、不成立調書にその合意内容等を記載する。また、審判手続移行後の争点が不成立となった段階で明らかになっていることが多く、この場合は、その争点を調書に記載し、争点に関する主張立証があれば、その提出期限を定めるなどしてこれも調書に記載する。遺産分割においては、審判の際にあらためて遺産を確認する必要がある事案、あるいは、特別受益または寄与分に関する主張が錯綜している事案が相当数あって、審判期日で当事者に口頭で陳述させてその主張および資料を的確に整理し、争点を確定する必要性が高いので、原則として審判期日を開くこととし、調停不成立時に、第1回審判期日を指定し、不成立となった期日に出頭しなかった当事者に対して審判期日を通知する。

(8) 調停事件の終了（調停に代わる審判）

(A) 概　説

　家庭裁判所は、調停が成立しない場合において相当と認めるときは、当事者双方のために衡平に考慮し、一切の事情を考慮して、職権で、事件の解決のため必要な審判（「調停に代わる審判」または「284条審判」という）をすることができる（家事手続284条1項）。

　調停に代わる審判は、主に、任意の譲歩に応じない一方当事者の意向により、またはわずかな意見の相違により調停が成立しない場合や、当事者が手続追行の意欲を失っている場合に、当事者に異議申立ての機会を保障しつつ、家庭裁判所が、調停の手続において提出または収集された資料に基づき、合理的かつ具体的な解決案を示すことを目的とするものである。家事審判法24条においても、調停に代わる審判（いわゆる「24条審判」）の制度が設けられていたが、家事事件手続法においてその手続を明確にした。

(B) 対象事件

　調停に代わる審判の対象となるのは、調停事件（家事手続244条）のうち、家事事件手続法277条1項に規定する事項（離婚および離縁の訴えを除く人事に関する訴えを提起することができる事項）についての調停事件を除くものであるから、遺産分割事件などの別表第2に掲げる事項についての調停事件（別表第2調停事件）はその対象となる。

　家事審判法のもとでは、遺産分割事件などのいわゆる乙類調停事件（家事事件手続法の別表第2調停事件に相当する）は24条審判の対象から除外されていた（24条2項）が、調停に代わる審判の制度趣旨は、別表第2調停事件にも妥当するうえに、別表第2調停事件において調停が成立しない場合、直ちに審判手続へ移行させるよりも、調停に代わる審判を活用することのほうが、紛争の円満解決のための選択肢を増やすものとして有効であるから、別表第2調停事件についても調停に代わる審判をすることができるものとされた。

調停に代わる審判が活用される事例は、通常、①欠席型（相手方が調停期日に出席せず、出頭勧告や意向調査にも応じない場合）、②合意型（当事者間に合意が成立しているが、調停期日において調停を成立させることができない場合）および③不一致型（いわゆる経済事件においてわずかな金額の差や感情的な抵抗感から合意ができない場合）の3類型に分類することができる。これは、遺産分割事件でも同様である。

(a) **欠席型**

遺産分割事件では、当事者が多数となり、その一部が調停期日に出頭しないということがある。この場合、まずは、出頭当事者間において、遺産の範囲とその評価を確定し、分割方法の調整まで行っているが、最終的に、調停は、当事者全員が合意しなければ成立しないから、不出頭当事者に対する対応もあわせて検討しておかなければならない。

従前、不出頭当事者に対する対応としては、まず、不出頭の理由を確認し、次に、家庭裁判所から不出頭当事者への働きかけ（たとえば、家庭裁判所調査官による出頭勧告や意向調査など）をすることにより、調停条項案の書面による受諾（家審26条1項、現在の家事手続270条）の方法によって調停の合意を目指し、それが困難であるときは、やむを得ず調停不成立にして審判手続へ移行させていた（家審26条1項、現在の家事手続272条）。しかし、家事事件手続法のもとでは、当事者の一部が調停期日に出頭せず、出頭勧告や意向調査にも応じないために調停が成立しない場合であっても、出頭当事者間において遺産分割の合意が成立し、かつ、その合意が相当であると認めるときは、その合意どおりの内容で調停に代わる審判をすることがある。これは、遺産分割事件において最も効果的に調停に代わる審判を活用できる場合である。

(b) **合意型**

遺産分割事件においては、実質的に当事者全員の合意が成立しているものの、一部の当事者が遠隔地に居住している等の事情により調停期日に出頭することができず、調停を成立させられないということがある。このような場合、調停委員会は、調停条項案の書面による受諾（家事手続270条）の方法に

より調停の合意を成立させようとするのであるが、そのためには、調停を成立させる期日の前に、調停委員会が提示した調停条項案を受諾する旨の書面（受諾書面）と、その意思を確認するために必要な印鑑登録証明書を不出頭当事者に返送してもらう必要がある。この印鑑登録証明書を添付して受諾書面を返送するということが、高齢等で外出がままならない当事者にとっては著しい負担となったり、時間を要したりする場合がある。また、この受諾書面が返送された後に、他の当事者はあらためて調停期日に出頭しなければならないが、それが負担ということもある。このような場合、出頭当事者間の合意が成立しており、不出頭当事者もその内容で合意しているとの意向確認ができていれば、調停条項案の書面による受諾よりも、その合意どおりの内容で調停に代わる審判をすることの方が、当事者にとって手続上の負担が少ない。このような場合にも、調停に代わる審判は、有効に活用されている。

(c) 不一致型

遺産の範囲とその評価、分割方法につき、当事者間でほぼ合意が成立しており、その合意内容にも不満がないにもかかわらず、一部の当事者が、何らかの理由により調停で解決することに心理的な抵抗を示して調停成立に至らないという場合もある。この場合にも、調停不成立にして審判手続へ移行させるよりも、調停に代わる審判を活用することが相当であるということもある。もっとも、このような場合に、調停に代わる審判がされても、後記のとおり、当事者から異議の申立て（家事手続286条1項）がされると、その効力を失い（同条5項）、調停申立てのときに審判申立てがあったものとみなされ（同条7項）、審判手続に移行することになるから、当事者から異議の申立てがされることが明らかであるときまで積極的に調停に代わる審判をすることはしないが、調停に代わる審判のほうが実情に即した柔軟な解決を図れるので、本件遺産分割の解決方法につき当事者に決断を促すための1つの手段として調停に代わる審判を活用するということもあり得る。

(C) 調停に代わる審判をするのを相当と認めること（相当性）

遺産分割事件の調停手続では、まず、相続人の範囲、遺産の範囲とその評

価を確定し、次いで、特別受益・寄与分の有無とその評価、具体的な分割方法につき、当事者の意見を調整して合理的な合意を形成し、調停成立を目指しているが、調停成立に至らず、調停に代わる審判をする場合でも、出頭当事者間の合意形成を目指すという点では、調停成立による解決の場合と同様である。しかし、出頭当事者間で合意が形成されたとしても、必ずしもその合意内容に従った調停に代わる審判がされるというものではない。調停に代わる審判をするのを相当と認めるかどうかは、家庭裁判所の判断事項であるから、家庭裁判所は、出頭当事者間で形成された合意内容を基に、具体的にどのような主文とするかを確定しなければならない。

他方、出頭当事者間で合理的な合意が形成されたからといって、不出頭当事者にその合意内容について意見を述べる機会を与えずに、調停に代わる審判をするのは相当でない。不出頭当事者には、遺産分割に関し明確に自分の意見を表明したうえで出頭しない者もいるが、このような当事者に対しては、家庭裁判所が検討した主文案を提示するなどしてその意向を確認すべきである。また、全く意向を明らかにしない者については、書記官による書面照会や家庭裁判所調査官による意向調査等により意向を確認すべきである。その結果、出頭当事者間の合意につき、積極的に合意することはしないが、異議の申立てをするつもりもないことが判明するということもある。

このように、家庭裁判所は、出頭当事者間の合意形成、不出頭当事者の意向確認を経て、調停に代わる審判の内容を確定しているが、その内容の相当性を判断するにあたっては、以下の点に留意している。

(a)　遺産の範囲

審判手続では、本来、①当然に分割の対象となるもの（不動産、借地権、株式、国債、公社債など）のみが審判の対象となるが、②当事者の合意があれば分割の対象にできるもの（預貯金、相続開始後の遺産収益など）は、当事者の合意がなければ審判の対象とすることができず、また、③調停手続で協議することは可能であるが当事者の合意があっても分割の対象となり得ないもの（相続債務、葬儀費用、遺産管理費用など）は、そもそも審判の対象とは

なり得ない。

　これに対し、調停に代わる審判は、家庭裁判所が調停手続において提出または収集された資料に基づき、合理的かつ具体的な解決案を示すことを目的とするものであるから、分割の対象となる遺産の範囲は、必ずしも審判手続の場合と同様に解する必要はない。たとえば、②預貯金等の可分債権については、これを分割の対象とする旨の当事者全員の合意がなくとも、分割の対象となる遺産に含めて、調停に代わる審判をすることができる（そのことに不服のある当事者は、異議申立てをすることにより調停に代わる審判の効力を失わせることができるが、当事者全員が異議申立てをしないのであれば、消極的であるにせよ、分割の対象とすることに合意したものと認められる）。また、③相続債務や葬儀費用の負担についても、遺産分割に関連する事項として、調停に代わる審判をすることもできる（当事者全員が異議申立てをしないのであれば、調停に代わる審判の内容どおり、調停手続で協議が成立したのと変わりがない）。

(b) 遺産の評価

　遺産の評価は、当事者間に評価の合意が成立するときはその合意を相当でないと認める特段の事情がない限りこれを基に審理判断するが、評価の合意が成立しないときは、通常、時間と費用をかけて鑑定を実施して審判することになる。

　これに対し、調停に代わる審判は、家庭裁判所が調停手続において提出または収集された資料に基づき、合理的かつ具体的な解決案を示すことを目的とするものであるから、当事者間に評価の合意が成立しなくとも、鑑定を実施するまでもなく、出頭当事者から提出された遺産の評価に関する資料に基づき、合理的な価格を算定して、調停に代わる審判をすることもできる（これに不服がある当事者は、異議の申立てをすることにより、調停に代わる審判の効力を失わせ、審判手続において時間と費用をかけて鑑定を実施すればよく、当事者全員が異議申立てをしないのであれば、消極的であるにせよ、評価の合意をしたものと認められる）。

(c) 分割の方法

分割の方法は、当事者全員が合意すれば、自由に定めることができる。家庭裁判所は、各当事者の取得希望、遺産の現況や利用状況などに配慮し、各相続人の具体的取得分額を基に、分割方法の内容を確定することになる。ただし、当事者が希望する内容であっても、家庭裁判所が相当でないと判断した場合には、調停に代わる審判をすることはできない。具体的に相当でない内容としては、以下のものが考えられる。

① 遺産である不動産の評価につき、当事者全員の合意もなく、合理的根拠も認められない低廉な価格にて、一部の当事者にこれを取得させ、いわゆる判子代ともいうべき少額の代償金を支払わせる内容で代償分割をするというもの

② いわゆる使途不明金の問題につき、当事者間で合意が成立せず、別途訴訟で争われる可能性があるにもかかわらず、この問題について一定の判断を示して分割方法に反映させるもの

③ 遺産である不動産等を取得させても、その代償金の支払意思や能力があるかどうかも分からない当事者に対して代償金の支払いを命ずる代償分割をするもの

④ 遺産である不動産のうち、一般的に経済的価値が低いとされる農地や山林などをその取得を希望していない当事者（不出頭当事者など）に現物取得させるというもの

⑤ 遺産である不動産等の売却につき、協力しない当事者がいるにもかかわらず、当事者全員でこれを任意売却するというもの

⑥ 遺産である現金や株式について、現在の金額や株式数が明らかではないのに、過去の一時点の金額や株式数のまま現在も存在するという前提でその分割を命ずるもの

(D) 調停に代わる審判の手続

(a) 審判書の内容

調停に代わる審判は、審判書を作成してしなければならず、審判書には、

主文のほか、理由の要旨を記載しなければならない（家事手続258条1項・76条1項本文・2項）。調停に代わる審判の主文は、①調停条項と同様の記載内容とされる場合と、②審判主文と同様の記載内容とされる場合とがあり、これらは、個別の事案に応じて使い分けられている。調停に代わる審判においても、調停条項と同じように、確認条項や紳士条項、清算条項が盛り込まれることも多い。理由の要旨については、調停手続において当事者に対し、家庭裁判所が検討した主文案が提示され、その説明が十分にされているような場合には、「相当と認め」とする程度の簡単なものであることが多いが、当事者の納得のためにそのような結論に至った経緯を簡略に記載することもある。

(b) **審判の告知**

調停に代わる審判は、当事者に対し、相当と認める方法で告知しなければならない（家事手続258条1項・74条1項）。遺産分割事件では、異議申立期間の起算点を明らかにするために、当事者に対し、審判書正本を送達する方法により告知するのが通常である。また、調停に代わる審判の告知は、公示送達の方法によってすることはできない（同法285条2項）。当事者が所在不明の場合には、調停に代わる審判をすることができず、また、調停に代わる審判をした後、告知するまでの間に、当事者が所在不明となり、告知することができない場合には、調停に代わる審判を取り消さなければならない（同条3項）。

(c) **審判を告知できない場合の取消し**

上記のとおり審判書正本を送達することができず、調停に代わる審判の告知ができない場合は、家庭裁判所はこれを取り消さなければならない。調停に代わる審判が取り消されると、調停に代わる審判をする前の状態に戻ることになるので、家庭裁判所は、調停不成立により調停事件は終了した旨を宣言し（家事手続272条1項）、審判手続に移行させる（同条4項）。

(d) **異議の申立て**

当事者は、調停に代わる審判に対し、審判の告知を受けた日から2週間以

内に家庭裁判所に異議の申立てをすることができる（家事手続286条1項・2項・279条2項・3項）。適法な異議の申立てがあったときは、調停に代わる審判はその効力を失い（同法286条5項）、調停申立ての時に、審判申立てがあったものとみなされ、審判手続が開始する（同条7項、審判移行）。この異議申立権は放棄することができる（同条2項・279条4項）。

当事者が調停に代わる審判に服する旨の共同の申出を書面でしたときは、調停に代わる審判に対し異議を申し立てることができない（家事手続286条8項・9項）。上記共同の申出は、調停に代わる審判の告知前に限りこれを撤回することができる（同条10項）。

(e) **調停に代わる審判の効力**

調停に代わる審判に対し、異議の申立てがないとき、または異議の申立てを却下する審判が確定したときは、申立てに係る調停事件は終了し、遺産分割に関する調停に代わる審判は、確定審判と同一の効力を有する（家事手続287条）。

(9) 調停事件の終了（その他）

(A) 調停をしない措置による終了

調停委員会（単独調停の場合においては裁判官）は、事件が性質上調停を行うのに適当でないと認めるとき、または当事者が不当な目的でみだりに調停の申立てをしたと認めるときは、調停をしないものとして、家事調停事件を終了させることができる（家事手続271条）。この調停をしない措置は、期日外や、当事者等が出頭していない期日においてもされることがある。

「事件が性質上調停をするのに適当でない」というのは、一般に、事件の内容が法令や公序良俗に違反する場合のほかにも、具体的な事件の態様上調停をするのに適さない場合も含むと解されている。遺産分割調停においては、一般の家事調停に比べて、申立て自体が性質上不適当と認められることは少ない。

「当事者が不当な目的でみだりに調停の申立てをした」というのは、単に訴訟や執行の延期策として申し立てた場合、申立人の氏名を冒用して他の者が申し立てた場合、申立人が調停期日に欠席を繰り返して調停を進行する熱意を欠いている場合などが、これにあたると解されている。

調停委員会が、調停期日において、調停をしない措置をとったときは、期日調書にその旨を記載する（家事規126条1項・32条1項1号）。期日外にこの措置をしたときは、その旨を記載した書面を作成し、裁判官が押印する扱いである。

調停をしない措置により調停が終了したときは、書記官は、当事者および利害関係参加人に対し、遅滞なく、その旨を通知しなければならない（家事規132条1項）。調停をしない措置をした期日に出席した当事者等は事件終了を知ることができるので、あらためて通知をすることは要しない。

調停をしない措置は、裁判ではないから、当事者はこれに対し、不服申立てをすることはできないと解されている。

遺産分割事件は別表第2事件であるところ、別表第2事件については、調停が不成立で終了したときは、審判の手続が開始するという規定（家事手続272条4項）があるため、不成立の場合は審判事件に移行するが、調停をしない措置で終了した場合には、審判に移行しない。

(B) **申立ての取下げ**

申立人は、遺産分割調停の申立てを、原則として、調停事件が終了するまで、取り下げることができる（家事手続273条1項）。この場合、相手方の同意は不要である。遺産分割調停の申立てが有効に取り下げられたときは、遺産分割調停事件は終了する。

複数の相続人が共同で申立てをした場合に、事件を終了させるためには、申立人全員で取り下げる必要がある。

申立ての取下げは、取下書を提出するのが通常であるが、調停期日に口頭ですることもできる（家事手続273条2項、民訴261条3項ただし書）。調停期日に口頭で取下げをしたときは、期日調書に記載する（家事規126条1項・32条

1項1号)。

　取下げのあった部分については、初めから係属しなかったものとみなされる（家事手続273条2項、民訴262条1項）。裁判所書記官は、取下げにより調停手続が終了した場合は、遅滞なく、これを当事者および利害関係参加人に通知する（家事規132条3項・1項）。期日において取下げになった場合に、当該期日に出席した当事者等は事件終了を知ることができるので、あらためて通知をする必要はない。

　もっとも、調停期日に申立人が取下げをすることになったときには、後の紛争防止等のため、なるべく口頭ではなく取下書の提出を求めるというのが実務の運用である。

　手続代理人が調停事件の申立てを取り下げるためには、特別の委任を受けなければならない（家事手続24条2項1号）。

　審判事件を付調停にした場合、申立人がその調停事件を取り下げることはできない。その場合、事件を取り下げるには審判事件を取り下げる必要があり、審判事件が有効に取り下げられたときは、それによって調停は終了する。

　調停に代わる審判がされた後は、家事調停の申立てを取下げすることができない（家事手続285条1項）。この趣旨は、申立人は、調停に代わる審判を受け入れたくなければ異議の申立てにより失効させる方法によるべきであり、それまでの手続を無に帰せしめることになる家事調停の申立ての取下げを認めることは、調停に代わる審判がされなければ調停不成立時に家事調停事件が終了し、もはや家事調停の申立てを取り下げることができなくなっていたこととの均衡を失し、相当でないとされるからである（金子修編『一問一答家事事件手続法』142頁）。

(1)(2)(4)(6)　田中　寿生
(3)(8)　長門久美子
(5)(9)　吉田　圭介
(7)　武田　明彦

3 家庭裁判所における審判

(1) 概　要

(A) 審判事項

　家事事件手続法は、審判の対象となる事項のうち、調停の対象とならないものを別表第1に、調停の対象となるものを別表第2に、それぞれ掲げている（家事手続39条）。別表第1に掲げる事項は、本来紛争性がなく、当事者の任意処分を許さないものであるから、調停の対象にならない。他方、別表第2に掲げる事項は、基本的に当事者の話合いによる解決が期待されるもの（当事者の任意処分が可能なもの）であり、紛争性があるから、調停の対象となる（同法244条）。遺産分割事件は、別表第2―12項に掲げる事項であるから、審判・調停の対象となり、いずれの手続から開始するかは申立人の選択による。もっとも、実際には、当初から審判の申立てがされるよりも、調停の申立てをされるほうが圧倒的に多い。

(B) 審判申立てが先行する場合

　遺産分割事件につき、当初から審判の申立てがされた場合でも、家庭裁判所は、当事者の意見（本案について相手方の陳述がされる前にあっては、申立人に限る）を聴いて、いつでも、職権で調停に付することができる（家事手続274条1項、付調停）。遺産分割は、当事者の合意により自主的かつ円満に解決することが望ましいとされるから、実務上、当事者の話合いが期待できないなどの特段の事情がない限り、審判事件を調停に付して調停による解決を

目指すという運用が行われている（運用上の調停前置）。この場合、審判事件が係属する家庭裁判所は、付調停による調停事件が終了するまで、審判の手続を中止することができる（同法275条2項）。付調停による調停事件につき、調停が成立すれば、その調書の記載は、確定した審判と同一の効力を有し（同法268条1項）、当該審判事件は、当然に終了する（同法276条2項）。他方、当該調停事件が調停不成立により終了すると、審判の手続が中止されていても、中止の決定が失効し、審判の手続が再開する。

(C) **調停申立てが先行する場合**

これに対し、遺産分割事件につき、当初から調停の申立てにより調停の手続が開始したが、調停不成立により調停事件が終了すると、調停申立ての時に、審判申立てがあったものとみなされ、審判の手続が開始する（家事手続272条1項・4項、審判移行）。

もっとも、家庭裁判所は、調停が成立しない場合において相当と認めるときは、当事者双方のために衡平に考慮し、一切の事情を考慮して、職権で、調停に代わる審判をすることができる（家事手続284条1項）。この場合、当事者は、調停に代わる審判に対し、その告知を受けた日から2週間以内に、家庭裁判所に異議の申立てをすることができる（同法286条1項・2項・279条2項・3項）が、異議の申立てがないとき、または異議の申立てを却下する審判が確定したときは、調停に代わる審判が確定し（同法287条）、申立てに係る調停事件は終了する。他方、適法な異議の申立てがあったときは、調停に代わる審判はその効力を失い（同法286条5項）、調停申立ての時に、審判申立てがあったものとみなされ、審判の手続が開始する（同条7項、審判移行）。この制度は、主に、任意の譲歩に応じない一方当事者の意向により、またはわずかな意見の相違により調停が成立しない場合や、当事者が手続追行の意欲を失っている場合に、当事者に異議申立ての機会を保障しつつ、家庭裁判所が、調停の手続において提出または収集された資料に基づき、合理的かつ具体的な解決案を示すことを目的とするものである。

遺産分割事件の調停においては、①多数当事者のうち一部の当事者が調停

期日に出頭せず、出頭当事者間ではほぼ合意が成立しているにもかかわらず、不出頭当事者が家庭裁判所調査官による出頭勧告や意向調査に全く応じない場合、②調停委員会が調停条項案の書面による受諾（家事手続270条）の方法により調停の合意を成立させようとしたが、調停条項案を受諾する旨の書面（受諾書面）が一部の当事者から提出されない場合、③出頭当事者間ではほぼ合意が成立しているにもかかわらず、何らかの理由により（たとえば、調停の手続に協力したくない、このまま解決をせずにいたい、自分の意思では決断したくないなど）、調停の合意を成立させたくない当事者がいる場合などに積極的に活用されている。このほか、④遺産の範囲とその評価までは確定したが、特別受益・寄与分、具体的な分割方法の各段階において当事者の意見が対立し、自主的な合意形成ができない場合に、調停委員会は、当事者に対し、特別受益・寄与分につき、現時点での主張内容と提出された資料に基づき一定の法的判断や見通しを説明し、最終的な分割方法を再度検討するよう求めるとか、または、具体的な分割方針まで策定し、これを調停委員会案として提示することがある。その際、当事者が自主的には合意しないが、裁判所の判断には従う旨の意向を示したときは、当事者双方に対し、調停に代わる審判に服する旨の共同の申出（同法286条8項）をするよう求めたうえで、調停委員会案を提示し、調停に代わる審判をすることを検討する。他方で、当事者の意見が厳しく対立し、これに対する法的判断等が示されたとしても、当事者がこれを容易に受け入れる様子がなければ、調停に代わる審判をするよりも、調停不成立により審判手続へ移行させるのが相当ということもある。

(D) **審判手続**

遺産分割事件は、調停不成立により審判手続へ移行すると（または審判手続が再開すると）、原則として審判手続の期日（審判期日）を指定して、当事者双方立会いのもとでの審問の期日において当事者の陳述を聴取することにより事実の調査をする（家事手続69条、後日審問型）。もっとも、当事者双方に手続代理人弁護士が選任されており、調停手続の段階において遺産の範囲とその評価が確定し、特別受益・寄与分や、具体的な分割方法につき、当事

者の主張立証がすでに尽くされ、これに対する裁判所の法的判断が求められている場合等においては、例外的に審判期日を指定することなく（ただし、当事者の申出があるときは、審問の期日を指定しなければならない。同法68条2項）、当事者の陳述を書面で聴取する方法（書面審理）により事実の調査をすることもある（同条1項、陳述聴取型）。

　審判手続と調停手続との関係については、審判手続は、裁判所が事実認定を行いそれに基づいて公権的な判断をする裁断作用であるのに対し、調停手続は、基本的に当事者の合意による自主的解決を目指した話合いの手続であるから、両手続は全く別個の手続である。そうすると、調停不成立により審判手続へ移行したとしても、調停手続の段階において提出または収集された資料（調停記録）が直ちに審判の資料（審判記録）となるわけではなく、これを審判の資料とするには、審判の資料とするための手続、すなわち調停記録を事実の調査（家事手続56条1項）の対象とすることが必要となる。

　家庭裁判所は、審判手続において、審判移行時の調停記録のほか、審理の終結（家事手続71条）までに提出または収集された資料につき、事実の調査をして審判の資料とする（同法56条1項）とともに、審判記録の閲覧・謄写の機会を保障するため、当事者等に対し、事実の調査をした旨の通知をする（同法70条）。その結果、遺産分割事件が裁判をするのに熟したときは、審理を終結し（同法71条）、あらかじめ指定した審判日（同法72条）に、遺産分割の審判をする（同法73条）。

(2) 手続の基本原理

(A) 遺産分割事件の特徴

　遺産分割事件は、家庭裁判所が、当事者の意思に拘束されることなく、後見的立場から合目的的に裁量権を行使して具体的に遺産の分割を形成決定するものであるから本質的に非訟事件であり、職権探知主義が適用される（家事手続56条1項・258条1項）。

しかし、遺産分割事件は、共同相続人間において未分割の遺産をどのように分割するかという私的な財産紛争でもあり、家事事件の中でも、公益性が低く紛争性が高い事件類型であることから、遺産分割事件の審理においては、審判のみならず、調停においても、当事者主義的運用を行うことが相当である。当事者主義的運用とは、①当事者権を実質的に保障するとともに、②当事者に手続協力義務ないし事案解明義務を負わせ、主体的かつ積極的に実情を明らかにさせることにし、③当事者の合意が成立したときはこれを尊重した審理運営を行うことをいうが、これは、家事事件手続法のもとでも、当然に許容されている。

(B) **当事者権の実質的保障**

当事者権とは、当事者が手続の主体たる地位において認められる権利であり、具体的には、審問の申出とその立会い、証拠の申出と証拠調べの立会い、記録の閲覧・謄写を求める権利を意味する。

遺産分割事件においては、当事者間に利害対立があるのが通常であり、一方当事者に有利な認定は、他方当事者に不利な認定となるから、当事者に十分な主張立証の機会を与えるとともに、裁判所の認定判断が当事者にとって不意打ちとならないよう配慮することが必要である。家事事件手続法は、当事者の手続保障を図る観点から、申立書の写しの送付（家事手続67条）、必要的陳述聴取（同法68条1項）、審問の申出（同条2項）、審問の立会い（同法69条）、証拠調べの申立権（同法56条1項）、証拠調べの立会い（同法64条、証拠調べは、民事訴訟法に準じて行われるので、当事者の立会権が認められる。）、事実の調査の通知（同法70条）、記録の閲覧謄写（同法47条、原則許可）、審理の終結（同法71条）などの規定を設けており、これにより、当事者は、遺産分割事件の審判手続において、裁判の基礎となる資料の収集・提出に自ら関与する機会が相当程度保障されることになった。このほか、遺産分割事件では、遺産の特定・評価のみならず、特別受益・寄与分、分割方法に関しても、当事者の主張立証の内容を把握し、当事者間で適切に情報共有を図ることが重要であるから、当事者が提出する主張書面および証拠資料については、原則

としてその写しを準備してもらい、これを他方当事者に交付するという運用が行われている。

(C) 当事者の手続協力義務ないし事案解明義務

　非訟事件である遺産分割事件には職権探知主義が適用されるから、家庭裁判所は、裁判の基礎となる資料を職権で収集しなければならないとされるが、職権による裁判資料の収集には限界があるうえに、遺産分割事件においてその事情を最もよく知っているのは、相続人である当事者であるから、実際には当事者の協力がなければ家庭裁判所も適切かつ迅速な審理判断はできない（家事手続56条2項参照）。また、遺産分割事件においては、当事者の主体性を尊重した審理が望ましいとされており、当事者権も実質的に保障されているから、その反面として、当事者も、遺産分割手続に協力して事案の解明に協力する義務を負うと解するのが合理的である。

　遺産分割事件は、①相続人の範囲、②遺産の範囲、③遺産の評価、④特別受益、⑤寄与分、⑥分割の方法が審理判断の対象とされる。このうち、①相続人の範囲は、当事者が任意に処分できない事項であり、公益性があるから、家庭裁判所が職権で調査すべきである。これに対し、②遺産の範囲、④特別受益および⑤寄与分は、いずれも当事者が任意に処分できる事項であるから、第1次的には当事者が事案解明義務を負担するが、当事者がその立証を尽くしても事案が明らかにならない場合には、家庭裁判所は、それ以上の調査義務を負わない。③遺産の評価も、当事者が任意に処分できる事項であるから、当事者が自己の責任において必要な資料を収集し、提出すべきであるが、当事者が全く立証をしない場合には、職権で確定しなければならないこともある。⑥分割の方法は、当事者の自由な処分に委ねられているが、当事者の合意が部分的な合意にとどまるときには、家庭裁判所は、最終的な分割方法について、当事者の意思に拘束されることなく、後見的立場から合目的的に裁量権を行使して具体的に遺産の分割を形成決定すべきであるとされる。

　以上のとおり、遺産分割事件では、当事者の主体性を尊重して、当事者に第1次的な事案解明義務を負わせ、家庭裁判所の職権探知義務を補充的なも

のとして位置づける運用が行われている。

(D) 当事者の合意を尊重した審理運営

遺産分割事件は、職権探知主義が適用される非訟事件であるから、弁論主義が適用される民事訴訟とは異なり、自白の拘束力は認められていない（家事手続64条1項は民訴179条を準用しない）が、遺産分割事件は、当事者が任意に処分できる遺産に関する紛争でもあるから、当事者が合意した事項についてはこれを基礎として審理判断をするのが合理的である。

①相続人の範囲は、当事者が任意に処分できる事項ではないから、当事者間に合意が成立したとしても、家庭裁判所は、職権でこれを調査しなければならない。

他方、②遺産の範囲、③遺産の評価、④特別受益および⑤寄与分は、いずれも当事者が任意に処分できる事項であるから、これらにつき当事者の合意が成立する場合には、その合意を相当でないと認める特段の事情がない限り、家庭裁判所は、その合意を前提として審理判断をしている。具体的には、②遺産の範囲につき、特定の財産を遺産分割の対象となる遺産であると合意するとか、分割の対象から外すことを合意することがある。預貯金債権等の可分債権は、本来、分割の対象ではないが、当事者の合意があればこれを分割の対象とすることができるとされる。③遺産の評価については、特定の不動産の評価額を鑑定の方法によることなく固定資産評価額や相続税評価額で合意するとか、評価合意が困難であるときは、鑑定の方法により確定し、その結果に異議を述べないことを合意することがある。④特別受益および⑤寄与分については、特別受益の存在を認めて全部または一部を持ち戻すことを合意するとか、寄与分につき一定額または一定割合の寄与があることを認めて合意するということもある。

⑥分割方法は、家庭裁判所が裁量権を行使して合目的的に判断される事項であるが、これに関して当事者の合意が成立した場合には、家庭裁判所は、その合意を最大限尊重して分割方法を定めている。

調停または審判期日において、遺産の範囲、遺産の評価、特別受益、寄与

分、分割方法について当事者の合意が成立した場合には、家庭裁判所は、その内容を記載した調書（中間合意調書）を作成する。

　遺産分割事件における当事者の合意は尊重されるべきであるから、その合意に自白の拘束力が認められていないとしても、当事者は、抗告審において、原審における合意を撤回して、その合意に反する主張をすることは、原則として許されるべきでない。家庭裁判所が、当事者の合意を尊重して審理判断をしたにもかかわらず、当事者が、その合意に反する行動に出るのは、家事事件の手続上の禁反言または信義則違反といえるからである（家事手続2条後段参照）。

(3)　審判手続の開始

　遺産分割事件の審判手続は、①審判の申立て、②調停手続からの移行、③移送（回付）により、開始する。

(A)　審判の申立て

(a)　当事者

　当事者は、遺産分割時において、遺産に属する物または権利に対する持分権を有する者である。当事者となるべき者の一部を除外して遺産分割の審判がされたとしてもその効力は生じない。当事者となるべき者は、原則として共同相続人全員（民907条2項）であるが、割合的包括受遺者（民990条）、相続分の譲受人も含まれる。

(b)　管　轄

　遺産分割（家事手続別表第2—12項）、遺産分割禁止（同法別表第2—13項）および寄与分を定める処分（同法別表第2—14項）の審判事件は、相続開始地（被相続人の最後の住所地、民883条）を管轄する家庭裁判所の管轄に属する（家事手続191条1項）ほか、当事者が合意で定める家庭裁判所の管轄に属する（同法66条1項）。管轄合意は、書面でしなければその効力を生じない（同条2項、民訴11条2項・3項）。

管轄の標準時は、家事審判の申立て時である（家事手続8条）。審判管轄のない事件に関しては、管轄裁判所に移送するのが原則である（同法9条1項本文）が、事件を処理するために特に必要があると認めるときは、自ら処理することができる（同項ただし書、自庁処理）。自庁処理の裁判をするときは、当事者および利害関係参加人の意見を聴かなければならない（家事規8条1項）。

(c) **申立書の提出**

　審判の申立ては、申立書を家庭裁判所に提出してしなければならない（家事手続49条1項）。申立書には、当事者および法定代理人、申立ての趣旨および理由、事件の実情を記載するほか、共同相続人、特別受益の有無およびその内容を記載し、遺産目録を添付しなければならない（同条2項、家事規37条1項・102条1項）。

　審判の申立てがあった場合には、申立てが不適法であるときまたは申立てに理由がないことが明らかなときを除き、原則として申立書の写しを相手方に送付しなければならない（家事手続67条1項）が、申立書の記載内容によっては、申立書の写しの送付が、かえって当事者間に無用の混乱を招くとか、紛争を激化させるなど審判手続の円滑な進行を阻害することもある。このため、手続の円滑な進行を妨げることなく、相手方の手続保障や紛争の早期解決を実現するために、申立書には、遺産分割事件の審判を進めていくうえで、第1回期日前に当事者双方が共有しておくべき事項を整理して記載してもらうことにし、それ以外の情報は、事情説明書、進行に関する照会回答書（進行照会回答書）、連絡先等の届出書（連絡先届出書）の記載事項とした。

　申立人は、申立ての内容に関する事情を事情説明書に、手続の進行上参考となる事情を進行照会回答書にそれぞれ記載して提出する。事情説明書は、相手方から閲覧・謄写の請求があれば、原則としてこれを許可する（家事手続47条）が、進行照会回答書は、手続の進行に関する記載がされている限り記録外として扱うものとしており、非開示希望の有無にかかわらず、閲覧・謄写の対象にはしない。

また、申立人を特定するためには、住所と氏名を記載する必要があるが、遺産分割事件においても、申立人の現住所（住民票上の住所とは異なる実際の住所）を相手方に知られたくないという事案があり、この場合、申立人の現住所が必ずしも申立書に記載されないということがある。家庭裁判所としては、当事者の実際の連絡先を確実に把握してこれらの情報を適正かつ円滑に管理する必要があることから、当事者には、住所秘匿希望の有無にかかわらず、実際の連絡先を連絡先届出書に記載してこれを申立書とともに提出してもらうことにした。そして、当事者が家庭裁判所に届け出た連絡先の秘匿を希望する場合には、連絡先届出書に、非開示の希望に関する申出書（非開示申出書）を添付して提出してもらうことにしており、この場合、家庭裁判所は、他方当事者から閲覧・謄写の請求がされても、原則としてこれを許可しない扱いをしている。

　(d)　**答弁書等の提出**

　第1回審判期日が指定されると、家庭裁判所は、相手方に対し、申立書の写し、期日の通知とともに、答弁書書式、進行照会回答書、連絡先届出書を送付し、期日の1週間前に提出するよう求めている。

　答弁書は、本案の申立てに関する相手方の主張（意見など）を記載した書面であり、申立人から閲覧・謄写の請求があれば、事情説明書と同じく、原則としてこれを許可する（家事手続47条）。進行照会回答書は、答弁書の提出時に提出してもらうが、これは、手続の進行に関する記載がされている限り記録外として扱われるから、非開示希望の有無にかかわらず、閲覧・謄写の対象にはしない。

　また、相手方にも、実際の連絡先を連絡先届出書に記載してこれを答弁書とともに提出してもらうが、家庭裁判所に届け出た連絡先の秘匿を希望する場合の取扱いについては、申立人と同様である。

　(e)　**審判事件の付調停（運用上の調停前置）**

　遺産分割事件は、当事者が任意に処分できる私的な相続財産に関する紛争であり、家庭内の紛争でもあるから、当事者間の話合いを通じた合意による

自主的かつ円満な解決が望ましい。また、民法の条文上も、遺産分割は、第一次的に共同相続人間の協議により行うものとされている（民907条1項・2項）。したがって、実務上は、審判の申立てにより審判手続が開始された場合でも、特段の事情がない限り、家庭裁判所は、職権で、審判事件を家事調停に付して、調停による解決を目指すことにしている（運用上の調停前置）。

審判の申立てがされた場合において、付調停の裁判をするときは、当事者の意見（本案について相手方の陳述がされる前にあっては、申立人に限る）を聴かなければならない（家事手続274条1項）。これは、審判の申立てをした者の手続選択権を尊重するとともに、審判手続がある程度進行している場合には、当該手続による紛争の解決に対する相手方の期待に配慮するためである。

付調停の場合の管轄標準時は、付調停の裁判時である（家事手続8条）。調停管轄のない事件に関しては、管轄裁判所に処理させるのが原則である（同法274条2項本文）が、審判事件の係属する家庭裁判所が付調停の裁判をするときは、当該家庭裁判所が調停の管轄を有するかどうかを問わず、自ら処理することができる（同条3項、自庁調停）。付調停の裁判をするときは、本案について相手方の陳述がされる前は、法律上、申立人の意見のみを聴取すれば足りる（同条1項）が、調停管轄がない場合には、付調停の裁判により調停の管轄権を設定する効果が生ずるから、必要に応じて、相手方からも、自庁調停を行うことについての意向を聴取することが考えられる。

(B) **調停手続からの移行**

遺産分割事件は、別表第2事件であり、調停が不成立となると、原則として調停事件は終了し（家事手続272条1項本文）、審判手続へ移行する（同条4項）。ただし、調停が不成立とされた場合でも、家庭裁判所が調停に代わる審判（同法284条1項）をしたときは、調停事件を終了させることはできない（同法272条1項ただし書）。調停に代わる審判がされた場合において、当事者から異議の申立てがないとき、または異議の申立てを却下する審判が確定したときは、調停に代わる審判が確定し（同法287条）、これにより調停事件は終了する。他方、当事者から適法な異議の申立てがあったときは、調停に代

わる審判はその効力を失い（同法286条5項）、これにより調停事件は終了し、審判手続へ移行する（同条7項）。調停に代わる審判の告知は、公示送達の方法によってはすることができず（同法285条2項）、その告知ができないときは、家庭裁判所は調停に代わる審判を取り消さなければならない（同条3項）。この場合には、調停に代わる審判をする前の状態に戻ることになるので、調停事件は、調停の不成立により終了する（同法272条1項本文）。

　調停の不成立により審判手続へ移行した場合（家事手続272条1項本文、同法286条7項による場合も含む）における審判事件の管轄標準時は、審判移行時である。審判移行時に審判管轄がない事件につき、審判手続へ移行させる場合には、家庭裁判所は、自庁処理の裁判をしなければならず（同法9条1項ただし書）、この場合、当事者および利害関係参加人の意見を聴取しなければならない（家事規8条1項）。裁判官は、調停不成立の期日に、出席当事者から自庁処理に関する意見を聴取し、期日調書に意見聴取を行ったことおよびその聴取結果の内容を記載する。また、欠席当事者には期限を定めて自庁処理に関する意見を聴取し、裁判官は、上記期限の経過後に自庁処理の裁判をする。他方で、当事者全員が調停不成立の期日に出席しており、当庁で審判手続を行うことにつき異議がなければ、自庁処理の裁判をするまでもなく、管轄合意が成立したものとしてその旨を期日調書に記載し（家事手続66条）、審判移行後の事件を当庁で処理する。

　家庭裁判所は、遺産分割の審判手続において、1か月を下らない範囲内で、当事者が寄与分を定める処分の審判の申立てをすべき期間（申立期間）を定めることができる（家事手続193条1項）。その申立てが申立期間の経過後にされたときは、これを却下することができる（同条2項）。調停手続では、当事者から寄与分の主張がされれば、その申立てがされなくても、当事者間で主張立証を尽くし、これを基に合意による自主的解決を目指した話合いがされている。しかし、遺産分割事件が調停不成立により審判手続へ移行すると、当事者から寄与分を定める処分の審判申立てがされなければ、遺産分割の審判手続において、寄与分に関する審理判断をすることができない。当事

者が審判手続でも寄与分の主張を維持するのであれば、速やかにその申立てをしてもらうとともに、他方、家庭裁判所は、適切かつ迅速な審判手続を実現するため、審判移行時に申立期間を指定することを検討する。

(4) 審判前の保全処分

(A) 意 義

遺産分割事件の申立てがされても、最終的な解決に至るまでには、相当の日時を要する。この間、遺産が適正に管理されていないとか、勝手に処分されたりすると、将来の調停・審判の内容を実現するにあたって支障を来しかねない。また、生活に窮する相続人が生活費の支払いや相続税の納付に困っていることもある。このような事態に対処するため、暫定的に権利義務関係を形成して、権利者の保護を図るための制度である審判前の保全処分の活用を検討する。

本案の家事審判事件（家事審判事件に係る事項について家事調停の申立てがあった場合にあっては、その家事調停事件）が係属する家庭裁判所は、家事事件手続法の定めるところにより、仮差押え、仮処分、財産の管理者の選任その他の必要な保全処分を命ずる審判をすることができる（家事手続105条1項）。その具体的な態様は、①財産管理者の選任等（同法126条1項など）、②後見命令等（同条2項など）、③職務執行停止または職務代行者の選任（同法174条1項など）、④仮差押え、仮処分等の保全処分（同法157条1項など）の4類型に分類できるが、遺産分割事件に関係する保全処分は、①遺産管理者の選任（同法200条1項）および④仮差押え、仮処分等の保全処分（同条2項）である。

(B) 要 件

審判前の保全処分は、手続要件として遺産分割の審判または調停の申立てがされたことが要求され、実体要件として本案認容の蓋然性および保全の必要性が要求される。

(a) 手続要件

審判前の保全処分は、本案事件の審判により具体的に形成される権利義務の保全を目的とするものであり、本案審判事件に付随する手続として位置づけられているから（付随性）、少なくとも本案審判事件が係属していることが必要とされていた。

　しかし、家事審判事件に係る事項についての家事調停事件が係属していれば、調停が成立しない場合には、当然に審判手続へ移行し、調停の申立ての時に審判の申立てがあったものとみなされ（家事手続272条4項）、別途家事審判の申立ては不要とされている。このような審判手続と調停手続との関連性および連続性を考慮すれば、別表第2事件につき調停の申立てがされていれば、審判の申立てがされている場合に準じて考えることができる。そこで、遺産分割の審判申立てのみならず、調停申立てがされていれば、審判前の保全処分の申立てをすることができるものとされた（同法105条1項・200条1項・2項）。もっとも、調停の申立てがあったときにされる審判前の保全処分の申立ても、その本案事件は、当該調停手続が審判手続へ移行した後の審判事件であり、調停事件ではない。

(b) **実体要件**

　本案認容の蓋然性とは、本案事件の審判において一定の具体的な権利義務が形成されることについての蓋然性である。民事訴訟の本案手続では一定の給付請求権の存否が判断の対象であるから、民事保全処分の手続でも被保全権利が客観的に存在する蓋然性が高いかどうかが審理の対象とされる。これに対し、家事審判の本案手続では、具体的な権利義務関係の形成の当否および内容が判断の対象であるから、被保全権利の存在に代わるものとして本案認容の蓋然性が必要とされる。遺産分割事件では、保全処分の内容と矛盾しない内容の遺産分割が行われる可能性が高いことを意味する。

　保全の必要性は、基本的に民事保全法における要件と同じであるが、家事事件手続法は、保全処分の類型ごとに具体的に定めている。

　㋐　**遺産管理者選任の保全処分**

　遺産管理者の選任は、遺産分割事件の審判手続または調停手続中における

遺産の管理を目的とするものであり、その手続が維持されていれば、本案事件の審判においていかなる権利義務関係が具体的に形成されるかは関係がない。したがって、本案認容の蓋然性は、申立却下の審判がされないことの蓋然性で足りる。

また、保全の必要性については、「財産の管理のため必要があるとき」とされている（家事手続200条1項）。具体的には、相続人が遺産を管理できない場合のほか、相続人による遺産の管理が不適切である場合（たとえば、遺産を管理する相続人が、勝手に遺産を費消、廃棄、損壊している、遺産からの賃料収入の取立て、収受等を行わない、遺産である建物の修繕をしないなど）が該当する。

　　(イ)　仮差押え、仮処分等の保全処分

仮差押えは、一般に、本案事件の審判では、共同相続人の1人が遺産全部を取得し、申立人がその相続人に対し代償金支払請求権を取得する蓋然性があり（本案認容の蓋然性）、その相続人の代償金の支払能力に疑問がある（保全の必要性）場合にこれを行うと説明されるが、代償金の支払能力に疑問があるときはその分割方法自体を見直すことになるので、実際にこれが行われることは少ない。

処分禁止仮処分は、本案事件の審判において申立人が当該遺産を取得する蓋然性があり（本案認容の蓋然性）、他の相続人が当該遺産またはその持分を処分する危険性がある（保全の必要性）場合にこれを行う。遺産が不動産の場合には、外形的に遺産共有状態にあること（被相続人名義の登記がされているか、相続人の共同相続登記がされていること）が必要であり、他の相続人の持分を対象として、その処分を禁止するという形で行われる。

仮分割仮処分は、仮処分によって遺産を仮に分割することをいい、申立人が当該遺産を取得する高度の蓋然性があり（本案認容の蓋然性）、申立人が生活の窮迫等によって早期に当該遺産を取得する必要がある（保全の必要性）場合にこれを行う。仮分割の対象は限定されないが、実務上は預貯金や上場株式がほとんどであり、生活費の支払いや相続税の納付に充てるためにその

一部を取得させることがある。不動産については、仮分割の内容と異なる本案事件の審判がされる余地があり、また、現行法上、仮分割に基づく登記手続が認められていないという難点もあるので、不動産の仮分割は行われていない。

(C) **審理手続**

(a) **管　轄**

本案の審判事件が係属する家庭裁判所または審判事件に係る事項について調停の申立てがあった場合にはその調停事件が係属する家庭裁判所の管轄に属する（家事手続105条1項）。

(b) **手続の開始**

審判前の保全処分は、原則として申立てにより手続が開始されるが、遺産管理者の選任は、申立てによるほか、職権でこれを命ずる余地がある（家事手続200条1項）。

審判前の保全処分は審判であるから（家事手続39条）、申立ては、申立書を家庭裁判所に提出してしなければならない（同法49条1項）。その申立てをするにあたっては、申立ての趣旨および保全処分を求める事由（本案認容の蓋然性および保全の必要性を基礎づける事実）を明らかにしなければならない（同法106条1項）。

(c) **審　理**

審判前の保全処分は審判であるから、審理の方法は、原則として本案審判事件の審理と同様である。ただし、裁判所の心証の程度は、保全処分の緊急性および暫定性から証明の程度まで必要なく、疎明の程度で足りる（家事手続109条1項）。

㋐ **申立人の疎明義務**

審判前の保全処分の申立人は、保全処分を求める事由を疎明しなければならない（家事手続106条2項）。これは、家事事件手続法56条の特則であり、審判前の保全処分はその緊急性に応じた迅速かつ的確な処理が要求されるから、当事者主義が導入されたのである。家庭裁判所は、申立人が保全処分を

求める事由について疎明義務を尽くさない場合には、それ以上に積極的な職権調査の義務を負わず、保全処分の申立てを却下することができる。

　(イ)　家庭裁判所の職権調査

　家庭裁判所は、必要があると認めるときは、職権で、事実の調査および証拠調べをすることができる（家事手続106条3項）。家庭裁判所の後見的機能を発揮させるために、職権調査をする余地を認めたものであり、家庭裁判所の職権調査は、申立人の疎明をまったうえで、必要があると認めるときに限り補充的に行われる。

　(D)　裁　判

　裁判の方式は、審判である（家事手続105条1項）。家庭裁判所は、申立てが手続要件を欠いているか、保全処分を求める事由について疎明がされていないときは、申立却下の審判をするが、手続要件を満たし、かつ、保全処分を求める事由につき疎明がされた場合には、保全処分を命ずる審判をする。保全処分は、担保を立てさせて命ずることができるとされる（同法115条、民保14条）が、遺産管理者の選任は、性質上損害が生ずる事態はないと考えられるので、担保を立てさせないで命ずることができる（家事手続200条1項）。

　審判前の保全処分は審判であるから、これに対する不服申立ては、即時抗告による（家事手続85条1項・110条）。即時抗告期間は、2週間である（同法86条1項）。即時抗告は、原則として保全処分を命ずる審判または申立却下の審判いずれに対してもすることができるが、遺産管理者選任の審判とその申立てを却下する審判については、いずれも即時抗告ができない（同法110条1項1号）。

(5)　審判手続の運営

(A)　審理方式（後日審問型と陳述聴取型）

　家庭裁判所は、当事者権を実質的に保障するために、原則として審判手続の期日（審判期日）を指定し、当事者双方の立会いのもとでの審問の期日に

おいて、当事者の陳述を聴取することにより事実の調査をする（家事手続69条、後日審問型）が、例外的に審判期日を指定することなく（ただし、当事者の申出があるときは、審問の期日を指定しなければならない。同法68条2項）、当事者の陳述を書面で聴取する方法（書面審理）により事実の調査をすることもある（同条1項、陳述聴取型）。

(B) **参与員の関与**

家庭裁判所は、参与員の意見を聴いて審判をするのが原則であるが、相当と認めるときは、その意見を聴かないで審判をすることができる（家事手続40条1項）。実際には遺産分割事件の審判手続に参与員を関与させて審判をする事例は少ないといえるが、参与員の活用としては、審判移行に先立つ調停手続において、調停委員会を組織する家事調停委員として関与していた者を、審判移行後に参与員として指定して、審判期日に立ち会わせ、その意見を聴くことにより、紛争の実情に即した解決をすることが考えられる。

(C) **主張書面および証拠資料の提出**

主張書面とは、遺産の範囲や評価、特別受益や寄与分、具体的な分割方法に関する当事者の主張（意見など）を記載した書面であり、「準備書面」という標題を付して提出してもらう。証拠資料とは、当事者が主張する事実を裏付けるための資料であり、これは、①身分関係書類（戸籍関係、戸籍の附票または住民票）、②不動産関係書類（遺産である不動産の登記事項証明書、固定資産評価証明書）および③その他の書類（相続税申告書、預貯金通帳の写し、残高証明書、借地契約書、不動産査定書、遺言書・分割協議書の写し、当事者の陳述書など）に分類される。③その他の書類は、資料ごとに番号を付して提出してもらう。

遺産分割事件は、遺産の特定・評価のみならず、特別受益・寄与分や、分割方法に関しても、当事者の主張立証の内容を把握し、当事者間で十分に情報共有を図ることが適切かつ迅速な審理判断の実現のために必要であるといえるから、当事者には、主張書面および証拠資料を裁判所に提出する際には、他方当事者に交付するための写しを提出してもらうとともに、証拠資料の内

427

容を説明するための「資料説明書」も提出してもらうことにしている。

当事者が提出した主張書面および証拠資料については、審判手続はもちろん、調停手続においても、原則としてすべて開示することにし、当事者から非開示申出書が提出されても、他方当事者からの閲覧・謄写の請求があれば許可される可能性が高い。

(D) **事実の調査とその通知**

事実の調査とは、家庭裁判所が自由な方式で、かつ強制力によらないで、審判の資料を収集することである。審判の資料は、①当事者から提出された主張書面および証拠資料、②審問、③調査嘱託（家事手続61条・62条、家事規45条）、④家庭裁判所調査官による事実の調査（家事手続58条）等により収集される。また、審判移行時の調停記録も事実の調査の対象となる。

家庭裁判所が遺産分割事件の審判手続において事実の調査をしたときは、その旨を当事者および利害関係参加人に通知しなければならない（家事手続70条）。事実の調査の通知は、相当と認める方法によることができるのであり、この場合、書記官は、通知をした旨および通知の方法を記録上明らかにしなければならない（家事規5条、民訴規4条1項・2項）。そして、事実の調査の対象とされた資料は、記録編成通達に従って当該資料を所定の箇所に編綴することにより、それ以外の資料と区別され、事実の調査の要旨が記録化される（家事規44条2項）。

また、事実の調査の通知は、当事者が事実の調査の結果について記録の閲覧・謄写をする機会を保障するために行われるものであるから、当事者に対し、当該事実の調査の対象となった資料について記録の閲覧・謄写の機会を保障する程度の具体性をもって特定されていれば足りる。たとえば、審判移行時の調停記録については「本件調停記録」、審判移行後に当事者から提出された主張書面及び証拠資料については「本件審判移行後に当事者から提出された資料」、「第1回審判期日後に当事者から提出された資料」等と特定したうえで、これらにつき事実の調査を行った旨を通知するのである。

遺産分割事件につき審判期日を指定する場合（後日審問型）には、裁判官

は、第1回審判期日までに、審判移行時の調停記録のほか、審判移行後に当事者から提出された主張書面および証拠資料を閲読し、これらを事実の調査の対象とするか否かを判断しているから、当該審判期日において、出席当事者に事実の調査を行った旨を通知し、書記官がその旨を調書に記載する。また、欠席当事者に対しては、書記官が、裁判官の指示に基づき、期日外に電話等で連絡するか、事実の調査通知書を送付する方法により、事実の調査の通知をする。

例外的に審判期日を指定せずに、書面審理が行われる場合（陳述聴取型）には、書記官は、事実の調査の対象や審判手続の進行方針等を裁判官と打ち合わせたうえで、事実の調査通知書を送付するか、電話等で事実の調査の連絡をする方法により、事実の調査の通知をする。

(E) 審　問

審問とは、審判期日において、当事者が口頭でその認識、意見、意向等を述べるのを裁判官が直接聴く手続である。

遺産分割事件における審問は、当事者がそれぞれ申立人側または相手側に在席し、裁判官が当事者に対し、①相続人の範囲、②遺産の範囲とその評価、③特別受益・寄与分の有無とその評価、④具体的な分割方法について確認し、必要に応じて当事者の意見を求めるという態様にて行われるのが通常である。調停手続の段階で、遺産の範囲とその評価に関する合意が成立している場合には、調停記録につき事実の調査を行った旨を通知したうえで、当該合意事項に変更がないかどうかを確認し、当事者の合意を尊重した審理運営をする。また、具体的な事案によっては「だれが」「なにを」「どのように」分割して取得するのかを明示する「分割一覧表」を裁判官が事前に作成し、これを当事者に配付してその内容を逐一説明しながら、当事者の意見を確認することもある。そのうえで、裁判官が、審理終結前に、一定の法的判断や審判の見通し等を説明し、当事者に対し、具体的な分割方法を再度検討してもらうとか、あるいは、裁判所の解決案を提示することにより、審判手続の段階であっても当事者の合意が成立することがある。この場合、家庭裁判所は、当事

者双方の意見を聴いて、職権で事件を調停に付して（家事手続274条1項）、調停を成立させている（同法268条1項）。

(F) **電話会議システム等の利用**

当事者が遠隔の地に居住しているときその他相当と認めるときは、当事者の意見を聴いて、電話会議システム（またはテレビ会議システム）を利用して、審判期日における手続を行うことができる（家事手続54条1項）。この場合、審判期日に出頭しないで、その手続に関与した者は、その期日に出頭したものとみなされる（同条2項）。

遺産分割事件では、当事者が多数となり、その一部が遠隔の地に居住するときは当事者全員の出頭を確保しにくい。また、当事者に手続代理人が選任されている場合でも、弁護士事務所が遠隔の地にあるときは、当該期日ごとに手続代理人が家庭裁判所まで出頭することを前提にすると、次回期日の調整がしにくい。遺産分割事件の審判手続を円滑に進めるためには、電話会議システム等を利用して審判期日を実施することが相当であるといえる。

もっとも、電話会議システムの利用にあたっては、通話者が当事者本人であると確認されること、家事事件手続としての非公開性が担保されていること（通話先に第三者が在席していないことなど）が重要となる。当事者に手続代理人が選任されている場合には、当該弁護士事務所の固定電話を使用して審判期日を実施すればよいが、そうでない場合には、原則として当事者本人が最寄りの家庭裁判所に出頭し、当該裁判所庁舎内にある電話会議システムを使用して、審判期日を実施することを検討する。

(G) **審理の終結**

遺産分割事件の審判手続においては、当事者に裁判資料の提出期限および審判の基礎となる裁判資料の範囲を明らかにし、十分に攻撃防御を尽くさせることができるように、家庭裁判所は、原則として相当の猶予期間を置いて審理を終結する日を定めなければならない（家事手続71条本文）が、当事者双方が立ち会うことができる審判期日において、当事者全員が当該審判期日に出席しているときは、直ちに審理を終結する旨を宣言することができる

（同条ただし書）。当事者がいずれも正式な呼出し（同法34条4項、民訴94条1項）を受けているときは、当事者の一部が欠席したとしても、審理を終結することができるが、いわゆる簡易呼出し（期日通知を普通郵便で送付する方法など）を受けただけのときは、当事者全員が出席していなければ、審理を終結できない（家事手続34条4項、民訴94条2項）。この場合、相当の猶予期間を置いて審理終結の日を定めなければならない（家事手続71条本文）が、通常は、当該審判期日から2週間以上の期間を置いて審理終結日が指定されている。

　審理終結の宣言または審理終結日の指定により審理が終結した後は、当事者は、審判の基礎となる裁判資料の提出をすることはできず、また、家庭裁判所は、審理の終結までに提出または収集された資料に基づき審判をしなければならない。審理終結後に提出または収集された資料を審判の資料とするには、審理を再開しなければならない。

(H) **審判日の指定**

　家庭裁判所は、審判手続において審理を終結したときは、審判をする日を定めなければならない（家事手続72条）。当事者双方が立ち会うことのできる審判期日において、審理終結を宣言するときは、あわせて、審判日の指定をする。遺産分割事件の審判日は、特段の事情がない限り、審理終結日からおおむね2か月以内に指定される。もっとも、家庭裁判所が審判期日において審理終結の宣言をせずに、当事者に対して主張書面および証拠資料の提出期限を定めるとともに、審理終結日および審判日を指定することもある。この場合には、当該審理終結日までに当事者から提出された主張書面および証拠資料については、期日外に事実の調査をしたうえで、当事者に対してその旨の通知をし、当該審判日に審判をする。

　審理終結日または審判日の指定は、いずれも審判以外の裁判であり、相当と認める方法で告知しなければならない（家事手続81条1項・74条1項）。遺産分割事件において審判期日を指定する場合（後日審問型）には、期日においてその旨の告知がされるから、出席当事者に対して別途告知する必要はな

いが、欠席当事者には原則として通知書を送付する方法により告知する。これに対し、例外的に審判期日を指定せずに書面審理がされる場合（陳述聴取型）には、通常、期日外において審理終結日および審判日を指定し、原則として当事者全員に対し通知書を送付する方法により告知する。この場合、審理終結日からどの程度の期間を置いて審判日を指定するかについては、事案の内容や当事者の意向等によりさまざまであるといえる。

(6) 審判手続の終了

遺産分割事件の審判手続は、①審判の確定、②申立ての取下げ、③調停手続に付した後の調停成立などにより、終了する。

(A) 審 判

(a) 審判の成立

家庭裁判所は、審判事件が裁判をするのに熟したときは、審判をする（家事手続73条1項）。審判をするには、審判書を作成してしなければならず（同法76条1項本文）、審判書には、主文、理由の要旨、当事者および法定代理人並びに裁判所を記載し（同条2項）、審判をした裁判官が記名押印しなければならない（家事規50条1項）。

家庭裁判所は、遺産分割事件の審判申立てが適法であるときは、まず、①相続の開始、相続人および法定相続分、②分割の対象となる遺産の範囲を確定し、③特別受益、④寄与分について認定、判断し、⑤遺産の評価を確定したうえで、各相続人の具体的取得分を算出し、これを基に、⑥具体的な分割方法を定める遺産分割の審判をするが、他方で、審判申立てが不適法であるとき（分割の対象となる遺産が存在しない場合など）は、その申立てを却下する審判をする。

また、遺産分割の審判事件および寄与分を定める処分の審判事件が同一の家庭裁判所に係属するときは、これらの審判手続および審判は、併合してしなければならない（家事手続192条前段）が、両事件は、別個の事件であるか

ら、審判の主文では、寄与分に関する判断と、遺産分割の結果を明確に区別しなければならない。家庭裁判所は、寄与分を定める処分の審判申立てが適法であり、かつ、その処分をすべきものと認めるときは、寄与分を定める処分の審判をするが、その申立てが不適法であるとき（申立人に申立適格がない場合や、申立期間経過後にされた申立て（同法193条2項）である場合など）や、申立ては適法であるが特別の寄与が認められないときは、その申立てを却下する審判をする。

(b) 審判の告知

審判は、原則として当事者および利害関係参加人並びにこれらの者以外の審判を受ける者に対し、相当と認める方法で告知しなければならない（家事手続74条1項）。遺産分割に関する審判事件（同法別表第2―12項～14項）の審判は、いずれも即時抗告をすることができる審判であり（同法198条1項）、その告知が即時抗告期間（同法86条1項、2週間）の始期となるから（同条2項）、審判書正本の送達により告知するのが相当である。審判の告知がされたときは、書記官は、その旨および告知の方法を審判事件の記録上明らかにしなければならない（家事規50条3項）。

(c) 審判の効力発生時期

審判（申立てを却下する審判を除く）は、原則として審判を受ける者（審判を受ける者が数人あるときは、そのうちの1人）に告知することによってその効力を生ずるが、即時抗告をすることができる審判は、確定しなければその効力（形成力、執行力など）を生じない（家事手続74条2項）。

他方、申立てを却下する審判は、申立人に告知することによってその効力を生ずる（家事手続74条3項）。

(d) 審判の確定時期

審判の確定とは、審判について通常の不服申立ての手段が尽きた状態をいう。審判は、即時抗告をすることができるものであれば、即時抗告期間の満了前には確定せず（家事手続74条4項）、即時抗告期間の満了により確定するが、審判の確定は、その期間内にした即時抗告の提起により、遮断される

(同条5項)。

　書記官は、当事者(家事手続47条6項)または利害関係を疎明した第三者(同条1項)の請求により、審判事件の記録に基づき、審判確定証明書を交付する(家事規49条1項)。

(e) 遺産分割の審判の効力

(ア) 形式的確定力(審判の確定)

　遺産分割の審判は、即時抗告をすることができるから(家事手続198条1項1号)、即時抗告期間の満了または抗告審の審級を尽くしたことにより、形式的確定力を生ずる。しかし、遺産分割の審判は、家庭裁判所が後見的立場から合目的的に裁量権を行使して具体的に遺産の分割を形成決定するものであり、法律関係の存否を確定するものではないから、既判力(実質的確定力)は認められない。

(イ) 形成力および執行力

　遺産分割の審判が確定すると、その内容に応じた形成力を有する。すなわち、遺産を構成する財産や権利は、遺産分割の審判に従い、相続を原因として、相続開始時に、特定の相続人に単独または共同で承継取得され、その相続人に帰属するという権利関係が形成され、あるいは、分割の方法として、現物分割に代えて代償分割(家事手続195条)が定められると、特定の相続人間に代償金に関する債権債務関係が発生する。また、遺産分割の審判では、形成された権利関係を実現するために、付随処分として、金銭の支払い、物の引渡し、登記義務の履行その他の給付を命ずることができるのであり(同法196条)、このような給付を命ずる審判は、執行力のある債務名義と同一の効力を有するものとして執行力がある(同法75条)。その結果、金銭の支払い等の給付を命ずる審判で確定したものは、執行力のあることが法律上当然に認められることになるから、書記官から執行文(単純執行文)の付与を受けることなく、その審判を債務名義として強制執行をすることができる。

(f) 審判確定後の手続

(ア) 不動産の登記手続

遺産分割の審判により、遺産中の不動産の取得者が定められると、当該取得者は、当該不動産につき、①被相続人名義の登記であるか、②相続開始後、共同相続登記がされているかにより、以下のとおり自己名義の所有権移転登記を申請する。

①被相続人名義の登記である場合には、遺産分割の審判により、不動産を単独取得した相続人は、当該不動産を被相続人から直接承継取得したものとして、共同相続登記を経ることなく、直接、自己名義に相続による所有権移転登記（不登63条2項）を申請することができる（明治44・10・30民刑904号民刑局長回答、昭和19・10・19民甲692号民事局長回答）。この場合、当該相続人は、相続による所有権移転の登記申請に際し、登記原因証明情報として遺産分割の審判書正本および確定証明書を提供すれば、戸籍謄本等を提供する必要はない（昭和37・5・31民甲1489号民事局長電報回答）。

他方、②共同相続登記がされている場合には、遺産分割の審判により、不動産を単独取得した相続人は、共同相続人全員の共同申請（不登60条）によって、遺産分割を登記原因（その日付は遺産分割審判の確定日）とする持分移転の登記を申請しなければならず（昭和28・8・10民甲1392号民事局長電報回答）、当該不動産を取得した相続人が、単独で相続による所有権移転登記（不登63条2項）を申請することはできない（昭和42・10・9民事三発706号民事局長回答）。もっとも、家庭裁判所は、遺産分割の付随処分として、当事者に対し、登記義務の履行を命ずることができるのであり（家事手続196条）、その審判は、執行力のある債務名義と同一の効力を有することから（同法75条）、遺産分割の審判において、当該不動産を当該相続人が取得する旨の主文に加え、付随処分として、登記義務者となる他の共同相続人に対し、当該遺産分割を原因とする登記義務の履行を命ずる旨の給付命令があるときは、当該不動産を取得した相続人は、不動産登記法63条1項に基づき遺産分割の審判書正本および確定証明書を提供して、単独で持分移転登記の申請をすることができる（昭和37・2・8民甲267号民事局長回答）。

(イ) 預貯金の払戻し等

預貯金債権は、相続開始と同時に法律上当然に分割され、各共同相続人がその相続分に応じて権利を取得するものであるから、本来、遺産分割の対象ではない（最判昭和29・4・8民集8巻4号819頁、最判昭和30・5・31民集9巻6号793頁）が、相続人全員の合意があれば、これを遺産分割の対象とすることができる。

被相続人名義の預貯金が、相続人全員の合意により、遺産分割の対象とされ、遺産分割の審判により、その取得者が定められると、相続開始時にさかのぼって当該取得者に帰属することになるから、当該取得者は金融機関に対し、当該預貯金の払戻しまたは名義変更を請求することができる。この場合、遺産分割の審判書正本および確定証明書、当該取得者の戸籍謄本および印鑑証明書、当該預金通帳または預金証書、被相続人の届出印を提出するのが通常であるが、預貯金の払戻しまたは名義変更の手続は、金融機関により異なるので、その手続をする際には、当該金融機関の担当者に確認する必要がある。

(B) **審判申立ての取下げ**

(a) **意　義**

審判の申立ては、原則として審判があるまでその全部または一部を取り下げることができる（家事手続82条1項）が、別表第2事件は、審判が確定するまでその申立てを取り下げることができるものとし、審判がされた後の取下げは、相手方の同意を得なければその効力が生じないものとした（同条2項）。しかし、遺産分割事件の審判は、共同相続人間の遺産分割について審理判断するものであり、申立人のみならず、相手方にも審判を得ることに利益があるといえるから、審判申立ての取下げは、相手方が本案について書面を提出し、または審判期日において陳述をした後にあっては、相手方の同意を得なければその効力を生じないものとした（同法199条・153条）。

なお、審判前の保全処分の申立てについては、本案の審判がされるまでの暫定的な処分であり、その後の事情変更により保全の必要性が失われた場合には、速やかに原状に戻すのが相当であるといえるから、審判前の保全処分

3 家庭裁判所における審判

がされた後であっても、その全部または一部を取り下げることができる（家事手続106条4項）。

(b) **手　続**

審判申立ての取下げは、書面（取下書）でしなければならないが、審判期日においては口頭ですることもできる（家事手続82条5項、民訴261条3項）。

審判申立ての取下げがあった場合において、相手方の同意を要しないときは、書記官は、申立ての取下げがあった旨を当事者および利害関係参加人に通知しなければならない（家事規52条1項）。

他方、審判申立ての取下げにつき相手方の同意を要する場合には、家庭裁判所は、相手方に対し、申立ての取下げがあったことを通知しなければならない（家事手続82条3項本文）。これは、相手方に取下げの事実を了知させ、同意するかどうかを検討する機会を与えるためである。ただし、相手方が出頭している審判期日において、申立ての取下げが口頭でされた場合には、相手方がその事実を直ちに了知することから、通知の必要はない（同項ただし書）。

相手方の同意は、書面または審判期日において口頭でする。相手方が申立ての取下げに同意したときは、書記官は、その旨を当事者および利害関係参加人に通知しなければならない（家事規52条2項）。

審判申立ての取下げの通知を受けた日から2週間以内に相手方が異議を述べないとき、また、相手方が出頭している審判期日において申立ての取下げが口頭でされた場合において、申立ての取下げがあった日から2週間以内に相手方が異議を述べないときは、いずれも申立ての取下げに同意したものとみなす（家事手続82条4項）。この場合、書記官は、相手方が申立ての取下げに同意したものとみなされた旨を当事者および利害関係参加人に通知しなければならない（家事規52条2項）。

(c) **申立ての取下げの擬制**

審判の申立人（家事手続199条・153条により申立ての取下げについて相手方の同意を要する場合には、当事者双方）が、連続して2回、正式な呼出し（同法

34条4項、民訴94条1項)を受けた審判期日に出頭せず、または正式な呼出しを受けた審判期日において陳述をしないで退席したときは、申立ての取下げがあったものとみなすことができる(家事手続83条)。申立人が申立てをしながら、自ら手続追行に不熱心であるときは、円滑な手続進行が阻害され、審判事件が終了しないことから、申立てを取り下げたものとみなして事件を終了できることにした(同法2条後段参照)。この場合、書記官は、申立ての取下げがあったものとみなされた旨を当事者および利害関係参加人に通知しなければならない(家事規52条3項)。

　(d)　取下げの効果

　審判事件は、申立ての取下げにより、初めから係属していなかったものとみなされる(家事手続82条5項、民訴262条1項)。

　(C)　調停手続に付した後の調停成立

　審判事件が調停に付された後、調停が成立したとき、または調停に代わる審判が確定したときは、当該審判事件は終了する(家事手続276条2項)。

(髙橋　伸幸)

第5章

分割後の紛争

第5章　分割後の紛争

1　はじめに

　遺産分割は、協議、調停、審判という手続によってなされるが（民907条1項・2項、家事手続244条、同法191条以下）、これらが後日何らかの理由で共同相続人間でその効力が争われることがある。ここでは、①どのような場合に遺産分割協議、調停、審判の効力が存しないか（失われうるのか）ということと、②存しない（失われうる）としたら、その後どのような手続がとられるのかということを扱うことになる。その他、③遺産分割協議が詐害行為取消権（民424条）の対象となるかという共同相続人以外の者が分割の効果を争うことができるのかという問題もあるが、本稿の直接の対象とせず、脚注で触れるにとどめる。さらに、④遺産分割の方法として共有分割がなされ

1　③については、最判平成11・6・11民集53巻5号898頁が「遺産分割協議は、相続の開始によって共同相続人の共有になった相続財産について、その全部又は一部を、各相続人の単独所有とし、又は新たな共有関係に移行させることによって、相続財産の帰属を確定させるものであり、その性質上、財産権を目的とする法律行為であるということができる」として遺産分割協議がその対象となることを肯定し、実務上は決着したということができる。この判決後に残された問題は、①相続放棄は詐害行為取消権の対象とならないとした最判昭和49・9・20民集28巻6号1202頁との関係（その他、民法768条3項の趣旨に反して不相当に過大であり財産分与に仮託してされた財産処分であると認めるに足りるような特段の事情のない限り詐害行為取消権の対象とならないとした最判昭和58・12・19民集37巻10号1532頁との関係も問題となる）、②遺産分割協議が詐害行為取消権の対象となるとした場合、取消しの対象となるのが法定相続分を下回る部分か、それとも具体的相続分を下回る部分なのか、③具体的相続分とした場合、詐害行為取消訴訟を扱う地方裁判所は、寄与分についての判断をしなければならなくなること（民904条の2第2項）、④遺産分割は遺産に属する物または権利の種類および性質、各相続人の年齢、職業、心身の状況および生活の状況その他一切の事情を考慮してなされるから（民906条）、地方裁判所は具体的相続分を基にして遺産分割の方法について一切の事情をも判断せざるを得ないことになること（高木多喜男『遺産分割の法理』208頁参照）、⑤詐害性の判断基準と民法906条の判断基準が一致しないことがあることである。なお、審判は、債務者である

た場合について近時の裁判所の判例の傾向について触れることとする。

(加藤　祐司)

相続人のなす法律行為ではないから、詐害行為取消権の対象とはならない。調停に代わる審判（家事手続284条。同法により家事審判法の乙類審判事項である別表第2事項についても調停に代わる審判の対象となった）も同様である。調停については、調停を本質的には合意とみるか、それとも調停が家事事件手続法268条1項により確定審判と同一の効力を有することから審判と同様に考えるかで結論が異なることになる。家庭に関する事件（家事手続244条）については当事者が協議して合意し、納得のうえで解決するのが望ましいと考えられ、この点で、調停は審判とは異なった目的と機能を有する。調停前置を建前としていない家事事件手続法別表第2事項（家事手続257条1項）でもこの点は変わらない。調停はその本質において合意である。調停に結びついた効力からその本質を論ずることは正当だとは思われない。したがって、遺産分割調停は、詐害行為取消権の対象となる。

2 遺産分割協議の無効

(1) 無効原因の分類

　遺産分割協議が無効となる場合（無効原因）がある。従来の判例や学説が示しているところに従って試みに分類すれば、おおよそ次のとおりである。

　(A) 前提事項に問題があり、遺産分割協議が無効となる場合

　相続開始前になされた遺産分割協議、相続権を有する者が参加していない遺産分割協議およびその対象となった財産が遺産の範囲に属しないときがあげられる。論理上当然無効と表現されることがある（ただし、その範囲は必ずしも明確ではない）。

　これらの前提事項は訴訟事項であり、遺産分割審判であれば家庭裁判所が遺産分割審判の前提問題として判断するところである（ただし、婚姻、縁組、協議上の離婚、協議上の離縁の各取消し、認知、認知無効、嫡出否認、父を定める訴えは人事訴訟もしくは合意に代わる審判を経なければならず、家庭裁判所は遺産分割の前提として判断できない。これらは一定の法的手続を経て初めて効力の発生が認められる形成的事項である。東京家庭裁判所家事第5部「遺産分割事件の運営（中）」判タ1375号68頁）。これらの場合、遺産分割協議は、遺産分割というに値しないものであり無効となる（非遺産についてなされた遺産分割[2]

　2　ここでは、遺産分割協議について記載しているが、(A)の内容は民事訴訟法の解釈として無効

協議はその非遺産についての部分が無効である)。ここに無効とは、遺産分割協議が当然にその効力を生じない、つまり即時抗告や再審の手続によって取り消されなくとも無効であるということである。相続開始前になされた遺産分割協議については(2)、相続権を有する者が参加していない遺産分割協議については(3)(A)に記載する。

(B) 民法906条の基準に沿った遺産分割協議をすることができないため、無効となる場合

民法906条の基準に沿った遺産分割協議をすることができないため、無効となる場合として、次のものがあげられている。

(a) 遺産分割協議に非相続人が参加した場合および遺産分割協議後に新たに遺産が発見されたとき

いずれも遺産分割について一部分割が認められるかという問題の延長線上

な判決とされるものと同様な考え方である（伊藤眞『民事訴訟法〔第4版〕』496頁）。その他、遺産分割協議（審判、調停）の内容が不確定である場合、強行法規や公序良俗に反する場合も当然に無効である。なお、審判について独特の無効原因として、訴訟事項についてなされた審判、実体法上審判により形成することができない権利義務関係を形成する審判が考えられる。前者の例として、最高裁によれば相続全部の包括遺贈に対して遺留分権利者が減殺請求権を行使した場合に遺留分権利者に帰属する権利は、遺産分割の対象となる相続財産としての性質を有せず（最判平成8・1・26民集50巻1号132頁）、遺産についての法律関係は物権法上の共有関係になるから、この共有関係の解消のために遺産分割審判をすれば、訴訟事項について審判をしたこととなり、審判は当然無効となる（なお、この場合において調停が不成立となったとき審判に移行するかについては、移行しないとする説（高松高決平成3・11・27家月44巻12号88頁）と、移行するという説（司法研修所編『遺産分割事件の処理をめぐる諸問題』192頁）がある）。後者の例としては、代償分割の審判をなす際に代償金債務を担保するために抵当権の設定をなすことがあげられる（争いのある点である。松原正明『全訂判例先例相続法Ⅱ』330頁。無効説によっても審判全部が無効となるかどうかは別問題である）。

3 最決昭和41・3・2民集20巻3号360頁は、家庭裁判所は遺産分割審判の前提となる相続権、相続財産等の実体法上の権利関係について、審判手続においてその存否を判断でき、この判断には既判力は生じないから、これを争う当事者は別に民事訴訟を提起して前提たる権利関係の確定を求めることはなんら妨げられるものではないとしたうえ、判決によって前提たる権利の存在が否定されれば、分割の審判もその限度において効力を失うとする。この趣旨につき、当然に効力が存しないのか、それとも判決があってはじめて効力を失うのかという問題がある。本文記載したところは、相続人が参加していない、また、非遺産についてなされた遺産分割協議は遺産分割というに値しせず当然に無効であると解するものであり、前者の見解に立つものである。

に存するものである。非相続人が参加した遺産分割協議は、非相続人が取得した財産を除いた遺産の一部について遺産分割協議がなされたということができ、新たに遺産が発見されたときは、これを除いた遺産の一部について遺産分割協議がなされたということができるからである。両者の差は、遺産分割協議時において、前者では遺産の範囲は明らかであるのに対し、後者においては遺産の範囲が明らかでないことである。

　遺産分割は、遺産に属する物または権利の種類および性質、各相続人の年齢、職業、心身の状態および生活の状況その他一切の事情を考慮してなされる（民906条）。すなわち、遺産について総合的な考慮してなされるのが遺産分割協議であるが、一部の遺産が除かれることにより、総合的な分割ができないとされて遺産分割協議が無効となる場合がある。この場合の無効も当然無効である。非相続人が参加した場合については(3)(B)、協議後に新たに遺産が発見された場合については4に記載するが、前者については遺産分割協議が無効となることはないと考える。

　(b)　**遺産以外の財産が遺産分割の対象とされた場合**

　(A)に記載したように、当該財産についての遺産分割協議は当然無効である。

　(a)とは異なり、遺産以外の財産が遺産分割協議の対象とされることにより、民法906条の基準に沿った遺産協議ができなくなる場合である。(4)に記載する。

　(C)　**共同相続人の意思表示に瑕疵等がある場合**

　(A)と異なり遺産分割協議というに値しないものとはいえず、また、遺産や相続人の範囲に問題はない点で(B)とも異なるが、共同相続人の意思表示の錯誤（あるいは詐欺、強迫による取消し）により遺産分割協議が無効となることがある。その他、遺産分割協議が無権代理によって効力がない場合もありうる（調停についてのものであるが、福岡高判平成4・10・29家月45巻12号54頁の事案は、弁護士に対し調停手続についての委任がなされたか、その委任が双方代理

4　第3章10参照。

にならないか、また成立した調停について追認がなされたかが争点とされたものである）。(5)に記載する。

(2) 遺産分割協議の時期

　遺産分割協議は、被相続人が死亡後になされなければならない（東京地判平成6・11・25判タ884号223頁）。
　相続開始前の推定相続人は被相続人の財産について何らの権利を有しておらず、また、相続人は相続開始時の遺産の状況を前提として協議すべきだからである（前田泰「相続放棄規定等に反する合意・行為」椿寿夫編著『強行法・任意法でみる民法』309頁参照）。推定相続人は相続人ではなく相続開始前に推定相続人がなしうるのは、遺留分の放棄だけである（民1043条）。したがって、被相続人死亡前になされた遺産分割協議は無効であり、相続開始後共同相続人は、遺産分割協議を求めることができる。この際、相続開始前になされたものと同じ内容の遺産分割協議をすることはもちろん可能である（前掲東京地判平成6・11・25）。調停、審判の申立てもできる。失踪宣告後に遺産分割協議がなされ、その後、失踪宣告が取り消されたときも、遺産分割協議は無効である。この場合には、民法32条によって解決される。
　両親が老齢な場合に、子供たちが両親の希望を入れて、父名義の住居用の不動産についてはまず母が相続し、母が死亡した際には長男が相続するといった合意をすることはしばしばみられるところである。また、父死亡後の遺産分割協議においてこれを母に相続させ、付随する形で母が死亡した場合には長男がこれを相続するという合意がなされることも稀ではない。しかし、いずれについても、遺言をもって対処すべきだとするのが民法の立場である。[5]

---

[5] 前者については、後継ぎ遺贈の有効性として議論されるところであり（有効、無効両説拮抗しているが、無効説が有力か。最判昭和58・3・15集民138号277頁、判タ496号80頁は後継ぎ遺贈を無効とした原審の判断を覆したが、後継ぎ遺贈の有効無効を直接論じてはいない）、この点の争いを回避するとすれば信託法91条の後継ぎ遺贈型受益者連続信託を利用して母生存中の居住、母死亡後の長男の所有権取得を確保することとなる（新井誠『信託法〔第4版〕』88頁）。

(3) 遺産分割協議の当事者

遺産分割協議は、共同相続人によってなされる。

共同相続人には包括受遺者（民990）、相続分の譲受人を含むが、個々の遺産についての持分の譲受人を含まない（最判昭和50・11・7民集29巻10号1525頁によれば、譲受人がとるべき方法は共有物分割である）。[6]

遺産分割協議における共同相続人の確定は戸籍によってなされており、相続を原因とする所有権移転登記手続にせよ銀行等金融機関での名義変更や解約手続にせよ共同相続人を確定するに足る戸籍謄本類を準備しなければならないから、実際問題としては戸籍上存在する相続人を除外して遺産分割協議がなされ、また、戸籍上の非相続人が遺産分割協議に参加することは考えにくい。

分割内容が確定しているのであれば、全員が一堂に会する必要はなく、持ち回り方式でなされても差支えない。実際、しばしばなされるところである。[7] 分割内容が確定しないまま合意しても意思の合致があったとはいえず、遺産分割協議は無効である（仙台高判平成4・4・20家月45巻9号37頁）。

(A) 一部の相続人を除外してなされた遺産分割協議

---

[6] 家事審判法下での調停、審判中の相続分譲渡につき、譲渡人については脱退届を提出させ、譲受人については家事審判規則15条・131条により受継の手続によっていた。家事事件手続法では41条・258条1項による当事者参加と43条・258条1項による手続からの排除によることになる。ただし、譲渡人が登記移転義務を負う場合、典型的には相続登記がなされている場合には、同法43条1項の当事者である資格を喪失したとはいえないとする考え方がある（金子修編『一問一答家事事件手続法』91頁）。これに対し、同法42条3項により利害関係人として強制参加させることができると解釈することが可能であるから、手続からの排除ができるともいえる。家事審判法下でも家事審判規則14条・131条による利害関係人の参加によるべきだとの考えもあった（松原・前掲191頁）。

[7] 調停についてではあるが遺産分割については家事審判法下でも調停条項案を受諾する書面の提出による調停成立が認められており（家審21条の2）、共同相続人全員が調停の席に連なることは求められていなかった。この書面による受諾の制度は、民事訴訟法改正に際して取り入れられたほか（民訴264条）、家事事件手続法では、離婚と離縁を除く家事調停全般にわたる制度となった（家手続270条）。

2 遺産分割協議の無効

　遺産分割協議は、共同相続人全員でなされることが必要であり一部の相続人を除外してなされた遺産分割は無効である。[8]

　被相続人の分割協議後に認知された相続人が現れた場合については民法910条の定めるところであるが、その他の遺産分割協議後に戸籍上相続人としての地位を認められた者が出現した場合（他人の実子として届けられた子、離婚や離縁が無効とされた配偶者や子などを除いてなされた場合、離婚取消し、離縁取消しの審判や判決の確定した場合もあり得るところである）について遺産分割協議の効力が無効となるかが民法910条の適用範囲の問題として争われている。5に記載する。

(B) 非相続人が加わった遺産分割協議

　これに対して、非相続人を加えて遺産分割協議がなされる場合もある。具体的には戸籍に誤りがあり非相続人が遺産分割協議に参加した場合と、協議時には相続人の1人であり遺産分割協議に参加した者が相続人の地位を失った場合（たとえば、推定相続人廃除の審判が確定した場合、嫡出否認、婚姻の取消し、養子縁組の取消し、認知無効の取消しの審判や判決が確定した場合。その他、婚姻無効、養子縁組無効の場合にも被相続人が参加したことになる）である。

　共同相続人全員が協議に加わっていたという意味で遺産分割は有効であり非相続人が取得するとされた遺産について分割をすれば足りるとする見解が有力である（星野・前掲372頁）。

　これに対し、非相続人を加えた遺産分割は非相続人の意見が何らかの形で

---

[8] この一つの変形として、法定相続分の算定を誤った遺産分割協議について、相続の平等の理念に反し、分割の基礎を誤ったものであり、無効と解すべきだとする説がある（星野英一「遺産分割の協議と調停」中川善之助教授還暦記念『家族法大系Ⅵ』372頁）。そのとおりだとも思われるが、実際には遺産分割協議書に法定相続分を明示してなされることはなく、共同相続人が示されて、分割内容が記載されるだけであり、法定相続分を誤ったか否かは協議書のうえでは明らかにならない。したがって、この点についての誤りは錯誤の問題となるのが普通であろう。調停についても同様である。審判については当然無効となるといって良いと思われるが、実際のところ法定相続分を誤った審判がなされることは考え難い。ただし、相続資格が重複するときにはあり得ないことではない。なお、法定相続分を前提として協議、調停、審判がなされたところ、後日、相続分の指定もしくは割合的に相続させる旨の遺言が発見された場合については、無効と考えるべきである（3(1)(D)）。

協議結果等に影響を与えたり、あるいは、他の共同相続人に何らかの形で利用されたりしたりしたものというべきであり、非相続人を加えた遺産分割協議は無効であるとの説（善元貞彦「非相続人を加えた遺産分割審判等の効力」判タ1100号414号、大阪地判昭和37・4・26下民集13巻4号888頁）、中間的な立場として、原則として非相続人に分配された財産を再分割すれば足りるが、非相続人に分配された遺産の分割のみでは全体として公平な分割とはならない特別の事情がある場合（斎藤秀夫＝菊池信男編『注解家事審判法〔改訂〕』565頁（石田敏明）。ただし、審判についての記述である）、非相続人が取得した財産の重要性などから遺産分割をやり直す必要が認められる特段の事情がある場合には遺産分割全体が無効となるとの説（松原・前掲525頁）がある。また、この問題を遺産分割協議という意思表示の問題として捉え、非相続人に配分した遺産の重要性のいかんによっては要素の錯誤による協議の無効が生ずるとの説もある（（谷口知平＝久貴忠彦編『新版注釈民法(27)』359頁（伊藤昌司））、鈴木禄弥『相続法講義〔改訂版〕』224頁もこの趣旨か）。

　遺産分割は、法定相続分を前提としたうえ特別受益（民903）と寄与分（民904条の2）を組み入れて具体的相続分を計算し、この具体的相続分をもとに民法906条が定める基準によって共同相続人のそれぞれが取得する財産を決める手続である。この意味で、遺産分割協議は無効であるとする説、例外的に遺産分割協議が無効となるとする説、錯誤無効を認める説は、いずれもこういった遺産分割の手続の性格を考慮したものであると思われる。

　しかし、非相続人が取得した財産が遺産全体のうち重要なものであるとするなら、その遺産を再分割することによって相続人は満足を受け得るであろうし、反対に僅少なものであれば遺産分割協議全部を無効とする必要がある（分割の公平を害したり、遺産分割をやり直す必要が認められる特段の事情が存したり、また、要素の錯誤に該当する事情がある）とは思われない。なお、①非相続人が取得した財産が預貯金等の債権である場合には相続人は不当利得の返還をなすことになる。この不当利得返還請求権は遺産の代償財産であり、かつ、金銭債権であるから、相続人間でこれを遺産分割の対象とする合意の

ある場合には、遺産分割の手続によることができる。換価分割による非相続人が換価された金銭を取得した場合も同じである。②非相続人が代償分割で相続人に対する債権を取得した場合（審判について善元・前掲415頁のあげる例は、相続人Aが金180万円の不動産、相続人Bが金120万円の不動産を各取得し、それぞれ非相続人に金80万円、金20万円の各債務を負担した場合）には、相続人は非相続人から支払った金員の返還を受け、返還を受けることで是正されない不均衡については民法911条を類推適用することによってAB間で解決するべきである。

(C) **相続回復請求権の時効**

(A)(B)については、いずれも相続回復請求権の時効が問題となることがある。相続回復請求権については別稿に譲るが、最判昭和53・12・20民集32巻9号1674頁[9]は、相続回復請求権を表見相続人が外見上相続財産を取得したような事実状態が生じたのち相当年月を経てからこの事実状態を覆滅して真正相続人に権利を回復させることにより当事者または第三者に権利義務関係に混乱を生じさせることのないように相続権の帰属およびこれに伴う法律関係を早期かつ終局的に確定させるための制度であるとするから、(B)については非相続人が、また、共同相続人についても、その相続分を超える部分については非相続人による侵害と異ならないから、(A)については共同相続人が、消滅時効を援用する可能性があることとなる。消滅時効が認められれば、遺産を取り戻し、これを再分割することはできず、遺産分割協議の効力を争うことができないことになる（その結果、遺産分割協議は有効なものとなるというに等しい）。戸籍の記載が変更されたり、誤りがあったという事案については、同判決のいう相続権があると信ぜられるべき合理的な事由が存すると認められる場合があり得よう。

9　第3章4参照。

(4) 遺産分割協議の対象

　遺産分割協議は、遺産（ただし、遺産と遺産分割の対象は必ずしも一致しない[10]）についてなされる。遺産分割協議後に新たに遺産が発見された場合については4に記載する。

　非遺産は遺産分割協議の対象とならない。民法911条は、各共同相続人は他の共同相続人に対し売主と同じく担保責任を負うと定めているが、共同相続人が他人の権利の売買における売主のようにその権利を取得してこれを移転する義務があるとは考えられない。遺産分割は、遺産として存する権利を物権的に分割取得する手続であり、遺産分割の結果として他人の権利の移転義務を負うことがあると考えることは、遺産分割の性質に合致しないからである。非遺産が遺産分割の対象とされた財産の一部であれ全部であれ、民法560条、561条、563条1項の前段の一部（他人の権利を移転することができないときという部分）は適用の余地がないというべきである（谷口＝久貴・前掲411頁（宮井忠夫＝佐藤義雄））。

(A) 非遺産が唯一の遺産として遺産分割協議がなされた場合

　非遺産が遺産分割の対象とされた唯一の財産であれば、遺産分割協議は無効（全部無効）である。

(B) 非遺産を含めて遺産分割協議がなされた場合

　遺産分割の対象となった財産のうち一部が非遺産であった場合には、遺産分割協議は非遺産に関する範囲で無効である（2(1)(A)）。

　この遺産分割協議の一部無効が遺産分割協議全体にどのような影響を与えるかについては争いがある。

(a) 担保責任による考え方

　遺産分割協議の一部無効により遺産分割協議全部が無効となるとする説も

10　第3章5参照。

考えられるが、この立場に立つことを明確に主張する論者は見出せず、多くは非遺産の分割を受けた共同相続人は、民法911条により担保責任を追及するによって満足すべきものとしている（斎藤＝菊地・前掲566頁（石田）。ただし、遺産分割審判についての論述である）。

(b) 遺産分割協議全部が無効となる場合を認める考え方

非遺産が分割の対象とされた財産の大部分または重要な部分である場合は、遺産分割協議は全部無効となるとする考え方である[11]。この説に賛成する。遺産分割は、遺産に属する物または権利の種類および性質、各相続人の年齢、職業、心身の状態および生活の状況その他一切の事情を考慮してなされるが（民906条）、非遺産が分割の対象とされた財産の大部分であるような遺産分割協議がこの基準を満たしてなされることは困難であるし、全部無効とすることが共同相続人の意思にも合致し、公平だからでもある。

これに対して、非遺産が遺産分割の対象とされた財産の一部にすぎないときは、遺産分割はその非遺産についてだけ無効（一部無効）であり、無効とされた部分については民法911条により民法563条1項後段の代金減額、同条3項の損害賠償によって処理される。遺産については全部分割済みと扱われることになり、あらためて分割をする余地はない。

その財産が遺産か、非遺産かについて共同相続人に争いのある場合には、遺産分割協議の無効を理由とする再分割を求める審判手続において審判の前提問題として判断されることとなる。また、なされた遺産分割協議の無効確認の訴えも可能であるし、遺産であることの確認訴訟も可能である。

11　名古屋高決平成10・10・13判タ999号275頁は「遺産でないとされた物件が前の審判で遺産の大部分または重要な部分であると扱われていたなどの特段の事情」のある場合には審判は全部無効となる旨を示す。学説として、分割につき考慮すべき一切の事情のうち分割の仕方につき重大な影響を与えるがごとき権利が審判の対象となった場合には審判の全部無効を認めるもの（谷口＝久貴・前掲321頁（谷口知平＝加藤一郎））、審判分割を無意味とするような影響を与えるものについて全部無効を認めるもの（中川善之助＝泉久雄『相続法〔第4版〕』316頁）がある。ただし、いずれも審判についての言及であり、趣旨としても積極的に全部無効を認めるというものではなく、遺産についての遺産分割は原則として有効であり、非遺産については担保責任で対処すべきとするものである。

(c) 担保責任の割合

　担保責任として処理すべきときに、担保の責任の割合は法定相続分か具体的相続分か。法定相続分によると遺産分割協議により何らの財産を取得しなかった者も責任を負担することとなり、民法911条が売主と同じ担保責任を負担させた趣旨に合致しない（売主は代金を取得し、その一部を吐き出させるのが担保責任である）。具体的相続分によると特別受益を得ていた共同相続人の負担が少なくなる。公平に合致するのは遺産分割協議の結果取得した財産の価額に特別受益もしくは遺贈によって取得した財産の価額を加えた価額に応じて負担するという方法である（中川＝泉・前掲358頁）。公平という以上の根拠はないが最後の説が妥当である。ただし、民法911条は「相続分に応じて」と定めており、民法の知らない「遺産分割協議の結果取得した財産の価額に特別受益もしくは遺贈によって取得した財産の価額を加えた価額」が「相続分」といえるのか文言上の疑義は残る。この担保責任の追及は民事訴訟によってなされる。[12] 具体的相続分によるという考え方に立つと、地方裁判所が寄与分の審理判断をしなければならないことになる。前掲注1に記載した詐害行為取消しでも起こりうる問題である。

　担保責任として遺産分割協議の解除を認める見解（斎藤＝菊地・前掲568頁。一部無効が全部無効を来すことはないとの立場に立つ）があるが、「残存する部分のみであれば」つまり非遺産を除く財産のみであったならば、遺産分割協議が成立しなかったというとき（民563条2項）に解除を認めることになるであろう。結論は(b)の全部無効を認めるべき場合とほとんど変わらないと思われる。[13] すなわち、6(5)に記載するが担保責任としての解除はできないと考え

12　ただし、名古屋家豊橋支審平成10・3・25家月51巻4号90頁（注11の名古屋高決平成10・10・13の原審）は、現物分割の調整として代償金を支払うものとした審判について、一部の遺産が非遺産であったことから、代償金額を調整する必要があるとしてすべて遺産の再分割をしている。この審判では非遺産と代償金を除けば前審判と同様の内容で分割されており、この事案では当然のことと思われるものの、非遺産と代償金の金額以外について前審判と同様内容の審判としなければならないのか不明である。少なくとも法的な拘束力があるとは思われない。

13　この解除は非遺産を割り当てられた相続人が他の共同相続人全員に対してなすことになろう。この説の利点は、解除であるから民法545条1項ただし書を適用して遺産である財産について

る。

(5) 意思表示の瑕疵等

　遺産分割協議は共同相続人の合意であるから、共同相続人の一部の意思表示に要素の錯誤がある場合には遺産分割協議は無効となる。(3)に記載した分割内容が確定しないまま合意がなされた場合、(4)に記載した非遺産が分割の対象とされた場合、3に記載する分割協議の後に遺言書が発見された場合、4に記載する分割協議後に新たな遺産が発見された場合にも錯誤無効が主張されることが考えられる。遺産の評価について要素の錯誤が主張されることもあろうし、特別受益や寄与分の有無や金額が要素の錯誤と主張されることもあり得るところである。

　なお、遺産や特別受益の評価についての相続開始時説（判例・通説）によれば、これらの相続開始時における評価は具体的相続分の算定の問題であり、具体的相続分を前提としたうえで民法906条を適用して遺産を分割する手続ではないから、民法906条の基準に沿った遺産分割協議をすることができないため、無効となる場合（2(1)(B)）には当たらず、錯誤無効の問題となるだけである。これに対し、具体的相続分に応じて現実に遺産を分配するための遺産の評価は遺産分割時でなされるから、遺産分割時の評価に大きな誤りがあった場合には民法906条の基準に沿った遺産分割協議ができないとし無効とされる場合がありうることになる。実際には、双方とも錯誤無効が問題となるだけだと思われる。

　民法総則の詐欺、強迫による取消しも可能である。無権代理により無効ということもあり得るところである。

取引関係に入った第三者の保護が図れることである（松原・前掲526頁）。これに対して全部無効を認める考え方では少なくとも不動産について取引関係に入った第三者は保護されない。非遺産が分割の対象とされた財産の大部分または重要な部分である場合には、第三者より共同相続人の保護を優先させることとなる。第三者は譲渡した共同相続人の持分の範囲で保護されることとなる。

(6) 遺産分割協議の無効の主張方法

(A) 再協議、調停や審判の申立て

(2)ないし(5)に記載したところにより遺産分割協議が無効である場合、共同相続人はその無効を主張して、再協議を求め、さらに、調停や審判の申立てをすることができる。審判について遺産分割協議の有効無効は前提事項となる。ただし、(2)については遺産分割協議に参加した者は共同相続人ではないから相続開始前においては再協議を求め、調停や審判の申立てをすることはできない。(3)(A)において遺産分割協議から除外された共同相続人、(4)(B)(b)において非遺産を割り当てられた共同相続人がこれらをなしうることはいうまでもないが、他の共同相続人もこれらをなし得ると考えられる。民法906条に従った分割を求めることに対して、これを拒む理由はないからである。(5)について、錯誤に陥った相続人以外の者は錯誤無効の主張を原則となし得ない（最判昭和40・9・10民集19巻6号1512頁）から、再協議の申入れや、調停、審判の申立てはできない。

(B) 遺産分割協議無効確認の訴え

再協議の申入れ、調停の申立て、審判の申立てのほか、遺産分割協議の無効確認の訴えを提起することもできる。

遺産分割協議の無効確認の訴えについては過去の法律関係についての確認であり、確認の利益を欠くという考え方もありうるが、再協議手続、調停手続、審判手続のいずれにおいても争いとなる遺産分割協議の無効を既判力によって確認しておくことは、現在の法律関係に安定に資するものであるから、確認の利益を肯定してよいと考えられる（秋山幹男編『コンメンタール民事訴訟法Ⅲ』65頁以下）。固有必要的共同訴訟である（大阪高判平成5・3・26判タ817号212頁）。

(7) 遺産分割調停もしくは審判の無効

　以上は遺産分割協議について述べたのであるが、遺産分割調停および審判についても基本的には妥当する。
(A) 被相続人死亡前の調停、審判
　被相続人死亡前に遺産分割調停が成立し、遺産分割審判がなされることは考えがたいところである。
(B) 共同相続人の一部を除外してなされた調停、審判および非遺産を含めてなされた調停、審判並びに意思表示の瑕疵
(a) 共同相続人の一部を除外してなされた調停、審判、非遺産を含めてなされた調停、審判

　(3)(A)、(4)において遺産分割協議の無効原因と同じ事由があるにもかかわらず、遺産分割調停が成立し、あるいは遺産分割審判がなされれば、これら調停あるいは審判は無効である。

　共同相続人は、調停や審判の無効を主張して、協議を求め、また、再調停や審判の申立てをなしうる。もちろん、審判がなされても確定前であれば即時抗告をなしうる（家事手続198条1項1号）。無効にもせよ、審判自体はなされたからである（民事訴訟の判決の無効についてについて伊藤眞・前掲497頁）。

　調停の無効確認についても、遺産分割協議の無効確認と同様に訴えの利益が認められる。

　なお、遺産分割審判の無効確認訴訟に関して、審判は論理上当然に無効である場合を除き家事審判法に定められた即時抗告によってしかこれを争うことができないと解すべきであり、論理上当然無効ではない場合には審判の無効確認の訴えは確認の利益を欠くとする判例（大阪地判平成10・3・23判タ976号206頁）と、審判は論理上当然無効である場合を除き無効となることはなく、当然無効の場合は審判がないに等しいものであるから、その無効を主張して審判を求めることができるから訴えをもって無効確認を求める利益はな

く、他方、当然無効以外の場合には当初から訴えをもって審判の無効確認を求める利益を欠くものである（したがって、審判については当然無効であろうと、そうではなかろうと無効確認の利益を欠く）とする判例がある（千葉地判昭和36・7・7判タ121号121頁）がある。論理上無効とされる範囲は明確ではないが、(3)(A)、(4)で無効となる審判について、その無効を確認しておくことは共同相続人の現在の法律関係の安定に資するから確認の利益を認めるべきであり、これに反し無効でない場合には、即時抗告、場合によっては再審という家事事件手続法が定める手続によるべく、大阪地裁の判決が妥当であると思われる。

(b) **意思表示の瑕疵**

審判は、共同相続人の意思表示ではないから、(5)の錯誤無効や詐欺、強迫による取消しが問題となる余地はない。無権代理の場合には、再審の問題となる（家事手続103条2項、民訴338条1項3号）。

これに対して調停については、家事事件手続法268条1項が成立した調停に確定判決と同一の効力を認め、同法別表第2事項についての調停については確定した審判と同一の効力を有すると定めるところから（家事審判法も同じであった。21条1項）、①離婚や遺留分といった事件（訴訟事項である）については確定判決に認められる既判力が調停にも認められるか、②遺産分割のような家事事件手続法別表第2事項についての審判に既判力が認められるのかという形で論じられるところである。

①訴訟事項についての調停については、調停の本質を裁判とみる見解は既判力を肯定する理解に、合意と見る見解は既判力を否定する理解に結びつきやすいといえよう。通説とされるのは、裁判上の和解と同じく実体法上の瑕疵を伴うときはこれを理由とする無効の主張が許されるとする制限的既判力説である。

②これに対し、家事事件手続法別表第2事項についての審判に関しては既判力を否定するのが通説である（山木戸克己『家事審判法』57頁、佐上善和『家事審判法』263頁。判例も同様である。広島高松江支判平成2・3・26家月42巻

10号45頁は、人事訴訟手続法下の離婚請求の附帯請求である財産分与について、財産分与の処分は元来非訟事件であり判決でなされても既判力は存しないとする)。家事事件手続法別表第2事項についての調停が既判力を有しないことには争いがない（佐上・前掲437頁)。したがって、家事事件手続法別表第2事項である遺産分割についての調停について錯誤無効等を主張して、再協議、再調停や審判の申立てをなしうるし、調停の無効確認訴訟についても、確認の利益が認められる。

(c) 調停についての無効主張方法としての期日指定の申立て

調停の無効を前提として期日指定の申立てをなしうるかという問題があり、これを肯定する審判例もあるが（新潟家佐渡支決平成8・1・17家月48巻8号98頁。成立した遺産分割調停について錯誤無効を主張して期日指定の申立てがなされ事案につき、本来確認訴訟をなすべきであるが、調停期日の指定の申立てをなすことも違法だとはいえないとし、調停期日の指定をなすか否かの判断の前提と

---

14 もともと、家事審判について既判力があるかという議論があり否定説が通説である。家事事件手続法別表第1事項についての審判については、後見開始の審判のように形成力の効果としてとしてこれを争えないものと、相続放棄のようにその効力の判断が民事訴訟に委ねられこの点について疑われていないものがある。前者については既判力を認める必要がなく、後者については既判力が否定される。同法別表第2事項については紛争性が高いことから訴訟と同様に既判力を認めることも考えられるが、別表第2事項について定める実体法は、家庭裁判所に広範な裁量を認めて後見的見地から具体的な妥当性を重視した柔軟な解決を求めているのであるから、家庭裁判所がその審判の基礎とした事実に誤りや審判に際して見逃した事実があった場合等裁量によってなした後見的判断が相当でない場合においては、これに反する主張や判断をする余地が認められるべきである（ただし、同法78条1項2号により審判の取消しまたは変更のできない場合がある)。このことは、広く裁判所の裁量を認める子の監護に関する処分（民766条）はもちろん、婚姻費用の分担（民760条)、扶養に関する一連の処分（民877条〜880条）などを考えても明らかである。遺産分割についての民法906条の規定はこれらに比べれば家庭裁判所の判断についての指針が明確に示されてはいるものの、具体的相続分に従ったうえで現物分割、代償分割、換価分割、共有分割といったどのような方法で分割するか、また、どの財産を共同相続人の誰に取得させるかについては、家庭裁判所がその裁量によって判断するものであり差はない。審判で既判力が認められるべきものとしてあげられるのは、人事訴訟の代用という性格を有する合意に相当する審判（家事手続277条）である。調停に代わる審判（同法284条）についてはこのような性格がなく既判力は否定される。別表第2事項についての審判に既判力が認められないのであれば家事調停についても既判力は認められないことになるし、家事調停は当事者が協議して合意し、納得づくで紛争を解決する制度であり、性質としては裁判所外の話し合いに解決との類似性が高く、既判力は否定されるべきである。

して意思表示の錯誤等の事実の有無および判断をなしうるとしている)、否定すべきであろう。[15]

(加藤　祐司)

---

[15] 形式的にいえば民事訴訟法(93条1項)と異なり、家事事件手続法(これは家事審判法でも同様であった)は、当事者に期日指定の申立権を認めておらず、このような申立てがあっても家庭裁判所はこれに応答すべき義務があるとはいえず、期日指定の申立てがあったにもかかわらず家庭裁判所がこれを放置しても、当事者はこれに対して即時抗告等の異議申立ての機会が与えられないからである(これに対し当事者に期日指定申立権があるとするのは梶村太一「訴状事項につき成立した家事調停の無効方法」判タ361号103頁、同「家事調停の無効主張の方法としての調停期日指定の申立の適否」判タ367号290頁)。また、家庭裁判所は調停の期日を指定するに際して調停の有効無効を判断するのか、それとも当事者から期日指定の申立てがあれば期日を指定し、その手続の中で先に成立した調停の有効無効を判断するのか明らかでなく、期日指定において、あるいは、指定された期日において調停の有効無効を判断するのは調停委員会かそれとも裁判官かも明確でない。調停が有効とされた場合には家庭裁判所が何らかの形で判断を示すことになろうが(前掲新潟家佐渡支決平成8・1・17は審判で期日指定を却下している)、調停を無効と判断した場合にはどのような形で判断するのか、新たに指定された期日で調停が成立した場合には調停条項に先に成立した調停の無効を記載することが考えられるが、調停が不成立となったときには無効と判断した調停はどうなるのか明らかでない。実質的には、調停の無効であるということは、調停によって形成された法律関係が成立していない、すなわち調停前の法律関係が現在も引き続いているということであり、これは訴訟事項であり(たとえば、遺産分割調停であれば、遺産が依然として遺産共有の状態にあることの確認である)、家庭裁判所は審判(あるいは調停)をなす前提として調停の有効無効を判断することはできるが、期日指定の申立ての前提として調停の有効無効について審査し判断をなす権限を有するとはいえないからである(札幌家審昭和52・1・17判タ357号321頁)。さらに、再調停をなすことは容易であるから、期日指定という方法を認めなければならない必要性があるとも思われない。

3 分割後に遺言書が発見された場合

(1) 発見された遺言書の内容

　被相続人が死亡しても直ちに遺言書の存在が明らかになるとは限らないから、相続人が遺言の存在を知らないまま遺産分割協議がなされることがある。この遺言書により遺産分割協議がどのような影響を受けるかは、遺言書の内容によって異なる。認知を内容とする遺言については、5で述べる。

(A) 共同相続人以外の者に特定遺贈がなされている遺言

　共同相続人以外の者に特定遺贈がなされた場合、受遺者は遺贈が効力を生ずると同時に、その権利を物権的に取得する。かかる内容の遺言の存在を知らないままになされた遺産分割協議は、非遺産についてなされた遺産分割協議ということになる。したがって、2(4)に記載したところと同様に扱われることになる。すなわち、特定遺贈された物が唯一の遺産であれば遺産分割協議は全部無効であり、遺産の大部分または重要な部分であるときは、特定遺贈の対象に関する部分だけでなく、遺産分割協議全部が無効となる。遺産の一部にすぎない場合には、特定遺贈された遺産についての部分だけが無効であり、民法911条により同法563条1項後段の代金減額あるいは3項の損害賠償の問題として処理されることとなる。

(B) 共同相続人以外の者に包括遺贈がなされている遺言

　共同相続人以外の者が包括遺贈を受けていた場合には、その者は相続人と

同一の権利義務を有し遺産分割協議の当事者となる。したがって、2(3)(A)に記載したところと同じく、共同相続人の一部の参加を欠いたことになり遺産分割協議は無効である。この場合に民法910条を類推して価額請求で処理するということも考えられるが、死後認知と異なり遺産の一部を与えたいという遺言者である被相続人の意思を無視することとなってしまうから、遺産分割協議は無効であると解することが妥当である（星野英一「遺産分割の協議と調停」中川善之助教授還暦記念『家族法大系Ⅵ』370頁）。ただし、遺産全部についての包括遺贈がなされた場合については、「遺贈の対象となる財産を個々的に掲記する代わりにこれを包括的に表示する実質を有するもので、その限りで特定遺贈とその性質を異にするものではないから」（最判平成8・1・26民集50巻1号132頁。受遺者は相続人の1人である事案であるが、共同相続人以外の者が受遺者でも差はない）、そもそも遺産分割の対象となる遺産が何ら存しないという意味で遺産分割協議は無効である（2(4)(A)）。

(C) **共同相続人の1人に特定遺贈がなされている遺言**

共同相続人の1人に特定遺贈がされていたときは(A)と同様である。受遺者が遺産分割協議において特定遺贈を受けた財産を取得しているときには、遺産分割協議を無効とする必要はないようにも思われるが、遺産分割協議において遺贈の対象が遺産の大部分を占める不動産であり、その不動産を取得する代わりに法定相続分に応ずる代償金の負担をしたといった場合には、遺留分侵害額と大きな差が生じるから、遺産分割協議は無効となる。民法911条で処理する場合には、受遺者である共同相続人も担保責任を負担することになる。

特定の遺産を特定の相続人に相続させる旨の遺言についての判例（最判平成3・4・19民集45巻4号477頁）については強い批判もあるが（伊藤昌司『相続法』122頁）、この判決の採用する遺産分割効果説と称される立場によれば、この遺言は遺産分割方法を定めたものであり、これと異なる遺産分割協議さらには審判もなしえず、当該遺産は被相続人死亡の時に直ちに相続によって承継されるから、特定遺贈と同様に扱われることとなる。遺産全部を特定の

相続人に相続させる旨の遺言がなされた場合については、包括遺贈について前掲最判平成8・1・26の考え方からすれば、遺産分割の対象となる遺産が何ら存しないことになるから遺産分割協議は無効である。

(D) **相続分を指定する遺言**

遺言により相続分の指定（民902条）がなされれば、遺産分割協議はこの指定相続分を前提にしてなされることになる。法定相続分を前提として遺産分割協議がなされ、後に至って相続分が指定された遺言が発見された場合には、遺産分割協議は無効である。遺産分割協議は共同相続人によってなされるが、これは相続分を前提としてなされており、法定相続分を上回る相続分の指定を受けた共同相続人は、上回る範囲において遺産分割協議に参加していないのと等しいからである（前掲注8）。

遺産分割協議後に割合的に相続させる旨の遺言が発見された場合についても、相続分の指定がされたときと同様に解すべきである。割合的に相続させる旨の遺言につき、先の遺産全部を特定に相続させる旨の遺言がなされた場合についての考え方を推し進めると、割合的に各共同相続人に（物権的に）帰属してしまい、遺産分割の対象となる遺産が存しなくなると考えることもでき、この意味で遺産分割協議は無効だと考えることもできるが、このように解しても共有物分割の手続が必要となるだけであるから、遺産分割を予定する相続分の指定と別異に解する必要はないと思われる。

(E) **遺産分割協議の無効を主張できる者**

(C)および(D)について、共同相続人の一人が遺言書の存在を秘匿して遺産分割協議を成立させたという場合は、遺言書の存在を知らなかった相続人についてだけ遺産分割の無効を主張することが認められるべきであろう。

(F) **調停、審判**

以上については、調停、審判についても同様である。共同相続人は、これらの無効を主張して、再協議を求め、また調停、審判の申立てをなしうる。

(2) 遺産分割協議後に特定の土地の分割方法を定めた遺言が発見された場合

　遺産分割協議後に特定の土地の分割方法を定めた遺言が発見された場合について、「相続人が遺産分割協議の意思決定をする場合において、遺言で分割方法が定められているときは、その趣旨は遺産分割の協議及び審判を通じて可能な限り尊重されるべきものであり、相続人もその趣旨を尊重しようとするのが通常であるから、相続人の意思決定に与える影響力は格段に大きいということができる」として、遺言で定められたところとことなる内容の遺産分割協議について要素の錯誤を認めた判例がある（最判平成5・12・16家月46巻8号47頁）。遺産分割法方法を指定する遺言であり、相続人や遺産の範囲、また法定相続分につき誤りがあったわけではないから、遺産分割協議の（当然）無効を認めるべきではない。この事実は、遺言の存在が明らかにならないまま、遺産全部を被相続人の妻が取得する内容の遺産分割協議が成立していたというものであり、錯誤無効をもって争われるに相応しいものだったと思われる。調停で同内容の分割がされた場合も錯誤無効の主張のみが可能である。審判の場合には、法定相続分を基礎として具体的相続分が算定され、これに基づいて審判がなされるから、このような内容の審判がなされることはない。審判確定後、分割方法の指定のある遺言書が発見されても、もはや、審判を争う方法はない。再審の申立てもできない（家事手続103条2項、民訴338条1項9号が適用されるのは当事者が提出した資料について裁判所が判断を遺脱した場合である）。

(3) 遺言の存在を知りながらなされた遺産分割協議

　(1)および(2)は、相続人が遺言の存在を知らないままに遺産分割協議をなした場合であるが、これに対し、相続人が遺言の存在を知りながら遺産分割協

議をなした場合については、第三者に特定遺贈がなされたことを知りながらその遺産を遺産分割協議に含めることは通常考えがたく（遺贈の対象となった遺産は第三者に帰属するから、そのような遺産を取得することで満足することはない。もし、そのようなことがあれば共同相続人間では民法911条で対処することとなる）、これに対し第三者に包括遺贈がなされたことを知りながら遺産分割したとすればその遺産分割協議は無効である。この点は、かかる包括遺贈がなされていることを知らなかった場合と同じである。

　相続人に対し、遺贈（特定、包括双方を含む）がなされているにもかかわらず、これを知りながら遺産分割協議がなされた場合には、遺贈の放棄（民986条1項）がなされたこととなり、遺産分割協議は完全に有効なものとなり、後日、遺言の存在を理由にこれを争うことはできない。相続させる旨の遺言による財産の承継につき判例（前掲最判平成3・4・19）は「当該遺産は被相続人死亡の時に直ちに相続によって承継」されるとするから、この利益を放棄するためには相続放棄の手続（民938条）を要すると考えることもできる（東京高判平成21・12・18判タ1330号203頁はこの趣旨か）。この点については、相続人が利益を強要される理由はないとして、民法986条を準用して意思表示によっても放棄が可能だとする説がある（北野俊光「『相続させる』旨の遺言の実務上の問題点」久世忠彦編『遺言と遺留分(1)遺言』183頁）。いずれの立場に立つとしても、有効に放棄がされたうえでなされた遺産分割協議は完全に有効である。これに対し、民法938条に従って相続放棄をしなければならないと解し、この手続がなされないままなされた遺産分割協議（これが普通であろう）については、少々、問題が残る。相続させる旨の遺言によって相続された財産（特定の遺産にせよ全遺産にせよ）を遺産分割の対象財産として組み込むために、非遺産を遺産分割の対象にすることについて相続人全員の合意があるからだ（可分債権や相続開始後の果実を遺産分割の対象にとり込むための理論であり家庭裁判所実務では定着している感がある。合意説と呼ばれる）と説明するか、もう少し丁寧に当該財産について他の相続人に共有持分を法定相続分に従って譲渡し各相続人がそれぞれの共有持分を遺産分割の対象と

することに合意したと説明することになろうか。また、相続分の指定や割合的に相続させる遺言が存する場合については、法定相続分を上回る相続分の指定や割合を受けた相続人が各相続人に法定相続分に達するまで相続分を譲渡（民905条）したと理解することになろう。いずれにしても、遺産分割協議が有効であるという結論に変わりはない。

　遺産分割が調停や審判でなされた場合も遺産分割協議と同じであり、調停や審判は完全に有効である。

（加藤　祐司）

4 分割後に新たに遺産が発見された場合

(1) 遺産が新たに発見された場合の処置方法が示されているとき

　遺産分割協議については分割協議書の末尾に「上記以外の遺産は相続人○○○○が全て取得する」、「上記以外の遺産が存した場合には別途協議のうえその取得者を定める」、「上記以外の遺産が存した場合には相続人が法定相続分によって取得する」といった条項が設けられて、遺産分割協議後に新たな遺産が発見された場合に備えることが多い。特に、分割協議書が弁護士等が関与して作成されるときには、定型的にこの種の条項が盛られるのが普通である。債務が発見された場合に備えて債務の文言が付け加えられることもある。調停条項でも、かかる条項を設けることが多いと思われる。
　このような条項が設けられた場合には、これらの条項に従って処理され新たな遺産が発見されたことにより、すでになされた遺産分割協議や調停の効力が影響を受けることはない。

(2) 遺産が新たに発見された場合の処置方法が示されていないとき

　遺産分割は、民法906条の基準に従う総合的分割であり、原則としてすべ

ての遺産が一時に分割され、その最終的な帰属が決められることが好ましい。しかし、実際には遺産を構成する財産が遺産分割協議後に発見されることもある。この場合、すでになされた遺産分割協議が無効となることがあるかについては、2⑷⒝⒝の非遺産が遺産分割協議の対象とされた場合と同様に考えることができる。いずれも、遺産に属する財産の範囲の問題であり、共同相続人がこれを誤って遺産分割協議をした場合だからである。

　すなわち、発見された遺産が遺産の大部分または重要な部分であってこれを含めた遺産分割協議を民法906条の基準に従って行うことが困難であるときは、すでになされた遺産分割は無効であると考えざるを得ない。

　そうでないときは発見された遺産について分割をすれば足りると思われる。

　調停や審判で遺産分割がなされている場合も同様である。

⑶　遺産分割協議、調停、審判の無効を争う方法

　⑵により遺産分割協議、調停、審判が無効となるとき、相続人は新たに発見された遺産を加えた遺産を対象として再分割のための協議を申し入れ、さらに調停、審判の申立てをなすことができる。審判が申し立てられた場合には、審判の前提事項として、先になされた協議、調停、審判の効力が判断される。なされた協議、調停、審判の無効確認の訴訟も可能である。

　遺産分割協議、調停、審判が無効とならない場合には、新たに発見された遺産について、遺産分割がなされることになる。ただし、特別受益や寄与分については、二度目の遺産分割において遺産全体について評価して具体的相続分を算出し、2回目の遺産分割をする必要のある事案もあろう。

　　　　　　　　　　　　　　　　　　　　　　　　　（加藤　祐司）

5 分割後に認知された相続人が現れた場合

(1) 民法784条ただし書と同法910条の関係

　認知は、出生の時にさかのぼってその効力を生ずる（民784条本文）から、死後認知された子も相続開始の時において相続人であったことになる。したがって、被認知者は相続人となり、これを除いてなされた遺産分割は無効ということになるはずである。しかし、民法は認知の遡及効を制限し、「ただし、第三者が既に取得した権利を害することはできないとする」（民784条ただし書）。このただし書の第三者には共同相続人を含むと解されているが、そうすると死後被認知者は遺産について何らの権利を有しないこととなり、被認知者は相続権を主張することができないこととなる。これでは、死後認知を認めた意味の過半が失われることとなる。民法910条は、この認知の遡及効の制限について相続に関し例外を設けるものである。そこでは、①遺産分割協議等がなされていない場合には死後被認知者は遺産分割を求め得るということと、②遺産分割協議等がすでになされたときには、遺産分割協議等に参加した共同相続人の既得権と死後認知を受けた者との間の利益の調整を図り（最判昭和54・3・23民集33巻2号294頁）、すでになされた遺産分割協議等の効力を維持して再分割を認めず、他方で死後被認知者の利益を保護するための価額の支払請求だけを認めるということが定められている。民法910条については一般的にこの②だけが同条の趣旨として説明されるが（谷口知

平＝久貴忠彦編『新版注釈民法(27)』400頁（川井健））、その前提として①の趣旨を含むことは当然である（鍛冶良堅「死後認知と相続の回復」法論29巻4号・5号73頁）。

　この通説的解釈は、民法784条ただし書の「第三者が既に取得した権利」には遺産分割協議等前に共同相続人が相続開始により取得する法定相続分としての権利は含まれず（したがって、被認知者は遺産分割請求ができる）、共同相続人が遺産分割協議等により取得した権利は含まれる（したがって、被認知者は遺産分割請求をできないことになる。そうすると死後認知を認めた意味が失われてしまうことになるため、民法910条により価額請求が認められた）とするものである。[16]

(2) 民法910条の適用範囲

　通説的な解釈は上記のとおりであるが、そこではどのような場合に民法910条が適用されるべきかについては必ずしも明らかとはいえない。基本的な問題となるのは、①被認知者は、認知により共同相続人としての地位を失う者に対しても価額請求をなし得るのみであるか、②遺言により認知を受けた者は価額請求をなし得るだけかという点である。その他、同条の類推適用

---

[16] 民法910条が戦後に新設される以前の旧832条ただし書（文言は784条ただし書と全く同じである）の解釈において問題とされていたのは、母の家の戸主になった私生子（非嫡出子）を父が認知した場合においてすでに戸主になった私生子は旧832条ただし書によって父の家に入らないといった形であり家籍の変動に関してであった。家制度が存せず、民法910条が設けられている現在においては、民法784条ただし書は相続に関しては適用がない、文言に照らしていうなら「遺産分割の前後を問わず共同相続人が相続によって取得した権利」は「第三者が既に取得した権利」に含まれないと解釈することも可能である。このように解釈した場合、同条ただし書に該当するのはどのような権利かなのかが問題となるが、これに該当することが明らかだとされる権利は存しないようである（鍛冶・前掲93頁は死亡後他の子が遺族扶助料、保険金を受けた後に子が裁判認知を受けた例を引用しながら、結論としてこれを否定する。中川善之助編旧『注釈民法』227頁（木下明）も同条ただし書がそのまま適用される場合はほとんど考えられないとする）。そうだとするなら、同条ただし書は何ら適用すべき場合がないと解釈することも可能である。

5 分割後に認知された相続人が現れた場合

が問題となる事例については、(5)にまとめて記載する。[17]

(A) 認知により共同相続人としての地位を失う者

　認知によって共同相続人としての地位を失わない者（たとえば、被相続人の妻と嫡出子が相続人として遺産分割協議等をした後に認知がなされた場合）については、それらの権利関係を尊重する必要があるから、遺産の取戻し（再分割の請求）を認めず、価額支払請求で満足すべきだということができる。

　これに対して、認知による共同相続人としての地位を失う者（たとえば、被相続人の妻と兄弟が相続人となり遺産分割協議等をした後に、認知がなされた場合における兄弟）については、兄弟は相続人ですらなくなるのであるから、このような者に遺産を保持させる理由はない（反対、鈴木禄弥『相続法講義〔改訂版〕』227頁）。したがって、被認知者からの遺産の取戻し（引渡請求、抹消登記請求）が認められる。

　これらの者は、相続権がないことを知らず、かつそう信ずるにつき合理的事由が存する場合には、相続回復請求権の時効によって保護されることとなる（最判昭和53・12・20民集32巻9号1674頁）。この者と取引をした第三者は、表見相続人の相続回復請求権の時効を援用することによって保護される（最判平成7・12・5家月48巻7号52頁。谷口＝久貴・前掲439頁（川井）はこの第三者については民法784条ただし書の適用により保護されるとする）。

(B) 遺言による被認知者

　被相続人の死亡後死後認知訴訟を提起し、遺産分割協議等後にその判決を受けた者（民787条ただし書）、被相続人の生前に認知訴訟を提起し、その死後でありかつ遺産分割協議等後に判決を受けた者が遺産分割請求をなし得ず、価額請求をなし得るだけであることについては争いがない。この場合には、遺産分割協議等がなされた時点ではそれらは完全に有効であり、この遺産分

---

[17] 共同相続人の一部を除外してなされた遺産分割協議は無効であり、その無効な遺産分割協議の結果については、真正相続人と表見相続人との間の相続権についての争い、または、共同相続人間の相続権についての争いとして相続回復請求権の問題ということになる。そうだとするなら、民法910条は相続回復請求権の時効とは別の保護を認めたこととなる。

割協議等に参加する等した共同相続人は保護される理由がある。これに対し、遺言によって認知された者がこれに当たるかについては争いがある。

　遺言は遺言者の死亡によって効力を生じ（民985条1項）、被認知者は被相続人の死亡の時点から相続人となり（戸籍上の届出は報告的なものである）、したがって、遺産分割協議は共同相続人の一部を欠くものとして、その協議の時点から、本来、無効のはずである。遺言によって認知された者を価額請求権者としない説（遺産分割を求めることができるとする説である。鍛冶・前掲95頁、松原正明『全訂判例先例相続法Ⅱ』505頁）はこれを基本的な理由とし、あわせて、遺言書が発見された時期によって取扱いを区別することは適当でないことを理由とする。

　これに対し、通説は、遺言書が遺産分割協議等後に発見された場合には、遺言による被認知者を含むとする（すなわち、遺産分割請求はできず、価額請求だけができる。谷口＝久貴・前掲401頁（川井））。被認知者の存在を知らないまま、遺産分割協議等をした共同相続人の権利関係を尊重する趣旨である。しかし、共同相続人の一部を除いてなされた本来無効な遺産分割協議等と、遺産分割協議等の時点においては有効であった遺産分割協議等がその後になされた認知の判決の遡及効の結果共同相続人の一部を欠くに至る場合とでは差があることは否定できないし、[18] 遺言書を共同相続人の一部の者が秘匿し、他の共同相続人は遺言書の存在を知らないという場合もあり得るし、遺言書において認知以外の事項が定められることも多いと思われる（3参照）。したがって、遺言による被認知者については、価額請求ではなく遺産分割請求

18　認知の訴えの法的性格についての形成訴訟説（最判昭和29・4・30民集8巻4号861頁、最判平成2・7・19判タ739号76頁）を前提としている。形成訴訟説によれば「嫡出でない子と父との間の法律関係は、認知によってはじめて発生するものである」（平成2年判決）。これに対し、非嫡出子との父子関係は自然血縁の事実によって成立し、認知はこれを推定する手段だと捉える立場からは、認知の訴えは、自然血縁によって生じている父子関係を確認する訴えとなる（二宮周平『家族法〔第4版〕』174頁）。この確認訴訟説によれば、裁判認知の場合も遺言認知の場合も、被認知者を欠いた遺産分割協議等は共同相続人の一部を欠くものとして、再分割請求が可能ということになるとも思われるが、そうすると民法910条を適用する余地がなくなってしまうから、結論としてはいずれについても価額請求ということになるものと思われる。

をなし得るとするほうが妥当である。

この遺産分割請求に対し、共同相続人は、他に共同相続人（被認知者）がいることおよびその相続権を侵害していることを知らず、かつ知らなかったことについて合理的事由が存在する場合として、相続回復請求権の時効を援用することができる。

(3) 遺産分割その他の処分

価額請求しか認められないのは、認知前に遺産分割協議その他の処分がなされた場合であり、認知後に遺産分割協議がされた場合には被認知者は再分割を求めることができる。

遺産の一部について遺産分割がなされたが、未分割の遺産が残っている場合については、未分割の遺産については遺産分割が、分割された遺産については価額請求がなされることになる。この点で一部といえども主要な遺産について分割がなされてしまったときは価額請求のみをなしうるとする見解があり（石黒清子「死後被認知者の価額請求」判タ1100号411頁）、これによれば価額請求の手続ですべてを解決することができることになり便宜であるが、未分割の遺産について遺産分割の請求ができないとする理由が見出せない。

民法910条の「その他の処分」とは、遺産分割ができなくなる場合を意味する。したがって、①相続人の1人が相続分の譲渡をした場合について、他の共同相続人に譲渡したときには該当しないとし、共同相続人以外の者に譲渡したときには遺産の現状に変化がある点で遺産分割と差がないとしてこれに該当するとの説があるが（谷口＝久貴・前掲403頁（川井））、相続分の譲受人は共同相続人以外の者であっても遺産分割の当事者となるから該当しないものと考えられる。②相続人の1人が個々の遺産の持分を処分した場合については、譲渡された持分は遺産分割の対象財産から逸失し、譲渡された持分を除いた残余の持分は遺産分割の対象となるとする判例（最判昭和50・11・7民集29巻10号1525頁）である。したがって、持分の処分はこれに該当、残余

471

の持分について遺産分割を求めることができる。③共同相続人が共同して遺産を処分したときには、当該遺産は遺産分割の対象から逸失するから（最判昭和52・9・19家月30巻2号110頁）、該当することになる。売却代金が一括して保管されこれを遺産分割の対象に含める合意をするといった特段の事情がある場合には遺産に加えられるが（最判昭和54・2・22家月32巻1号149頁）、このような特段の事情を被認知者が知ることは困難であろうから、該当するものとして扱うべきである（いずれも金銭についての争いになるから差もない）。

(4) 価額請求の相手方となる者

被相続人の妻と兄弟が共同相続人として遺産分割協議をなしたところ、子が認知されたといった場合において、認知による共同相続人としての地位を失う兄弟に対して引渡請求等ができることについては、(2)(A)に記載したところである。このとき妻に対して再分割を求めることができるという考え方もあり得るが、妻に対してはその相続分が減少した部分につき価額請求をなすという説（谷口＝久貴・前掲405頁（川井））が妥当だと思われる。妻の相続分は変動するが、妻は認知によって共同相続人としての地位を失うものではないし、妻は被認知者との間で利益の調整を受けるべき立場にあるからである。

(5) 価額請求

(A) 価額請求の性格

価額請求は、遺産分割協議に参加した共同相続人と死後認知を受けた者との間の利益の調整を図るためのものであるが、その内容は遺産分割に代る利益を被認知者に与えるためのものである。特別受益も寄与分（民904条の2第4項）も考慮され、価額は具体的相続分に対応するものとなる。この点からすると、価額請求は遺産分割請求の一種であり審判事項であると考えることもできる。

しかし、遺産分割が審判事項であるのは、民法906条によって家庭裁判所が遺産の分配について一切の事情を考慮して定めという仕組みとなっているからであり、価額請求にはこのようなことはない。したがって、価額請求は遺産分割の一種であり、審判事項であるとの説には賛成できない。また、家事審判の対象となる事項は、家庭裁判所が私人の法律関係に後見的に関与するものであるから、その範囲を解釈で拡大すべきものではなく、法律上明記されるもの（家事事件手続法別表に記載された事項）に限定されるべきである（裁判所法31条の3第1項1号、家事手続39条。佐上善和『家事審判法』52頁。内縁関係における婚姻費用分担や財産分与、別居中の親子の面会交流等については実体法の類推という過程を経て家事事件手続法が適用される）。この点でも、価額請求は訴訟事項であり、民事訴訟手続によることになる。

(B) 価額請求の金額

(a) 算定方法

価額請求は具体的相続分に基づいて算出される。この点で、遺産中の積極財産から消極財産を差し引いた純遺産額に対する被認知者の相続分が価額であるとの説があり、これによると消極財産が積極財産を上回るときには価額請求ができないこととなる。しかし、被認知者も相続人である以上法定相続分に従った債務を承継することを否定する根拠は見出しがたく、積極財産のみをもとに価額を算定すれば足りると考えられる（谷口＝久貴・前掲404頁（川井））。

(b) 請求を受ける者が複数ある場合

複数の価額請求を受ける者が存する場合（複数の子の間で遺産分割協議がなされ、その後に死後認知された場合）において、各義務者に請求し得る金額は、①法定相続分の割合で按分したものか、②それらの者の具体的相続分の割合で按分したものか。それとも、③遺産についての現実の取得分に特別受益を加えた金額の割合で按分したものか。被認知者の利益という観点からは連帯債務であれば好都合であるが、このように解すべき根拠がない。

価額請求訴訟では被認知者の具体的相続分が算出されるから、その訴訟の

過程および寄与分についての審判手続（民904条の2第4項）の中で共同相続人全員の具体的相続分も算定されることになる。したがって、具体的相続分の割合に従って価額が決まるとすることも可能である。しかし、多くの特別受益を受けていた者は具体的相続分が小さく負担が少ないこととなり不公平でもある。法定相続分に従うとすれば遺産分割協議において何ら遺産の分配に与からなかった者も価額の支払いをしなければならないこととのなり、利益の調整という観点からはずれることとなる。結局、現実の取得分に特別受益を加えたものによれば公平ということになろう（民法911条についての2(4)(B)(c)参照。ただし、必要的共同訴訟に該当するとは考えられない価額請求手続で現実の取得分や特別受益がどこまで明らかにできるかという問題はある）。

　(c)　算定の基準時

　価額の算定には遺産の評価をなすことになるが、価額請求は遺産分割に代る利益を被認知者に与えるためのものであるから、その金額は現物と等しいものであるべきである。したがって、その基準時は現実に支払いがなされるときに最も接着した事実審の口頭弁論終結時である（福岡高判昭和54・12・3家月32巻8号83頁、野田愛子「死語認知者の価額請求」判タ688号249頁、松原・前掲513頁）。

　(C)　時　効

　被認知者が認知を受けてから民法884条により5年で価額請求権は時効による消滅すると解されている（谷口＝久貴・前掲407頁（川井）、二宮・前掲364頁）。価額請求は遺産の取得に代わるものだからである。しかし、前掲最判昭和53・12・20によれば、相続回復請求権の消滅時効は、「他に共同相続人（被認知者）がいること及びその相続権を侵害していることを知らず、かつ知らなかったことについて合理的事由が存在する場合」という要件のもとで援用が認められるものであり、価額請求についてこの要件をどのように適用するのかわかりにくい。確かに、価額請求権は、遺産の取得に代わるものではあるが、それ自体は遺産とは別の債権にほかならないからこれに民法884条を適用するのは疑問であり、一般的（民167条1項）な10年の消滅時効によ

るべきである。

(6) 民法910条の類推適用[19]

　民法910条は、遺産分割協議等後その他の処分のあった後認知により相続人となった者についての規定であるが、民法910条の類推適用ができるのかという問題とされているものがある。結論としては、後記(F)に該当する場合以外については、いずれも類推適用を否定すべきである（遺産分割を求めることができる）。調停、審判も同じである。

---

[19] 婚外子相続差別違憲決定（最決平成25・9・4民集67巻6号1320頁）が、民法900条4号ただし書の規定のうち嫡出でない子の相続分を嫡出子の2分の1とする部分（本件規定）は遅くとも平成13年7月当時（当該事案の相続開始時）において憲法14条1項に違反していたとし、「本決定の違憲判断は、G（筆者注：被相続人）の相続開始時から本決定までの間に開始された他の相続につき、本件規定を前提としてされた遺産分割の審判その他の裁判、遺産の分割の協議その他の合意等により確定的なものとなった法律関係に影響を及ぼすものではないと解するのが相当である」とあるとしたことに対し、この間に相続が開始し、すでに遺産分割協議等が終了した場合においても、民法910条を類推して価額請求をすることができるとの考え方が示されている（二宮周平「婚外子相続差別違憲決定の影響と課題」自由と正義65巻3号12頁）。本来、平等に扱うべきところを扱わなかったのだから、相続人間であらためて平等処遇をするための方法として、遺産分割協議等の効力に影響を与えない価額請求を認めようとするものである。確かに、この決定が指摘するとおり、平成13年7月以後本件規定に基づいてなされた遺産分割協議等は、法定相続分を誤ってなされたものとして無効のはずである（2の注8）。そうすると婚外子は、本来、再分割の請求をなしうることとなる（3(1)(D)(F)参照）。この本来なしうることである再分割請求について、そこまでは認めることなく、他の共同相続人（嫡出子）の既得権を守るために価額請求だけを認めるというのは、民法910条の解釈としても合理的であると思われる。疑問が残るのは、父子関係を形成する認知と、「長期にわたる社会状況の変化に照らし、本件規定がその合理性を失ったことを理由」として本件規定について違憲判断がなされた場合とを同一視できるのかということと、この決定のいう「本件規定を前提としてされた遺産分割の審判その他の裁判、遺産の分割の協議その他の合意等により確定的なものとなった法律関係に影響を及ぼすものではない」との判断が、価額請求ならば認め得るという趣旨かどうかという点である。少なくとも、この決定のいう「本決定の違憲判断が、先例としての事実上の拘束力という形ですでに行われた遺産の分割等の効力にも影響をし、いわば解決済みの事案にも効果が及ぶとすることは、著しく法的安定性を害することになる」との判示からすると、本件規定に基づく遺留分減殺請求のやり直しを認めるものとも思われず、価額請求についても否定する趣旨ではないかと思われる。

(A) **分割当時胎児であった者**

　胎児の相続能力については、胎児である間は相続能力がなく、胎児が生きて生まれたことを停止条件として相続開始時にさかのぼって相続能力を取得するという停止条件説と、胎児に相続能力を認め、胎児が死体で生まれたときに相続開始時にさかのぼって相続能力を失うとする解除条件説がある。

　解除条件説によると胎児を除いてなした遺産分割協議は共同相続人の一部を除外してなされたものとなり無効である。これに対して、停止条件説では胎児には相続能力はないから、遺産分割協議は有効であり、ただ胎児が生きて生まれたときには、共同相続人の一部を除外してなされた遺産分割協議ということになり、民法910条の死後認知と同様の利益状況が生ずることとなる。

　しかし、同時存在の原則にもかかわらず、民法886条に相続能力を認めたのは、縦に財産が流れることが相続の原則形態であり、胎児が子として生まれることが明らかなのにこれを相続人に加えないことが不自然であるからである。相続人として加えるというのは、被相続人の財産を取得させるということであり、胎児の間に遺産分割協議がなされてしまえば、後は価額請求と解するとすれば、胎児に相続能力を認めた趣旨を没却することになる。したがって、停止条件説によっても胎児につき民法910条を類推適用することは否定すべきである（谷口＝久貴・前掲407頁（川井）は、遺産分割当時、胎児がいることに気が付かなかった場合には類推適用を認める）。

(B) **遺産分割協議後、離婚または離縁無効の確認の訴えで勝訴した者**

　類推適用を肯定する説が多いが（星野英一「遺産分割の協議と調停」中川善之助教授還暦記念『家族法大系Ⅵ』370頁・358頁）、これらの者は遺産分割協議のなされた時点においても相続人なのであるから、否定されるべきである。

　実質的にも、離縁や離婚として偽造による届出が無効原因として主張されることも多く、価額の支払いでよいとすることは不公平でもある。

(C) **遺産分割協議後、父を定める訴えで被相続人の子と定まった者**

父を定める訴え（民773条）は、婚姻推定（民772条）が重複した場合に、子の父を裁判所が定めるものである。

　この訴訟は、二重に存在する嫡出推定の一方を排除するものであり、父子関係を判決で形成するものではない。したがって、この判決により、一方の推定が排除されて排除されなかった子と父との間だけの嫡出子関係だけが残ることになる。出生時からの嫡出子であり、遺産分割協議時においても共同相続人の地位にあり、これを除いた遺産分割協議は共同相続人の一部を除いてなされたものとして無効であり、民法910条は類推適用されない。

(D)　**遺産分割協議後に母子関係が明らかとなった者**

　母子関係は認知をまたず分娩によって当然に発生するから、認知によって父子関係の生ずる認知とは異なり、類推適用は否定すべきである（最判昭和54・3・23民集33巻2号294頁。事案は戸籍上の唯一の相続人から不動産を譲り受けた第三者と戸籍上記載のない子との間での争いである）。捨子のような事例は実際上稀であり、多くは非嫡出子が他人の子として出生届がなされたという事例であると思われ、しかも、母子関係が戸籍上は存していなくとも実際上は関係者にとって母子関係の存在が明らかであるか疑われるべき事情が存するという事案も少なくないと思われ、類推適用を肯定することには疑問が残る。

(E)　**戸籍上相続人たる身分が表れていない者**

　一般的に、戸籍上には相続人たる身分が表れていない者を分割から除外してなした分割については民法910条を類推適用するとの学説がある（前掲・中川＝泉325頁。ただし、類推適用を認めるのは審判に限るとする。この点については審判に公信力を認めることになるとの批判がある。昭和54年度最判解民162頁）。

　遺産相続を問わず、戸籍が相続人確定のうえで決定的に重要な役割を果たしていることからすると、戸籍上に従ってなされた遺産分割の効力を維持するとするのは合理的な考え方だと思われるが、被相続人の子を他人の子として届出た場合にも価額請求によることなってしまい、かかる不利益を子に与

えてよいか疑問である。

(F) **遺産分割協議後に廃除の取消審判、協議離婚、協議離縁の各取消審判もしくは判決が確定した場合**

これらの者は、遺産分割協議当時、相続資格がないか相続人でない者であり、遺産分割協議後に死後認知を受けた者との場合と同様の立場にあり、民法910条の類推適用を認めるべきである。

(7) 調停および審判

以上では遺産分割協議を前提として記載しているが、調停、審判も「分割」に含まれる。

（加藤　祐司）

6 遺産分割の解除

(1) はじめに

　遺産分割の解除の態様としては、遺産分割の方法に関連して、協議の解除、調停の解除、審判の解除という3種があり得、解除の種類としては、債務不履行解除、合意解除、約定解除（もしくは解除条件）、担保責任による解除が考えられるところである。実際に判例上多く登場するのは、遺産分割協議の債務不履行解除であり、ここでもこれを主として扱うこととする。

(2) 遺産分割協議の債務不履行解除

　遺産分割は、遺産を民法906条の基準によって各共同相続人に取得させる手続である。したがって、遺産分割協議において、相続人のうちだれがどの遺産を取得するか、また、結果として誰が多くの遺産を取得したということは常に問題となる。本来、共同相続人が他の共同相続人に対し債務を負担することはない。

　ところが、遺産分割協議において、共同相続人の1人が多くの財産（特に不動産）を取得するとしたうえで、①他の相続人に対し債務を負担するという代償分割がなされることは頻繁にあり、また、②老親を引き取り同居するなどして扶養することを約する場合もある。遺産分割協議書においては、①は必ず代償として負担する債務の金額や支払方法が記載されるが、②につい

ては共同相続人の暗黙の了解事項とされることが普通であり、債務とされる内容も必ずしも明確ではない。債務不履行解除を否定した最判平成元・2・9民集43巻2号1頁における債務として主張された内容は、ⓐ被告は、次男、三男と仲良く交際する、ⓑそれまで親と別居していた被告は、長男として母と同居する、ⓒ被告は母を扶養し、母にふさわしい老後をおくることができるように最善の努力をする、被告は妻とともに、母の日々の食事その他身の廻りの世話をその満足を得るような方法で行う、ⓓ被告は先祖の祭祀を承継し各祭事を誠実に行う、との趣旨の4項目を遵守することを口頭で約したというものであった。

遺産分割協議の債務不履行解除が認められるかについては、先の最高裁判決を含め一貫して否定する判例と、これを肯定する学説との間で厳しい対立があるが、肯定説も①についての不履行を理由とする解除は認めておらず、実際に結論が対立するのは②についてだけである。学説は拮抗しているが、肯定説が多数説だといわれる（山田知司「遺産分割協議の解除をめぐる法律問題」判タ780号6頁。前掲平成元年の最判以前の論述であると思われる谷口知平＝久貴忠彦編『新版注釈民法⒄』361頁（伊藤昌司）は肯定説に立つが、同著者は同書補訂版393頁では目的不到達についての大審院判決（大判大正6・2・28民録23輯292頁）を引き、解除よりも撤回であり、効果は分割による取得額と具体的相続分との差額が不当利得になるとする）。

(A) 　両説の根拠

否定説の論拠としてあげられているのは、①遺産分割は、遺産の帰属を相続時に遡及して創設的に定める合意であり、協議の成立とともに終了し、その後は協議において債務を負担した相続人とその債権を取得した相続人間の債権債務関係が残るだけであり、契約的要素があるとしても個々の贈与や売買に分解できるものではない、②解除を認めると遺産の再分割を余儀なくされ、法律関係も複雑となり、法的安定性が害される、③契約解除制度の趣旨は債務不履行の相手方を契約から解放して新しい取引先を求めることを可能にすることにあるが、遺産分割にはそのような要請がない、という点である。

これに対し、肯定説は①遺産共有は物権法上の共有であり、遺産分割は持分権の譲渡や交換を通じて遺産の分割を実現する契約的要素を含み、負担を約し多くの遺産を取得した相続人と自己の相続分を放棄した相続人との間には負担付贈与あるいは売買類似の契約関係が存する、②ある相続人の債務負担が遺産分割協議の重要な基礎（前提）をなしている場合などに、もう一度遺産分割をやり直すことを求める他の相続人の利益を保護する必要は小さくない、③分割をやり直して別の相続人に老母の世話（債務と）財産を与えるという要望があることは否定できない（両説については、山田・前掲6頁、東海林保「遺産分割―遺産分割協議の解除」判タ996号136頁、常岡史子「遺産分割協議の解除」判タ1079号43頁によった）、というものである。

(B)　**両説の検討**

　先の最高裁判決で否定説により実務上決着がついたかにも思われるが、肯定説が妥当であると考える。

(a)　**解除が認められてもよいと思われる例**

　相続人がA、B、Cの3人であり、遺産として甲乙丙という不動産があり、これらについて共同相続登記がなされており、遺産分割協議の結果、Aが甲不動産、Bが乙不動産、Cが丙不動産を取得したとする。この場合の登記手続は共同申請となる（昭和28・8・10民甲1392号民事局長回答、昭和42・3・1民甲600号民事局長通達。山野目章夫『不動産登記法』314頁）。したがって、Cが登記手続に協力しない場合、A、Bは持分移転登記手続請求訴訟を提起しなければならない。

　また、共同相続登記はなされていない場合には、単独申請による所有権移転登記が可能であるが、登記申請に際し実印で押捺した遺産分割協議書と相続人全員の印鑑証明書を添付情報として（不登令7条6項別表22）提供する必要があり、Cが印鑑証明書の提出を拒むと、相続による移転登記手続をすることができなくなり、A、Bは訴訟を提起することにならざるを得ない（この場合、遺産分割協議による所有権確認訴訟で足り、確定した確認判決を登記原因証明情報として単独申請による所有権移転登記手続ができると考えることも

できよう。もちろん、いったん共同相続登記を経由して持分移転登記手続をすることは可能である）。

さらに、相続人Ａ、Ｂ、Ｃが銀行預金甲乙丙を遺産分割協議の対象をすることに合意したうえ、Ａが甲預金、Ｂが乙預金、Ｃが丙預金を取得するという遺産分割協議がなされたとする。銀行に対しては相続人全員の印鑑証明書を添付した遺産分割協議書あるいは銀行所定の書類（「相続届」といわれることが多い）を提出しなければ預金の解約や引出しができない。Ｃが印鑑証明書の提出を拒めば、Ａ、Ｂが預金の支払いを受けるためには銀行に対し預金の支払請求訴訟が提起しなければならない。

このような場合において、Ａ、Ｂに訴訟提起を求めることは必ずしも妥当であるとは思われず、遺産分割協議を解除し、遺産分割調停の申立てをするという選択肢も認められるべきであると考えられる。

(b) **解除を否定する方向に働く要因**

一方、先に述べたように遺産分割は遺産を分配する手続である。相続開始により遺産共有という法的状態になるが、それは遺産分割を前提とする過渡的な状態にすぎない。遺産分割は、遺産共有における持分権の譲渡や交換という契約的な要素を有するが、基本的に言うならばそれは被相続人の財産を取得するための手続でしかなく、譲渡とか交換にみられるのはそのように説明しなければ遺産共有という法的状態との整合性が図れないだけのことである。また、協議の形でなされる遺産分割は、共同相続人の特別受益や寄与分を時には無視し、あるいは過大に評価し、さらに共同相続人やその家族と被相続人との関係や相互の思惑や共同相続人それぞれの生活状況、分割の簡便さ（長男に不動産、長女には預貯金といった分割の容易さ）を広く、そして曖昧なままになされ、具体的相続分に従ってその譲渡や交換がなされているわけではない（東海林・前掲138頁が、遺産分割協議を「暫定的・過渡的な状態を、全遺産を対象としていわば創設的に、相続開始時にさかのぼって個々の相続人に確定することを目的とした特別の合意」とするのは、このような趣旨であると思われる）。

(C) 解除が認められるべき場合

(B)(b)のような遺産分割協議の性格を考えると、遺産分割協議の解除を広い範囲で認めることも妥当でない。売買契約や賃貸借契約における債務不履行解除においても、すべての債務不履行が解除原因になると解釈されているわけではなく、まして多数の相続人が関与し、場合によっては長期間にわたる協議を経てなされる遺産分割協議については、解除が認められる場合は限定して考えられるべきである。遺産分割協議を成立させた相続人の利益、換言するなら相続人の法的安定性は守られるべきである。

(a) 共同相続人全員の紛争と個別的な共同相続人間の紛争

(B)(a)のような紛争については、相続人全員の間のものと、特定の相続人間のものがある。CがAの登記手続や預金の解約などについては協力するが、Bに対しては協力しないというのが後者の態様である。これに対して、A、B双方に協力を拒むのが前者の態様である。前者は、遺産分割協議そのものの紛争としてではなく、AC間の紛争としてAC間で解決されるべきであり、Bを巻き込むことは妥当ではなく、Aが遺産分割協議を解除することは認められない。後者については、A、Bのいずれも遺産分割協議の解除が認められる（前記の最高裁判決以前の文献であるが、高木多喜男『口述相続法』409頁参照）。

(b) 代償金の不払い

相続人の1人であるCが不動産全部を取得し、A、Bに代償金が支払われる代償分割でも(a)と同じく、CがAにのみ代償金の支払いをなさない場合には、AはCに対し代償金債務の支払いを求めるべきであり、遺産分割協議の解除は認められない。CがA、B双方に代償金の支払いをなさないときには、A、Bいずれも解除が認められる（ただし、代償金の不払いについては肯定説でも解除を認めない見解が多い。早川眞一郎「遺産分割協議と民法541条による解除の可否」法教110号82頁。なお、潮見佳男「遺産分割の瑕疵・解除」松原正明＝右近健男編『新家族法実務体系』382頁は、履行強制・損害賠償で目的が達せられる場合には、合意の拘束力からの解放という強力な効果を伴う解除は認め

られないことは肯定説からも当然のことであるとする）。

　(c)　**共同相続人間でグループに分かれた紛争**

　遺産分割においては、相続人がいくつかのグループに分かれて紛争が展開されることが多い。成立した遺産分割協議において、登記手続に協力すべき者や代償金の支払いをなすべき者が自己の属するグループの者については協力するが、対立するグループの者に対してはこれらをなさない場合には、遺産分割協議の解除が認められる。これも遺産分割協議についての紛争と考えられるからである。

　(d)　**一部の不履行**

　多数の遺産について遺産分割協議がなされた場合において、先の登記手続や預金の解約や引出しへの不協力が遺産の一部であるときや、不払いとなっている代償金が遺産の取得の不均衡を調整するためのものであるときにも、遺産分割協議の解除は認められない。これは個々の遺産の問題として、その遺産を取得した相続人と登記手続や預金の解約等に協力すべき者、代償金の支払いを約した者との間で訴訟等によって解決されるべきであり、遺産分割協議の解除は認められるべきではない。

　(e)　**老親の扶養や祭祀の不履行**

　肯定説は、先に掲げた最判の事案のように、遺産の多くを取得する相続人が老親の扶養や祭祀をなすことが遺産分割協議で決められた場合において、老親の扶養や祭祀の執り行いがなされていないか、もしくは不十分であるときについて遺産分割協議の解除を認める。

　まず、債務不履行による遺産分割協議の解除の問題であるから、老親の世話をする、祭祀を誠実に行うといった約束が債務と言えるものでなければならないことは当然である（二宮周平『家族法〔第4版〕』368頁）。また、かりに債務であるとしても、この債務は遺産分割協議に付随する義務であり遺産分割の内容そのものとは異なるうえ（代償分割における代償金ならば、それは遺産に代わるものである）、老親の扶養とか世話、祭祀の誠実な執行といったとものは、常にその程度が問題となるものであり、安易に解除を認めれば遺

産分割紛争の蒸し返しにつながるだけである。

　老親の扶養という問題については、相続人間で扶養の方法や内容が具体的に決められ、さらに、遺産の多くを取得した相続人の相続開始後の生活状況から見て明らかに不履行であり、老親と扶養すべき相続人やその家族との関係（両者の間には何らかの確執があることも多いであろうし、それについて老親の側に落ち度があったり、他の共同相続人が煽るといったこともあろう）、他の共同相続人の対応（これらも扶養義務を逃れるわけではないだろう。また遺産分割協議に対する不満が老親の扶養に藉口して表れていることもあろう）等の諸般の事情を考慮して解除の可否を検討することになる。遺産を多く取得した相続人のみが責められるべき事案は稀であり、一般的には遺産分割協議の解除は否定すべきであり（早川・前掲83頁は、債務内容の明確であること、その債務の負担が遺産分割協議の重要な基礎であることが当事者間で合意され客観的も明らかであること、その債務の不履行が諸般の事情からみて背信的であるという限定的な場合に解除を認めるべきだとする）、原則的には、老親や他の相続人は老親の扶養そのものについて家事調停を申し立てることによって解決すべきである。

　祭祀については、家柄とか、家格とか、被相続人の意思とかさまざまな要素があるとしても、それらを任された相続人の意思によってその内容が決まるものであるものとして債務となることはなく、したがって遺産分割協議の解除をすることはできず、不満のある相続人は家事調停による話合いで解決すべきある。

(3)　約定解除、解除条件

　遺産分割協議の解除が認められても、その範囲が限定されると解釈した場合、遺産分割協議の効力を失わせるために、遺産分割協議に約定解除権や解除条件を付すことが考えられる。問題とされているのは老親の扶養である。

　たとえば、老母がその長男との間で、不動産を贈与する代わりに同居して

自分の面倒をみるという約束をし、不動産の引渡しと登記は済んだが、長男が同居しない場合、同居して面倒をみることが贈与の負担であるときには民法553条により解除できる可能性がある（最判昭和53・2・17判タ360号143頁）。

　負担付きの遺産分割協議というものは予定されていないから、負担付き贈与における負担に類するものとして考えられるのは、遺産分割協議の約定解除権の解除原因として老母の世話等をしないことを定めておくことである。このような合意を遺産分割協議でしておけば、約定解除権を行使して、遺産分割協議の効力を失わせることができることとなる。本来、扶養や祭祀承継の問題として遺産分割とは別に決められるべきものであり、遺産分割協議と絡めて決められることが好ましいとは考えられないが、これらを内容とする約定解除権の設定が否定される理由も見出しがたい。約定解除権の設定であれば、解除権を行使するのが世話等を受けられなかった老母なのか、世話をする負担を負った者以外の相続人全員なのかということも定めることができる（債務不履行解除を肯定する説においても誰が解除をなし得るかについては議論がある。常岡・前掲48頁）。さらに解除条件としておくなら、解除自体が不要になるようにもできる。

　もとより、約定解除権の設定にしても解除条件にしろ、どのような内容を解除の原因とするかにつては、不明確、不合理なものとなりやすい。単なる期待にすぎないのか、解除原因となるかは慎重に検討すべきことになり、その内容が不明確、不合理な場合には結局遺産分割協議の効力を失わせることはできない。「YがAに対する同居による扶養義務を何か月以上にわたって怠ったときは、A及びXらは誰でも、2週間以上の期間を定めて右債務の履行を催告し、なお履行しないときは、本件遺産分割を解除することができる」（約定解除権の設定）、「YがAに対する同居による扶養義務を何か月以上にわたって怠ったときは、何ら催告を要することなく本件遺産分割は当然に解除される」（解除条件）といった例が示されているが（常岡・前掲49頁）、明確ではあるが同居を強制することとなり必ずしも合理的とはいえず問題が残るし（中山直子『判例先例親族法―扶養―』221頁）、扶養の程度についても

相続人の生活状況等諸般の事情を考慮することが必要になるものと考えられ、約定解除、解除条件いずれにしても解除原因は限定的に解釈すべきこととなると思われる（ここでも、(2)(B)(e)に記載した解除にあたって考慮すべき事情が検討されることになろう）。

調停に約定解除権や解除条件を設定する条項を設けることもあり得るところであるが、親族扶養、とりわけ引取扶養である同居を絡めると調停が不安定になることが避けられないから、家事事件手続法272条1項の「成立した合意が相当でない」として調停を成立させないことが妥当である場合が多いと考えられる。

祭祀についてはそれをどのように執り行うかは、祭祀の主宰者となった者に委ねられるべきものであり、その内容を約定解除の解除原因や解除条件とすることは不合理であり、徳義上の義務となり得るだけであり、法的な意味はもたないと思われる。

なお、代償分割をした場合にも、約定解除権、解除条件を付しておくことは可能である。

(4) 遺産分割協議の合意解除

(A) 遺産分割協議の合意解除

遺産分割協議の合意解除が認められることについては、判例学説の一致するところである（最判平成2・9・27民集44巻6号995頁、判時1380号89頁、東海林・前掲140頁）。なお、債務不履行解除についての否定説が合意解除を認めるのは一貫しないのではないかとも考えられるが（潮見・前掲375頁）、債務不履行解除は、相続人の一人に不履行の事実が存する時に他の相続人がこれに対し一方的になすものであるのに対し、合意解除は特に理由を問わず、また、共同相続人全員でなすものであり、債務不履行解除についての否定説が合意解除を認めることが一貫しないという必要はない。

(B) 調停でなされた遺産分割の解除

調停は、その本質が共同相続人の合意であることから、合意解除も認められる（反対―松原正明『全訂判例先例相続法Ⅱ』540頁）。審判については認められない。

審判後による遺産分割の後に、審判の内容と異なった共同相続人の意思を実現するために、共同相続人間で遺産である財産の移転がなされることがあるが、これは遺産分割後の交換や贈与等にすぎない。協議、調停についても、合意解除が問題となる場合には、実際には、新たな遺産の分配方法が決まっていることが普通であると思われ、こういった場合には、合意解除と再分割なのか、合意分割後の交換、贈与等にすぎないのか必ずしも明確でない。

もっとも、遺産分割に無効原因がある場合には相続税の問題として処理されるのに対し、再分割については分割後の新たな財産権の移転として捉えられ課税されるから、合意解除と再分割という実質であっても、何らかの無効原因が主張されるのが普通であろう。

(5) 担保責任に基づく解除

民法911条は「各共同相続人は、他の共同相続人に対して、売主と同じく、その相続分に応じて担保の責任を負う」と規定している。非遺産が遺産分割の対象とされた場合、遺産について数量不足もしくは一部滅失が存する場合、遺産に瑕疵があった場合それぞれについて、民法563条2項、565条が準用する563条2項、民法570が準用する566条1項の解除が問題となり得る。解除肯定説（斎藤秀夫＝菊地信男編『注解家事審判法〔改訂〕』568頁（石田敏明）、谷口知平＝久貴忠彦『新版注釈民法(27)』418頁（宮井忠夫＝佐藤義雄））と否定説（中川善之助＝泉久雄『相続法〔第4版〕』358頁、山田・前掲13頁）がある。

先の債務不履行解除の適否についての肯定否定両説に応じた対立が考えられるが、いずれについても、問題となった財産や遺産が、遺産の大部分であるとき、重要な一部であるときには遺産分割全部の無効原因となりうると考える（非遺産が遺産分割協議の対象となった場合については、2(4)(B)(b)に記載し

た）。民法911条が「相続分に応じて」と規定したのは、代金減額、損害賠償を前提とした表現であり、担保責任による解除は認めていないと思われる。

（加藤　祐司）

第5章　分割後の紛争

7　共有取得後の分割

(1)　遺産分割の方法

　審判による遺産分割の方法には、現物分割（複数の物を共同相続人の単独所有とする形を含む）、代償分割（家事手続195条）、換価分割（家事事件手続法194条は中間処分としての換価であるが、終局処分である審判についても認められる（同法196条）。ただし、任意売却を命ずることは許されず競売による）、共有分割（解釈上認められる）がある。

　優先順序もこの順番に従う。現物分割が第1順位であることについては最判昭和30・5・31民集9巻6号793頁があり、遺産の共有および分割については民法256条以下の規定が第一次に適用されることを理由とする。学説は一般的に民法906条の趣旨から現物分割が原則であるとしている（中川善之助＝泉久雄『相続法〔第4版〕』334頁）。代償分割は遺産を維持するという意味で第2順位となり、換価分割がこれに続き、分割の先送りとなる共有分割は最終順位となる。もちろんこれらの分割方法は併用される。共有分割は当事者が換価までは希望しないなど換価を避けることが相当な場合になされる（以上につき司法研修所編『遺産分割事件の処理をめぐる諸問題』263頁、松原正明『全訂判例先例相続法Ⅱ』319頁）。遺産分割の当事者が二派に分かれて争っている場合に、不動産を分筆したうえ、一派（たとえば長男）には単独所有権を取得させ、他の一派（たとえば長女と二男）には共有として取得させるといった形で共有分割をすることもある。共有分割も遺産分割であるから、共

同相続人の持分は具体的相続分に応じて決められることとなる。

遺産分割協議や遺産分割調停でも同種の方法がとられているが、必ずしもこれに限られず、各方法の順序も任意である。

(2) 共有分割後の分割方法

遺産分割で共有分割がなされた後、その共有を解消する方法は民法258条の共有物分割である。

(A) 判例の流れ

かつては裁判上の分割方法は、現物分割を原則として、例外的に競売による代金の分割（民258条2項）しか許されないとない解釈され、また、民法258条2項は単一の共有物の分割方法を定めたものであり、複数の共有物を分割する場合でも単一の共有物の分割と変わらないとされていた。したがって、(1)の遺産分割と異なり、代償分割に相当する価額賠償はできない、複数の物をそれぞれ共有者の単独所有とすることはできない（この例外を認めたのが最判昭和45・11・6民集24巻12号1803頁であり、複数の共有建物でも外形上一団の建物と見られる場合には、一括して分割の対象とし、各共有者の単独取得とする分割方法がとれるとした）とされていた。

しかし判例は、「現物分割をするに当たっては、当該共有物の性質・形状・位置・又は分割後の管理・利用の便等を考慮すべきであるから」として共有物分割方法を弾力化するようになり、まず、①持分の価格に応じた分割と共有者が取得する現物の価格の過不足を対価を支払わせることによって調整する方法、②複数の共有物を一括して分割の対象としてそれぞれ共有者の単独所有とする方法、③一部の共有者については持分の限度で単独所有の現物を他の共有者には共有のまま残す方法（最判昭和62・4・22民集41巻3号408頁、③については最判平成4・1・24家月44巻7号51頁が原告である分割請求者が複数である事案につき同旨を示す。前者は分割請求者が1人の事案）、さらに、「共有物の分割は……その本質において非訟事件であって、法は、裁判所の

適切な裁量権の行使により、共有者の公平を保ちつつ、当該共有物の性質や共有状態に実情に合った妥当な分割が実現されることを期したものと考えられる。従って……すべての場合にその分割方法を現物分割又は競売による分割にのみ限定し、他の分割方法を一切否定した趣旨と解されない」、「当該共有物の性質及び形状、共有関係の発生原因、共有者の数または持分の割合、共有物の利用状況及び分割された場合の経済的価値、分割方法についての共有者に希望及びその合理性の有無等の事情を総合的に考慮し、当該共有物を共有者のうちの特定の者に取得させるのが相当であると認められ、かつ、その価格が適正に評価され、当該共有物を取得する者に支払い能力があって、他の共有者にはその持分の価格を取得させることとしても共有者間の実質的公平を害しなと認められる特段の事情が存するときは」としたうえで④共有物を共有者のうちの1人の単独所有または数人の共有とし、これらの者から他の共有者に対して持分の価格を賠償させる方法（最判平成8・10・31民集50巻9号2563頁）を認めた。これらの判決により、遺産分割において認められる、②の形の現物分割、①および④の形での代償分割、③の形での共有分割が認められたことになる。換価分割については遺産分割においても競売であり差はない。

(B) 両分割の類似性

以上のように、共有物の分割方法は著しく弾力化し、遺産分割方法と差はなくなった。また、平成8年の最高裁判決が述べる内容は、現実の適用において、民法906条が定める基準と大差ないものと考えられる。

(3) 遺留分減殺請求後の分割

遺留分減殺請求がなされた場合において、その後の手続が遺産分割か共有物分割であるか問題となる場合がある（松原正明『全訂判例先例相続法Ⅴ』515頁）。つまり、遺留分減殺請求によって取得するのが、遺産共有の持分権か物権法上の持分権かということである。

(A) 遺留分減殺請求後の分割方法

遺産分割なのか、共有物分割なのかは、遺言の内容によって結論が異なる。

① 特定遺贈に対し遺留分減殺請求がなされた場合には、受贈者が相続人である場合にも共有物分割である（最判平成8・1・26民集50巻1号132頁）。

② 全部包括遺贈されこれに対して遺留分減殺請求がなされた場合は、共有物分割である（前掲最判平成8・1・26）。

③ 相続分の指定に対し遺留分減殺請求がなされた場合は、遺産分割である（最判平成24・1・26判タ1369号124頁。遺産分割審判に対する抗告審の変更決定に対する許可抗告事件であり、遺産分割事件について遺留分減殺請求の結果として相続分の計算方法を示している）。

④ 特定の遺産を「相続させる旨」の遺言に対して遺留分減殺請求がなされた場合は、共有物分割である（最判平成3・4・19民集45巻4号477頁によれば特定遺贈と同じに扱ってよいと考えられる）。

⑤ 遺産全部を「相続させる旨」の遺言に対して遺留分減殺請求がなされた場合は、共有物分割である（②と同様に扱ってよいと考えられる）。

⑥ 「割合により相続させる旨」の遺言に対し遺留分減殺請求がなされた場合は、遺産分割である（③と同様に扱ってよいと考えられる）

(B) 遺留分減殺と遺産分割の関係

(A)のうち遺留減殺請求後の手続が共有物分割となる①、②について、地方裁判所での遺留分減殺請求手続と家庭裁判所での遺産分割手続がどのような関係に立つかは、解決の難しい問題である。

（加藤　祐司）

第**6**章

事例にみる遺産分割

1 遺産分割の調停が成立した事例

(1) はじめに

ここで取り上げるケースは、家庭事件研究会編「ケース研究」239号（ケース1）、同262号（ケース2）（日本調停協会連合会刊）をもとに整理したものである。ケース1については家事セミナー研修会（平成5年2月25日神戸調停懇和会主催・ケース研究239号）、ケース2については全国家事調停委員懇談会（平成11年10月6日・同262号）におけるケース報告者の解説の一部である。

家事調停は非公開で行われるため、当事者がどのような主張をしたか、それに対し調停委員会がどのような説得をしたかなどが公開されることがない。だからといって、事案の概要および最終的な合意である調停条項だけでは、紹介する意義に乏しい。そこで、ケース研究のために一部編集されているものの、「調停委員の振返り」として調停委員が考えたこと（一部推測もある）や説得した内容を紹介する。実際の調停の状況を少しでも垣間見ることができるものと考えている。

(2) ケース1

(A) 基本情報

(a) 当事者

申立人　　平野ゆき江（妻）
　　　　　荒田和子（長女）
　　　　　平野次郎（次男）
　　　　　（代理人弁護士　神戸一郎）
相手方　　平野太郎（長男）
被相続人　平野荒太

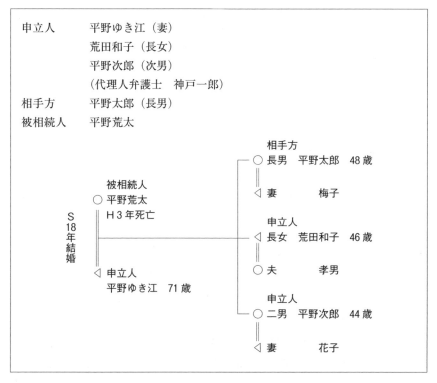

(b) 申立ての実情

被相続人は、生前、自筆遺言書を作成した。申立人らは、被相続人の遺志を尊重して、同遺言の内容に沿って遺産を分割すべく相手方と協議を試みたが協議が調わない。

(c) 申立書記載の遺産の内容

① 不動産

ⓐ 土　地
　　・神戸市内の宅地162.64m^2（以下、「神戸の土地」という）
　　・明石市内の宅地209.24m^2（以下、「明石の土地」という）
ⓑ 建　物
　　神戸市内の宅地上の木造瓦葺き2階建ての居宅（遺言により申立人ゆき江に遺贈され、同人名義に登記済み）

② 投資信託
　　○○証券神戸支店　300口　額面1万円

③ 預　金
　ⓐ　○○銀行神戸支店　定期預金300万円、同300万円、同350万円
　ⓑ　△△銀行神戸支店　MMC 600万円、普通預金70万円

④ 電話加入権（申立人ゆき江名義に変更済み）

⑤ 動　産
　ⓐ　書画、置物等22点
　ⓑ　衣服類等48点

⑥ 葬儀費用等
　　578万5502円（全額申立人が負担。なお、香典は373万1500円）

(d) **遺言の要旨**
　(ア)　**神戸の家のこと**

① 私の亡き後は母の名義にすること。
② 母亡き後は、次郎が和子と相談して必要と思ったら名義人を決めること。家は、私と母が苦労して購入、改築したものであるから、平野家の本家として（墓もあることゆえ）次郎、和子共同で管理してくれるように。
③ 入居するのは、次郎、和子が相談してどちらかの子供が交互に入るなどして、家を永く守ってほしい。
④ 母亡き後、家が傷んで修理が必要となった場合を考えて、当分の間修理費用は母に生前残してもらうように。また、その金は次郎、和子二人

で管理すること。なお、固定資産税、植木の手入れ費用および日常の維持費も同じく残してもらうように。
⑤ 母亡き後、家は絶対に売ってはいけない。当時の評価額によって子供三人に３分の１ずつの贈与となろう。太郎も相続権放棄しない限り３分の１の贈与となる（梅子にはその権利はない）。そこで、家は売らないのであるから、母の生前適正な評価額に基づき分与額を準備しておき、太郎に贈与の方法をとったらよい。ただし、太郎が辞退したら勿論のこと白紙に戻したらよい。
⑥ 前記②に記しているが、母亡き後の家の名義人は誰にするか、次郎に一任する。ただし、和子とよく相談して周囲から非難されない方法をとってほしい。

　(イ)　動産のこと
① 預金などは母の存命中は母が管理すること。
② 母亡き後は、前記(ア)の家のことを考え、また、生前の母の意思によって処置すること。
③ その他の動産（掛軸、額、壺または設備してあるもの）は原則としてそのままにしておくのがよいが、散逸したり、壊れたりするおそれがあるものは、生前の母の意思によって処分すること。

(e)　事件についての当事者の主張等（照会に対する回答による）
　(ア)　遺言書の有無
申立人：ある。有効であると思う。
相手方：ある。無効な遺言であると思う（遺言書の日付は「59・5」とある）。
　(イ)　遺産は「遺産の内容」((c))のとおりか。
申立人：明石の土地は、平成３年５月15日に被相続人と和子との間で400万円での売買契約が成立し、代金も支払い済であるが、被相続人の急死のため登記が間に合わなかった。
相手方：わからない（私には、動産のことについては一切説明がないから）。
　(ウ)　被相続人に債務はあったか。

申立人：平成3年3月ころ、次郎から450万円を借りていた。

相手方：わからない。

　　(エ)　遺産の管理状況

申立人：神戸の土地は妻ゆき江が使用、明石の土地は長女和子が使用、動産は妻ゆき江が管理。

相手方：神戸の土地は妻ゆき江が使用、明石の土地は長女和子が使用。

　　(オ)　被相続人から生前贈与を受けた相続人はいるか

申立人：次郎が、昭和56年に明石の土地90.42m²の贈与を受けた。ただし、次郎は170万円を支払っている。

相手方：次郎が、①昭和46年ころ、明石の土地に建てた家屋の建築資金の一部、②昭和55年、次郎の現住居の土地家屋の購入資金の一部、③昭和56年に明石の土地90.42m²の贈与を受けた。

　　(カ)　被相続人の財産の維持または増加に特別に寄与した相続人はいるか

申立人：次郎、長女和子は、被相続人の入院の前後にわたりいろいろ世話をした。

相手方：いない。

(B)　**調停期日の経過**

　(a)　**第1回期日**

　　(ア)　申立人

① 　神戸の土地・家屋

　　被相続人の遺言にあるとおり、神戸の土地家屋は申立人ゆき江に相続させたい。

② 　遺産の範囲

　　「遺産の内容」((A)(c)) のとおり。主張を裏づける証拠書類は準備する。

③ 　寄与分の主張

　　しない。

④ 　生前贈与に関する相手方の主張

　　ⓐ　明石の土地上の家屋は、申立人次郎が自己資金で建てた。

ⓑ 申立人次郎の自宅の土地家屋の購入資金3000万円弱のうち900万円は明石の土地家屋の売却代金、1600万円は住宅ローン、500万円は自己資金である。
⑤ 遺産の範囲、特に現金、預金についての相手方の不信感に対してはできるだけ説明し、これを取り除きたい。

　㈲　相手方
① 遺言の効力、遺産の範囲、生前贈与等についての主張は、照会に対する回答のとおり。
② 明石の土地が申立人和子に売却されたとの主張
本当に売買があったとは信じられない。
③ 預貯等
被相続人の生前の収入、退職金の額からみて、貯蓄が少なすぎる。
④ 神戸の土地上の建物
申立人ゆき江が取得することに異議はない。
⑤ 書画、置物、衣類等
分割の対象としてなくてよい。
⑥ 被相続人に対する融資
申立人次郎の主張は信用できない。

(b) 第2回期日

　㈦　申立人
① 申立人次郎からの債務
被相続人に融資した450万円（(A)(e)(ウ)参照）のうち300万円は、申立人次郎は返還を受けた。
② 書面の提出等
ⓘ明石の土地が申立人和子に売却（(A)(e)(イ)参照）されたこと、ⓘⓘ申立人次郎が450万円を融資したことなどを証する書面が提出された。
③ 申立人側の心境
当事者間に争いのある事項については、訴訟も辞さない。しかし、代

理人としては、調停による話し合いをさらに進めたい。

(イ) 相手方

① 申立人ら提出の証拠書類を見ても、疑問は解けない。
② 預貯金については、相手方で調査するようにとの申立人ら代理人の意見は了解した。

(c) **第3回期日**

(ア) 申立人

① 神戸の土地

ⓐ 相手方の持分を残すと将来の紛争の種になる。この際、将来に紛争が起こらないような解決をしたい。これは申立人ゆき江の意向である。

ⓑ 相手方の神戸の土地に対する執着が強いようなので、検討したい。

(イ) 相手方

① 神戸の土地

持分を確保したい。これだけは譲れないという気持ちである。

② 預金類

疑問を解消するために銀行等の調査をすることまでは考えていない。

●調停委員の振返り

相手方は、預金類が非常に少ないと主張していた。被相続人の公務員、法人の理事長および監査役としての給料、退職金の額をすべて調査したうえで、これだけ十分な収入があり、しかも年金収入もあったにもかかわらず遺産として預金類が1920万円しかないというのはおかしいというものであり、どこかに隠しているか、次男や長女に流れているのではないかと非常に不信感を表明していた。

これに対して、調停委員は、「あなたはいろいろなことを言うけれども、お母さんも長い間サラリーマンのお父さんを助けてやってきたのではないか、お父さんの気持ちとして、お母さん名義で1000万円や2000万円の預金をしてやっていても文句は言えないのではないか」と話したが、相手方は納得していなかった。

(d)　第4回期日

　　㋐　申立人

① 解決に向けた意向

　神戸の土地の評価額および預金類の6分の1を相手方に支払うことで解決したい。これは申立人ゆき江の意向である。

② 相手方の態度が硬いようなので、代理人と申立人らの間でもう一度相談する。

　　㋑　相手方

① 相続の希望

　父の遺産の不動産をどうしても相続したい。

② 申立人側がその主張に固執するなら、神戸の土地、明石の土地について、訴訟を起こしてもらえばよい。

●調停委員の振返り

　調停委員は、相手方に対して、「本件で被相続人夫婦と相手方との間の対立が深刻なものとなった原因は、同居中に生じた嫁と姑の確執について相手方が決定的に嫁の側に立ったことにあると思われる。あなたが妻を守るため、ひいては家庭を守るためにはそのような選択をしたこと自体は正しかった。しかし、こと相続のことになると、遺留分というものがあるとはいえ、財産の処分はお父さん、お母さんが自由にできるのであるから、その結果相続に関してあなたが不利益を被るのは仕方ないことだ。正しい選択をしたために割を食うのは納得がいかないかもしれないが、ある程度はやむを得ないことと受け入れなければならないのではないか。だからというわけではないが、本件の解決方法について一度奥さんともよく相談されてはどうか」という話をした。

(e)　第5回期日

　　㋐　申立人

① 解決案の提示

　　ⓐ　神戸の土地を相手方を含めた相続人全員の法定相続分どおりの共有とする。

ⓑ 預金類の総額1920万円から葬儀費用205万円を控除した残額の6分の1（約286万円）を相手方の取得とする。
② 解決案の再検討
相手方の不満を考慮しての対案を次回までに検討する。
(イ) 相手方
① 申立人側の解決案に対する意見
明石の土地に関する争点および申立人次郎の特別受益に関する争点について相手方の主張をまったく認めていない。
② 解決案の提示
ⓐ 神戸の土地6分の1を相手方が相続する。
ⓑ その他の争点についての相手方の主張を前提に試算すれば、預金に対する相手方の取得分は約978万円となる。

> ●調停委員の振返り
> 　申立人側の具体的な解決案の提示に対して、相手方は、神戸の土地の持分6分の1はそれでよいが、現金の取得分が286万円というのは少なすぎるという主張であったが、具体的な金額を計算して期日に出席したものではなかった。そこで、調停委員は、相手方の主張に従って計算すればどのくらいの金額になるのか計算してみようと促したところ、相手方は、調停委員の目の前で実際に計算したものである。その結果、978万円となった。

③ 申立人側の対案を待ちたい。
本件の解決方法の方向づけに関する調停委員の意見（(ウ)参照）には、今のところは納得できないが、よく考えてみる。
(ウ) 調停委員会の意見
双方の解決案は、結局、金銭面で286万円と978万円との差である。事実上、法律上の争点についてこれ以上主張を交わしても対立は解けない。金銭面での折り合いという方向で考えてほしい旨双方に伝えた。

●調停委員の振返り
　代償金の点で、双方がそれぞれ自己の主張に基づいて計算した結果、申立人側は286万円、相手方は978万円であり、この差は、金額的に少なくないようにもみえる。しかし、調停委員は、訴訟を避けて調停で解決するという前提に立てば、妥協が不可能な差ではないと思い、このような説得を試みたものである。

(f)　第6回期日
　　㋐　申立人
①　解決案（第1案）の提示
　　ⓐ　相手方には、神戸の土地の持分6分の1と代償金600万円。
　　ⓑ　預金類は全部申立人ゆき江が取得する。
　　ⓒ　明石の土地は全部申立人和子が取得する。
②　相手方の提案について
　　具体的な金額を提示されたい。
　　㋑　相手方
①　申立人の解決案（第1案）について
　　次回までに検討する。
②　解決案（第2案）の提示
　　神戸の土地についても金銭で解決するという気持ちである。この場合、将来母の相続のとき、母が遺言で遺産全部を自由に処分してもよい。自分は遺留分を放棄するという条件で、神戸の土地の持分に代えて、評価額の3分の1をほしい。具体的な金額は、次回までに考えてくる。

●調停委員の振返り①
　第3回期日において、申立人代理人から調停委員に対して、第2案と同様の話があった。すなわち、申立人ゆき江は、自分が死んだ後にまたもめるのはいやだと言っている、だから神戸の土地に相手方の持分を入れたくないし、できればお金を余分に支払っても将来の紛争の種を取り除いておきたいというのがゆき江の真意であること、お金を余分に支払う代わりに、相手方には、ゆき江

に対する遺留分の放棄をしてほしいということであった。しかし、調停委員としては、事柄の性質上、調停案として相手方に提示するわけにはいかない旨を申立人代理人に伝えていた。くしくも、相手方から申立人の思惑どおりの解決案が示されたものである。

●調停委員の振返り②
　申立人ゆき江から、被相続人の新盆に相手方夫婦が家へ仏参りに来た、相手方太郎とも話し合った旨の報告があった。また、相手方太郎も、母親と話し合った、いろいろ考えるのもしんどくなったので、この際すべてを金銭で解決してもよいと思っている旨が述べられた。これは、第5回期日の際に、調停委員から双方に問いかけをしていたものである。すなわち、申立人らから再三相手方太郎とは肉親の縁を切りたいというような言葉が出ていたことから、ゆき江に対して、3人の子を生んだ母親として長男太郎と縁を切ることができるのか、また、本心でそれを望んでいるのかどうかを尋ねるとともに、相手方太郎に対しては、被相続人死亡後に母親と会って話したことがあるのかを尋ねたところ話し合ったことがないということであった。そこで、一度母親と一対一で会い、直接話し合ってはどうかと勧めていたものである。

(g)　第7回期日

(ア)　申立人

① 申立人の意向

　前回の相手方提案の第2案で解決したい。代償金は1900万円（短期間の分割払い）としてほしい。

●調停委員の振返り
　相手方の提示した2100万円に対して申立人は1900万円としたい旨の申し出があった。2000万円の金策ができるが登記費用等の都合から1900万円としたいというものであった。

(イ)　相手方

① 前回の申立人提案の第1案なら代償金800万円、第2案なら代償金2100万円の支払いを求める。

② 申立人の提案を承諾する。

③　申立人ゆき江に対する遺留分放棄許可の申立ては直ちにする。

(h)　第8回期日

調停成立。調停条項は以下のとおり。

【調停条項】

1　当事者全員は、別紙遺産目録記載の財産が被相続人平野荒太（平成3年7月5日死亡）の遺産であることを確認し、これを次のとおり分割する。
　(1)　申立人平野ゆき江と申立人平野次郎は、別紙物件目録1の①の不動産（注：神戸の土地）を共有取得する（持分は、それぞれ2分の1とする。）。
　(2)　申立人荒田和子は、別紙物件目録1の②の不動産（注：明石の土地）を単独取得する。
　(3)　申立人平野ゆき江は、別紙遺産目録2の投資信託、3の各預金及び4の電話加入権を単独取得する。
2　相手方は、別紙物件目録記載の不動産を申立人平野ゆき江が遺贈により取得したことを認める。
3　申立人平野ゆき江は、相手方に対し、第1項の(1)及び(3)の遺産取得の代償金として、金1900万円を支払うこととし、これを次のとおり分割して○○銀行○○支店の相手方名義の普通預金口座（口座番号○○○○）に振り込んで支払う。
　(1)　平成4年12月末日及び平成5年5月末日限り、各金400万円ずつ
　(2)　平成5年6月末日限り、金300万円
　(3)　平成5年12月25日及び平成6年6月末日限り、各金200万円ずつ
　(4)　平成6年12月25日限り、金400万円
4　相手方及び申立人荒田和子は申立人平野次郎に対し、別紙遺産目録1の①の不動産の自己の持分について、本日付け遺産分割を登記原因とする持分移転登記手続をする。
5　申立人平野ゆき江、申立人平野次郎及び相手方は申立人荒田和子に対し、別紙遺産目録1の②の不動産の自己の持分について、本日付け遺産分割を登記原因とする持分移転登記手続をする。
6　申立人荒田和子、申立人平野次郎及び相手方は、申立人平野ゆき江が第1項(3)で取得した投資信託及び預金の名義書換えに必要な手続をする。
7　相手方は、申立人平野ゆき江に対する遺留分を放棄することとし、その申立ては神戸家庭裁判所に対してされ、同裁判所は、本日付けでその申立てを受理した。

8 当事者全員は、被相続人平野荒太の遺産に関しては以上をもって解決したものとし、今後名義の如何を問わず、互いに何らの請求をしない。

(3) ケース2

(A) 基本情報

(a) 当事者

申立人　　　高橋よし（妻）
相手方　　　高橋幸三（高橋雪江の夫・被相続人の養子）
　　　　　　高橋雪江（長女）
　　　　　　早坂史子（次女）
　　　　　　宮田輝子（三女）
利害関係人　早坂克也（早坂史子の夫）
被相続人　　高橋良助

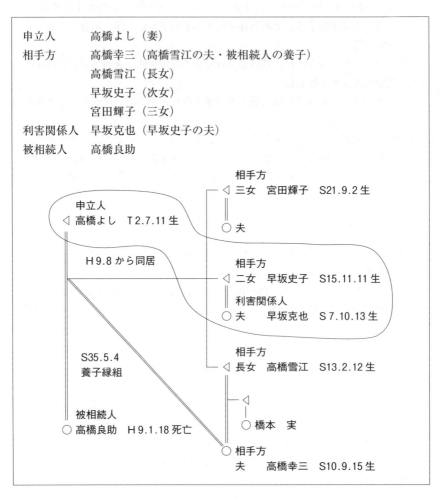

(b) 申立書記載の遺産の内容

① 不動産

ⓐ 目黒区〇〇町1丁目△△番地17（以下、「目黒の土地」等という）

宅地47.62平方メートル（相手方幸三と共有。各持分2分の1）

ⓑ 品川区××5丁目△△（以下、「品川の土地」等という）

宅地49.5平方メートル

借地権

ⓒ 品川区××5丁目△△（以下、「品川の建物」等という）

家屋番号414番3

木造瓦葺二階建て居宅・作業所

1階　30.56平方メートル

2階　21.48平方メートル

② 預貯金、有価証券

預金320万円

(c) 申立てまでの実情

(1) 被相続人高橋良助は、平成9年1月18日急性肺炎により87歳で死亡し、相続が開始した。

相続人は、申立人高橋よし（妻）、相手方高橋幸三（養子、長女雪江の夫）、同高橋雪江（長女）、同早坂史子（二女）、同宮田輝子（三女）の5人である。

(2) 被相続人は、尋常小学校卒業後クリーニング店に勤務し、以来クリーニング店の職人として働いてきたが、戦後まもなく遺産目録1の(2)記載の借地上の建物を借地権付きで購入して独立し、同建物の1階でクリーニング店を開店し、2階を居宅とした。

(3)ア　相手方幸三は、昭和29年に18歳で被相続人良助の営むクリーニング店に就職した。純朴な性格で、誠実に勤務したので、良助夫婦に信頼されて昭和35年にその養子となった。翌年、良助夫婦の長女・相手方雪江と結婚した。

イ 当時、二女・相手方史子、三女・相手方輝子も同居していたので、相手方幸三夫婦は近くのアパートに居住して、相手方幸三は養父の経営するクリーニング店へ通勤した。

昭和37年、被相続人良助は借地上の旧家屋を建て直したが、1階は店舗であり、2階の住居は狭隘であるので、幸三夫婦は従前どおり近くのアパートに居住した。

ウ 昭和47年、相手方幸三は、被相続人良助と共同でクリーニング店に程近い目黒区〇〇町1丁目の建売住宅を約1000万円で購入し（出資額は被相続人良助が300万円、相手方幸三が700万円だったが、土地、建物とも持分各2分の1で登記）、幸三夫婦とその家族が居住した。

エ 昭和50年、被相続人良助は、クリーニング店を廃業し、相手方幸三は大手クリーニング会社に勤務することになった。つまり、幸三は昭和29年から昭和50年まで21年間被相続人良助が事業主であるクリーニング店に勤務したことになる。廃業後、被相続人夫婦は、多年蓄えた預金と国民年金で生活してきた。

(d) 相手方幸三、同雪江の主張

(1) 幸三は、被相続人より一応の賃金は支払われていたものの、至近距離に居住していたので、労働の対価を遙かに上回る長時間の勤務を行って、被相続人の収益の増大に貢献した。特に廃業の5年前（被相続人が60歳から65歳まで）からは、体力を要するクリーニング業は老齢の良助の耐えるところではなく、実質的に相手方幸三が中心となって稼働していた。

(2) 婚姻後、二女は神奈川県〇〇郡〇〇町に、三女は横浜市××区にそれぞれ居住しているため、至近距離に居住している相手方幸三夫婦が何かと良助夫婦の身辺の世話をしてきた。

被相続人は平成9年1月10日急性肺炎で入院し、同月18日に亡くなったが、その入院手配や入院中の看護をし、最期を看取ったのも幸三夫婦である。

(3) 被相続人は、クリーニング店に対する幸三の多年の貢献と、幸三夫婦の

良助夫婦への暖かい介護に感謝して、目黒の土地の被相続人良助の持分は、相手方幸三夫婦に与えると常々口にしていたものである。

　(e)　申立人、相手方史子、同輝子の反論

(1)　相手方幸三は労働の対価が不十分であったというが、相手方幸三夫婦がアパートに居住していた時期に被相続人が家賃を払っていたし、目黒区○○町１丁目の住宅取得後は住宅取得に伴うローンを返済できる程度の賃金を幸三は受け取っていたのである。

　　長時間勤務をしたというが、養子になった以上は通常の雇人以上に家業に精出すのは当然であり、被相続人もまた早朝より深夜まで働いており、ひとり相手方幸三のみを長時間労働させたわけではない。

(2)　相手方幸三は、目黒の土地の被相続人の持分を無償使用する利益を得ていたのであり、平成２年に当該地上の家屋を建て替えるまでは、家屋に対する被相続人の持分についても無償使用する利益を得ていたのである。

(B)　書記官による事前の事情聴取（陳述人：早坂克也（相手方早坂史子の夫））

　(a)　遺産の範囲

①　預貯金

　　300万円ほどあったが、相続開始後、全員の合意で申立人名義に変更している。

②　不動産の占有管理状況

　　遺産目録記載の目黒の土地（被相続人の持分２分の１）は、土地付建売住宅を購入したものだが、現在は建物を建て替え、相手方幸三とその娘の夫である橋本実の共有名義の建物が建っている敷地部分である。

　　遺産目録記載の品川の建物は、被相続人夫婦がずっと住んでいたもので、申立人が８月まで住んでいた。

　(b)　主たる紛争の内容等

①　主たる紛争の当事者

　　申立人対相手方高橋幸三・高橋雪江

② 当事者の分割希望

申立人：法定相続分どおりの分割を希望。借地権は、地主が買い取りたいといっているので、適正に評価し名義変更し、地主に売却したい。

相手方ら：不明

③ 主たる紛争の内容

ⓐ 申立人と被相続人の夫婦は、昭和35年5月4日に、相手方高橋幸三と養子縁組をしたが、被相続人が死亡した平成9年1月18日までは、同居したことはなかった。その後2月に、相手方高橋幸三夫婦が老人一人では心配だからということで申立人の家に住み、同居することにした。しかし、相手方高橋夫婦は養ってくれるどころか、かえって申立人に多額の生活費等の金銭を請求したりしたので耐えきれなくなり、8月になって品川の建物を飛び出し、相手方早坂宅に世話になることになり、現在に至っている。

ⓑ 相手方高橋夫婦は、被相続人から生前に土地・建物の購入資金の援助を受けており、被相続人はその敷地部分の持分2分の1を有している。

ⓒ 相手方高橋夫婦は、遺産分割の協議にまったく応じず、むしろ逆に遺産目録の品川の借地権および建物を自分たちのものだと思いこんでいる始末である。

ⓓ 相手方早坂と相手方宮田は、申立人と同じ立場であり、早期に遺産分割してもらうことを望んでいる。

(C) **手続選別意見**

(a) **書記官**

(1) 本件は、関連で養子である長女の夫・相手方高橋幸三との離縁調停も申し立てられており、親族間の感情的対立は相当あるといえよう。

申立人は84歳の高齢であるが、相手方早坂宅に身を寄せており、真の相手方は相手方高橋幸三夫婦である。

(2) 相手方高橋夫婦は、被相続人の遺産を自己の遺産と主張するなど遺産の

範囲に争いもあるようであるが、自分が資金を出したのだからという主張ではなく、自分が跡取りだからという親族間の紛争調整の要素もうかがえる事案である。

(3) よって、離縁調停の問題もあわせて一応話し合いを進めるということで、「調査官立会による委員会調停」でスタートしてもよいかもしれない。

 (b) **調査官**

調停を開き、調査官立会相当。真の申立人は早坂であろう。申立人の住所が品川区××になっているが、実際居住しているところが早坂宅ということであろうか。離縁の申立書も早坂が書いた様子で、代理人という鉛筆跡もある。申立人の真意確認も必要となるケース。三姉妹間の葛藤が背後にあるのかないのかによって、展開は違ってこよう。

(D) **調停期日の経過**

 (a) **第1回期日（調査官立会）**

  (ア) 申立人

① 申立書のとおり（別件離縁についても同じ）

② 解決方法

 ⓐ 目黒の土地

  遺産部分2分の1は相手方幸三夫婦に買い取ってほしい。

 ⓑ 品川の借地

  地主の希望により、地主に買い取ってもらう方向で早坂克也が交渉中。

 ⓒ 預貯金等

  次回に明細提出（被相続人の死亡を知らせたT銀行では、相続人全員の手続により解約し、それ以外の預貯金は申立人の名義に書き替えた）

  (イ) 相手方

① 預貯金等

 次回に調べて提出

② 解決方法（幸三・雪江の主張）

ⓐ　目黒の土地を買い取り、単独名義にして代償金を支払う。ただし、幸三の持分が2分の1になっているが、被相続人が300万円を支払い、幸三が700万円を支払った。銀行から借入れのためにこのような登記になった。被相続人のクリーニング業を一緒に行って得たものである。

　　ⓑ　品川の物件は売却し、法定相続分で分ける。

　　ⓒ　預貯金は1080万円あるはずなので、次回までに調べる。

　　㈦　相手方史子、相手方輝子

申立人と同意見

（調停委員会メモ）
1　離縁については遺産分割後の話にする旨、当事者全員に伝えてある。被相続人の預貯金を申立人の名義にした点について、その額が320万円と1080万円の開き（差760万円）あるが、当初、申立人の扶養料ということで相手方幸三夫婦も了解していた様子であり、この額を確定し、遺産分割の話がうまく整理できれば、離縁というそれなりの結論に至るのではないかと考えられる。離縁に関する気持ちは申立人本人と二女夫婦とに微妙な違いを感じた。強調するのは二女夫婦のほうである。
2　次回は遺産の範囲を整理する。

　(b)　**第2回期日（調査官立会）**

　　㈦　提出資料

①　固定資産評価証明書2通

②　路線価図2通

③　残高証明書4通

④　抵当権設定契約書

⑤　目黒の物件購入資金に関する書面（宮田輝子作成）

　　㈑　申立人

①　品川の借地および建物

　　地主が買い取ることで、不動産屋が入り約1000万円で売れる。

②　目黒の土地

被相続人の持分2分の1は譲歩できない。購入時総額930万円であり、被相続人は300万円を幸三に渡した。幸三は被相続人共有の建物を壊している。その時点で贈与。次回には、建物滅失登記簿のコピー、土地の実勢価格（坪248万円、総額3578万円）のコピーなどを提出する。

③　預貯金

全額申立人よしの取得としたい。

㈡　相手方

① 　目黒の土地（幸三・雪江の主張）

幸三・雪江が取得したい。購入時の資金は、幸三が500万円をローンで、200万円を幸三の兄弟から借入して金策したもの。したがって、登記面の2分の1の記載にかかわらず、被相続人の持分は3割として話を進めたい。建物の建替え時に被相続人の同意を得て名義を変えた。よし、史子、輝子には説明をしなかったと思う。

被相続人が65歳で廃業後87歳で死亡するまで、申立人との生活費に消費し、なお1000万円ほどの預金が残せたのは、幸三の多大な貢献があったからである。

②　預　金

残高証明書提出分で700万円ある。解約されているが、遺産として扱ってほしい。ただし、目黒の土地の共有を被相続人3割としてくれるなら弾力的に考える。ほかに全員の同意がとれていないので解約されていないＳ銀行の預金がある。

（調停委員会メモ）

目黒の土地の持分と評価の点で対立している。預貯金の扱いが決まらず。次回も遺産の内容の確定がテーマとなる予定。

次回提出資料

申立人　　目黒の持分に関する主張、建物滅失登記簿、目黒区○○町実勢価格資料

幸三側　　葬儀費用明細

> ●調停委員の振返り
> 　相手方幸三夫婦は、調停申立て前に、被相続人の預金を申立人よしの名義に変更することに同意し、預金は高齢な申立人よしの生活費に充ててもらっていい、その代わりに自分たちが住んでいる目黒の土地の被相続人の持分は10分の3にしてもらいたいという気持ちから同意したものと思われる。ところが、利害関係人早坂から、目黒の土地の被相続人の持分は2分の1であると強力に主張されたため、預貯金の主張をしているものと推測される。調停委員としては、一旦名義変更に同意した事実を重視して、相手方幸三を説得している。

(c) **第3回期日**

　　(ア) 申立人

① 目黒の土地

　　主張は本日提出の書面のとおり。目黒の土地は前回の主張どおり、遺産の2分の1、評価は実勢価格で。

② 葬儀費用等

　　墓石費用等を申立人よしが立て替えた300万円を幸三が支払うよう家族会議で決めたのに支払わない。支払督促申立て、不服申立ての件も本分割事件の中で一括して話し合いたい。

　　(イ) 相手方

① 目黒の土地（幸三・雪江）

　　本日の段階でも、目黒の土地の遺産を3割にしてくれれば、預金について争わずの口調。実勢価格を次回までに調べてくる。

② 葬儀費用等

　　通夜、葬儀等の経費は、本日提出の資料のとおり。幸三の負担60万円余。

③ その他

　　申立人提出の遺産範囲説明、遺骨改葬申立て、預金を遺産としない説明の副本交付。これに対する意見は次回に。

(調停委員会メモ)
　遺骨改葬の話も、申立人よしの扶養とからめて本遺産分割の中で合意が見込めるか。いずれにせよ、当面は遺産の確定が急務。
次回提出資料
申立人　墓石費用300万円の経緯、負担者の主張
幸三側　目黒の土地の遺産の割合、預金の遺産性についての回答、実勢価格調査の結果

(d)　第4回期日

㋐　提出資料

申立人：貸金返還訴訟に関する書面4通
幸三側：地価（目黒の土地）調査書、葬儀費用明細書

㋑　申立人

① 提出資料について

　支払督促は簡易裁判所に申し立てたが、幸三の異議申立てにより訴訟として係属した地方裁判所の窓口で「調停中ならそちらで一緒に」と言われたため事実上取下げの形になっている。

② 本日の確認

　ⓐ　目黒の物件2分の1を遺産として扱う。
　ⓑ　預貯金は申立人が全部取得して分割したこととする。
　ⓒ　品川の物件（協議書により申立人の単独名義になっている借地権につき建物は地主と買取交渉中）

③ 以上を解決後、ⅰ墓地改葬、ⅱ貸金返還、ⅲ離縁の問題について話し合う。姉妹3人と母のみで話し合うことを了解。

㋒　相手方

① 提出資料について

　ⓐ　T不動産評価（目黒）2448万8585円（坪170万円）
　ⓑ　固定資産税評価額（目黒）1716万5430円

ⓒ　葬儀費用60万1325円
②　本日の確認
　ⓐ　目黒の土地2分の1を遺産として扱うことはやむを得ないが、資力がないので次回までに評価の基準を路線価で計算した場合の2分の1×4分の3の代償金額を検討してくる。
　ⓑ　預貯金分割終了とすることについて了解。
　ⓒ　品川の物件については了解。
　ⓓ　短時間でいいから、姉妹3人と母のみで話し合う場をつくってほしい。

●調停委員の振返り
・目黒の土地の持分について
　調停が申し立てられたときには、被相続人が10分の1の持分を持っている建物はすでに取り壊されており、相手方幸三とその娘婿の共有建物が建っていたが、利害関係人早坂は、取り壊された建物に被相続人の2分の1の持分があったこと、相手方幸三が兄弟から借りた200万円の返済について被相続人が援助したことを主張して、被相続人の持分2分の1は譲れないと主張し続けていた。滅失している建物に対する権利まで主張する早坂の主張の非合理性は十分認識していたが、高齢の申立人よしが早坂のところに世話になっているのでこれを考慮して相手方幸三のほうの説得を試み、登記簿の記載と違う権利関係を訴訟で証明することは難しいのではないか、と相手方幸三を説得していた。最終的には申立人側の主張を受け入れたのは、遺産がそれほど多くないので、時間と費用をかけて訴訟で徹底的に争うほどのことではない、それよりも早期に解決したいとい相手方幸三夫婦の自主的な判断もあったように思われる。
・目黒の土地の評価について
　当事者は、土地の評価額として更地として売却する際の金額を考えていたが、持分2分の1であり、その上に幸三ら名義の建物が建っている土地を買い取る人はいないので、この土地を第三者に売却することは不可能である。したがって、この土地は相手方幸三が取得するしかないということを他の相続人に認めさせた。また、相手方幸三以外の人にとっては値打ちがない土地であるということは、必然的に土地の評価は安くなることも認めさせて、被相続人はそうなることを認めていたはずだと説得していた。

(e) 第5回期日（調査官立会）

　㋐　提出資料

申立人：品川の建物の登記簿謄本（高橋よし名義で相続登記済み）

相手方宮田輝子：目黒の土地の物件評価書（O不動産　坪250万円）

　㋑　申立人

① 品川の不動産

　　借地権と建物は、早坂克也が売却手続中。950万円で売却予定。

② 目黒の土地

　ⓐ 被相続人の持分2分の1は譲歩しない。

　ⓑ 評価は実勢価格で。固定資産評価価格では低すぎる。坪248万円、持分2分の1で約1800万円が相当。

　㋒　相手方

① 品川の不動産

　　借地権と建物の売却は早坂に任せている。

② 目黒の土地

　ⓐ 被相続人の持分2分の1は不満であるが同意する。ただし、預貯金を全部よし名義にしたときに、この土地のよしの相続分を雪江にするという話があった。よしの真意を聞きたい。

　ⓑ 評価は固定資産税評価額で。平成9年評価額1751万円、同10年1716万円。この2分の1の代償金を分割で支払いたい。分割での支払方法は次回に提案する（幸三、雪江）。

（調停委員会メモ）

　目黒の土地の評価について、専門委員の関与を認めるかどうかが課題

●調停委員の振返り

　前回期日において、相手方雪江から「短時間でいいから、姉妹3人と母のみで話し合う場をつくってほしい」との希望があったが、申立人よしは一旦は承

> 諾したものの「いまさらそんな必要はない」ときっぱり拒否したため、実現はしなかったとのことである。背後には利害関係人早坂の差金があったとしても、申立人よしの態度は、今後も早坂夫婦の世話になるため、利害関係人早坂の言うとおりにしておこうというと自ら決定したものだということが十分にうかがえた。

(f) 第6回期日（調査官立会）

(ア) 当事者双方

目黒の不動産の価格については、専門委員による鑑定評価の結果に従う。

(イ) 調停委員会評議

申立人、相手方ともに目黒の土地について不動産鑑定士の資格を有する家事調停委員の鑑定評価の結果に従う旨の合意が成立したので、次回専門委員の調停出席をお願いする。また、当事者一同この結果を尊重し、これに従う旨の調書を作成することとする。

(ウ) 第6回期日調書（主旨のみ）

手続の要領当事者全員、下記不動産の価格については、不動産鑑定士の資格を有する家事調停委員（不動産専門委員）の意見に従う。

> 記
> 所在　東京都目黒区〇〇町1丁目　地番△△番17
> 地目　宅地
> 地積　47.62平方メートルのうち被相続人の持分2分の1

(g) 第7回期日（調査官立会）

(ア) 提出資料

・家事調停委員〇〇〇〇作成の不動産鑑定評価結果報告

> （不動産鑑定評価結果報告の概要）
> 　平成9年（家イ）第〇〇〇号事件に係る不動産評価の結果等を下記のとおり報告申し上げます。
> 　1　対象不動産の表示（略）

2 対象不動産の確認（略）

3 対象不動産の概要

対象不動産は、私鉄○○線○○駅の南方340メートルに位置する木造2階建住宅の敷地である。北西側で復員約4.36メートル舗装区道、北東側で復員約2.75メートル舗装区有通路にそれぞれ当高に接面する、間口8.6メートル、奥行5.3メートル～5.7メートルのほぼ長方形の角画地。都市計画法上、第一種居住地区（建ぺい率60パーセント、容積率200パーセント）、準防火地域に指定されている。

北東側道路側は建築基準法42条2項の定める道路であり、同法の規定により本件対象土地の内、約3.3平方メートル（全体地積の7パーセント）が道路敷地と見なされる（セットバック）。

4 評価

(1) 取引事例、地価公示価格、東京都基準地価格を総合し、地域の標準的土地の適正価格を1平方メートル当り60万円と判定した。

(2) 対象土地の鑑定評価額（持分2分の1） 970万円

$600,000$円$/m^2 \times 1.02 \times 0.93 \times 0.9 \times 0.8 ≒ 409,800$円$/m^2$

$409,800$円$/m^2 \times 47.26 m^2 \times 0.5$（持分割合）$≒ 9,700,000$円

（10万円未満切り捨て）

（角地…＋2％、セットバック…－7％、使用貸借…－10％、共有部分…－20％）

※不動産鑑定評価書を当事者が全員閲覧後、専門委員から鑑定評価の結果について説明した。

(イ) 申立人

① 目黒の土地の鑑定評価に同意する。

② 代償金の支払いは一括で。

③ 品川の借地権の地主買取交渉難航。申立人よしの死亡まで待つ、あるいは買取価格200万円と誠意がない。

④ 目黒の代償金の支払いの目途がつけば調停は成立させてよい。その際、品川の地主との交渉成立後、買取価格を法定相続分どおり分配することの合意を得て、それを調停条項に入れる。

(ウ) 相手方

① 鑑定評価に同意する。

② 次回までに銀行との話を詰め、借入れが可能ならば、現金一括で支払うよう努力する。

> ●調停委員の振返り
> 　相手方幸三の主張には寄与分の主張のようなものもあった。それが寄与分の主張になるのかについて苦慮したが、裁判官との評議を重ねつつ、幸三の発言を待ったり、寄与分、特別受益の可能性を探ったりしたが、本ケースでは、そ寄与分と評価しうるような当事者の積極的な発言や資料の提出がなかったことから、寄与分は認めていない。

(h)　第8回期日

調停成立。

> 【調停条項】
> 1　当事者双方は、別紙遺産目録（省略）記載の財産が被相続人高橋良助（平成9年1月18日死亡）の遺産であることを確認し、これを次のとおり分割する。
>   (1)　別紙遺産目録記載(1)の土地（注：目黒の土地）は、相手方高橋幸三及び高橋雪江が各持分4分の1（被相続人の持分2分の1のその2分の1）の割合で共有取得する。
>   (2)　当事者双方は、別紙目録記載(2)の土地（借地）（注：品川の土地）を売却するものとし、売却代金から諸費用を差し引いた金員を、申立人が2分の1、相手方らが各8分の1の割合で分配する。
>   (3)　当事者双方は、前号の売却手続及び売却代金分配手続を、申立人及び相手方早坂史子の配偶者早坂克也が担当することに同意する。
> 2(1)　相手方高橋幸三及び相手方高橋雪江は、前項1号の遺産を取得した代償として、申立人に対し、金485万円、相手方早坂史子に対し金121万円、相手方宮田輝子に対し金121万円を連帯して支払うこととし、平成10年12月末日限りそれぞれの指定する銀行口座に振り込む方法で支払う。
>   (2)　相手方高橋幸三及び相手方高橋雪江が前号の代償金の支払いを遅滞したときは、相手柄高橋幸三及び相手方高橋雪江は、申立人、相手方早坂史子及び相手方宮田輝子に対し、連帯して年10パーセントの遅延損金を付加して支払うものとする。

3　当事者双方は、以上をもって被相続人高橋良助の遺産に関する紛争を一切解決したものとし、本庁調停条項に定めるほか何らの債権債務のないことを相互に確認する。

（小磯　治）

第6章 事例にみる遺産分割

2 審判事例

以下、審判につき、①申立てが却下された事例、②遺産分割が行われた事例を紹介する。なお、各事例において、遺産目録は省略した。

(1) 審判により申立てが却下された事例

(A) 【事例1】東京家審平成11・8・2家月52巻3号50頁
　(a) 審判の要旨
① 遺産としては金銭債権しかない事案において遺産分割調停が不成立になった場合、審判移行はないとして事件が終了した旨宣言する扱いも考えられる。
② 本件では、相続人の1人が関与しないで遺産分割協議書が作成されるなどの複雑な経過をたどった事案であることから審判に移行するのが相当な事案であるとして審判に移行した。
③ 審判移行後しばらくの期間をおいたものの、この間に遺産分割の対象財産につき新たな主張や証拠資料の提出もなかったことから、本件では現存する遺産は金銭債権だけであり、分割の対象となる遺産は存しない、として申立てを却下した。
　(b) 事件の概要
　　(ア) 申立ての実情
①「被相続人Xは、平成10年2月6日死亡し、申立人および相手方らが相続人である。

なお、相手方Aは、戸籍上、相手方BとTとの間の子とされているが、実際には相手方BとKの間の子であり、現に親子関係存在確認の判定を求めて手続中である模様である」。

② 「被相続人Xの遺産に関しては、相手方A、相手方C、相手方Dが中心となって、相手方Eを除いた相続人との間で、平成10年4月ころ、遺産分割協議書を作成した。しかし、この遺産分割協議書には以下の無効原因、すなわち①相手方Eを欠いた一部の相続人だけの協議書であること、②相手方Aは、相手方Fの不在者財産管理人として同協議書に署名捺印しているが、不在者財産管理人として選任されているか不明であるほか、相手方Aは相続人として署名捺印しているのであるから、不在者財産管理人としての代理行為は利益相反行為であること、以上の次第であるから無効である」。

　(イ) 調停委員会による事実の認定

① 「相手方Eを除いた当事者6人が合意した遺産分割協議書は、相続人の1人を欠いた合意であるから無効である」。

② 「相手方Aは、同協議書に相続人として署名捺印した者達からは相続人であると認められた者であるが、相手方Fの不在者財産管理人として遺産分割協議書に署名捺印した。相手方Aの不在者F財産管理人として遺産分割協議契約を承諾した行為は利益相反行為にほかならず、また遺産分割協議をするにあたって甲家庭裁判所から権限外行為許可を受けていない点でも無効である」。

③ 「被相続人の遺産は、相続時にいかなる形態で存在したかは必ずしも明らかではないが、現在はすべて金銭債権である」。

　(ウ) 事件の経過

　(i) 調停不成立

事情聴取をした事実関係などを確かめ合いながら紛争の規模、争点の有無・個数や争訟形式の選別、最終解決に達するまでに要する期間・費用などのコスト予測を勘案考慮して調停手続を進めた。その結果、調停委員会は、

調停事件の取下げを勧告したところ、申立人代理人弁護士は本件事案の内容その他から取下げを拒絶したことから、本件調停は不成立となった。

(ii) **審判移行**

本件のように金銭債権だけが遺産であると一応認められ、現段階では遺産分割審判の対象財産がない事案において、不成立になっても審判移行はないとして事件が終了した旨宣言する場合と審判移行して却下審判をすべき場合の2つがありうる。家事審判法（現家事事件手続法）の全体的な構造から考察すれば、調停から審判への移行は一方的、不可逆的な事柄ではなく、審判に移行した後でも何時でも調停に付する余地を残す法的性質の手続であること（調停尊重主義、調停前置主義的運用の実務慣行）を根底に置き、また民事訴訟手続においても訴訟要件によっては口頭弁論終結時までに要件の欠缺が治癒すればよい場合もあることと比較して考えるとき、事案の内容によっては審判に移行して却下審判することが相当である場合があるところ、本件は複雑な経過をたどった事案であることにかんがみれば審判に移行するのが相当な事案であるとして、本件は審判に移行した。

(c) **裁判所の判断**

裁判所が認定した事実関係のもとでは現存する遺産は金銭債権だけであり、審判対象となる分割しなければならない遺産は存しない。してみれば、元来審判対象のない場合に当事者が合意をもって遺産分割の審判対象を作出して審判をするよう求めることはできない。本件においては当事者の一部の者は他に遺産がある旨主張するが、それは遺産の種類性質もわからず単なる疑いを述べるにすぎない（当事者は遺産の現存について第一次的にこれを明らかにする義務を負うところ、本件ではこの義務を果たしてはいない）から、この点で審理を遂げる必要はない。

結局、申立人の本件申立ては不適法であって却下を免れない。

(d) **審判理解のための基本事項**

(ア) **可分債権の相続**

相続財産は各相続人の相続分に応じた「共有」となるが、この共有につい

ては、次の考え方がある。
　　(i)　共有説
　共同相続人は、相続財産を構成する個々の財産について物権的な持分権（共有持分）を有し、各共同相続人は、この持分権を遺産分割の前でも単独で自由に処分できる。また、被相続人の債権債務は、その目的が可分であれば、各共同相続人間に遺産分割をまたずに当然に分割される。
　　(ii)　合有説
　各共同相続人は、相続財産全体に対して抽象的な持分を有し、この持分権を処分することはできるが、相続財産を構成する個々の財産に対する物理的な持分権は認められない。また、被相続人の債権債務は、遺産分割まで当然に分割されることはなく不可分的に全共同相続人に帰属し、債務については相続財産がまず責任を負うものとされる。
　可分債権（預金債権はその典型例）については、共有説では、遺産分割を待たずに各共同相続人の相続分に応じて当然に分割され、合有説では、分割されずに共同相続人全員に合有的に帰属することから全員が共同しなければ債務者に請求できないことになる。判例は一貫して共有説にたち、分割承継されるとしている（最判昭和29・4・8民集8巻4号819頁）。
　　(イ)　調停不成立と審判移行
　家事事件手続法は、同法別表第2に掲げる事項についての事件の調停が成立しない場合には、調停の申立てのときに審判の申立てがあったものとみなす旨を規定している（審判移行・家事手続272条4項）。これは、家庭裁判所が調停事件として受理した以上調停が成立しない場合には、審判により解決するのが紛争解決を求める当事者の意向に沿うものであること、また、審判の申立期間に定めがある家事審判事件について調停手続の進行中に申立期間が経過してしまい審判の申立てができなくなるとの不都合が生ずることを防ぐための規定である。
　したがって、家事事件手続法別表第2に掲げる事項について調停事件が不成立となって終了したときには、裁判所が審判をする必要性がないと認める

527

事案である、当事者が審判による解決を求めないなどの特段の事由がない限り、審判事件に移行して事件の解決が図られる。本審判が「審判移行はないとして事件が終了した旨宣言する扱いも考えられる」としたのは、遺産が金銭債権（可分債権）であり、判例の立場（共有説）からすれば遺産分割を待たずに各共同相続人の相続分に応じて当然に分割されることから、裁判所が審判をする必要性がないとして審判移行しないとすることもできたという趣旨である。

(B) 【事例2】熊本家審平成10・3・11家月50巻9号134頁

(a) 審判の要旨

遺産分割審判を申し立てた事案について、

① 遺産である建物の特定がされていないので、特定するようにとの釈明に対し、当事者は、費用の負担ができないなどと述べて、釈明に応じないとし、申立人らは、本件申立てを維持する意思のないことを表明し、当事者が釈明に協力する意思が認められない。

② 申立人らの事案解明義務の懈怠であり、申立ては不適法として、却下した。

(b) 問題の所在

㋐ 分割すべき遺産の範囲、特定

① 「物件目録番号21ないし26、28ないし31には特定の所在地、家屋番号の記載があるが、いずれも「（未登記）」の記載があり（未登記建物に家屋番号の記載があることは趣旨不明である）、その種類、構造、床面積の記載がない」。

② 「物件目録によれば、遺産目録Ⅰ番号11ないし14、18および19の建物は遺産目録（相続人Ｘ名義分）（以下、「遺産目録Ⅱ」という）番号58の土地上に所在する旨の表示がなされているが、検証（平成9年11月13日）の結果によれば、同地番には3棟の建物が所在し、現存建物の種類、構造、床面積と固定資産課税台帳上の建物のそれを対比するも、現存建物が固定資産課税台帳上建物のいずれに該当するか不明である。検証では

各地番土地の範囲の特定が不能であり、各建物の所在地が特定できない」。
③　「遺産目録Ⅱ番号57の土地を所在地とする建物図があるが、遺産目録Ⅱ番号55、56、58土地については法務局に建物図の届出がなく、法務局はその他の建物について把握していない。しかも、検証結果によれば公図、現地の地形、付近道路から同目録番号57の土地は材木置き場として利用され、建物は存在していないものと認められる……遺産目録Ⅱ番号57土地上に登記された家屋番号1855番72の建物が所在する旨の表示があるが、前記のとおり同土地上の現況は更地である。同土地は昭和25年6月19日自作農創設特別措置法によって被相続人が取得し、平成5年2月20日相続人Ｘに相続を原因として所有権移転登記され、同建物は被相続人が昭和48年12月10日新築を原因として所有権保存登記をしている。このような経緯から、同建物が現況建物のいずれであるかを特定する手がかりとはなり得ない」。
④　「参与員（不動産鑑定士）は、現地を検分調査した結果に基づく意見として、遺産目録Ⅱ番号55ないし58の土地上に所在する……建物を登記簿上の表示、法務局の建物図、固定資産税課税台帳上の表示によって特定することは推論すらできない状況であると述べる」。
　　(ｲ)　本件申立てを維持する意思
①　「当事者全員に対し、上記遺産目録Ⅰ番号11建物など8棟の特定を釈明したが、申立人らは特定のための費用を負担できないので釈明に応じられない旨を表明し、相手方らも釈明に応じない」。
②　「申立人らは、相手方ＡおよびＢを被告として被相続人の預金の返還を求める損害賠償請求訴訟を提起し、本件を維持する意思のないことを表明した」。
③　「相手方らは、申立人らを被告として土地所有権確認訴訟を提起し、現に係属中である」。
　(c)　裁判所の判断

遺産分割事件は、相続財産の分配という私益の優越する手続であり、司法的関与の補充性が要請される性質を有するところ、特に遺産の特定については家事審判規則104条（注：家事規102条１項参照）の趣旨から当事者主義的審理に親しむ事項であり、遺産分割事件の当事者は当事者権の実質的保障を受けて主体としての地位を認められる反面として、手続協力義務ないし事案解明義務を負うものと解することができる。本件申立人らは、上記認定のとおり物件目録の大部分の建物についてその特定に必要な事項を明らかにしないのみならず、本件申立てを維持する意思のないことを表明し、当裁判所の釈明にも協力する意思が認められない状態である。これは申立人らの事案解明義務懈怠であり、結局、本件申立は不適法として却下を免れないものということができる。

(d) 審判理解のための基本事項——遺産分割事件における審理運営

(ア) 当事者主義的運営

家事審判事件は非訟事件であり、職権探知主義が採用され、当事者には主張責任や主観的立証責任はない。しかし、遺産分割事件は、公益性が薄い財産上の争いであり、争訟性が強く事件の解決のためには当事者の協力が不可欠である。したがって、実務における審理においては、当事者に手続の主体としての地位を認めて当事者権を実質的に保障する一方で、当事者には手続協力義務、事案解明義務を負わせ、また、本来当事者の自由な処分に委ねられた事項については当事者の合意を尊重した運営（当事者主義的運用）が行われている。

(イ) 当事者の手続協力義務、事案解明義務

遺産分割事件は、公益性が薄く、事件の解決のためには当事者の協力が不可決な事件であるから、当事者権（閲覧・謄写（家事手続47条）、当事者審問の期日における他方当事者の立会の機会の保障（同法69条）など）を保障する一方で、手続協力義務、事案解明義務を負うものと解するべきである（家事事件手続規則では、遺産分割の申立書には、特別受益（民903条）の遺贈または贈与があるときはその内容を記載して、遺産目録を添付することとしている（家事規102

条1項）ことは、この義務を負わせる一例である）。この義務の範囲や程度は、その事項の公益性の強弱により異なるが、遺産の範囲、遺言の効力、特別受益・寄与分の有無、程度の用に公益性の薄い事項については、当事者に事案解明の第一次的な役割を負担させることが相当であろう。そして、家庭裁判所が適切に主張、立証を促しても当事者がこれに応じず、家庭裁判所の職権調査に手がかりとなる資料の提出にも協力しない場合には、一定の資料が収集されていれば家庭裁判所はそれ以上の職権調査をする義務はないものというべきである。

(C) 【事例3】 神戸家審平成4・9・10家月45巻11号50頁

(a) 審判の要旨

相手方（被相続人の事実上の長男）が被相続人の妻らほかの共同相続人の将来の生活を保障するとの約定のもとに遺産の全部を相手方に取得させる内容の遺産分割協議がされた事案において、その扶養義務の不履行を理由とする遺産分割協議の錯誤無効の主張を認めず、遺産分割審判申立てを却下した。

(b) 事件の概要

㋐ 申立ての実情

① 「被相続人は昭和60年2月11日死亡し、その相続が開始した。相続人は、被相続人の妻である申立人X、被相続人の子であるその余の申立人ら及び相手方の6名である」。

② 「本件当事者間において、『別紙遺産目録記載の物件はすべて相手方の取得とする』旨の昭和60年9月21日付遺産分割協議書が作成されている」。申立人らは「本件遺産分割協議において、申立人らが被相続人の相続財産をすべて相手方の取得とすることに同意したのは、相手方が母である申立人X、妹である申立人Y、同Z3名の生活を将来にわたって援助、保障することが前提となっていたところ、相手方は上記扶養義務を履行しない。したがって、本件遺産分割協議は、その要素に錯誤があり、無効である」。

③ 「仮に、この主張が認められないとしても、法定相続分に従わない遺

産分割協議は、法定相続分の贈与とみるべきであるから、本件遺産分割協議において、申立人らが相手方に対し、被相続人の全相続財産の取得を認めたことは、即ち相手方に対し、上記扶養義務の履行を条件とする自己の相続分の負担付贈与をなしたものというべきところ、相手方は扶養義務を履行しないのであるから、申立人らは、申立人ら代理人作成平成4年7月29日付上申書をもって、上記負担付贈与契約に解除する旨の意思表示をなした」。

　(イ)　裁判所による事実の認定

① 「被相続人は、生前、本件建物に居住し、同建物において鉄、鋼材のスクラップ回収業を営み、申立人X、同Y、同Z、並びに相手方は被相続人と同居して（申立人A、同Bはすでに結婚して別居独立）、それぞれ被相続人の営業の手助けをしながら、被相続人の収入によって、生活していた」。

② 「被相続人の死後、その相続財産の分割につき、相続人間で協議がなされたが、その際、相手方が被相続人一家の事実上の長男（戸籍上の長男、次男は既に死亡）であり、またもともと病弱で、生涯結婚することなく、本件建物に居住をつづけるものと申立人らも相手方も考えていたため、相手方において被相続人の稼業であるスクラップ回収業と相続財産のすべてを相続し、その代償として、従前どおり、本件建物に申立人X、同Y、同Zと同居し、申立人X、並びに年齢からみて将来結婚する可能性が多くないと思われる申立人Y、同Zの将来の生活を保障するとの約定のもとに、昭和60年9月21日、相続人全員の間に『別紙遺産目録記載の財産はすべて相手方の取得とする』旨の遺産分割協議が成立した」。

③ 「同協議による相続終了後も、相手方は、家業であるスクラップ業を継ぎ、その収入によって家族4人が平穏に暮らしていた」。

④ 「平成2年1月14日、幼い頃より病弱で、結婚できないと考えられていた相手方が、甲子と結婚し、暫くの間妻甲子をも加えて、本件建物で、

上記申立人らと同居していたが、妻甲子と申立人らとの折合いが悪くなり、平成2年4月頃、双方大喧嘩の揚句、妻甲子が家出して、実家（姉宅）に帰り、相手方との離婚話が持ち上がった」。

⑤ 「甲子の親戚が申立人X、同Y、同Zに対し『慰謝料として1億5000万円を支払え』『相手方の財産を担保にして、銀行から借金してやる』等といったため、申立人らは、甲子の親戚に対し、強い反感を抱くと同時に、○○家の財産を甲子並びにその親戚に奪われるのではないかと強く懸念するに至った」。

⑥ 同年秋頃、甲子が相手方に対し、今一度夫婦として再出発することを望み、相手方もこれに応じて、復縁を決意し、申立人ら方を出て、申立人らと別居して、妻甲子とともに肩書き住所地で暮らすようになったところから、申立人らは、相手方によって現在居住中の建物からの退去を求められるのではないか、あるいは相手方に万一のことがあった場合、財産がすべて相手方の妻子によって相続され、申立人らは無一物になるのではないかとの不安を強くし、本件申立てに至った。

⑦ 相手方は、申立人らとの別居後も、引続き本件建物で、スクラップ回収業に従事しているが、申立人らが相手方と甲子との婚姻の届出に賛成しないこと、並びに平成2年末頃よりは、収益が減少したこと等を理由に、母である申立人Xの生活費として月10万円、および光熱費を手渡すだけとなった。そのため、申立人Yが他に就職し、その収入、並びに申立人Xの蓄えを取り崩して、申立人ら3人の生活を維持している……また、この間、相手方と甲子の結婚直後は、両名の婚姻の届出に賛成していた申立人らが、甲子およびその親戚との間に紛争が生じて以後は、届出に反対するようになったため、届出が遅れていたところ、相手方夫婦に平成3年10月18日長男が出生したため、相手方は申立人らの意向を無視して、同月28日、甲子との婚姻届を了した。

(c) 裁判所の判断

① 「本件遺産分割協議時点においても、相手方は、申立人Xらに対する

扶養義務を果たすつもりであったし、また事実、遺産分割協議後、4年程の間は、その義務を完全に履行したのみか、申立人Zが、被相続人の死後間もなく、語学の勉強目的で、アメリカとオーストラリヤに約1年6カ月留学した際にも、その費用約300万円を負担しているのであるから、要素の錯誤があったとすることはできない（結局、本件は、遺産分割協議成立後に、義務の不履行を生じたこととなるから、遺産分割協議そのものに瑕疵（錯誤）があったとすることはできない）」。

② 「申立人らは、負担付贈与契約の解除を主張する。しかし、遺産分割協議は、遡及効のない民法258条1項所定の共有物の分割協議と異なり、相続のときに遡って（民909条）相続人らの遺産に対する権利の帰属を創設的に定める相続人間の一種特別の合意であって、仮令その協議において、法定相続分と異なる遺産分割をしたとしても、その協議をもって、相続財産を法定相続分より少なく取得した（あるいは全く取得しなかった）相続人からの、相続財産を法定相続分より多く取得した（あるいは全遺産を取得した）相続人に対する相続分の贈与に基づくものとすることはできない。したがって、本件遺産分割協議をもって、申立人らからの相手方に対する相続分の贈与であるとの考え方を前提とする申立人らの主張は、その余の点について判断するまでもなく、理由がないというべきである」。

③ 「本件遺産分割協議が無効であることを前提とする本件申立ては、その余の点について判断するまでもなく、理由がないから、却下する」。

(d) 審判理解のための基本事項

㋐ 分割協議内容の不履行と遺産分割協議の解除

遺産分割は、被相続人から各相続人が相続する遺産を形成的、物権的に確定させる行為であり、相続時から各相続人に所有権が承継される。この遺産の分割帰属に関して付加的にされた何らかの債権債務の合意について不履行があっても、通常の双務契約上の解除権（民541条）が発生するとはいえない。すなわち、この債務自体が遺産に属しないものであり、遺産分割そのも

のは協議の成立とともに終了し、その後は負担させられた債務者と債権者間の債権関係の問題として考えるべきであること、遺産分割結果の法的安定性保持という観点から、もしこれを許せば、遡及効ある分割（民909条本文）について再分割がくり返され法的安定性が著しく損なわれるおそれがあり、長期間不確定な状態におくことは許されない。裁判例も、一貫して分割協議で合意された債務が不履行になったことを理由として、遺産分割協議を解除することはできないとしている（最判平成元・2・9民集43巻2号1頁）。

なお、遺産分割協議は、一般の財産上の法律行為と同様、解除権の留保や解除条件を付加することは妨げない。したがって、分割協議で負担した債務を履行しない場合には分割協議を解除できる旨の特別な合意したときは、不履行による解除（民541条）とは別に、解除権留保や条件付加により解除を肯定すべきであるが、この解除は、遺産分割協議はなかったものとするものであるから、損害賠償を伴わず、原物返還ないし価格償還による原状回復を請求できるに止まることになろう。

(イ) 分割協議の合意解除

遺産分割協議について、法的安定性を理由に法定解除は認められない。合意解除もまた、法的安定性の観点からすれば、みだりに認めることは相当ではないが、民法が契約自由の原則を採用していることからすれば、その内容が公序良俗に違反しない限り、全員の合意により遺産分割をやり直すことを制限する理由はないといえよう。裁判例では「共同相続人の全員が、既に成立している遺産分割協議の全部又は一部を合意により解除した上、改めて遺産分割協議をすることは、法律上、当然には妨げられるものではない」（最判平成2・9・27民集44巻6号995頁）としている。

(ウ) 遺産分割協議の錯誤と分割協議の無効

遺産分割協議も共同相続人相互の意思表示であるから、要素の錯誤があれば、錯誤について重大な過失がない限り、その意思表示は無効であり、遺産分割協議は無効であると解される。また、動機に錯誤があった場合にあっても、その動機が表示されて意思表示の内容となっている場合には、錯誤によ

り無効であると解される。裁判例では、相手方の虚偽の説明により、遺産である預金額について誤信し、遺産の範囲について重大な錯誤があったとした事例（広島高松江支判平成2・9・25家月43巻3号88頁）、他の共同相続人の不正確な説明のために共同相続人が動機の錯誤に陥り遺産分割に応じたが、その動機は相手方の説得によるもので、相手方に表示されており、もし、錯誤がなければ通常人なら遺産分割協議に応じなかったとして錯誤無効が認められた事例（東京地判平成11・1・22判時1685号51頁）などがある。

(2) 審判により遺産分割が行われた事例

(A) 【事例1】札幌家審平成10・1・8家月50巻10号142頁

(a) 審判の要旨

調停手続の経過からすると、申立人らと相手方らはそれぞれグループとしてまとまって行動していると認められ、同一グループ内で遺産を共有取得させても、即座または将来の分割に支障が生じるものとは考え難く、新たな紛争を惹起する可能性もほとんどないものと推察されるとして、遺産の一部を申立人らの共有とし残部を相手方らの共有とする遺産分割の審判をした事例。

(b) 主　文

「1　別紙遺産目録1の(2)ないし(4)の各土地を申立人小原依子、同明石敏子及び同桜庭保子の共有取得（持分各3分の1）とする。

2　その余の別紙遺産目録記載の遺産は全部相手方不破有子、同月島倫子及び反町亘の共有取得（持分各3分の1）とする。」

(c) 審判の概要

(ア)　記録により認められた事実

(i)　相続人等

① 「被相続人反町宅治（以下「父宅治」という。）は、昭和58年8月10日死亡し、相続が開始した。また、被相続人父宅治の配偶者反町初（以下「母初」という。）は、平成7年5月21日死亡し、相続が開始した」。

② 「相続人は、申立人3名及び相手方3名の6名が相続人であり、各相続人の法定相続分はそれぞれ6分の1である」。
　(ⅱ) 遺　産
・範　囲
　① 父宅治の遺産
　　別紙遺産目録1の(1)ないし(4)記載の各不動産
　② 母初の遺産
　　ⓐ 目録1の(5)の建物（「マンション」）
　　ⓑ 目録2の現金（ただし、母初名義の甲銀行の預金を本件相続人全員の同意のもとに、同銀行から払戻しを受け、同払戻金のうちから180万3637円を、同1の(5)のマンションの住宅金融公庫に対する残債務の返済に充てた残額）
　　ⓒ 目録3の(1)ないし(5)記載の各預貯金
　　ⓓ 目録4記載の保険金および同目録5記載の電話加入権
・遺産の現況
　① 目録1の(1)土地
　　ⓐ 「父宅治が、昭和49年10月、近藤他2名に対し、期間60年間の借地権を設定している。その地上には鉄筋コンクリート造りの建物が建っており、同建物の1階及び2階は「〇〇」の店舗に、3階及び4階は市営住宅として利用されている。その地代は、月額10万7685円であり、母初の死亡後は相手方亘が管理している」。
　　ⓑ 目録1の(2)、(4)の土地
　　「母初は〇△都市開発株式会社に対し、昭和61年8月目録1の(2)の土地の北側部分（305.71平方メートル）に、昭和62年4月同(2)の土地のその余の部分および同(4)の各土地について、それぞれ期間45年間の堅固な建物所有目的の借地権を設定している。同地上には、いまだ建物の建築はなく、現在は駐車場として利用されている。その賃料は月額21万2690円であり、これもまた亘が管理保管している」。
　　ⓒ 目録1の(3)の土地

「借地権の設定対象になっているか否か必ずしも明らかでないが、いずれにしても、現状は近隣の人たちの通路として利用されているようであり、遺産としての利用価値ほとんどないものと窺われる」。

ⓓ　目録１の(5)のマンション

「現在空き室状態で、母初の遺品がそのままの状態になっている」。

・遺産の評価

次のとおり、現金185万8894円を含む遺産合計は１億3619万0150円となる。

① 　不動産

「目録１の(1)の土地は4847万8684円、同(2)の土地は4659万3603円、同(3)の土地は０円（本件土地部分は近隣の通路として利用されている現況から、固定資産税等が非課税となっている）、同(4)の土地は1886万3900円、同(5)のマンションは1020万円と評価するのが相当であるとされた」。

② 　その他の財産

「預貯金の合計は989万5069円であり、電話加入権の価格については５万円と評価するのが相当であるとされた」。

(イ)　具体的相続分

「相続人中には、各被相続人から生前贈与を受けた者がいないことについては全当事者の陳述が一致している。また、誰も寄与分を定める申立てもしていない。したがって、法定相続分を修正すべき事情も認められず、本件各相続人の相続分は、各６分の１となる」。

(d)　**裁判所の検討**

(ア)　分割方法の検討

① 「本件遺産中の不動産は目録１の(5)のマンションを除き、長期間の賃借権が設定されているうえ、不動産市況の低迷等の状況下においては、これを換価することは著しく困難であると認められるので換価分割の方法は取り得ないものと判断した」。

② 「本件遺産中の不動産全部を、相続人の１名ないし数名の単独ないし共有取得させ、代償金を提供させてこれを分割する方法も、本件当事者

はそうする意思も経済力もないと述べるのでこの方法も取り得ない」。
③　「調停手続中に当事者から提案された各不動産をそれぞれ相続人6人の共有にするという分割方法は、当事者全員の合意があるならば可能な分割方法の一つといえなくもないが、本件においてはその合意も得られていないので、この分割方法も相当でない」。

　　(イ)　裁判所の検討
　(i)　当事者の相互関係
「本件調停手続における当事者らの主張、資料提出及び分割希望案の提出等の経過からすると、申立人3名は申立人グループとしてそれぞれまとまって行動しているものと認められ、他方、相手方3名もそれぞれ相手方グループとしてまとまりをもって行動をしているものと認められる」。

　(ii)　裁判所の判断
①　グループ内で遺産を共有させることの相当性について
　　「申立人グループ及び相手方グループはそれぞれ互に協力協調関係がとれているものと認められるので、同一グループ内で遺産を共有取得させても、即座の分割ないし将来の分割に支障が生じるものとは考え難く、また新たな紛争を惹起する可能性もほとんどないものと推察される。したがって、現時点においては、不動産を含む本件遺産を申立人らと相手方らの共有とするのが相当であるものと認めた」。
②　具体的分割について
　　ⓐ　各不動産から生じる果実
　　　「目録1の(1)土地には、長期間の借地権が設定されており、その地代として月額10万7685円、年間129万円余りを生み出し、目録(2)ないし(4)の各土地にも建物所有目的の長期間の借地権が設定されており（現在のところ建物は建築されていない。）、その地代として月額21万2690円、年額255万円余りを生み出している。これらの土地は容易に換価できず、当面は貸料を収取することで満足するしかないものと認められ、この収取権は残借地権期間、利用状況、不動産市況等の諸事

情を勘案すると少なくとも今後10年間は借地関係が継続するものと推認するのが相当である」。

ⓑ 分割結果の相当性

「目録1の(2)ないし(4)の土地を取得するグループと目録1の(1)の土地を取得するグループの10年間における受取地代総額の差は、おおよそ1260万円余りとなること等の本件に現われた一切の諸事情を総合考慮すると、主文1及び2のとおり分割するのが相当である」。

(e) **審判理解のための基本事項——遺産分割の方法**

遺産分割の方法としては、次の4つの方法がある。

① 現物分割

遺産をそのままの形で相続分に応じて分割する方法。たとえば、一定の面積の土地を相続人それぞれの相続分に応じて分筆して分ける、不動産は相続人甲に、預貯金などは相続人乙に分けるなどの方法である。

② 代償分割

ある相続人がすべての遺産を相続するかわりに、他の相続人に対してその相続人の相続分に応じた金銭を支払ったり、自分の所有する他の財産を交付する方法。この分割方法は、代償金を支払う相続人に、支払能力（資力）が備わっていることが必要である。

③ 共有分割

遺産の全部または一部を複数の相続人が共有して取得する方法。この分割方法は、将来、共有者の間で管理や処分方法などの意見が食い違ったときに、問題が生じる可能性があることに注意が必要である。【事例1】では、「同一グループ内で遺産を共有取得させても、即座の分割ないし将来の分割に支障が生じるものとは考え難」いことから、この分割方法をとった。

④ 換価分割

遺産を売却して、その代金を分割する方法。この分割方法は、遺産を取得したい相続人がいない場合や、取得したい相続人がいてもその人に

代償金の支払能力がない場合などに選択されることがある(【事例4】参照)。

(B) 【事例2】千葉家一宮支審平成5・5・25家月46巻11号42頁
　(a) 審判の要旨

　遺産分割の対象財産の評価および相続分の譲渡について、審判期日において一旦成立した当事者全員の合意につき、後日、当事者の一部が翻意ないし撤回したにもかかわらず、相続開始後37年を経過している等諸般の事情を考慮すると、早期解決を図る意味から上記の合意に従って分割の審判をするのが相当であるとされた事例。

　(b) 主　文

「1　被相続人の遺産である別紙遺産目録記載の各土地を次のとおり分割する。
　(1)　別紙遺産目録記載Ⅰの土地は、相手方甲野甲二及び同甲野戊二が共同取得する(持分、相手方甲野甲二7分の4、同甲野戊二7分の3)。
　(2)　別紙遺産目録記載ⅡないしⅦの各土地は、いずれも、相手方丁月丁二、同卯野戊美、同辰野戊代及び同巳野戊枝がそれぞれ共同取得する(持分、相手方丁月丁二6分の3、同卯野戊美、同辰野戊代及び同巳野戊枝各6分の1あて)。
2　相手方甲野甲二及び甲野戊二各人は、同丑川丙美に対し、各金17万5000円あてを支払え。
3　手続費用は各自の負担とする。」

　(c) 審判の概要――記録により認められた事実
・相続人等
　①　被相続人は、昭和31年9月28日死亡し、相続が開始した。
　②　被相続人の相続人は弟甲野一郎、妹乙山春子、丙川夏子、弟丁月二郎および甲野三郎の5名であり、相続分は各5分の1あてであるところ、相続人の死亡による代襲相続等および相続分の譲渡により、本件遺産分割は、一郎の子である甲二(相続分210分の78)、夏子の子である丙美

（同210分の12）、二郎の子である丁二（同210分の42）、三郎の子である戊二（同210分の57）、戊美（同210分の7）、戊代（同210分の7）および戊枝（同210分の7）の7名の間で行われることとなった。

なお、上記のうち、各相続分譲受けの対価として、一郎の子甲二および三郎の子戊二から、春子の子である申立人に対し各250万円あてが、夏子の子丙子に対し各75万円あてが、それぞれ支払われたが、その余の各譲渡についてはいずれも無償である。

・遺　産
　① 　範　囲

　　別紙遺産目録記載Ⅰの土地（宅地1筆）と同目録記載ⅡないしⅦの各土地（田6筆）

　② 　遺産の現状

　　ⓐ 　宅　地

　　　事実上、相手方甲二および同戊二が、同地上に物置や車庫を建てるなどして使用している。

　　ⓑ 　田

　　　6筆が一体となった形をなしているところ、うち半分位を相手方戊二の事実上の管理のもと第三者に賃貸しているが、残余の部分は休耕地となっている。

　③ 　遺産の評価

　　当事者のいずれも、本件遺産の評価をなすにつき鑑定手続によることには積極的でなく、ただ、具体的な価額の手がかりがまったくないことには具合が悪かろうということで、分割を検討するうえでの一応の目安として、宅地を坪当たり30万円と、田を全部（6筆）で100万円と、それぞれ見積っておくことの合意が交わされた（ただし、相手方丙美は除く）。

　(d) **審判の経緯**

　①　「第9回審判期日で、相手方丙美を除くその余の各当事者間において、

遺産の評価について合意した」。
② 「本件遺産の分割につき、宅地は、甲二及び戊二が共同取得すること（第10回審判期日において、甲二及び戊二間で、双方の取得割合は、甲二が7分の4、戊二が7分の3と合意される。）、田は、いずれも、丁二、戊美、戊代及び戊枝がそれぞれ共同取得すること（取得割合は、丁二が6分の3、戊美、戊代及び戊枝が各6分の1あて）の合意がなされた」。
③ 「甲二及び戊二と丙美との間で、丙美の相続分を半分あて、甲二及び戊二に対し、各17万5000円あての対価でもって譲渡するという合意がなされたことから、甲二及び戊二において、これにしたがい、第10回審判期日に、それぞれ17万5000円あての現金を持参したところ、当日、丙美において、遺産の評価に不満があるということで翻意したため、その履行がなされないままとなった経緯がある」。
　(e) 裁判所の検討
　　(ア) 本件遺産分割についての事情
① 「当事者らにとってみた場合、これは両親など直系尊属の遺産にかかるものではなく、いずれも、伯母と甥あるいは姪との関係にあるものの間における事案であること、それだけに、前者の場合に比し、これらの当事者らと、被相続人の生前における同人や本件各遺産との関わりについては、一部の者を除き親近性ないし密着性が薄かったであろうことはおそらく否定し得ないものと思料される」。
② 「本件分割については、従来何度か話し合いがなされてはいるものの、申立人を除くその余の当事者らは、全体的にこの問題について積極的な態度をとっておらず、中には関心の乏しい者もかなり居たことが窺われる」。
③ 「現在では、本件相続が開始してから既に37年近くの年月が経過しようとしている」。
　　(イ) 裁判所の判断
① 「遺産の評価と各相続分に照らした各人の取得分が、客観的にみてあ

る程度均衡に欠けるところがあっても、関係当事者間で合意に達し、あるいは、それと同様な状況がみられる場合には、これに即し事案の解決を図ることも、早期解決を図る意味からして許されると考えるものである。かかる観点に立った場合、本件遺産分割は、甲二、戊二、丁二、戊美、戊代及び戊枝間で交わされた合意はもとより、甲二及び戊二と丙美との間で一旦交わされた合意をも含めたところに立脚して行われるのが相当と判断するものである」。

② 「以上検討したところにしたがい、本件遺産分割は、土地を、甲二及び戊二において（取得割合、甲二7分の4、戊二7分の3）、田を、丁二、戊美、戊代及び戊枝において（取得割合、丁二6分の3、戊美、戊代及び戊枝各6分の1あて）、各共同取得し、また、甲二及び戊二は、丙美に対し、各相続分の譲渡に実質上沿う意味で、代償金として各17万5000円あてを支払う（家事審判規則109条。筆者注：家事事件手続法195条）という方法により行われるのが相当であると思料するものである」。

(f) **審判理解のための基本事項**

(ｱ) 相続分の譲渡

遺産全体（消極財産も含む）に対する包括的持分または法律上の地位を譲渡することであり、譲渡人・譲受人間の契約によってなされる。

(ｲ) 相続分譲渡と遺産分割における当事者適格

相続分が譲渡されたときは、遺産分割はまだされていないことから、譲受人は、一切の相続財産について、共有持分をもつ。

その結果、

① 相続分の譲受人は、遺産分割に関与することができるのみではなく、必ず関与させなければならない（東京高決昭和28・9・4高民集6巻10号603頁）。

② 遺産分割の審判前に、相続分の譲渡がされた場合には、譲渡人は、遺産分割手続の当事者適格を失うとともに、譲受人は、遺産分割に必ず関与させなければならぬ地位を取得する（大阪高決昭和54・7・6家月32巻3

号96頁）。

とされている。

(C) 【事例3】甲府家審平成4・11・24家月46巻4号45頁

　(a)　審判の要旨

　相続人のうち1人を除き、自己の希望する特定不動産が含まれる分割の結果であれば、法定相続分に満たなくてもその結果を甘受するとの合意が成立している事案において、その合意に基づき、合意している相続人らの取得額が法定相続分を下回り、合意していない1人の取得額が法定相続分をはるかに上回る結果となる分割審判をした事例。

　(b)　主　文

「1　申立人、相手方甲野二郎、相手方甲野一郎は、別紙遺産目録記載一土地のうち7、8、11乃至15の各土地を、各3分の1の持分割合で共有取得する。

2　相手方乙林春子は、別紙遺産目録記載一土地のうち16の土地を単独取得する。

3　相手方甲野四郎は、別紙遺産目録記載一土地のうち1乃至6、9、10、17乃至44の各土地及び同目録記載二の建物を単独取得する」。

　(c)　審判の概要――記録により認められた事実

・相続人等

　①　被相続人甲野喜久兵衛は、昭和57年5月28日死亡し、相続が開始した。また、被相続人の配偶者甲野秋子は昭和63年4月20日死亡し、相続が開始した。

　②　相続人は長女相手方乙林春子、長男甲野太郎（昭和46年8月23日死亡）の長男相手方一郎（代襲者）、次男相手方甲野二郎、三男申立人甲野三郎、四男相手方甲野四郎の5人であり、各相続人の法定相続分は5分の1ずつである。

・遺　産

　①　範　囲

ⓐ 被相続人喜久兵衛の遺産

別紙遺産目録記載一の土地、二の建物（なお喜久兵衛は昭和14年7月29日前戸主矢久兵衛死亡により家督相続し、矢久兵衛は、大正9年3月1日前戸主留吉隠居により家督相続した）。

ⓑ 被相続人秋子の遺産

遺産はない。

② 遺産の評価

平成4年度の固定資産評価額は、遺産目録記載のとおり。

(d) **調停・審判の経緯**

(ｱ) **分割についての各自の希望**

① 「調停手続において、申立人三郎、相手方一郎、同二郎の3名は、別紙遺産目録記載一の土地のうちの7、8、11乃至15の各土地を、上記3名で持分各3分の1の割合で共有取得することを希望し、また相手方乙林春子は、同目録記載一の土地のうち16の土地を単独取得することを希望した」。

② 「相手方四郎は、第1回調停期日に出頭したもののその後の期日はすべて欠席し、家庭裁判所調査官による調査において意見や希望を聞いたが、明確に述べない」。

③ 「相手方四郎を除く他の相続人は、早期解決のため各自が希望した上記遺産をそれぞれ取得できれば、他は取得しなくてもよく、たとえそれが法定相続分より少ない価額であっても異議を述べないので、それで審判をしてほしい旨述べた」。

(ｲ) **遺産の評価**

当事者全員が、平成4年度の固定資産評価額に拠ることに同意した。

(ｳ) **具体的分割**

「本件遺産の平成4年度固定資産評価額は、総額813万5721円である。そうすると相続人各自の法定相続分に応じた額は、162万7144円（1円未満切捨て）となる。

しかるに、申立人、相手方一郎、相手方二郎が取得を希望した遺産の合計は、31万1143円で、その3分の1である各自の取得分は、10万3714円（1円未満切捨て）である。また相手方乙林春子が取得を希望している遺産は、12万2700円である。そして相手方四郎が取得することになるその余の遺産の合計は、770万1878円であり、これは相手方四郎の法定相続分をはるかに超えるものである。しかし相手方四郎を除くその余の相続人はこの額に同意しており、各自の上記希望物件を各自が取得しても、相手方四郎にとり取得額の上では有利でこそあれ何ら不利をもたらすものではないから（なお四郎が取得することになる土地の上に存した抵当権は申立人が調停中に抹消した。）、調停に出頭し意見を述べた各相続人の希望に従って分割することとする」。

(e) **審判理解のための基本事項**

(ア) 遺産分割の審判

① 遺産分割の審判は、相続人および遺産の範囲等を確定したうえで、分割基準に従って家事事件手続法に定める審判により遺産を分割することである。

② 家庭裁判所が行う遺産分割審判は、当事者の合意に委ねられる協議分割とは異なり、「遺産に属する物又は権利の種類及び性質、各相続人の年齢、職業、心身の状態及び生活の状況その他一切の事情」（民906条）を考慮するという分割の基準に基づいてなされなければならないものであり、単に相続分に応じた計算上の公平ではなく、各相続人がおかれた状況と遺産の属性を考慮して共同相続人間の実質的公平をめざすものである。

(イ) 法定相続分と大きく異なる遺産分割審判

【事例3】にあっては、調停に出頭しなかった1人の相続人が法定相続分をはるかに超えることを認めつつ、調停に出頭し意見を述べた各相続人の希望に従って分割していることについて、遺産分割基準の観点から検討することも必要であろう。

(D) 【事例4】 横浜家審昭和63・9・26家月41巻2号152頁

(a) 審判の要旨

遺産である不動産（借地権付き建物）の分割方法につき、不動産の占有状況および相続人らの資力、意向等を考慮すると、同不動産を売却したうえ、売却代金から競売手続費用を控除した残額各相続人の相続分に応じて取得させるのが相当であるとして、終局審判で換価分割を命じた事例。

(b) 主 文

被相続人宮城杉代の遺産である別紙遺産目録記載の建物（借地権付き）を裁判所の競売に付する。

前項による競売の売得金より費用を控除した金額を各当事者に次の割合で分配する。（以下省略）

(c) 審判の概要——記録により認められる事実

・被相続人等

　ア　被相続人宮城杉代は、昭和57年9月4日死亡し、相続が開始した。

　イ(ア)　当初、相続人は弟である申立人松木国洋、妹である申立人松木紅、妹である松木花代、姉である亡立川タカ子の長女たる申立人玉井正子、長男たる立川誠、二女たる申立人林忠子、二男たる相手方立川祥の7名であり、法定相続分は申立人松木国洋、松木紅、松木花代がいずれも4分の1、申立人玉井正子、立川誠、申立人林忠子、相手方立川祥がいずれも16分の1であつた。

　(イ)　昭和60年8月26日松木花代が死亡して相続が開始し、同人を除く当初の相続人がそれぞれ相続した。また、昭和61年1月22日立川誠が死亡して相続が開始し、同人の妻立川ツマ及び長男立川順一が相続した。

　(ウ)　このような経緯の結果、最終的には、相続人は、松木国洋（法定相続分3分の1）、松木紅（同3分の1）、玉井正子（同12分の1）、立川ツマ（同24分の1）、立川順一（同24分の1）、林忠子（同12分の1）、立川祥（同12分の1）の7名である。

・遺　産

① 審判の対象となる遺産

「被相続人宮城杉代は別紙遺産目録記載の建物を所有し、その敷地たる○○市○区○○○×丁目×××番×山林1624m^{2}の一部約347m^{2}を地主鈴木健一から賃借していたことが認められる。このほか、同被相続人は○○電力株式会社の株式をいくらかと、約164万円の郵便貯金を有していたことが認められるのであるが、これらの大半は換金のうえ被相続人宮城杉代の葬儀、法要等の費用にあてられたことが認められるうえ、各当事者は前記建物と借地権についてのみ分割をなすことに合意しているので、本件遺産分割の対象をこれに限定して審判することとする」。

② 遺産の現状等

「借地については、被相続人宮城杉代の死亡直後申立人松木国洋の妻が地主に賃料（月額2万1400円）の支払をしようとしたところ、本件借地権を誰が相続するのか明らかでないとしてその受領を拒絶されたため、以後弁済供託をして現在に至っている。ただし、地主から借地契約の更新拒絶又は契約違反を理由とする建物収去の請求がなされたことはない」。

③ 評　価

不動産鑑定士作成の鑑定評価書によれば、次のとおり。

ⓐ 本件建物の評価額は65万円

ⓑ 本件借地権の評価額は590万円

(d) 裁判所の検討──分割方法の検討

　(ア) 家庭裁判所調査官の調査結果および申立人松木国洋、相手方立川祥各審問の結果

① 「相手方立川祥は被相続人宮城杉代の死亡前から妻子と別居して本件建物に居住を始め、現在も居住を続けている」。

② 「申立人らはかつて本件建物を地主鈴木健一に買い取ってもらうことを考えその打診をしたところ、地主においても建物買取の意思がなくはなかったが、買取価額の点で折合いがつきそうもなかった」。

③ 「相手方立川祥は資力に乏しく、本件建物（借地権付き）を単独で相続したとしても、その代償金として申立人らに対し各相続分に応じた金員を支払うことは到底不可能である」。

④ 「現在、申立人らとしては、遺産分割の方法として、本件建物（借地権付き）を他に売却したうえ売得金を相続分に応じて各当事者が取得することを希望している」。

　(イ)　**裁判所が相当とした分割方法**

当裁判所としては、本件建物（借地権付き）を裁判所の競売に付し、その売得金を各当事者が各相続分に応じて取得するものとするのが価額形成のために最も公正な方法であり、かつ、最も確実に売却の実施が期待できるものと考える。

(e)　**審判理解のための基本事項**

　(ア)　**換価分割が許される場合**

遺産分割は、現物分割が原則であり、現物分割が困難である場合には、債務負担を命じることによる分割が行われるべきであって、換価分割（競売）は、これらの分割方法が困難であるか相当でない場合に行われるべきものと考えられている。

　(イ)　**換価分割の手続**

　(i)　**換価方法**

家庭裁判所は、競売（家事手続194条1項）または任意売却（同条2項）のどちらかを選択することができる。ただし、共同相続人中に競売によるべき旨の意思を表示した者があるときは、任意売却の方法は選択できない（同項ただし書）。

　(ii)　**換価の実行**

家庭裁判所は相続人の1人を換価人と定め、換価人は相続人の代理人として、地方裁判所に競売を申立て、または任意売却する。

　(iii)　**家庭裁判所の審判**

競売、任意売却により売却した代金を、相続財産に含め、家庭裁判所は他

の財産とともに最終的な審判をして遺産分割が終了する。
　また、売却した代金の分配割合を定めた最終審判がすでになされているときは、換価人が各相続人に分配し、遺産分割は終了することになる。

(E) 【事例5】名古屋家判平成2・7・20家月43巻1号136頁

(a) 審判の要旨

　共同相続人の1人が遺産である預金債権の払戻手続に協力しないことから他の共同相続人がその分割を申し立てた事案において、遺産が金銭債権である場合には原則的には遺産分割の手続は不要であるが、本件のような場合には家庭裁判所に対して分割手続を求めることができるとして、申立てを認容した事例。

(b) 主　文

　亡広田すえの別紙遺産目録記載の遺産（預金債権）の、それぞれの元利金について申立人らおよび相手方は各5分の1宛を取得する。

(c) 審判の概要──記録により認められる事実

・被相続人等

① 被相続人広田すえは、昭和63年12月16日死亡し、相続が開始した。

② 相続人は、申立人ら4名と相手方の5名であり、その法定相続分は各5分の1宛であった。

・遺　産

別紙遺産目録記載の預金債権（元利金を含む）

(d) 裁判所の検討

㋐　金銭債権を遺産とする遺産分割（原則）

　本件遺産は金銭債権であるところ、金銭債権は可分債権であるから相続開始と同時に各相続人の法定相続分に従い法律上当然に分割されることになるものである。したがって、本件のように遺産が預金等の金銭債権である場合には、遺産分割の手続は不要であるはずである。

㋑　調停手続の状況等

① 本件預金債権の払戻手続を共同でしようとの申立人らの申入れに相手

方は応じようとしなかった。

②　相手方は本件調停手続に出頭しなかったとが記録上明らかであるが、相手方は本件預金債権が被相続人の遺産であることを積極的に争っていないものと認められる。

　㈦　裁判所の判断
　(i)　裁判所に明らかなこと

遺産である預金債権等の債務者である銀行等は、共同相続人全員の署名押印のある払戻請求書（そのほかに共同相続人全員の印鑑証明書等の提出も要求される）の提出がないかぎり、その払戻請求に応じない取扱いをしていることは当裁判所に明らかなところである。

　(ii)　遺産分割審判をすることの相当性

一部の共同相続人のこの払戻手続に対する協力が得られない場合には、その他の共同相続人らが銀行等に対して遺産である預金債権の支払いを請求する場合には、当該銀行等に対して、当該預金等の支払いを求める訴訟をすることを強いられる結果となり、預金等を共同相続した一部の相続人がその預金債権を行使しようとする場合には、その相続人に余計な負担をかけることになることが明らかである。

したがってこのような場合には、共同相続人は預金債権が遺産として家庭裁判所に対してその分割手続を求めることができるものと解するのが相当である。

　(e)　審判理解のための基本事項

可分債権の相続については、審判により申立てが却下された事例の【事例1】参照。

（小磯　治）

第7章

遺言・遺産分割と税務
―相続税の概要

相続開始後のスケジュール

　この章では、相続に関する税務について、相続に関連する実務者にとって重要な基礎項目に絞り込んで、みていくこととする。
　〈図１〉は、相続が開始した後の民法、社会的手続、相続税法の主なスケジュールを一覧にしたものである。
　まず、３か月目までに行わなければならないことは、相続の放棄である。特に、積極財産よりも消極財産が多い、純債務を相続することを避けるためには、相続の放棄が必要であり、それは３か月以内に行わなければならない。
　次に、４か月目までに行わなければならないことは、準確定申告であり、これは、被相続人に係る所得税の申告を相続人が行うものである。
　そして、10か月目が、相続税の申告と納付の期限となる。これは各相続人が、被相続人の住所地の税務署に行う。
　なお、相続税の納付は、金銭で一括して行うことが原則であるが、相続財産の内容によっては、納付期限までに納税ができない場合がある。そして、納付が遅れた場合には、最初の２か月間は年7.3％（あるいは「特例基準割合＋１％」と比較して低いほう）、その後は年14.6％（あるいは「特例基準割合＋7.3％」と比較して低いほう）という延滞税が課せられることとなる。
　そこで、金銭で一時に納付することが困難な場合には、延納または物納を選択することになるが、そのためにはあらかじめ申請をしておくことが必要になり、その申請期限も相続税の申告期限までに行わなければならない。したがって、どのような相続財産があるか事前に把握することは重要なことである。

1 相続開始後のスケジュール

〈図1〉 相続開始後のスケジュール

被相続人の死亡（相続開始）
　↓　・関係者への連絡、葬儀の準備

通　夜
　↓　・死亡届の提出（死後7日以内に死亡診断書を添付して市区町村役場に提出）

葬　儀
　↓　・葬式費用の領収書等の整理・保管

初七日法要（形見分けなどが行われる）
　↓　・遺言書の有無の確認（遺言書（公正遺言証書以外）があれば、家庭裁判所で検認が必要）

四十九日忌法要（納骨などが行われる）
　　　・遺産と債務の概要の把握（相続の放棄をするかどうかの決定）
　↓　・相続人の確認（被相続人の生年〜死亡までのすべての戸籍謄本を取り寄せ、あわせて相続人の戸籍謄本を取り寄せる）

相続の放棄または限定承認
（被相続人死亡から3か月以内に、家庭裁判所に申述）
　↓

所得税の準確定申告と納付
（被相続人死亡から4か月以内に、死亡日までの所得を申告）
　　　・遺産や債務の調査（通帳・権利書・証券等）
　↓　・遺産の評価・鑑定（相続税評価額、時価）、不明な場合は専門家に相談

遺産分割協議書の作成（相続人全員の実印と印鑑登録証明書が必要）
　　　・遺産の名義変更の手続（不動産の相続登記や預貯金、有価証券の名義変更）
　↓　・相続税の申告書の作成（納税資金の準備、延納または物納の検討）

相続税の申告と納付（被相続人死亡から10か月以内）
　↓　・被相続人の死亡日の住所地の所轄税務署に申告、納税（延納、物納申請も同様）

税務調査

また、相続財産の内容が、積極財産より消極財産（債務）のほうが多い場合には、相続人は、純債務を相続する（純債務を負う）ことになることから、これを避けるために相続の放棄を選択することになるが、この場合も、生前から相続財産の内容を把握しておかないと、3か月以内に相続の放棄をスムースに行うことは困難である。実際に相続が発生してみると、その後の葬儀や諸手続などに追われ、そうした中で、初めて相続財産の内容の把握を行っていく場合には、この3か月という期間は非常に短いものである。

　ところで、実際に相続が発生した場合において、そのうち相続税の納付を伴うものは、全体の約6％程度であろう。相続税には、小規模宅地の減額特例、配偶者の税額軽減という大きな特例が2つあり、この2つの特例の適用を受けることで、ある程度の資産を有している場合でも、相続税が発生しないことがある。しかし、この特例の適用を受けるためには、相続税の申告期限までに分割がまとまっている、ということが条件となっている。こうしたことから、相続の分割をスムースに行うことは税務面でも重要なことである。

　　　　　　　　　　　　　　　　　　　　　　　（川邊　洋二）

2 小規模宅地の減額特例、配偶者の税額軽減の適用

　相続税における2つの大きな特例である小規模宅地の減額特例、配偶者の税額軽減の適用を受けると、その相続税額は大きく低減する。

　小規模宅地の減額特例は、たとえば、一定の要件を満たす自宅の敷地を相続した場合には、一定面積までは、その相続税の評価額を80％減額するというものである。仮に、自宅の敷地の相続税評価額が1億円だった場合には、その財産評価額は2000万円に減額されるのである。

　配偶者の税額軽減は、被相続人の配偶者に対する相続税の軽減を行うというものであり、これは、配偶者の相続した財産が、法定持分以内であるか、または、1億6000万円以内である場合には、配偶者の相続税は0円に軽減される、というものである。

　なお、相続税には、相続財産が一定の金額以内であれば相続税が課されないように基礎控除額が設けられている（本章3(2)参照）。この基礎控除額は、相続人が3人だった場合には4800万円（3000万円＋600万×3）となるが、相続財産がこの基礎控除額を超えている場合でも、上記の2つの特例を受けることによって、相続税が生じないこととなる場合もあり、相続発生件数に対する相続税の納付件数が約5％という低い率であるのは、その反映といえる。

　この2つの特例の適用を受けるためには、相続税の申告期限までに。すなわち相続開始から申告期限までの10か月以内に分割がまとまることが必要条件となるので、申告期限内に分割をまとめることは、相続税の軽減に大きい影響を与える。

ただし、申告期限内に分割が決定しなかった場合でも、申告期限から3年以内に分割が決定した場合には、上記の2つの特例の適用を受けることができる。この場合には、分割が決定しなかった当初の申告期限においては、未分割で相続税の申告を行う。未分割での相続税の申告においては、民法上の法定持分で相続したものとして、相続税を計算して申告を行うが、その際には、これらの特例の適用を受けられないことから、本来よりも過大な相続税を一旦は納付することになる。このように当初の申告時には、未分割の財産には、これらの特例の適用を受けることができないが、相続税の申告書に「申告期限後3年以内の分割見込書」を添付して提出しておき、相続税の申告期限から3年以内に分割された場合には、分割が行われた日の翌日から4か月以内に「更正の請求」を行うことで、これらの特例の適用を受けることができる。しかし、3年以内に分割がまとまらなかった場合には、これらの適用を受けることができなくなる。

　もっとも、相続税の申告期限の翌日から3年を経過する日において相続等に関する訴えが提起されているなど一定のやむを得ない事情がある場合には、申告期限後3年を経過する日の翌日から2か月を経過する日までに「遺産が未分割であることについてやむを得ない事由がある旨の承認申請書」を提出し、その申請につき所轄税務署長の承認を受けた場合には、判決の確定の日など一定の日の翌日から4か月以内に分割された場合には、分割が行われた日の翌日から4か月以内に「更正の請求」を行うことで、これらの特例の適用を受けることができる。

　このように、分割をスムーズにまとめることは、一般的に相続税額の軽減につながることになり、相続の分割対策は、相続税の面からも重要な地位を占める。

（川邊　洋二）

3 相続税の仕組み

(1) 相続税の計算の概要

　相続税は、相続または遺贈により財産を取得した場合にかかる税金である。相続税がどのくらいの金額になるか、事前に知ることは、相続プランニングにおいて重要な地位を占める。そこで、ここでは、相続税の計算の概要について述べる。

　〈図2〉は、相続税の計算手順を示したものである。そこで、この計算手順を順を追ってみていくことにする。

〈図2〉 相続税の計算手順

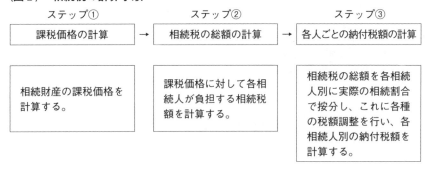

(2) ステップ①：課税価格の計算

ここでは、相続税の対象となる課税価格を計算する。〈図3〉は、相続税の課税価格を示すものである。

相続財産には、積極財産（資産）と消極財産（負債）とがあるが、相続税の課税対象になるのは、両者の差額の純財産である。

積極財産は、「本来の財産」「みなし財産」「生前贈与財産（相続時精算課税適用財産）」「生前贈与財産（被相続人からの3年以内の贈与財産）」から構成されている。

また、消極財産は、「債務」「葬式費用」から構成されている。

このステップ①では、これらの金額の計算を行っていく。

〈図3〉 相続税の課税価格

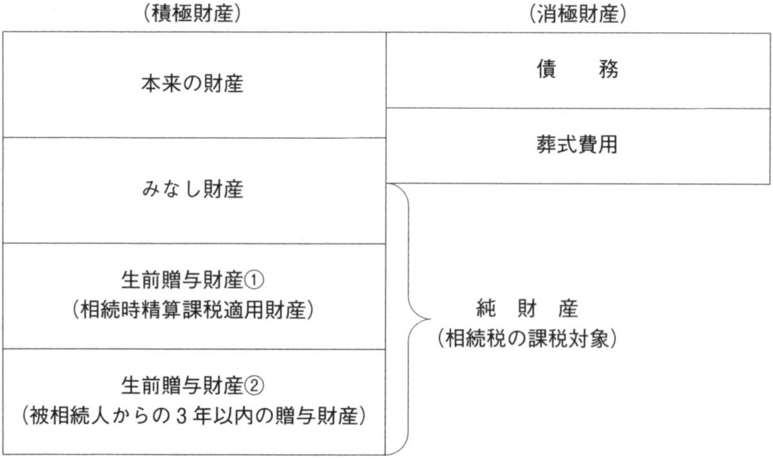

（積極財産）	（消極財産）
本来の財産	債　務
	葬式費用
みなし財産	純財産 （相続税の課税対象）
生前贈与財産① （相続時精算課税適用財産）	
生前贈与財産② （被相続人からの3年以内の贈与財産）	

(3) ステップ②：相続税の総額の計算

課税価格が確定したら、次は、課税価格から相続税の基礎控除額を控除し

た金額について法定持分で仮分割し、その仮分割した金額ごとに相続税の税率を乗じて相続税の総額を計算する。この相続税の総額は、いわば被相続人の財産を引き継いだ相続人各人が支払う相続税の合計金額である。

ここでは、相続人各人が取得した財産に対して税率を乗じるのではなく、法定持分で「仮分割した」金額ごとに相続税の税率を乗じて相続税の総額を計算する。ここに日本の相続税の特徴が表れている。

仮に、「相続人各人が取得した財産に対して税率を乗じる」という税制であった場合には、相続税は超過累進税率であることから、相続財産をどのように分割するかによって、相続税に違いが生じることになる。これは、分割を考える際に税法を気にしなければならないことになり、財産の処分についての自由度が税法に縛られる、という弊害が生じることになる。

こうした弊害を排除するために、日本の税制では、相続財産を法定持分で仮分割した金額ごとに分け、その金額ごとに税率を乗じて相続税の総額を計算する、という仕組みを採用している。

〈図4〉は、仮に税制が、「相続人各人が取得した財産に対して税率を乗じる」という制度だった場合を示したものである。このケースでは、相続人が配偶者、長男、次男の3人であり、子は母親（配偶者）の経済的な安定を願う気持ちから自分たちは相続をせず、配偶者が1人で相続財産のすべてを相続した、という想定である。〈図4〉をみると、同じ課税価格であっても、

〈図4〉 相続人の取得財産に応じて課税する方式の弊害

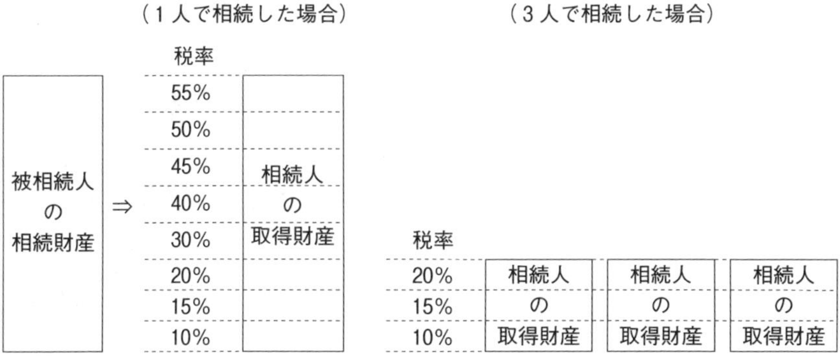

適用される税率が異なることから、1人で相続した場合のほうが、3人で相続した場合に比べて、相続税の総額が大きくなることがわかる。

したがって、相続財産の分割を考えるときに、税法を気にしなければならなくなってしまうので、財産処分の自由性が損なわれるという弊害が生じる。

こうした弊害に鑑みて、日本の税制では、この方式を採用していない。

〈図5〉は、日本の税制を示したものである。まず、課税価格から相続税の基礎控除額を控除した金額を求める。次に、その金額を、相続人ごとに法定持分で仮分割した金額に分ける。そして、仮分割した金額ごとに相続税の税率を乗じて計算した金額を計算し、最後に、それらを合計することにより相続税の総額を求める。この方式では、相続の分割において相続人各人が取得した財産とは関係なく、相続税の総額が算出される。つまり、相続財産を法定持分で仮分割して計算することから、実際に各人が相続財産をどのように分割しようとも相続税の総額が変わることがない。

なお、相続税の基礎控除額は、次の算式で計算される。

相続税の基礎控除額＝3,000万円＋600万円×法定相続人の数

上記の算式の法定相続人の数には、放棄した者を含み、また、被相続人に養子がいる場合には、実子がいない場合には2人まで、実子がいる場合には

〈図5〉 相続税が採用している方式（法定持分で仮分割して、相続税の総額を求める）

〈図6〉 相続人が、配偶者、長男、次男の3人だった場合の相続税の総額計算イメージ図

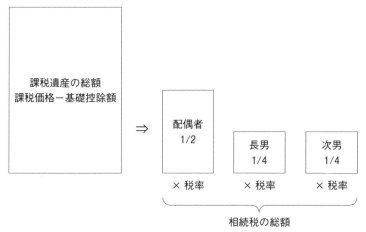

※この現行税制の方式では、相続財産を、相続人1人が取得した場合も、相続人3人が取得した場合でも、相続税の総額には変わりがなく、常に同額となる。

1人までを計算に含める。

(4) ステップ③：各人ごとの納付税額の計算

　相続税の総額が算出されたら、今度は、各人の納付税額を計算する。税法には、応能負担の原則があり、相続税の総額の負担は、各人の相続財産を取得した金額に応じて計算される。具体的には、各人の課税価格の金額に応じて、相続税の総額を負担する金額を算出する。そして、これに税額加算と税額控除を加減して、各人の納付税額を計算する。

　ここでのポイントは、相続税の総額を各人の取得した遺産の課税価格に応じて按分して、各人の相続税額を算出することである。このことで、税負担の公平性が保たれることとなるのである。

　なお、算出税額が計算された後は、該当する場合に応じて、相続税法に規定されている税額加算（本章5(1)参照）と税額控除（本章5(2)以下参照）を加

〈図7〉 各人の納税額の計算

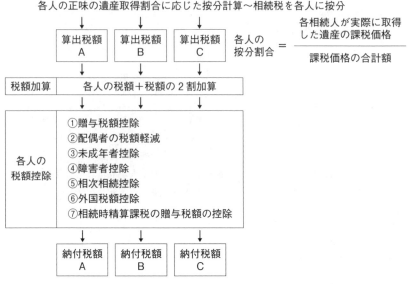

減して、最終的な納付税額を計算する。

（川邊　洋二）

4 相続税の計算の具体例

(1) 設　例

次に、設例を使って相続税の計算をみることにする。

> (設例)
> 　被相続人の相続財産は、積極財産が5億3000万円、消極財産が3000万円で、課税価格は5億円であり、相続人は配偶者、長男、次男の3人である。なお、財産の分割は、積極財産は妻が2億3000万円、長男が2億円、次男が1億円、消極財産（債務および葬式費用）3000万円は妻が相続している。

この相続税の計算を示したものが以下のものである。これは次の過程で計算される。

(2) 各人の課税価格の計算

まず、相続財産の課税価格を計算する。積極財産は、以下のとおりである。

・配偶者　23,000万円
・長　男　20,000万円
・次　男　10,000万円
・合　計　53,000万円

消極財産（債務および葬式費用）の金額は3,000万円であり、これを配偶者が相続しているとすると、各人の課税価格は以下のとおりとなる。

・配偶者　23,000万円－3,000万円＝20,000万円
・長　男　20,000万円
・次　男　10,000万円
・合　計　50,000万円

(3) 各人の算出税額の計算

次に各人の算出税額を計算する。これは次のように行われる。

(A) 基礎控除額

相続税の基礎控除額を計算する。設例では、法定相続人が3人なので、基礎控除額は以下のとおりとなる（〈図8〉参照）。

3,000万円＋600万円×3人＝4,800万円

(B) 相続税の総額

次に相続税の総額を計算する。まず、基礎控除額控除後の課税価格は以下のとおりとなる。

50,000万円－4,800万円＝45,200万円

そこで、これを民法の法定持分で仮分割する。

・配偶者　45,200万円×1/2＝22,600万円
・長　男　45,200万円×1/4＝11,300万円
・次　男　45,200万円×1/4＝11,300万円

そして、この仮分割した金額に、相続税の速算表の税率を乗じ、それを合

4 相続税の計算の具体例

〈図8〉 相続税の課税の計算（設例）

> 被相続人の課税財産の価格が5億円、相続人は配偶者、長男、次男の3人である。
> 相続財産は妻が2億円、長男が2億円、次男が1億円を相続する予定である。
> 各人の支払う相続税は各々いくらとなるであろうか。

(単位：万円)

	相続人等		配偶者	長男	次男	合計
Ⅰ	各人の課税価格の計算					
	取得財産の価額	①	23,000	20,000	10,000	53,000
	債務及び葬式費用の金額	②	△3,000			△3,000
	純資産価額（①−②）	③	20,000	20,000	10,000	50,000
	生前贈与加算	④				
	課税価格（千円未満切捨）（③+④）	⑤	20,000	20,000	10,000	50,000
Ⅱ	各人の算出税額の計算					
	基礎控除額		3,000万円+600万円×法定相続人の数			4,800
	相続税の総額（注1）	⑥	7,470	2,820	2,820	13,110
	あん分割合（各人の⑤÷⑤の合計）	⑦	0.40	0.40	0.20	1.00
	算出相続税額（⑥の合計×各人の⑦）	⑧	5,244	5,244	2,622	13,110
	相続税額の加算額（2割加算）	⑨				
Ⅲ	各人の納付税額の計算					
	贈与税額控除額（暦年課税）	⑩				
	配偶者の税額軽減額（注2）	⑪	△5,244			
	未成年者控除額	⑫				
	障害者控除額	⑬				
	相次相続控除額	⑭				
	外国税額控除	⑮				
	差引税額	⑯	0	5,244	2,622	7,866
	贈与税額控除（相続時精算課税）	⑰				
	納付税額（百円未満切捨）	⑱	0	5,244	2,622	7,866

(注1) 相続税の総額の計算

　　基礎控除後の課税価格　50,000−基礎控除4,800=45,200
(1)　配偶者　45,200×1/2=22,600　　22,600×45%−2,700=7,470
(2)　長　男　45,200×1/4=11,300　　11,300×40%−1,700=2,820
(3)　次　男　45,200×1/4=11,300　　11,300×40%−1,700=2,820
(4)　合　計　(1)+(2)+(3)=13,110

(相続税の速算表)（平成27年1月1日以後）

課税価格	税率	控除額
1,000万円以下	10%	―
1,000万円超　3,000万円以下	15%	50万円
3,000万円超　5,000万円以下	20%	200万円
5,000万円超　　1億円以下	30%	700万円
1億円超　　2億円以下	40%	1,700万円
2億円超　　3億円以下	45%	2,700万円
3億円超　　6億円以下	50%	4,200万円
6億円超	55%	7,200万円

計して相続税の総額を計算する。

- ・配偶者　22,600万円×45％－2,700万円＝7,470万円
- ・長　男　11,300万円×40％－1,700万円＝2,820万円
- ・次　男　11,300万円×40％－1,700万円＝2,820万円
- ・相続税の総額　7,470万円＋2,820万円＋2,820万円＝13,110万円

　この相続税の総額13,110万円を、各相続人が相続財産に応じて負担する。各人の相続財産の課税価格は5億円で、うち妻が2億円、長男が2億円、次男が1億円を相続する。これを割合にすると配偶者0.4、長男0.4、次男0.2となり、算出税額は次となる。

- ・配偶者　相続税の総額13,110万円×0.4＝5,244万円
- ・長　男　相続税の総額13,110万円×0.4＝5,244万円
- ・次　男　相続税の総額13,110万円×0.2＝2,622万円

　なお、妻の税額は、配偶者控除により、この設例では0円となっている。

（川邊　洋二）

5 相続税の加算と税額控除

さて、相続税の計算の概要をみてきたが、これより、各人の相続税額の計算の際に行われる相続税の加算と税額控除についてみていくこととする。

(1) 相続税額の加算（2割加算）

相続や遺贈により財産を取得した者が、次の者以外の場合には、その者の相続税額の100分の20（2割）に相当する金額が加算される。

① 被相続人の一親等の血族（代襲相続人を含む）
② 配偶者

なお、上記の一親等の血族には、被相続人の孫等の直系卑属が養子になっている場合（いわゆる孫養子等）は含まれず、2割加算の対象となる、ただし、直系卑属の代襲相続の場合には、加算の対象から除外される。

〈図9〉は、相続税の加算（2割加算）の解説である。図中で、□に囲まれた者は、「被相続人の一親等の血族（代襲相続人を含む）」および「配偶者」に該当することから、2割加算は行われない。

まず、配偶者は2割加算の対象外となる。また、父、母は、一親等の血族であり、これも2割加算が行われない。

次に子であるが、これは次のようになる。

① 認知をした非嫡出子X　一親等の血族となり、2割加算は行われない。
② 子A　一親等の血族となり、2割加算は行われない。

〈図9〉 相続税の加算（2割加算）

(1) 加算対象者

(2) 具体例

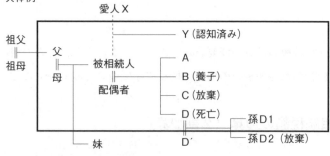

☐内の者以外の者が加算対象者となる。

③ 子B（養子）　一親等の血族となり、2割加算は行われない。

④ 子C（放棄をしている）　一親等の血族となり、2割加算は行われない。

　孫が相続した場合には、2割加算が行われる。これは、孫が財産を取得すると相続税を1回免れることになるからである。ただし、孫が代襲相続人に該当する場合には、相続税額の2割加算の対象外となる。

　上記の例では、孫D1は代襲相続を受けているので、相続税の2割加算の対象外である。一方、孫D2は、相続を放棄していることから相続税額の2割加算が行われる。では、孫D2は放棄をしているのに、相続財産を取得しているのは、どうしてであろうか。それは、放棄は本来の相続財産を放棄することであり、死亡生命保険金等のみなし相続財産は放棄の対象外となっているからである。そこで、上記のケースでは、孫D2は、たとえば被相続人の死亡生命保険金の受取人に指定されている場合が想定される。そして、孫D2が取得した死亡生命保険金に対して計算された相続税額に2割を加算した相続税額を負担することとなる。

また、祖父、祖母、妹、愛人Xに相続税額が発生した場合にも、2割加算が行われる。特に兄弟姉妹が相続の場合には、相続税額の2割加算となることは留意しておくといいであろう。

なお、この相続税の加算（2割加算）の規定は、次の趣旨から設けられたものである。

① 孫が財産を取得すると相続税を1回免れることになる。そこで、相続税の負担調整を図る目的で、相続税額の加算を行う。通常は、被相続人の財産を子が相続して相続税を負担、その後に子の財産を孫が相続して相続税を負担する、というように相続税の負担は2回行われる。ところが、被相続人が遺言等で孫に遺産を相続させると、相続税の負担は1回で済むことから、相続税の負担調整を行うこととされている。

② 兄弟姉妹や相続人でない人が財産を取得するのは、偶然性が高いものである点に着目して、相続税の負担調整を図る目的で加算を行うこととされている。

(2) 贈与税額控除（暦年課税）

相続や遺贈により財産を取得した者が、被相続人から相続開始前3年以内に贈与を受けている場合には、その贈与財産に係る贈与税をその者の相続税額から控除する。

控除額の計算は次のように行われる。

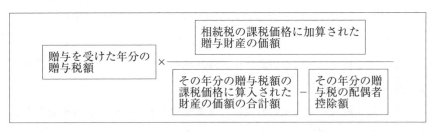

一般に不治の病と宣告された場合、余命は3年以内の場合が多いようであ

るが、このような場合に、相続税の負担の軽減を図ろうとして、生前に財産の贈与を行う人もいる。一般的には、贈与税のほうが相続税よりも税負担が重いのであるが、贈与税はもらった者が負担する税金であることから、数多くの人に、あまり大きくない金額で贈与をしていくと、相続税の実効税率よりも低い実効税率で贈与を行うことができる場合がある。日本の税制では、こうした生前贈与に関しては、税負担の公平性の観点から、相続開始前3年以内に行われた贈与に限り、その贈与財産を相続財産に加算して相続税を計算することとしている、すなわち、相続開始前3年以内に行われた贈与はなかったものとして、相続税の計算を行うのである。この場合、贈与財産には、相続税の他に贈与税も課せられていることから、税金の二重課税を排除するため、相続開始前3年以内に行われた贈与について課せられた贈与額を、相続税額から控除する。これを生前贈与加算という。

つまり、相続開始前3年以内に行われた贈与については、相続税を課す同時に、その贈与税を返却する、というのが概要である。

なお、配偶者に対して行われた居住用財産の2,000万円贈与の特例（配偶者贈与の特例）の適用を受けたものは上記の対象外となる。

これは、相続開始前3年以内の贈与のうち、配偶者贈与の特例以外の贈与については、すべて生前贈与加算の対象となる、ということを意味する。ちなみに贈与税には、基礎控除額110万円があり、たとえば、300万円の贈与をした場合には、「300万円－基礎控除額110万円＝190万円」が贈与税の課税価格になるが、生前贈与加算が行われる金額は、贈与税の課税価格である190万円ではなく、贈与財産の金額である300万円となる。また、110万円の贈与をした場合には、「110万円－基礎控除額110万円＝0円」が贈与税の課税価格となり贈与税は発生しないが、生前贈与加算が行われる金額は、贈与税の課税価格である110万円となる。

なお、被相続人の相続開始直前に、葬儀費用などの当座の資金を確保するために、やむを得ず被相続人の銀行口座から資金を引き出すことが行われることがある。このような場合には、その引き出した資金は、被相続人の手持

現金として相続財産に加えて相続税の申告をすることとなる。

(3) 配偶者の税額軽減

(A) 制度の概要

配偶者が相続した財産については、以下の理由から、相続税額を軽減する規定が設けられている。

① 被相続人の財産形成に寄与していること
② 残された配偶者の老後の生活保障のため
③ 配偶者の死亡時に相続税を課税することができること

なお、対象となる配偶者は、民法739条1項の規定により被相続人との婚姻届出をしている者であり、内縁関係にある者については適用されない。また、配偶者が相続を放棄した場合でも、その配偶者が遺贈により財産を取得した場合には適用される。

この控除額の計算は次のように行われる。

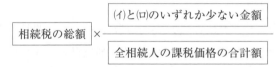

(イ) 課税価格の合計額×配偶者の法定相続分（1億6000万円に満たない場合は1億6000万円）
(ロ) 配偶者の課税価格

この規定の適用により、配偶者は、次の場合には相続税がかからない。

① 配偶者の相続した財産が法定持分以下である場合
② 配偶者の相続した財産が1億6000万円以下である場合

(B) 制度の内容

これは、設例を使って考えてみると簡単である。そこで、相続人が配偶者と子2人である場合で考える。

このケースでは、配偶者の法定相続分は2分の1である。そこで、被相続人の相続財産の課税価格が次である場合を考えてみる。

(a) **被相続人の相続財産の課税価格が1億円の場合**

被相続人の相続財産の課税価格が1億円の場合は、次のいずれかの有利なほうを採用する。

① 配偶者の法定相続分 $\left(課税価格1億円\times\dfrac{1}{2}=5000万円\right)$

② 1億6000万円

この場合では、いずれが有利かといえば、②の1億6000万円である。したがって、このケースでは配偶者は相続財産1億円をすべて相続しても、相続税はかからないこととなる。

(b) **被相続人の相続財産の課税価格が5億円の場合**

被相続人の相続財産の課税価格が5億円の場合は、次のいずれかの有利な方を採用する。

① 配偶者の法定相続分 $\left(課税価格5億円\times\dfrac{1}{2}=2億5000万円\right)$

② 1億6000万円

この場合では、いずれが有利かといえば、①の2億5000万円である。したがって、このケースでは、たとえば配偶者が相続財産のうち2億円を相続した場合には、それは法定相続分の2億5000万円以下であることから、相続税がかからない。これは、前述した設例（本章4）が該当し、配偶者の算出税額から配偶者の税額軽減が行われ、その結果、配偶者の相続税額は0円となっている。

なお、この配偶者の税額軽減は、相続税の申告期限までに遺産分割が行われているか、申告期限から3年以内に遺産分割される場合など、一定の要件のもとで適用を受けることができる。

また、この配偶者の税額軽減を使った結果として相続税がかからない場合でも、申告書を提出することが、特例の適用を受ける要件となっている。

(C) 配偶者税額軽減の留意点

　専業主婦の妻が夫から渡された生活費を節約して余剰金を妻名義の預金とした場合、相続税では、資金を稼いだのは夫であり、妻はその管理を行っただけということから、その預金の所有者は夫となる。

　では、こうした妻名義の預金を、相続税で申告しなかったらどうなるのか。相続税の申告をする際に、故意に財産を隠ぺい、あるいは財産を不当に安く仮装して申告した場合には、その財産について配偶者税額軽減の適用は受けられなくなる、という規定がある。この場合には、本税のほかに、延滞税、過少申告加算税などの罰金（付帯税）があわせて課税される。付帯税の税率は、延滞税が未納付税額に対して原則年14.6％、過少申告加算税・不納付加算税が原則10％、重加算税は無申告の場合には40％課税となっている。

　つまり、上記の妻名義預金を申告している場合には、配偶者の税額軽減の適用がなされ、税金がかからないか軽減される。しかし、これを申告しない場合には、後の税務調査等で指摘されると、妻名義の預金に多額の税金が課せられることになるのである。実際の税務調査においても、妻名義の預金の申告漏れが多いことから、特に留意することが必要である。

(4) 未成年者控除

　相続または遺贈により財産を取得した法定相続人（一定の国外居住者を除く）が、20歳未満であるときは、次に掲げる金額をその者の算出相続税額から控除する。

> 未成年者控除額＝（20歳－相続開始時の年齢）×10万円
> ※20歳に達するまでの年数が１年未満であるときは、これを１年として計算する。

(5) 障害者控除

相続または遺贈により財産を取得した法定相続人（一定の国外居住者を除く）が、85歳未満の障害者であるときは、次に掲げる金額をその者の算出相続税額から控除する。

一般障害者の場合は、以下のとおりとなる。

> 障害者控除額 =（85歳 － 相続開始時の年齢）× 10万円
> ※年数の計算にあたり、1年未満の期間があるときは、切り上げて1年として計算する。

特別障害者の場合は、以下のとおりとなる。

> 障害者控除額 =（85歳 － 相続開始時の年齢）× 20万円
> ※年数の計算にあたり、1年未満の期間があるときは、切り上げて1年として計算する。

(6) 相次相続控除

短期間のうちに相続が続いた場合の税負担を軽減するための制度で、被相続人の死亡前10年以内に開始した相続（一次相続）において、その被相続人の財産（相続時精算課税の適用を受けた受贈財産を含む）を取得したときは、その被相続人から相続または遺贈により財産を取得した相続人については、次の算式で計算した控除額を今回の相続（二次相続）で算出された相続税額から控除する。なお、この控除は相続人に適用されるので、相続を放棄したり相続権を失っている場合には、遺贈により財産を取得しても控除の適用はない。

（控除額の計算）

$$\text{各相続人の相次相続控除額} = A \times \frac{C}{(B-A)} \times \frac{D}{C} \times \frac{(10-E)}{10}$$

A：第一次相続のときに支払った第二次相続の被相続人の相続税額
B：第一次相続のときに第二次相続の被相続人が取得した財産の価額
C：第二次相続のときに被相続人および受遺者の全員が相続した財産の価額の合計額（債務控除後の金額）
D：第二次相続のときに相続人が相続した取得した財産の価額（債務控除後の金額）
E：第一次相続開始時から第二次相続開始時までの年数（1年未満の端数は切り捨てる）

$\frac{C}{(B-A)}$ の割合が $\frac{100}{100}$ を超えるときは $\frac{100}{100}$ として計算する。

(7) 外国税額控除

相続または遺贈により取得した財産の中に国外財産があり、その国外財産について、相続税に相当する税が課せられている場合には、二重課税を防止するために次に掲げる金額をその者の算出相続税額から控除する。

$$\text{外国控除税額} = \text{各種控除税額控除後の算出相続税額} \times \frac{\text{外国所在財産の価額（債務控除後の金額）}}{\text{その者の相続税の課税価格（債務控除後の金額）}}$$

(8) 相続時精算課税制度を選択した場合の贈与税額の精算

相続時精算課税制度により財産の贈与を受けた者の相続税の課税価格に、受贈時の相続税評価額で合計して、相続税額を計算する。その後に、支払った贈与税額を、その者の相続税額から控除または還付する。

相続時精算課税制度は、高齢者の資産を生前に次世代に移転させる制度で

あり、この制度を選択すると贈与価格2,500万円までは贈与税がかからず、これを超える部分について一律20％の贈与税を納める。そして、相続発生時にその贈与価格を相続財産に加算して相続税を計算するとともに、すでに納税した相続時精算課税制度に係る贈与税を控除する、という制度である。

（川邊　洋二）

6 相続財産の評価

(1) 相続財産評価

　財産評価の原則は時価主義であり、「財産評価基本通達」の定めにより「時価」で評価することとなっており、財産の評価時点は課税時期（相続または遺贈により財産を取得した日）となる。

　相続税法では、一般的に財産構成上ウエイトの高い財産（土地、建物、株式、公社債等）について具体的な評価方法を定めていないので、国税庁が財産評価の統一を図るため、財産評価基本通達を定め、これに評価を行うものとした。

　その評価の概要は〔表1〕のとおりである。

　財産評価基本通達に定める評価方法の説明は、字数の関係により説明することはできないが、その代わりに次の設例を使って、相続財産の評価額を概算計算する方法についてみることにする。

〔表1〕 相続財産の評価

財産の種類		評価の目安
現預金	現　金	手持現金の残高
	普通預金	預金残高
	定期性預金	預金残高＋経過利息×80％
死亡生命保険		受取金額－500万円×法定相続人の数
死亡退職金		受取金額－500万円×法定相続人の数
ゴルフ会員権		時価×70％
宅地	自用地	実勢価額の80％程度、小規模宅地の評価減あり 特例居住用宅地～330m^2 まで80％減額
	貸宅地	自用地評価×（1－借地権割合）
	貸家建付地	自用地評価×（1－借地権割合×借家権割合×賃貸割合）
	借地権	自用地評価×借地権割合
農地・山林		実勢価額の50％程度
建物	自用家屋	固定資産税評価額
	貸家用家屋	固定資産税評価額×（1－借家権割合0.3）
株式	上場株式	その日の取引価額（時価）
	証券投資信託	その日の取引価額（時価）
	非上場株式	会社の規模、取得者等により異なる
家庭用財産		処分価格
債務	債　務	債務残高
	葬式費用	支払見込額

（設例）
　被相続人の財産は次のとおりである。相続税評価額はいくらとなるか。なお、相続人は配偶者、長男、次男の3人である。
〔相続財産〕

資産の名称	備　考
自宅の土地	固定資産税評価額　7,000万円　100坪

自宅の建物	固定資産税評価額　500万円
預貯金	預金残高　2,000万円
生命保険金	死亡生命保険金　1,700万円、受取人　母

　土地は、一物四価と呼ばれ、1つの土地について「時価」「公示価格」「相続税評価額」「固定資産税評価額」という4つの異なる価格があり、時価と公示価格を100とすると、路線価は80、固定資産税評価額は70くらいとなっている。そこで、土地の相続税評価額は、次のように概算される。

① 　時価・公示価格　固定資産税評価額7,000万円÷0.7＝10,000万円
② 　相続税評価額　10,000万円×0.8＝8,000万円

　残りの財産のうち、建物の相続税評価額は固定資産税評価額なので500万円、預貯金は残高の2,000万円となる。
　みなし相続財産である死亡生命保険金は、500万円×法定相続人の数で計算される非課税限度額を控除した後の金額となり、以下のとおりとなる。

　　　　　　1,700万円－500万円×3人＝200万円となる。

そこで、これを〔表2〕としてまとめてみる。
　相続税の評価額の合計は1億700万円となる。なお、自宅の土地は100坪

〔表2〕　相続財産の評価（設例）

資産の名称	金　額	相続税の評価額	遺産分割の時価
自宅の土地	固定資産税評価　7,000万円	8,000万円	10,000万円
自宅の建物	固定資産税評価　　500万円	500万円	500万円
預　貯　金	2,000万円	2,000万円	2,000万円
生命保険金	死亡保険金　1,700万円	200万円	（遺産分割の対象外）
合　計		10,700万円	12,500万円

(330m²)なので、小規模宅地の評価減の特例の適用がある場合には、「8,000万円×△80％＝△6,400万円」の減額があり、相続税の評価額の合計額は、「10,700万円－小規模宅地の評価減6,400万円＝4,300万円」となる。相続税の基礎控除額は「3,000万円＋600万円×法定相続人の数3人＝4,800万円」なので、小規模宅地の評価減の適用を受けることができた場合には、このケースでは相続税は発生しないことになる。また、遺産分割の際の財産評価額は、時価の1億2,500万円となる。

さて、ここまで相続財産の概算についてみてきたが、本来は相続財産の評価は、財産評価基本通達にのっとり、土地は路線価方式または倍率方式で評価する等の緻密な計算を行うのであるが、相続プランニングの段階で概算数値をスピーティに取得したい場合などに限定して、このような概算計算を行うことがあることから、ここではその一部を紹介することにした。

(2) 小規模宅地の評価減の特例

(A) 特例の概要

相続または遺贈により取得した財産のうちに、被相続人または被相続人と生計を一にする親族の事業用または居住用の宅地等がある場合には、その宅地等のうち200m²・330m²・400m²までの部分について、一定の要件の下に課税価格が減額される。

なお、この特例は、申告期限までに相続人等によって分割されていない宅地等には適用されない。ただし、申告期限までに分割されていない宅地等が、申告期限後3年以内に分割された場合には、一定の要件を満たしているときは適用できる。

(B) 適用対象宅地と減額割合等

特例適用対象宅地、その減額割合、減額となる宅地の地積は〔表3〕のとおりである。なお、一の宅地等について共同相続があった場合には、取得した者ごとに適用要件を判定する。

〔表3〕 小規模宅地等の減額割合

相続開始時の用途			小規模宅地の区分	取得した者の要件	限度面積	減額割合
事業用宅地等	不動産貸付業以外の事業	被相続人の事業用	特定事業用宅地等	事業継続 保有継続	400m²	80%
		生計一親族の事業用				
	不動産貸付業	特定同族会社の事業用	特定同族会社事業用宅地等	事業継続 保有継続	400m²	80%
		被相続人の貸付事業用	貸付事業用宅地等	事業継続 保有継続	200m²	50%
		生計一親族の貸付事業用				
居住用宅地等	被相続人の居住用		特定居住用宅地等	同居親族の居住継続 保有継続	330m²	80%
	被相続人と生計一親族の居住用			生計一親族の居住継続 保有継続		

※事業や居住の継続要件、保有継続要件とは、相続開始から10か月間をいう。
※被相続人の配偶者が取得した場合は、居住・保有継続の要件なしで特定居住用宅地等に該当する。
※生計一親族の居住用宅地等を取得した親族のうち、次の要件を満たした別居親族には適用がある。
　・被相続人に配偶者および法定相続人に該当する同居親族がいない。
　・相続開始前3年以内に自己または自己の配偶者の所有する家屋に居住したことがない。
　・申告期限まで引き続き所有し続けること。

(C) 特定事業用宅地等

被相続人の事業（不動産貸付業等を除く）の用に供されていた宅地等で、次の要件を満たした場合、400m²を限度として80%減額となる。

① 被相続人の事業用宅地（不動産貸付業等を除く）

　　被相続人等の事業を引き継ぐ親族が、相続税の申告期限まで事業を引き継ぎ、相続税の申告期限まで当該宅地等を所有し、かつその事業を営んでいる。

② 被相続人と生計を一にしていた親族の事業用宅地（不動産貸付業等を

除く）

　相続開始前からその宅地で事業を営んでいた被相続人と生計を一にしていた親族が、相続税の申告期限まで当該宅地等を所有し、かつ、相続開始前から申告期限までその事業を営んでいる。

なお、生計を別にする親族については適用がない。

(D) 特定同族会社事業用宅地等

特定同族会社事業用宅地等とは、相続開始の直前において被相続人およびその被相続人の親族等が有する株式の数または出資の額がその株式または出資に係る法人の発行済株式の総数または出資の総額の10分の5を超える法人の事業（不動産貸付業等を除く）の用に供するために貸し付けられていた宅地等で、その宅地等の取得者のうちに次のすべての要件を満たす被相続人の親族が取得した場合、400m^{2}を限度として80％減額となる。

要件は以下のとおりである。

① 特定同族会社への宅地または家屋の賃貸借等が有償であること
② 取得した親族が申告期限まで保有していること
③ 宅地等が申告期限まで引き続き特定同族会社の事業の用に供されていること
④ 取得した親族が申告期限において特定同族会社の役員であること

(E) 貸付事業用宅地等

相続開始の直前において被相続人または被相続人と生計を一にする親族の事業用に供されていた宅地等で、次の要件を満たす場合は、その宅地のうち200m^{2}を限度として50％減額となる。

① 申告期限まで貸付事業の用に供していること
② 申告期限まで所有していること

貸付事業の用に供していれば、事業的規模（5棟10室基準）を満たす必要はない。ただし、青空駐車場や青空資材置場など建物や構築物の敷地でない場合には適用はない。

(F) 特定居住用宅地等

相続開始直前に被相続人または被相続人と生計を一にする親族の居住用の用に供していた宅地のうち、次の要件を満たした場合、330m²を限度として80％減額となる。
① 配偶者が取得した場合
② 以下の要件を満たす親族が取得した場合
　ⓐ 相続開始直前において親族が取得した場合（同居親族が取得）
　　・申告期限まで居住していること
　　・申告期限まで所有していること
　ⓑ 被相続人の配偶者および被相続人と同居していた法定相続人がいないこと
　　・別居していた被相続人の親族
　　・申告期限まで所有していること
　　・相続開始前3年以内に自己または配偶者の所有する家屋に居住したことがない
　ⓒ 被相続人と生計を一にしていた親族が、相続開始前から自己の居住の用に供している宅地等を取得したとき
　　・申告期限まで居住していること
　　・申告期限まで所有していること

配偶者が取得した場合には、他に要件はないので、配偶者は申告期限内に居住をしなくなった場合でも、申告期限内に売却した場合でも特例の適用がある。ただ、宅地等を複数で取得した場合には、取得者ごとに判定し、要件を満たさない者には特例の適用はない。

では、次の設例を使って、特定居住用宅地の特例の適用の検討を行ってみることにする。

（設例）
　父が所有する自宅（土地240m²と家屋）には、父と母が居住している。そして、父の自宅と離れたところにある賃貸マンションに長男夫婦は暮らしていたが、最近になって父の体調が思わしくなくなったことから、長男夫婦は父母に

> 同居する旨を申し入れたが、結局は、居住の快適性の観点から長男夫婦は父母の自宅の道路を挟んで正面の賃貸マンションに引っ越すとともに、長男夫婦は手分けをして父母の日常の手伝いをすることにした。そうした生活を何年か続けた後に、父が他界した。そこで、父の所有する自宅については、母と長男が2分の1ずつで相続することにした。なお、父の49日の法要が終わった後に、長男夫婦はそれまで借りていた賃貸マンションを引き払って、母と同居を開始している。

配偶者（母）については、配偶者という身分だけで配偶者が取得した居住用の土地には特定居住用宅地の特例の適用がある。

では、長男についてはどうであろうか。まず、この長男は同居親族ではないのでⓐの要件を満たさない。次に被相続人の配偶者がいることからⓑの要件も満たさい。これらから長男には特例の適用はない。このケースで長男が特例の適用を受けるには、相続開始前から同居している必要がある。したがって、相続開始後に同居を開始した場合には、残念ながら長男が取得した居住用の土地には特定居住用宅地の特例の適用はない。

ここでは、一例を取り上げるにとどめるが、小規模宅地の評価減の特例の適用の有無は、相続税額に与える影響が大きいことから、その適用要件を理解し、具体的にどのような場合に適用があるかを判断できることは重要である。

（川邊　洋二）

7 相続設計

(1) 相続設計と相続税対策

　これまで相続税の仕組みについてみてきたが、ここでは、もう少し広い視野から、実際の相続が開始される前に行う相続設計についてみてみることにする。

　相続設計では、①遺産分割設計、②納税資金設計、③相続税対策を行う。

　そもそも相続税の発生の有無にかかわらず、被相続人の財産について遺産分割が行われるので、遺産分割に際しては、相続人の誰に財産を承継させるか、そして、その際には相続争いにならないようにするため、遺産分割設計を行うことは重要である。

　次に相続税が課税されるほどの財産を有する場合には、財産を承継する相続人について納税が可能となるよう納税資金設計を行うことが重要になる。

　財産を次世代に少しでも多く引き継がせたい、と考えるか否かは被相続人の思想・哲学の問題であるので、相続税が課税される財産を有する資産家に対して、相続税対策（節税設計）を行うかどうかは、本人の思想・哲学による。次世代に少しでも多く引き継がせたい、と考える資産家に対しては、合法の範囲において相続税対策を行うことになる。

(2) 遺産分割設計

　遺産分割設計では、被相続人に万が一のことがあった後に残される相続人に対して、どの財産を承継させるか考え、その考えどおりにスムーズに財産を承継させることを設計する。
　この遺産分割設計が行われていないと、財産の多寡にかかわらず相続人を中心とした肉親の間で争いが起きる可能性が高くなる。したがって、相続財産を残す側の者は、自分に万が一のことがあった場合に、財産をどのように承継させるかを事前に決めておくことは重要なこととなる。そこで、遺産分割争いが生じないようにするには、相続財産を残す者が遺産分割設計を行う必要がある。
　遺産分割設計では、具体的には、遺言書の活用、生前贈与による対策、分割しやすいように財産のポートフォリオを組み替える、などの対策が考えられる。

(3) 納税資金設計

　納税資金設計では、相続財産を承継したときに生じる相続税の納税資金や承継のために生じる不動産登記費用等の経費のための資金を確保することを目的として行う。
　相続税が発生しない場合は納税資金設計は必要ないが、相続財産の額が大きい場合には重要な課題となる。
　もっとも、相続財産の額が大きい場合でも、相続人自らの収入や財産によって納税資金が賄える場合や、被相続人の相続財産に金融資産が多く含まれている場合には、納税資金の問題はあまり生じない。しかし、相続財産の多くが不動産や非上場株式（自社株）等のように換金性の低いものである場合には、納税資金設計を考えなければならない。相続税の納税は、申告期限

(相続開始から10か月以内)までに、金銭で一時に納付することを原則としており、その納税が遅れると延滞税が課されることとなる。このような場合には、相続開始後に相続税の納税が可能となる納税資金設計を行うことが重要になる。また、そのことにより、被相続人の財産を相続人にスムースに承継させることが可能となる。

納税資金設計では、具体的には、延納の準備、物納の準備、金融資産の計画的な贈与、生命保険の活用などの対策が考えられる。

最近では、延納と物納の申請許可を受けるハードルは高くなっている。延納についてはその要件が厳しくなっており、また、相続税の申告期限までに延納申請書と関係書類の提出が必要である。物納についても申告期限までに物納申請書(土地の測量図、境界確認書など多岐にわたる)の提出が必要であり、また、物納に適さない財産を物納申請した場合で却下されたときの再申請は1回限りであり、その再申請が却下された場合には、金銭で納付しなければならない。そこで、これらの適用を受けるためには、事前からの検討・準備が求められるところである。

(4) **相続税対策(節税設計)**

相続税対策とは、納税することとなる相続税額を、相続発生前の期間において、合法的に少なくなるような対策設計を行うことをいう。

なお、この相続税対策は、相続設計の中の一部を占めるにすぎない。そもそも、相続設計において重要なことは本人(被相続人予定者)の生活設計と意思、価値観を尊重するとともに、残される者(推定相続人)の生活設計も考慮しながら、遺産分割設計、納税資金設計、相続税対策をバランスよく調和させることである。たとえば、相続税対策に成功して相続税が多額に低減したとしても、相続人間で遺産分割争いが生じたり、納税資金が不足したような場合には、相続設計は失敗といえよう。

さて、具体的な相続税対策については、生前財産移転(生前贈与、贈与税

の配偶者控除の活用)、財産評価の引下げ(賃貸家屋の建築等による資産の組換え等)などがある。しかし、これらの検討を行う際には、その対策によって、本人のキャッシュフローが悪化しないか、資産売却を困難なものにしないか、など税金以外の側面から総合的かつ多角的に検討を行う必要がある。

(川邊　洋二)

事項索引

【あ行】

- 遺言検索システム　19
- 遺言執行者
  - —の解任　147
  - —の職務権限　142
  - —の選任　141
  - —の報酬　145
- 遺言者の口授　74
- 遺言書の検認　138
- 遺言と異なる遺産分割の協議　21
- 遺言による推定相続人廃除　150
- 遺言による利益の放棄　463
- 遺言能力　62
- 遺言の解釈の基準　94
- 遺言の確認　82
- 遺言無効確認の訴え　157
- 遺産
  - —から生じた果実　283
  - —管理者選任の保全処分　423
  - —管理費用　289
  - —の価額算定の基準時　208
  - —の共有　18
  - —の範囲　255
  - —の評価　302
  - —の評価の基準時　303
- 遺産分割
  - —と弁護士の役割　27
  - —と司法書士の役割　41
  - —と税理士の役割　48
  - —における前提問題　293
  - —の解除　479
  - —の禁止　197
  - —の効果　23
  - —の審判の効力　434
- 遺産分割協議
  - —と遺言書　459
  - —の合意解除　487
  - —の債務不履行解除　479
  - —の当事者　446
  - —の無効原因　442
  - —無効確認の訴え　454
- 遺産分割効果説　103
- 遺産分割事件
  - —における審問　429
  - —の審判手続　417
  - —の性質　190
- 遺産分割調停条項　393
- 遺産分割調停
  - —の対象　370
  - —の無効　455
  - —の申立て　375
- 意思表示の瑕疵　453
- 慰謝料請求権の相続　261
- 遺贈　90・97・173
  - —と公序良俗　100
  - —の登記　173
- 遺族給付　270
- 遺体・遺骨　286
- 一部分割　360
- 一身専属権　11
- 一般財団法人の設立　183
- 遺留分減殺請求権者　160
- 遺留分減殺請求権の行使時期　160
- 遺留分減殺請求権行使の相手方　126
- 遺留分減殺請求後の分割　492
- 遺留分減殺請求訴訟の請求の原因　128
- 遺留分減殺請求訴訟の請求の趣旨　128
- 遺留分減殺請求調停事件　159
- 遺留分減殺の順序　126
- 遺留分権利者　122
- 遺留分侵害額の算定　123
- 遺留分の放棄　33・132・162
- 運用上の調停前置　369
- 営業権　284
- 応能負担の原則　563

【か行】

- 外国人の遺言　64
- 価額弁償　129
- 香川判決　103
- 形見分け　214
- 換価分割　356

591

株式	275	―と執行者指定	117
―の遺贈	179	―に基づく仮登記	119
―の評価	312	―の撤回	115
仮分割仮処分	424	死後認知	467
協議による分割	364	死後認知者の価額請求	25
共有物分割	491	自然債務	220
共有分割	359	死体検案文書	4
寄与行為の類型	332	失踪宣告	5
居住用財産の贈与の特例	572	指定相続分	230
寄与分	236・330	使途不明金	289
―と遺留分	345	自筆証書遺言	68
―と特別受益	344	―の記載例	71
―の算定	338	死亡診断書	4
金銭債権	256	死亡退職金	266
金融機関の実務	258	氏名の自書	70
具体的相続分がない相続人	355	社員権	275
具体的相続分の算定	348	借地権・借家権の遺贈	181
競売による換価	356	社債	280
血族相続人	199	熟慮期間	217
現金	256	手話通訳	75
限定承認	219	準確定申告	554
検認	71	小規模宅地の減額特例	54・557
検認期日の通知	140	職権探知主義	193
検認調書	140	処分禁止仮処分	424
現物分割	349	人工授精児の相続権	224
現物返還主義	129	信託の設定	185
公正証書遺言	72	審判前の保全処分	422
更正の請求	558	審判による遺産分割	490
国債	279	審判の告知	433
ゴルフ会員権	280	審判申立ての取下げ	436
		推定相続人の廃除	170・208
【さ行】		生命保険金	271
財産評価基本通達	579	生命保険金受取人の変更	91
財産分与請求権	12・262	臓器の移植に関する法律	3
祭祀財産	285	葬儀費用	286
祭祀財産の承継	12	相続開始の原因	2
祭祀承継者の指定	15・91	相続開始の効力	11
再代襲	201	相続回復請求権	250
債務の相続	290	―と取得時効との関係	253
参与員の関与	427	―の時効	449
事案解明義務	194・530	相続欠格事由	203
死因贈与	90・113	相続財産	11
―契約を証する書面	118	相続財産管理人の選任	31

相続させる遺言	89・102	担当裁判官との事前評議	388
―と遺言執行者の職務権限	108	知的財産権の遺贈	182
―と遺贈の区別	104	嫡出でない子の相続分	243
―と寄与分の関係	106	中小企業者の遺留分特例	133・164
―と相続分の指定	105	調停委員の振返り	496
―と代襲相続	107	調停条項案の書面による受諾	391
―による利益の放棄	107	調停条項記載例	507・522
―の効力	102	調停に代わる審判	34
相続資格の重複	248	調停前の仮の措置	383
相続時精算課税制度	577	直系尊属	200
相続時精算課税適用財産	560	通訳による申述	81
相続税		定額郵便貯金	260
―計算の具体例	565	手続協力義務	194・530
―の加算と税額控除	569	手続選別	385
―の課税対象	560	手続代理人	30
―の基礎控除額	562	電話会議システム・テレビ会議	
―の計算	559	システム	391・430
―の仕組み	559	登記原因証明情報	173
―の納付	554	登記識別情報	173
相続設計	587	動産の特定遺贈	175
相続設計のプランニング	48	同時死亡	222
相続人		同時死亡の推定	9
―の調査	42	当事者権の実質的保障	194・414
―の範囲	199	当事者主義的運用	193・371
―不存在と遺贈登記	174	当事者の事案解明義務	415
相続の放棄	215	当事者の責務	194
相続分		当事者の手続協力義務	415
―がないことの証明書	367	投資信託	277
―譲渡証書	241	特定遺贈	98
―の算定	328	特別失踪	6
―の譲渡	202・237	特別受益	234・314
―の取戻権	238	―者の範囲	317
―放棄	239	―の主張方法	315
―放棄届出書	241	―の対象財産	321
		―の評価	327
【た行】		―の持戻し	315
代襲原因	201	特別方式の遺言	80
代襲相続	200		
代償金の不払い	483	【な行】	
代償財産	282	内縁配偶者の居住権	223・264
代償分割	352	任意後見契約	52
代理出産	227	任意売却	356・358
段階的手続進行	195・374	認知	

593

事項索引

——の遡及効	206
——の届出	167
認定死亡の制度	7
脳死	3
納税資金設計	588
納税資金の準備	54

【は行】

配偶者の税額軽減	54・557・573
半血の兄弟姉妹	200
被認知者の価額（支払）請求	206・472
秘密証書遺言	79
付言	62
負担付き遺贈	99
負担付き死因贈与	113・116
普通失踪	6
物権的形成権説	125
不動産	
——の評価	306
——の評価手法	309
——の無償使用と特別受益	324
扶養義務	12
扶養請求権	12
包括遺贈	98
包括受遺者を除外した遺産分割協議	23
法定遺言事項	61・86
法定相続分	231
法定相続分の修正	233
法定単純承認	214

【ま行】

未成年後見人の指定	168
未分割での相続税申告	558
民法910条の類推適用	475
無権代理人と相続	228
無効行為の転換	119
持戻し免除の意思表示	326

【や行】

約定解除	485
養子の相続権	222
預金払戻請求訴訟	258
預貯金の遺贈	178

予備的遺言	78

【ら行】

老親の扶養	484

【わ行】

割合的包括遺贈	202

判例索引

【大審院・最高裁判所】

大判大正 3・12・1 民録20輯1019頁 ································· 205
大決大正 4・1・16民録21輯 8 頁 ····································· 20
大判大正 4・7・3 民録21輯1776頁 ···································· 70
大判大正 5・2・8 民録22輯267頁 ···································· 253
大判大正 5・6・1 民録22輯1127頁 ···································· 69
大判大正 6・2・28民録23輯292頁 ···································· 480
大判大正 6・4・30民録23輯765頁 ···································· 276
大判大正 7・3・15民録24輯414頁 ····································· 73
大判大正 7・4・18民録24輯722頁 ····································· 69
大判大正 8・7・8 民録25輯1287頁 ···································· 74
大判大正11・2・7 民集 1 巻19頁 ···································· 274
大判大正11・7・14民集 1 巻394頁 ···································· 75
大判大正13・3・13評論13巻民法549頁 ································ 264
大決大正14・3・4 民集 4 巻102頁 ······························ 81・135
大判大正14・3・27民集 4 巻126頁 ···································· 135
大判大正15・2・16民集 5 巻150頁 ···································· 261
大決大正15・8・3 民集 5 巻679頁 ···································· 216
大判大正15・11・30民集 5 巻822頁 ····································· 81
大判昭和 2・3・22民集 6 巻106頁 ···································· 228
大判昭和 2・5・27民集 6 巻 7 号307頁 ································ 286
大判昭和 2・7・4 民集 6 巻 9 号436頁 ································ 291
大判昭和 4・4・2 民集 8 巻237頁 ···································· 253
大判昭和 5・6・16民集 9 巻550頁 ···································· 112
大判昭和 6・7・10民集10巻736頁 ····································· 81
大判昭和 6・8・4 民集10巻652頁 ···································· 215
大判昭和 8・2・25新聞3531号 7 頁 ··································· 114
大判昭和 9・1・30民集13巻 2 号103頁 ································ 291
大判昭和 9・9・15民集13巻1792頁 ···································· 127
大判昭和12・8・3 民集16巻1312頁 ···································· 200
大判昭和15・12・20民集19巻2283頁 ····································· 80
大判昭和16・2・20民集20巻89頁 ····································· 177
大判昭和16・11・15法学11巻616頁 ···································· 116
大判昭和18・9・10民集22巻20号948頁 ································ 291
最判昭和28・4・23民集 7 巻 4 号396頁 ·································· 8
最(一小)判昭和29・4・8 民集 8 巻 4 号819頁 ············ 256・436・527
最判昭和29・4・30民集 8 巻 4 号861頁 ································ 470
最判昭和29・10・7 民集 8 巻10号1816頁 ······························· 351
最判昭和30・5・10民集 9 巻 6 号657頁 ································ 112
最判昭和30・5・31民集 9 巻 6 号793頁 ························ 18・436・490
最判昭和30・9・30民集 9 巻10号1491頁 ································ 297

595

最判昭和31・10・4民集10巻10号1229頁 …………………………………………… 60
最判昭和31・9・18判タ65号78頁 ……………………………………………… 110
最判昭和32・5・21民集11巻5号732頁 …………………………………………… 114
最（二小）判昭和34・6・19民集13巻6号757頁 ………………………… 291・353
最判昭和35・7・19民集14巻9号1779頁 ………………………………………… 126
最判昭和36・6・22民集15巻6号1622頁 …………………………………………… 70
最二小判昭和36・12・15民集15巻11号2865頁 …………………………………… 292
最判昭和37・4・20民集16巻4号955頁 …………………………………………… 229
最判昭和37・6・8民集16巻7号1293頁 …………………………………………… 75
最三小判昭和37・12・15民集16巻12号2455頁 …………………………………… 265
最三小判昭和39・10・13民集18巻8号1578頁 …………………………………… 265
最三小判昭和40・2・2民集19巻1号1頁 ………………………………… 272・323
最判昭和40・6・18民集19巻4号986頁 …………………………………………… 228
最判昭和40・9・10民集19巻6号1512頁 …………………………………………… 454
最（大）決昭和41・3・2民集20巻3号360頁 ………………… 36・192・294・443
最判昭和41・5・19民集20巻5号947頁 …………………………………………… 252
最判昭和41・7・14民集20巻6号1183頁 ……………………… 33・36・125・160・161
最（三小）判昭和42・2・21民集21巻1号155頁 ………………………… 224・265
最二小判昭和42・4・28民集21巻3号780頁 ……………………………………… 265
最大判昭和42・11・1民集21巻9号2249頁 ……………………………………… 261
最判昭和43・12・20民集22巻13号3017頁 ………………………………………… 74
最判昭和44・6・26民集23巻7号1175頁 ………………………………………… 179
最一小判昭和44・10・30民集23巻10号1881頁 …………………………………… 266
最判昭和45・11・6民集24巻12号1803頁 ………………………………………… 491
最判昭和46・1・26民集25巻1号90頁 …………………………………………… 24
最判昭和46・7・23民集25巻5号805頁 …………………………………………… 12
最判昭和47・2・15民集26巻1号30頁 …………………………………………… 158
最判昭和47・3・17民集26巻2号249頁 ………………………………… 66・81・82・135
最判昭和47・5・25民集26巻4号747頁 …………………………………………… 65
最判昭和47・5・25民集26巻4号805頁 …………………………………………… 116
最判昭和48・4・24家月25巻9号80頁 …………………………………………… 28
最二小判昭和48・6・29民集27巻6号737頁 ……………………………………… 273
最判昭和48・7・3民集27巻7号751頁 …………………………………………… 229
最判昭和49・9・20民集28巻6号1202頁 …………………………………… 218・440
最判昭和50・11・7民集29巻10号1525頁 ………………………… 18・300・446・471
最判昭和51・1・16集民117号1頁 ………………………………………………… 74
最一小判昭和51・3・18民集30巻2号111頁 ……………………………… 327・328
最三小判昭和51・7・13判時831号29頁 ………………………………………… 284
最判昭和51・7・19民集30巻7号706頁 …………………………………………… 128
最判昭和51・8・30民集30巻7号768頁 …………………………………… 130・161
最判昭和52・4・19家月29巻10号132頁 …………………………………………… 70
最（二小）判昭和52・9・19家月30巻2号110頁、判時868号29頁 ………… 282・356・472
最判昭和52・11・29家月30巻4号100頁 …………………………………………… 69

判例	頁
最判昭和53・2・17判タ360号143頁	486
最二小判昭和53・6・16判時897号62頁	281
最（大）判昭和53・12・20民集32巻9号1674頁	251・253・449・469・474
最一小判昭和54・2・22判タ395号56頁	282
最判昭和54・2・22家月32巻1号149頁	356・472
最判昭和54・3・23民集33巻2号294頁	25・207・364・467・477
最判昭和54・5・31民集33巻4号445頁	70
最判昭和54・7・10民集33巻5号562頁	129・130
最二小判昭和55・7・11民集34巻4号628頁	262
最一小判昭和55・11・27民集34巻6号815頁	268
最判昭和55・12・4民集34巻7号835頁	73
最判昭和56・4・3民集35巻3号431頁	205
最判昭和56・11・13判タ456号86頁	67
最判昭和56・12・18民集35巻9号1337頁	66
最判昭和57・3・4民集36巻3号241頁	131
最判昭和57・4・30民集36巻4号763頁	116
最判昭和58・1・24民集37巻1号21頁	117
最判昭和58・3・15集民138号277頁、判タ496号80頁	445
最判昭和58・3・18家月36巻3号143頁、判時1075号115頁	64・94・151
最二小判昭和58・10・14判時1124号186頁	267
最判昭和58・12・19民集37巻10号1532頁	440
最判昭和59・4・27民集38巻6号698頁	218
最一小判昭和60・1・31家月37巻8号39頁	269
最判昭和61・3・13民集40巻2号389頁	36・39・300
最判昭和61・11・20民集40巻7号1167頁、判時1216号25頁	101
最三小判昭和62・3・3家月39巻10号61頁	270
最判昭和62・4・22民集41巻3号408頁	491
最判昭和62・4・23民集41巻3号474頁、判時1236号72頁	175
最判昭和62・10・8民集41巻7号1471頁	69
最判平成元・2・9民集43巻2号1頁	480・535
最判平成元・2・16民集43巻2号45頁	70
最三小判平成元・3・28民集43巻3号167頁	300
最三小判平成元・7・18家月41巻10号128頁	286
最判平成元・9・14家月41巻11号75頁	392
最判平成2・7・19判タ739号76頁	470
最判平成2・9・27民集44巻6号995頁、判時1380号89頁	487・535
最一小判平成2・10・18民集44巻7号1021頁	264
最（二小）判平成3・4・19民集45巻4号477頁、判時1384号24頁（香川判決）	77・89・97・103・104・106・143・326・460・463・493
最判平成3・9・12判タ796号81頁	104
最判平成4・1・24家月44巻7号51頁	491
最二小判平成4・3・13民集46巻3号188頁	274
最二小判平成4・4・10判時1421号77頁	256

597

最判平成 4・11・16家月45巻10号25頁 ………………………………………… *131*
最判平成 5・1・19家月45巻 5 号50頁 …………………………………………… *96*
最判平成 5・1・21民集47巻 1 号265頁 ………………………………………… *229*
最三小判平成 5・9・7 民集47巻 7 号4740頁 ………………………………… *274*
最判平成 5・10・19判時1477号52頁 ……………………………………… *65・69*
最判平成 5・12・16家月46巻 8 号47頁、判時1489号114頁 …………… *22・462*
最判平成 6・6・24家月47巻 3 号60頁 …………………………………………… *70*
最二小判平成 6・7・18民集48巻 5 号1233頁 ……………………………… *272・274*
最判平成 6・9・13家月47巻 9 号45頁 ………………………………………… *354*
最判平成 7・1・24判タ874号130頁 …………………………………………… *110*
最判平成 7・3・7 民集49巻 3 号893頁、判タ905号129頁・913号176頁 ……… *36・39・*
 235・316
最判平成 7・6・9 判時1539号68頁 ……………………………………………… *131*
最大判平成 7・7・5 民集49巻 7 号1789頁 …………………………………… *244*
最判平成 7・12・5 家月48巻 7 号52頁 ………………………………………… *469*
最判平成 7・12・5 判時1652号54頁 …………………………………………… *253*
最(二小)判平成 8・1・26民集50巻 1 号132頁 ………… *129・346・443・460・461・493*
最判平成 8・10・31民集50巻 9 号2563頁 …………………………………… *492*
最判平成 8・11・26民集50巻10号2747頁 …………………………………… *125*
最判平成 9・2・25民集51巻 2 号448頁 ………………………………………… *130*
最三小判平成 9・3・25民集51巻 3 号1609頁 ………………………………… *281*
最三小判平成 9・11・13民集51巻10号4144頁 ………………………………… *67*
最三小判平成 9・12・16判タ964号95頁 …………………………………… *281・282*
最一小判平成10・2・26民集52巻 1 号255頁 ………………………………… *265*
最判平成10・2・26民集52巻 1 号274頁 ……………………………………… *127*
最判平成10・2・27民集52巻 1 号299頁、判時1635号60頁(平成10年判決) ………… *108・*
 110・174
最判平成10・3・24民集52巻 2 号433頁 ……………………………………… *124*
最判平成10・6・11民集52巻 4 号1034頁 ……………………………………… *126*
最三小判平成10・6・30民集52巻 4 号1225頁 ………………………………… *257*
最判平成10・7・17民集52巻 5 号1296頁 ……………………………………… *229*
最判平成11・6・11判タ1009号95頁 …………………………………………… *60*
最判平成11・6・11民集53巻 5 号898頁 ……………………………………… *440*
最判平成11・6・24民集53巻 5 号918頁 ……………………………………… *131*
最判平成11・7・19民集53巻 6 号1138頁 ……………………………………… *252*
最判平成11・12・16民集53巻 9 号1989頁、判時1702号61頁(平成11年判決) ……… *109・*
 111・112・143
最判平成12・1・27集民196号251頁 …………………………………………… *244*
最(一小)判平成12・2・24民集54巻 2 号523頁 …………………………… *235・317*
最判平成12・3・10民集54巻 3 号1040頁 ……………………………………… *223*
最判平成12・7・11民集54巻 6 号1886頁 ……………………………………… *129*
最決平成12・9・7 家月54巻 6 号66頁 ………………………………………… *353*
最判平成13・3・13判タ1059号64頁 …………………………………………… *64*

最判平成13・3・27家月53巻10号98頁 …………………………………………… *74*
最判平成13・7・10民集55巻5号955頁 ………………………………………… *237*
最判平成14・6・10判時1791号59頁、判タ1102号158頁 ………………… *101・105*
最決平成14・7・12家月55巻2号162頁 ………………………………………… *151*
最判平成15・3・28集民209号347頁 …………………………………………… *244*
最判平成15・3・31集民209号397頁 …………………………………………… *244*
最判平成16・10・14集民215号253頁 …………………………………………… *244*
最二小決平成16・10・29民集58巻7号1979頁 ………………………………… *324*
最一小判平成17・9・8民集59巻7号1931頁 …………………………………… *283*
最三小決平成17・10・11民集59巻8号2243頁 ………………………………… *320*
最判平成18・9・4民集60巻7号2563頁 ………………………………………… *226*
最判平成19・3・23民集61巻2号619頁 ………………………………………… *228*
最判平成20・1・24民集62巻1号63頁 …………………………………………… *130*
最判平成21・3・24民集63巻3号427頁、判時2041号45頁 ………………… *88・105*
最決平成21・9・30集民231号753頁 …………………………………………… *244*
最（二小）判平成22・10・8民集64巻7号1719頁、判タ1337号114頁 ……… *36・260*
最判平成23・2・22民集65巻2号699頁、判時2108号52頁 ………………… *78・107*
最判平成24・1・26判時1369号124頁 …………………………………………… *493*
最（大）決平成25・9・4民集67巻6号1320頁 ………………………………… *244・475*
最二小判平成25・11・29集民67巻8号1736頁 ………………………………… *283*
最判平成26・2・14民集68巻2号113頁 ………………………………………… *238*
最三小判平成26・2・25民集68巻2号173頁、判タ1401号153頁 ……… *276〜279*
最判平成26・3・14判時2224号44頁 …………………………………………… *33*
最二小判平成26・12・12判タ1410号66頁 …………………………………… *278*
最判平成27・11・20民集69巻7号2021頁 ……………………………………… *67*
最判平成28・2・26判タ1423号124頁 …………………………………………… *208*

【高等裁判所】

大阪高決明治44・9・16新聞746号26頁 ………………………………………… *23*
大阪高決昭和24・10・29家月2巻2号15頁 ……………………………… *14・15・16*
広島高判昭和26・10・31高民集4巻11号359頁 ……………………………… *186*
福岡高判昭和27・2・27高民集5巻2号70頁 …………………………………… *70*
東京高決昭和28・9・4高民集6巻10号603頁 ………………………………… *17・544*
東京高判昭和31・1・30下民集7巻1号137頁 ………………………………… *95*
大阪高判昭和32・7・12下民集8巻7号1256頁 ………………………………… *18*
大阪高決昭和33・6・30家月10巻7号39頁 …………………………………… *149*
東京高判昭和33・8・9下民集9巻8号1548頁 ………………………………… *23*
名古屋高決昭和37・4・10家月14巻11号111頁 ……………………………… *16*
大阪高決昭和37・5・11家月14巻11号119頁 ………………………………… *135*
東京高決昭和38・9・3家月16巻1号98頁 ……………………………………… *151*
広島高判昭和41・9・30高刑集19巻5号620頁 ………………………………… *139*
東京高決昭和42・4・19家月19巻10号123頁 ………………………………… *137*
東京高決昭和44・9・8判時572号38頁、判タ239号163頁 ………………… *102・173*

判例	頁
大阪高決昭和44・12・25家月22巻6号50頁	151
名古屋高決昭和46・5・25家月24巻3号68頁、判タ278号399頁	153
大阪高決昭和49・9・17家月27巻8号65頁	310
東京高決昭和52・10・25家月30巻5号108頁	262
高松高決昭和53・9・6家月31巻4号83頁	90
大阪高決昭和54・7・6家月32巻3号96頁	544
福岡高判昭和54・12・3家月32巻8号83頁、判時963号52頁	208・474
東京高判昭和55・2・13判時962号71頁	182
札幌高決昭和55・3・10家月32巻7号48頁	136
仙台高決昭和56・8・10家月34巻12号41頁	164
東京高決昭和57・3・16家月35巻7号55頁	333
東京高判昭和57・3・23判タ471号125頁	87
東京高決昭和58・9・5家月36巻8号104頁	164
名古屋高判昭和59・4・19家月37巻7号41頁	15
大阪高決昭和59・10・15判タ541号235頁	13・16
東京高決昭和59・10・18判時1134号96頁	155
東京高判昭和60・8・27家月38巻5号59頁	129
東京高判昭和61・6・18判タ621号141頁	96
東京高決昭和63・1・14家月40巻5号142頁	283・284
大阪高決昭和63・7・29高民集41巻2号86頁、判タ680号206頁	32
名古屋高決平成元・11・21家月42巻4号45頁	118
東京高決平成元・12・28家月42巻8号45頁	332
広島高松江支判平成2・3・26家月42巻10号45頁	456
広島高松江支判平成2・9・25家月43巻3号88頁	536
東京高判平成3・3・28家月44巻4号29頁	110
広島高松江支決平成3・4・9家月44巻9号51頁	148
東京高判平成3・6・27判タ773号241頁	117
東京高判平成3・7・30家月43巻10号29頁	346
広島高決平成3・9・27家月44巻5号36頁	151
高松高決平成3・11・27家月44巻12号88頁、判時1418号93頁	104・443
仙台高判平成4・4・20家月45巻9号37頁	446
名古屋高決平成4・4・22家月45巻3号45頁	26
東京高判平成4・7・20家月45巻6号69頁	126
仙台高判平成4・9・11判タ813号257頁	101
福岡高判平成4・10・29家月45巻12号54頁	444
大阪高判平成5・3・26判タ817号212頁	454
東京高決平成6・8・19判タ888号225頁	14
東京高決平成8・9・2家月49巻2号153頁	155
東京高決平成9・8・6家月50巻1号161頁	141
東京高判平成9・11・12判タ980号246頁	97・104
東京高決平成9・11・14家月50巻7号69頁	119
東京高決平成9・11・27家月50巻5号69頁	82・136
仙台高判平成10・1・22判時1666号48頁	97

名古屋高決平成10・10・13判夕999号275頁 ………………………………… *451・452*
東京高判平成11・2・17金判1068号42頁 ………………………………… *109・111*
東京高判平成11・5・18金判1068号37頁 ……………………………………………… *112*
東京高判平成12・3・8高民集53巻1号93頁、判時1753号57頁 …… *90・107・126*
広島高判平成12・8・25家月53巻10号106頁、判夕1072号229頁 …… *13・17・285*
東京高判平成15・4・23金法1681号35頁 ………………………………… *111・112*
東京高決平成15・5・28家月56巻3号60頁 ……………………………………… *115*
広島高岡山支決平成17・4・11家月57巻10号66頁 …………………………… *326*
大阪高決平成17・11・9家月58巻7号51頁 ……………………………………… *147*
名古屋高決平成18・3・27家月58巻10号66頁 ………………………………… *324*
東京高判平成18・6・29判時1949号34頁 ………………………………………… *107*
東京高決平成19・10・23家月60巻10号61頁 …………………………………… *148*
東京高判平成21・12・18判夕1330号203頁 ……………………………… *108・463*
大阪高判平成25・9・5判時2204号39頁 …………………………………………… *96*

【地方裁判所】

東京地判昭和34・5・27家月11巻8号93頁 ……………………………………… *164*
千葉地判昭和36・7・7判夕121号121頁 ………………………………………… *456*
大阪地判昭和37・4・26下民集13巻4号888頁 ………………………………… *448*
大阪地判昭和38・3・30判夕144号95頁 ………………………………………… *265*
東京地判昭和44・1・25判夕234号201頁 ………………………………………… *116*
徳島地判昭和46・6・29下民集22巻5＝6号716頁 ……………………………… *127*
東京地判昭和54・10・31判夕404号136頁 ………………………………………… *104*
福岡地小倉支判昭和56・4・23判夕465号164頁 ………………………………… *100*
東京地判昭和56・8・3家月35巻4号104頁 ……………………………………… *119*
千葉地判昭和56・12・24判夕469号229頁 ………………………………………… *127*
東京地判昭和58・7・20判時1101号59頁、判夕509号162頁 …………………… *100*
東京地判昭和59・7・12判時1150号250頁 ………………………………… *286・288*
東京地判昭和59・9・7判時1149号124頁 ………………………………………… *146*
東京地判昭和61・1・28判夕623号148頁 ………………………………………… *286*
東京地判昭和62・4・22判夕654号187頁 …………………………………………… *17*
東京地判昭和63・11・14判時1318号78頁 ………………………………………… *101*
東京地判平成4・4・14家月45巻4号112頁、判夕803号243頁 ………… *109・110*
名古屋地判平成4・8・26金判915号37頁 ………………………………………… *117*
東京地判平成5・5・7判時1490号97頁 …………………………………………… *116*
東京地判平成6・11・10金法1439号99頁 …………………………………………… *21*
東京地判平成6・11・25判夕884号223頁 ………………………………………… *445*
東京地判平成7・10・25判時1576号58頁 ………………………………………… *116*
東京地判平成9・10・20判夕999号283頁 ……………………………………… *258・259*
大阪地判平成10・3・23判夕976号206頁 ………………………………………… *455*
東京地判平成11・1・22判時1685号51頁 ………………………………………… *536*
東京地判平成11・8・27判夕1030号242頁 ………………………………………… *162*
さいたま地熊谷支判平成13・6・12判時1761号87頁 …………………………… *179*

601

東京地判平成14・1・30金法1663号89頁 …………………………………… *179*
東京地判平成17・12・15（判例秘書（L06034784）） ……………………… *257*
東京地判平成18・7・6判時1967号96頁 ……………………………………… *101*
東京地判平成18・7・14金法1787号54頁 ………………………………… *258・259*
京都地判平成20・2・7判タ1271号181頁 …………………………………… *115*
山口地下関支判平成22・3・11判タ1333号193頁 …………………………… *257*
東京地判平成24・1・25判時2147号66頁 …………………………… *111・178・179*

【家庭裁判所】

東京家審昭和34・11・19家月14巻10号127頁 ……………………………… *277*
東京家審昭和35・10・4家月13巻1号149頁 ………………………………… *163*
高松家丸亀支審昭和37・10・31家月15巻5号85頁 ………………………… *327*
松江家浜田支審昭和38・12・18家月16巻5号168頁 …………………… *95・170*
東京家審昭和40・5・20家月17巻10号121頁、判タ190号221頁 ………… *98*
長崎家審昭和40・9・11家月18巻2号107頁 ………………………………… *90*
東京家審昭和42・8・18家月20巻3号78頁、判タ229号239頁 …………… *154*
東京家審昭和42・10・12家月20巻6号55頁 …………………………… *14・17*
秋田家大館支審昭和43・4・23家月20巻10号84頁、判タ237号335頁 …… *156*
新潟家高田支審昭和43・6・29家月20巻11号173頁、判タ237号336頁 … *153・170*
宇都宮家栃木支審昭和43・8・1判タ238号283頁 …………………………… *186*
東京家審昭和44・10・23家月22巻6号98頁 ………………………………… *164*
福岡家大牟田支審昭和45・6・17家月23巻2号104頁 ……………………… *147*
水戸家審昭和46・9・17家月24巻10号96頁、判タ283号343頁 …………… *153*
東京家審昭和46・11・19家月25巻1号87頁、判タ289号402頁 …………… *154*
松江家審昭和47・7・24家月25巻6号153頁 ………………………………… *164*
東京家審昭和47・7・28家月25巻6号141頁 ………………………………… *118*
東京家審昭和47・11・15家月25巻9号107頁 ………………………………… *257*
東京家審昭和47・12・20家月25巻8号79頁 ………………………………… *137*
福岡家柳川支審昭和48・10・11家月26巻5号97頁 …………………………… *15*
東京家審昭和50・3・13家月28巻2号99頁 …………………………………… *155*
札幌家審昭和52・1・17判タ357号321頁 …………………………………… *458*
大阪家審昭和52・1・19家月30巻9号108頁 ………………………………… *13*
大阪家審昭和52・8・29家月30巻6号102頁 ………………………………… *16*
水戸家審昭和53・12・22家月31巻9号50頁 ………………………………… *118*
東京家審昭和54・3・28家月31巻10号86頁 ………………………………… *164*
仙台家審昭和54・12・25家月32巻8号98頁 …………………………………… *14*
福島家白川支審昭和55・5・24家月33巻4号75頁 ………………………… *319*
大阪家審昭和59・4・11家月37巻2号146頁 ………………………………… *270*
和歌山家審昭和60・11・14家月38巻5号86頁 ……………………………… *163*
広島家審昭和62・3・28家月39巻7号60頁 …………………… *118・119・141*
長崎家諫早出審昭和62・8・31家月40巻5号161頁 …………………………… *15*
横浜家審昭和63・9・26家月41巻2号152頁 ………………………………… *547*
名古屋家判平成2・7・20家月43巻1号136頁 ……………………………… *551*

神戸家審平成4・9・10家月45巻11号50頁………………………………………… *531*
甲府家審平成4・11・24家月46巻4号45頁…………………………………………… *545*
千葉家一宮支審平成5・5・25家月46巻11号42頁…………………………………… *541*
山口家萩支審平成6・3・28家月47巻4号50頁…………………………*88・105・106*
福岡家小倉支審平成6・9・14家月47巻5号62頁……………………………………… *15*
名古屋家審平成7・10・3家月48巻11号78頁………………………………………… *148*
新潟家佐渡支決平成8・1・17家月48巻8号98頁………………………………*457・458*
札幌家審平成10・1・8家月50巻10号142頁………………………………………… *536*
熊本家審平成10・3・11家月50巻9号134頁………………………………………… *528*
名古屋家豊橋支審平成10・3・25家月51巻4号90頁……………………………… *452*
東京家審平成11・8・2家月52巻3号50頁…………………………………………… *524*
東京家審平成12・1・24家月52巻6号59頁…………………………………………… *15*
奈良家審平成13・6・14家月53巻12号82頁…………………………………………… *14*
和歌山家審平成16・11・30家月58巻6号57頁……………………………………… *154*
釧路家北見支審平成17・1・26家月58巻1号105頁………………………………… *152*

編者・執筆者一覧

(2016年4月現在)

【編　者】

北野　俊光（元広島家庭裁判所長・現福家総合法律事務所・弁護士）

北新居良雄（北新居・青木法律事務所・弁護士）

小磯　　治（前橋地方裁判所民事首席書記官）

【執筆者】（50音順）

相原　佳子（野田記念法律事務所・弁護士）

雨宮　則夫（元水戸家庭裁判所長・現浅草公証役場・公証人）

梅垣　晃一（司法書士法人なのはな法務事務所・司法書士）

梶村　太市（常葉大学法学部教授・弁護士）

加藤　祐司（加藤祐司法律事務所・弁護士）

川邊　洋二（川辺会計事務所・税理士）

小坏　眞史（元仙台家庭裁判所長・現有楽町法律事務所・弁護士）

国分　貴之（前東京家庭裁判所・現盛岡地方・家庭裁判所判事）

髙橋　伸幸（前東京家庭裁判所・現大阪高等裁判所判事）

武田　明彦（前東京家庭裁判所・現東京地方裁判所刑事主任書記官）

田中　寿生（前東京家庭裁判所・現横浜地方裁判所判事）

長門久美子（前東京家庭裁判所・現東京地方裁判所民事主任書記官）

間　　史恵（前東京家庭裁判所・現札幌地方・家庭裁判所小樽支部判事）

吉岡　正智（前東京家庭裁判所・現福島地方・家庭裁判所相馬支部判事）

吉田　圭介（前東京家庭裁判所・現さいたま地方裁判所川越支部主任書記官）

米丸　隆一（前東京家庭裁判所・現横浜家庭裁判所主任家庭裁判所調査官）

詳解　遺産分割の理論と実務

平成28年8月25日　第1刷発行

定価　本体5,600円＋税

編　　者	北野俊光・北新居良雄・小磯治	
発　　行	株式会社　民事法研究会	
印　　刷	株式会社　太平印刷社	

発 行 所　株式会社　民事法研究会
　　　　〒150-0013　東京都渋谷区恵比寿 3-7-16
　　　　〔営業〕TEL 03(5798)7257　FAX 03(5798)7258
　　　　〔編集〕TEL 03(5798)7277　FAX 03(5798)7278
　　　　http://www.minjiho.com/　　info@minjiho.com

落丁・乱丁はおとりかえします。　ISBN978-4-86556-102-9 C3032 ￥5600E
カバーデザイン　袴田峯男

家事事件の現場で必携となる1冊!

離婚・遺産分割の調停手続の流れ、基礎知識、申立書等の記載例と作成上のポイントを網羅的に解説!

離婚調停・遺産分割調停の実務
――書類作成による当事者支援――

日本司法書士会連合会　編　　　　　　　　（A5判・486頁・定価　本体4400円＋税）

遺言執行者に必要な知識と実務を書式を織り込み解説した手引!

遺言執行者の実務〔第2版〕

日本司法書士会連合会　編　　　　　　　　（A5判・428頁・定価　本体4000円＋税）

相談から事件解決まで具体事例を通して、利害関係人の調整と手続を書式を織り込み解説!

事例に学ぶ相続事件入門――事件対応の思考と実務――

相続事件研究会　編　　　　　　　　　　　（A5判・318頁・定価　本体3000円＋税）

相続財産法人の成立要件、相続財産管理人の選任等、手続の流れに沿ってわかりやすく解説!

相続人不存在の実務と書式〔第2版〕

水野賢一　著　　　　　　　　　　　　　　（A5判・285頁・定価　本体2700円＋税）

ハーグ条約・実施法に基づく国際的な子の返還申立て、面会交流調停申立ての手続・書式を追録!

書式 家事事件の実務〔全訂10版〕
――審判・調停から保全・執行までの書式と理論――

二田伸一郎・小磯　治　著　　　　　　　　（A5判・606頁・定価　本体5200円＋税）

家事事件・人事訴訟事件を網羅的に取り上げ、理論と実務の両面から意義、要件、手続など解説!

家事・人訴事件の理論と実務〔第2版〕

北野俊光・梶村太市　編　　　　　　　　　（A5判上製・918頁・定価　本体8200円＋税）

発行　民事法研究会　〒150-0013　東京都渋谷区恵比寿3-7-16
（営業）TEL 03-5798-7257　FAX 03-5798-7258
http://www.minjiho.com/　　info@minjiho.com

司法書士実務に役立つ必読の書!

司法書士実務の基幹となる分野ごとに、制度・実務に造詣の深い実務家、研究者による論稿を多数掲載!

市民と法 No.100 【特集:司法書士制度をつなぐ】

100号の発刊を記念して、本号に限り分冊販売いたします!(B5判・132頁・定価 本体2000円+税)

事例に即した具体的な実務・書式を収録するとともに、専門職関与の考え方と実務指針を提示!

有効活用事例にみる民事信託の実務指針
――スキーム立案・登記・税務――

一般社団法人民事信託推進センター 編　　(A5判・349頁・定価 本体3200円+税)

信託条項に則した受託者事務を書式とともに解説し、専門職としての書類作成や財産管理の考え方を提示!

民事信託における受託者支援の実務と書式

渋谷陽一郎 著　　(A5判・317頁・定価 本体3300円+税)

成年後見制度利用促進法を収録し、郵便物と死後事務に関する民法および家事事件手続法の改正にも対応!

後見六法〔2016年版〕

公益社団法人成年後見センター・リーガルサポート 編　(A5判・717頁・定価 本体4000円+税)

時効取得訴訟の手続の流れと論点を整理し、27の具体事例の実務指針を明示!

時効取得の裁判と登記
――事例を通じて探る実務指針――

大場浩之・梅垣晃一・三浦直美・石川 亮・新丸和博 著　(A5判・301頁・定価 本体3300円+税)

不動産をめぐる取引と成年後見・財産管理に関連する税務の知識・登記実務の指針を網羅!

ケースブック不動産登記のための税務〔第8版〕
――売買・贈与・相続・貸借から成年後見・財産管理まで――

林 勝博・丹羽一幸 編　編集協力 大崎晴由　(A5判・332頁・定価 本体3500円+税)

発行 **民事法研究会**
〒150-0013 東京都渋谷区恵比寿3-7-16
(営業)TEL03-5798-7257　FAX 03-5798-7258
http://www.minjiho.com/　　info@minjiho.com

最新実務に役立つ実践的手引書

監督人の実務や任意後見のほか、民法等改正法の内容を盛り込み、死後の事務についても解説！

Q&A 成年後見実務全書〔第4巻〕
――法定後見Ⅳ・任意後見――

全4巻完結

編集代表　赤沼康弘・池田惠利子・松井秀樹　　（Ａ５判・483頁・定価　本体4600円＋税）

景表法、会社法等の改正、平成28年10月施行の消費者裁判手続特例法や最新の判例・実務等を踏まえて改訂！

書式 債権・その他財産権・動産等執行の実務〔全訂14版〕
――申立てから配当までの書式と理論――

園部　厚　著　　　　　　　　　　　　　　　　（Ａ５判・985頁・定価　本体8800円＋税）

経験知として継承されてきた実務手法を体系化し、より安定的かつ実践的な知識として紹介！

法的交渉の技法と実践――問題解決の考え方と事件へのアプローチ――

日本弁護士連合会法科大学院センターローヤリング研究会　編　（Ａ５判・266頁・定価　本体2300円＋税）

ビジネスプランニングから、スケジュールの立て方、手続上の留意点、訴訟手続までを丁寧に解説！

株式交換・株式移転の理論・実務と書式〔第2版〕
――労務、会計・税務、登記、独占禁止法まで――

編集代表　土岐敦司　唐津恵一・志田至朗・辺見紀男・小畑良晴　（Ａ５判・376頁・定価　本体3600円＋税）

行政、動物取扱業者、飼い主、獣医師等の関係者が果たすべき役割を、動物愛護法に基づいて解説！

動物愛護法入門――人と動物の共生する社会の実現へ――

東京弁護士会公害・環境特別委員会　編　　　　（Ａ５判・202頁・定価　本体2000円＋税）

最新の判例を織り込み各種文書の証拠開示基準の理論的・実務的検証をさらに深化させた決定版！

文書提出命令の理論と実務〔第2版〕

山本和彦・須藤典明・片山英二・伊藤　尚　編　（Ａ５判上製・672頁・定価　本体5600円＋税）

発行　民事法研究会

〒150-0013 東京都渋谷区恵比寿3-7-16
（営業）TEL 03-5798-7257　FAX 03-5798-7258
http://www.minjiho.com/　　info@minjiho.com